Christian Barthruff

Nachhaltigkeitsinduzierte Kreditrisiken

Empirische Untersuchung der Wirkungszusammenhänge zwischen Nachhaltigkeits- und Kreditrisiken unter besonderer Berücksichtigung des Klimawandels

Mit einem Geleitwort von Prof. Dr. Henry Schäfer

Springer Gabler

Christian Barthruff
Stuttgart, Deutschland

Dissertation Universität Stuttgart, 2014

D 93

Gedruckt mit freundlicher Unterstützung der Stiftung Landesbank Baden-Württemberg.

ISBN 978-3-658-06967-4 ISBN 978-3-658-06968-1 (eBook)
DOI 10.1007/978-3-658-06968-1

Die Deutsche Nationalbibliothek verzeichnet diese Publikation in der Deutschen Nationalbibliografie; detaillierte bibliografische Daten sind im Internet über http://dnb.d-nb.de abrufbar.

Springer Gabler

Gedruckt auf säurefreiem und chlorfrei gebleichtem Papier

Springer Gabler ist eine Marke von Springer DE. Springer DE ist Teil der Fachverlagsgruppe Springer Science+Business Media.
www.springer-gabler.de

Geleitwort

Das Thema Nachhaltigkeit hat in den vergangenen Jahren in der Finanzbranche zunehmend an Bedeutung gewonnen. Diese Entwicklung scheint in Zeiten immer deutlicher werdender Probleme mangelnder Nachhaltigkeit vor allem im Umweltbereich nicht verwunderlich. So sind Unternehmen einerseits selbst Verursacher von ökologischen und sozialen Problemen über ihre Abgabe von negativen externen Effekten. Andererseits werden sie aber auch zunehmend durch externe Umwelt- und Sozialrisiken, wie den Folgen des Klimawandels, beeinträchtigt, was die Frage nach der Resilienzfähigkeit von Unternehmen aufwirft. Verstärkt wird der Bezug zur Nachhaltigkeit im Bereich der Unternehmensinsolvenz durch die immer häufiger auftretenden rechtlichen, Reputations- und regulatorischen Risiken. Auf der einen Seite sind es also die veränderten Risikoquellen und -folgen, welche die Fähigkeit eines Unternehmens zu vertragsgerechten Zins- und Tilgungszahlungen betreffen können (z. B. durch erhöhte Strafzahlungen, Reputationsschäden durch öffentliche Anprangerungen von sozialem und ökologischem Fehlverhalten). Auf der anderen Seite beeinflusst der sog. „Business Case der Nachhaltigkeit" auch die Ertragskraft von Unternehmen, etwa wenn sie sich Nachhaltigkeitstrends verschließen und so Wettbewerbsnachteile mit nachfolgenden Rückgängen in Unternehmenswerten erleiden.

Unter solchen Bedingungen können Unternehmen auch als Kreditnehmer in ihren Fähigkeiten berührt werden, frist- und betragsgerecht Zins- und Tilgungsverpflichtungen gegenüber Kreditinstituten nachzukommen. Bislang besteht zur Abschätzung solcher nachhaltigkeitsbedingter Risiken bei Kreditinstituten meist kein geregelter Prozess für die Kreditwürdigkeitsprüfung, resp. das bankinterne Rating im Firmenkundenkreditgeschäft. Bisher gibt es zudem erst wenigen Studien, welche die Wirkungszusammenhänge zwischen Nachhaltigkeits- und Kreditrisiken untersuchen und anhand dessen sich Banken bei der Integration von Nachhaltigkeitsaspekten in die Bonitätsbewertung orientieren könnten. Bisher vorliegende Studien beruhen meist auf subjektiven Einschätzungen von Kreditsachbearbeitern. Die operative Umsetzung der Nachhaltigkeitsprüfung im Firmenkundengeschäft wurde zudem bisher nur rudimentär untersucht.

Die vorliegende Arbeit steigt an dieser Stelle ein, indem sie durch empirische Untersuchungen die Wirkungszusammenhänge zwischen Nachhaltigkeits- und Kreditrisiken aus Bankenperspektive anhand einer objektivierten Beurteilung der Nachhaltigkeitsrisiken von Unternehmen vornimmt. Der Untersuchungsgegenstand der Arbeit stellt die Bonitätsbewertung im Firmenkundenkreditgeschäft von Banken dar. Der Schwerpunkt liegt auf Instituten aus dem deutschsprachigen Raum. Die Arbeit leistet einen außerordentlichen Beitrag zum Verständnis der Relevanz von Nachhaltigkeitsaspekten für die Kreditvergabe und begründet mögliche Ansätze zur operativen Umsetzung der Nachhaltigkeitsprüfung im Firmenkundenkreditgeschäft von Banken. Eine Art „Seitenschlenker“ in Sachen Nachhaltigkeit ist darin zu sehen, dass dem Klimawandel und daraus resultierenden Klimarisiken, wie sie sich bei Kreditnehmern, d. h. Unternehmen ergeben, durchgängig durch die Arbeit eine zusätzliche Beachtung zukommt.

Mit der vorliegenden Arbeit wurde ein empirisches Forschungsprogramm beschritten, das in dieser Thematik und mit dem gewählten methodischen Ansatz bislang nicht behandelt wurde. Aufgrund der gewachsenen Bedeutung von Nachhaltigkeitsthemen für das Bankgeschäft allgemein und das Kreditgeschäft im Besonderen sowie die exponentiell steigenden Folgen mangelnder Nachhaltigkeit auf der Unternehmensertragsseite hat die Dissertation eine hohe wissenschaftliche und praktische Relevanz. Die Arbeit ist sehr gut geeignet, als Empirie gestützte Grundlagenforschung mit hohem konzeptionell-theoretischen Potenzial für darauf aufsetzende Arbeiten, insbesondere aus dem theoriegeleiteten aber auch empirischen Bereich zu dienen.

Univ.-Prof. Dr. Henry Schäfer

Vorwort

Als ich nach Abschluss meines MBA-Studiums an der Oregon State University im Sommer 2007 aus den USA an meine Heimatuniversität zurückkehrte, um mein Studium zum Diplomkaufmann abzuschließen, ahnte ich noch nicht, dass ich kurze Zeit später eine neue Stelle als wissenschaftlicher Mitarbeiter am Lehrstuhl Finanzwirtschaft der Universität Stuttgart antreten würde. Die Themen Nachhaltigkeit, nachhaltige Unternehmensführung und Nachhaltigkeitsratings waren damals für mich Neuland. Die Durchführung eines zweijährigen Forschungsprojektes zum Thema Nachhaltigkeitsratings und die Entwicklung der Kompetenzplattform „ARGUS" weckten mein Forschungsinteresse bezüglich der Relevanz der Nachhaltigkeitsleistung von Unternehmen. Aus den gewonnenen Erfahrungen und Kenntnissen über die Bewertung der Nachhaltigkeitsleistung von Unternehmen entwickelte sich die zentrale Forschungsfrage der vorliegenden Arbeit. Die Frage nach der Relevanz von Nachhaltigkeitsrisiken bei der Kreditvergabe ist heute sowohl aus wissenschaftlicher Sicht als auch aus Sichtweise von Kreditinstituten aktueller den je. Mit dieser Forschungsarbeit möchte ich einen Beitrag dazu leisten die Relevanz von Nachhaltigkeitsaspekten bei der Kreditvergabe durch Banken aufzuzeigen. Ob die Berücksichtigung von Nachhaltigkeitsaspekten im Kreditgeschäft eine ähnliche Entwicklung nimmt wie im Kapitalanlagegeschäft, wird sich zeigen. Mit dieser Arbeit wird jedoch klar, dass Nachhaltigkeitsaspekte einen vielfältigen und nicht unerheblichen Einfluss auf die mit der Kreditvergabe einhergehenden Reputations- und Kreditrisiken von Banken haben können.

Zahlreiche Personen haben in vielfältiger Weise zum Gelingen dieser Arbeit beigetragen. An vorderster Stelle gilt mein Dank meinem Doktorvater und Mentor Herrn Prof. Dr. Henry Schäfer für die thematische Anregung und anschließende Betreuung dieser Arbeit. Seine vorbehaltslose Unterstützung, die fachlichen Anregungen und konstruktiven Diskussionen sowie das große Vertrauen, welches unsere Zusammenarbeit stets geprägt hat, haben wesentlich zum Erfolg dieser Arbeit beigetragen. Herrn Prof. Dr. Hellmuth Milde danke ich für die Übernahme des Zweitgutachtens und das Interesse an meiner Arbeit.

Ein spezieller Dank gilt der Wissenschaftsförderung der Sparkassen-Finanzgruppe e.V. für die finanzielle Unterstützung durch ein Promotionsstipendium. Des Weiteren bedanke ich mich bei den Ratingagenturen ECPI, MSCI und oekom research für die Bereitstellung der Daten für die empirische Untersuchung sowie bei den Interviewpartnern der explorativen Untersuchung für die Teilnahme an den Experteninterviews. Corinna Sander und Zoi Evgenidou danke ich für ihre Unterstützung bei der Durchführung, Transkription und Auswertung der Interviews.

Meinen ehemaligen Kolleginnen und Kollegen danke ich für das freundschaftliche Arbeitsklima, die vielen Anregungen und Ideen sowie die spannende Zeit am Lehrstuhl.

Danken möchte ich insbesondere Dr. Christian Gromer, Dr. Oliver Kuhnle und Thomas Steiauf, die durch ihre Korrekturarbeiten und intensiven Diskussionen nicht nur zum inhaltlichen und formalen Gelingen der Arbeit beitrugen, sondern mir auch durch die richtigen Worte zur richtigen Zeit über so manche Durststrecke hinweggeholfen haben. Darüber hinaus danke ich Fabian Bauer für das Korrekturlesen, Michael Zimmer für die gute Zusammenarbeit beim Forschungsprojekt „ARGUS“ sowie Nadine Mayer, Fabian Kröner, Stefan Eckert und Sven Raith für die zahlreichen fachübergreifenden, nicht immer akademischen Gespräche.

Aus meinem privaten Umfeld möchte ich Werner und Hermine Völlm danken, deren lektoralen Fähigkeiten zur Qualität dieser Arbeit beitrugen. Vor allem möchte ich mich bei meinen Eltern Gabi und Klaus Barthruff bedanken, die mir die akademische Ausbildung ermöglicht haben und mich immer bei der Umsetzung meiner privaten und beruflichen Pläne unterstützt haben. Meinen beiden Brüdern, meinen Schwiegereltern und meinen Freunden möchte ich für ihre Motivation und die nötige Ablenkung danken.

Besonderer Dank gilt meiner Frau Eva für ihre Geduld, die kontinuierliche moralische und lektorale Unterstützung, die zahlreichen Diskussionen und das enorme Verständnis für die zeitlichen Einschränkungen. Aber auch für die tolle Zeit, die wir trotz der zeitlichen Belastung während der Promotion miteinander verbringen konnten. Ihr widme ich diese Arbeit.

Christian M. Barthruff

Inhaltsverzeichnis

Alle Abbildungen und Tabellen sind unter dem Titel des Buches auf www.springer.com einsehbar.

Abbildungsverzeichnis

Alle Abbildungen und Tabellen sind unter dem Titel des Buches auf www.springer.com einsehbar.

Tabellenverzeichnis

Alle Abbildungen und Tabellen sind unter dem Titel des Buches auf www.springer.com einsehbar.

Abkürzungsverzeichnis

AUM	Assets under Management
BaFin	Bundesanstalt für Finanzdienstleistungsaufsicht
B-to-C	Business to Customer (Privatkundengeschäft)
B-to-B	Business to Business (Firmenkundengeschäft)
BIB	Bank im Bistum Essen eG
BKC	Bank für Kirche und Caritas eG
CDP	Carbon Disclosure Project
CSR	Corporate Social Responsibility
DIN	Deutsche Industrienorm
DKM	Darlehnskasse Münster eG
DZ BANK	Deutsche Zentral-Genossenschaftsbank AG
EHS	Environmental, Health, and Safety General Guidelines
EDG	Evangelische Darlehnsgenossenschaft eG
EFAMA	European Fund and Asset Management Association
EKG	Evangelische Kreditgenossenschaft eG
EMAS	Eco-Management and Audit Scheme
EN	Europäische Norm
EP	Equator Principles
EPA	Equator Principles Association
EPFI	Equator Principles Financial Institution
Eurosif	European Social Investment Forum
ESG	Environmental, Social and Governance
FNG	Forum Nachhaltige Geldanlagen
FSSS	Financial Service Sector Supplements
GHG	Greenhouse Gas
GRI	Global Reporting Initiative

GSIA	Global Sustainable Investment Alliance
ICC	International Chamber of Commerce
i.d.R.	in der Regel
IEG	Independent Evaluation Group
IFC	International Finance Corporation
ILO	International Labour Organization
INEF	Institut für Entwicklung und Frieden
IPCC	Intergovernmental Panel on Climate Change
k.A.	Keine Angabe(n)
KfW	Kreditanstalt für Wiederaufbau
NGO	Non-Governmental Organization
NH	Nachhaltigkeit
MaRisk	Mindestanforderungen an das Risikomanagement
OHSAS	Occupational Health and Safety Assessment Series
OP	Operational Policies
P.l.c.	Public Limited Company
ppm	parts per million
PRI	Principles for Responsible Investments
SA 8000	Social Accountability 8000
SAI	Social Accountability International
SIPRI	Stockholm International Peace Research Institute
SRI	Socially Responsible Investments
UMS	Umweltmanagementsystem
UN GC	United Nations Global Compact
UN PRI	United Nations Principles for Responsible Investments
UN PSI	United Nations Principles for Sustainable Insurance
UNEP	United Nations Environment Programme
UNEP FI	United Nations Environmental Programme Financial Initiative

UNFCCC	United Nations Framework Convention on Climate Change
VFU	Verein für Umweltmanagement und Nachhaltigkeit in Finanzinstituten e.V.
WBCSD	World Business Council for Sustainable Development
WCED	World Commission on Environment and Development
WRI	World Resources Institute

Symbolverzeichnis

α	Absolutterm
β_j	Gewichtungsfaktor für die unabhängige Variable j
ε	erwartete kontinuierliche Unternehmensrendite
σ	Standardabweichung
μ bzw. $E(x)$	Erwartungswert der Zufallsvariablen (X)
A1	Indikator Mitarbeiter und Zulieferer
A2	Indikator Gesellschaft und Produktverantwortung
A3	Indikator Unternehmensführung und Wirtschaftsethik
b	unstandardisierte Regressionskoeffizient
B1	Indikator Umweltmanagement
B2	Indikator Produte und Dienstleistungen
B3	Indikator Ökoeffizienz
CO_2	Kohlendioxid
CH_4	Methan
EAD	ausstehender Kreditbetrag (Exposure at Default)
EL	erwarteter Verlust (Expected Loss)
EM	Indikator Umweltmanagement
EO	Indikator Umwelt Chancen
ER	Indikator Umweltrisiken
F	Position des Fremdkapitalgebers
H_0	Nullhypothese
H_1	Alternativhypothese
HC	Indikator Humankapital
LGD	Verlustquote (Loss Given Default)
Ln	natürlichen Logarithmus (Logarithmus naturalis)
n	Anzahl der Unternehmen

N	aggregiertes Nachhaltigkeitsrating
N_2O	Lachgas
N ()	Verteilungsfunktion der Standardnormalverteilung
NFK	Rückzahlungsbetrag des Fremdkapitals
p	Irrtumswahrscheinlichkeit (Parameter der statistischen Signifikanz)
P	Wert der Put-Option
PD	Ausfallwahrscheinlichkeit (Probability of Default)
PS	Indikator Produkte und Dienstleistungen
r	Korrelationskoeffizient
R^2	Zusammenhangmaß bzw. Determinationskoeffizient
RR	Wiederbeschaffungsquote (Recovery Rate)
S	aggregiertes Sozialrating
SC	Indikator Stakeholderkapital
SG	Indikator Unternehmensführung
$t = 0,\ldots,T$	Laufzeitindex
T	Endzeitpunkt bzw. Gesamtlaufzeit des Vertrags
U	aggregiertes Umweltrating
UL	Unerwarteter Verlust (Unexpected Loss)
V	Unternehmenswert (Marktwert der Aktiva)
W	Standard-Wiener-Prozess
w_j	Eintrittswahrscheinlichkeiten der Variable j
W/m^2	Watt pro Quadratmeter
x_{ij}	Ausprägung der unabhängigen Variable j beim Unternehmen i
z	Z-Wert

Zusammenfassung

Zahlreiche Untersuchungen belegen, dass der Geschäftserfolg von Unternehmen zunehmend von deren Nachhaltigkeitsleistung beeinflusst wird. Die Erfüllung der Forderungen von Stakeholdern wie Kunden, Mitarbeitern, Investoren, Verbraucherschutzverbänden und Aufsichtsbehörden nach der Umwelt- und Sozialverträglichkeit von Produkten und Produktionsprozessen ist mittlerweile für viele Unternehmen zu einem kritischen Erfolgsfaktor geworden. Eine Nichterfüllung dieser Forderungen stellt dabei ein Nachhaltigkeitsrisiko dar, welches auch ökonomische Konsequenzen nach sich ziehen kann. Aus Perspektive eines Kreditgebers stellt sich daher die Frage, inwieweit die Nachhaltigkeitsrisiken eines Firmenkunden das Kreditrisiko der Bank beeinflussen. An dieser Stelle setzt die vorliegende Arbeit an. Gegenstand der Arbeit ist die Untersuchung des Zusammenhangs zwischen Nachhaltigkeits- und Kreditrisiken im Firmenkundenkreditgeschäft von Banken. Vor diesem Hintergrund werden in der Arbeit die Begriffe Nachhaltigkeit und nachhaltige Unternehmensführung definiert und deren Relevanz für die Finanzwirtschaft aufgezeigt. Dabei wird im Besonderen darauf eingegangen, wie die Nachhaltigkeitsrisiken von Unternehmen gemessen werden können.

Anhand einer **explorativen Untersuchung** wird gezeigt, dass bereits **zahlreiche Banken** im deutschsprachigen Raum eine **Nachhaltigkeitsprüfung im Firmenkundenkreditgeschäft** durchführen. Mithilfe von **Experteninterviews** bei 16 Kreditinstituten und sechs auf Nachhaltigkeitsratings spezialisierten Ratingagenturen werden dabei die Gründe für die Berücksichtigung von Nachhaltigkeitsaspekten sowie die operative Umsetzung der Nachhaltigkeitsprüfung im Kreditgeschäft näher untersucht. Die Ergebnisse der Untersuchung zeigen, dass Kreditinstitute, die ihr Kreditportfolio an Nachhaltigkeitsaspekten ausrichten und bei der Kreditvergabe die Erfüllung bestimmter Nachhaltigkeitsanforderungen voraussetzen, **geringere Kreditausfälle** aufweisen als konventionelle Kreditinstitute. Im Untersuchungszeitraum ist die Kreditausfallrate dieser Kreditinstitute im Durchschnitt um 0,5 % geringer als bei herkömmlichen Kreditinstituten. Obwohl fast alle Interviewpartner von einem Zusammenhang zwischen Nachhaltigkeits- und Kreditrisiken überzeugt sind, werden die Ergebnisse der Nachhaltigkeitsprüfung bisher lediglich als **Zusatzinformation** genutzt und nicht bei der Bewertung von Kreditrisiken respektive der Bestimmung der Risikoprämie berücksichtigt. Als Hinderungsgründe für die Berücksichtigung von Nachhaltigkeitsrisiken bei der Bestimmung eines risikoadäquaten Zinssatzes wird die mangelnde Zurechenbarkeit von Nachhaltigkeitsrisiken für Kreditausfälle identifiziert. Dabei wird gezeigt, dass häufig das Wissen über die Zusammenhänge zwischen Nachhaltigkeits- und Kreditrisiken sowie der empirische Nachweis dieses Zusammenhangs fehlt.

Die vorliegende **Arbeit liefert** hierzu **vielfaltige Erkenntnisse über die Kausal- und Wirkungszusammenhänge zwischen Nachhaltigkeits- und Kreditrisiken** und zeigt, wie sich die Nachhaltigkeitsprüfung im Firmenkundenkreditgeschäft integrieren lässt.

Mithilfe einer Klassifizierung der Nachhaltigkeitsrisiken von Unternehmen wird dargelegt, dass **Nachhaltigkeitsrisiken** einen erheblichen Einfluss auf die finanzielle Performance von Unternehmen haben und sich in Form von **Erlösminderungen, Kostensteigerungen** oder einer **Vermögenswertminderung** auswirken können.

In diesem Zusammenhang wird gezeigt, dass der **Klimawandel** einer der **Haupttreiber für externe Nachhaltigkeitsrisiken** von Unternehmen darstellt. Aufgrund der zunehmenden ökonomischen Auswirkungen des Klimawandels ist damit zu rechnen, dass Nachhaltigkeitsrisiken zukünftig in bestimmten Branchen und Regionen einen erheblichen Einfluss auf die Kreditwürdigkeit von Unternehmen haben. Insbesondere bei regional agierenden Kreditinstituten mit einseitigen Wirtschaftsstrukturen im Einzugsgebiet der Bank ist mit einer Beeinflussung der Kreditrisiken durch Klimarisiken zu rechnen. Aus diesem Grund sollten Kreditinstitute Klimarisiken bei der Kreditvergabe berücksichtigen und ggf. bei der Bestimmung der Risikoprämie mit einfließen lassen.

Zur **empirischen Untersuchung** der Zusammenhänge zwischen Nachhaltigkeits- und Kreditrisiken wird eine **Sekundärdatenanalyse** durchgeführt. Dabei werden die Nachhaltigkeitsrisiken von Unternehmen mithilfe verschiedener Datensätze von drei auf Nachhaltigkeitsratings spezialisierten Ratingagenturen quantifiziert und deren Einfluss auf das mittels Kreditratings, der Risikoprämien von Kreditausfallversicherungen und Bilanzkennzahlen gemessene Kreditrisiko analysiert. Dabei wird gezeigt, dass **nachhaltige Unternehmen** im Beobachtungszeitraum sowohl stichtagsbezogen als auch über den Zeitverlauf **bessere Kreditratings** und **geringere Risikoprämien** für Kreditausfallversicherungen haben als weniger nachhaltige Unternehmen. Auch beim Großteil der untersuchten Bilanzkennzahlen konnte ein konsistenter und signifikanter Zusammenhang zwischen dem Nachhaltigkeitsrating und den Kreditrisiken von Unternehmen festgestellt werden.

Letztendlich belegt die vorliegende Arbeit, dass Nachhaltigkeitsratings grundsätzlich als Indikator zur Bestimmung von Kreditrisiken geeignet sind. Eine Nachhaltigkeitsprüfung wird zwar bestehende Instrumente zur Bewertung von Kreditrisiken nicht ersetzen, kann diese jedoch um qualitative Risikoaspekte ergänzen. So kann eine schlechte finanzielle Performance und angespannte Liquiditätslage nicht durch eine überdurchschnittliche Nachhaltigkeitsleistung ausgeglichen werden. Allerdings sollten hohe Nachhaltigkeitsrisiken von Kreditnehmern bei der Bonitätsbewertung berücksichtigt werden und entsprechend zu einer Abwertung eines konventionellen Kreditratings führen.

Unabhängig von dem Zusammenhang zwischen Nachhaltigkeits- und Kreditrisiken zeigt die Arbeit, dass einige Kreditinstitute die Nachhaltigkeitsprüfung nutzen, um die Geschäftsbeziehungen im Firmenkundenbereich auszubauen und **zusätzliche Beratungsdienstleistung** anzubieten. Die **Nachhaltigkeitsprüfung** bietet Kreditinstituten somit neben der Reduzierung von Kreditrisiken auch die **Chance, Wettbewerbsvorteile zu generieren**.

Abstract

Numerous studies prove that the business success of corporations is increasingly affected by their sustainability performance. To comply with the requirements of stakeholders like customers, employees, investors, consumer associations and regulatory authorities, for environmental and social performance of products and production processes has become a critical success factor for many corporations. A not accomplishment of those requirements will result in a sustainability risk, what might also result in economical consequences. From a creditor's perspective the question is to which extent sustainability risks of a corporate client influence the credit risk of the bank. The subject of this dissertation is the analysis of the relationship between sustainability and credit risks in the corporate credit business of banks. Against this background the terms sustainability and corporate social responsibility are defined and their relevance for corporate finance is revealed in this dissertation. In particular the dissertation shows how sustainability risks of corporations can be assessed.

On the basis of an explorative study it is shown, that numerous banks in German-speaking countries already conduct sustainability assessment in their corporate credit business. By means of experts' interviews with 16 banks and six sustainability rating agencies, reasons for the significance of sustainability aspects as well as the operative implementation of the sustainability assessment within the credit business are analyzed in detail. The results of this survey point out that banks which focus their credit portfolio on sustainability aspects and require to meet certain sustainability standards, have less credit defaults than average banks. In the time frame of the study the rate of credit defaults of those banks are on average 0.5 % lower than traditional banks. Although almost all interviewed partners are positive about a relationship between sustainability and credit risks, the results of the sustainability assessment are merely used as additional information so far and are not taken into consideration in the credit-rating process and the determination of a risk-adjusted interest rate. The obstacle for including sustainability risks into the pricing of a loan is the deficient assignment of sustainability risks for credit defaults. In this context it is revealed that frequently there is no knowledge of the relationship between sustainability and credit risks and there is a lack of empiric analysis about this relationship.

The dissertation provides various findings about the relationship between sustainability and credit risks and shows how the sustainability assessment can be integrated into the corporate credit business.

With a classification of the sustainability risks of corporations this paper shows that sustainability risks have a considerable influence on the financial performance of corporations and can result in the reduction of earnings, cost increases or a reduction of asset value.

In this context it is shown that the climate change represents one of the key drivers for external sustainability risks of corporations. Due to the increasing economical effects of the climate change it is expected that sustainability risks will considerably influence specific sectors and regions regarding the credit worthiness of corporations in future. In particular regionally operating banks which have to deal with one-sided economic structures within their area, have to be prepared for the fact that the climate change may influence the credit risks of corporate clients. For that reason banks should consider possible climate risks when granting a loan and if necessary should take all that into consideration when determine the risk premium.

For the empirical analysis of the relationship between sustainability and credit risks, the sustainability risks of corporations are quantified by three sustainability rating agencies using diverse data sets. The effect on the credit risk is analyzed by means of credit ratings, risk premium, credit default swaps and accounting ratios. The empirical analysis shows that during the period under review sustainable corporations have better credit ratings and a lower risk premium for credit default swaps than less sustainable corporations. Even most of the reviewed accounting ratios showed a constant and significant relationship between sustainability rating and credit risks of corporations.

In the end the dissertation shows that sustainability ratings can be used as an indicator to determine credit risks. A sustainability assessment will not replace existing instruments which assess credit risks, however, it can add qualitative risk aspects to the credit rating process. In that means a bad financial performance and a tense liquidity position cannot be balanced by an above-average sustainability performance. However, severe sustainability risks of creditors should be taken into consideration when investigating the creditworthiness and should possibly lead to a downgrade of a traditional credit rating.

Irrespective of the relationship between sustainability and credit risks the dissertation shows that some banks make use of a sustainability assessment in order to extend their business relations to corporate customers and offer additional consulting services. Consequently, a sustainability assessment does not only reduce credit risks but also generates the chance for banks to generate competitive benefits.

1 Einleitung und Problemstellung

Kreditinstitute sind zentrale Akteure bei der regionalen und globalen Allokation von Kapitalströmen. Der klassische Bankkredit hat dabei nach wie vor eine hohe Bedeutung für die externe Finanzierung von Unternehmen.[1] Im Mittelpunkt des Firmenkundenkreditgeschäfts von Banken[2] steht die Bewertung der Geschäftsentwicklung von Unternehmen und die daraus resultierenden Kreditrisiken. Da eine Fehleinschätzung dieser Risiken zu Wertberichtigungen oder Verlusten führt, liegt es im Eigeninteresse von Banken die Bonität eines Kreditnehmers möglichst exakt zu ermitteln, um Kreditrisiken mithilfe einer adäquaten Risikoprämie abzudecken. Die ausschließliche Berücksichtigung quantitativer betriebswirtschaftlicher Kennzahlen reicht dabei häufig nicht aus, um die wahre Situation von Unternehmen umfassend abzubilden.[3]

Zahlreiche Untersuchungen belegen inzwischen, dass der Geschäftserfolg zunehmend von der Nachhaltigkeitsleistung von Unternehmen beeinflusst wird.[4] So ist die Erfüllung der Forderungen von Stakeholdern wie Kunden, Mitarbeitern, Investoren, Verbraucherschutzverbänden und Aufsichtsbehörden nach der Umwelt- und Sozialverträglichkeit von Produkten und Produktionsprozessen für viele Unternehmen zu einem kritischen Erfolgsfaktor geworden.[5] Eine Nichterfüllung dieser Anforderungen stellt dabei ein Nachhaltigkeitsrisiko dar, welches z. B. im Fall einer Betriebsunterbrechung aufgrund eines Streiks unzufriedener Mitarbeiter auch ökonomische Konsequenzen nach sich ziehen kann.[6] Zusätzlich zu einer schlechten Nachhaltigkeitsleistung können Unternehmen aber auch durch externe Nachhaltigkeitsrisiken betroffen sein, welche durch das Unternehmen nicht direkt beeinflussbar sind. Einer der größten Treiber für externe Nachhaltigkeitsrisiken stellt der Klimawandel dar. Aufgrund der prognostizierten enormen wirtschaftlichen Auswirkungen des Klimawandels ist damit zu rechnen, dass die Anforderungen an Unternehmen durch die veränderten politischen Rahmenbedingungen zukünftig weiter zunehmen werden und Unternehmen durch die

---

[1] Mit einem Anteil von 18 % (849 Mrd. Euro) an der Außenfinanzierung von nicht finanziellen Kapitalgesellschaften waren Bankkredite im Jahr 2010 neben Anteilsrechten die zweitwichtigste Finanzierungsform. Vor der Finanzkrise lag der Anteil noch bei über 20 %. Vgl. Deutsche Bundesbank (2012), S. 21.

[2] Der Begriff „Bank" wird im Rahmen dieser Arbeit als Synonym für Kreditinstitut verwendet. Korrekterweise beinhaltet der Begriff „Kreditinstitut" neben Banken auch Sparkassen, auf deren separate Nennung jedoch zugunsten einer besseren Lesbarkeit verzichtet wird.

[3] Vgl. Ernst & Young (2012), S. 3-6.

[4] Siehe hierzu Kapitel 1.1.

[5] Vgl. Accenture/UN Global Compact (2010), S. 13 und 20.

[6] Vgl. Fenchel (2004), S. 44 ff.

direkten Auswirkungen des Klimawandels wie Hochwasser, Hitzewellen oder Stürme betroffen sind.[7]

Aus der Perspektive des Kreditgebers stellt sich dabei die Frage, inwieweit die Nachhaltigkeitsrisiken eines Firmenkunden das Kreditrisiko der Bank beeinflussen. Um herauszufinden, ob die Berücksichtigung dieser Nachhaltigkeitsrisiken im Firmenkundenkreditgeschäft zu einer Verbesserung der Kreditbeurteilung führt, muss festgestellt werden, ob Nachhaltigkeitsrisiken für den zukünftigen Erfolg von Unternehmen eine wesentliche Rolle spielen und somit deren Bonität beeinflussen. Da im Zuge des Klimawandels zukünftig mit einer Zunahme externer Nachhaltigkeitsrisiken zu rechnen ist, liegt ein Schwerpunkt dieser Arbeit auf der Untersuchung der Besonderheiten und der Relevanz des Klimawandels für die Bonitätsbewertung im Firmenkundenkreditgeschäft von Banken.

Verschiedene Untersuchungen zeigen, dass bereits einige Kreditinstitute Nachhaltigkeitsrisiken im Rahmen der Kreditvergabe berücksichtigen.[8] Da bisher jedoch noch kein Standard zur Berücksichtigung von Nachhaltigkeitsaspekten bei der Kreditvergabe existiert und die Gründe für die Berücksichtigung weitgehend ungeklärt sind,[9] besteht in diesem Bereich ein zusätzlicher Forschungsbedarf. Aufgrund der Andersartigkeit der überwiegend qualitativen Nachhaltigkeitskennzahlen im Vergleich zu klassischen quantitativen betriebswirtschaftlichen Kennzahlen ist dabei zu prüfen, wie sich die Bewertung von Nachhaltigkeitsrisiken in den Kreditvergabeprozess integrieren lässt.

1.1 Bisherige Forschungsarbeiten

Da mittlerweile eine Vielzahl an Studien existiert, die den Zusammenhang zwischen der Nachhaltigkeitsleistung und der finanziellen Performance von Unternehmen unter verschiedenen Gesichtspunkten untersuchen, wird im folgenden Kapitel eine Einordnung bisheriger Forschungsarbeiten vorgenommen. Abbildung 1.1 gibt einen Überblick über die Anzahl wissenschaftlicher Studien und deren Analysezeitraum aus dem Bereich der empirischen Kapitalmarktforschung.[10]

---

[7] Für die Relevanz des Klimawandels für die nachhaltige Entwicklung und dessen wirtschaftlichen Auswirkungen siehe hierzu Kapitel 3.6.

[8] Vgl. Weber/Scholz (1996), Fenchel (2004) und Weber u.a. (2010).

[9] Vgl. Fenchel (2004), S. 251.

[10] Aus der Abbildung wird ersichtlich, dass die Anzahl der Veröffentlichungen in den vergangenen Jahren stetig zugenommen hat. Wie im späteren Verlauf der Arbeit noch gezeigt wird, hat sich erst in den vergangenen 20 Jahren ein nennenswerter Markt für Nachhaltigkeitsratings und damit auch für nachhaltige Kapitalanlagen entwickelt. Aufgrund der retrospektiven Betrachtungsweise von empirischen Untersuchungen ist es nicht verwunderlich, dass die Anzahl der Studien mit der stetig zunehmenden Datenhistorie in den vergangenen Jahren zugenommen hat.

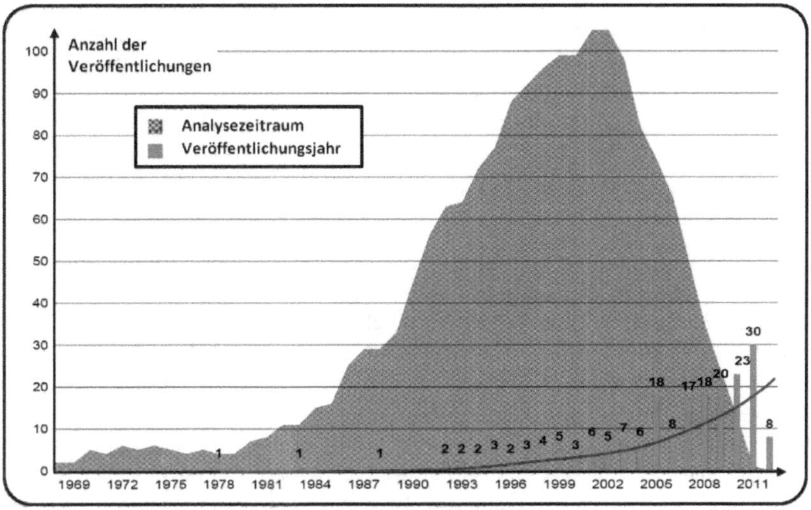

Abbildung 1.1: Anzahl und Analysezeitraum empirischer Untersuchungen
Quelle: Eigene Darstellung in Anlehnung an Kleine u.a. (2013), S. 17.

Die Auswertung der Untersuchungen zeigt, dass rund **ein Drittel** (61 von 195) der Studien einen **positiven Zusammenhang** zwischen der Nachhaltigkeitsleistung und der finanziellen Performance[11] von Unternehmen konstatieren. Die Mehrzahl der Studien (120 von 195) kommt zu dem Ergebnis, dass entweder **kein Zusammenhang** besteht, oder stellt gemischte (positive, negative und neutrale) **Zusammenhänge zwischen einzelnen Nachhaltigkeitsaspekten** und der finanziellen Performance von Unternehmen fest. **Nur 7 %** der Studien (14 von 195) konnten einen **negativen Zusammenhang** nachweisen.[12] Diese Einschätzung deckt sich auch mit den Ergebnissen verschiedener Meta-Studien. So konnte keine der 13 im Rahmen dieser Arbeit gesichteten Meta-Studien einen negativen Zusammenhang zwischen der Nachhaltigkeitsleistung und der finanziellen Performance von Unternehmen nachweisen.[13] Dies lässt den Schluss zu, dass eine **gute Nachhaltigkeitsleistung von Unternehmen** tendenziell eher **zu einer besseren finanziellen Performance** führt.

---

[11] Die finanzielle Performance wird i.d.R. über das Rendite-Risiko-Profil von Aktien, Anleihen, Fonds oder Indizes zum Ausdruck gebracht. Vgl. Kleine u.a. (2013), S. 121. Ein positiver Zusammenhang deutet demnach auf ein besseres Rendite-Risiko-Profil nachhaltiger Geldanlagen gegenüber traditionellen Geldanlagen hin.

[12] Vgl. Kleine u.a. (2013), S. 4 f.

[13] Insgesamt wurden in den 13 Metastudien über 580 teilweise redundante Einzelstudien untersucht. Vgl. Kleine u.a. (2013), S. 26 f. Die Ergebnisse weiterer Meta-Studien finden sich u.a. bei Orlitzky u.a. (2003), S. 403 ff., Orlitzky (2005), S. 48 ff. und Mercer (2009), S. 4.

Da die empirischen Studien in vielerlei Hinsicht Unterschiede aufweisen, sind die Ergebnisse i.d.R. nicht direkt vergleichbar. So unterscheiden sich die Studien nach:

- ihrem **Analysezeitraum** (Schwerpunkt 1990 bis 2008)
- ihrem **regionalen Fokus** (93 USA, 35 Europa, 34 weltweit)
- ihrer **Analysedimension** (74 Fonds, 55 Aktien, 11 Indizes, 9 Anleihen etc.)
- ihrem **Nachhaltigkeitsfokus** (109 **N**achhaltigkeit, 22 **G**overnance, 21 **S**oziales, 17 **U**mwelt)

Bei der Mehrzahl der Studien wird die Nachhaltigkeitsleistung von Unternehmen anhand von **Ratings, Rankings und Screenings** von darauf spezialisierten Ratingagenturen gemessen. Wie aus Tabelle 1.1 ersichtlich wird, nutzen die meisten Studien das aggregierte Gesamtrating (N) **als Indikator für die Nachhaltigkeitsleistung**. 73 der 195 Studien betrachten hingegen nur einzelne Nachhaltigkeitsaspekte wie die Unternehmensführung, Eigentümerstruktur, Spendenaktivitäten oder Umwelteffizienz.[14] So untersuchen z. B. die aus der Corporate Governance Forschung stammenden Studien von *Ashbaught u.a.*, *Bradley u.a.* sowie *Menz* & *Nelles* die Auswirkung der Unternehmensstruktur (Governance) auf das Kreditrating von Unternehmen.[15] Andere Studien wie z. B. *Graham u.a.* befassen sich dagegen mit der Auswirkung von Umweltrisiken auf Kreditratings.[16]

Analysedimension der Studien	N	U	S	G	US	SG	Summe
Meta-Studien							13
Aktien	26	9	9	5	6	-	55
Anleihen, Kredite, Rating							
- Anleihen	1	4	-	4	-	-	9
- Kredite von Banken	1	2	-	1	-	-	4
- Kapitalkosten / Rating	1	-	2	2	-	-	5
Fonds	61	-	7	1	4	1	74
Indizes	10	-	1	-	-	-	11
Mehrere Assetklassen	6	-	1	-	-	-	7
Sonstige	3	2	1	9	-	2	17
Summe	109	17	21	22	10	3	195

Tabelle 1.1: Nachhaltigkeitsfokus der Studien
Quelle: Eigene Darstellung in Anlehnung an Kleine u.a. (2013), S. 31 ff.

[14] Vgl. Kleine u.a. (2013), S. 16 ff.

[15] Vgl. Ashbaugh u.a. (2004), Ashbaugh-Skaife u.a. (2006), Bradley u.a. (2007) und Menz/Nelles (2009a).

[16] In der Untersuchung wurde mittels einer Regressionsanalyse der Zusammenhang zwischen sieben Umweltkennzahlen des US-Umweltamtes und dem Bond-Rating der Kreditratingagentur Moody's beleuchtet. Die Ergebnisse zeigen, dass zwischen den untersuchten Umweltvariablen und dem Kreditrating von Unternehmen ein signifikanter negativer Zusammenhang besteht. Vgl. Graham u.a. (2001).

Der Schwerpunkt dieser Arbeit liegt auf der Untersuchung der Wirkungszusammenhänge zwischen **Nachhaltigkeits- und Kreditrisiken** von Unternehmen. Wie aus Tabelle 1.1 ersichtlich wird, haben die meisten Studien die Untersuchung der Aktienperformance zum Gegenstand. Im Gegensatz dazu wurde bislang kaum analysiert, welchen Einfluss die Nachhaltigkeitsleistung von Unternehmen auf die Bewertung von Fremdkapital (Anleihen und Kredite) hat.[17] So beschäftigen sich nur 18 der 195 betrachteten empirischen Studien mit dem Thema Kreditrisiken, wovon lediglich vier Studien den Zusammenhang zwischen Nachhaltigkeits- und Kreditrisiken aus Perspektive der Banken untersuchen. Im **Anleihenbereich** zeigen die Studien von *Bassen u.a., Bauer u.a., Bradley u.a., Cheng u.a., Di Giulio u.a., Goss und Roberts, Menz und Nelles, Oikonomou u.a.* und *Sarasin*, dass Unternehmen mit einer überdurchschnittlichen Nachhaltigkeitsperformance bessere **Kreditratings** und geringere **Risikoprämien** (Credit Spreads) aufweisen als Unternehmen mit einer schlechten Nachhaltigkeitsperformance.[18] So zeigen *Goss und Roberts* anhand ihrer Datenbasis, dass Unternehmen mit einer schlechten Nachhaltigkeitsperformance einen bis zu 16 Basispunkte höheren Kreditspread für ihre Anleihen zahlen als Unternehmen mit einer guten Nachhaltigkeitsperformance.[19] Wie aus Abbildung 1.2 ersichtlich wird, können aus der **finanziellen Performance** und **Kapitalmarktrisiken** (Beta) von Aktien, Fonds oder Indizes sowie der Risikoprämie von Anleihen zwar Rückschlüsse auf die Kreditrisiken von Unternehmen gezogen werden, jedoch sind diese Kennzahlen **nicht identisch mit** dem **Kreditrisiko**. So spiegeln Aktienkurse die Meinung von Anlegern über die zukünftigen Chancen und Risiken wider, die noch keine direkte Aussage über das Kreditrisiko von Unternehmen zulässt. Auch die Risikoprämie von Anleihen ermöglicht nur zu einem gewissen Grad Rückschlüsse auf die Bonität von Unternehmen. Wie die Ausführungen von *Schlecker* zeigen, bestehen die **Credit Spreads von Anleihen**, die i.d.R. als **Risikoprämie** bezeichnet werden, aus einer Ausfall-, Steuer-, Liquiditäts- und Risikokomponente. Mehrere Untersuchungen weisen dabei nach, dass die **Ausfallkomponente**, welche das eigentliche Kreditrisiko abbildet, **nur 9-20 % des Credit Spreads** von Anleihen mit einem A-Rating erklären.[20] Bis zu 80 % des Credit Spreads entfallen demnach auf andere Einflussfaktoren wie die Liquidität.

---

[17] Vgl. Menz (2010), S. 18 und Bank Sarasin & Cie AG (2012), S. 2.

[18] Vgl. Bassen u.a. (2006), Bauer u.a. (2009), Bauer/Hann (2010), Bradley u.a. (2007), Cheng u.a. (2011), Di Giulio u.a. (2007), Goss/Roberts (2007), Menz/Nelles (2009b), Oikonomou u.a. (2011) und Bank Sarasin & Cie AG (2012). Am häufigsten wurden bei diesen Studien die Datenbanken der Ratinganbieter KLD (heute MSCI) und SAM genutzt. Dies könnte damit zusammenhängen, dass diese Ratinganbieter über die längsten Datenhistorien verfügen (KLD seit 1990 und SAM seit 1999). Vgl. Schäfer u.a. (2006), S. 90 ff. Als statistische Analyseverfahren wurden dabei überwiegend Korrelations- und Diskriminanzanalysen genutzt.

[19] In der Studie wurden 732 Unternehmen aus dem US-amerikanischen Raum im Zeitraum von 1991 bis 2003 untersucht. Vgl. Goss/Roberts (2007), S. 10 f.

[20] Vgl. Schlecker (2009), S. 94 ff.

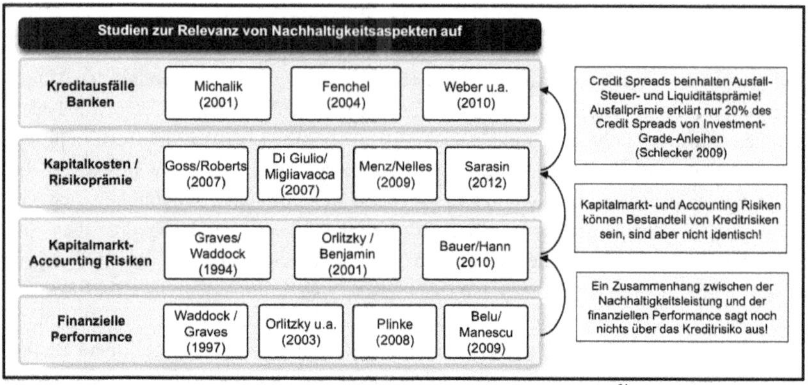

Abbildung 1.2: Verschiedene Indikatoren für Kreditrisiken[21]
Quelle: Eigene Darstellung in Anlehnung an Schäfer/Barthruff (2013), S. 307.

Wie die Übersicht aus Tabelle 1.1 zeigt, existieren bisher erst wenige Studien, welche die Wirkungszusammenhänge zwischen **Nachhaltigkeits- und Kreditrisiken** aus Sicht von Kreditinstituten untersuchen. In der nachfolgenden Tabelle 1.2 sind die Methodik sowie die Ergebnisse der bisherigen Studien zur Untersuchung der Relevanz von Nachhaltigkeitsaspekten für das **Firmenkundenkreditgeschäft von Banken** zusammengefasst.

[21] Als Indikator für die finanzielle Performance werden Aktienkurse und Performancekennzahlen wie der ROA, ROE oder der PE-Ratio genutzt. Vgl. Orlitzky u.a. (2003), Waddock/Graves (1997), Plinke (2008) und Belu/Manescu (2009). Als Indikator für Kapitalmarkt- und Accountingrisiken werden der Beta-Faktor und Kennzahlen wie der Verschuldungsgrad oder die Standardabweichungen von ROA, ROE oder Operating Income genutzt. Vgl. Orlitzky/Benjamin (2001), Graves/Waddock (1994) und Bauer/Hann (2010).

Autoren	Methodik	Ergebnisse
Weber, Scholz (1996)[22]	Umfrage / 274 Fragebögen bei Sparkassen & Landesbanken	**3-5 % aller Kreditausfälle durch Umweltrisiken** mitverursacht Relevanz von Umweltrisiken im Firmenkreditgeschäft nimmt zu Mangel an Instrumenten zur Bewertung von Umweltrisiken
Michalik (2001)[23]	Diskriminanzanalyse 28 Banken / 180 Kredite	Berücksichtigung von Nachhaltigkeitsaspekten führt zu einer **Verbesserung der Trefferquote** von Kreditausfällen (Alphafehler) **um** ca. **10 %** und einer Verschlechterung der Trefferquote guter Kredite (Betafehler) um 2,5 %
Weber, Scholz, Michalik (2010)[24]	Diskriminanz- & Regressionsanalyse 28 Banken / 180 Kredite	**Nachhaltigkeit kann Kreditrisiken erklären** **Verbesserung** der **Klassifizierung** von Krediten von 78,9 % auf 86,6 % durch die Berücksichtigung von Nachhaltigkeitsaspekten Hohe Erhebungskosten der Nachhaltigkeitsprüfung
Fenchel (2004)[25]	Umfrage / Fragebögen bei 50 Banken (25 UNEP vs. 25 nicht UNEP)	**Es existiert kein Standard bei der Nachhaltigkeitsprüfung** Es werden **unterschiedliche Kennzahlensysteme** zur Erfassung und Steuerung ökologischer Risiken verwendet Mehrheit der Banken schätzt Umweltrisiken qualitativ
Weber, Fenchel, Scholz (2008)[26]	Umfrage / Fragebögen bei 50 Banken (25 UNEP vs. 25 nicht UNEP)	**UNEP FI Banken berücksichtigen Umweltrisiken** im Firmenkundenkreditgeschäft **häufiger als nicht UNEP FI Banken** Keine konsequente Einbindung von Nachhaltigkeitsrisiken im Kreditgeschäft und **keine Übertragung auf die Preisgestaltung**
Chava (2011)[27]	Regressionsanalyse 200 Unternehmen / 2000-2007	**Höherer Risikozuschlag** bei US-Unternehmen mit **Umweltrisiken** Es beteiligen sich **weniger Banken** an **syndizierten Krediten** bei Unternehmen mit Umweltrisiken
Goss, Roberts (2009)[28]	Regressionsanalyse 7.436 Kredite / 1991-2006	US-Unternehmen mit einer **unterdurchschnittlichen Nachhaltigkeitsleistung** zahlen einen **5 bis 11 Basispunkte höheren Risikoaufschlag** bei Bankkrediten

Tabelle 1.2: Studien zur Relevanz von Nachhaltigkeitsrisiken im Kreditgeschäft
Quelle: Eigene Darstellung.[29]

Die Untersuchungen von *Weber und Scholz* zeigen, dass rund 3,2 % der Wertberichtigungsfälle im Sparkassensektor auf Umweltrisiken zurückzuführen sind.[30] In einer Studie unter 28 Sparkassen und Landesbanken, die Ausgangsbasis für die Veröffent-

[22] Vgl. Weber/Scholz (1996), S. 372 f.

[23] Vgl. Michalik (2001).

[24] Vgl. Weber u.a. (2010).

[25] Vgl. Fenchel (2004).

[26] Vgl. Weber u.a. (2005) und Weber u.a. (2008).

[27] Untersucht wurden über 200 Unternehmen aus den USA im Zeitraum zwischen 2000 und 2007. Als Datenbank wurden das Nachhaltigkeitsrating von KLD, eine Datenbank der Environmental Protection Agency (EPA) sowie die Datenbank Dealscan für Daten über die Bankkredite genutzt. Vgl. Chava (2011), S. 22.

[28] Im Rahmen der Studie wurden 7.436 Kredite an Unternehmen aus den USA im Zeitraum zwischen 1991 und 2006 untersucht. Als Indikator für die Nachhaltigkeitsleistung von Unternehmen wurde das Nachhaltigkeitsrating von KLD und zur Erhebung der Risikozuschläge für die Bankkredite die Datenbank Dealscan genutzt. Vgl. Goss/Roberts (2011), S. 31 f.

[29] Die meisten dieser Forschungsarbeiten sind im Umfeld der ETH Zürich entstanden. Vgl. Scholz (1995), Michalik (2001), Fenchel (2004), Weber u.a. (2008) und Weber u.a. (2010).

[30] Vgl. Weber/Scholz (1996), S. 372 f. Im Rahmen der Studie wurden 274 Mitarbeiter von Sparkassen mittels eines Fragebogens befragt.

lichungen von *Michalik* und *Weber u.a.* ist, wurde der Informationsgehalt von Nachhaltigkeitskennzahlen im Kreditgeschäft ermittelt. Auf Basis von 180 Kreditentscheidungen (mit 67 Kreditausfällen) konnte dabei gezeigt werden, dass sich die **Vorhersagegenauigkeit von Kreditausfällen** mithilfe von Umweltkennzahlen **um 10 % verbessern** lässt.[31] Die Arbeit von *Fenchel* befasst sich mit der systematischen Erfassung geeigneter Umweltkennzahlen für die Kreditbeurteilung sowie der Integration von Umweltrisiken in den Kreditrisikomanagementprozess (*Fenchel* und *Weber u.a.*).[32] Die Untersuchungen von *Chava* sowie von *Goss und Roberts* weisen nach, dass Unternehmen mit hohen Nachhaltigkeitsrisiken in den USA einen höheren Risikoaufschlag zahlen als Unternehmen mit geringen Nachhaltigkeitsrisiken. Darüber hinaus beteiligen sich i.d.R. weniger Banken an Konsortialkrediten bei Unternehmen mit hohen Umweltrisiken.[33]

Die Einordnung der Forschungsarbeiten zeigt, dass bisher erst wenige Studien existieren, welche die Untersuchung der Wirkungszusammenhänge zwischen Nachhaltigkeits- und Kreditrisiken aus Bankensicht im Fokus haben.[34] Darüber hinaus sind die Aussagen der bestehenden Studien begrenzt, da sie entweder nur eine Dimension der Nachhaltigkeit (*Weber und Scholz*) oder nur die Risikoprämie und nicht das Kreditrisiko betrachten (*Chava* sowie *Goss und Roberts*). Die Ergebnisse der Studien von Weber und Michalik weisen darauf hin, dass Nachhaltigkeitskennzahlen zur Einschätzung der Kreditwürdigkeit von Kreditnehmern genutzt werden können und sich die Vorhersagegenauigkeit von Kreditausfällen durch die Berücksichtigung von Nachhaltigkeitsrisiken verbessern lässt.[35] Bei beiden Untersuchungen kann jedoch bemängelt werden, dass die Ergebnisse auf der subjektiven Einschätzung von Kreditsachbearbeitern beruhen und **keine objektive Bewertung der Nachhaltigkeitsrisiken** durchgeführt wurde.

Offen bleibt daher die **empirische Untersuchung** der Wirkungszusammenhänge zwischen Nachhaltigkeits- und Kreditrisiken aus Bankenperspektive anhand einer objektiven Beurteilung der Nachhaltigkeitsrisiken von Unternehmen. Zudem zeigt die Auswertung der Studien, dass bereits einige Kreditinstitute Nachhaltigkeitsaspekte im Rahmen der Kreditvergabe berücksichtigen.[36] Die Gründe, warum Kreditinstitute Nachhaltigkeitsaspekte berücksichtigen und wie die operative Umsetzung der Nach-

---

[31] Von den 67 Kreditausfällen wurden 15 (22,4 %) fälschlicherweise als gute Kredite eingeordnet. Durch die Berücksichtigung von Umweltkennzahlen wären dagegen nur sieben (12,5 %) der ausgefallenen Kredite als gute Kredite klassifiziert worden. Vgl. Michalik (2001), S. 95 f. und Weber u.a. (2010), S. 39.

[32] Vgl. Fenchel (2004) und Weber u.a. (2008).

[33] Vgl. Chava (2011), S. 36 ff. und Goss/Roberts (2011), S. 31 f.

[34] Vgl. Menz/Nelles (2009b), S. 189.

[35] Vgl. Michalik (2001), und Weber u.a. (2010).

[36] Vgl. Weber/Scholz (1996), Fenchel (2004) und Weber u.a. (2010).

haltigkeitsprüfung im Firmenkundengeschäft ausgestaltet ist, wurde bisher nur rudimentär untersucht. Diese Forschungslücken sollen mit der vorliegenden Arbeit geschlossen werden.

1.2 Fragestellung und Zielsetzung der Arbeit

Ziel der vorliegenden Arbeit ist es zu untersuchen, inwieweit Nachhaltigkeitsaspekte einen Beitrag zur Vorhersage von **Kreditausfällen** leisten können. Zur besseren Lesbarkeit der Arbeit werden im Text Hervorhebungen vorgenommen. Der **Untersuchungsgegenstand** der Arbeit ist die Bonitätsbewertung im Firmenkundenkreditgeschäft von Banken mit Schwerpunkt auf dem deutschsprachigen Raum. Die Arbeit soll sowohl einen Beitrag zum Verständnis der **Relevanz von Nachhaltigkeitsaspekten für die Kreditvergabe** erbringen, als auch mögliche Ansätze zur **operativen Umsetzung** der **Nachhaltigkeitsprüfung** im Firmenkundenkreditgeschäft von Banken aufzeigen. Da der Klimawandel das zentrale Thema der Nachhaltigkeit darstellt und Klimarisiken i.d.R. nicht direkt von Unternehmen beeinflusst werden können,[37] liegt ein besonderer Schwerpunkt der Arbeit auf der Untersuchung der **Relevanz des Klimawandels** für die Geschäftsentwicklung von Unternehmen und den daraus resultierenden Kreditrisiken von Banken. Auf die Besonderheiten des Klimawandels wird daher in jedem Kapitel gesondert eingegangen.

Die Forschungsfrage lautet:

Kann durch die Berücksichtigung von Nachhaltigkeitskennzahlen im Kreditvergabeprozess die Vorhersage von Kreditausfällen verbessert werden?

Die zentrale **Forschungsfrage** lässt sich mit folgenden Unterfragestellungen konkretisieren:

1. Haben **nachhaltige, klimabewusste Unternehmen geringere Kreditrisiken** gegenüber Unternehmen mit hohen Nachhaltigkeits- und Klimarisiken?
2. Kann durch die zusätzliche Berücksichtigung von Nachhaltigkeitskriterien die **Vorhersagegenauigkeit von Kreditausfällen verbessert werden**?
3. Welche **Nachhaltigkeitskennzahlen** haben den höchsten **Erklärungsgehalt** für die Bewertung von **Kreditrisiken**?
4. Welche Auswirkung hat der Klimawandel auf die Bonität von Unternehmen?

[37] Siehe hierzu Kapitel 3.6 und 5.3.

5. Inwieweit **werden Nachhaltigkeitsaspekte bereits** bei der Kreditvergabe an Unternehmen **berücksichtigt** und **wie** werden diese Nachhaltigkeitskennzahlen **operationalisiert**?

Zur Klärung dieser Forschungsfragen werden die **Wirkungsmechanismen** zwischen unternehmerischer **Nachhaltigkeit** und der **Bonität** der Unternehmen sowohl theoretisch als auch empirisch untersucht.

1.3 Methodische Vorgehensweise und Aufbau der Arbeit

Nachdem das **Forschungsobjekt** (die Kreditvergabe im Firmenkundenkreditgeschäft von Banken) und das **Forschungsziel** (die Untersuchung der Relevanz von Nachhaltigkeitsrisiken für das Kreditgeschäft) definiert sind, wird im nächsten Schritt die **Forschungsmethode und der Aufbau der Arbeit** dargestellt.

In Kapitel 1.1 wurde gezeigt, dass die Gründe für die Berücksichtigung von Nachhaltigkeitsaspekten aus Sicht der Banken sowie die operative Umsetzung der Nachhaltigkeitsprüfung im Kreditvergabeprozess bisher kaum untersucht wurden. Aus diesem Grund wird in einem ersten Schritt die Relevanz von Nachhaltigkeitsrisiken für das Firmenkundenkreditgeschäft aus Sicht der Kreditgeber mithilfe einer **explorativen Untersuchung** näher beleuchtet. Dabei sollen auch erste Anhaltspunkte für ein Erklärungsmodell über den Zusammenhang zwischen Nachhaltigkeits- und Kreditrisiken geschaffen werden. Da die Einflussfaktoren für die Bonitätsbewertung im Kreditgeschäft historisch und regulatorisch gesehen i.d.R. empirisch ermittelt werden, erfolgt im zweiten Schritt eine empirische Untersuchung der Wirkungszusammenhänge zwischen Nachhaltigkeits- und Kreditrisiken anhand verschiedener Datensätze zur objektiven Beurteilung der Nachhaltigkeitsrisiken und der Bonität von Unternehmen. Die Forschungsmethode beinhaltet daher neben der explorativen Untersuchung auch eine **empirische Untersuchung** der Wirkungszusammenhänge zwischen Nachhaltigkeits- und den Kreditrisiken von Unternehmen.

Kapitel 2 liefert dabei zunächst die notwendigen Grundlagen zur Bewertung von Kreditrisiken im Firmenkundenkreditgeschäft von Banken, die für das weitere Verständnis der Herleitung der Wirkungszusammenhänge erforderlich sind. In **Kapitel 3** wird danach eine Definition des uneinheitlichen und vielseitig verwendeten Begriffs der **„Nachhaltigkeit“** im Kontext dieser Arbeit vorgenommen. Dabei wird auch auf die zunehmende Relevanz des Klimawandels als das zentrale Thema der Nachhaltigkeit und die daraus resultierenden Chancen und Risiken für das wirtschaftliche Umfeld von Unternehmen eingegangen.

Der **Hauptteil der Arbeit** besteht aus der **explorativen Untersuchung** (Kapitel 4), der **theoretischen Herleitung** (Kapitel 5) und der **empirischen Untersuchung** (Kapitel 6) der Wirkungszusammenhänge zwischen Nachhaltigkeitsrisiken und der Bonität von

Unternehmen. Mithilfe der explorativen Untersuchung wird in **Kapitel 4** ein Überblick über den Status quo zur Berücksichtigung von Nachhaltigkeitsaspekten im Firmenkundenkreditgeschäft von Banken im deutschsprachigen Raum vermittelt. Zur Beantwortung der Forschungsfrage fünf werden auf Basis einer **Primärdatenerhebung** anhand von **Experteninterviews** zum einen die Gründe der Banken für die Berücksichtigung von Nachhaltigkeitsaspekten im Kreditgeschäft und zum anderen die operativen Prozesse zur Umsetzung einer Nachhaltigkeitsprüfung im Kreditgeschäft genauer analysiert. Dabei wird auch untersucht, ob sich die Berücksichtigung von Nachhaltigkeitsrisiken im Firmenkundenkreditgeschäft in geringeren Kreditausfallraten niederschlägt (Forschungsfrage zwei).

Zur theoretischen Fundierung werden in **Kapitel 5** die Wirkungsmechanismen zwischen Nachhaltigkeits- und Kreditrisiken genauer analysiert. Im ersten Schritt werden die Nachhaltigkeitsrisiken auf Ebene des Kreditnehmers klassifiziert, um daraus deskriptive, explikative und präskriptive Aussagen über die **Kausalzusammenhänge** treffen zu können. Im zweiten Schritt werden die Nachhaltigkeitsrisiken auf die Perspektive des Kreditgebers übertragen. Zur Untersuchung der Forschungsfrage vier wird dabei im Besonderen auch auf die aus dem Klimawandel resultierenden zunehmenden ökonomischen Chancen und Risiken eingegangen und deren zunehmend systematische Auswirkung auf das Kreditrisiko aufgezeigt.

Im Anschluss an die theoretische Fundierung erfolgt in **Kapitel 6** eine **empirische Untersuchung** der Kausalzusammenhänge, um diese empirisch nachzuweisen. Hierzu werden anhand einer **Sekundärdatenanalyse** mehrere Datensätze von auf Nachhaltigkeitsratings spezialisierten Ratingagenturen mit klassischen Kennzahlen aus dem Kreditrating zusammengeführt, aggregiert und ausgewertet. Zur Berücksichtigung der Relevanz des Klimawandels wird der Datensatz um branchenspezifische Klimarisiken erweitert. Auf Basis der so gewonnenen homogenen Stichprobe wird die Relevanz von Nachhaltigkeitsrisiken für die Bonitätsbewertung anhand von **Querschnittsanalysen** und **Zeitreihenanalysen** untersucht. Im Gegensatz zur theoretischen Begründung der Relevanz von Nachhaltigkeitsaspekten für die Bonität von Unternehmen kann mithilfe der **empirischen Untersuchung** auch die **Wirkungsrichtung** und die **Stärke der Wirkungszusammenhänge** analysiert werden. Somit können Aussagen darüber generiert werden, ob es sich bei Nachhaltigkeitsrisiken tatsächlich um relevante Faktoren für die Bonitätsbewertung im Firmenkundenkreditgeschäft handelt (Forschungsfrage eins) und welche Nachhaltigkeitskennzahlen den höchsten Erklärungsgehalt für die Bewertung von Kreditrisiken aufweisen (Forschungsfrage drei).

In **Kapitel 7** erfolgt eine **Zusammenfassung** der gewonnenen theoretischen und empirischen Erkenntnisse sowie eine Darstellung der daraus resultierenden Schlussfolgerungen für das Kreditgeschäft von Banken. Daran anknüpfend wird ein **Forschungsausblick** mit weiteren offenen Fragen gegeben. Nachfolgende Abbildung 1.3 zeigt den Aufbau der Arbeit.

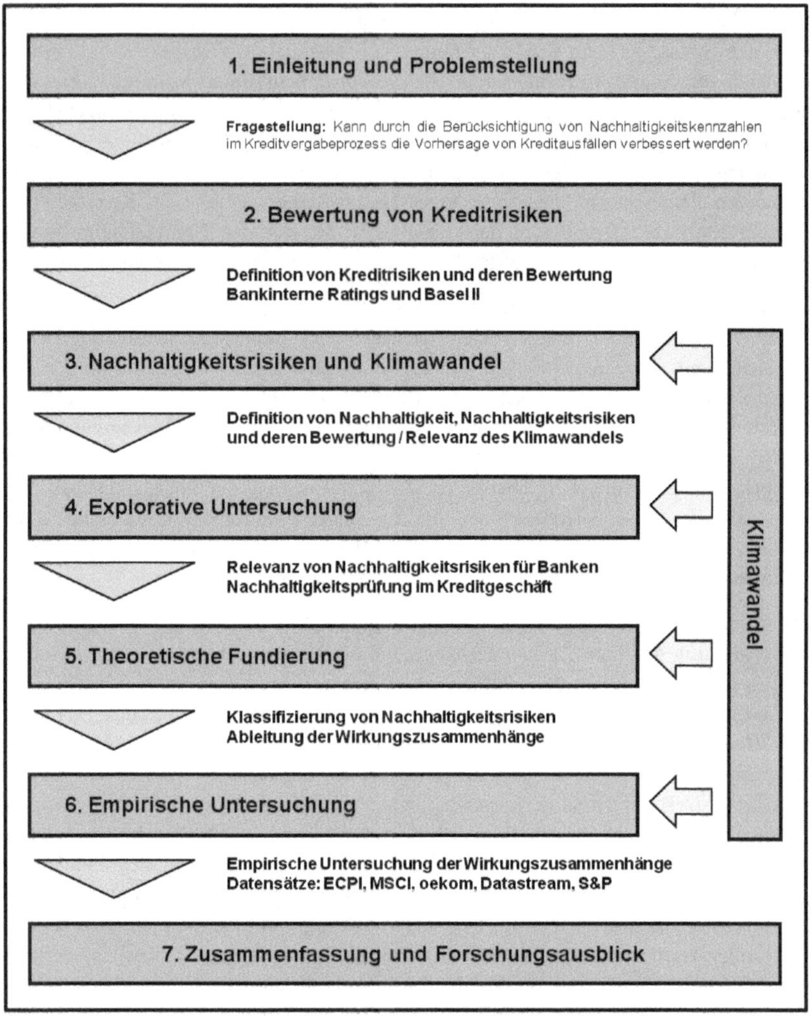

Abbildung 1.3: Aufbau der Arbeit

2 Bewertung von Kreditrisiken

Um die Wirkungszusammenhänge zwischen Nachhaltigkeits- und Kreditrisiken untersuchen zu können, muss zunächst geklärt werden, was unter einem Kreditrisiko zu verstehen ist und wie Kreditrisiken gemessen und quantifiziert werden. Dazu werden in diesem Kapitel zunächst die Grundlagen der Bewertung von Kreditrisiken vorgestellt. Hierzu erfolgt in Kapitel 2.1 die **Definition und Abgrenzung** der dafür notwendigen **zentralen Begriffe**. In Kapitel 2.2 wird die Bewertung von Kreditrisiken im Firmenkundenkreditgeschäft von Banken näher untersucht und anschließend vor dem Hintergrund des Basler Akkords für Bankenaufsicht spezifiziert (Kapitel 2.3).

2.1 Definition und Abgrenzung zentraler Begriffe

„Die Aufgabe einer Definition ist die Annäherung an einen uneinheitlichen Begriff."[38] Für eine Auseinandersetzung mit der Bewertung von Kreditrisiken ist es erforderlich, die damit verbundenen relevanten Begriffe näher zu erläutern.

2.1.1 Definition des Risikobegriffs

Umgangssprachlich wird mit dem Begriff „Risiko" fast ausschließlich eine negative Abweichung von einem Erwartungswert (auch Sollwert genannt) assoziiert. Da in der Realität jedoch meistens keine asymmetrische Verteilung der Abweichung von einem Erwartungswert vorliegt, muss im Sinne einer umfassenden Risikodefinition auch die Chance einer positiven Zielabweichung berücksichtigt werden.[39] Zur Ermittlung von Risiken ist das Wissen über die relevanten **Einflussfaktoren** sowie deren **Auswirkung** relevant.[40] Beide Komponenten unterliegen dabei höchst unterschiedlicher Komplexität und Dynamik.

Die Komplexität wird dabei durch die:

- **Anzahl** der relevanten **Einflussfaktoren**
- Art der **Verteilung** dieser Faktoren sowie
- deren **Interdependenz**

bestimmt. Mit zunehmender Komplexität verschlechtert sich die Quantifizierbarkeit der Ergebnisse. Die Dynamik beschreibt dagegen die Veränderung der Einflussfaktoren und

[38] Volk (2008), S. 7.
[39] Vgl. Weber u.a. (1999), S. 1710 ff.
[40] Vgl. Liekweg (2003), S. 66 f.

deren Auswirkung im Hinblick auf die Zeit.[41] So könnte z. B. der Klimawandel die Einflussfaktoren und deren Auswirkung verändern.

2.1.2 Definition von Kreditrisiken

Der Begriff „**Kredit**“ leitet sich aus dem lateinischen „credere“ ab, was übersetzt „glauben“ oder „anvertrauen“ bedeutet.[42] Unter einem Kredit versteht man den Tausch gegenwärtiger Güter wie Geld (Banknoten, Münzen oder Giralgeld) oder Sachen (Warenkredit) gegen zukünftige Güter.[43] Gewährt ein Kreditgeber z. B. eine Bank einem Kreditnehmer z. B. einem Unternehmen einen Kredit, vertraut er auf die **Leistungsfähigkeit** und **Willigkeit** des Schuldners, seinen **Zins-** und **Tilgungszahlungen** vollständig und fristgerecht **nachzukommen**.[44] Das Kreditrisiko bezeichnet dabei das Risiko, dass der Kreditnehmer den aus dem Kreditvertrag entstandenen Zahlungsverpflichtungen nicht oder nur unzureichend nachkommt. „Für die Kreditwirtschaft stellt das Kreditrisiko das charakteristische Risiko schlechthin dar ...“.[45] Beim Kreditrisiko kann zwischen aktiven und passiven Kreditrisiken unterschieden werden.[46] **Aktive Kreditrisiken**, welche auch als Kreditrisiken im engeren Sinn bezeichnet werden, bestehen aus dem Ausfallrisiko, dem Liquiditätsrisiko und dem Besicherungsrisiko.[47] Das **Ausfallrisiko** (auch Kreditnehmerausfallrisiko) beschreibt das Risiko eines Forderungsausfalls (Zins- oder Tilgungsverpflichtungen) aufgrund einer Zahlungsunfähigkeit oder -unwilligkeit eines Kreditnehmers. Das **Liquiditätsrisiko** (auch Terminrisiko genannt) hingegen besteht in dem Risiko, dass der Kreditnehmer die Zahlungsverpflichtungen nicht termingerecht erfüllt.[48] *Gleißner* unterscheidet in diesem Zusammenhang das Risiko einer Überschuldung (Ausfallrisiko) und das Risiko einer Illiquidität (Liquiditätsrisiko).[49] Das Ausfallrisiko und das Liquiditätsrisiko bilden zusammen das Bonitätsrisiko.[50] Werden in einem Kreditvertrag Sicherheiten vereinbart, besteht zudem ein **Besicherungsrisiko** (auch Sicherheitenrisiko oder Sicherungsrisiko). Fällt ein Kreditnehmer aus, so besteht das Risiko, dass die gestellten Kreditsicherheiten

---

[41] Vgl. Liekweg (2003), S. 70.
[42] Vgl. Läger (2002), S. 12, sowie vgl. Brakensiek (1991), S. 91.
[43] Dabei kann zwischen dem Buchkredit (direktes Darlehen im rechtlichen Sinne, z. B. §§ 607 ff. BGB) und einem verbrieften Kredit (Kaufvertrag über Kredittitel, z. B. §§ 433 ff. BGB) unterschieden werden. Vgl. Everling u.a. (Hrsg., 2009), S. V.
[44] Vgl. Schlecker (2009), S. 33 ff.
[45] Vgl. Keidel (1997), S. 10.
[46] Teilweise werden auch andere Einteilungen vorgenommen. So spricht *Heidorn* anstatt von aktiven Kreditrisiken von Adressenrisiken und anstatt von passiven Kreditrisiken von Marktrisiken. Vgl. Heidorn (2009), S. 286 und Schüler (2002), S. 91. Andere Autoren sprechen von originären und derivativen Kreditrisiken. Vgl. Schiller/Tytko (2001), S. 6.
[47] Vgl. Schmoll (1992), S. 16 ff.
[48] Vgl. Läger (2002), S. 20.
[49] Vgl. Gleißner/Bemmann (2008), S. 6 und Blum/Gleißner (2006), S. 174.
[50] Vgl. Schmoll (1992), S. 16 ff.

bei ihrer Verwertung durch den Kreditgeber nicht den erwarteten Erlös erbringen, der zur Erfüllung der ausstehenden Forderungen notwendig ist.[51] Besicherungsrisiken bestehen also in der Gefahr von Wertschwankungen der einem Kredit zugrunde gelegten Sicherheiten.[52] **Passive Kreditrisiken**, welche auch als Marktrisiken bezeichnet werden, können in Form von Zinsänderungen, Wechselkursänderungen oder einer Inflation bestehen.[53] Passive Kreditrisiken sind nicht Gegenstand dieser Arbeit, da sie nicht vom Unternehmen selbst beeinflusst werden, sondern externen Gegebenheiten unterliegen.[54] Abbildung 2.1 gibt einen Überblick über die Unterteilung von Kreditrisiken.

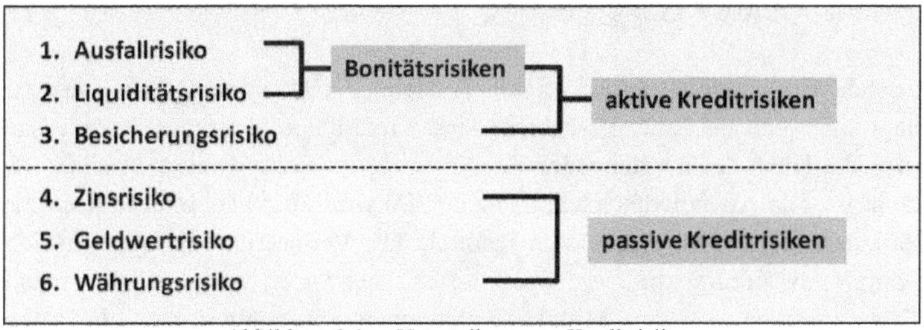

Abbildung 2.1: Unterteilung von Kreditrisiken
Quelle: Eigene Darstellung in Anlehnung an Schmoll (1992), S. 19 ff.

2.1.3 Quantifizierung von Kreditrisiken

Bonitätsrisiken werden i.d.R. mithilfe der sogenannten Ausfallwahrscheinlichkeit zum Ausdruck gebracht. Die Ausfallwahrscheinlichkeit an sich lässt jedoch noch keinen Rückschluss auf das Kreditrisiko zu, da z. B. im Zuge eines Insolvenzverfahrens Teile der ausstehenden Forderungen durch den Erlös von Unternehmensaktiva (Sicherheiten) beglichen werden können. Zur Quantifizierung des Kreditrisikos ist daher neben der Ausfallwahrscheinlichkeit auch die Verlustquote bei einem Ausfall relevant. Die Wahrscheinlichkeit, mit der ein Kredit ausfällt, wird in der englischsprachigen Fachliteratur meist mit PD oder POD (Probability of Default) abgekürzt. Die Verlustquote bei einem Ausfall (engl. Loss given Default (LGD)) gibt hingegen den Prozentsatz des Kreditbetrags an, der im Fall einer dauerhaften Zahlungsstörung nicht mehr zurück-

[51] Vgl. Läger (2002), S. 21. Ein klassisches Beispiel ist die Grundschuld als Sicherheit eines Kredit für ein Fabrikgebäude, das nach einem Brand (der nicht durch eine Versicherung gedeckt ist) bei der Verwertung nicht den erwarteten Erlös erbringt. Für weitere Informationen zu Kreditsicherheiten und ihrem Einsatz siehe Boeckers u.a. (1997), Sittmann (1999) und Terberger (1999).

[52] Vgl. Steinbrügge (2008), S. 86. Das Besicherungsrisiko wird für einen Kreditgeber erst relevant, wenn ein Kreditausfall eingetreten ist. Vgl. Wiegel (1985), S. 56.

[53] Vgl. Heidorn (2009), S. 286.

[54] Eine ausführliche Darstellung zu Zinsrisiken, Wechselkursrisiken und deren Absicherung findet sich bei Schäfer/Barthruff (2011), S. 18 ff.

erlangt werden kann. Das Gegenstück zur Verlustquote ist die sogenannte Wiederbeschaffungsquote (engl. Recovery Rate (RR)). Sie gibt den Prozentsatz der Gläubigerforderung an, der z. B. nach Abwicklung eines Insolvenzverfahrens aus der Insolvenzmasse beglichen werden kann.[55]

Ex ante kann zwischen erwarteten und unerwarteten Verlusten unterschieden werden. Der erwartete Verlust (Expected Loss (EL)) ergibt sich aus dem ausstehenden Kreditbetrag (Exposure at Default (EAD)) multipliziert mit der Verlustquote (LGD) und der Ausfallwahrscheinlichkeit (PD):[56]

$$EL = EAD * LGD * PD \tag{2.1}$$

Der ausstehende Kreditbetrag bei einem Ausfall (**EAD**) ist i.d.R. im Kreditvertrag festgelegt und somit bekannt. Ausnahmen sind Kreditlinien und revolvierende Kredite, bei denen die Höhe des ausstehenden Kreditbetrags im Rahmen eines Ausfalls (EDA) unbekannt ist. Die Ausfallwahrscheinlichkeit (**PD**) wird über bankinterne Kreditratings oder Ratings externer Ratingagenturen ermittelt. Die Verlustquote (**LGD**) wird idealerweise durch das Kreditinstitut auf Basis historischer Daten berechnet und entspricht dem Erwartungswert, der im Mittel bei ähnlichen Forderungen ausfällt. Alternativ können nach Basel II auch durch die Bankenaufsicht für verschiedene Schuldnerklassen vorgegebene Standardwerte genutzt werden, siehe hierzu Kapitel 2.3.2.1. Die Verlustquote kann durch Sicherheiten, Bürgschaften oder die Rangfolge der Forderung beeinflusst werden. Da es sich beim erwarteten Verlust (EL) um den Erwartungswert im statistischen Sinne handelt, wird der tatsächliche Verlust i.d.R. vom erwarteten Verlust abweichen. Aus diesem Grund wird als weitere Kennzahl der sogenannte unerwartete Verlust (engl. Unexpected Loss, (UL)) angegeben. Der unerwartete Verlust wird üblicherweise als Standardabweichung der Verluste vom Erwartungswert deklariert:[57]

$$UL = \sigma_{EL} = \sqrt{Var(EAD * LGD * PD)} \tag{2.2}$$

Wird EAD als konstant angenommen, gilt:

$$UL = EAD\sqrt{Var(LGD * PD)} \tag{2.3}$$

Mit: EL: Erwarteter Verlust (Expected Loss)
UL: Unerwarteter Verlust (Unexpected Loss)

[55] Vgl. Schlecker (2009), S. 35 f., Szczesny (2003), S. 28. Für die Wiederbeschaffungsquote gilt RR = 1 – LGD vgl. Läger (2002), S. 101.
[56] Vgl. Läger (2002), S. 99 ff.
[57] Vgl. Läger (2002), S. 101 ff.

EAD: Ausstehender Kreditbetrag (Exposure at Default)
LGD: Verlustquote (Loss given Default)
PD: Ausfallwahrscheinlichkeit (Probability of Default)

Bei der Quantifizierung von Kreditrisiken wird häufig auch zwischen der Quantitäts- und der Intensitätsdimension unterschieden. Die Quantitätsdimension eines Ausfalls ergibt sich aus der Verlustquote und dem ausstehenden Kreditbetrag. Sie bezeichnet den Geldbetrag, der im Falle eines Kreditausfalls in Form eines Verlust realisiert wird. Die Intensitätsdimension von Kreditausfällen wird mit der Ausfallwahrscheinlichkeit (PD) angegeben.[58] Festzuhalten ist, dass der erwartete Verlust (EL) auch bei hoher Ausfallwahrscheinlichkeit des Kreditnehmers geringe Werte annehmen kann, wenn die Verlustquote z. B. durch Sicherheiten oder Bürgschaften begrenzt ist. Für die Quantifizierung von Kreditrisiken sind also immer beide Dimensionen ausschlaggebend.

2.1.4 Definition eines Kreditausfalls

Ein Zahlungsausfall (englisch „default“) liegt vor, wenn die Zinszahlung oder Tilgung durch den Schuldner nicht fristgerecht geleistet wird oder vollständig ausbleibt. Dabei ist zunächst einmal unerheblich, ob der Zahlungsausfall durch eine wirtschaftliche Zahlungsunfähigkeit oder eine Zahlungsunwilligkeit des Schuldners entsteht.[59] Das deutsche Recht unterscheidet hierbei zwischen einer Zahlungsunfähigkeit, einer drohenden Zahlungsunfähigkeit sowie einer Überschuldung des Schuldners. Von einer Zahlungsunfähigkeit ist auszugehen, wenn der Schuldner seine Zahlungen einstellt. Eine Überschuldung liegt hingegen vor, wenn das Vermögen des Schuldners nicht mehr ausreicht, um seine Verbindlichkeiten zu decken.[60]

2.1.5 Definition von Ratings

Um einen so vielseitigen Begriff wie den des Ratings definieren zu können, bedarf es zunächst einer Abgrenzung des thematischen Umfelds. Der Begriff „Rating“ stammt aus dem angloamerikanischen Sprachraum und wird für unterschiedliche Sachverhalte verwendet.[61] Ganz allgemein bezeichnet ein Rating im ökonomischen Sinne ein „ …

---

[58] Vgl. Läger (2002), S. 101 f.

[59] Vgl. Lubig (2009), S. 35 f.

[60] Vgl. §§ 17-19 InsO (2013). Bei der Bewertung des Vermögens wird der zukünftige Unternehmenswert zugrunde gelegt. Eine bilanzielle Überschuldung ist somit noch kein Insolvenzgrund, solange eine positive Fortführungsprognose besteht. Vgl. § 19 InsO (2013).

[61] So werden Ratings z. B. zur Ermittlung der Einschaltquoten von Fernsehsendungen oder der Einteilung von Mannschaftsdienstgraden bei der Marine verwendet. Vgl. Munsch/Weiß (2004), S. 15. Eine Aufzählung weiterer Anwendungsfelder findet sich in Serfling u.a. (1996).

Beurteilungsverfahren, das Bewertungsobjekte hinsichtlich einer bestimmten Zielsetzung in eine ordinale Rangordnung bringt."[62]

Aus finanzwirtschaftlicher Sicht versteht man unter einem (Kredit-) Rating[63] die **Beurteilung** eines **Unternehmens** (issuer Rating) oder eines **Finanztitels** (issue Rating) nach im Vorfeld festgelegten Kriterien sowie einer Klassifikation bzw. Benotung auf einer Ordinalskala.[64] Im Rahmen dieser Arbeit steht das Unternehmen als Bewertungsobjekt im Mittelpunkt.

Nach der Definition von *Everling und Sarcher* kann ein **Rating** sowohl als der **Prozess** als auch das **Ergebnis** der Bewertung der Kreditwürdigkeit eines Unternehmens verstanden werden.[65]

Mit einem Rating wird also die Klassifizierung eines Schuldners entsprechend seiner Bonität und damit seiner Kreditwürdigkeit zum Ausdruck gebracht. Finanzmathematisch genauer ausgedrückt handelt es sich hierbei um eine in standardisierten Symbolen ausgedrückte Einschätzung der Wahrscheinlichkeit eines Kreditausfalls.[66] Um zu einem Ratingurteil zu gelangen, werden zahlreiche Informationen zu einer Gesamtratingnote verdichtet. Ratings aggregieren also komplexe Informationen und vereinfachen somit den Vergleich der Bonität unterschiedlicher Unternehmen über Ratingklassen. Ein weiteres Charakteristikum des Ratings ist, dass ein Rating per se kein absolutes und finales Urteil, sondern eine Einschätzung bzw. eine **Meinung** zum Zeitpunkt der Ratingerstellung darstellt. Somit sind Ratings grundsätzlich Bewertungen ohne rechtlichen Anspruch auf eine überprüfbare Richtigkeit.[67]

Everling und Bargende definieren ein Rating als ein „ … Symbol oder eine semantische Verkettung von Zeichen einer festgelegten Skala … über die wirtschaftliche Fähigkeit und die rechtliche Bindung eines Schuldners, alle zwingend fälligen Zahlungsverpflichtungen (oder die mit einem bestimmten Finanztitel verbunden zwingend fälligen Zahlungsverpflichtungen) vollständig und rechtzeitig zu erfüllen."[68]

Laut *Schlecker* ist ein „ … Rating eine durch spezielle Symbole ausgedrückte Meinung bezüglich der Fähigkeit eines Emittenten, den vereinbarten Zins- und Tilgungszahlungen vollständig und rechtzeitig nachzukommen."[69]

---

[62] Serfling u.a. (1996), S. 632.
[63] Im Folgenden bezieht sich der Begriff Rating immer auf das Kreditrating. Im Kapitel 6 wird daneben auch auf das Nachhaltigkeitsrating Bezug genommen.
[64] Vgl. Rudolph (2006), S. 405.
[65] Vgl. Everling/Sarcher (2003), S. 7.
[66] Vgl. Munsch/Weiß (2004), S. 11.
[67] Vgl. Everling/Sarcher (2003), S. 181 f., vgl. Ebenroth/Koos (1996), S. 488 f.
[68] Everling/Bargende (2005), S. 262.
[69] Schlecker (2009), S. 37.

Ein Ratingsystem wird durch die deutsche Gesetzgebung definiert als „ ... die Gesamtheit aller Methoden, Verfahrensabläufe, Steuerungs- und Überwachungsprozeduren und Datenerfassungs- und Datenverarbeitungssysteme, die die Einschätzung von Adressrisiken, die Zuordnung … zu Ratingstufen oder Risikopools (Rating) und die Quantifizierung von Ausfall- und Verlustschätzungen … unterstützen.“[70]

2.1.6 Relevanz des Ratings

Noch bis zum Ende des letzten Jahrhunderts war das Kreditgeschäft der Banken durch den Dualismus kreditwürdiger und nicht kreditwürdiger Kunden geprägt. Mit dem Rating hat sich das Kreditgeschäft dahin gehend verändert, dass es bei der Bonitätsbewertung nunmehr zu einer **Nuancierung** von Graustufen **zwischen insolventen und solventen Unternehmen** kommt. Mit der Abbildung einer Ausfallrate auf einer Ratingskala erhält das Rating eine zentrale Bedeutung bei der Zins- und Konditionengestaltung sowie der Forderung von Sicherheitsleistungen des Kreditnehmers.[71] Für Banken sind Ratings damit zu einem international anerkannten und standardisierten Instrument geworden, um die Bonität ihrer Kunden zu klassifizieren.[72] Aus Sichtweise der modernen Finanzierungstheorie kann ein Rating als ein Informations-, Anreiz- oder Überwachungsinstrument dienen. Erfolgreich eingesetzt kann es dabei helfen, Informationsasymmetrien und die damit einhergehenden verhaltensbedingten Unsicherheiten der Kapitalgeber abzubauen.[73] Zur Reduzierung von Informationsasymmetrien ist jedoch eine glaubwürdige Übertragung von Informationen notwendig. Die Ratingurteile externer Ratingeinrichtungen helfen hierbei, indem sie unabhängige Informationen zur Verfügung stellen. Ratings haben somit ein **Signallingpotenzial** indem sie interne Informationen extern zugänglich machen und Informationsasymmetrien zu verringern.[74]

2.1.7 Ratingsymbole und ihre Bedeutung

Ein Ratingsymbol ist ein in Buchstaben oder Ziffern ausgedrücktes Ergebnis des Ratingverfahrens, welches umgangssprachlich als Rating bezeichnet wird. Mit diesem

[70] § 60 Abs. 1 SolvV (2012).
[71] Vgl. Everling u.a. (Hrsg., 2009), S. Vorwort.
[72] Vgl. Gleißner/Leibbrand (2004), S. 369.
[73] Vgl. Schäfer/Lindenmayer (2004), S. 11 sowie Schäfer (2002).
[74] Vgl. Heinke/Steiner (2007), S. 655 ff. Die Erklärung der Relevanz von Ratingagenturen wird i.d.R. über die Principal-Agent-Theorie vorgenommen. Ein Rating führt im Sinne der Principal-Agent-Theorie dazu, dass sich die Unsicherheit des Kreditgebers (Principal) bezüglich der Erfüllung der aus dem Kreditvertrag ergebenden Verpflichtungen durch den Kreditnehmer (Agent) reduziert wird. Vgl. Heinke/Steiner (2007), S. 684 ff. Eine ausführliche Auseinandersetzung der Auswirkung von Ratings auf die Informationsverteilung zwischen Kapitalmarktteilnehmern findet sich bei Wagner (1991), S. 69 ff. Für weiterführende Informationen zur Principal-Agent-Problematik siehe u. a. Perridon u.a. (2012), S. 571 ff., Jensen/Meckling (1976), S. 305 ff. und Stiglitz/Weiss (1981), S. 393.

Rating (Ratingsymbol) wird die Meinung einer Bank oder einer Ratingagentur über die Bonität bzw. das Risiko einer Zahlungsunfähigkeit des bewerteten Unternehmens (Ratingobjekt) ausgedrückt. Neben dieser absoluten Einschätzung des Risikos eines Kreditausfalls wird durch diese standardisierten, einheitlichen Ratingsymbole auch eine relative Vergleichbarkeit der Unternehmen untereinander ermöglicht (Benchmarking).[75] Tabelle 2.1 gibt einen Überblick über die von den Ratingagenturen S&P,[76] Moody's[77] und Fitch[78] verwendeten Ratingsymbole.

	Moody's	S&P	Fitch	Bedeutung der Symbole: Schuldtitel bietet
Investment grade	Aaa	AAA	AAA	außergewöhnliche finanzielle Sicherheit der Zins- und Tilgungszahlungen. Änderungen verschiedener ökonomischer Rahmenbedingungen führen nur höchst unwahrscheinlich zu einer Änderung der fundamental starken Position dieser Emission.
	Aa	AA	AA	sehr gute finanzielle Sicherheit der Zins- und Tilgungszahlungen. Die Fähigkeit zur Befriedigung der ausstehenden Ansprüche unterscheidet sich nur aufgrund der etwas höher einzuschätzenden langfristigen Risiken und ist auch unter veränderten ökonomischen Rahmenbedingungen stark.
	A	A	A	gute finanzielle Sicherheit, aber die Fähigkeit zur Befriedigung der Ansprüche ist empfindlicher gegen unerwartete negative Umweltentwicklungen als in den oberen Stufen .
	Baa	BBB	BBB	angemessene finanzielle Sicherheit. Allerdings können fehlende oder unverlässliche Sicherungselemente zu einer Empfindlichkeit der Zahlungsfähigkeit gegenüber unerwarteten negativen Umweltentwicklungen führen.
Speculative grade	Ba	BB	BB	unzureichende finanzielle Sicherheit und enthält spekulative Elemente. Das Standing der Emission ist mäßig und damit insbesondere bei langfristigen Verpflichtungen nicht voll gesichert und empfindlich gegenüber negativen ökonomischen Umweltentwicklungen.
	B	B	B	nur eine schwache finanzielle Sicherheit. Zwar besteht augenblickliche Zahlungsfähigkeit, aber längerfristig sind starke Gefährdungselemente vorhanden.
	Caa	CCC	CCC	sehr schwache finanzielle Sicherheit. Die gegenwärtige Zahlungsfähigkeit kann nur unter weiterhin günstigen ökonomischen Umweltbedingungen aufrechterhalten werden. Bei unerwarteten negativen Umweltentwicklungen sind rechtzeitige Zins- und Tilgungszahlungen fraglich.
	Ca	CC	CC	sehr schwache finanzielle Sicherheit. Die Zahlungsfähigkeit ist bereits stärker eingeschränkt. Bei unerwarteten negativen Umweltentwicklungen sind Zahlungsstörungen sehr wahrscheinlich.
	C	C	C	extrem schwache finanzielle Sicherheit. Zahlungsschwierigkeiten oder Insolvenzverfahren bereits eröffnet, aber Zahlungen werden noch fortgeführt.
		D	RD	hochspekulative Zahlungen. Sie sind bereits in Verzug oder der Kapitaldienst ist durch andere Vertragsverletzungen bereits akut gefährdet.
			D	niedrigste finanzielle Sicherheit. Zahlungen sind bereits eingestellt, oder Schuldtitel hat extrem schwache Zukunftsaussichten, niemals wieder finanzielle Sicherheit zu bieten.

Tabelle 2.1: Klassen und Definition langfristiger Emissions- und Emittentenratings
Quelle: Eigene Darstellung in Anlehnung an Wappenschmidt (2009), S. 9 und Perridon u.a. (2012), S. 199.[79]

---

75 Vgl. Lubig (2009), S. 41 f. Bei Kreditratings wird häufig auch zwischen kurzfristigen Ratings für Laufzeiten von weniger als einem Jahr und langfristigen Ratings für Laufzeiten über einem Jahr unterschieden.

76 Vgl. Standard & Poor's (2011), S. 10.

77 Vgl. Moody's Investor Service (2011), S. 4 ff.

78 Vgl. Fitch Ratings (2011), S. 9 f.

79 Die Angaben der Tabelle wurden am 04.01.2013 mit den Angaben auf den Internetseiten der Ratingagenturen abgeglichen.

2.1.8 Ziele, Funktionen und Anwendungsbereiche von Ratings

Das Ziel eines Ratings ist es, eine verlässliche Risikoanalyse zu schaffen, um die Risikokosten und das Pricing eines Kredits zu ermitteln.[80] Das Ratingurteil stellt dabei für den Kapitalgeber ein Indikator für das nicht beobachtbare zukünftige Ausfallrisiko dar. Empirische Untersuchungen zeigen, dass Kreditratings in der Vergangenheit einen hochgradig zuverlässigen Indikator für das Ausfallrisikos darstellen.[81] Abbildung 2.2 zeigt die langjährigen durchschnittlichen einjährigen Kreditausfallraten der Ratingagentur S&P.[82]

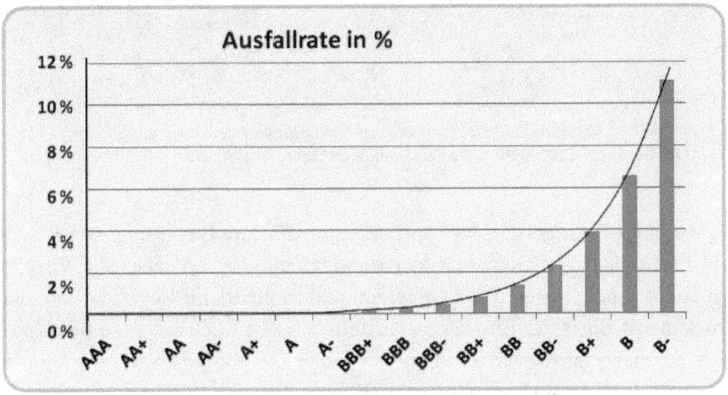

Abbildung 2.2: Durchschnittliche einjährige Ausfallrate
Quelle: Eigene Darstellung in Anlehnung an Behr/Güttler (2004), S. 11.

Aus der Abbildung wird erkennbar, dass die Ausfallraten exponentiell zunehmen. Entsprechend der Rendite-Risiko-Relation verlangen Kreditgeber bei einer erwarteten höheren Ausfallrate auch eine höhere risikoabhängige Verzinsung, den sogenannten Kreditspread.[83] Abbildung 2.3 verdeutlicht den positiven Zusammenhang zwischen der Verschlechterung der Ratingnote und dem Anstieg der Kreditspreads. Zur Berechnung der Kreditspreads wurde der Durchschnitt der Emissionsspreads (Fremdkapitalkosten über dem risikolosen Zinssatz) von 3.403 Unternehmen im Zeitraum zwischen 1991 und 2001 ermittelt.[84]

---

[80] Vgl. Hartmann/Schwarzhaupt (2007), S. 27.

[81] Vgl. Schäfer/Lindenmayer (2004), S. 25.

[82] Vgl. Behr/Güttler (2004), S. 11. Vergleichbare Ausfallraten finden sich auch bei Schäfer/Lindenmayer (2004), S. 25, Heinke/Steiner (2007), S. 682 und Standard & Poor's (2008), S. 14. Da bankinterne Kreditausfallraten in der Regel nicht veröffentlicht werden, wird in der Literatur meist auf die Ausfallraten von Ratingagenturen Bezug genommen. Vgl. Behr/Güttler (2004), S. 55.

[83] Vgl. Schäfer/Lindenmayer (2004), S. 24.

[84] Vgl. Behr/Güttler (2004), S. 56.

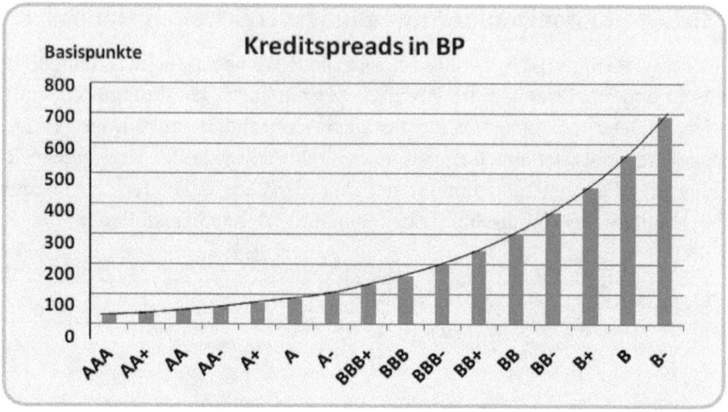

Abbildung 2.3: Kreditspreads in Abhängigkeit der Ratingnote
Quelle: Eigene Darstellung in Anlehnung an Behr/Güttler (2004), S. 11 und 56.

Die Vergabe eines Ratingurteils stellt primär eine absolute Bewertung des Bewertungsobjekts in Form einer Zuteilung zu einer Ratingklasse dar. So sehen die Vorgaben der Bankenaufsicht durch Basel II eine international einheitliche Regelung vor, nach der Ausfallrisiken auf Basis der Ein-Jahres-Ausfallwahrscheinlichkeiten zu berechnen sind. Zusätzlich zu dieser absoluten Einteilung können die Ratings auch um eine relative Einteilung z. B. im Verhältnis zur Branche (Best-in-Class-Ansatz) erweitert werden.[85]

Ratings können grundsätzlich nach:[86]

- ihrem Ersteller (interne oder externe Ratings)
- ihrem Auftraggeber (solicited oder unsolicited Ratings)
- ihrem Bezugsobjekt (Unternehmen, Länder, Finanztitel, etc.)
- ihrem Bewertungsgegenstand (Kreditratings oder Nachhaltigkeitsratings)
- ihrem Aussagecharakter (absolute oder relative Ratings)
- der angewandten Methodik (qualitative oder quantitative Ratings)

eingeteilt werden. Im Kontext der vorliegenden Arbeit ist das Bezugsobjekt (Ratinggegenstand) das Unternehmen und der Bewertungsgegenstand die Kreditwürdigkeit sowie die Nachhaltigkeitsrisiken des Unternehmens. Des Weiteren kann bei Ratings unterschieden werden, ob die Ratings mit Auftrag (solicited Ratings) oder ohne Auftrag (unsolicited Ratings) erstellt werden. Bei unsolicited Ratings ist die Ratingagentur weitestgehend auf öffentlich verfügbare Informationen angewiesen. Bei beauftragten (solicited) Ratings finden hingegen gezielte Gespräche mit dem Management statt, bei

[85] Vgl. Schäfer/Lindenmayer (2004), S. 10 f.
[86] Vgl. Volk (2008), S. 8 ff. und Schäfer/Lindenmayer (2004), S. 10 ff.

denen interne Informationen über das beurteilte Unternehmen bereitgestellt werden.[87] Ein fundamentaler Unterschied zwischen Nachhaltigkeitsratings und konventionellen Kreditratings liegt in der Unabhängigkeit der Ratingagentur. Während Kreditratings überwiegend von den Unternehmen selbst in Auftrag gegeben werden, besteht bei Nachhaltigkeitsratings kein Auftragsverhältnis zwischen der Ratingagentur und dem Unternehmen. [88]

2.2 Bankinterne Ratings im Firmenkundenkreditgeschäft

Die Frage, ob Banken ein Ratingverfahren im Firmenkundenkreditgeschäft einsetzen sollen, hat die Bundesanstalt für Finanzdienstleistungsaufsicht (BaFin) eindeutig beantwortet.[89] Die Mindestanforderungen für das Risikomanagement (MaRisk) verlangen, dass „in jedem Institut ... aussagekräftige Risikoklassifizierungsverfahren für die erstmalige beziehungsweise die turnusmäßige oder anlassbezogene Beurteilung der Adressenausfallrisiken sowie gegebenenfalls der Objekt-/Projektrisiken einzurichten"[90] sind. Die Wahl eines geeigneten Ratingsystems liegt jedoch im Ermessensspielraum der jeweiligen Bank. Setzt man bei der Implementierung eines bankeninternen Ratingsystems neben den **aufsichtsrechtlichen Anforderungen** auch **betriebswirtschaftliche Überlegungen** im Sinne eines ertragsorientierten Risikomanagements voraus, so kann ein Ratingsystem folgende in Abbildung 2.4 aufgezeigte Zielsetzungen verfolgen:[91]

1. Erfüllung bankenaufsichtlicher Anforderungen
2. Bestimmung von Kreditrisiken, welche gleichzeitig als Grundlage der Konditionengestaltung auf Basis der Risikoprämie dienen
3. Berechnung der Eigenkapitalunterlegung und Risikovorsorge gemäß Basel II
4. Identifikation von Bonitätsveränderungen
5. Steuerung eines risikoorientierten Kreditportfoliomanagements
6. Kundenbindung durch die Weitergabe eines risikoadäquaten Kreditzinses und die Kommunikation der Ratingergebnisse

[87] Vgl. Everling (1991), S. 54 f., Lubig (2009), S. 56 f. und Wieben (2004), S. 91.
[88] Vgl. Schäfer (2006), S. 666.
[89] Vgl. Bächstädt u.a. (2004), S. 579.
[90] BaFin (2010), S.38.
[91] Vgl. Bächstädt u.a. (2004), S. 577.

Abbildung 2.4: Ziele von bankeninternen Ratingsystemen
Quelle: Eigene Darstellung in Anlehnung an Bächstädt u.a. (2004), S. 578.

Bei **internen Ratings**, welche häufig auch als **Internal Based Ratings (IBR)** bezeichnet werden, handelt es sich i.d.R. um Ratings, die von Kreditinstituten für deren Kreditvergabeentscheidungen selbst erstellt werden. Sie dienen der internen Risikomessung und -steuerung. Banken sind bei der Kreditvergabe aufgrund aufsichtsrechtlicher Regelungen[92] dazu verpflichtet, eine Einschätzung der Kreditrisiken vorzunehmen. Das Risikovolumen, welches die Bank durch die Vergabe von Krediten eingehen darf, ist dabei durch das Eigenkapital der Bank gedeckelt.[93] IBR werden meist zeitpunktbezogen erstellt, d. h. die Ratings werden ausgehend vom Zeitpunkt der Entscheidung einer Kreditvergabe für einen festgelegten Zeitraum (Laufzeit des Kredits) erarbeitet.[94] Interne Ratings prognostizieren dementsprechend eine absolute Ausfallwahrscheinlichkeit.[95] Da die Ratings nicht veröffentlicht werden, ist eine Weiterverwendung des Ratings über die Kreditvergabe hinaus nicht möglich.[96]

Den Schwerpunkt bankinterner Ratings bildet traditionell die Auswertung quantitativer Informationen wie Bilanz- oder GuV-Kennzahlen.[97] Eine Übersicht, welche Kennzahlen durch Banken im Kontext der Kreditwürdigkeitsprüfung berücksichtigt werden, findet sich bei *Meyer*. Tabelle 2.2 gibt einen Überblick über die am häufigsten genutzten Kennzahlen deutscher Kreditinstitute:[98]

---

[92] Vgl. BaFin (2012), S. 23, § 18 KWG (2013) und §§ 56 ff. SolvV (2012).
[93] Vergleiche hierzu auch das Kapitel 2.3. Vgl. Baetge u.a. (2004), S. 558.
[94] Vgl. Ewert/Szczesny (2002), S. 587.
[95] Vgl. Schlecker (2009), S. 39.
[96] Vgl. Onischka (2009b), S. 6 zitiert nach: Schimmelmann/Franke (2007).
[97] Vgl. Goldbach u.a. (2002), S. 1215 ff. Zusätzlich zu diesen quantitativen Kennzahlen werden i.d.R. auch weitere, häufig qualitative Kennzahlen wie die Managementqualität, Branche, Wettbewerbsvorteile gegenüber der Konkurrenz oder konjunkturelle Rahmendaten berücksichtigt. Vgl. Meyer (2000), S. 256.
[98] Vgl. Meyer (2000), S. 286 ff und Gleißner/Füser (2003), S. 142. Folgende Banken wurden in der Untersuchung berücksichtigt: Deutsche Bundesbank (BBk), BfG Bank AG (BfG), Baden-Württembergische Bank AG (BWB), Commerzbank AG (CB), Deutsche Bank AG (DB), Dresdner Bank (DrB), Hypo Vereinsbank (HVB), IKB Deutsche Industriebank AG (IKB), Sparkassen (SpK), Volks- und Raiffeisenbanken (VB).

Kennzahlen	**Kreditinstitute**									
	BBk	BfG	BWB	CB	DB	DrB	HVB	IKB	SpK	VB
GK-Rentabilität	X	X	X	X	X	X		X	X	X
Entschuldungsdauer		X	X	X	X	X	X	X	X	X
EK-Quote	X	X	X	X	X			X	X	X
Cash-Flow-Marge		X	X	X	X				X	X
Umsatzrentabilität	X		X	X			X	X	X	X
EK-Rentabilität	X			X	X	X				X
Return on Asset										X
Verschuldungsgrad								X		

Tabelle 2.2: Berücksichtigte Kennzahlen bei der Kreditwürdigkeitsprüfung durch Banken
Quelle: Meyer (2000), S. 284 ff.

Aus der Tabelle ist ersichtlich, dass fast alle Kreditinstitute die Gesamtkapitalrendite, die Entschuldungsdauer, die Eigenkapitalquote, die Cash-Flow-Marge sowie die Umsatzrentabilität zur Beurteilung von Kreditrisiken nutzen. Die **Deutsche Bundesbank** (BBk) nutzt beispielsweise die Eigenkapitalquote, die Gesamtkapitalrendite, die Eigenkapitalrendite, die Kapitalrückflussquote und die Netto-Zinsquote zur Beurteilung von Kreditrisiken. Das Insolvenz-Diagnose-**Experten-System**[99] (IDEX) der Deutschen Industriebank AG (**IKB**) berücksichtigt die Eigenkapitalquote, den Anlagedeckungsgrad, die Investitionsquote, den Sachanlagenumschlag, die Lagerbindung, die Gesamtkapitalrendite sowie die Cash-Flow-Marge. Die **Volks- und Raiffeisenbanken** (VB) haben ein **Scoringsystem** entwickelt, welches auf einer **Diskriminanzfunktion**[100] basiert. Genutzte Kennzahlen sind dabei insbesondere der Return on Asset, der Cash-Flow geteilt durch kurzfristiges Fremdkapital, die Eigenkapitalquote und Verbindlichkeiten geteilt durch die Gesamtleistung.[101]

Die Untersuchungen von *Theißen* zeigen anhand einer Umfrage unter 52 Kreditinstituten im Rahmen von Basel II, dass Cash-Flow-Kennzahlen, die Eigenkapitalrendite sowie das Betriebsergebnis zu den wichtigsten Kennzahlen in bankinternen

---

[99] Bei Expertensystemen wird versucht das intelligente Problemlösungsverfahren von Menschen nachzubilden. Dabei wird Fakten- und Erfahrungswissen von Experten für ein definiertes Anwendungsgebiet in einem System hinterlegt, um daraus Schlussfolgerungen für konkrete Fälle zieht zu können. Vgl. Schiller/Tytko (2001), S. 104 ff. und Rommelfanger (2009), S.93 f.

[100] Die Diskriminanzanalyse ist ein Verfahren zur Analyse von Merkmalsausprägungen verschiedener Kennzahlen, welches eine möglichst genaue Trennung von solventen und insolventen Unternehmen zulässt. Dabei werden mehrere Variablen mithilfe historischer Daten auf deren Trennschärfe getestet und durch eine Linearkombination zu einer Diskriminanzfunktion (Trennfunktion) zusammengefasst. Vgl. Rommelfanger (2009), S.84 ff., Reichling u.a. (2007), S. 52 und Meyer (2000), S. 55.

[101] Vgl. Meyer (2000), S. 99 ff.

Ratingsystemen zählen. Nachfolgende Tabelle 2.3 gibt einen Überblick über die Ergebnisse der Befragung.

Kennziffer	Anteil der befragten Banken mit Urteil „wichtig" in Prozent
Cash-Flow	90 %
Eigenkapitalquote	70 %
Betriebsergebnis	70 %
Lagerdauer	70 %
Umsatzrendite	40 %
Kreditorenlaufzeit	40 %
Lang-/kurzfristige Fremdkapitalquote	40 %
Eigenkapitalrendite	30 %
Debitorenlaufzeit	30 %
Anlagenintensität	30 %
Selbstfinanzierungsgrad	30 %
Liquiditätsgrad	30 %

Tabelle 2.3: Relevanz von Bilanzkennziffern in IBR
Quelle: Thießen (2004), S. 573.

Zum besseren Verständnis der aufsichtsrechtlichen Anforderungen an bankinterne Ratingsysteme, wird im folgenden Kapitel ein Überblick über die Rahmenbedingungen der Bankenaufsicht zur Ausgestaltung von IBR gegeben.

2.3 Der Basler Akkord für Bankenaufsicht

„Der Basler Ausschuss für Bankenaufsicht ist ein von den G10-Staaten[102] im Jahr 1974 ins Leben gerufenes Forum zur internationalen Koordination der Bankenaufsicht."[103] Ziel des Forums, welches bei der Bank für internationalen Zahlungsausgleich (BIZ) mit Sitz in Basel angesiedelt ist, ist die Verbesserung der internationalen Zusammenarbeit zwischen Zentralbanken, Aufsichtsbehörden und Regulierungen. Die Basler Regelungen sind mittlerweile zum internationalen Standard geworden und finden in über 100 Ländern Anwendung.[104] Abbildung 2.5 zeigt die wesentlichen Stationen auf dem Weg von Basel I zu Basel III.

[102] Zu den G10-Staaten gehören: Belgien, Deutschland, Frankreich, Großbritannien, Italien, Japan, Kanada, Niederlande, Schweden, Schweiz und die USA. Vgl. Szczesny (2003), S. 41.

[103] Szczesny (2003), S. 41.

[104] Vgl. Szczesny (2003), S. 41 ff., Haves (2009), S. 29.

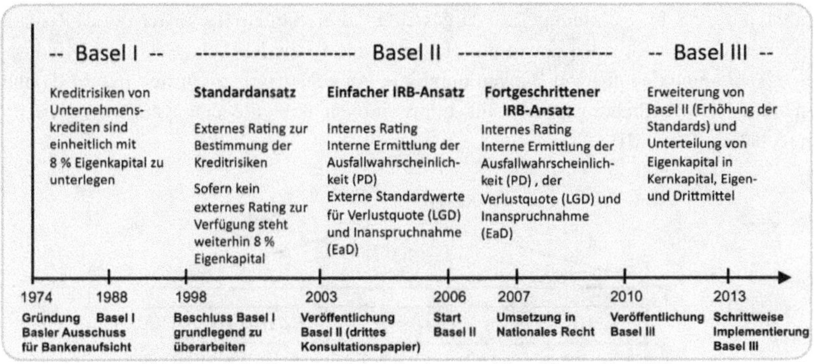

Abbildung 2.5: Die wesentlichen Stationen auf dem Weg zu Basel III
Quelle: Eigene Darstellung in Anlehnung an Hartmann/Schwarzhaupt (2007), S. 29.

2.3.1 Hintergrund des Basel I Akkords

Aufgrund der unterschiedlichen nationalen Anforderungen an die Eigenkapitalunterlegung von Banken kam es in den 70er und 80er Jahren des letzten Jahrhunderts bei zunehmender Verflechtung der Finanzmärkte zu Wettbewerbsverzerrungen. Durch den Basler Akkord (Basel I) wurden im Jahr 1988 die Eigenkapitalanforderungen international tätiger Banken festgelegt. Als eines der wichtigsten Instrumente der Bankenregulierung wurde dabei die Eigenkapitalunterlegung von Markt- und Kreditrisiken vereinbart. Die Berechnung der Eigenkapitalunterlegung nach Basel I basiert auf einem statischen Gewichtungssystem, bei dem bilanzielle und außerbilanzielle Geschäfte verschiedenen Schuldnerklassen (Banken, Unternehmen, Staaten, öffentliche Einrichtungen etc.) mit einer genau festgelegten Eigenkapitalunterlegung zugewiesen werden. So müssen Unternehmenskredite unabhängig von ihrem Kreditrisiko mit einem Eigenkapitalsatz von 8 % und Kredite an Banken mit Sitz in OECD-Staaten mit einem Eigenkapitalsatz von 1,6 % unterlegt werden.

2.3.2 Bestandteile von Basel II

Um eine risikoadäquate Eigenkapitalunterlegung zu erreichen, wurde im Jahr 2003 eine überarbeitete Fassung der Reformvorschläge des Basel II-Akkords verabschiedet. Basel II definiert dabei eine risikoorientierte Eigenkapitalanforderung und fordert eine genaue Risikomessung anhand von Kalkulationsgrößen im Rahmen eines funktionstüchtigen Risikomanagements.[105] Die Stabilität des Bankensystems nach Basel II basiert

[105] Vgl. Heldt (2009), S. 4 f. Nach Basel II müssen sich die Risiken eines Firmenkundenkredits auch im Kreditzinssatz widerspiegeln.

dabei auf den in Abbildung 2.6 dargestellten drei Säulen. Demnach sind Risiken entsprechend mit Eigenkapital zu unterlegen (Säule I), die Risikolage und die Mindesteigenkapitalunterlegung von Banken durch die Bankenaufsicht zu prüfen (Säule II) und ist eine Veröffentlichungspflicht für Informationen über die eingegangenen Risiken einzuhalten (Säule III).[106]

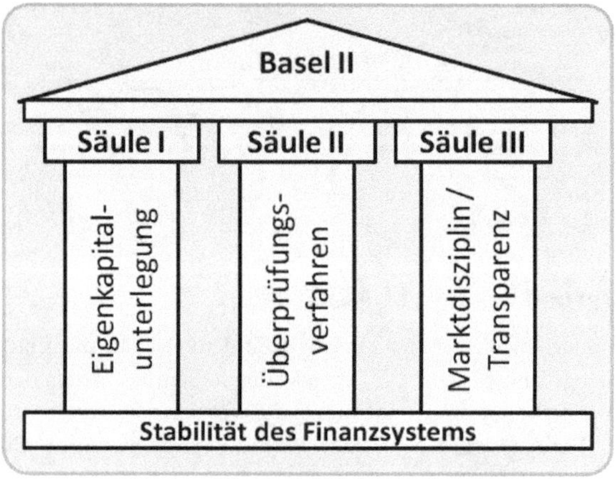

Abbildung 2.6: Die drei Säulen von Basel II
Quelle: Cluse/Göttgens (2007), S. 70.

2.3.2.1 Säule I: Mindesteigenkapitalanforderung

Die erste Säule von Basel II basiert auf der Eigenkapitalvereinbarung von Basel I, nach der die risikogewichteten Eigenmittel 8 % der eingegangenen Positionen eines Instituts betragen sollen. Die Neuerung von Basel II ist, dass das statische (risikounabhängige) Gewichtungssystem durch die Einbeziehung von externen oder bankinternen Ratings um eine transaktionsspezifische Risikokomponente ergänzt wurde. Demzufolge wird die Eigenkapitalunterlegung nicht mehr auf Basis von starren Schuldnerklassen ermittelt, sondern ist von der individuellen Risikosituation des Kreditnehmers abhängig. Die Eigenkapitalunterlegung von Unternehmenskrediten ist dabei nicht mehr starr bei 8 %, sondern schwankt je nach Bonität des Unternehmens zwischen 1,6 % und 12 %.[107] **Basel II hat** somit vor allem **eine genauere Messung des Kreditrisikos im Fokus**.

---

[106] Vgl. Cluse/Göttgens (2007), S. 70.

[107] Die Eigenkapitalunterlegung folgt dabei festgelegten schuldnerspezifischen Risikoklassen. So sind für Kredite an Unternehmen folgende Eigenkapitalanforderungen definiert: 1,6 % für mit AAA bis AA- bewertete Unternehmen, 4 % für mit A+ bis A- bewertete Unternehmen, 8 % für mit BBB+ bis BB- bewertete Unternehmen und 12 % für Unternehmen mit einem Rating unterhalb von BB- Vgl. Cluse/Göttgens (2007), S. 72 ff.

Zur Ermittlung der risikoabhängigen Mindestkapitalanforderung stehen Banken nach Basel II drei Ansätze zur Verfügung:[108]

1. der Standardansatz
2. der einfache auf internen Ratings basierende (IRB) Ansatz
3. der fortgeschrittene auf internen Ratings basierende (IRB) Ansatz.

Der **Standardansatz** nutzt externe Ratings anerkannter Ratingagenturen, welche jedem Schuldner bzw. jeder Transaktion einen Bonitätswert zuordnen. Der relativ einfache Standardansatz setzt jedoch voraus, dass für die Kreditnehmer externe Ratings bestehen. Da auf dem europäischen Markt teilweise sogar große Unternehmen nicht durchgängig geratet sind, ist der Standardansatz nur bedingt geeignet.[109]

Beim **einfachen** und **fortgeschrittenen IRB-Ansatz** wird das externe Rating durch ein bankinternes Rating ersetzt. Die Voraussetzung eines IRB-Ansatzes ist die **Genehmigung durch** die jeweils zuständige **Bankenaufsicht**. Um eine Genehmigung zu erhalten, müssen Kreditinstitute die Genauigkeit ihres Ratingsystems auf **Basis historischer, bankinterner Daten** oder extern gepoolter Daten nachweisen und permanent durch sogenannte Backtestings belegen. Das zentrale Element eines IRB-Ansatzes ist dabei die Ermittlung der Ausfallwahrscheinlichkeit (PD)[110] eines Kreditnehmers als Ergebnis eines intern durchgeführten Ratings. Der einfache und der fortgeschrittene IRB-Ansatz unterscheiden sich dahingehend, dass beim einfachen IRB-Ansatz lediglich die Ausfallwahrscheinlichkeit (PD) bankintern ermittelt wird und der Forderungsbetrag beim Ausfall (EAD) sowie die Verlustquote beim Ausfall (LGD) durch Standardwerte (LGD mit 45 % für unbesicherte und 75 % für nachrangige Forderungen) vorgegeben ist. Beim fortgeschrittenen IRB-Ansatz werden hingegen auch der EAD und die LGD über das bankinterne Rating bestimmt.[111]

Festzuhalten ist, dass die Bankenaufsicht keine Vorgaben macht, welche Kennzahlen zur Bestimmung von Kreditrisiken in den bankinternen Ratingmodellen genutzt werden müssen. Aussagekräftige Kennzahlen müssen folglich von den Kreditinstituten selbst anhand geeigneter Verfahren auf Basis von bankinternen, historischen Daten ermittelt werden. Hierbei spielen individuelle Faktoren, Erfahrungen sowie die Qualität der vorhandenen Daten eine entscheidende Rolle. Aufgrund der individuellen Rating-

---

[108] Vgl. Haves (2009), S. 32 ff., Cluse/Göttgens (2007), S. 70.

[109] Vgl. Haves (2009), S. 37.

[110] Die Ausfallwahrscheinlichkeit ist nach Basel II auf einen Zeithorizont von zwölf Monaten zu schätzen. Vgl. Basler Ausschuss für Bankenaufsicht (2006), S. 111 ff. Ein Ausfall liegt vor bei einem Zahlungsverzug, bei einer Limitüberschreitung von über 90 Tagen oder wenn Indizien dafür sprechen, dass ein Kreditnehmer seinen Zahlungsverpflichtungen nicht in vollem Umfang nachkommen kann. Vgl. Cluse/Göttgens (2007), S. 80.

[111] Vgl. Basler Ausschuss für Bankenaufsicht (2006), S. 58 ff., Haves (2009), S. 37 f., Cluse u.a. (2005), S. 134 ff. und Cluse/Göttgens (2007), S. 78 ff. Als weitere Risikofaktoren werden die Unternehmensgröße des Kreditnehmers und die Restlaufzeit des Kredits genannt.

systeme ist davon auszugehen, dass ein Kreditnehmer bei verschiedenen Instituten unterschiedlich bewertet wird.[112] Insofern sind die Qualität bzw. die Trennschärfe der Ratingsysteme sowie der operative Aufwand zur Durchführung von Ratings ein entscheidender Wettbewerbsfaktor für Banken.

2.3.2.2 Säule II: Überprüfungsverfahren

Die Regelungen der zweiten Basler Säule (qualitative Bankenaufsicht) werden in Deutschland im Wesentlichen durch die Mindestanforderungen an das Risikomanagement (MaRisk) umgesetzt.[113] Die MaRisk schreiben für das Kreditgeschäft eine funktionale Trennung der Bereiche Markt und Marktfolge vor, wobei abhängig von Art, Umfang, Komplexität und Risikogehalt des Kreditengagements jeweils zwei zustimmende Voten der beiden Bereiche für eine Kreditentscheidung erforderlich sind.[114] Der Kundenbetreuer (Marktseite) soll dabei grundsätzlich nicht die Person sein, welche die Entscheidung über die Vergabe von Krediten trifft. Primäre Aufgabe der Marktseite ist die Initiierung von Geschäften.[115] Die vorrangige Aufgabe der Marktfolge besteht in der Analyse (potenzieller) Kreditengagements auf Grundlage objektiv verifizierbarer Daten. Während der Kreditanalyst (Marktfolge) demgemäß Kreditanträge unter Risikogesichtspunkten beurteilt, sind Kundenbetreuer (Marktbereich) in direktem Kundenkontakt und für die über das einzelne Kreditengagement hinausgehende Gesamtkundenbeziehung verantwortlich.[116] Die regulatorischen Anforderungen aus Basel II werden von den Banken i.d.R. wie folgt umgesetzt:[117]

1. **Erstvotum** durch den Kundenbetreuer (Marktbereich)
2. **Zweitvotum** (Überprüfung) durch einen Kreditanalyst (Marktfolge)
3. **Einigungsversuch** bei abweichenden Voten, wobei die **Marktfolgeseite** nicht von der Marktseite überstimmt werden kann.
4. Festlegung des Ratings
5. **Kreditentscheidung** und **Konditionengestaltung**

2.3.2.3 Säule III: Marktdisziplin

Die dritte Säule fordert von Kreditinstituten eine erweiterte Offenlegung der Eigenkapitalstruktur, der eingegangenen Risiken und der Eigenkapitalausstattung. Ziel der Offenlegungspflicht ist es, Marktmechanismen zu schaffen, die es Marktteilnehmern

---

[112] Vgl. Cluse/Göttgens (2007), S. 80 f.

[113] Da die MaRisk (nur) eine Verwaltungsvorschrift der BaFin darstellt, wurde die rechtliche Grundlage durch § 25 a Abs. 1 KWG (2013) ergänzt. Vgl. Haves (2009), S. 47 f.

[114] Vgl. Besonderer Teil Organisation 1.1 BaFin (2012), S. 20, Hofmann (2006), S. 653 und Volk (2008), S. 97.

[115] Vgl. Volk (2008), S. 31 und Hartmann/Schwarzhaupt (2007), S. 39 f.

[116] Vgl. Hofmann (2006), S. 655, Hartmann/Schwarzhaupt (2007), S. 28 und BaFin (2009), S. 26 ff.

[117] Vgl. Volk (2008), S. 31 f.

(wie Investoren, Kunden, Geschäftspartnern) ermöglicht, bei ihren wirtschaftlichen Entscheidungen neben Rentabilitätsgesichtspunkten auch die Qualität des Risikomanagements sowie die Risikolage von Banken zu berücksichtigen. Die Marktdisziplin wird dadurch hergestellt, dass ein risikobewusstes Verhalten mit einem wirksamen Risikomanagement honoriert und risikoreiches Verhalten sanktioniert wird.[118]

Die Umsetzung von Basel II wurde auf Ebene der Europäischen Union im Jahr 2006 durch die EG-Bankenrichtlinie (2006/48/EG) und die Kapitaladäquanzrichtlinie (2006/49/EG) festgelegt. Durch die Änderung des Kreditwesengesetzes (KWG) sowie den Erlass der Solvabilitätsverordnung (SolvV) wurde die Vorgabe der Europäischen Union in nationales Recht umgesetzt. Die neuen Eigenkapitalregelungen für Kreditinstitute sind damit in Deutschland zum 1. Januar 2007 in Kraft getreten. Die Säulen I und III sind zum größten Teil über die SolvV abgedeckt, während die Anforderungen der Säule II durch die MaRisk umgesetzt werden.[119]

2.3.3 Bestandteile von Basel III

Als Reaktion auf das Versagen der Finanzmärkte im Zuge der weltweiten Finanzkrise hat der Basler Ausschuss für Bankenaufsicht am 16. Dezember 2010 unter dem Namen "Basel III" ein neues Regelwerk veröffentlicht. Die Reformbemühungen zielen darauf ab, die Widerstandsfähigkeit des Bankensektors durch strengere globale Regeln für Eigenkapital und Liquidität zu stärken.[120] Ziel der Reformen ist die Verbesserung der Resistenz des Bankensektors gegenüber Schocks aus Stresssituationen im Finanzsektor und der Wirtschaft, um somit die Gefahr zu verringern, dass sich Probleme im Finanzsektor auf die Realwirtschaft auswirken.[121] Zentraler Bestandteil der Reform ist eine strengere Regelung der Mindestkapitalanforderungen an Banken. Basel III baut dabei auf den bestehenden Regelungen von Basel II auf und ergänzt diese durch eine neue **Definition** der Zusammensetzung **des Eigenkapitals**, durch verschärfte Regeln für die Berechnung der Risikoaktiva, einen **Liquiditätsstandard**, ein **Kapitalpolster** und eine **Höchstverschuldungsquote**.[122] Die G20-Staats- und Regierungschefs haben sich auf dem Seoul-Gipfel am 11. und 12. November 2010 dazu verpflichtet, das Basel III-Rahmenwerk umzusetzen.[123]

---

[118] Vgl. Haves (2009), S. 48 ff.
[119] Vgl. Haves (2009), S. 50.
[120] Vgl. §§ 1 f. Basler Ausschuss für Bankenaufsicht (2011). Die überarbeitete Fassung vom Juni 2011 trägt die Überschrift „Basel III: Ein globaler Regulierungsrahmen für widerstandsfähigere Banken und Bankensysteme".
[121] Vgl. Basler Ausschuss für Bankenaufsicht (2011), S. 1.
[122] Vgl. Loeper (2011), S. 550.
[123] Vgl. Kemmer (2010), S. 1 f.

2.4 Zwischenfazit

In Kapitel 2 wurde ein Überblick über die Definition und **Bewertung von Kreditrisiken** gegeben. Das Kreditrisiko im Sinne dieser Arbeit setzt sich aus dem Ausfallrisiko, dem Liquiditätsrisiko und dem Besicherungsrisiko zusammen.[124] Mit der bereits erfolgten Umsetzung von Basel II sind Kreditinstitute dazu verpflichtet, die Kreditrisiken aller Einzelengagements durch geeignete Verfahren zu ermitteln. Welche bonitätsbeeinflussenden Aspekte in den bankinternen Ratingverfahren zu berücksichtigen sind, wird dabei von der Gesetzgebung nicht vorgegeben. Forschungsgegenstand dieser Arbeit ist es, herauszufinden, ob Nachhaltigkeitsrisiken einen Einfluss auf die Kreditwürdigkeit von Unternehmen haben und in wieweit sich diese Einflussfaktoren in bankeninterne Ratingsysteme integrieren lassen. Aufgrund der Abhängigkeit der Eigenkapitalanforderung von der individuellen Risikosituation des Kreditportfolios hätte dabei eine nachgewiesene Risikoreduzierung einer an Nachhaltigkeitsgesichtspunkten ausgerichteten Kreditvergabe eine direkte **Auswirkung auf die Eigenkapitalanforderung** an Banken. Die dem IRB-Ansatz zugrunde gelegten Kennzahlen zur Risikoeinschätzung von Kreditnehmern sollten nach den Vorgaben der Bankenaufsicht neben **quantitativen** („harten") möglichst auch **qualitative** („weiche") Faktoren beinhalten.[125] Während sich bei den **quantitativen Faktoren** insbesondere die **Jahresabschlussanalyse** als zweckmäßig herausgestellt hat, besteht im Bereich „weicher" Faktoren kein Konsens bezüglich geeigneter Erhebungsmodelle und relevanter Kennzahlen. Gerade hierbei existiert eine Verknüpfungsmöglichkeit von Nachhaltigkeitsaspekten mit herkömmlichen Bonitätskriterien.[126] Um eine Genehmigung der Bankenaufsicht zu erhalten, müssen Kreditinstitute die **Genauigkeit ihres Ratingsystems** für die institutsindividuelle Risikostruktur ihres Kreditportfolios **auf Basis historischer Daten nachweisen** und permanent durch Backtestings belegen. Wie stark der **Einfluss** von **Nachhaltigkeitsrisiken auf die Kreditwürdigkeit** von Unternehmen ist, kann also nur empirisch beantwortet werden. Aus diesem Grund wird die Relevanz von Nachhaltigkeitsrisiken für die Bonitätsbewertung in Kapitel 6 anhand einer empirischen Untersuchung auf Basis eines umfangreichen Datensatzes ermittelt. Die Herausforderung besteht dabei im Wesentlichen darin, mithilfe von Verfahren zur Kreditrisikomessung einen Nachweis für die Relevanz von Nachhaltigkeitsrisiken zu erbringen.

---

[124] Vgl. Schmoll (1992), S. 16 ff.

[125] Hierzu gehört laut *Schäfer* die Stärkung quantitativer Modelle, größere Zukunftsbezogenheit bei der Abschätzung von Risiken und ein strukturiertes Vorgehen bei der Erhebung weicher Faktoren. Vgl. Schäfer (2004), S. 13.

[126] Vgl. Schäfer (2004), S. 13 ff.

3 Nachhaltige Entwicklung unter der besonderen Berücksichtigung des Klimawandels

Bevor die Wirkungszusammenhänge zwischen Nachhaltigkeits- und Kreditrisiken analysiert werden können, müssen die Begriffe „Nachhaltigkeit" und „Nachhaltigkeitsrisiken" definiert werden. In Kapitel 3 wird der Begriff Nachhaltigkeit im Kontext dieser Arbeit spezifiziert und die Relevanz des Klimawandels als das zentrale Thema der Nachhaltigkeit verdeutlicht. Hierzu wird zunächst in Kapitel 3.1 eine Definition des Begriffs Nachhaltigkeit und der damit in Zusammenhang stehenden Begrifflichkeiten vorgenommen sowie dessen Entstehung erläutert. Daran anschließend werden in den Kapiteln 3.2 und 3.3 das Konzept der Nachhaltigkeit auf den Unternehmenskontext übertragen und die für die Kreditvergabe relevanten Nachhaltigkeitsstandards vorgestellt, auf die an verschiedenen Stellen im Rahmen der explorativen Untersuchung Bezug genommen wird. Die Kapitel 3.4 und 3.5 beleuchten die Bewertung von Nachhaltigkeitsrisiken und deren Relevanz in der Finanzwirtschaft. In Kapitel 3.6 werden die wissenschaftlichen Erkenntnisse über die Auswirkungen des Klimawandels sowie dessen wirtschaftliche Folgen dargestellt, bevor in Kapitel 3.7 ein Zwischenfazit gezogen wird.

3.1 Definition und Entstehung der relevanten Begriffe

Das Verständnis des Begriffs „**Nachhaltigkeit**" und die dahinter verborgenen Wertemuster sind vielfältig und daher nicht eindeutig definiert. Um die Komplexität zu verringern, die dem Konstrukt Nachhaltigkeit innewohnt, wird zunächst eine für diese Arbeit geltende Einordnung des Begriffs Nachhaltigkeit vorgenommen. Seinen Ursprung hat der Begriff Nachhaltigkeit in der **Forstwirtschaft** und bedeutet dort, dass nur so viel Holz geschlagen werden darf, wie durch Neupflanzung von Bäumen nachwachsen kann.[127] Als Namensvater des Begriffs **Nachhaltigkeit** gilt *Hannß Carl von Carlowitz*, der in seinem Werk zur deutschen Forstwirtschaft im Jahre 1713 festhielt, dass in der Forstwirtschaft auf eine kontinuierliche, „... beständige und nachhaltende Nutzung ..."[128] der Wälder geachtet werden müsse. In seinem Werk wurde damit die **intergenerationale Dimension** der Nachhaltigkeit geprägt, nach der die heute lebende Generation nur so viele Ressourcen verbrauchen darf, dass zukünftigen Generationen genügend Ressourcen (in diesem Fall Holz) zur Befriedigung ihrer Bedürfnisse zur

[127] Vgl. Renn u.a. (2007), S. 9.
[128] Carlowitz (1713), S. 105.

Verfügung stehen.[129] Umgangssprachlich wird „**nachhaltig**" daher im Sinne von „**dauerhaft**", „**andauernd**" oder „**anhaltend**" verwendet.[130] Der vor nunmehr 300 Jahren entstandene Begriff der Nachhaltigkeit wurde 1987 von der Weltkommission für Umwelt und Entwicklung (WCED) im sogenannten **Brundtland-Bericht**[131] übernommen. Nach Definition des Brundtland-Berichts ist eine nachhaltige Entwicklung eine „... Entwicklung, die die Bedürfnisse der Gegenwart befriedigt, ohne zu riskieren, dass künftige Generationen ihre eigenen Bedürfnisse nicht befriedigen können."[132] Der Bericht definiert nachhaltige Entwicklung (engl. Sustainable Development) als ein anthropogenes Entwicklungskonzept und betont die der **Nachhaltigkeit** innewohnende Eigenschaft der **Dauerhaftigkeit**. Neben der **intergenerationalen Dimension** der Nachhaltigkeit, welche die Gerechtigkeit zwischen der heutigen und zukünftigen Generationen bezeichnet, wurde zusätzlich eine **intragenerationale Dimension**, welche die Gerechtigkeit innerhalb einer Generation bezeichnet, aufgenommen. Gemeint ist hiermit vor allem das Wohlstandsgefälle zwischen den Industrienationen und den Entwicklungsländern.[133]

Der Gedanke des Brundtland-Berichts wurde auf der **Umweltkonferenz in Rio** de Janeiro 1992 von der internationalen Staatengemeinschaft als ein globales Leitbild für die zukünftige wirtschaftliche und gesellschaftliche Entwicklung verankert.[134] In der abschließenden Deklaration der Umweltkonferenz, der so genannten Agenda 21, wurde **Nachhaltigkeit** als ein **normatives Leitbild** für eine **gerechte Verteilung** von Lebenschancen und Ressourcen innerhalb der heute lebenden Bevölkerung (intragenerationale Gerechtigkeit) sowie für die Langfristverantwortung gegenüber künftigen Generationen (intergenerationale Gerechtigkeit) verankert.[135] Die Agenda 21 ist ein Aktionsprogramm, das die entwicklungs- und umweltpolitischen Ziele der Vereinten Nationen für das 21. Jahrhundert definiert. Die Umsetzung des Aktionsprogramms erfolgt durch

[129] Vgl. Carlowitz (1713), S. 76. Vor dem Hintergrund einer zunehmenden Holzverknappung setzte sich das Prinzip und der Begriff der Nachhaltigkeit durch und gilt seither als zentrales Handlungsprinzip der Forstwirtschaft. Vgl. Höltermann/Oesten (2001), S. 39.

[130] Vgl. Preller (2009), S. 74.

[131] „Der Bericht der WCED wird in der Literatur in Anlehnung an die damalige norwegische Kommissionsvorsitzende Gro Harlem Brundtland oft auch als „Brundtland-Bericht" bezeichnet." Schäfer/Lindenmayer (2005) S. 10.

[132] Hauff (1987), S. 46.

[133] „... der enge Begriff Dauerhaftigkeit bedeutet die Verantwortung für soziale Gerechtigkeit zwischen den Generationen, die sich logischerweise auch bezieht auf die Gerechtigkeit innerhalb jeder Generation." Hauff (1987), S. 46.

[134] Auf der Konferenz verpflichteten sich 179 Staaten dem Leitbild der nachhaltigen Entwicklung. Vgl. Loew u.a. (2004), S. 58.

[135] Vgl. Renn u.a. (2007), S. 9, United Nations (1992b), S. 1 ff. und Knaus/Renn (1998), S. 29 ff. Nach *Renn* gehören zur gerechten Verteilung und zum Erbe an zukünftige Generationen nicht nur die Verteilung natürlicher Ressourcen, sondern auch das soziokulturelle Erbe wie wirtschaftliche Errungenschaften, demokratische Strukturen, der Ausbau von Wissen und eine soziokulturelle Identität. Vgl. Renn u.a. (2007), S. 10.

nationale und lokale Agenda 21-Initiativen.[136] Hierzu gehören z. B. die im Jahr 2001 auf europäischer Ebene verabschiedete Strategie der Europäischen Union für nachhaltige Entwicklung[137] und die im Jahr 2002 beschlossene Nachhaltigkeitsstrategie der Bundesregierung.[138] Abbildung 3.1 gibt einen Überblick über die wichtigsten Meilensteine der Entstehung des Konzepts der nachhaltigen Entwicklung.

Abbildung 3.1: Meilensteine des Konzepts der nachhaltigen Entwicklung
Quelle: Eigene Darstellung in Anlehnung an Schäfer/Preller (2003), S. 21ff. und Preller (2009), S. 65 ff.

Eine Gleichsetzung der Begriffe „**Nachhaltigkeit**" und „**nachhaltige Entwicklung**" ist zwar relativ häufig, aber laut *Tremmel* nicht unproblematisch, da die beiden Begriffe unterschiedlich interpretiert werden können. Eine klare Abgrenzung ist jedoch sowohl theoretisch wie auch praktisch schwierig.[139] Daher lassen sich so gut wie alle der heute gängigen Definitionen von Nachhaltigkeit auf die Definition der nachhaltigen Entwicklung des Brundlandt-Berichts zurückführen. So definiert neben der Europäischen Kommission und dem Rat für Nachhaltige Entwicklung der Bundesregierung auch die Internationale Standardisierungsorganisation (ISO) **Nachhaltigkeit** im Sinne des Brundtland-Berichts.[140] Die Grundidee des Nachhaltigkeitsbegriffs ist demnach immer

---

[136] Vgl. United Nations (1992a), S. 1 und S. 291 ff. Der Bericht der Agenda 21 umfasst 40 Kapitel, in denen für alle relevanten Handlungsfelder detaillierte Richtlinien zur Erreichung des Ziels einer nachhaltigen Entwicklung vorgegeben werden. Vgl. United Nations (1992a).

[137] Vgl. Europäische Kommission (2001b).

[138] In der unter dem Titel „Perspektiven für Deutschland" beschlossenen Nachhaltigkeitsstrategie der deutschen Bundesregierung wurden 21 Ziele in den Bereichen Generationengerechtigkeit, Lebensqualität, sozialer Zusammenhalt und internationale Verantwortung festgelegt. Vgl. Deutsche Bundesregierung (2002).

[139] Vgl. Tremmel (2004), S. 26 zitiert nach: Preller (2009), S. 74.

[140] Vgl. Europäische Kommission (2001b), Rat für Nachhaltige Entwicklung (2011) und ISO (2011c). In der ISO-Norm 26000 wird Nachhaltigkeit definiert als eine „Entwicklung, die die Bedürfnisse der Gegenwart befriedigt, ohne zu riskieren, dass künftige Generationen ihre eigenen Bedürfnisse nicht befriedigen können. [...] Nachhaltige Entwicklung kann als ein Weg angesehen werden, um die übergeordneten Erwartungen der gesamten Gesellschaft auszudrücken." ISO (2011c), S. 18.

vom Ziel der **Erhaltung** geprägt.[141] Basis des Nachhaltigkeitskonzepts bildet das **Drei-Säulen-Modell** der Nachhaltigkeit (engl. **Triple-Bottom-Line**), welche aus den drei Säulen **Ökologie, Ökonomie und Soziales** besteht. Eine Entwicklung wird demnach als nachhaltig bezeichnet, wenn sie zugleich wirtschaftlich, umwelt- und sozialverträglich ist.[142] Da nach diesem Verständnis jede der drei **Säulen** für einen nachhaltigen Wohlstand notwendig ist, wird die gleichzeitige Zielerreichung der drei Dimensionen Ökonomie, Ökologie und Soziales häufig auch als das „magische Dreieck der Nachhaltigkeit" bezeichnet.[143] Abbildung 3.2 veranschaulicht die drei Säulen der Nachhaltigkeit.

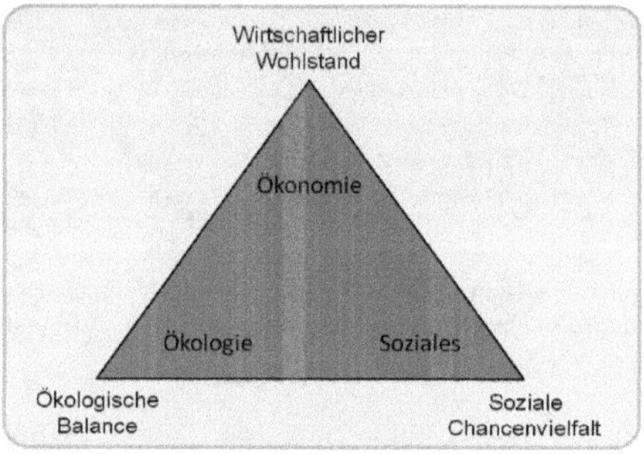

Abbildung 3.2: Das „magische Dreieck der Nachhaltigkeit"

Quelle: Eigene Darstellung in Anlehnung an Schäfer/Lindenmayer (2005), S. 13.

3.2 Nachhaltige Unternehmensführung

Wird das Paradigma der **Nachhaltigkeit** auf den **unternehmerischen Kontext** übertragen, so wird häufig von unternehmerischer Nachhaltigkeit, nachhaltiger Unternehmensführung oder gesellschaftlicher Verantwortung von Unternehmen gesprochen. Weit verbreitet ist in diesem Zusammenhang auch der aus dem angelsächsischen Raum stammende Begriff „**Corporate Social Responsibility**", kurz **CSR**.[144] Bei der Übersetzung von „Corporate Social Responsibility" wird das Wort „**social**" fälschlicherweise

---

[141] Vgl. Preller (2009), S. 73. Das Konzept der Nachhaltigkeit ist dabei ein interdisziplinäres Thema, welches die Bereiche Gesellschaft, Politik, Wirtschaft und Wissenschaft gleichermaßen betrifft. Vgl. Preller (2009), S. 73.

[142] Vgl. Schäfer/Lindenmayer (2005), S. 12 und Maier-Rigaud (1997), S. 331 zitiert nach: Lindenmayer (2008), S. 41. Die Definition des Rates für Nachhaltige Entwicklung lautet: „Nachhaltige Entwicklung heißt, Umweltgesichtspunkte gleichberechtigt mit sozialen und wirtschaftlichen Gesichtspunkten zu berücksichtigen." Rat für Nachhaltige Entwicklung (2011).

[143] Vgl. Schäfer/Lindenmayer (2005), S. 12 ff. und Preller (2009), S. 74 f. Zur Kritik am Drei-Säulen-Modell siehe Döring/Ott (2001), S. 317 f. und Fichter/Arnold (2003), S. 18.

[144] Für eine weitere Auseinandersetzung mit den Begriffsdefinitionen siehe u.a. Schäfer u.a. (2004), S. 1-12, Renn u.a. (2007), S. 9-38, Loew u.a. (2004), S. 18 ff. und Preller (2009), S. 64-84.

häufig mit sozial übersetzt, was lediglich die soziale Dimension zum Ausdruck bringt. Nach *Loew u.a.* sollte „social" daher mit dem Adjektiv **„gesellschaftlich"** übersetzt werden, womit alle drei Dimensionen der Nachhaltigkeit abgedeckt sind.[145] Neben CSR existieren noch weitere Begriffe wie Corporate Sustainability und Corporate Citizenship, welche das über die eigentliche Geschäftstätigkeit hinausgehende Engagement des Unternehmens zur Lösung sozialer Probleme durch Spenden, Sponsoring oder die Gründung von gemeinnützigen Unternehmensstiftungen beinhaltet.[146] Da sich die Bedeutungen der Begriffe in der Praxis faktisch kaum mehr unterscheiden, werden die Begriffe „CSR", „unternehmerische Nachhaltigkeit", „nachhaltige Unternehmensführung" und „gesellschaftliche Verantwortung von Unternehmen" im Folgenden synonym verwendet.[147] Abbildung 3.3 gibt einen Überblick über den Zusammenhang zwischen Nachhaltigkeit auf der Unternehmensebene und dem Konzept der nachhaltigen Entwicklung.

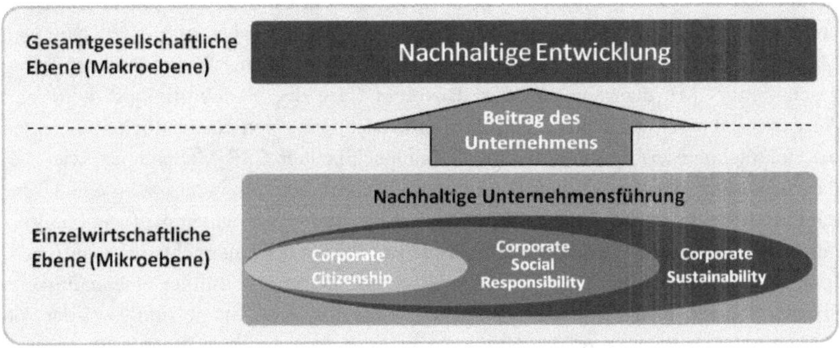

Abbildung 3.3: Einordnung von CSR und nachhaltiger Entwicklung
Quelle: Eigene Darstellung in Anlehnung an Loew u.a. (2004), S. 72.

Nach dem Fortschrittsbericht 2012 der deutschen Bundesregierung zur nationalen Nachhaltigkeitsstrategie wird CSR definiert als eine „... freiwillige, über gesetzliche Vorgaben hinausgehende Übernahme gesellschaftlicher Verantwortung im Kerngeschäft eines Unternehmens. Gesellschaftliche Verantwortung von Unternehmen gehört in Deutschland zu den Grundelementen der sozialen Marktwirtschaft."[148] Neben dem **Grundgedanken** der **Freiwilligkeit** gehört zur Definition von CSR auch das

---

[145] Vgl. Loew u.a. (2004), S. 26 und Schaltegger/Müller (2008), S. 18.
[146] Vgl. Loew u.a. (2004), S. 71 f.
[147] Vgl. Lindenmayer (2008), S. 41, Schäfer/Lindenmayer (2005), S. 19 und Loew u.a. (2004), S. 19 ff. Eine Auseinandersetzung mit der Entstehung der Begriffe findet sich bei Schäfer/Lindenmayer (2005), S. 18-21.
[148] Deutsche Bundesregierung (2012), S. 128.

dreidimensionale Verständnis der Nachhaltigkeit, welches die Dimensionen **Ökologie, Ökonomie und Soziales** beinhaltet. Nach Definition der EU-Kommission wird CSR definiert „…als ein Konzept, das den Unternehmen als Grundlage dient, auf freiwilliger Basis soziale Belange und Umweltbelange in ihre Unternehmenstätigkeit und in die Wechselbeziehungen mit den Stakeholdern zu integrieren.“[149] Das magische Dreieck der unternehmerischen Nachhaltigkeit beinhaltet somit die dreifache betriebliche Wertschöpfung aus finanziellem Erfolg, ökologischem und sozialem Engagement.[150]

Bei der Priorisierung der drei Dimensionen des magischen Dreiecks der Nachhaltigkeit können aus Unternehmensperspektive Zielkonflikte zwischen den Säulen bestehen. So steht z. B. das klassische Shareholder Value-Konzept dem Leitbild der nachhaltigen Entwicklung insbesondere dann im Weg, wenn die wirtschaftlichen Interessen der Kapitalgeber zulasten sozialer oder ökologischer Interessen anderer Anspruchsgruppen gehen.[151] Aus diesem Grund wird die Triade der Nachhaltigkeit in der Regel durch den **Stakeholderansatz** abgebildet. Mit dem Stakeholderansatz wird eine Brücke zwischen unternehmerischen Maßnahmen aus dem Nachhaltigkeitsspektrum und gängigen Managementtheorien und -praktiken einer wertorientierten Unternehmensführung geschaffen.[152] Mit dem sogenannten “**Business Case der Nachhaltigkeit**” wird zum Ausdruck gebracht, dass sich durch die Berücksichtigung von Nachhaltigkeitsaspekten der Unternehmenserfolg steigern lässt.[153] Demnach können CSR-Maßnahmen, wie z. B. die Steigerung der Ökoeffizienz oder der Mitarbeiterproduktivität, zum einen eine direkte Auswirkung auf finanzielle Größen haben und zum anderen intangible Vermögenswerte wie das Humankapital oder die Reputation des Unternehmens schaffen.[154] Immer mehr Unternehmen sind mittlerweile vom “Business Case der Nachhaltigkeit” überzeugt. Nach einer UN Global Compact – Accenture CEO Studie sind 93 % der 766 befragten CEOs internationaler Großkonzerne der Ansicht, dass **Nachhaltigkeit** ein **wichtiger bis sehr wichtiger Faktor für den zukünftigen Unternehmenserfolg** darstellt. Dabei geben 72 % der CEOs an, dass sich Nachhaltigkeitsrisiken auf die **Reputation** und das **Markenimage** des Unternehmens auswirkt. 44 % der CEOs führen an, durch die Berücksichtigung von Nachhaltigkeitsaspekten **Wachstumschancen** und

---

[149] Europäische Kommission (2001a), S. 7. Eine Übersicht der verschieden Definitionen von CSR findet sich bei Dahlsrud (2008), S. 1 ff.

[150] Vgl. Deutsche Bundesregierung (2012), S. 9 ff.

[151] Vgl. Schaltegger/Figge (1997), S. 20. Teilweise wird die Orientierung am Shareholder Value als eine der Hauptursachen für die im Jahr 2007 einsetzende Finanzkrise angesehen und dabei mit Kurzfristigkeit, Habgier und Gehaltsexzessen gleichgesetzt. Vgl. Losbichler (2012), S. 266. Eine Auseinandersetzung mit dem Shareholder Value-Konzept im Zusammenhang mit der nachhaltigen Entwicklung und dessen Weiterentwicklung zum Stakeholder-Value-Gedanken und dessen Messung findet sich bei Schäfer/Langer (2008), S. 613 f., Rauschenberger (2002), S. 27 ff., Figge/Schaltegger (2000), Figge F. (2002) und Figge/Hahn (2002).

[152] Vgl. Schäfer u.a. (2004), S. 6 f. und Schäfer/Lindenmayer (2005), S. 20.

[153] Vgl. Schreck (2012). S. 68 ff.

[154] Vgl. Schäfer/Lindenmayer (2005), S. 22 ff. und Habisch/Schwarz (2012).

Kostenreduzierungen zu generieren. Bereits heute berücksichtigen rund 40 % der Unternehmen Nachhaltigkeitsaspekte aufgrund einer gestiegenen **Kundennachfrage.**[155] *Menz und Nelles* ermitteln folgende Faktoren, weshalb Nachhaltigkeit erfolgsrelevant ist und nachhaltige Unternehmen somit auch geringere Bonitätsrisiken haben:[156]

1. **geringere Kostenbelastungen** (z. B. durch vermeidbare Prozesse, Strafen, Auflagen, Steuern, Energie- und Ressourceneinsparungen),
2. **geringere Transaktionskosten** durch Vertrauen der Zulieferer, Mitarbeiter, Kunden, Fremdkapitalgeber,
3. **höhere Produktivität durch motiviertere Mitarbeiter**. Da der Arbeitslohn in der Regel fixiert und die Arbeitsleistung variabel ist, hängt der Arbeitseinsatz des Mitarbeiters entscheidend von der Arbeitsmoral ab.
4. bessere Möglichkeit, **qualifizierte Mitarbeiter zu akquirieren** und zu binden, was besonders in Zeiten eines Fachkräftemangels Wettbewerbsvorteile bringt,
5. **loyalere Kunden**, die bereit sind, **höhere Margen** zu zahlen.

Zu ähnlichen Erkenntnissen kommt auch eine Studie von Deloitte: „**Sustainability** initiatives can strengthen an organization's **reputation**, **competitiveness**, the **morale of employees**, and **ability to attract capital**. They have enabled many companies to **streamline processes**, **reduce costs**, and **strengthen** their **public image**, thereby creating value and improved competitive positioning (Hervorhebungen durch den Verfasser)."[157] Weitere Vorteile, die sich kostenreduzierend auswirken können, sind **weniger Arbeitsunfälle und Krankenstände** durch hohe Gesundheits- und Sicherheitsstandards sowie die Vermeidung von Arbeitsausständen durch eine faire Lohnpolitik.[158] *Waddock und Graves* begründen die bessere finanzielle Performance von nachhaltigen Unternehmen durch die "**Good Management Theory**". Demnach zeichnet sich ein gutes Management durch die Beziehungen des Unternehmens zu seinen Anspruchsgruppen (Key Stakeholder) aus. Durch die Berücksichtigung und das effektive Management der komplexen und vielfältigen Anforderungen der Anspruchsgruppen, stellen "gute" Manager ihre Fähigkeiten und ihre Vertrauenswürdigkeit unter Beweis.[159]

Bei der Berücksichtigung von Nachhaltigkeitsaspekten und zur Implementierung entsprechender Maßnahmen orientieren sich Unternehmen häufig an bestehenden Nachhaltigkeitsstandards. Aus diesem Grund wird im folgenden Kapitel ein kurzer Überblick über internationale Nachhaltigkeitsstandards gegeben, auf die an verschiedenen Stellen der explorativen Untersuchung verwiesen wird.

---

[155] Vgl. Accenture/UN Global Compact (2010), S. 13 und 20.
[156] Vgl. Menz/Nelles (2009b), S. 190 ff.
[157] Vgl. Deloitte (2012), S. 10.
[158] Vgl. Michalik (2001), S. 71 ff.
[159] Vgl. Waddock/Graves (1997), S. 306 f. und Oikonomou u.a. (2011), S. 9.

3.3 Internationale Nachhaltigkeitsstandards

Auf internationaler Ebene existieren eine Vielzahl von Standards und Normen, die das Thema Nachhaltigkeit zum Gegenstand haben.[160] Mit der Unterzeichnung dieser Standards verpflichten sich Unternehmen auf freiwilliger Basis, Nachhaltigkeitsaspekte zu berücksichtigen.[161] Zur Abgrenzung und Auswahl von Nachhaltigkeitsstandards wurden im Rahmen dieser Arbeit folgende Quellen ausgewertet:

- *Leipziger* (2010), The Corporate Responsibility Codebook[162]
- *Henle* (2008), Nachhaltigkeit messen[163]
- *Schäfer, Lindenmayer* (2004), Sozialkriterien im Nachhaltigkeitsrating[164]
- *WBCSD, Accountability* (2004), Strategic challenges for business in the use of corporate responsibility codes, standards, and frameworks[165]

Nachfolgende Tabelle 3.1 gibt einen nach Themen geordneten Überblick über international anerkannte Nachhaltigkeitsstandards.[166]

Standards	**Inhalt** **(Anzahl Unterzeichner)**
Nachhaltigkeit / CSR-Berichterstattung	
ISO 26000[167]	Rahmenwerk zur gesellschaftlichen Verantwortung und Nachhaltigkeit von Unternehmen
OECD-Leitsätze[168]	Verhaltenskodex für verantwortungsvolles Handeln multinationaler Unternehmen. Inhalt: Transparenz, Arbeitsbeziehungen, Menschenrechte, Umwelt, Korruption, Verbraucherschutz, Technologietransfer, Wettbewerb und Steuern
GRI G3	Zertifizierbares Rahmenwerk zur Nachhaltigkeitsberichterstattung (1.704)
GRI FSSS	Financial Services Sector Supplement (145 Finanzinstitute)
Umweltmanagement	
EMAS / ISO 14001[169]	Zertifizierbare internationale Norm für Umweltmanagementsysteme (4.500 in Europa)
ISO 50001	Zertifizierbare internationale Norm für Energiemanagementsysteme
Klimawandel	

[160] Vgl. Henle (2008), S. 19. Eine ausführliche Auseinandersetzung mit Nachhaltigkeitsstandards und –normen findet sich bei Leipziger (2010).
[161] Vgl. IFC (2010), S. X.
[162] Vgl. Leipziger (2010).
[163] Vgl. Henle (2008), S. 19 ff.
[164] Vgl. Schäfer/Lindenmayer (2004), S. 38 ff.
[165] Vgl. World Business Council for Sustainable Development (WBCSD)/Accountability (2004).
[166] Weitere Informationen zu den einzelnen Nachhaltigkeitsstandards finden sich bei Leipziger (2010) und Henle (2008). Ein Abgleich der Daten erfolgte anhand der jeweiligen Internetseiten am 11.01.2013.
[167] Vgl. Leipziger (2010), 83 ff. und ISO (2011b).
[168] Vgl. OECD (2011), S. 3 und Leipziger (2010), 54 ff.
[169] Vgl. ISO (2011a).

CDP (Carbon Disclosure Project)	Datenbank über Emissionen, Klimarisiken, Reduktionsziele und –strategien von Unternehmen (3.050 im Jahr 2010)
GHG Protocol	Instrument zur Messung und zum Management von Treibhausgasemissionen (148)
ISO 14064	Norm zur Quantifizierung, Überwachung, Validierung, Verifizierung und Berichterstattung von Treibhausgasemissionen für Unternehmen und Projekte

Soziale Verantwortung	
Global Compact[170]	Standard zur sozialen und ökologischen Gestaltung der Globalisierung. Basiert inhaltlich auf der allgemeinen Erklärung der Menschenrechte, den ILO Kern-arbeitsnormen und der Agenda 21 (435 Finanzinstitute)[171]
SA 8000[172]	Zertifizierbarer Standard auf Basis der allgemeinen Erklärung der Menschen-rechte, ILO und UN-Kinderrechtskonvention (2.606)
AA 1000	Zertifizierbares Regelwerk für die Prüfung von Nachhaltigkeitsmanagement und -reporting (Stakeholder Engagement)
ILO[173] Intern. Labour Organization	Standards zur Verbesserung von Arbeitsbedingungen. Inhalt: Vereinigungsfrei-heit, Recht zu Kollektivverhandlungen, Entlohnung, Diskriminierung, Mindest-alter, Verbot und Maßnahmen zur Beseitigung von Kinderarbeit und Zwangs-arbeit (150 - 175 Unterzeichner)
Sicherheit / Unfallvermeidung	
OHSAS 18001	Zertifizierbarer Standard für Gesundheits- und Sicherheitsmanagementsysteme

Branchenspezifische Standards der Finanzwirtschaft	
UNEP FI[174]	Bankenerklärung zu Umweltschutz, nachhaltiger Entwicklung und Kommunikation (206 Finanzinstitute)
Equator Principles	Identifizierung, Bewertung und Management ökologischer und sozialer Risiken der Projektfinanzierung (79)
IFC	Standard zur nachhaltigen Finanzierungstätigkeit der Weltbanktochter IFC
Safeguard Policies	Standard zur nachhaltigen Finanzierungstätigkeit der Weltbank
UN PRI	Prinzipien für verantwortungsvolle Kapitalanlagen (1.169)
UN PSI	Prinzipien für nachhaltige Versicherungen

Tabelle 3.1: Übersicht internationaler Nachhaltigkeitsstandards
Quelle: Eigene Darstellung.

170 Vgl. Corpwatch (2000), S. 10, Mohaupt u.a. (2005), S. 54 und Rieth/Glindemann (2010), S. 2 ff.

171 Vgl. United Nations (2011a).

172 Dabei werden Themenbereiche wie Sicherheit und Gesundheit, Diskriminierung, Kinderarbeit, Zwangsarbeit, Arbeitszeit und Entlohnung sowie Vereinigungsfreiheit erfasst. Vgl. SAI (2008), S. 5 ff., Winistörfer u.a. (2006), S. 17 und Leipziger (2010), S. 212 ff.

173 Die Handlungsweise und das Selbstverständnis der ILO folgen den vier Kernkonventionen: Diskriminierungsverbot in Beschäftigung und Beruf, Vereinigungsfreiheit und Recht auf Kollektivverhandlungen, Abschaffung von Zwangs- und Kinderarbeit. Vgl. ILO (2011) und Leipziger (2010), S. 181 f.

174 Vgl. UNEP FI (1997).

Im Rahmen der vorliegenden Arbeit sind insbesondere die branchenspezifischen Standards der Finanzwirtschaft von Interesse. Von den in Tabelle 3.1 vorgestellten Nachhaltigkeitsstandards haben die Equator Principles (EP), die Safeguard Policies, die IFC Performancestandards und die UNEP FI die Prüfung von Nachhaltigkeitsaspekten bei der Kreditvergabe zum Gegenstand. So verpflichten sich Kreditinstitute mit dem Beitritt der UNEP FI und der Unterzeichnung der Equator Principles, Nachhaltigkeitsaspekte bei ihren Kreditentscheidungen zu berücksichtigen.[175] Die übrigen in Tabelle 3.1. aufgezeigten Nachhaltigkeitsstandards sind branchenübergreifende Richtlinien, die zwar für den Gegenstand der Nachhaltigkeitsprüfung von Bedeutung sind, jedoch nicht die Anforderungen an den Prozess der Finanzierungstätigkeiten von Banken an sich im Fokus haben. Obwohl die Equator Principles bisher hauptsächlich auf die Projektfinanzierung abzielen, sind sie, wie in den Kapiteln 4.2 und 4.3 gezeigt wird, der bedeutendste Standard für die Berücksichtigung von Nachhaltigkeitsaspekten bei der Kreditvergabe. Aus diesem Grund werden im Kapitel 3.3.1 die Equator Principles näher beleuchtet, um ein grundlegendes Verständnis der Inhalte der zehn Prinzipien zu erhalten. Daneben wird in Kapitel 3.3.2 auf die UNEP-Erklärung der Finanzinstitute zur Umwelt und zur nachhaltigen Entwicklung eingegangen.

3.3.1 Equator Principles

Die Equator Principles sind ein freiwilliger internationaler Branchenstandard der **Finanzbranche**, der auf den Umwelt- und Sozialstandards der Weltbank-Gruppe basiert. Mit Unterzeichnung der Equator Principles verpflichten sich Finanzdienstleister, **ökologische und soziale Risiken** von **Projektfinanzierungen** ab einem Transaktionsvolumen von 10 Mio. USD zu **identifizieren**, zu **bewerten** und zu **managen**. Nach Angaben der Equator Principles Association (EPA) haben Stand Februar 2013 **79 Finanzinstitute** aus 32 Staaten die EP unterzeichnet,[176] womit über 90 % des weltweiten Projektfinanzierungsvolumens abgedeckt sind.[177] Die Equator Principles bestehen aus den zehn in Tabelle 3.2 aufgeführten Prinzipien:

Principle 1	**Überprüfung und Kategorisierung**
Principle 2	Sozial- und Umweltverträglichkeitsprüfung
Principle 3	Anwendbare Sozial- und Umweltstandards
Principle 4	Umweltmanagementplan

[175] Vgl. IFC (2010), S. X.
[176] Vgl. Equator Principles Association (EPA) (2011). Die Zahlen wurden von den Internetseiten der Equator Principles am 03.02.2013 abgerufen.
[177] Vgl. Equator Principles (2012), S. 7.

Principle 5	Konsultation und Offenlegung
Principle 6	Beschwerdemechanismus
Principle 7	Unabhängige Überprüfung
Principle 8	**Kreditvereinbarungsklauseln**
Principle 9	Überwachung und interne Berichterstattung
Principle 10	**Externe Berichterstattung**

Tabelle 3.2: Die 10 Prinzipien der Equator Principles
Quelle: Eigene Darstellung in Anlehnung an Equator Principles (2006).

Von den zehn Prinzipien sind nur die Prinzipien 1, 8 und 10 von der Bank selbst durchzuführen, die restlichen Prinzipien müssen vom Projektsponsor bzw. Kreditnehmer oder einem unabhängigen Experten durchgeführt werden. Die wesentlichen Inhalte der zehn Prinzipien sind:[178]

Principle 1: Überprüfung und Kategorisierung

Im ersten Schritt werden die zu finanzierenden Projekte vom Kreditgeber gemäß ihrer ökologischen und sozialen Auswirkung in A-, B- und C-Projekte kategorisiert.[179]

A-Projekte:	Hohe Sozial- & Umweltauswirkung / -risiken
B-Projekte:	Moderate Sozial- & Umweltauswirkung / -risiken, die gegebenenfalls durch Maßnahmen gemindert werden können
C-Projekte:	Geringe bis keine Sozial- & Umweltauswirkung / -risiken

Principle 2 Sozial- und Umweltverträglichkeitsprüfung:

Wird ein Projekt in Kategorie A oder B eingestuft, erfolgt im zweiten Schritt eine Sozial- und Umweltverträglichkeitsprüfung, die vom Kreditnehmer oder einem unabhängigen Sachverständigen durchzuführen ist. Bei C-Projekten entfallen die Prinzipien 2-9.[180]

---

178 Vgl. Equator Principles (2006), S. 2.

179 In Kategorie A werden Projekte eingestuft, bei denen mit erheblichen, irreversiblen negativen ökologischen und/oder sozialen Auswirkungen zu rechnen ist. In Kategorie B fallen Projekte, bei denen mit begrenzten negativen ökologischen und/oder sozialen Auswirkungen zu rechnen ist, die standortbezogen vorkommen und größtenteils reversibel sind. Projekte der Kategorie C sind Projekte ohne oder mit sehr geringen negativen ökologischen und/oder sozialen Auswirkungen.

180 „High-Income OECD Countries, as defined by the World Bank Development Indicators Database, generally meet or exceed the requirements of the IFC Performance Standards and EHS Guidelines." Equator Principles (2006), S. 2.

Principle 3 Anwendbare Sozial- und Umweltstandards:

Principle drei besagt, dass bei A- und B-Projekten in nicht OECD-Ländern und von der Weltbank klar definierten einkommensschwachen OECD-Ländern die IFC-Performance Standards und Environmental, Health and Safety general guidelines (EHS) der Weltbankgruppe anzuwenden sind.

Principle 4-7:

Die Prinzipien vier bis sieben geben für die Kategorien und Ländersegmente vor, dass:

- ein **Aktionsplan** bzw. **Umweltmanagementplan** zur Reduzierung bzw. Vermeidung der Sozial- und Umweltrisiken zu erstellen ist (Principle 4),
- eine **Konsultationspflicht** der betroffenen Anwohner und eine **Offenlegungspflicht** besteht (Principle 5),
- ein **Beschwerdemanagement** einzurichten ist (Principle 6),
- eine **unabhängige Überprüfung** der Sozial- und Umweltverträglichkeit, der Einhaltung des Aktionsplans sowie des Konsultationsprozesses durch einen Sachverständigen zu erfolgen hat (Principle 7).

Principle 8 Kreditvereinbarungsklauseln:

Nach Principle acht wird der Kreditnehmer bei A- und B-Projekten vertraglich dazu verpflichtet, Landesgesetze einzuhalten, den Aktionsplan während der Bau- und Nutzungsphase zu befolgen, eine periodische Berichterstattung über die Risiken und die Einhaltung des Aktionsplans zu geben und den Rückbau der Anlagen am Ende der Nutzungsphase gemäß einem Stilllegungsplan durchzuführen.

Principle 9 Überwachung und Berichterstattung:

Nach Principle neun hat bei A- und B-Projekten eine unabhängige **Kontrolle und Berichterstattung** zu erfolgen.

Principle 10 Reporting

Mit Unterzeichnung der Equator Principles verpflichten sich die Kreditinstitute, jährlich über den Implementierungsprozess, die Erfahrungen sowie die Anzahl der durchgeführten Projektfinanzierungen nach Kategorie und Region zu berichten.

Mit diesen zehn Prinzipien stellen die Equator Principles konkrete Anforderungen an den Prozess der Nachhaltigkeitsprüfung. Dabei werden die einzelnen Prozesselemente und deren Verantwortlichkeiten geregelt.[181] Abbildung 3.4 zeigt die Einordnung der zehn Prinzipien in einen strukturierten Prozess der Nachhaltigkeitsprüfung.

---

[181] Vgl. Equator Principles (2006), S. 2 ff.

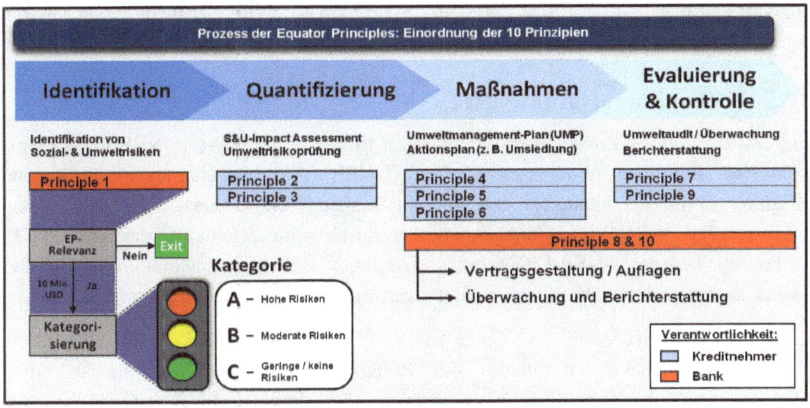

Abbildung 3.4: Prozess der Equator Principles
Quelle: Eigene Darstellung auf Basis von Barthruff (2012).

Die aktuelle Version der **EP II** (Stand Anfang 2013) beschränkt sich **auf das Projektfinanzierungsgeschäft.**[182] Da das Projektfinanzierungsgeschäft bei Kreditinstituten häufig **weniger als 5 % des Kreditportfolios** ausmacht, wird der Großteil des Kreditvolumens der Equator Principles Financial Institutions (EPFIs) nicht von den Sozial- und Umweltstandards der EP abgedeckt.[183] Des Weiteren wird von NGOs häufig die **mangelnde Kontrolle** der Einhaltung der Standards beklagt. So beanstanden NGOs immer wieder die Finanzierung von Projekten durch EPFIs, die massive soziale und ökologische Auswirkungen nach sich ziehen.[184] Seit Juli 2011 befinden sich die EP in einem Updateprozess, der voraussichtlich 2013 mit der Verabschiedung der Version EP III abgeschlossen wird. Da nur reine Projektfinanzierungstransaktionen unter die EPs fallen, gibt es unter den EP II die Möglichkeit, einen Kredit für eine Projektfinanzierung in Form eines klassischen Firmenkredits zu gestalten und so die EPs zu umgehen. Dieses Schlupfloch soll mit den geplanten EP III geschlossen werden, indem auch Firmenkundenkredite, die zur Finanzierung eines bestimmten Projekts gedacht sind, unter die EPs fallen.[185] Unabhängig von diesem Updateprozess, zeigen die Ergebnisse der explorativen Untersuchung in Kapitel 4, dass bereits einige Banken interne Standards zur Prüfung von Nachhaltigkeitsaspekten im Firmenkundenkreditgeschäft

---

[182] Vgl. Equator Principles (2006), S. 2.
[183] Vgl. Happe (2009), S. 8 f.
[184] Beispiele sind die Planung der Baku-Tbilisi-Ceyhan-Ölpipeline und das Staudammprojekt Ilisu. Bei beiden Vorhaben stellten unabhängige Gutachter und Umweltorganisationen erhebliche Verstöße gegen die EPs fest. Vgl. Happe (2009), S. 9, Leipziger (2010), S. 447 und oekom Research (2009b), S. 2.
[185] Vgl. Equator Principles Association (EPA) (2012), S. 2 ff.

implementiert haben und ggf. **Kredite verweigern, wenn Unternehmen diesen Anforderungen nicht gerecht werden**.

3.3.2 UNEP Financial Initiative

Die United Nations Environment Programme Financial Initiative (UNEP FI) ist eine weltweite Partnerschaft zwischen dem UNEP (United Nations Environment Programme) und der Finanzbranche. Sowohl Banken, Versicherungen als auch Fondsgesellschaften und Asset Manager können durch Unterzeichnung der UNEP FI-Erklärung Teil des UNEP FI-Netzwerks werden.[186] Mit Unterzeichnung der **UNEP FI**-Erklärung zur Umwelt und zur nachhaltigen Entwicklung erkennen Banken u.a. an:

„...dass die Identifizierung und Quantifizierung von Umweltrisiken einen Bestandteil der üblichen Risikobeurteilungs- und Risikomanagementverfahren im In- und Auslandgeschäft bilden müssen."[187] Gemäß der 2011 herausgegebenen Orientierungshilfe sollte das Risikomanagement ein **Sozial- und Umweltrisikomanagementsystem** beinhalten, welches die Identifikation, Analyse, Kategorisierung, Vermeidung und Überwachung von Sozial- und Umweltrisiken zur Aufgabe hat.[188] Die Untersuchungen von *Thompson und Cowton* und *Weber u.a.* zeigen, dass Banken, die sich der UNEP FI angeschlossen haben, ökologische Kriterien bei der Kreditvergabe öfter berücksichtigen als Kreditinstitute, welche die UNEP FI-Erklärung nicht unterzeichnet haben.[189]

Für die empirische Untersuchung in Kapitel 6 ist eine Quantifizierung der Nachhaltigkeitsrisiken von Unternehmen notwendig. Wie in Kapitel 1.1 gezeigt wurde, werden hierfür i.d.R. die Datenbanken von auf Nachhaltigkeitsratings spezialisierte Ratinganbieter verwendet. Aus diesem Grund wird im folgenden Kapitel ein kurzer Überblick über die Funktion und Aufbau von Nachhaltigkeitsratings eingegangen.

3.4 Bewertung der Nachhaltigkeitsleistung von Unternehmen

Da der Zusammenhang zwischen Nachhaltigkeitsrisiken und der finanziellen Performance insbesondere aus Sicht der Finanzwirtschaft interessant ist, wird seit den 1970er Jahren auch die Messung und Analyse der Nachhaltigkeitsleistung von Unternehmen, im Angelsächsischen „Corporate Social Performance" - kurz CSP - genannt, diskutiert.[190] Die Bewertung der Nachhaltigkeitsleistung von Unternehmen kann dabei ein breites Spektrum an Themen der Bereiche Umwelt (**E**nvironment), **S**oziales

---

[186] UNEP FI (2011a).
[187] UNEP FI (1997), S. 2 f.
[188] Vgl. UNEP FI (2011b), S. 19 f.
[189] Vgl. Thompson/Cowton (2004) und Weber u.a. (2008).
[190] Vgl. Loew u.a. (2004), S. 22 f.

und/oder verantwortungsvolle Unternehmensführung (Corporate Governance) - kurz ESG - beinhalten. Abbildung 3.5 gibt einen beispielhaften Überblick über die verschiedenen Nachhaltigkeitsaspekte, welche in die Bewertung der Nachhaltigkeitsleistung von Unternehmen einfließen.[191] Das Ergebnis der Bewertung der Nachhaltigkeitsleistung eines Unternehmens kann dabei sowohl eine absolute, unternehmensindividuelle Beurteilung als auch eine relative Positionsbestimmung des Unternehmens in einer Branche sein.[192]

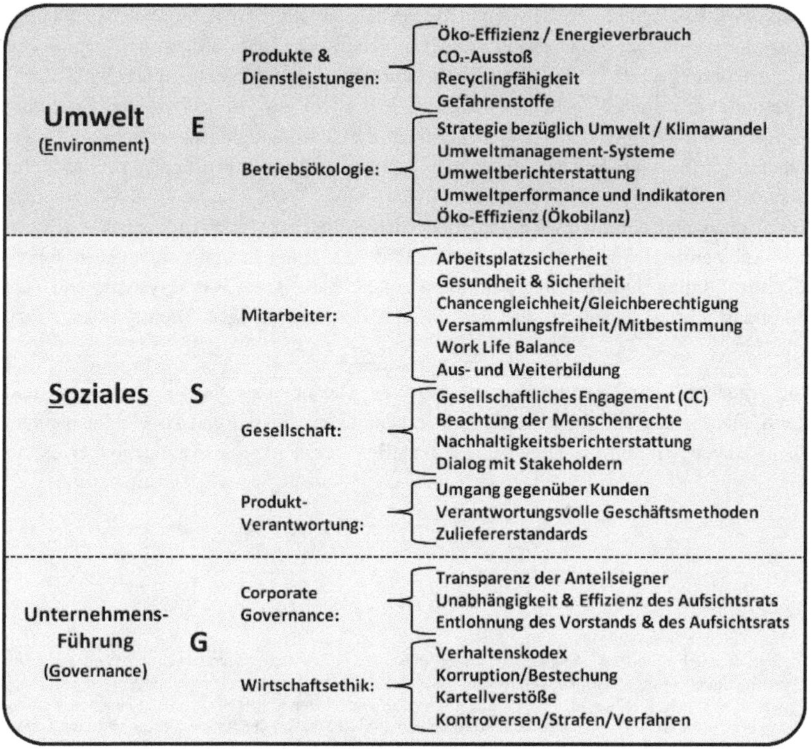

Abbildung 3.5: Themen der Nachhaltigkeit im CSR-Rating
Quelle: Eigene Darstellung.[193]

[191] Eine Übersicht über die von verschiedenen Ratinganbietern berücksichtigten Themen findet sich u.a. bei Schäfer u.a. (2004), S.131 ff und Schäfer/Lindenmayer (2004), S. 63 ff.

[192] Vgl. Schäfer (2006), S. 664 ff. und Schäfer (2004), S. 5. Eine Übersicht über die Anbieter von Nachhaltigkeitsratings findet sich bei Schäfer u.a. (2006).

[193] Die Themen wurden auf Basis des oekom Corporate Ratings und des Nachhaltigkeitsratings von ECPI erstellt. Vgl. oekom Research (2013), S. 3 ff und ECPI (2012), S. 13.

Zur Bewertung von Nachhaltigkeitsrisiken können z. B. Zertifizierungen des betrieblichen Umweltschutzes nach ISO 14001 oder des Gesundheits- und Sicherheitsmanagements nach OHSAS 18001 genutzt werden. So weisen laut *Schiller und Tytko* zertifizierte Unternehmen ein geringeres Umweltrisikopotenzial auf als nicht zertifizierte Unternehmen.[194] Zertifizierungen decken jedoch meist nur einen spezifischen Bereich der Nachhaltigkeit ab und geben außer der Information über den Erhalt des Zertifikats meist keinen zusätzlichen Aufschluss über die Nachhaltigkeitsleistung. Eine umfassende Bewertung der Nachhaltigkeitsleistung von Unternehmen auf einer Ratingskala wird von darauf spezialisierten Research- oder Ratinganbietern wie Nachhaltigkeitsratingagenturen, Nachhaltigkeitsindexanbietern oder Inhouse-Research-Teams von Banken durchgeführt.[195] Im informationsökonomischen Sinn fungieren sowohl Zertifizierungen als auch Nachhaltigkeitsratings vor allem zur Aufdeckung der Qualitätseigenschaften (Hidden Characteristics) über die Nachhaltigkeitsleistung von Unternehmen.[196] In den letzten 20 Jahren ist hierfür ein eigenständiger Markt für Nachhaltigkeitsratings von Unternehmen entstanden.[197] Da sich die Analysemethoden, Kennzahlen und deren Gewichtung sowie die Aufbereitung der Ergebnisse zwischen den Anbietern teilweise erheblich unterscheiden, wurden in den vergangenen Jahren mehrere Studien durchgeführt, um eine Vergleichbarkeit der Ratingsysteme und eine Erhöhung der Transparenz auf dem Markt der nachhaltigen Dienstleistungen zu schaffen.[198]

Die Angebote der Ratinganbieter reichen von Datenbanken über Ratingreports und Ratingplattformen bis hin zu fertigen Kapitalanlageprodukten und Asset Management Dienstleistungen. Um die Unterschiede und Besonderheiten der Ratinganbieter darzu-

[194] Vgl. Schiller/Tytko (2001), S. 170.

[195] Vgl. Schäfer (2006), S. 664 ff., Schäfer (2004), S. 5. Ein fundamentaler Unterschied zwischen Nachhaltigkeitsratings und konventionellen Kreditratings liegt in der Unabhängigkeit der Ratingagentur. Während Kreditratings überwiegend von den Unternehmen selbst in Auftrag gegeben werden, besteht bei Nachhaltigkeitsratings kein Auftragsverhältnis zwischen der Ratingagentur und dem Unternehmen. Vgl. Schäfer (2006), S. 666.

[196] Vgl. Schäfer (2006), S. 664. Nach Stover erfüllen Ratings sowohl eine Offenlegungs- als auch eine Zertifizierungsfunktion, indem sie Informationen veröffentlichen und den Wahrheitsgehalt der erhobenen Informationen bescheinigen. Vgl. Stover (1996), S. 62 ff. Neben Nachhaltigkeitsratings existieren noch weitere Möglichkeiten zum Abbau von Informationsasymmetrien wie z. B. die Nachhaltigkeitsberichterstattung von Unternehmen und deren Zertifizierung von Wirtschaftsprüfern anhand eines anerkannten Standards wie den Richtlinien der Global Reporting Initiative.

[197] Vgl. Schäfer u.a. (2006), S. 1 ff. und Schäfer u.a. (2004), S. 10 ff. Der Markt für Nachhaltigkeitsratings zeichnet sich durch eine sehr dynamische Wettbewerbsstruktur aus, bei der es in den vergangenen Jahren zu mehreren Fusionen und Übernahmen kam. Vgl. Bergius (2009), S. 2 ff und Eurosif (2010), S. 20.

[198] Vgl. Environment Agency (2004), Schäfer u.a. (2006), Schäfer/Kemper (2010), Sadowski u.a. (2011) und Döpfner/Schneider (2012).

stellen, ist daher das Verständnis der **Wertschöpfungsstruktur** von Nachhaltigkeitsratings erforderlich, die folgende fünf Wertschöpfungsstufen beinhalten:[199]

1. **Datenerhebung** (Primär- und Sekundärresearch)
2. **Datenaufbereitung** zu Informationen
3. **Interpretation** der Informationen zu einem **Rating / Ranking**
4. **Bereitstellung der Ratings**, z. B. auf einer Ratingplattform
5. **Asset Management Dienstleistungen** und **Kapitalanlageprodukte**

Abbildung 3.6 zeigt einen Überblick über die Wertschöpfungsstruktur von Nachhaltigkeitsratings und liefert ergänzend einige institutionelle Beispiele. Da die **ersten drei Stufen** des Wertschöpfungsprozesses mit **hohem Arbeitsaufwand** verbunden sind, kommt es teilweise zu einer Spezialisierung der Ratinganbieter auf einzelne Wertschöpfungsstufen.[200] Wie aus der Abbildung ersichtlich wird, greifen insbesondere Inhouse-Research-Teams von Banken auf Vorleistungen anderer Ratinganbieter zurück.

[199] Vgl. Schäfer/Lindenmayer (2007a), S. 21 und Vivian u.a. (2004), S. 33 ff.
[200] Vgl. econsense (2008), S. 6 und Schäfer (2005a), S. 117.

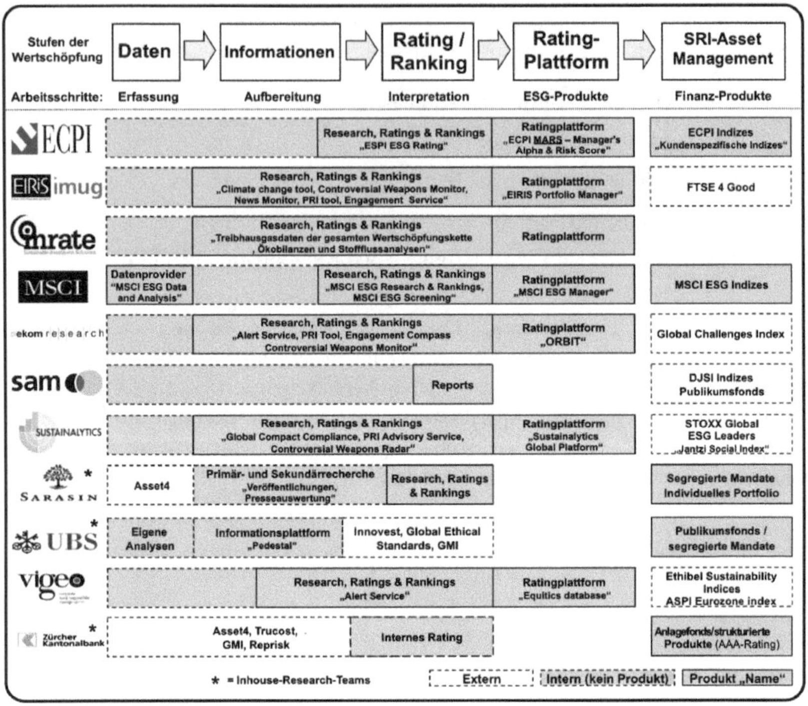

Abbildung 3.6: Wertschöpfungsstufen und Produkte im Informationsprozess von Ratinganbietern
Quelle: Eigene Darstellung in Anlehnung an Schäfer/Lindenmayer (2007a), S. 21, Schäfer (2012), S. 657 und Vivian u.a. (2004), S. 33.

Die Messung der Nachhaltigkeitsleistung von Unternehmen und die systematische Aufbereitung der Daten in den einzelnen Wertschöpfungsstufen stellt die Grundlage für die Berücksichtigung von Nachhaltigkeitsaspekten bei Kapitalanlageentscheidungen in Zusammenhang mit den sogenannten „Socially Responsible Investments“ dar.

3.5 Nachhaltigkeit in der Finanzwirtschaft (Socially Responsible Investments)

Die Verfügbarkeit von Informationen über die Nachhaltigkeitsleistung von Unternehmen ermöglicht es Anlegern, Kreditgebern oder Asset Managern, Nachhaltigkeitsaspekte bei der Bereitstellung von Finanzmitteln an Unternehmen zu berücksichtigen.

Hierbei hat sich der Begriff „**Socially Responsible Investments**“ - kurz **SRI** - zu deutsch „nachhaltige Kapitalanlagen“ durchgesetzt.[201] In Ermangelung einer deutschen Abkürzung wird SRI auch in Deutschland als Synonym für nachhaltige Kapitalanlagen verwendet.[202] **Nachhaltige Kapitalanlagen** sind definiert als: „... alle Formen der Geldanlage, die nicht ausschließlich an Sicherheit, Rendite und Liquidität orientiert sind, sondern auch an ethischen, sozialen und ökologischen Kriterien.“[203] Abbildung 3.7 verdeutlicht die Erweiterung der klassischen Kriterien von Kapitalanlagen wie Sicherheit (Risiko), Liquidität und Rendite um die Nachhaltigkeitsdimension.

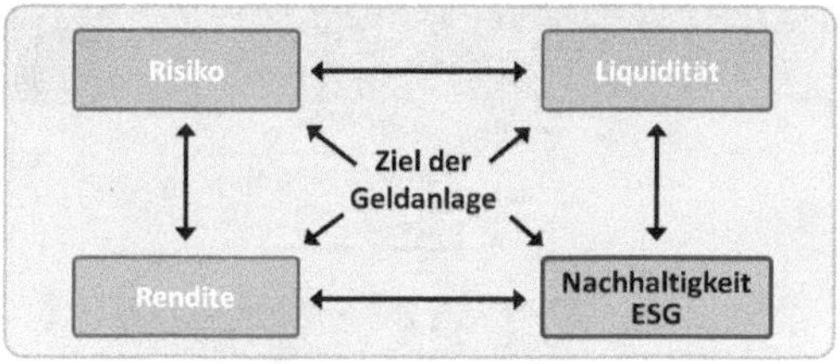

Abbildung 3.7: Ziel der nachhaltigen Kapitalanlage
Quelle: Eigene Darstellung in Anlehnung an Schäfer/Lindenmayer (2007a), S. 8.

Zur Berücksichtigung von Nachhaltigkeitsaspekten bei der Kapitalanlage haben sich in der Praxis verschiedene aktive und passive Anlagestrategien entwickelt.[204] **Passive Anlagestrategien** reichen von der Anwendung von **Ausschlusskriterien**, wie z. B. dem Ausschluss von Unternehmen, die Rüstungsgüter herstellen, über die Anwendung von **Positivkriterien**, wie z. B. Unternehmen aus dem Bereich der erneuerbaren Energien, bis hin zu sogenannten **Best in Class**-Ansätzen, bei denen nur in die nachhaltigsten Unternehmen der jeweiligen Branche investiert wird.[205] **Aktive Anlagestrategien** beinhalten hingegen einen aktiven Dialog zwischen Kapitalgeber und Unternehmensführung mit dem Ziel, die Unternehmensführung zu einem nachhaltigen Handeln zu bewegen.[206]

---

[201] Eine Auseinandersetzung mit der Entstehung und der Begriffsvielfalt von SRI findet sich bei Loew (2002), S. 11 ff.
[202] Vgl. Schäfer/Lindenmayer (2007a), S. 7.
[203] imug, Institut für Markt, Umnwelt, Gesellschaft e.V. (2001), S. 7 zitiert nach: Loew (2002), S. 12. Ähnliche Definitionen finden sich auch bei Schäfer/Lindenmayer (2007a), S. 6 und Forum Nachhaltige Geldanlagen (2013), S. 2.
[204] Schäfer/Mayer (2010), S. 21.
[205] Vgl. Schäfer/Lindenmayer (2005), S. 31, Schäfer/Lindenmayer (2007b), S. 937 ff. und Schäfer/Lindenmayer (2007a), S. 27 ff.
[206] Vgl. Schäfer/Preller (2003), S. 31 ff.

Nachhaltige Kapitalanlageprodukte (SRI-Produkte) werden i.d.R. von Finanzintermediären, wie z. B. Kreditinstituten oder Asset Managern, erstellt.[207] Dabei greifen sie entweder auf Nachhaltigkeitsratings von Ratinganbietern zurück (**externes Nachhaltigkeitsrating**) oder führen eigene Nachhaltigkeitsbewertungen (**internes Nachhaltigkeitsrating**) durch. Abbildung 3.8 stellt den Wertschöpfungsprozess von nachhaltigen Kapitalanlagen und die Rolle der beteiligten Akteure (Kreditinstitute, Unternehmen, Anleger und Ratingagenturen) dar.

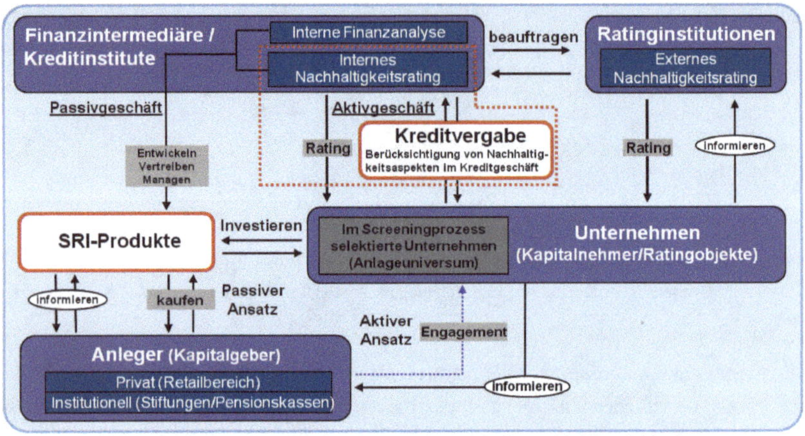

Abbildung 3.8: Der Wertschöpfungsprozess im Markt für nachhaltige Geldanlagen
Quelle: Eigene Darstellung in Anlehnung an Schoenheit (2005), S. 112.

Neben nachhaltigen Kapitalanlagen im Passivgeschäft (Anlageprodukte) vergeben Banken auch **direkte Kredite** an Unternehmen (Aktivgeschäft). Die Kreditvergabe durch Banken stellt dabei nichts anderes als ein Anlageprozess aus Sichtweise eines Kreditgebers dar. Sofern Kreditinstitute ihr Kreditgeschäft anhand von Nachhaltigkeitsaspekten ausrichten, bewegen sie sich im Kontext nachhaltiger Kapitalanlagen (siehe Abbildung 3.8). Wie in Kapitel 4.2 gezeigt wird, berücksichtigen mittlerweile viele Kreditinstitute Nachhaltigkeitsrisiken im Rahmen der Kreditvergabe. So bekennen sich **Kreditinstitute** mit der Unterzeichnung der **UNEP FI**-Erklärung[208] dazu, dass die Identifizierung und Quantifizierung von **Umwelt- und Sozialrisiken Bestandteil** der üblichen **Risikobeurteilungs-** und **Risikomanagementverfahren** sind.[209] Dabei wird

[207] Vgl. Schäfer/Lindenmayer (2007b), S. 937 ff. und Schäfer/Lindenmayer (2007c), S. 1082 ff. Ein Überblick über nachhaltige Kapitalanlageprodukte findet sich bei Schäfer/Engelhardt (2008), S. 506 ff.
[208] UNEP FI steht für United Nations Environment Programme Finance Initiative.
[209] Siehe hierzu auch Kapitel 3.3.2.

anerkannt, „... dass ökologische und soziale Risiken gleichzeitig Kreditausfall-, Haftungs- und Reputationsrisiken sind."[210] Da Ratingagenturen i.d.R. nur große börsennotierte Unternehmen (sog. Large Caps) bewerten, müssen Banken für die Berücksichtigung von Nachhaltigkeitsrisiken im Firmenkundenkreditgeschäft eigene Nachhaltigkeitsratings durchführen.[211] Eine Untersuchung der Ausgestaltung einer internen Nachhaltigkeitsprüfung durch Banken erfolgt in Kapitel 4.

3.5.1 Markt für nachhaltige Kapitalanlagen

Aufgrund der unterschiedlichen Definitionen, Erfassungsmethoden und statistischen Datenquellen bei der Messung des Marktumfangs für nachhaltige Geldanlagen weichen die Angaben teilweise stark voneinander ab. So gibt z. B. das Forum Nachhaltige Geldanlagen (FNG) die Summe der nachhaltigen Kapitalanlagen im deutschsprachigen Raum[212] zum 31.12.2011 mit 103,5 Milliarden Euro an. Darunter fallen **Publikumsfonds, Mandate, Zertifikate** sowie **Kunden- und Eigenanlagen von Umwelt- und Ethikbanken**. Daneben existieren jedoch zusätzlich noch Strategien mit einfachen Ausschlusskriterien, die auf das gesamte Investmentuniversum angewendet und im weiteren Sinne häufig auch zu den nachhaltigen Kapitalanlagen gezählt werden. Hierbei handelt es sich im deutschsprachigen Raum vor allem um Streumunition als Ausschlusskriterium. Diese Assets betragen zusammen 1.055,6 Milliarden Euro (Deutschland 618,2, Österreich 8,2 und die Schweiz 429,2 Milliarden Euro).[213] Aufgrund der unterschiedlichen Definitionen und Anlagestrategien, die unter den Begriff nachhaltige Kapitalanlagen fallen, hat das European Social Investment Forum, kurz Eurosif, eine Klassifizierung dieser **Anlagestrategien** vorgenommen. Dabei wurde in der Vergangenheit häufig zwischen nachhaltigen Investments im engeren Sinne „**Core SRI**" und nachhaltigen Investments im weiteren Sinne „**Broad SRI**" unterschieden. Nachhaltige Geldanlagen im engeren Sinne umfassen nach der Definition von Eurosif:[214]

- **Norm- und wertbasierte Investments** (Screenings auf Basis internationaler Standards und Normen wie dem UN Global Compact, der ILO oder der PRI)
- **Best-in-Class Investments** (Beste Unternehmen einer Branche/Klasse)
- **Themenfonds** (Investitionen in Themen oder Assets, die mit der Förderung der Nachhaltigkeit zusammenhängen)

---

210 Kubusch (2004), S. 10.
211 Vgl. Schäfer (2005b), S. 559.
212 Deutschland, Österreich und die Schweiz.
213 Vgl. Dittrich u.a. (2012), S. 11. Viele Assetmanager beziehen sich dabei auf „Convention on Cluster Munitions".
214 Vgl. Eurosif (2010), S. 8 f. und Dittrich u.a. (2012), S. 8. Eine ähnliche Einteilung von nachhaltigen Kapitalanlagen sowie eine Übersicht nachhaltiger Themen findet sich bei Principles for Responsible Investment (2012b), S. 3 ff, Schwager (2008), S. 4 und EFAMA (2012), S. 4.

Nachhaltige Geldanlagen im weiteren Sinne umfassen die Anlagestrategien:

- **Engagement** (Langfristig angelegter Dialog mit Unternehmen, um deren Nachhaltigkeitsleistung zu verbessern)
- **ESG Integration** (Einbeziehung von ESG-Kriterien in die traditionelle Finanzanalyse)
- **Einfaches Screening** (z. B. ein einfaches Ausschlusskriterium)

Laut der aktuellen Studie des europäischen Branchenverbands Eurosif belief sich der Markt für nachhaltige Kapitalanlagen in Europa im Jahr 2011 auf 6,7 Billionen Euro. Der größte Teil dieser Anlagen entfällt dabei mit 94 % auf institutionelle Anleger wie Pensionskassen, Kreditinstitute oder Versicherungen.[215] Abbildung 3.9 gibt einen Überblick über das Volumen nachhaltiger Kapitalanlagen in Europa.

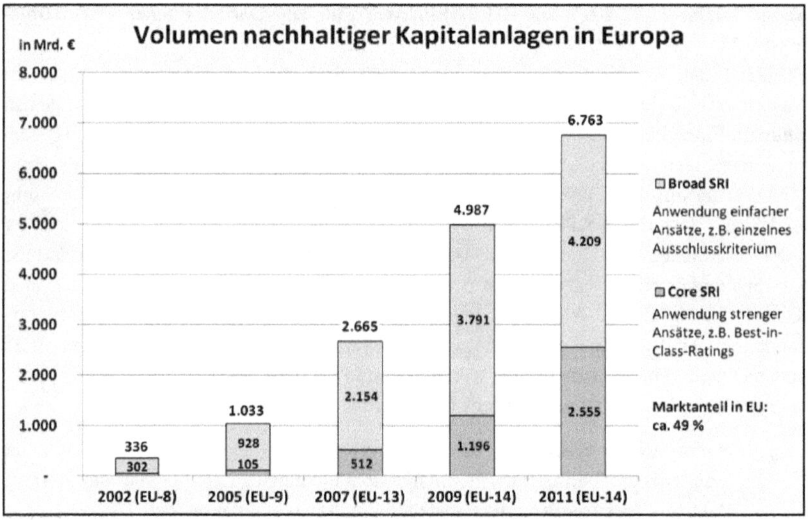

Abbildung 3.9: Wachstum nachhaltiger Kapitalanlagen in Europa

Quelle: Eigene Darstellung in Anlehnung an Eurosif (2008), S. 10, Eurosif (2010), S. 13 und Eurosif (2012), S. 63.[216]

Aus der Abbildung wird deutlich, dass der Markt für nachhaltige Kapitalanlagen in den vergangenen Jahren ein stark wachsendes Kapitalmarktsegment mit regelmäßig zwei-

---

[215] Vgl. Eurosif (2012), S. 25.

[216] Da Eurosif für 2011 keine konkreten Zahlen für Core- und Broad-SRI angibt, wurden diese Zahlen auf Basis der Angaben der einzelnen Anlagestrategien berechnet. Die Summe der Core-SRI wurde der Tabelle des Eurosif SRI-Study 2012 auf S. 63 entnommen. Vgl. Eurosif (2012), S. 63.

stelligen Zuwachsraten darstellt. So hat sich das Volumen der nachhaltigen Kapitalanlagen in Europa im Zeitraum von 2002 bis 2011 von ca. 336 Mrd. Euro auf 6.763 Mrd. Euro in etwa verzwanzigfacht.[217] Die European Fund and Asset Management Association (EFAMA) schätzt die Höhe der europäischen „Assets under Management" (kurz AUM) auf 13,8 Billionen Euro. Demzufolge werden bei ca. 49 % aller AUM nachhaltige Anlagestrategien angewendet. Der überwiegende Anteil bezieht sich jedoch auf nachhaltige Geldanlagen im weiteren Sinne, bei denen ein Ausschlusskriterium wie z. B. der Ausschluss von Rüstungsunternehmen aus dem Portfolio von institutionellen Investoren angewendet wird.[218] Einen großen Einfluss hat dabei auch die zunehmende Anzahl der Unterzeichner der **Principles for Responsible Investments** (PRI), woraus sich eine Zunahme der normbasierten Investments ergibt.[219] Mit der Unterzeichnung der PRI verpflichten sich Investoren und Asset Manager, Nachhaltigkeitsaspekte in ihren Kapitalanlageentscheidungen zu berücksichtigen. Stand 2012 haben nach Angabe der PRI weltweit 640 Asset Manager, 254 Investoren und 177 Serviceanbieter die PRI unterzeichnet. Zusammen verfügen sie damit über 32 Billionen USD AUM.[220]

Das weltweite Volumen nachhaltiger Kapitalanlagen betrug 2012 laut einer Studie der Global Sustainable Investment Alliance ca. 13,6 Billionen USD (umgerechnet ca. 10 Billionen Euro). Das entspricht einem Marktanteil von 21,8 Prozent aller weltweiten Assets under Management. International gesehen hat Europa den größten Markt für nachhaltige Kapitalanlagen (siehe Tabelle 3.3). [221]

[217] Zwischen 2002 und 2009 wurde die Datengrundlage von acht EU-Staaten auf 14 EU Staaten erweitert, weshalb die Wachstumsrate relativiert werden muss. So wurden in dieser Zeit Belgien, Dänemark, Finnland, Norwegen, Polen und Schweden in die Berechnung der SRI mit aufgenommen. Vgl. Eurosif (2008), S. 10, und Eurosif (2012), S. 63.

[218] Vgl. Eurosif (2012), S. 26. Allein die Ausschlusskriterien machen nach Berechnungen von Eurosif einen Anteil von 27,7 % aller Assets under Management aus. Vgl. Eurosif (2012), S. 17.

[219] Vgl. Eurosif (2010), S. 7.

[220] Vgl. Principles for Responsible Investment (2012a), S. 2 ff. und Principles for Responsible Investment (2011), S. 1.

[221] Vgl. Global Sustainable Investment Alliance (2013), S. 9 f.

Nachhaltige Kapitalanlagen im internationalen Vergleich				
	Volumen SRI		Anteil am	Anteil an AUM der
	in Mrd. USD	in Mrd. EUR	SRI-Markt	jeweiligen Region
Europa	8.758	6.763	64,5 %	49,0 %
USA	3.740	2.888	27,6 %	11,2 %
Kanada	589	455	4,3 %	20,2 %
Afrika	229	177	1,7 %	18,0 %
Australien/NZ	178	137	1,3 %	35,2 %
Asien (ex Japan)	64	49	0,5 %	2,9 %
Japan	10	8	0,1 %	0,2 %
Summe	13.568	10.478	100 %	21,8 %

Tabelle 3.3: Nachhaltige Kapitalanlagen im internationalen Vergleich
Quelle: Eigene Darstellung in Anlehnung an Global Sustainable Investment Alliance (2013), S. 9 f.

In Bezug auf den deutschsprachigen Raum untersucht das Forum Nachhaltige Geldanlagen regelmäßig die Entwicklung der nachhaltigen Kapitalanlagen in Deutschland, Österreich und der Schweiz. Aus dem Marktbericht 2012 wird erkennbar, dass **institutionelle Investoren** in Deutschland mit einem Anteil von 68 % zwar die bedeutendste Antriebskraft von nachhaltigen Kapitalanlagen darstellen, der Anteil von privaten Anlegern mit 32 % jedoch deutlich über dem europäischen Durchschnitt (6 %) liegt. Des Weiteren wird ersichtlich, dass der **deutsche Markt** für nachhaltige Kapitalanlagen mit 618,2 Mrd. Euro nachhaltiger Kapitalanlagen im weiteren Sinne und **63 Mrd. Euro nachhaltiger Kapitalanlagen** im engeren Sinne im europäischen und internationalen Vergleich bisher eine eher untergeordnete Rolle spielt.[222] Eine weitere Aufschlüsselung der nachhaltigen Kapitalanlagen zeigt, dass in Deutschland **Kundeneinlagen und Eigenanlagen** von **Kreditinstituten** mit Nachhaltigkeitsfokus einen wichtigen Teil der nachhaltigen Kapitalanlagen ausmachen. Hierzu gehören die Eigenanlagen der staatlichen Kreditanstalt für Wiederaufbau (KfW) mit 20 Mrd. Euro sowie die Kundeneinlagen bei Umwelt-, Ethik- und Kirchenbanken mit 20,2 Mrd. Euro (siehe Abbildung 3.10).

[222] Vgl. Dittrich u.a. (2012), S. 15.

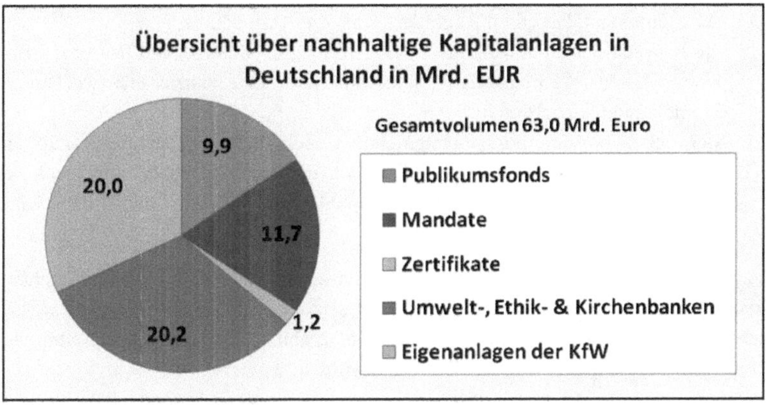

Abbildung 3.10: Übersicht über nachhaltige Kapitalanlagen in Deutschland (2011)
Quelle: Eigene Darstellung in Anlehnung an Dittrich u.a. (2012), S. 19.

3.5.2 Anteil der Kreditvergabe am Markt für nachhaltige Kapitalanlagen

Über das Kredit- und Anlagegeschäft haben **Banken in Deutschland eine Schlüsselrolle** bei der Mobilisierung und **Allokation von Kapitalströmen**.[223] Ein wesentlicher Unterschied der Kreditvergabe durch Banken gegenüber klassischen nachhaltigen Geldanlagen (Aktien und Anleihen) ist dabei, dass die Kreditvergabe mittels Bankkrediten nicht auf börsennotierte Kapitalgesellschaften beschränkt ist. Durch die zentrale Rolle von Banken als Anbieter von Finanzdienstleistungen für Unternehmen, Privatpersonen und den öffentlichen Sektor sind Kreditinstitute damit in einer einzigartigen Position, um Transaktionen hin zu einer nachhaltigen Wirtschaftsweise anzustoßen.[224] Laut Aussage der Deutschen Bundesbank sind Bankkredite nach wie vor eine der wichtigsten Finanzierungsquellen von Unternehmen.[225] Nach der Argumentation von *Menz und Nelles* ist der **Einfluss von Fremdkapitalgebern** auf Unternehmen sogar noch wesentlich größer als der Einfluss von Eigenkapitalgebern, da[226]

---

[223] Vgl. Schücking u.a. (2011), S. 9.
[224] Vgl. BankTrack (2010), S. 9 und Schücking u.a. (2011), S. 9.
[225] Mit einem Anteil von 18 % (849 Mrd. Euro) an der Außenfinanzierung von nicht finanziellen Kapitalgesellschaften waren Bankkredite im Jahr 2010 neben Anteilsrechten die zweitwichtigste Finanzierungsform. Vor der Finanzkrise lag der Anteil noch bei über 20 %. Vgl. Deutsche Bundesbank (2012), S. 21.
[226] Vgl. Menz/Nelles (2009b), S. 192.

1. der Fremdkapitalanteil i.d.R. größer ist als die Aktienquote,
2. die Laufzeit von Fremdkapital im Gegensatz zum Eigenkapital begrenzt ist und Unternehmen somit häufiger Transaktionen zu Finanzierungszwecken mit Fremdkapitalgebern durchführen,
3. sich neben börsennotierten Unternehmen auch nicht börsennotierte und staatliche Unternehmen am Fremdkapitalmarkt refinanzieren und sich der disziplinierende Einfluss des Fremdkapitalmarkts auf wesentlich mehr Unternehmen erstreckt.

Dies gilt umso mehr für nicht börsennotierte kleine und mittelständische Unternehmen, da diese Unternehmen keinen einfachen Zugang zum Kapitalmarkt haben. In diesem Kontext notiert *Schäfer*, dass nicht gelistete Unternehmen fast systematisch von nachhaltigen Finanzierungsformen ausgeschlossen werden.[227]

Im Rahmen dieser Arbeit ist folglich insbesondere von Interesse, wie hoch der **Anteil der Kreditfinanzierung am Markt für nachhaltige Kapitalanlagen** ist. In den bisherigen Ausführungen, beruhend auf den Angaben von Eurosif und des FNG, wird lediglich die **Geldanlage** dargestellt. Für die Ermittlung des Anteils der Kreditfinanzierung am Volumen der nachhaltigen Kapitalanlagen ist jedoch die **Mittelverwendung** von Interesse. Die Vielfalt möglicher Bezüge zwischen der Kapitalanlage und -verwendung sowie die Transformationsleistungen der Kreditinstitute erschweren jedoch eine klare Zuordnung.[228] Laut *Gramlich* fließen **17 %** der nachhaltigen Geldanlagen in Deutschland über die **direkte Kreditvergabe** durch **Banken** an Unternehmen. *Gramlich* bezieht sich dabei auf den Marktbericht 2005 des FNG, wobei er die Spareinlagen bei deutschen alternativen Banken und Mikrokreditorganisationen mit der Kreditvergabe gleichsetzt.[229] Wie in Kapitel 4.4 dieser Arbeit noch gezeigt wird, werden die Kundeneinlagen bei Umwelt- und Ethikbanken jedoch nicht zu 100 % als Kredite weitergegeben, weshalb eine direkte Ableitung der Kreditvergabe aus den Angaben des Marktberichts nicht sinnvoll erscheint.

Da der Anteil der Kreditvergabe an der Mittelverwendung aus dem Marktbericht des Forums Nachhaltige Geldanlagen nicht abgeleitet werden kann, wird an dieser Stelle auf eine Studie von *Schneeweiß* im Auftrag der Heinrich Böll Stiftung aus dem Jahr 2010 Bezug genommen. Der Studie liegt die Annahme zugrunde, dass Umwelt-, Ethik-

---

[227] Vgl. Schäfer (2005b), S. 559.
[228] Vgl. Gramlich (2007), S. 301.
[229] Vgl. Gramlich (2007), S.302. Die Summe der 4,94 Mrd. Euro nachhaltiger Kapitalanlagen im Jahr 2005 setzt sich nach Angaben des FNG wie folgt zusammen: 2,4 Mrd. Euro nachhaltige Mandate, 1,7 Mrd. Euro nachhaltige Publikumsfonds und **0,85 Mrd. Euro Spareinlagen** alternativer Banken. Vgl. Forum Nachhaltige Geldanlagen (2006), S. 7. Im Beitrag von Gramlich heißt es: „Die Gelder wurden im Umfang von 3,28 Mrd. Euro zum Kauf von Aktien nachhaltig tätiger Unternehmen genutzt. Der Erwerb von Anleihen solcher Unternehmen (0,82 Mrd. Euro) sowie die direkte Kreditvergabe (0,85 Mrd. Euro) haben ein geringeres Gewicht." Gramlich (2007), S.302.

und Kirchenbanken zwei Drittel ihrer Spareinlagen als Kredite vergeben und ein Drittel in festverzinslichen Wertpapieren und Aktien anlegen. Mit dieser der Realität näheren Annahme kommt die Studie zu dem Ergebnis, dass rund **43 % der nachhaltigen Kapitalanlagen in Deutschland als Kredite** vergeben werden.[230] Abbildung 3.11 zeigt die Aufteilung der nachhaltigen Kapitalanlagen nach Anlageklassen.

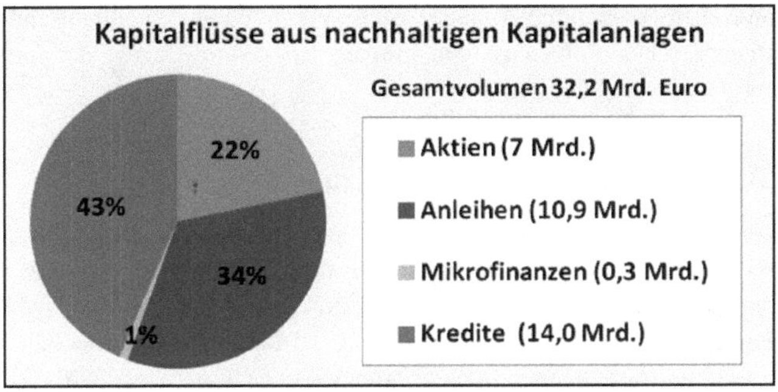

Abbildung 3.11: Kapitalflüsse aus nachhaltigen Kapitalanlagen
Quelle: Eigene Darstellung in Anlehnung an Schneeweiß (2010), S. 24.

Überträgt man die Annahmen einer Zweidrittelverteilung der Kundeneinlagen von Umwelt-, Ethik- und Kirchenbanken auf die aktuellen Zahlen des Marktberichts 2012 des FNG, so erhält man einen Anteil von **21,4 %** (zwei Drittel von 20,2 / 63 Mrd. Euro) am Markt für nachhaltige Kapitalanlagen in Deutschland, welche über die direkte **Kreditvergabe** durch Banken angelegt sind. In dieser Berechnung sind nur die Kredite von Umwelt-, Ethik- und Kirchenbanken enthalten, da diese explizit Nachhaltigkeitsaspekte bei der Kreditvergabe berücksichtigen. Offen bleibt jedoch die Frage, ob konventionelle Kreditinstitute Nachhaltigkeitsrisiken bei der Kreditvergabe berücksichtigen und inwieweit diese Kreditportfolios den nachhaltigen Kapitalanlagen zuzurechnen sind. Diesen Fragen wird in Kapitel 4 nachgegangen.

Nachdem die grundlegenden Begriffe zur nachhaltigen Entwicklung und die Grundlagen zur Bewertung von Nachhaltigkeitsrisiken erläutert wurden, wird im folgenden Kapitel die Relevanz des Klimawandels als eines der Hauptrisikotreiber für die Nachhaltigkeitsrisiken von Unternehmen aufgezeigt.

[230] Vgl. Schneeweiß (2010), S. 24 f. Zieht man aus Abbildung 3.10 die Eigenanlagen der KfW ab und rechnet die Zuwachsraten bei den Publikumsfonds und Mandaten heraus, sind die Zahlen des FNG mit der Studie der Heinrich Böll Stiftung vergleichbar.

3.6 Relevanz des Klimawandels

Mit dem Begriff **Klimawandel** wird der sukzessive Anstieg der durchschnittlichen Temperaturen der erdnahen Atmosphäre und der Meere bezeichnet, welche in den vergangenen Jahrzehnten gemessen wurden und für die Zukunft prognostiziert werden.[231] Aufgrund der mit dem Klimawandel einhergehenden ökologischen, sozialen und ökonomischen Auswirkungen gehören die Vermeidung des Klimawandels sowie die Bewältigung seiner Folgen zu den größten Herausforderungen der nachhaltigen Entwicklung.[232]

3.6.1 Wissenschaftliche Erkenntnisse zum Klimawandel

Zur Untersuchung des Klimawandels wurde vom Umweltprogramm der Vereinten Nationen (UNEP) und der Weltorganisation für Meteorologie (WMO) 1988 das Intergovernmental Panel on Climate Change (**IPCC**), im Deutschen auch Weltklimarat genannt, gegründet. Die Hauptaufgabe des IPCC ist es, die Risiken des Klimawandels zu untersuchen und mögliche Strategien zur **Vermeidung** (engl. **Mitigation**) einer globalen Erderwärmung und zur **Anpassung** an die Folgen des Klimawandels (engl. **Adaption**) zu entwickeln. Der Weltklimarat übernimmt die weltweite Koordinierungsfunktion im Rahmen der Erforschung des Klimawandels und erstellt in regelmäßigen Abständen **Sachstandsberichte zum aktuellen Forschungsstand**. Die Arbeiten des IPCC werden über drei Arbeitsgruppen sowie eine Task Force organisiert.[233]

Der 2007 erschienene vierte Sachstandsbericht der IPCC stellt den aktuellen Kenntnisstand der wissenschaftlichen Forschung zum Klimawandel dar. Die drei Teilbände des Sachstandsberichts verdeutlichen, dass der aktuelle **Klimawandel hauptsächlich durch den Menschen verursacht** ist. Haupttreiber des Klimawandels sind nach derzeitigem Kenntnisstand die **Änderungen der Konzentration von Treibhausgasen** in der Atmosphäre, die Beschaffenheit der Landoberfläche sowie die natürlichen Schwankungen der Sonnenaktivität. Insbesondere die **anthropogenen Emissionen der Treibhausgase**, zu denen Kohlendioxid (CO_2), Methan (CH_4) und Lachgas (N_2O) gehören, werden als wichtigste Treiber des Klimawandels identifiziert.[234] Der Anstieg des Kohlendioxidgehalts ist dabei überwiegend auf die Verbrennung fossiler Brenn-

---

[231] "Climate change refers to a change in the state of the climate that can be identified (e.g., by using statistical tests) by changes in the mean and/or the variability of its properties, and that persists for an extended period, typically decades or longer." Vgl. Solomon u.a. (2007), S. 943 und IPCC (2007), S. 2.

[232] Vgl. Stern (2007), S. i ff.

[233] Vgl. IPCC (2013).

[234] Vgl. Forster u.a. (2007), S. 131. Eine Übersicht über die relevanten Treibhausgase und deren Relevanz findet sich bei Forster u.a. (2007), S. 141 ff. CO_2 macht mit einem Anteil von 76,7 % gefolgt von Methan (14,3 %) und Lachgas (7,9 %), den größten Anteil der anthropogenen Treibhausgasemissionen aus. Vgl. Heymann (2009), S. 8.

stoffe (Kohle, Erdöl und Erdgas) und der Anstieg des Methan- und Lachgasgehalts auf die Landwirtschaft zurückzuführen.[235] Abbildung 3.12 zeigt den mittels Eiskernbohrungen nachgewiesenen Kohlendioxidgehalt in der Atmosphäre der vergangenen 10.000 Jahre. Aus der Abbildung wird ersichtlich, dass der Kohlendioxidgehalt in der Atmosphäre vor der Industrialisierung zwischen 260 und 280 parts per million (ppm) lag und im Jahr 2005 auf 379 ppm angestiegen ist.[236]

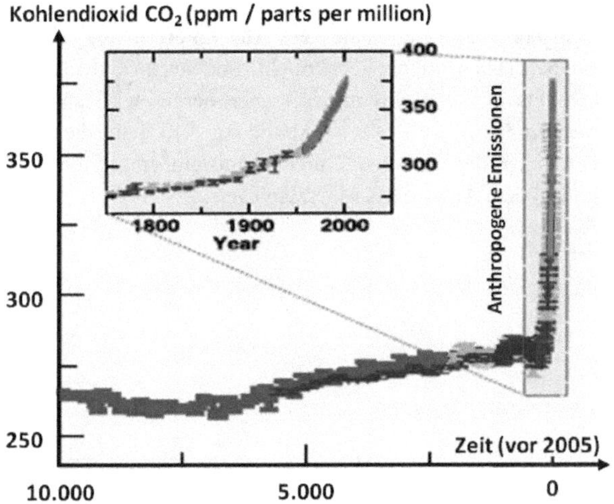

Abbildung 3.12: Treibhausgaskonzentration in der Atmosphäre
Quelle: Eigene Darstellung in Anlehnung an IPCC (2007), S. 3.

Der Anstieg der Treibhausgaskonzentration in der Atmosphäre hat den sogenannten **Treibhauseffekt**[237] zur Folge. Darunter versteht man die Reflexion von Wärmestrahlen auf die Erde, welche in Watt pro Quadratmeter (W/m²) angegeben werden kann.[238] Laut Untersuchungen der IPCC führt der anthropogene Treibhausgaseffekt zu einer Er-

[235] Vgl. IPCC (2007), S. 2 und Forster u.a. (2007), S. 135.

[236] Damit übersteigt die aktuelle Kohlendioxidkonzentration die natürlichen Schwankungen der vergangenen 650.000 Jahre, die zwischen 180 und 300 ppm lagen, bei Weitem. Der Anstieg der Konzentration von Methan (aktuell 1774 ppm zu 715 ppm vor der Industrialisierung) und Lachgas (aktuell 319 ppm zu 270 ppm vor der Industrialisierung) verläuft ähnlich. Vgl. IPCC (2007), S. 2 f.

[237] Der Treibhauseffekt entsteht dadurch, dass die Atmosphäre für kurzwellige Strahlung transparenter ist als für langwellige Infrarotstrahlung (Wärmestrahlung). Die kurzwellige Strahlung der Sonne wird auf der Erde absorbiert und in langwellige Infrarotstrahlung umgewandelt. Die von der warmen Erdoberfläche reflektierte Infrarotstrahlung wird durch Treibhausgase auf die Erde zurückgestrahlt. Vgl. Forster u.a. (2007), S. 136 f., Solomon u.a. (2007), S. 946. und Stern (2007), S. 3 ff.

[238] Vgl. IPCC (2007), S. 2.

höhung der Wärmestrahlung um 1,6 W/m² seit 1750.[239] Der Treibhauseffekt hat einen **Anstieg der globalen Durchschnittstemperatur** der erdnahen Atmosphäre zur Folge, die nach Berechnungen der IPCC zwischen 1906 und 2005 um 0,74 °C (± 0,18 °C) im Vergleich zur globalen Durchschnittstemperatur von 14 °C angestiegen ist.[240] Der Anstieg der Durchschnittstemperatur hat mehrere **Rückkopplungseffekte** zur Folge. Zum einen verursacht ein Temperaturanstieg das **Auftauen des Permafrostbodens**, wodurch größere Mengen von im Permafrostboden eingeschlossenem Methan in die Atmosphäre entweichen und der Treibhausgaseffekt dadurch noch verstärkt wird. Zum anderen verursacht der Temperaturanstieg ein **Abschmelzen des Polareises**, welches aufgrund seiner Oberflächenstruktur Sonnenlicht reflektiert. Je kleiner die von Schnee und Eis bedeckte Fläche ist, desto mehr Sonnenenergie wird absorbiert, was den Temperaturanstieg zusätzlich verstärkt.[241] Abbildung 3.13 zeigt die Interdependenzen zwischen dem Anstieg der globalen Durchschnittstemperatur, dem Rückgang der Nordpoleisdecke und dem Anstieg des Meeresspiegels.[242]

[239] Vgl. Forster u.a. (2007), S. 131 und 136.

[240] Vgl. IPCC (2007), S. 5. Als Referenz dient die globale Durchschnittstemperatur zwischen 1961 und 1990 von 14 °C. Vgl. Trenberth u.a. (2007) S. 253.

[241] Vgl. Randall u.a. (2007), S. 638 und 642. Weitere Rückkopplungseffekte finden sich bei Stern (2007), S. 10 ff.

[242] Nach Angabe der IPCC ist der Meeresspiegel im 20. Jahrhundert um 17 cm (seit 1993 sogar um 3,1 mm pro Jahr) angestiegen. Vgl. IPCC (2007), S. 5 ff. Die schneebedeckte Erdoberfläche hat sich zwischen 1988 und 2005 um 5 % verringert. Vgl. Lemke u.a. (2007), S. 339. Bis Ende des 21. Jahrhunderts könnte der Meeresspiegel um weitere 26 – 59 cm ansteigen. Vgl. IPCC (2007), S. 13.

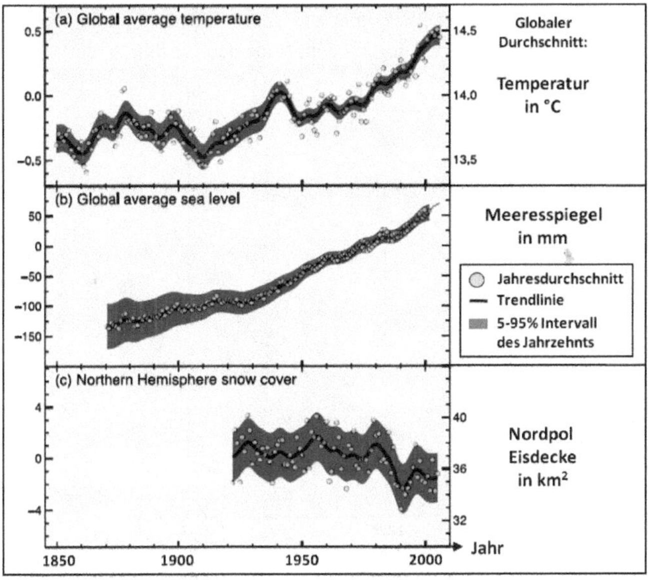

Abbildung 3.13: Direkte Beobachtungen des Klimawandels
Quelle: Eigene Darstellung in Anlehnung an IPCC (2007), S. 6.

Aufgrund der **weiter zunehmenden Treibhausgasemissionen** wird für die Zukunft eine weiter ansteigende Erderwärmung erwartet. Prognosen zufolge könnten die Treibhausgasemissionen in den kommenden Jahren durch das **Bevölkerungswachstum** sowie den Anstieg des weltweiten Bruttoinlandsprodukts (BIP) pro Kopf und den damit verbundenen zunehmenden Energiebedarf bis Mitte des Jahrhunderts weiter zunehmen.[243] Die IPCC hat hierfür verschiedene **Szenarien des Klimawandels für das 21. Jahrhundert** mit Wahrscheinlichkeitsverteilungen berechnet. Den Szenarien liegen unterschiedliche Annahmen wie politische Mitigationsmaßnahmen, Wirtschaftswachstum und Bevölkerungsentwicklung zugrunde. Im Szenario mit dem geringsten Temperaturanstieg (**Szenario B1**) beträgt der Anstieg der Durchschnittstemperatur bis Ende des 21. Jahrhunderts **1,8 °C** (mit einer Bandbreite zwischen 1,1 und 2,9 °C). Im Szenario mit dem höchsten Temperaturanstieg (**Szenario A1FI**) beträgt der Anstieg der Durchschnittstemperatur **4,0 °C** (mit einer Bandbreite zwischen 2,4 und 6,4 °C).[244]

---

[243] Vgl. DB Advisors (2008), S. 74 ff. Nach Recherchen der Deutschen Bank ist langfristig mit einem jährlichen Anstieg des weltweiten Bruttoinlandsprodukts (BIP) pro Kopf zu rechnen. Vgl. DB Advisors (2008), S. 74 ff. Die Vereinten Nationen gehen davon aus, dass die Weltbevölkerung von 6,97 Mrd. Menschen in 2011 auf 9,31 Mrd. Menschen zunehmen wird. Vgl. United Nations (2011b), S. 2.

[244] Vgl. IPCC (2007), S. 13-18.

Abbildung 3.14 gibt einen Überblick über die verschiedenen Simulationsmodelle der IPCC zum globalen Temperaturanstieg bis zum Ende des 21. Jahrhunderts.

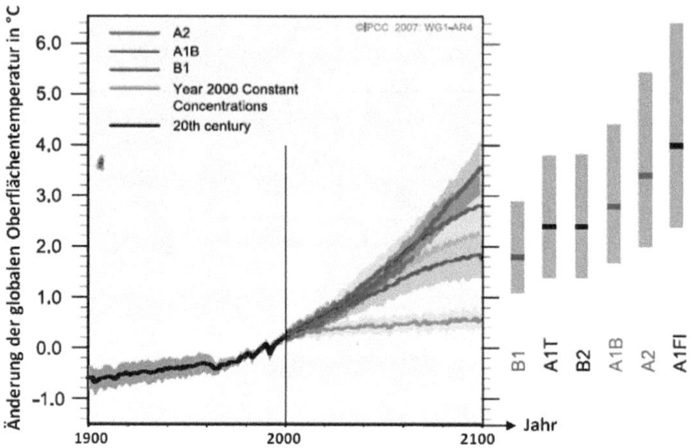

Abbildung 3.14: IPCC-Simulationsmodelle der Erderwärmung
Quelle: Eigene Darstellung in Anlehnung an IPCC (2007), S. 14.

Die meisten Klimamodelle gehen davon aus, dass eine Verdopplung der Treibhausgaskonzentration in der Atmosphäre im Vergleich zum Niveau vor der Industrialisierung (280 ppm) eine Erhöhung der globalen Durchschnittstemperatur zwischen zwei und fünf Grad Celsius zur Folge hat.[245] Eine Erhöhung der globalen Durchschnittstemperatur hat verschiedene regionale und globale Auswirkungen. Darunter fallen:[246]

- Änderung der **Niederschlagsmengen** und der **Wasserverfügbarkeit**, welche Ernteausfälle durch Dürren oder Überschwemmungen zur Folge haben.
- **Extremwetter** wie Starkregen, Hagel, Stürme, Tornados, Hitzewellen.
- **Anstieg des Meeresspiegels** (Überschwemmung von Küstengebieten).
- **Übersäuerung der Meere und Beeinträchtigung von Ökosystemen**.

Abbildung 3.15 zeigt die erwarteten Auswirkungen des Klimawandels in Abhängigkeit des Temperaturanstiegs, wobei die Auswirkungen regionale Unterschiede aufweisen.

[245] Eine Übersicht verschiedener Studien über die Zusammenhänge zwischen der Treibhausgaskonzentration und dem Temperaturanstieg findet sich bei Stern (2007), S. 12.
[246] Vgl. IPCC (2007), S. 7 ff. und Stern (2007), S. 13 und 56.

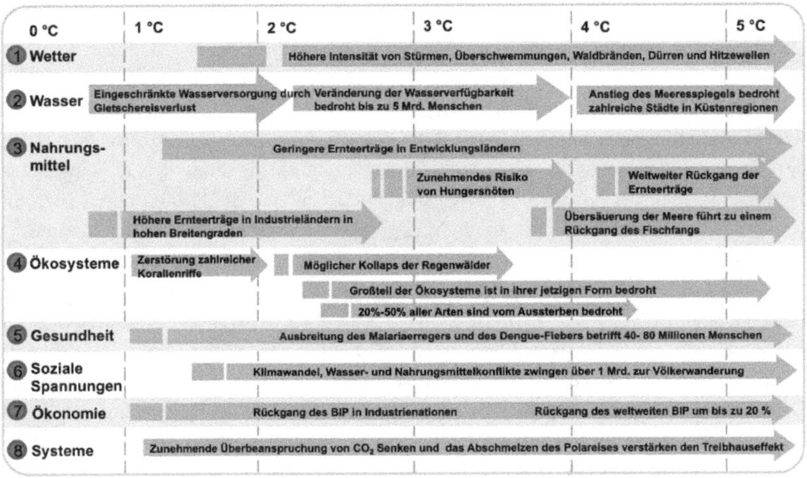

Abbildung 3.15: Überblick möglicher Auswirkungen des Klimawandels

Quelle: Eigene Darstellung in Anlehnung an DB Advisors (2008), S. 142 und Stern (2007), S. v und 57.

In **Europa** ist damit zu rechnen, dass südeuropäische Länder unter Wassermangel leiden werden, dadurch Ernteerträge fallen und die Gefahr von Waldbränden steigt. In nordeuropäischen Ländern wird hingegen die Häufigkeit von Überschwemmungen zunehmen und Küstenregionen werden durch den Meeresspiegelanstieg betroffen sein. Chancen ergeben sich hingegen für die skandinavischen Länder, Russland und Kanada, welche aufgrund von milderen Wintern mit geringeren Heizkosten und höheren Ernteerträgen rechnen können.[247]

3.6.2 Wirtschaftliche Folgen des Klimawandels

Wie in Kapitel 2.6.1 beschrieben, werden die Emissionen von Treibhausgasen als Hauptursache für den Klimawandel gesehen. Dabei wird der Klimawandel nicht nur ökologische und soziale, sondern auch **ökonomische Folgen** haben. Aufgrund der überwiegend negativen Auswirkungen des Klimawandels verursacht der Ausstoß von Treibhausgasen externe Kosten, welche vom Emittenten aufgrund einer fehlenden Bepreisung bisher nicht ausreichend internalisiert werden. **Volkswirtschaftlich gesehen** bezeichnet der ehemalige Chefökonom der Weltbank, Sir Nicholas Stern, den **Klimawandel** in seinem Bericht „The Economics of Climate Change" als den größten

[247] Vgl. Stern (2007), S. 122 ff. und Alcamo u.a. (2007), S. 543 ff.

und am weitest reichenden **Fall von Marktversagen**, den die Welt je gesehen hat.[248] Der unter dem Namen „Sternreport“ bekannte Bericht gibt einen Überblick über die ökonomischen Folgen des Klimawandels. Nach Berechnungen des „Sternreports“ werden die **jährlichen Gesamtkosten** der Auswirkungen des Klimawandels zum **Ende des 21. Jahrhunderts** auf **5 % bis 20 %** des globalen Bruttoinlandsprodukts (BIP) geschätzt, falls keine Maßnahmen zur Eindämmung (Mitigation) des Klimawandels getroffen werden. Es wird davon ausgegangen, dass alleine die Kosten durch Extremwetterereignisse jährlich bis zu einem Prozent des weltweiten BIP betragen könnten.[249] So werden z. B. Tropenstürme wie der Hurrikan Katrina, der im Jahr 2005 Schäden im Wert von 125 Mrd. USD verursacht hat, in ihrer Häufigkeit und Intensität zunehmen.[250] Eine wichtige Erkenntnis des „Sternreports“ ist, dass die **Kosten zur Vermeidung** des Klimawandels gesamtwirtschaftlich gesehen deutlich **niedriger** sind als die entstehenden **Kosten der Auswirkungen** des Klimawandels ohne Mitigationsmaßnahmen. Dabei werden die jährlichen Kosten zur Begrenzung des Klimawandels auf 2 °C, was einer Stabilisierung der Treibhausgaskonzentration der Atmosphäre zwischen **500 und 550 ppm** gleicht, auf ca. **1 %** des globalen BIPs geschätzt. Diese Kosten sind erheblich geringer als die bereits genannten 5 % bis 20 % ohne Anpassungsmaßnahmen. Dabei ist es gesamtwirtschaftlich umso kostengünstiger, je früher Maßnahmen zur Vermeidung des Klimawandels getroffen werden.

Zur Reduzierung der Treibhausgasemissionen bzw. zur Beseitigung des Marktversagens müssen geeignete **politische Rahmenbedingungen** geschaffen werden.[251] Darunter fallen z. B. Marktmechanismen wie das Europäische CO_2 **Emissions-Handelssystem** (EU ETS), das Setzen von **Anreizsystemen** wie das Erneuerbare-Energien-Gesetz (EEG) und die staatliche Förderung von **Energieeffizienzmaßnahmen**.[252] Andere Studien kommen zu ähnlichen Ergebnissen, wobei sie auch die **Auswirkung auf Unternehmen** und Branchen quantifizieren. Nach Berechnungen der **UNEP FI** verursachen die 3.000 größten gelisteten Unternehmen durch ihre Treibhausgasemissionen externe Kosten in Höhe von 1,44 Billionen USD. Rechnet man weitere Kosten für die Umweltbeanspruchung hinzu, belaufen sich die Kosten sogar auf 2,15 Billionen USD. Würden den Unternehmen ihre Treibhausgasemissionen in Rechnung gestellt (Internalisierung), so würden im **Durchschnitt Kosten** in Höhe von **4,47 %** ihrer **Umsatzerlöse** entstehen und damit die Wettbewerbsfähigkeit zahlreicher Unternehmen erheblich beeinträchtigt werden. Bezogen auf den MSCI World Index hätte die

[248] Vgl. Stern (2007), S. 24 f.
[249] Vgl. Stern (2007), S. 122.
[250] Vgl. Stern (2007), S. 133.
[251] Vgl. Stern (2007), S. vi ff. Ein Vergleich zwischen den Auswirkungen zeitnaher Mitigationsmaßnahmen (2010 bis 2020) und den Auswirkungen von Mitigationsmaßnahmen zu einem späteren Zeitpunkt (2030 bis 2040) findet sich bei DB Advisors (2008), S. 98.
[252] Vgl. Wissenschaftlicher Beirat der Bundesregierung für Globale Umweltveränderungen (WBGU) (2011), S. 11 ff.

Internalisierung externer Umweltkosten im Jahr 2008 die Gewinne um über 50 % geschmälert.[253] Tabelle 3.4 gibt einen Überblick über verschiedene Studien zu den wirtschaftlichen Auswirkungen des Klimawandels. Aus der Tabelle wird ersichtlich, dass sich die **Auswirkungen auf die verschiedenen Branchen** teilweise erheblich unterscheiden. Nach Angaben der UNEP FI verursachen die **fünf energieintensivsten Branchen** (Energieversorger, Öl & Gas, Bergbau & Metalle, Nahrungsmittelhersteller und die Baubranche) **60 % aller Kosten.**[254]

[253] Vgl. UNEP FI (2010), S. 3 ff.
[254] Vgl. UNEP FI (2010), S. 7.

Studie	Untersuchungsparameter	Periode	Referenz	Schäden
West LB (2003): Carbonomics	Gesamte Marktkapitalisierung	Bis 2050	Global	130 Bil. USD
	Diskontierte Marktkapitalisierung	Bis 2050	Global	32 Bil. USD
	Diskontierte Marktkapitalisierung mit Klimaschutzmaßnahmen	Bis 2050	Global	2-9 Bil. USD
	Diskontierte Marktkapitalisierung (branchenbezogen)	Bis 2050	EU Automobilsektor	28 Mrd. USD
			EU Energiesektor	81 Mrd. USD
			EU Gesundheitssektor	33 Mrd. USD
			EU Stromversorger	29 Mrd. USD
			EU Banken	15,5 Mrd. USD
			EU Chemiebranche	15,5 Mrd. USD
Citigroup (2007): Climate Consequence	Versicherte wetterbedingte Schäden	2004	Global	90 Mrd. USD
SAM / WWF (2006): Assessing Corporate VaR from Carbon	Net Equity Value	2004	RWE AG	Minus 16-17%
WIR (2002): Changing Oil	Shareholder Value	2002	Weltweit größte Öl- & Gasproduzenten	Minus 1,5-4,8%
SAM / WIR (2003): Changing drivers	EBIT, Worst-Case-Szenario	2003-2015	Ford	Minus 14%
			Daimler	Minus 6%
			BMW	Minus 4%
			VW	Minus 3%
			Toyota	Minus 2%
Carbon Trust (2005): Brand value at risk from climate change (2004); Climate change and shareholder value (2005)	Marktkapitalisierung	2010	Fluggesellschaften	Minus 50%
			Öl & Gas	Minus 2,5%
			Nahrungsmittel	Minus 10%
			Einzelhandel	< Minus 1%
			Telekommunikation	Minus 1%
			Banksektor	Minus 1-2%
Stern Review (2006): The Economics of Climate Change	BIP (ohne Klimaschutzmaßnahmen)	Bis 2100 Jährlich	Global	Minus 5-20%
	Jährliche Kosten für Klimaschutzmaßnahmen im Verhältnis zum BIP	Jährlich	Global	0,6-1%
DIW (2007): Klimawandel kostet die deutsche Volkswirtschaft Milliarden (Deutsches Institut für Wirtschaftsforschung)	Direkte Auswirkungen des Klimawandels und Anpassungskosten	Bis 2025	Privathaushalte	103 Mrd. EUR
			Bergbau	19Mrd. EUR
			Produktionsindustrie	71 Mrd. EUR
			Land-, Forst- &	9,3 Mrd. EUR
			Handel, Handwerk & Transport	55 Mrd. EUR
			Finanzsektor	94 Mrd. EUR
			Gesundheitssektor	36 Mrd. EUR

Tabelle 3.4: Quantifizierung der Verluste und Schäden des Klimawandels
Quelle: Eigene Darstellung in Anlehnung an Onischka/Fucik (2008), S. 15 und Onischka (2009a), S. 20.

Aus einer aktuellen Schadensstatistik der Münchener Rück über die Entwicklung von Naturkatastrophen ist ersichtlich, dass sich die Schadenssumme zwischen 1980 und 2012 mehr als verdreifacht hat (siehe Abbildung 3.16). Das Jahr 2011 war mit einer Gesamtschadenssumme von über **400 Mrd. USD** das Jahr mit den **höchsten Umweltschäden**. Aus Abbildung 3.16 wird ersichtlich, dass ein **Großteil der Schäden nicht durch Versicherungen abgedeckt** ist und damit z. B. für Unternehmen zu direkten Verlusten führt. Unter der Annahme, dass die Versicherungswirtschaft die zunehmende

Gefahr von Naturkatastrophen richtig bepreist, führt der Klimawandel zudem zu einer **Erhöhung der Risikoprämie** und damit zu **gestiegenen Betriebskosten** für Unternehmen.

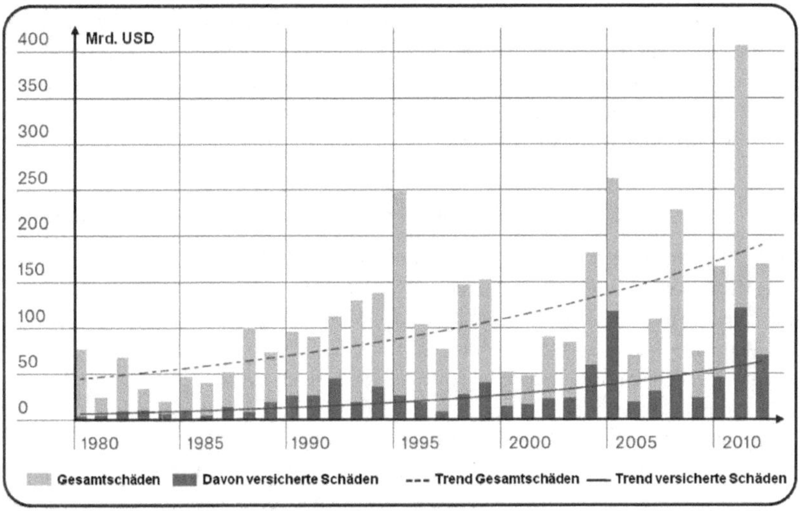

Abbildung 3.16: Gesamte und versicherte Schäden in Mrd. USD von 1980 bis 2012
Quelle: Münchener Rück (2013), S. 53.

Die Gesamtschadenssumme des betrachteten Zeitraums liegt bei 3.800 Mrd. USD (davon waren 970 Mrd. USD versicherte Schäden) und verteilt sich auf folgende Ereigniskategorien:[255]

- **Geophysikalische Ereignisse (25,42 %)**
  Erdbeben, Tsunami, Vulkanausbruch
- **Meteorologische Ereignisse (38,89 %)**
  Tropischer Sturm, Wintersturm, Unwetter, Hagel, Tornado, lokaler Sturm
- **Hydrologische Ereignisse (22,47 %)**
  Flussüberschwemmung, Sturzflut, Sturmflut, Massenbewegung (Erdrutsch)
- **Klimatologische Ereignisse (13,22 %)**
  Waldbrand, Dürre, Hitze- und Kältewelle

[255] Vgl. Münchener Rück (2013), S. 54 f. Die Prozentangaben wurden aus den angegebenen Zahlen auf S. 54-55 berechnet. In Deutschland sind insbesondere meteorologische und hydrologische Ereignisse relevant. So wird ein Großteil der Schäden durch Stürme verursacht, wobei die Schäden exponentiell zur Wetterintensität zunehmen. Vgl. Hoffman u.a. (2011), S. 112.

Mit Ausnahme der geophysikalischen Naturkatastrophen ist davon auszugehen, dass sich die Häufigkeit, Intensität und Schadenssumme der Naturkatastrophen durch den Klimawandel in Zukunft noch erhöhen wird.

Nachdem die wirtschaftlichen und gesellschaftlichen Folgen des Klimawandels erläutert wurden, wird im Folgenden auf die politischen Konsequenzen des Klimawandels eingegangen. Dies ist insbesondere vor dem Hintergrund relevant, da sich politische Rahmenbedingungen in Form von regulatorischen Risiken auswirken und somit auch für das Kreditgeschäft von Bedeutung sind.

3.6.3 Internationale Klimakonferenzen und politische Maßnahmen

Zur Festlegung und Koordination geeigneter Rahmenbedingungen wurden im Jahr 1990 erste Vertragsverhandlungen der Vereinten Nationen zum Klimawandel aufgenommen. Auf dem **Umweltgipfel** in **Rio de Janeiro 1992** wurde die **Klimarahmenkonvention** der Vereinten Nationen (engl. United Nations Framework Convention on Climate Change **UNFCCC**) von den teilnehmenden Staaten unterzeichnet. Bei der Klimarahmenkonvention handelt es sich um einen Maßnahmenkatalog zur Stabilisierung des Klimawandels, in dessen Rahmen die teilnehmenden Staaten bis zum Jahr 2000 ihre CO_2-Emissionen auf die Werte von 1990 begrenzen sollten.[256] Die ab 1995 in jährlichem Turnus stattfindende Vertragsstaatenkonferenz der UNFCCC (**Weltklimakonferenz**) hat die Stabilisierung des Klimawandels zum Ziel. Abbildung 3.17 gibt eine Übersicht über die wichtigsten Etappen der bisherigen Weltklimakonferenzen.

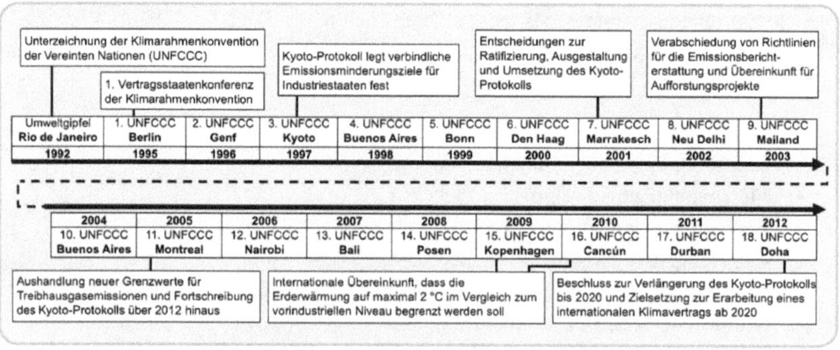

Abbildung 3.17: Internationale Klimakonferenzen
Quelle: Eigene Darstellung auf Basis von UNFCCC (2006), S. 18.ff und UNFCCC (2013).

[256] Vgl. Schwager (2008), S. 32.

Auf der 3. Weltklimakonferenz 1997 im japanischen Kyoto wurden mit dem sogenannten **Kyoto-Protokoll** vertraglich verbindliche Emissionsminderungsziele festgelegt. Mit der Unterzeichnung verpflichten sich die unterzeichneten Staaten, ihre **Treibhausgasemissionen** zwischen 2008 und 2012 um **mindestens 5 %** gegenüber 1990 zu **reduzieren.**[257] Die Klimarahmenkonvention sowie das Kyoto-Protokoll machen keine Aussagen dazu, ab welchem Temperaturanstieg der Klimawandel als „gefährlich" einzustufen ist. Unter dem Eindruck der dramatischen Prognosen der Sachstandsberichte der IPCC und des „Sternreports" zu den Folgen des Klimawandels hat die internationale Staatengemeinschaft im Jahr 2010 auf der Weltklimakonferenz in **Cancún** das sog. **2 °C-Ziel** festgelegt, nach welchem der durchschnittliche Temperaturanstieg auf 2 °C gegenüber dem vorindustriellen Niveau zu begrenzen ist.[258] Aufgrund des bis dato fehlenden Kyoto-Nachfolgeprotokolls existieren jedoch **zurzeit keine völkerrechtlich bindenden Reduktionsvorgaben** für Treibhausgasemissionen einzelner Länder. Nach Angabe des wissenschaftlichen Beirats der Bundesregierung für globale Umweltveränderungen dürften **zur Erreichung des 2 °C-Ziels bis 2050 nur noch etwa 750 Mrd. tCO_2** aus fossilen Quellen in **die Atmosphäre gelangen**. Beim aktuellen Emissionsniveau wäre dieses „CO_2-Budget" bereits im Jahr 2035 aufgebraucht. Insbesondere Hochemissionsländer sowie Entwicklungsländer auf dynamischen Wachstumspfaden müssten in den kommenden Jahren erhebliche CO_2-Minderungen realisieren, um das **2 °C-Ziel** einhalten zu können.[259] Trotz einer fehlenden verbindlichen Einigung haben vor allem die europäischen Staaten ambitionierte Ziele und Regulierungsmaßnahmen zur Reduktion des Treibhausgasausstoßes und des Klimaanstiegs ergriffen. Im Jahr 2008 hat die **Europäische Union** beschlossen, die Treibhausgasemissionen bis 2020, gemessen am Stand von 1990, um 20 % zu senken, den Anteil erneuerbarer Energien auf 20 % anzuheben und zugleich die Energieeffizienz um 20 % zu steigern. Diese drei energiepolitischen Ziele der Europäischen Union werden auch als das EU **20:20:20-Ziel** bezeichnet. Im Falle eines neuen internationalen Klimaabkommens könnten die Treibhausgasemissionen sogar um 30 % reduziert werden. Mit der Umsetzung dieser Ziele hat die Europäische Union ihre Verpflichtung aus dem Kyoto-Protokoll erfüllt. So haben die Mitgliedsstaaten der Europäischen Union im Jahr 2009 rund 14 % weniger Treibhausgase emittiert als 1990.[260]

---

[257] Vgl. Mayr (2009), S. 11 ff.

[258] Vgl. United Nations Framework Convention on Climate Change (2011), S. 3. Aufgrund der bereits erwähnten Rückkopplungseffekte, die sich mit dem Temperaturanstieg noch verstärken, ist damit zu rechnen, dass ab einem Anstieg der Durchschnittstemperatur von über 2 °C der Klimawandel unumkehrbar ist.

[259] Vgl. Wissenschaftlicher Beirat der Bundesregierung für Globale Umweltveränderungen (WBGU) (2011), S. 2 und 17.

[260] Vgl. Europäische Kommission (2010), S. 2 ff. und Europäische Kommission (2012), S. 3 ff. Eine Übersicht der Ziele anderer Staaten findet sich unter DB Advisors (2008) S. 10 f.

Eine von der Europäischen Union in Auftrag gegebene **Umfrage** aus dem Jahr 2011 unter 26.840 **EU-Bürgern** kommt zu dem Ergebnis, dass 89 % der Interviewten den Klimawandel als ein ernsthaftes bis sehr ernsthaftes Problem ansehen.[261] Studien zeigen jedoch, dass das **Umweltbewusstsein** der Bevölkerung **nicht** unmittelbar **zu umweltbewusstem Verhalten führt**. Aus diesem Grund kann auf regulatorische Vorgaben nicht verzichtet werden.[262]

3.7 Zwischenfazit

In Kapitel 3 wurden die Zusammenhänge zwischen **nachhaltiger Entwicklung und nachhaltiger Unternehmensführung** (CSR) sowie deren Relevanz für die Finanzwirtschaft dargestellt. Kapitel 3.4 zeigt, dass sich die **Nachhaltigkeitsleistung von Unternehmen** in den drei Bereichen Umwelt, Soziales und Unternehmensführung messen lässt und sich mittlerweile ein eigenständiger Markt für **Nachhaltigkeitsratings** etabliert hat. Das Angebot an Informationen über die Nachhaltigkeitsleistung von Unternehmen stellt dabei die Grundlage für nachhaltige Kapitalanlagen dar. Wie der Marktbericht des Forums Nachhaltige Geldanlagen zeigt, werden auch Kundeneinlagen bei sogenannten Umwelt- und Ethikbanken als **nachhaltige Kapitalanlagen** klassifiziert. Dies ist dem Umstand geschuldet, dass die Kundeneinlagen zum Großteil als Kredite an Privat- und Firmenkunden weitergegeben werden, bei denen Umwelt- und Ethikbanken systematisch Nachhaltigkeitsaspekte berücksichtigen.[263] In Kapitel 3.5.2 wurde erläutert, dass die **Kreditvergabe** bei der Mittelverwendung im Markt für nachhaltige Kapitalanlagen zumindest in Deutschland einen nicht unerheblichen Anteil ausmacht. Die Untersuchung der Relevanz der Kreditvergabe im Markt für nachhaltige Kapitalanlagen ist bisher jedoch nur ansatzweise erfolgt. Ersten Schätzungen zufolge dürfte der Anteil der Kreditvergabe an der nachhaltigen Kapitalanlage in Deutschland zwischen 17 und 43 % liegen.[264] Der Unterschied in der Mittelverwendung von nachhaltigen Kapitalanlagen im Rahmen der Kreditvergabe gegenüber herkömmlichen nachhaltigen Investments (Aktien, Anleihen und Indizes) liegt darin, dass die Kreditvergabe insbesondere auch **nicht börsennotierte kleine und mittelständische Unternehmen** beinhaltet, die ansonsten **keinen Zugang zum Markt für nachhaltige Kapitalanlagen** haben. Aufgrund der Intransparenz der **Berücksichtigung von Nachhaltigkeitsaspekten im Rahmen der Kreditvergabeprozesse** sowie der Abkopplung der Kundeneinlagen von der Mittelverwendung dürfte sich die Zuordnung jedoch als äußerst schwierig erweisen. Erste Lösungsmöglichkeiten bestehen in speziellen Formen

---

[261] Vgl. Eurobarometer (2011), S. 4 ff.
[262] Vgl. Wagner (2000), S. 39 f. zitiert nach: Schwager (2008), S. 34
[263] Eine genaue Untersuchung der Berücksichtigung von Nachhaltigkeitsaspekten erfolgt in Kapitel 4.5.
[264] Vgl. Gramlich (2007), S. 301 f. und Schneeweiß (2010), S. 24 f.

der Kundeneinlagen wie z. B. grüne Girokonten oder Festgeldkonten, welche eine nachhaltige Mittelverwendung garantieren.

In Kapitel 3.6 wurde gezeigt, dass der **Klimawandel** eine der größten Herausforderungen für die nachhaltige Entwicklung unseres Jahrhunderts und somit einer der Haupttreiber für externe Nachhaltigkeitsrisiken von Unternehmen darstellt. Ein **Temperaturanstieg von über 2 °C** hat dabei dramatische Auswirkungen in Form von wetterbedingten Naturkatastrophen, Hitzewellen, Überschwemmungen und Wasserknappheit, wobei die **wirtschaftlichen Schäden mit zunehmender Temperatur exponentiell zunehmen**. Aufgrund der extremen Vorhersagen ist damit zu rechnen, dass der Druck auf die internationale Staatengemeinschaft, Maßnahmen zur Anpassung und Vermeidung des Klimawandels zu treffen, in den kommenden Jahren zunehmen wird. Sowohl die direkten Auswirkungen, als auch der zunehmende regulatorische Druck zur Vermeidung und Anpassung an den Klimawandel stellen im Sinne dieser Arbeit externe Nachhaltigkeitsrisiken von Unternehmen dar.

Wie anhand mehrerer Studien dargestellt wurde, sind die wirtschaftlichen **Chancen und Risiken des Klimawandels** für Unternehmen aus exponierten **Branche und Region** enorm. Insbesondere die regulatorischen Maßnahmen führen in einigen Branchen kurz- bis mittelfristig zu beträchtlichen **Investitionsanforderungen** und Wettbewerbsverzerrungen. Im Rahmen dieser Arbeit sind insbesondere die Auswirkungen des Klimawandels auf die Kreditwürdigkeit von Unternehmen und damit auf die Kreditrisiken von Banken von Interesse. Eine genaue Untersuchung der Relevanz der Chancen und Risiken des Klimawandels für die Kreditvergabe wird in Kapital 5.3 vorgenommen.

Im folgenden Kapitel 4 wird mithilfe einer explorativen Studie untersucht, inwieweit Banken bereits Nachhaltigkeitsaspekte bei ihren Kreditvergabeentscheidungen berücksichtigen und wie die operative Umsetzung einer Nachhaltigkeitsprüfung ausgestaltet ist. Ziel des folgenden Kapitels ist es, dabei auch erste Indizien über die Relevanz von Nachhaltigkeitsrisiken für die Bonitätsbewertung zu finden.

4 Explorative Untersuchung

In Kapitel 4 wird untersucht, inwieweit Banken Nachhaltigkeitsaspekte im Kreditgeschäft berücksichtigen und welchen Stellenwert Kreditinstitute der Nachhaltigkeitsprüfung beimessen. Die vorgestellten Ergebnisse der explorativen Untersuchung basieren neben einer umfassenden Literaturrecherche auf **Experteninterviews** mit **16 Kreditinstituten** und **sechs Ratingagenturen**. Teile der Untersuchung wurden im Jahr 2012 in einer Studie veröffentlicht.[265] Ziel der explorativen Untersuchung ist es, die **Relevanz von Nachhaltigkeitsaspekten für die Kreditvergabe** zu erforschen und die verschiedenen Ansätze der **operativen Umsetzung einer Nachhaltigkeitsprüfung** im Kreditgeschäft aufzuzeigen.

Nach Erläuterung der **methodischen Vorgehensweise** und der Definition der Grundgesamtheit (Kapitel 4.1) werden in den **Kapiteln** 4.2 bis 4.3 **die Ergebnisse der Experteninterviews** dargestellt. **Kapitel** 4.2 beschäftigt sich mit der **Relevanz und den Gründen** für die **Berücksichtigung von Nachhaltigkeitsaspekten im Kreditgeschäft**. Dabei werden insbesondere die Ergebnisse des Kurzfragebogens ausgewertet und interpretiert.[266] Kapitel 4.3 untersucht, wie die **operative Umsetzung der Nachhaltigkeitsprüfung** im Firmenkundenkreditgeschäft ausgestaltet werden kann. Dabei werden die Prozesse, Verantwortlichkeiten sowie die Verwendung der Ergebnisse der Nachhaltigkeitsprüfung genauer analysiert. Im Anschluss daran werden die Besonderheiten und Erkenntnisse von Umwelt- und Ethikbanken untersucht (Kapitel 4.4). In Kapitel 4.5 wird auf die Relevanz und Umsetzung der Nachhaltigkeitsprüfung im Kreditgeschäft von Banken aus Sicht der Ratingagenturen eingegangen. In Kapitel 4.6 wird die Bedeutung des Klimawandels für die Bonitätsbewertung aus Sicht der Kreditinstitute diskutiert, bevor in Kapitel 4.7 ein Zwischenfazit gezogen wird.

4.1 Methodische Vorgehensweise

Die methodische Vorgehensweise der explorativen Untersuchung folgt einem qualitativen Ansatz mittels Experteninterviews. Dieses Vorgehen bietet die Möglichkeit, die spezifische Rolle des Interviewpartners als Quelle von Spezialwissen über die zu erforschenden Sachverhalte zu nutzen und ein konkretes Bild der Realität zu erzeugen. Dabei wird versucht, implizites Wissen in Gesprächen zu explizieren und somit

---

[265] Vgl. Barthruff/Sander (2012). In der Studie standen die Ergebnisse der Interviews der Kapitel 4.2, 4.3 und 4.5 im Fokus. Die Ergebnisse der Interviews zur Relevanz des Klimawandels für die Kreditvergabe (Kapitel 4.6) sowie die Untersuchung der Besonderheiten von Umwelt- und Ethikbanken (Kapitel 4.4) wurden in der Studie nicht betrachtet.

[266] Der Kurzfragebogen findet sich im Anhang in Abbildung A.1.

Informationen sowie Wissenselemente zu gewinnen, die weder aus der Literatur noch über quantitative Fragebögen generiert werden können.[267] „Experteninterviews sind eine Methode, dieses Wissen zu erschließen."[268] Die Vorteile qualitativer Interviews bestehen vor allem in ihrer Flexibilität und Offenheit sowie in der möglichen Strukturierung des Interviews durch einen Interviewleitfaden.[269]

Nachteile bestehen dagegen in der begrenzten Vergleichbarkeit der Interviews aufgrund der Individualität der Antworten sowie im erheblichen zeitlichen Aufwand bei der Durchführung und Auswertung der Interviews, der die Anzahl der Interviews im Vergleich zu einer Datenerhebung mittels Fragebögen beschränkt. Ein weiterer Nachteil von Experteninterviews wird in dem sogenannten „Interviewereffekt" gesehen, der die subjektive Beeinflussung des Experten durch den Interviewer zum Ausdruck bringt.[270]

Da sich in den Untersuchungen von *Fenchel* herausgestellt hat, dass vor allem die operative Umsetzung der Prüfung von Nachhaltigkeitsaspekten sehr individuell geregelt ist, überwiegen die Vorteile von Experteninterviews gegenüber anderen Erhebungsinstrumenten.[271] Mithilfe dieser Vorgehensweise sollen Ergebnisse generiert werden, die zwar nicht den Anspruch repräsentativer Gültigkeit erheben können, jedoch eine richtungsweisende Tendenz bezüglich des Vorgehens von Banken im deutschsprachigen Raum zulassen.

4.1.1 Kurzbeschreibung des Erhebungsinstruments

Im Rahmen der Untersuchung wurden zwei Gruppen von Experten interviewt. Die in den Kapiteln 4.2 bis 4.5 vorgestellten empirischen Ergebnisse basieren dabei zum einen auf **Experteninterviews mit** Vertretern von **16 Kreditinstituten**[272] und zum anderen auf Experteninterviews mit Nachhaltigkeitsanalysten von **sechs** auf Nachhaltigkeitsratings spezialisierten **Ratinganbietern** aus dem deutschsprachigen Raum. Die Interviews mit den Anbietern von Nachhaltigkeitsratings werden in Kapitel 4.5 vorgestellt. Sie sind vor allem vor dem Hintergrund interessant, dass beim Nachhaltigkeitsrating der Finanzbranche die Berücksichtigung von Nachhaltigkeitsaspekten im Rahmen der Kreditvergabe ein Indikator für die Nachhaltigkeitsleistung von Banken ist. Die Ratinganbieter verfügen somit durch ihre Ratings über ein Expertenwissen der zugrunde

---

[267] Vgl. Flick (1996), S. 101. Eine Auseinandersetzung mit dem Stellenwert von Experteninterviews in der qualitativen Sozialforschung und der Definition von Experten wird bei Meuser/Nagel (2009a) und Meuser/Nagel (2009b) diskutiert.

[268] Gläser (2010), S. 12.

[269] Vgl. Trinczek (2005), S. 215 f.

[270] Beispielsweise können Alter, Persönlichkeit, Geschlecht oder Einstellung des Interviewers auf die Antworten des Befragten Auswirkungen haben. Vgl. Bortz u.a. (2005), S. 246.

[271] Vgl. Fenchel (2004), S. 251.

[272] „Die Bankstellenstatistik umfasst Kreditinstitute, die mindestens eines der in § 1 Abs. 1 Satz 2 KWG aufgeführten Bankgeschäfte aktiv betreiben." Deutsche Bundesbank (2009), S. 2.

gelegten Standards und Prozesse von Banken. Von den Nachhaltigkeitsratingagenturen wird im Ratingprozess von Banken untersucht, „[...] wie Banken ökologische und soziale Aspekte in ihre Kreditvergaberichtlinien integrieren und welche Maßnahmen zur Überprüfung angewendet werden.“[273] Über das Nachhaltigkeitsrating fassen die Ratinganbieter Ansprüche verschiedener Interessengruppen zusammen und definieren sie als Anforderungen gegenüber der bewerteten Bank. Die Ergebnisse der Untersuchung zeigen, dass die Erfüllung dieser Anforderungen für **70 %** der befragten Kreditinstitute einen wichtigen bis sehr wichtigen Grund darstellt, Nachhaltigkeitskriterien bei der Vergabe von Krediten zu berücksichtigen.[274]

Zur **Entwicklung des Interviewleitfadens** wurden in der Zeit von September bis November 2010 über die Sichtung der Literatur hinaus mehrere Pretests durchgeführt. Die Experteninterviews fanden zwischen Februar und September 2011 als „Face-to-Face-Interviews“ und in Form telefonischer Interviews statt.

Aus 25 kontaktierten Kreditinstituten konnten 18 Interviewpartner aus 16 Kreditinstituten für ein Interview gewonnen werden.[275] Die Bandbreite der befragten Personen reichte von Mitarbeitern der Nachhaltigkeitsabteilung und Nachhaltigkeitsanalysten über Kreditsachbearbeiter bis hin zu Vertretern der Geschäftsleitung und technischen Sachverständigen. Alle Interviews folgten dem Aufbau eines teilstandardisierten Interviewleitfadens, bei dem vier Themenkomplexe mit insgesamt 40 Fragen behandelt wurden. Zu Beginn der Interviews wurden mithilfe eines Kurzfragebogens standardisierte Teilaspekte wie beispielsweise die angewandten Kreditvergabestandards erfasst und die institutsspezifischen Besonderheiten erörtert.[276]

Der Interviewleitfaden enthält folgende vier Themenkomplexe:[277]

1. **Kurzfragebogen**
2. **Teil A:** Allgemeine Fragen
3. **Teil B:** Einschätzung und Gründe der Relevanz von Nachhaltigkeitsaspekten für die Kreditvergabe

---

273 oekom Research (2009b), S. 1.

274 Vgl. hierzu Kapitel 4.1.

275 Die hohe Rücklaufquote beruht insbesondere auf zahlreichen persönlichen Kontakten sowie auf der Tatsache, dass auf die Studie innerhalb einer Tagung des Vereins für Umweltmanagement und Nachhaltigkeit in Finanzinstituten e.V. (VfU) aufmerksam gemacht wurde.

276 Die methodische Vorgehensweise der Nutzung von Kurzfragebögen beruht auf dem problemzentrierten Interview nach *Lamnek*. Im Rahmen eines problemzentrierten Interviews wird das durch Literaturstudium und durch eigene Untersuchungen im Forschungsbereich erlangte Fachwissen als Basis für die Erhebung der Daten genutzt. Die Daten werden dabei anhand von Kurzfragebögen, Interviewleitfaden, Tonband und Postskript erhoben. Mit dem Kurzfragebogen wird eine auf den Inhalt bezogene Fokussierung und Hinführung des Interviewpartners auf den dem Interview zugrunde liegenden Problembereich erreicht. Vgl. Lamnek (2010), S. 332 ff.

277 Der ausführliche Interviewleitfaden findet sich im Anhang in Abbildung A.1.

4. **Teil C:** Anforderungen an die Umsetzung / Operationalisierbarkeit

In **Teil A** wurde das Tätigkeitsgebiet des Interviewpartners und die Bedeutsamkeit des Themas Nachhaltigkeit für das jeweilige Kreditinstitut abgefragt.

Themenblock B thematisiert die **Beweggründe** für die Berücksichtigung von Nachhaltigkeitsaspekten sowie deren **Relevanz bei** der Kreditvergabe. Schwerpunktmäßig wurde dabei auch die Relevanz des Klimawandels für die Kreditvergabe aus Sicht der Banken untersucht. Mögliche Umsetzungsformen für die Integration der **Nachhaltigkeitsprüfung** in die Kreditvergabeprozesse sowie unternehmensspezifische Besonderheiten wurden in **Teil C** diskutiert und analysiert.

Die Dauer der Interviews wurde auf 90 Minuten für Vertreter der Kreditinstitute und auf 30 Minuten für Vertreter der Nachhaltigkeitsratingagenturen festgelegt, wobei die Interviewpartner die Länge und den Ort des Interviews wählen konnten.

4.1.2 Transkription und Auswertungsmethode

Die einzelnen Interviews wurden zunächst durch Aufzeichnungen per Diktiergerät festgehalten und anschließend vollständig transkribiert.[278] In einem weiteren Schritt wurde auf Grundlage des Volltranskripts und der wörtlichen Aussagen der Audiodatei ein Short-Transkript angefertigt, das lediglich komplette Sätze mit den prägnantesten Textstellen berücksichtigt. Parasprachliche Elemente wie Füllwörter und Laute sowie redundante Ausführungen und Nebensächlichkeiten wurden ausgeklammert.[279]

Die analytische Auswertung und Charakterisierung der jeweiligen Experteninterviews basiert auf diesen Short-Transkripten. Die Auswertung folgte dabei der Struktur der Themenkomplexe des Interviewleitfadens, um die Vergleichbarkeit der einzelnen Interviews zu erreichen und allgemeine Erkenntnisse erlangen zu können. Im Rahmen einer generalisierenden Analyse wurden die Gemeinsamkeiten und Unterschiede der Interviews durch entsprechende Klassifizierungen herausgearbeitet, um daraus allgemeine Grundtendenzen ableiten zu können. Wie Abbildung 4.1 zeigt, erfolgt die Aufbereitung der Ergebnisse in den Kapiteln 4.2 und 4.6 themenorientiert.

[278] Vor Beginn jedes Interviews wurde das Einverständnis zur Tonaufzeichnung des jeweiligen Interviewpartners eingeholt. In zwei Fällen wurde der Tonaufzeichnung per Diktiergerät nicht zugestimmt, sodass die Äußerungen der Interviewpartner während des Gesprächs schriftlich festgehalten wurden.

[279] Für die Vorgehensweise vgl. Lamnek (2010), S. 367 ff.

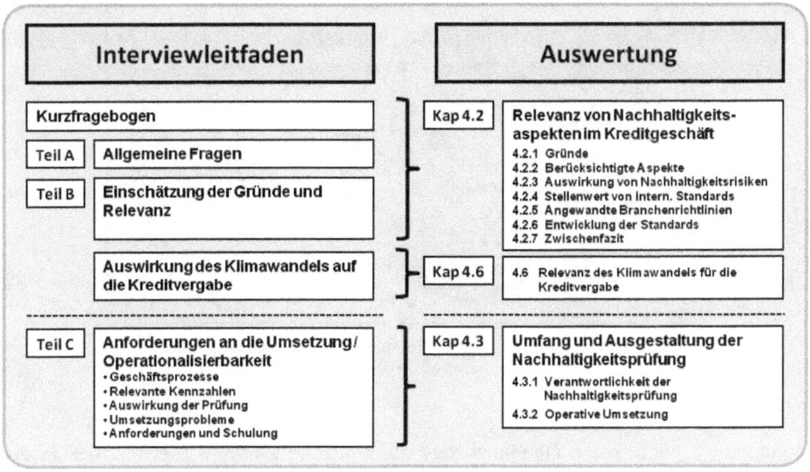

Abbildung 4.1: Auswertung der Themengebiete
Quelle: Eigene Darstellung in Anlehnung an Barthruff/Sander (2012), S. 7.

Das nachfolgende Kapitel 4.1.3. beschäftigt sich mit den besonderen Merkmalen dieser Stichprobenprüfung, da sich die untersuchten Kreditinstitute in ihren jeweiligen Geschäftsmodellen und ihrer Herkunft teilweise stark unterschieden.

4.1.3 Stichprobenbeschreibung

Das Hauptaugenmerk der durchgeführten Untersuchung liegt auf den klassischen Universalbanken.[280] Aus der Zusammensetzung der Stichprobe in Abbildung 4.2 ist erkennbar, dass die Stichprobe Kreditinstitute aus allen drei Säulen des deutschen Bankenwesens beinhaltet.[281]

---

[280] In einem Universalbankensystem sind den Kreditinstituten sämtliche Bankgeschäfte im Aktiv-, Passiv- und Indifferenzgeschäft erlaubt. Demgegenüber werden in einem Trennbankensystem die Bankdienstleistungen separiert. In den USA war bis vor einigen Jahren das Bankensystem durch die Trennung von Commercial Banks und Investment Banks ein charakteristisches Trennbankensystem. Vgl. Eim (2004), S. 15.

[281] Die Deutsche Bundesbank spricht in diesem Kontext auch von Sektoren. Vgl. Deutsche Bundesbank (2009), S. 2.

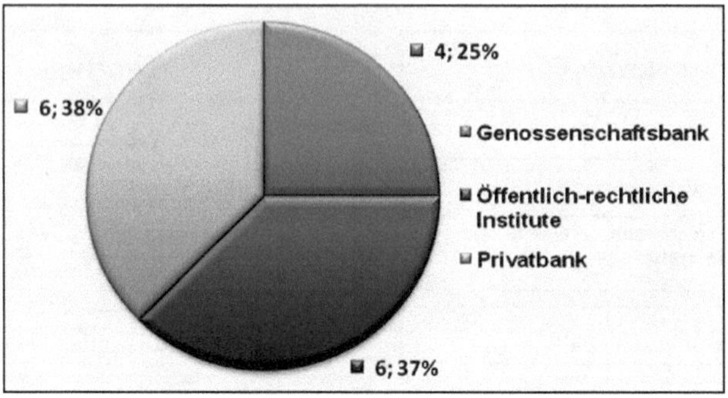

Abbildung 4.2: Strukturelle Zusammensetzung der Stichprobe
Quelle: Barthruff/Sander (2012), S. 8.

Abbildung 4.3 gibt einen Überblick über die regionale Zusammensetzung der an der Studie beteiligten Kreditinstitute. Die Stichprobe beinhaltet zwölf deutsche Kreditinstitute, drei Banken aus der Schweiz sowie ein österreichisches Kreditinstitut.

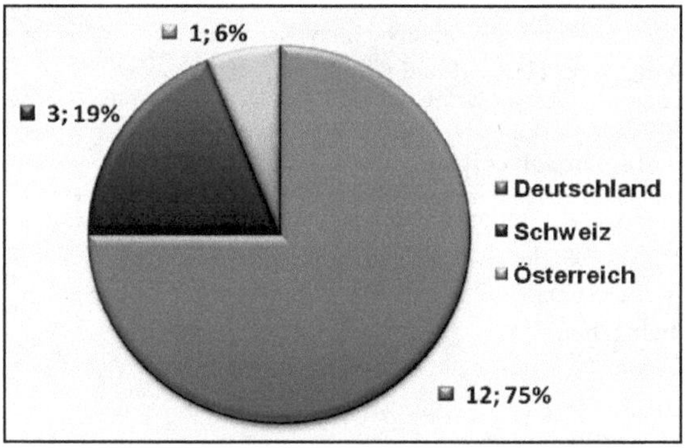

Abbildung 4.3: Regionale Zusammensetzung der Stichprobe
Quelle: Barthruff/Sander (2012), S. 8.

In Abbildung 4.4 ist die Aufteilung der Stichprobe nach Mitarbeiteranzahl und Bilanzsumme dargestellt.

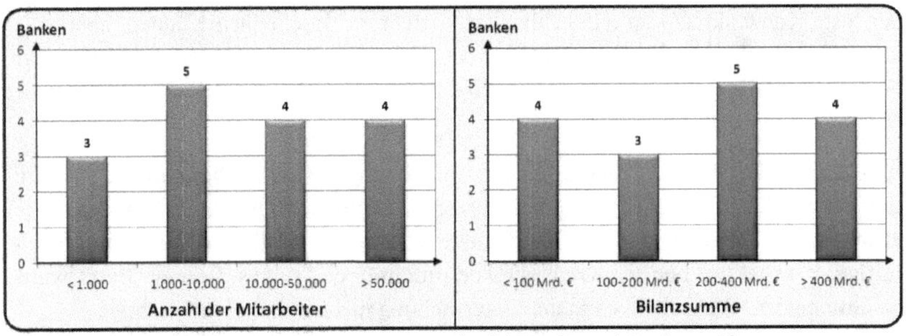

Abbildung 4.4: Zusammensetzung der Stichprobe nach Institutsgröße
Quelle: Eigene Darstellung in Anlehnung an Barthruff/Sander (2012), S. 10.

Sowohl große Universalbanken als auch kleinere, auf Nachhaltigkeit spezialisierte Kreditinstitute fanden Eingang in die Untersuchung. Zu Letzteren gehören beispielsweise die sogenannten Umwelt- und Ethikbanken sowie Kirchenbanken.[282] Diese Kreditinstitute sind von besonderem Interesse, da deren Geschäftsmodell explizit die Berücksichtigung von Nachhaltigkeitsaspekten bei der Kreditvergabe beinhaltet. Daher wird die Gruppe der Umwelt- und Ethikbanken aufgrund ihres für diese Arbeit interessanten Geschäftsmodells in Kapital 4.4 genauer untersucht. Auch die Kirchenbanken erscheinen aufgrund ihrer ethischen Grundsätze von Relevanz für diese Arbeit. Nach Angabe der Forschungsgruppe Weltanschauungen für Deutschland gibt es in Deutschland neun **Kirchenbanken**.[283]

Diese gliedern sich in drei evangelische Kirchenbanken:

- **Bank für Kirche und Diakonie EG - KD-Bank eG** (Verschmelzung der KD-Bank und der LKG zum 01. Januar 2010)[284]
- **EDG**: Evangelische Darlehnsgenossenschaft eG
- **EKK**: Evangelische Kreditgenossenschaft eG

und fünf katholische Kirchenbanken:

- **BIB**: Bank im Bistum Essen eG
- **BKC**: Bank für Kirche und Caritas eG
- **DKM**: Darlehnskasse Münster eG
- **LIGA** Spar- und Kreditgenossenschaft eG
- **PAX-Bank** eG.

---

[282] Vgl. Bergius (2011a), S. 9 und Nachhaltiges-Investment.com (2011).
[283] Vgl. Fowid (2005), S. 1 ff. Am 10.02.2013 erfolgte ein Abgleich der Aussagen mithilfe der Internetseiten der jeweiligen Institute.
[284] Vgl. Bank für Kirche und Diakonie (2010), S. 1 f.

Der feste Kundenkreis von Kirchenbanken besteht aus kirchlichen Kunden, aber „[...] auch kirchennahen Institutionen wie Orden, Krankenhäuser, Verbände, Hilfswerke, Vereine und Unternehmen in katholischer Trägerschaft und deren Angestellte oder Theologiestudenten".[285]

Im Rahmen der Pretests konnte gezeigt werden, dass **Kirchenbanken** wegen ihres satzungsgemäßen[286] auf den gemeinnützigen Sektor beschränkten Kundenkreises (Kirchen, Diakonien und ihre Einrichtungen) **keine spezielle Prüfung von Nachhaltigkeitsaspekten** bei der Kreditvergabe durchführen.[287] Aus diesem Grund wurde die Gruppe der Kirchenbanken in der Untersuchung nicht weiter berücksichtigt.

4.2 Relevanz von Nachhaltigkeitsaspekten im Kreditgeschäft

In Kapitel 4.2 werden die Ergebnisse der Experteninterviews zur Frage nach der Relevanz von Nachhaltigkeitsaspekten im Kreditgeschäft aus Sicht der Banken dargestellt. Dabei wird insbesondere auf die Gründe für die Berücksichtigung von Nachhaltigkeitsaspekten sowie die Schwerpunktsetzung der Nachhaltigkeitsprüfung eingegangen.

4.2.1 Gründe für die Berücksichtigung von Nachhaltigkeitsaspekten im Kreditgeschäft

Durch die Finanzkrise hat das Thema Nachhaltigkeit für Kreditinstitute stark an Bedeutung gewonnen.[288] Die meisten Kreditinstitute halten es dabei für zwingend erforderlich, das im Zusammenhang mit der Nachhaltigkeitsleistung bestehende Risikopotenzial ihrer Privat- und Firmenkunden als zusätzlichen Faktor der Kreditprüfung zu berücksichtigen.[289] Die Gründe dafür sind, wie die Experteninterviews zeigen, mannigfaltig. Als bedeutsamste Motive für die Berücksichtigung von Nachhaltigkeitsaspekten bei der Vergabe von Krediten gaben die Interviewpartner die **Selbstverpflichtung des Unternehmens** und die eigene **Reputation** an.[290] Als weitere Gründe wurden die **Realisierung** einer ganzheitlichen **Klimaschutzstrategie, gesetzliche Vorgaben** sowie

[285] PAX-Bank (2011).
[286] Vgl. Bank für Kirche und Diakonie EG- KD-Bank (2011), S. 5.
[287] Die Äußerung erfolgte im Rahmen eines Telefongesprächs am 05.05.2011 mit Herrn Christian Müller, dem Leiter Vorstandsstab/Marketing der Bank für Kirche und Diakonie.
[288] Vgl. oekom Research (2009b), S. 1.
[289] Vgl. Schiller/Tytko (2001), S. 152.
[290] Diese Einschätzung der hohen Relevanz der Reputation deckt sich auch mit einer Umfrage unter 766 CEOs international agierender Großkonzerne, von denen 72 % die Reputation als wichtigen Grund für die CSR-Aktivitäten ihres Unternehmens ansehen. Vgl. Accenture/UN Global Compact (2010), S. 20.

die **Verbesserung** des eigenen **Nachhaltigkeitsratings** genannt.[291] Abbildung 4.5 gibt einen Überblick über die Einschätzung der Beweggründe auf einer Skala von „sehr wichtig“ bis „völlig unwichtig“.

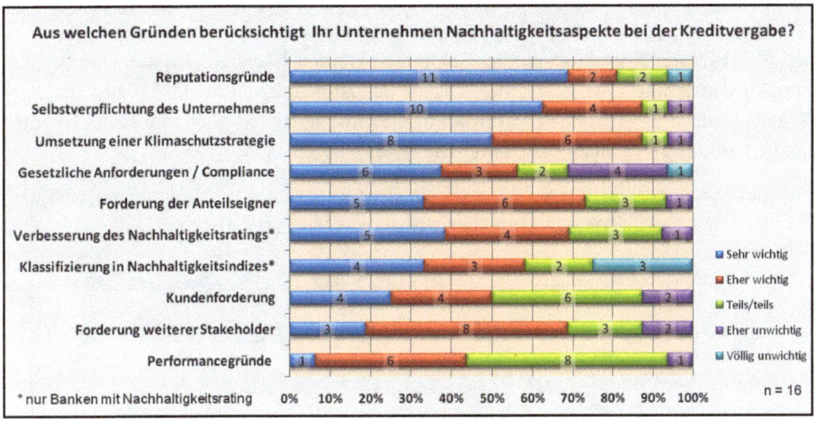

Abbildung 4.5: Gründe für die Berücksichtigung von Nachhaltigkeitsaspekten bei der Kreditvergabe
Quelle: Eigene Darstellung in Anlehnung an Barthruff/Sander (2012), S. 21.

Bei den Antworten auf die Frage nach der Bedeutung von **Nachhaltigkeitsratings** und der Klassifizierung in Nachhaltigkeitsindizes muss danach differenziert werden, ob die jeweiligen Kreditinstitute im Fokus von Nachhaltigkeitsratingagenturen stehen. Drei der befragten Kreditinstitute werden nach eigenen Angaben von keiner Nachhaltigkeitsratingeinrichtung bewertet. Klammert man diese aus der Stichprobe aus, erhält man folgendes Ergebnis: Für ca. **70 %** der Interviewpartner ist die **Klassifizierung in Nachhaltigkeitsratings** ein **wichtiger bis sehr wichtiger Grund** dafür, dass Nachhaltigkeitskriterien im Rahmen eines Kreditgeschäfts Berücksichtigung finden. Daraus kann gefolgert werden, dass **Ratingagenturen** mit dem Instrument ihrer Ratings die Kreditinstitute und deren nachhaltige Geschäftspolitik wesentlich beeinflussen und somit vorantreiben können.

[291] Über die im Kurzfragebogen bereits vorgesehenen Antwortmöglichkeiten hinaus wurden bei den offenen Antwortmöglichkeiten eine langfristige Profitabilität, ein höheres Wachstum, besseres Risikomanagement sowie das KfW-Gesetz aufgeführt.

4.2.2 Geschäftsfelder, in denen Nachhaltigkeitsaspekte berücksichtigt werden

Aus den Experteninterviews wird deutlich, dass bei allen Kreditinstituten in irgendeiner Form **Nachhaltigkeitsaspekte im Firmenkundengeschäft** Berücksichtigung finden. Wie dies genau geschieht, wird in Kapitel 4.3 einer genauen Prüfung unterzogen. Bei der Mehrzahl der Kreditinstitute der Stichprobe werden Nachhaltigkeitsaspekte bei der Projektfinanzierung (94 %) und bei Außenhandelsfinanzierungen (69 %) beachtet. Im Gegensatz dazu werden im **Privatkundengeschäft** bislang lediglich von **sechs Kreditinstituten** (38 %) Nachhaltigkeitskriterien berücksichtigt.

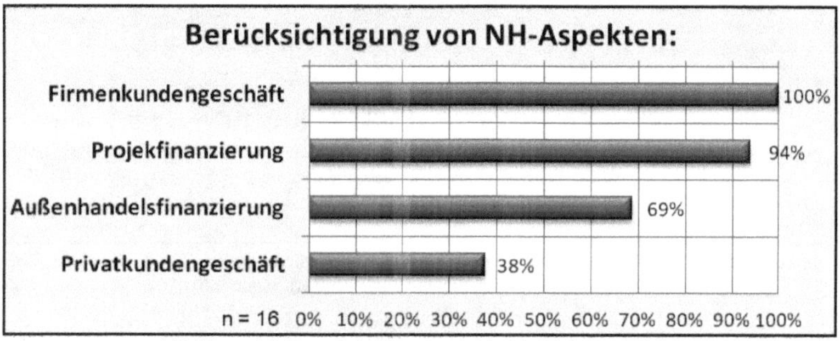

Abbildung 4.6: Berücksichtigung von Nachhaltigkeitsaspekten
Quelle: Barthruff/Sander (2012), S. 23.

4.2.3 Zusammenhang zwischen Nachhaltigkeits- und Kreditrisiken aus Sicht der Banken

Wie aus Abbildung 4.7 ersichtlich wird, erkennt eine **prägnante Mehrheit** der Interviewpartner (13 von 16) einen Zusammenhang zwischen der **Nachhaltigkeitsleistung** und der **finanziellen Performance** von Unternehmen. So fällt die Antwort eines Interviewpartners ziemlich deutlich aus:

> „...das ist keine große Unbekannte mehr. Es gibt verschiedene Studien, die das tatsächlich nachweisen. Der gesunde Menschenverstand sagt auch losgelöst von Studien, dass Unternehmen, die gesellschaftliche Trends frühzeitig erkennen und ressourceneffizient wirtschaften, logischerweise eine bessere Performance haben."

Auch auf die Frage nach einem Zusammenhang **zwischen der Nachhaltigkeitsleistung und der Kreditwürdigkeit von Unternehmen** ergibt sich eine deutliche Tendenz. Hier sind 11 von 16 Interviewpartnern der Meinung, dass ein Zusammenhang besteht, jedoch machen einige der Experten auch darauf aufmerksam, dass die Wirkungszusammenhänge häufig schwierig nachzuweisen sind bzw. bislang meistens keine Daten erhoben werden, um diesen Zusammenhang belegen zu können (vgl. Abbildung 4.8). Beispielhafte Äußerungen dazu sind:

„Bei uns werden zwar Statistiken über die Ausfallgründe geführt, dabei ist aber die **Nachhaltigkeit keine Variable, die statistisch erhoben wird.**"

„Ein Unternehmen kann aufgrund einer schlechten Reputation insolvent werden wie z. B. Dioxin in der Hühnerbranche. Aber wie bewerte ich das? Bei uns wäre das ein Produktausfall."

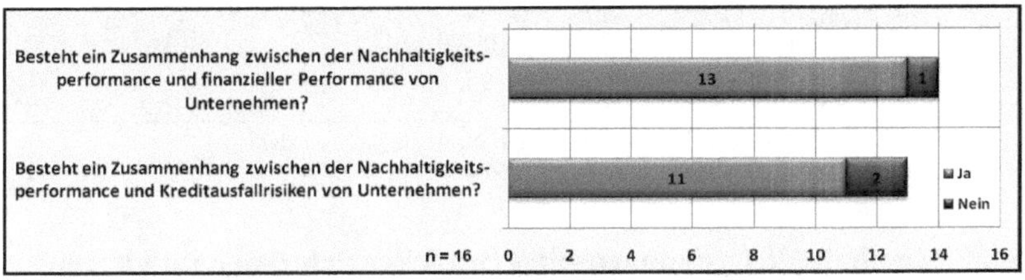

Abbildung 4.7: Relevanz von Nachhaltigkeitsaspekten
Quelle: Eigene Darstellung in Anlehnung an Barthruff/Sander (2012), S. 24.

Darüber hinaus gibt ein Interviewpartner zu bedenken, dass sich nicht alle Nachhaltigkeitsaspekte auf die Ausfallwahrscheinlichkeit auswirken und es daher darauf ankommt, die relevanten Nachhaltigkeitstreiber zu identifizieren:

„Den Zusammenhang gibt es, aber nicht zwischen dem Gesamtrating und der Ausfallwahrscheinlichkeit, sondern zwischen relevanten Nachhaltigkeitsaspekten und der Ausfallwahrscheinlichkeit."

4.2.4 Stellenwert internationaler Nachhaltigkeitsstandards

Die Untersuchung zeigt, dass deutliche Diskrepanzen bei der Unterzeichnung und Anwendung internationaler Nachhaltigkeitsstandards bestehen. Während bei der Nachhaltigkeitsberichterstattung bei **nahezu allen Kreditinstituten** (80 %) die Standards der Global Reporting Initiative (**GRI**) angewendet werden, sind die Equator Principles, die UN PRI und der UN Global Compact bislang lediglich von 38 % bis 50 % der Institute unterzeichnet worden. Eine Erklärung hierfür könnte sein, dass die Equator Principles und der UN Global Compact auf international agierende Unternehmen bzw. internationale Großprojekte abzielen. Aus diesem Grund ist insbesondere für kleine Kreditinstitute wie Umwelt- und Ethikbanken die Unterzeichnung dieser Standards uninteressant. Darüber hinaus ist die Mehrzahl der befragten Kreditinstitute Mitglied der UNEP FI. Wie Abbildung 4.8 darstellt, wurde bei **63 %** der Banken ein Umweltmanagementsystem nach **ISO 14001** oder **EMAS** implementiert.

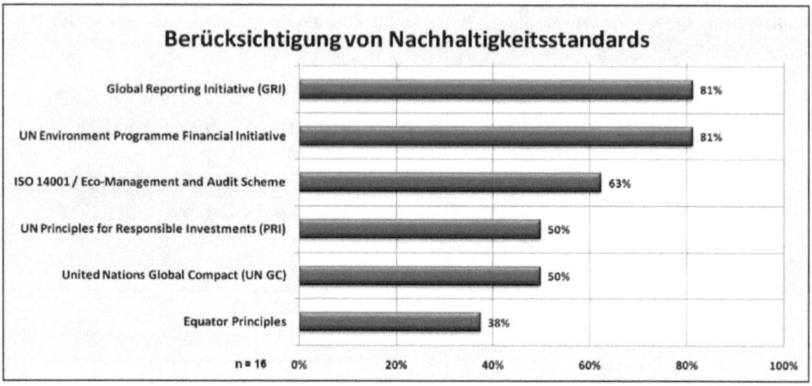

Abbildung 4.8: Berücksichtigte Nachhaltigkeitsstandards
Quelle: Barthruff/Sander (2012), S. 25.

4.2.5 Nachhaltigkeitsstandards und Branchenrichtlinien im Firmenkundenkreditgeschäft

Über die allgemeine Nachhaltigkeitsprüfung hinaus nutzen die meisten Kreditinstitute auch branchenspezifische Standards im Firmenkundenkreditgeschäft. Die Abfrage der Branchen- und Themenstandards im Rahmen der Experteninterviews ergibt ein äußerst **heterogenes Bild**. Abbildung 4.9 gibt einen nach Sektoren und Querschnittsthemen aufgeschlüsselten Überblick über die angewandten Nachhaltigkeitsstandards und Richtlinien. Wie die Abbildung zeigt, hat die Mehrzahl der in der Studie untersuchten Kreditinstitute Standards zu den Sektoren **Rüstung, Energie, Landwirtschaft** sowie **Öl und Gas** implementiert. Bei den Querschnittsthemen liegen die Prioritäten auf dem **Klimawandel, der Korruption, den Menschenrechten** und der **Steuerhinterziehung**.

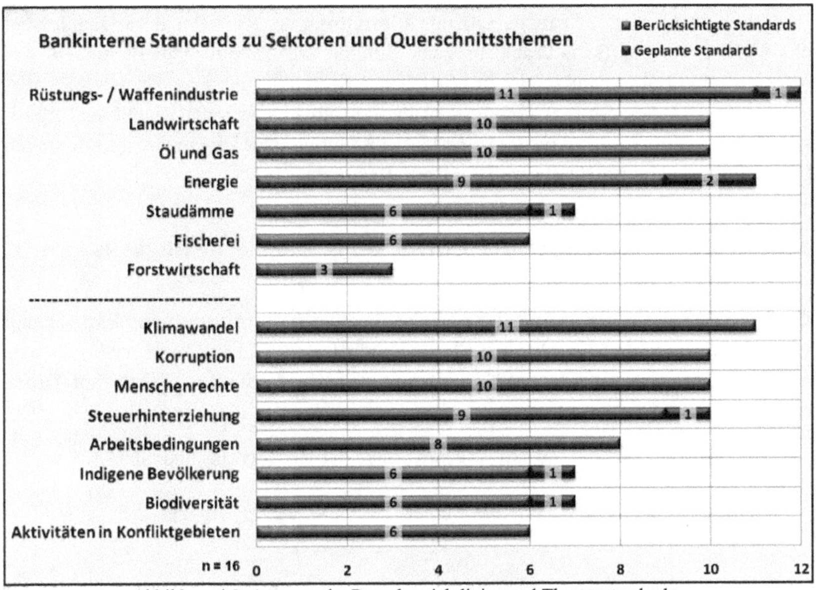

Abbildung 4.9: Angewandte Branchenrichtlinien und Themenstandards
Quelle: Barthruff/Sander (2012), S. 26.

Während einige Kreditinstitute Standards in fast sämtlichen der abgefragten Branchen und Themen implementiert haben, berücksichtigen andere Banken bisher keine oder nur wenige Branchenstandards. Abbildung 4.10 veranschaulicht die bestehenden Nachhaltigkeitsstandards pro Kreditinstitut. Danach haben vier Kreditinstitute bislang keinen bis drei Sektor- bzw. Themenstandards. Auf der anderen Seite haben drei der interviewten Institute mehr als zwölf Nachhaltigkeitsstandards für bestimmte Sektoren oder Themen implementiert.

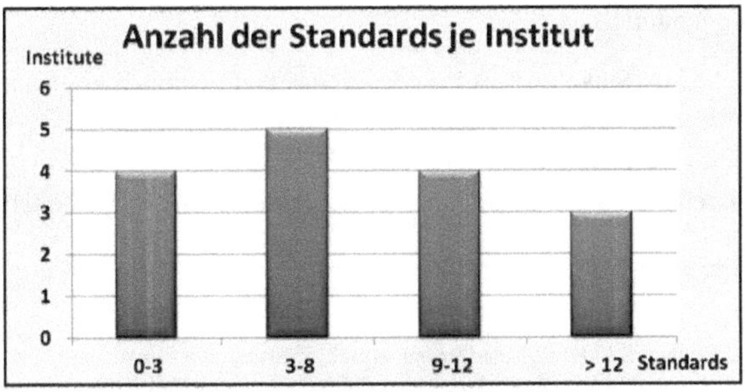

Abbildung 4.10: Anzahl der Standards je Kreditinstitut
Quelle: Barthruff/Sander (2012), S. 26.

Bezüglich der **Qualität, Transparenz** und **Einhaltung** der **Richtlinien** von Banken hat das NGO-Netzwerk **BankTrack** in zwei Studien die Kreditvergaberichtlinien von insgesamt 49 Großbanken zu sieben kritischen Sektoren[292] und neun Themenfeldern[293] untersucht.[294] Beide Studien kommen zu dem Schluss, dass viele Richtlinien zu allgemein formuliert sind und bisher keine klaren Kriterien oder konkreten Anforderungen für die Prüfung von Nachhaltigkeitsaspekten definieren.[295]

4.2.6 Vorgehensweise bei der Entwicklung von Nachhaltigkeitsstandards

Die Vorgehensweise der untersuchten Banken bezüglich der Auswahl und Entwicklung von Nachhaltigkeitsstandards im Firmenkundenkreditgeschäft kann ebenfalls als heterogen bezeichnet werden. Während einige Kreditinstitute nur **reaktiv** auf Druck externer Stakeholder reagieren,

> „… dabei achten wir auf die Anforderungen der Gesellschaft und NGO´s."

> „Es gibt Erwartungen unserer Stakeholder, mit denen wir uns aktiv auseinander setzen."

gehen andere Kreditinstitute äußerst **proaktiv** bei der Entwicklung interner Nachhaltigkeitsstandards vor:

> „… zur Definition zukünftiger Themen findet jedes Jahr ein Stakeholderdialog statt."

Insbesondere die öffentlich-rechtlichen Kreditinstitute sowie die **Umwelt- und Ethikbanken** der Stichprobe gehen die Entwicklung besonders **proaktiv, systematisch und strukturiert** an. Dabei beziehen sie die Ansprüche von diversen Interessengruppen über **Stakeholder-Dialoge** in den Entwicklungsprozess mit ein und versuchen, die Entwicklung externer Standards wie die Equator Principles selbst mitzugestalten.

Folgende **Anlässe** wurden für die **Anpassung von Standards und Richtlinien** im Kreditgeschäft genannt:

- Ansprüche von Stakeholdern, mit denen das Unternehmen konfrontiert wird
- Entstehung oder Weiterentwicklung internationaler Standards
- Änderung gesetzlicher Vorgaben
- neue wissenschaftliche Erkenntnisse oder technologische Veränderungen

---

[292] Landwirtschaft, Fischerei, Forstwirtschaft, Staudämme, Rüstung, Energie, Öl und Gas.

[293] Klimawandel, Korruption, Menschenrechte, Steuerhinterziehung, Arbeitsbedingungen, Indigene Bevölkerung, Biodiversität, Aktivitäten in Konfliktgebieten und toxische Stoffe.

[294] Vgl. BankTrack (2007) und BankTrack (2010).

[295] Vgl. BankTrack (2010), S.185.

- Kreditausfälle im Projektfinanzierungsgeschäft infolge von Umwelt- und Sozialrisiken

Zur Strukturierung der **Anforderungen von Interessengruppen** an das Unternehmen werden von den Interviewpartnern folgende Möglichkeiten genannt:

- **Stakeholder-Dialoge** mit Kunden, NGOs und Sektorexperten
- **Austausch über Netzwerke** mit anderen Kreditinstituten bzgl. deren Schwerpunkte im Bereich sensitiver Sektoren und Querschnittsthemen
- Dialog mit der Politik zur Antizipation neuer regulatorischer Maßnahmen
- Diskussion möglicher Nachhaltigkeitsstandards mit Firmenkunden

Als **Plattform** für Diskussionen über **Definition, Weiterentwicklung** und **Implementierung von Nachhaltigkeitsstandards** wurde insbesondere auf den Verein für Umweltmanagement und Nachhaltigkeit in Finanzinstituten e. V. (**VFU**) verwiesen. Bereits vorhandene **Richtlinien werden meist in regelmäßigen Abständen von den befragten Kreditinstituten überprüft**. So findet bei einigen der Kreditinstitute eine Überprüfung der Richtlinien ein Jahr nach Inkrafttreten im Hinblick auf etwaigen Anpassungsbedarf statt.

4.2.7 Zusammenfassung der wichtigsten Erkenntnisse

Die Ergebnisse der Experteninterviews zeigen, dass es eine Vielzahl von Gründen für die Integration von Nachhaltigkeitsaspekten in das Kreditgeschäft gibt. Aus Sicht der Interviewpartner sind die bedeutsamsten Gründe für die Berücksichtigung von Nachhaltigkeitsaspekten bei der Vergabe von Krediten die **Selbstverpflichtung** und die **Reputation der Bank**. Das Hauptaugenmerk der Nachhaltigkeitsprüfung liegt bislang auf dem Firmenkundenkreditgeschäft und der Projektfinanzierung. Im Privatkundengeschäft spielen Nachhaltigkeitsaspekte bislang dagegen so gut wie keine Rolle.

Häufig stellen internationale **Standards und Initiativen** (vgl. hierzu Kapitel 2) die **Grundlage** für die Berücksichtigung von Nachhaltigkeitsaspekten im Kreditgeschäft dar. Es konnte gezeigt werden, dass der Großteil der untersuchten Kreditinstitute im Rahmen des Firmenkundenkreditgeschäfts unternehmenseigene Richtlinien für die **Branchen Rüstung, Energie** und **Landwirtschaft** entwickelt hat. Darüber hinaus können aus der Studie Folgerungen für die Bedeutung der sogenannten Querschnittsthemen gezogen werden. So haben von insgesamt 16 Kreditinstituten elf eigene interne Richtlinien und Standards zur Adressierung des **Klimawandels** entwickelt. Daneben stehen bei zahlreichen der in der Studie untersuchten Kreditinstitute die Themenbereiche **Korruption, Menschenrechte** und **Steuerhinterziehung** im Fokus. Im Rahmen der Experteninterviews wurde auch der Zusammenhang zwischen der Nachhaltigkeitsleistung und der finanziellen Performance von Unternehmen in den Experteninterviews erörtert. Dabei besteht bei **fast allen Interviewpartnern Einigkeit darüber**, dass eine überdurchschnittliche **Nachhaltigkeitsperformance** von Unternehmen auf lange Sicht **zu einer besseren finanziellen Performance führt**.

Die Mehrheit der Interviewpartner (11 von 16) gibt an, dass es auch einen **Zusammenhang** zwischen der **Nachhaltigkeitsleistung** und der **Kreditwürdigkeit** von Unternehmen gibt. Zwei der untersuchten Banken können diesen Zusammenhang nach eigenen Angaben sogar bereits auf der Grundlage historischer Kreditausfallraten belegen (vgl. hierzu Kapitel 4.4).

4.3 Umfang und Ausgestaltung der Nachhaltigkeitsprüfung

In Kapitel 4.5 werden die Ergebnisse der Interviews bezüglich der Ausgestaltung der Nachhaltigkeitsprüfung im Firmenkundenkreditgeschäft untersucht. Im ersten Schritt wird dazu die Verantwortlichkeit für die Nachhaltigkeitsprüfung beschrieben (Kapitel 4.3.1). Daran anschließend erfolgt in Kapitel 4.3.2 die Auswertung der genutzten Instrumente zur operativen Umsetzung der Nachhaltigkeitsprüfung im Firmenkundenkreditgeschäft. Tabelle 4.1 gibt einen Überblick über die in Kapitel 4.3 diskutierten Fragen.

Verantwortlichkeit der Nachhaltigkeitsprüfung (Kapitel 4.4.1)
1. Wer ist für die Nachhaltigkeitsprüfung verantwortlich? 2. Welche Anforderungen bestehen Ihrer Meinung nach an Kreditsachbearbeiter, wenn Nachhaltigkeitsaspekte bei der Kreditvergabe berücksichtigt werden sollen? 3. Werden Mitarbeiterschulungen angeboten, welche die Wissensvermittlung zur Prüfung von Nachhaltigkeitsaspekten zur Aufgabe haben?
Operative Umsetzung der Nachhaltigkeitsprüfung (Kapitel 4.4.2)
1. Wie werden Nachhaltigkeitsaspekte bei Ihnen im Kreditvergabeprozess integriert und welche Geschäftsprozesse liegen vor? 2. Welche Nachhaltigkeitskennzahlen werden bei der Bewertung verwendet? 3. Welche Daten sind Ihrer Meinung nach für die Nachhaltigkeitsprüfung relevant? 4. Wie hoch schätzen Sie den zusätzlichen Aufwand (Zeit und Ressourcen) für die Prüfung von Nachhaltigkeitsaspekten und ist dieser Aufwand gerechtfertigt? 5. Welche Auswirkungen hat die Nachhaltigkeitsprüfung auf den Kreditvergabeprozess? 6. Werden die Ergebnisse der Nachhaltigkeitsprüfung mit dem Kreditnehmer besprochen und gegebenenfalls Verhaltensänderungen angeregt? 7. Würden Sie für die Nachhaltigkeitsprüfung auf einen externen Ratinganbieter von Nachhaltigkeitsratings zurückgreifen? 8. Welche Probleme sehen Sie bei der Umsetzung der Prüfung von Nachhaltigkeitsaspekten bei der Kreditvergabe?

Tabelle 4.1: Leitfragen zur Ausgestaltung der Nachhaltigkeitsprüfung
Quelle: Eigene Darstellung.

4.3.1 Verantwortlichkeit der Nachhaltigkeitsprüfung

Tabelle 4.1 zeigt, dass sich Kapitel 4.3.1 mit dem Bewertungsgegenstand, der Verantwortlichkeit sowie der Schulung von Mitarbeitern in Bezug auf die Prüfung von Nachhaltigkeitsaspekten bei der Kreditvergabe der interviewten Kreditinstitute beschäftigt.

4.3.1.1 Gegenstand und Zuständigkeit der Nachhaltigkeitsprüfung

Im Hinblick auf den Bewertungsgegenstand sollte zwischen der Unternehmens- und der Projektfinanzierung unterschieden werden. Bei Finanzierungen im klassischen Firmenkundengeschäft und bei Exportfinanzierungen ist der **Bewertungsgegenstand** i.d.R. das **Unternehmen** als Kreditnehmer. Bei Projektfinanzierungen steht hingegen das **Finanzierungsobjekt** wie z. B. ein Staudamm, ein Kraftwerk oder eine Produktionsanlage im Mittelpunkt der Nachhaltigkeitsprüfung.

In Bezug auf die Verantwortlichkeit der Nachhaltigkeitsprüfung fällt auf, dass es für die **Zuständigkeit** keine einheitlichen Regelungen gibt. So erfolgt die Nachhaltigkeitsprüfung entweder durch die Marktseite (**Kundenbetreuer**), die **Marktfolge**, einen speziellen **Nachhaltigkeitsexperten** oder durch einen mehrstufigen Prozess, bei dem die Verantwortlichkeit auf mehrere Stellen verteilt ist.

Abbildung 4.11 verdeutlicht, dass bei zehn der 16 Interviewpartner abhängig von der Komplexität und dem Umfang der Nachhaltigkeitsprüfung mehrere Einheiten oder Abteilungen für die Bewertung der Nachhaltigkeitsrisiken von Unternehmen zuständig sind. Im Firmenkundengeschäft wird im Rahmen der Nachhaltigkeitsprüfung dabei häufig eine erste Einschätzung der Nachhaltigkeitsrisiken des Unternehmens durch den Kundenbetreuer vorgenommen und diese Einschätzung dann zur Verifizierung in einem Vier-Augen-Prinzip an den Kreditanalysten weitergeleitet.

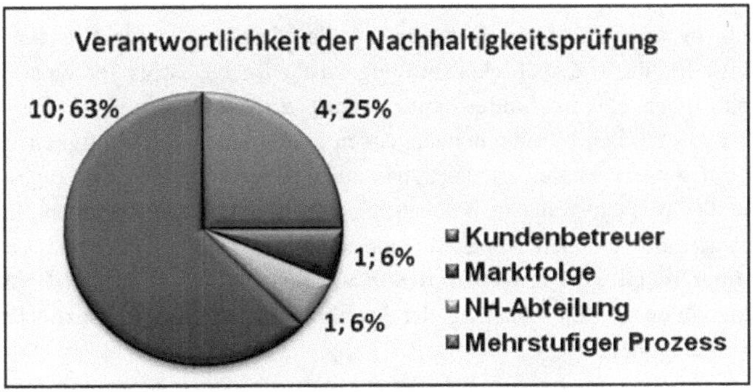

Abbildung 4.11: Verantwortlichkeit für die Nachhaltigkeitsprüfung
Quelle: Barthruff/Sander (2012), S. 31.

Einige Kreditinstitute bieten darüber hinaus für ihre Kundenbetreuer oder Kreditanalysten die Option an, einen Experten für Nachhaltigkeitsrisiken zu Rate zu ziehen, falls nach ihrer Prüfung weiterhin Unsicherheit bezüglich der Nachhaltigkeitsrisiken besteht. Die Nachhaltigkeitsexperten können dann entweder zur informellen Beratung oder zur weiteren Detaillierung der Nachhaltigkeitsrisiken hinzugezogen werden. Ein Interviewpartner gibt sogar an, dass ein Nachhaltigkeitsexperte bei risikobehafteten Transaktionen verpflichtend eingeschaltet werden muss:

> „**Jeder Mitarbeiter ist** an seinem Platz **für die Reputation der Bank verantwortlich**. Ist ein Engagement in einer „grey area", die ein potenzielles Reputationsrisiko birgt, muss es dem Reputational Risk Council zur Entscheidung vorgelegt werden."

Bei einem der untersuchten Kreditinstitute wird ermittelt, wie oft die Einbeziehung des Risikoexperten auf freiwilliger Basis erfolgt. Dabei wird eine zunehmende Tendenz beobachtet:

> „Während vor ca. drei Jahren in etwa 20 % bis 25 % aller Fälle die Expertenmeinung nachgefragt wurde, sind es aktuell etwa 30 % bis 40 %."

Bei Projektfinanzierungen, die unter die Equator Principles fallen, erfolgt die Abstimmung und Organisation der heranzuziehenden Experten i.d.R. über den Projektmanager. Der Projektmanager führt dabei die Kategorisierung der Nachhaltigkeitsrisiken in eigener Verantwortung durch und sendet diese zur Bestätigung an die Nachhaltigkeitsabteilung. Besteht jedoch in Bezug auf die Risikoeinschätzung Unsicherheit, können bei einigen Kreditinstituten auch externe Experten wie z. B. Umweltsachverständige für die Beurteilung der Nachhaltigkeitsrisiken hinzugezogen werden.

4.3.1.2 Anforderungen an die Mitarbeiter

So unterschiedlich die Verantwortlichkeiten der Nachhaltigkeitsprüfung geregelt sind, so sehr weichen auch die **Anforderungen an die involvierten Mitarbeiter** voneinander ab. In Kreditinstituten, in denen jeweils allein der Kundenbetreuer oder der Kreditanalyst für die Nachhaltigkeitsprüfung zuständig ist, ist es für diese Personen unabdingbar, über ein **profundes, spezifisches und v.a. aktuelles Wissen über Branchen** und den damit zusammenhängenden spezifischen Nachhaltigkeitsrisiken zu verfügen. Für diese Personen ist daher das auf den jeweiligen Sektor zugeschnittene spezifische Fachwissen genauso unerlässlich wie analytische Qualitäten. In Kreditinstituten mit einer eigenen Nachhaltigkeitsabteilung genügt häufig ein **Grundverständnis über mögliche Umwelt- und Sozialrisiken** der Sektoren und Branchen, da bei Unsicherheiten die Einschätzung der **jeweiligen Nachhaltigkeitsexperten** hinzugezogen werden kann.

4.3.1.3 Wissensvermittlung und Schulung der Mitarbeiter

Für die Schulung der für die Nachhaltigkeitsprüfung **verantwortlichen Mitarbeiter** existieren bei den untersuchten Kreditinstituten verschiedene Schulungskonzepte. Dazu gehören u.a.:

- allgemeine Nachhaltigkeitsschulungen für Neueinsteiger und Nachwuchskräfte
- fachliche Schulungen für Mitarbeiter, die im Kontext des Firmenkundenkreditgeschäfts für die Beurteilung von Nachhaltigkeitsrisiken verantwortlich sind
- systematische Schulungen zu aktuellen Sektor- und Branchenaspekten

Die Teilnahme an diesen Schulungen ist teils verpflichtend, teils freiwillig. In der Regel werden die Schulungen in Form von Präsenzveranstaltungen angeboten. Des Weiteren finden bei manchen Kreditinstituten obligatorische Online-Trainings für Mitarbeiter der Produktbereiche statt.

Über die **Präsenz- und Onlineschulungen** hinaus gibt es die Möglichkeit, das eigene Wissen zu speziellen Themenbereichen durch ein Selbststudium mit **Nachhaltigkeitshandbüchern** zu vertiefen. Die Fortbildungsveranstaltungen erfolgen durch Personen aus dem Ressort des Kreditwesens und des Nachhaltigkeitsmanagements.

Die Inhalte der Schulungen betreffen dabei folgende Themen bzw. Zielvorstellungen:

- Vermittlung von ethischen Grundwerten
- **Einführung neuer Richtlinien**
- Schaffung eines Grundverständnisses im Hinblick auf Zielsetzung, Sinn, Struktur und Prozess von Nachhaltigkeitsprüfungen („**Awareness-Raising**“)
- **branchenspezifische Schulungen** für sensitive Branchen- und Querschnittsthemen wie beispielsweise Wasser, Energie und Landwirtschaft
- **Weiterbildungen für Mitarbeiter** im Projektfinanzierungsbereich
- branchenspezifische Arbeitskreise, in denen ein Austausch über Best Practice Fälle und Kontroversen unter den Experten erfolgen kann
- Trainings für leitende Angestellte zum Austausch von Fragestellungen zum Nachhaltigkeitsmanagement und zu Reputationsrisiken

4.3.2 Operative Ausgestaltung der Nachhaltigkeitsprüfung

In Kapitel 4.3.2 werden die Ergebnisse der Experteninterviews zur operativen Ausgestaltung der Nachhaltigkeitsprüfung im Rahmen der Kreditvergabe vorgestellt. Ein Überblick über den Aufbau von Kapitel 4.3.2 findet sich in Tabelle 4.1.

4.3.2.1 Angewandte Methoden und Geschäftsprozesse der Nachhaltigkeitsprüfung durch Kreditinstitute

Wie bereits in Kapitel 4.2 gezeigt wurde, finden bei jedem der untersuchten Kreditinstitute Nachhaltigkeitsaspekte zwar grundsätzlich Berücksichtigung im Kreditvergabeprozess, bei der Ausgestaltung der Nachhaltigkeitsprüfung im Prozess der Kreditvergabe bestehen jedoch teilweise erhebliche Unterschiede.

Um die Nachhaltigkeitsprüfung innerhalb der Arbeitsabläufe umzusetzen, greifen die untersuchten Kreditinstitute auf Werkzeuge wie **Checklisten, Kriterienkataloge, Ausschluss-, Negativ- und Positivlisten** etc. zurück, wenngleich diese sich in ihrer Ausgestaltung ebenfalls sehr unterschiedlich darstellen. Vor allem Umwelt- und Ethikbanken nutzen **Positiv- und Ausschlusslisten**, da diese eine rasche Vorauswahl ermöglichen.[296] Die im Rahmen der Nachhaltigkeitsprüfung genutzten Checklisten und Kriterien können folgendermaßen unterteilt werden:

- **einheitliche branchenübergreifende Prüflisten** für sämtliche Finanzierungsanträge **in Abhängigkeit vom Transaktionsvolumen** (z. B. Kredite ab 1 Mio. Euro)
- **branchenspezifische Kriterienlisten** für exponierte Branchen
- **Prüflisten** in Abhängigkeit von der **Finanzierungsart** (z. B. Exportfinanzierungen, Projektfinanzierungen) oder der **Region** (Länderrisiken)
- **themenspezifische Kriterien** für bestimmte Themen wie z. B. **Altlasten und gefährliche Stoffe**

So wird in einem der untersuchten Kreditinstitute die Nachhaltigkeitsprüfung im Rahmen des Kreditvergabeprozesses anhand folgender drei Stufen durchgeführt:

1. **Allgemeine Geschäftsgrundsätze für Umwelt und Soziales**
   Hieraus ergibt sich die generelle Haltung des Kreditinstituts gegenüber Umwelt- und Sozialaspekten.

2. **Sektorstrategie**
   Die Sektorstrategie legt fest, in welchen Branchen bzw. Geschäftsfeldern wie z. B. der Energieversorgung Richtlinien bzw. Positiv-, Negativ- oder Ausschlusskriterien erarbeitet werden.

3. **Umsetzung in den Workflow der jeweiligen Geschäftsbereiche**
   Integration der Nachhaltigkeitsprüfung in die verschiedenen Geschäftsbereiche.

---

[296] Die Leitfrage im Kontext der Experteninterviews lautete: „Wie werden Nachhaltigkeitsaspekte im Kreditvergabeprozess integriert und welche Geschäftsprozesse liegen vor?" Ausgehend von vorangegangenen Äußerungen im Interview erfolgte eine Spezifizierung der Leitfrage durch einige Unterfragen. So wurden die Interviewpartner z. B. explizit nach Checklisten, Arbeitsanweisungen, Richtlinien oder Sektor- bzw. Themenpolicies befragt, um einen präzisen Eindruck über die operativen Bewertungsinstrumente zu erlangen.

Hervorzuheben ist, dass bei der **Nachhaltigkeitsprüfung** ein **Spannungsfeld zwischen einer Standardisierung und einer Individualisierung** besteht.

I. Standardisierte Nachhaltigkeitsprüfung

Für den Fall, dass die Prüfung standardisiert, z. B. mittels einer Checkliste, abläuft, werden die Mitarbeiter wie bspw. der Kundenbetreuer oder der Kreditanalyst in die Lage versetzt, die Prüfung nahezu völlig eigenverantwortlich durchzuführen. Der Prozess kann dabei detailliert in einem Prozesshandbuch dokumentiert werden. Viele der Interviewpartner beschreiben das operative Vorgehen bei einer **standardisierten Nachhaltigkeitsprüfung** wie folgt:

> „Im Bereich Export- und Außenhandelsfinanzierung wurde der Prozess stark **standardisiert**. Dort gibt es auf die Bedürfnisse von Exportfinanzierern **zugeschnittene Checklisten**."

> „Die Umwelt- und Sozialverträglichkeitsprüfung ist in die Beschreibung des Kreditprozesses eingeflochten. Es gibt ein **Prozesshandbuch**, in dem die **Inhalte der Richtlinien genau festgeschrieben** sind."

> „Das ist ein **IT-gestütztes System**, in dem es Mussfelder und Sollfelder gibt, die entweder mit Prosa ausgefüllt werden oder mit Ziffern. Das sind vorgegebene **Masken**, die befüllt werden müssen, und zwar entweder **entsprechend der gesetzlichen Standards, internationaler Normen oder Vereinbarungen**, die man zu einem bestimmten Geschäft hat."

> „Bei uns gibt es eine **Anweisung mit entsprechenden Hilfestellungen**, die in Form von Fragen und Vorgehensweisen beschreibt, was genau geprüft werden soll und was mit dem Kunden im Gespräch erarbeitet werden muss, **um die Risiken analysieren und bewerten zu können**."

Die Aussagen der Experten verdeutlichen, dass die Frage der verantwortlichen Zuständigkeiten zur Prüfung von Nachhaltigkeitsaspekten in Arbeitsanweisungen und Richtlinien festgelegt ist. Das **Ergebnis einer standardisierten Nachhaltigkeitsprüfung** kann dabei **qualitativ in Form einer Zusatzinformation** dokumentiert werden **oder quantitativ in Form einer Ratingnote** ausgedrückt werden. Erstgenanntes erfolgt bei einem der befragten Kreditinstitute in Form eines Ja/Nein-Kontrollkästchens im Rahmen des Kreditantrags. Falls nach der Einschätzung des Kundenbetreuers Nachhaltigkeitsrisiken ausgeschlossen werden können, ist der Prüfungsprozess beendet. Falls Risiken identifiziert werden, sind diese schriftlich festzuhalten und deren Relevanz **qualitativ einzuschätzen**.

Andere Kreditinstitute quantifizieren Nachhaltigkeitsrisiken anhand einer Ratingnote. Als Beispiel für eine **quantitative Nachhaltigkeitsprüfung** kann die DZ BANK AG genannt werden, bei der die Nachhaltigkeitsprüfung anhand folgender standardisierter Elf-Punkte-Prüfliste durchgeführt wird:[297]

1. Soziale Bewertung (vier Unterkriterien)
2. Ökologische Bewertung (fünf Unterkriterien)
3. Antikorruption
4. Wettbewerb und Steuern

Die eigentliche Beurteilung findet anhand eines **Ampel- und Notenprinzips** statt, das eine Notenskala von 1 (grün/vorbildlich) bis 4 (rot/bedenklich) beinhaltet. Kreditanträge, deren Beurteilung der Note vier entspricht, werden in der Regel abgelehnt.[298]

Ein anderes Kreditinstitut macht sich für die Nachhaltigkeitsbewertung das **Kreditproposal,** bestehend aus etwa 10-15 Seiten, zunutze. In diesem sind schriftlich alle zu untersuchenden Kriterien des Kreditnehmers festgehalten (wirtschaftliche, soziale und sonstige Nachhaltigkeitsaspekte). Mithilfe eines **IT-gestützten Systems** können die **Prozesse** z. B. **über Abfragemasken strukturiert** werden. Dabei gibt ein Interviewpartner folgenden Prozess an:

1. **Erfassung der Nachhaltigkeitsrisiken** durch den Kreditsachbearbeiter
2. **Kontrolle** durch den Vorgesetzten **(Vier-Augen-Prinzip)**
3. **Quantifizierung der Risiken** durch die Nachhaltigkeitsabteilung
4. **Definition von Auflagen** zur Vermeidung bzw. Minimierung der Risiken

II. Individualisierte Nachhaltigkeitsprüfung:

Andere Kreditinstitute setzten auf eine **individualisierte,** im **Ermessensspielraum des Kundenbetreuers** oder Kreditanalysten liegende **Prüfung**. Aus den Experteninterviews wird deutlich, dass die korrekte Einschätzung von Nachhaltigkeitsrisiken bei einer **individualisierten Nachhaltigkeitsprüfung** weitestgehend von den **Kompetenzen des Kundenbetreuers abhängig** ist. Dabei sollte der Kreditanalyst die maßgeblichen Nachhaltigkeitsaspekte und -risiken kennen, um eine einzelfallbezogene Prüfung vornehmen zu können. Ein maßgeblicher Aspekt ist dabei das so genannte „Awareness Raising". Damit ist die Schaffung eines Bewusstseins für problembehaftete Fragestellungen und die Vermittlung von grundlegendem und spezifischem Branchenwissen gemeint. Eine elementare Komponente ist dabei das vorab in Kapitel 4.3.1.3 erläuterte Aus- und Fortbildungsprogramm der Kreditinstitute. Um einer fehlerhaften Einschätzung der Nachhaltigkeitsrisiken vorzubeugen, besteht der Prüfungsablauf meist aus mehreren Stufen. Dabei besteht für den prüfenden Kundenbetreuer oder Kreditanalysten

[297] Vgl. DZ Bank AG (2011), S. 27 f.
[298] Vgl. DZ Bank AG (2011), S. 27 f.

die Möglichkeit, bei komplexeren Problemstellungen das Expertenwissen der Nachhaltigkeitsabteilung abzufragen. Bei einem der untersuchten Kreditinstitute läuft die Prüfung folgendermaßen ab:

> „Bei uns erfolgt die Beurteilung der Umweltrisiken im Rahmen eines **dreistufigen Prozesses.** Die **Kundenberater** analysieren in einem ersten Schritt die finanziellen Risiken, die mit Umweltaspekten wie der Einhaltung der Umweltgesetze, der Arbeitssicherheit, Altlasten und Naturgefahren verbunden sein könnten. 2009 wurden nahezu 100.000 Kredittransaktionen einer solchen Analyse unterzogen. Lassen sich Risiken nach der ersten Prüfung nicht ausschließen, nimmt ein **Credit Officer** eine **zweite Prüfung** vor. Er beurteilt, ob die ermittelten Risiken transparent genug sind, um die Kreditentscheidung zu treffen. Transaktionen, die ein signifikantes Umweltrisiko mit sich bringen, werden in einem **dritten Schritt** einer **detaillierten Umweltrisikoprüfung** unterzogen. Diese Dienstleistung erbringt das Kompetenzzentrum für Umweltrisiken des Unternehmensbereichs. 2009 wurden 24 solcher eingehenden Prüfungen durchgeführt."

4.3.2.2 Auswahl und Anzahl der Nachhaltigkeitskennzahlen

In Kapitel 4.3.2.2 wird untersucht, welche Kennzahlen und Informationsquellen im Rahmen der Nachhaltigkeitsprüfung genutzt werden.[299] Die bei der Nachhaltigkeitsprüfung analysierten Kennzahlen ergeben sich in der Regel aus den **institutsspezifischen Nachhaltigkeitsstandards** und Nachhaltigkeitsprüflisten, welche sich wiederum an generellen Normenkatalogen wie z. B. den **Equator Principles**, dem **UN Global Compact** oder den **IFC-Performance Standards** der Weltbank orientieren. Nachhaltigkeitsaspekte können dabei entweder in Form von qualitativen Indikatoren oder als quantitative Kennzahlen im Zuge der Nachhaltigkeitsprüfung bewertet werden. Zusätzlich zu allgemeinen, branchenübergreifenden Kennzahlen werden häufig auch branchenspezifische Nachhaltigkeitsaspekte berücksichtigt. So sind in energieintensiven Branchen i.d.R. die Treibhausgasemissionen und die Energieeffizienz grundlegender Bestandteil der Nachhaltigkeitsprüfung. In diesem Fall werden auf Grundlage der Nachhaltigkeitsberichterstattung des Kreditantragstellers die Energieeffizienz, der CO_2-Ausstoß und die Minderungsmaßnahmen ermittelt und diese Informationen in Vergleich zu den übrigen Wettbewerbern gesetzt und beurteilt. Anhaltspunkte für Nachhaltigkeitsrisiken können dabei z. B. aus den Angaben des **Carbon Disclosure Projects** oder der Berichterstattung nach **ISO 14064** abgeleitet werden (vgl. hierzu Tabelle 2.2). Folgende Aussagen sind charakteristisch:

> „Die Kennzahlen ergeben sich aus den IFC sectorspecific-Guidelines."

[299] Im Kontext der Experteninterviews wurden dabei folgende zwei Leitfragen zum Thema gestellt und mittels mehrerer Unterfragestellungen spezifiziert:
1. Welche Nachhaltigkeitskennzahlen werden bei der Bewertung verwendet?
2. Welche Daten / Quellen sind für die Nachhaltigkeitsprüfung relevant?

„Für die Bereiche Forstwirtschaft, Bergbau, Öl und Gas haben wir uns an den Weltbankstandards als Grundgerüst orientiert.“

„Wir haben zusammen mit der DEKRA Umwelt verschiedene Branchen hinsichtlich möglicher Umweltrisiken untersucht und daraus Datenblätter mit den Risiken der jeweiligen Branche erstellt.“

Bei der Finanzierung von Projekten im Ausland und von global agierenden Unternehmen, welche einer Branche angehören, bei der Arbeitsbedingungen und Menschenrechte eine besondere Rolle spielen, wird häufig die Einhaltung der **ILO-Kernarbeitsnormen** überprüft. So gibt eines der untersuchten Kreditinstitute als Beispiel für die Überprüfung sozialer Standards folgende Vorgehensweise an:

„Im Bereich Sozialstandards prüfen wir, ob das Land z. B. die ILO-Kernarbeitsnormen 106 und 108 ratifiziert hat. Falls das nicht der Fall ist, müssen wir sicherstellen, dass wir diese Risiken auf Unternehmensebene ausschalten, indem mit dem Unternehmen der Ausschluss von z. B. Kinderarbeit vereinbart wird.“

Oftmals werden als Basis für den Entscheidungsprozess über eine Finanzierung eindeutige **Positiv- und Ausschlusskriterien** festgelegt. So nutzt die Umweltbank z. B. folgende Positiv- und Ausschlusskriterien für das Kreditgeschäft:

Positivkriterien:	**Ausschlusskriterien:**
Energiesparmaßnahmen	Großkraftwerke (Braun- / Steinkohle, Atomenergie)
regenerative Energiegewinnung	Waffen oder Militärgüter (Produktion / Handel)
dezentrale Energiegewinnung, Blockheizkraft	umweltschädliche Produkte oder Technologien
umweltfreundliches Bauen	Nichteinhaltung von Umweltauflagen
ökologische Land- und Forstwirtschaft	sozial unverträgliche Projekte, z. B. Kinderarbeit
Kreislaufwirtschaft / Recycling	Gentechnik in der Landwirtschaft
nachhaltige Wirtschaftsweise	unfaire Geschäftspraktiken, Korruption, Menschenrechtsverletzungen
Schadstoffverringerung und –beseitigung	

Tabelle 4.2: Positiv- und Ausschlusskriterien der Umweltbank
Quelle: UmweltBank AG (2010), Geschäftsbericht 2010, S. 46.

Als **häufigste Ausschlusskriterien**, die zum Ausschluss eines Kreditantrags führen, werden geächtete Waffen wie Streubomben, Kinderarbeit, Pornografie und Glücksspiel genannt.

Uneinig sind sich die Interviewpartner darüber, wie viele Kennzahlen bei der Nachhaltigkeitsprüfung zu berücksichtigen sind. Bei einer **nicht standardisierten Prüfung** liegt es in der Verantwortung der **Kundenbetreuer** bzw. der **Kreditanalysten** zu entscheiden, welche und wie viele Kennzahlen als relevant erachtet werden. Bei einer **standardisierten Prüfung** sind die zu untersuchenden Aspekte hingegen **branchenabhängig** vorgegeben. Eine **standardisierte Nachhaltigkeitsprüfung**, in deren Rahmen standardmäßig eine begrenzte Anzahl von Kennzahlen abgefragt wird, hat zwar den Vorteil, dass der Prozess standardisiert abläuft und die Ergebnisse vergleichbar sind. Ein Interviewpartner gibt jedoch zu bedenken, dass dabei zum Teil auch sehr bedeutende branchentypische Aspekte unberücksichtigt bleiben:

> „Wir haben uns darauf geeinigt, die Fragen zu vereinheitlichen und nicht mehr als zehn Themen zu beleuchten. Die Frage ist natürlich, ob dies ausreicht. Ich finde das teilweise schon sehr grob, da sie Einzelaspekte oft nicht mehr so tief runter brechen können."

4.3.2.3 Erhebung von Nachhaltigkeitskennzahlen

Im Rahmen der Nachhaltigkeitsprüfung machen die untersuchten Kreditinstitute von einem **breiten Repertoire an Informations- und Datenquellen** Gebrauch. So ziehen die untersuchten Kreditinstitute nachfolgende **Informationsquellen heran**:

- Vor-Ort-Besuch und Gespräche mit Unternehmensmitarbeitern
- Veröffentlichungen, insbesondere Berichte des Unternehmens
- Nachhaltigkeitsratings des Unternehmens
- Altlastenkataster oder spezielle Datenbanken wie z. B. der Controversial Weapons Radar von Sustainalytics (weitere Datenbanken bzw. Analyseplattformen finden sich in Abbildung 2.5)
- Medienanalysen wie Internetrecherchen und Analysen von Datenbanken
- NGO-Auskünfte, die entweder über die Websites bereitgestellt oder im Dialog kommuniziert werden
- fachliche Gutachten und externe Daten von z. B. Umweltämtern/ -behörden
- Due Dilligence-Informationen aus dem Bereich des Investment Banking
- ökologische und soziale Einschätzungen von unabhängigen Sachverständigen

Solche Daten stehen jedoch vor allem bei **kleinen und mittelständischen Unternehmen** oftmals nicht zur Verfügung und müssen in diesen Fällen erst erhoben werden. Nachfolgende Aussagen sind typisch für diese Problemstellung:

> „Teilweise sind die Kunden nicht in der Lage, die Daten zu beschaffen."

> „Schätzungsweise sind über 80 % unserer Kunden keine kapitalmarktnotierten Unternehmen, die üblicherweise eine Nachhaltigkeitsberichterstattung haben. Die Erhebung von Daten muss **praktikabel, angemessen und aussagekräftig** sein, wenn sie ein fester Bestandteil der Kreditbewertung sein soll."

Zur Spezifizierung von Reputationsrisiken machen einige der befragten Kreditinstitute vom **Screening-Tool** der RepRisk AG Gebrauch. Dadurch können kontroverse Unternehmen / Projekte und damit einhergehende finanzielle, compliancebezogene Risiken und Reputationsrisiken erkannt werden, die sich im RepRisk-Index des jeweiligen Unternehmens widerspiegeln.[300] Für andere themenspezifische Nachhaltigkeitsrisiken, wie z. B. die Prüfung von kontroversen Waffen, existieren ebenfalls Datenbanken diverser Ratinganbieter. Mithilfe dieser Datenbanken kann überprüft werden, ob ein Verstoß gegen geltende Nachhaltigkeitsstandards besteht. Bei einem der untersuchten Kreditinstitute werden sämtliche Informationen über die Kreditnehmer in einer zentralen Datenbank systematisiert. Ein Relationship Manager bündelt dabei alle Informationen der unterschiedlichen Quellen, auf welche dann im Rahmen der Nachhaltigkeitsprüfung zugegriffen werden kann.

Die Ergebnisse der Untersuchung lassen klar erkennen, dass bislang noch **kein allgemein anerkanntes Set an Kennzahlen für die Nachhaltigkeitsprüfung existiert**. Darüber hinaus erfolgt die Nachhaltigkeitsprüfung mithilfe einer großen Anzahl verschiedenartiger Informations- und Datenquellen.

4.3.2.4 Aufwand der Nachhaltigkeitsprüfung in den Kreditinstituten

In Kapitel 4.3.2.4 werden die Antworten auf die Frage nach dem Aufwand der Nachhaltigkeitsprüfung im Rahmen der Kreditvergabe dargestellt.[301]

Der überwiegende Anteil der Interviewpartner hält den **Aufwand** der Nachhaltigkeitsprüfung für **angemessen und gerechtfertigt**. In aller Regel wird zwar der exakte Zeitaufwand bei den untersuchten Kreditinstituten nicht quantifiziert, jedoch abhängig von Größe und Komplexität der Transaktion als sehr unterschiedlich beurteilt. Bei einer standardisierten Nachhaltigkeitsprüfung im Firmenkundenkreditgeschäft wird der Aufwand als überschaubar bezeichnet und nimmt nach Einschätzung eines Interviewpartners maximal **10 % bis 30 %** der Zeit einer Kreditprüfung in Anspruch. Bei **Projektfinanzierungen kann die Nachhaltigkeitsprüfung deutlich umfangreicher ausfallen** und variiert je nach Komplexität und Art des Projekts. Ist beispielsweise ein internationales Großprojekt in noch kaum explorierten Regionen geplant, werden umfassende Studien zur Umweltsituation mit zum Teil mehrjährigen Messreihen erstellt:

> „Es kann sein, dass **ein Umweltsachverständiger drei bis vier Tage** vor Ort ist und sein Urteil anschließend abgibt. Es kann aber auch sein, dass wir ganze **Expertenteams** längere Zeit zu **Grundlagenerhebungen** schicken

[300] Das sogenannte RepRisk Tool kontrolliert ökologische, soziale und Governance-Risiken von Unternehmen und Projekten. Vgl. RepRisk (2011).

[301] Die Leitfrage im Kontext der Experteninterviews hatte folgenden Wortlaut: „Wie hoch schätzen Sie den zusätzlichen Aufwand (Zeit und Ressourcen) für die Prüfung von Nachhaltigkeitsaspekten und ist dieser Aufwand gerechtfertigt?“

> müssen. Bei richtig großen Projekten [...] wird mit fünf, sechs oder acht Leuten ein **ganzes Jahr** [an einer Umweltstudie] gearbeitet."

Vor diesem Hintergrund wird erkennbar, dass die Dauer einer Nachhaltigkeitsprüfung, abhängig vom zu finanzierenden Objekt und vom Kreditumfang, zwischen einigen Minuten und vielen Monaten liegen kann.

Bei Projektfinanzierungen, die unter die **Equator Principles** fallen, wird die Nachhaltigkeitsprüfung i.d.R. von unabhängigen Experten und nicht durch Projektmanager oder Kreditanalysten des Kreditinstituts durchgeführt. Wie in Kapitel 2.5.1 gezeigt wurde, sind lediglich die Kategorisierung (Principle 1), die Vertragsgestaltung (Principle 8) sowie die Überwachung und Berichterstattung (Principle 10) durch die Bank selbst vorzunehmen. Die restlichen Prozessschritte werden vom Kreditnehmer oder durch externe Berater durchgeführt. So ist auch hier der **zeitliche Aufwand für die Banken überschaubar**. Die **Kosten der Nachhaltigkeitsprüfung** bei Projektfinanzierungen trägt i.d.R. der Kreditnehmer. Als grobe Orientierung für den Aufwand im Rahmen der Einführung der EP gibt eines der Kreditinstitute die folgenden Mitarbeiterkapazitäten an:

> „Wir haben zurzeit eine Person, die mit einer Teilaufgabe die Äquatorprinzipien betreut [...] und auch die Vertretung in den jeweiligen Komitees [...] übernommen hat. Daneben haben wir drei Personen, die als Experten in den Kreditprüfungsprozess eingebunden sind."

4.3.2.5 Auswirkungen der Nachhaltigkeitsprüfung auf die Kreditvergabe

Bei allen untersuchten Kreditinstituten kann das Ergebnis der Nachhaltigkeitsprüfung prinzipiell zur Ablehnung eines Kreditantrages führen. Dies ist vor allem bei Banken der Fall, die Ausschlusskriterien für bestimmte Branchen und Querschnittsthemen nutzen. So vergeben mehrere der untersuchten Kreditinstitute grundsätzlich keine Kredite zur Finanzierung von Waffengeschäften oder Atomkraftwerken.

Die Mehrzahl der Interviewpartner ist der Meinung, dass bei der Realisierung einer Finanzierung grundsätzlich umweltspezifische und soziale Mindestanforderungen erfüllt sein müssen, um eine Finanzierung durchzuführen. Vor diesem Hintergrund entwickelte eines der untersuchten Kreditinstitute nachfolgende, standardisierte Logik für die Nachhaltigkeitsprüfung bei der Kreditvergabe:

Der Antrag auf einen Kredit wird in der Regel abgelehnt, wenn eines der elf Nachhaltigkeitskriterien die schlechteste Note 4 erhält. Erreichen die Kriterien im Durchschnitt die Note 3,5 oder schlechter, wird der Kreditantrag zwingend abgewiesen.

Insbesondere Kreditinstitute mit Förderauftrag sowie Umwelt- und Ethikbanken formulieren häufig Auflagen im Kreditantrag, um ökologische und soziale Risiken zu verhindern oder zu minimieren. Im Regelfall wird der Kreditantrag abgelehnt, wenn explizite **Mindeststandards** nicht erfüllt werden.

> „Im Corporate Banking werden diese Themen im Rahmen der Kreditanalyse hinterfragt und fließen in unser Mittelstandsrating als qualitativer Wert ein. Ist die Bewertung der Nachhaltigkeitsabteilung negativ, wird das Engagement i.d.R. durch das Reputation Risk Council abgelehnt."

Bei den Umwelt- und Ethikbanken ist i.d.R. sogar eine **positive Nachhaltigkeitsleistung Voraussetzung für einen Kredit**.

> „Im Kreditgeschäft ist das positive Votum eines Kundenbetreuers sowie eines Kreditsachbearbeiters für eine Kreditauszahlung erforderlich. Ferner ordnen wir jeden Kredit einer der jeweiligen sozial-ökologischen Branchen, einer Risikostufe, Zinsbindung und Größenklasse zu."

Auffällig ist, dass das **Ergebnis der Nachhaltigkeitsprüfung** bisher grundsätzlich noch **keine** unmittelbare **Auswirkung auf die Preisgestaltung** („Pricing") der Finanzierung hat. Die mangelnde Möglichkeit der Quantifizierung von Nachhaltigkeitsrisiken und die unklaren Wirkungszusammenhänge zwischen der Nachhaltigkeitsleistung und den finanziellen Kennzahlen sind dabei die größten Hemmnisse, da diese gleichzeitig die Voraussetzung für die Preisgestaltung (Risikoabschlag bzw. Risikoaufschlag) sind. So existieren bisher erst wenige Kreditinstitute, die Nachhaltigkeitsrisiken im Kreditgeschäft anhand einer standardisierten Prüfung auf **einer Notenskala quantifizieren**, wie es beispielsweise bei Ratingagenturen üblich ist.

Es gibt jedoch auch Ansatzpunkte, bei denen die Nachhaltigkeitsleistung in der Preisgestaltung zu berücksichtigen ist, ohne dass eine exakte Quantifizierung der Nachhaltigkeitsrisiken vorgenommen wird. So besteht bei der GLS Bank die Möglichkeit, besonders nachhaltige Projekte oder Unternehmen mit einem **Zinssatz von bis zu 50 Basispunkten unterhalb des üblichen Marktzinssatzes zu „belohnen"**.[302]

4.3.2.6 Kommunikation der Ergebnisse der Nachhaltigkeitsprüfung

Auch bei der **Kommunikation der Ergebnisse** der Nachhaltigkeitsprüfung gehen die untersuchten Banken unterschiedlich vor. Bei **Projektfinanzierungen**, die unter die Equator Principles fallen, wird die Nachhaltigkeitsprüfung i.d.R. vom Kreditnehmer selbst in Auftrag gegeben. Die Ergebnisse der Nachhaltigkeitsprüfung werden dabei meist von einem externen Sachverständigen aufbereitet und stehen dem Kreditnehmer und Kreditgeber zur Verfügung. Etwaige Auflagen zur Vermeidung oder Reduzierung von Nachhaltigkeitsrisiken werden hierbei im Umwelt-Aktionsplan vertraglich geregelt,

---

[302] Vgl. Bergius (2010), S. 9.

wenngleich manche Auflagen bereits vor Auszahlung der ersten Kreditrate erfüllt sein müssen.

Im klassischen **Firmenkundenkreditgeschäft** wird die Nachhaltigkeitsprüfung i.d.R. vom Kreditgeber durchgeführt, weshalb der Kreditnehmer keinen direkten Einblick in die Ergebnisse hat. So werden die Ergebnisse der Nachhaltigkeitsprüfung **nur teilweise mit dem Kreditantragsteller diskutiert**, um diesen zu einer besseren **Nachhaltigkeitsleistung** zu bewegen.[303] In den meisten Fällen erfährt der Kreditantragsteller die Ergebnisse aus der Nachhaltigkeitsprüfung lediglich dann, wenn Auflagen für die Finanzierung gestellt werden. Eine konsequente Kommunikation und Diskussion der Ergebnisse mit dem Kreditnehmer würde dabei der Idee eines Engagement-Ansatzes gleichkommen. Siehe hierzu auch Kapitel 2.4.1.

Einige Kreditinstitute nutzen die Ergebnisse der Nachhaltigkeitsprüfung als **Akquisitionsinstrument,** um Beratungsdienstleistungen und **Finanzierungen für Ersatzinvestitionen** anzubieten. Die Interviewpartner verweisen hierbei im Besonderen auf die Umweltprüfung, die oftmals zum Anlass genommen wird, den Kreditnehmer auf Energieeffizienzmaßnahmen bei Gebäuden oder Produktionsanlagen aufmerksam zu machen und damit einhergehende Finanzierungslösungen anzubieten.

Nach Meinung vieler Interviewpartner können die Ergebnisse der Nachhaltigkeitsprüfung im Sinne einer **SWOT-Analyse** genutzt werden. Durch die Diskussion der Ergebnisse mit dem Kreditnehmer kann die Bank Nachhaltigkeitsrisiken identifizieren und Verbesserungspotenziale aufzeigen und so das Geschäftsverhältnis zwischen Kunde und Bank langfristig festigen. So sind die nachfolgenden Äußerungen typisch für eine Diskussion der Ergebnisse der Nachhaltigkeitsprüfung mit dem Kunden:

> „Der Kunde soll auf dem Weg zu mehr Nachhaltigkeit mitgenommen werden."

> „Wir sensibilisieren die Kunden für Nachhaltigkeitsaspekte und wollen sie dabei unterstützen, die Zukunftsfähigkeit zu sichern."

> „Ziel ist die Transformation zu einer nachhaltigen Gesellschaft, bei der wir die Kunden begleiten und unterstützen wollen."

Aus diesen Beispielen wird deutlich, dass die **Nachhaltigkeitsprüfung** für die Kreditinstitute **das Angebot von ergänzenden Beratungsdienstleistungen** möglich macht, um das Geschäftsverhältnis zu ihren Kunden zu erweitern und die Finanzierung von Ersatzinvestitionen anzubieten.

---

[303] Dieser Gesichtspunkt wurde mittels folgender Leitfrage erörtert: „Werden Ergebnisse der Nachhaltigkeitsprüfung mit dem Kreditnehmer besprochen und gegebenenfalls Verhaltensänderungen angeregt?"

4.3.2.7 Nachhaltigkeitsbewertung durch Ratinganbieter versus Kreditinstitute

In Kapitel 4.3.2.7 werden die Antworten auf die Frage, ob Kreditinstitute auf Anbieter von Nachhaltigkeitsratings als Informationsquelle zurückgreifen, dargestellt und diskutiert.[304]

Ein von Ratingagenturen durchgeführtes Nachhaltigkeitsrating stellt in der Regel eine umfangreiche Beurteilung der Nachhaltigkeitsleistung von Unternehmen dar. Gegenwärtig fungieren Nachhaltigkeitsratings vor allem als Indikator im Zusammenhang mit Anlageentscheidungen oder bei der Erstellung von nachhaltigen Kapitalanlageprodukten (siehe hierzu auch Kapitel 2.3 und 2.4). Anhand der teilweise sehr ausführlichen Ratingreports lassen sich Nachhaltigkeitsrisiken identifizieren und mittels der Ratingnote bzw. der erreichten Punktzahl quantifizieren.[305] Der Fokus von Nachhaltigkeitsratingagenturen liegt überwiegend auf der Bewertung großer börsennotierter Unternehmen.[306] Die Übertragung der Ratingsystematik auf kleine und mittelständische Unternehmen ist nach den Erfahrungen der Ratinganbieter nicht in jedem Fall realisierbar, da Nachhaltigkeitsratings größtenteils auf öffentlich verfügbaren Informationen basieren und diesen Unternehmen i.d.R. nicht so viele Ressourcen zur Verfügung stehen, um z. B. Nachhaltigkeitsrichtlinien oder einen Nachhaltigkeitsbericht zu publizieren. Um den Besonderheiten dieser Unternehmen gerecht zu werden, hat ein Ratinganbieter einen eigenen Kriterienkatalog für kleine und mittelständische Unternehmen entwickelt.

Bei der Bewertung von Nachhaltigkeitsaspekten im Rahmen des Kreditvergabeprozesses würden sich die Interviewpartner nicht ausschließlich auf das Nachhaltigkeitsrating der Ratinganbieter verlassen. Dazu äußert sich ein Interviewpartner wie folgt:

> „Die Daten von Ratingagenturen sind sowohl strukturell als auch von ihrer Verwertbarkeit her hinsichtlich Aktualität und anderer Fragen nicht immer für Kreditentscheidungen geeignet."

Diese Aussage deckt sich auch mit der Einschätzung einer Ratingagentur:

> „Aktuell würde unser Rating für eine fundierte Kreditentscheidung keine ausreichende Grundlage bieten. Wir bieten quasi ein erstes Screening an, das ein bankinternes Team nutzen könnte, um von dort aus weiter in die Tiefe zu gehen."

---

[304] Die Leitfrage im Kontext der Experteninterviews mit den Kreditinstituten hatte folgenden Wortlaut: „Würden Sie für die Nachhaltigkeitsprüfung auf einen externen Ratinganbieter von Nachhaltigkeitsratings zurückgreifen?" Bei den Ratinganbietern wurde die Frage wie folgt gestellt: „Können Kreditinstitute bei der Nachhaltigkeitsprüfung von (potenziellen) Kreditkunden auf Nachhaltigkeitsratings von externen Ratinganbietern wie z. B. Ihrem Unternehmen zurückgreifen?"

[305] Vgl. Peylo/Schaltegger (2010), S. 648.

[306] Vgl. Schäfer (2005b), S. 559.

Nach dem bisherigen Wissensstand der Ratinganbieter machen die Banken von den **Nachhaltigkeitsratings im Kreditgeschäft bislang nur sehr eingeschränkten bis keinen Gebrauch**. Wie bereits beschrieben wurde, eignen sich jedoch die Researchleistungen oder andere Produkte der Ratinganbieter zur Einschätzung von Nachhaltigkeitsrisiken. Hierzu gehören z. B. **Länderstudien, Branchenreports sowie Handbücher zu bestimmten Schwerpunktthemen** wie beispielsweise dem Klimawandel. Das Outsourcing der Nachhaltigkeitsprüfung auf externe Ratinganbieter würde aus Sicht der Interviewpartner **folgende Vorteile** bringen:

- Verschlanken der Prozesse im Aktivgeschäft der Kreditinstitute
- Nutzung der bestehenden Expertise zur Erarbeitung von Nachhaltigkeitsratings bei Ratinganbietern
- Vorhandensein und Weiterentwicklung von Daten(-banken)
- zusätzliche Geschäftsmöglichkeiten für Ratinganbieter und somit Volumeneffekte durch das Ausweiten des Nachhaltigkeitsresearchs auf Kreditentscheidungen

Diesen Vorteilen stehen aus Sicht der Interviewpartner allerdings **folgende Nachteile** gegenüber:

- Einbuße des Know-hows der Banken bei der Nachhaltigkeitsprüfung
- Inkompatibilität der Ratingsystematik hinsichtlich der Kennzahlen und Gewichtung mit den festgelegten Standards und Richtlinien der Banken
- Entstehung eines Abhängigkeitsverhältnisses
- entstehende Kosten für den Einkauf der Ratinganalysen

Die Mehrheit der Interviewpartner sieht daher eine **vollständige Substitution** der **internen Nachhaltigkeitsprüfung durch externe Ratingagenturen** eher kritisch. Eine Ergänzung der internen Nachhaltigkeitsprüfung wird jedoch von fast allen Befragten befürwortet:

> „Sofern Daten verfügbar sind, würden wir auf diese auch zurückgreifen. Je mehr Informationen in unsere Nachhaltigkeitsprüfung einbezogen werden, desto fundierter ist das Ergebnis."

> „Nur für Basisrecherchen wäre ein Zukauf von Nachhaltigkeitsratings sinnvoll. Insbesondere bei komplexen und aufwendigen Recherchen wäre ein externes spezialisiertes Know-how hilfreich."

> „Wir haben Kontakt mit zwei Agenturen […]. Testweise lassen wir Kundenprofile gegen den Branchendurchschnitt laufen, um einen besseren Eindruck darüber zu gewinnen, wie der Kunde aufgestellt ist."

4.3.2.8 Umsetzungsprobleme der Nachhaltigkeitsprüfung aus Sicht der Banken

Kapitel 4.3.2.8 beantwortet die Frage nach den denkbaren Umsetzungsproblemen aus Sicht der Interviewpartner, die für Banken im Zusammenhang mit der Nachhaltigkeitsprüfung entstehen.[307]

Bei der Umsetzung der Nachhaltigkeitsprüfung im Kreditgeschäft können sowohl **interne als auch externe Probleme** auftreten. Im Rahmen der Experteninterviews wurden folgende Umsetzungsprobleme genannt:

1. Interne Probleme:

- fehlendes **Bewusstsein** im Hinblick auf die **wirtschaftliche, soziale und ökologische Bedeutung von Nachhaltigkeitsrisiken**
- **heterogenes ethisches Wertegefühl** der Mitarbeiter
- **fehlende Datenbasis**, um den wirtschaftlichen Nutzen der Nachhaltigkeitsprüfung begründen zu können
- **fehlende Ressourcen** und zum Teil niedrige Bereitschaft bei Mitarbeitern und Management, den zusätzlichen **Kosten- und Zeitaufwand** auf sich zu nehmen
- Nachhaltigkeitsprüfung ist oft kein elementarer **Bestandteil der Prozesse**, sodass Mitarbeiter die Nachhaltigkeitsprüfung umgehen können.
- Die Nachhaltigkeitsprüfung ist vor allem im Bereich der mittelständischen Firmenkunden **nicht genügend standardisiert.**

2. Externe Probleme:

- **mangelnde Daten** über Firmenkunden
- marginales **Auskunftsvermögen und marginaler Auskunftswille** vor allem bei kleineren Unternehmen bzgl. nachhaltigkeitsspezifischer Daten
- Verifikation **widersprüchlicher Informationen** (zum Beispiel Berichterstattung des Kunden vs. NGO-Aussage über den Kunden)
- **Anspruch auf Vollständigkeit, vor allem** bei **hybriden Unternehmen**, deren Geschäftstätigkeit sich auf mehrere Branchen erstreckt
- Bemühung mancher Kunden, den **finanziellen Aufwand** der Nachhaltigkeitsprüfung gering zu halten

4.3.3 Zusammenfassung der wichtigsten Erkenntnisse

Die Ergebnisse der Interviews verdeutlichen, dass die operative Umsetzung der Nachhaltigkeitsprüfung im Rahmen der Kreditvergabe auf sehr unterschiedliche Weise

---

[307] Hier lautete die Leitfrage im Kontext der Experteninterviews mit den Kreditinstituten: „Welche Probleme sehen Sie bei der Umsetzung der Prüfung von Nachhaltigkeitsaspekten bei der Kreditvergabe?“

realisiert werden kann. Bereits die **ungleichen Regelungen der Verantwortlichkeit** der Nachhaltigkeitsprüfung zeigen, dass sich bislang keine allgemein anerkannte Vorgehensweise für die Prüfung von Nachhaltigkeitsaspekten etabliert hat. Dabei lässt sich aus der Analyse der Experteninterviews ableiten, dass die **Anforderungen** an die Mitarbeiter neben der Komplexität der Transaktionen in sehr starkem Maße vom **Grad der Standardisierung** der Nachhaltigkeitsprüfung **abhängig** sind. So erfordert die korrekte Einschätzung der Nachhaltigkeitsrisiken bei einer individuellen Nachhaltigkeitsprüfung von den zuständigen Mitarbeitern ein **profundes, spezifisches und v.a. aktuelles Wissen** über die von ihnen zu verantwortenden Sektoren. Für eine nahezu vollständig **standardisierte Nachhaltigkeitsprüfung**, die z. B. anhand von **Checklisten, Kriterienkatalogen, Sektorrichtlinien** oder **Positiv**- und **Ausschlusskriterien** durchgeführt wird, genügt oftmals ein **grundlegendes Verständnis** der Mitarbeiter über die Verwendung der **Instrumente** - verbunden mit dem Common Sense.

Darüber hinaus spiegelt sich **der Unterschied zwischen individueller und standardisierter Nachhaltigkeitsprüfung** in den Anforderungen an die Aus- und Weiterbildung der Mitarbeiter. Während bei einer **standardisierten Nachhaltigkeitsprüfung** hauptsächlich **Prozesswissen** vermittelt wird, gleicht die für die individuelle Nachhaltigkeitsprüfung erforderliche Expertise häufig der eines Nachhaltigkeitsanalysten. Die Qualitätsansprüche an Kreditanalysten werden bei den untersuchten Kreditinstituten häufig dadurch reduziert, dass von den Kundenbetreuern (Marktseite) lediglich eine maßgebliche erste Beurteilung der Nachhaltigkeitsrisiken gefordert wird. Falls Unsicherheiten bei der Risikobeurteilung vorliegen oder komplexere Transaktionen zu beurteilen sind, wird eine fundierte Nachhaltigkeitsprüfung von einer **spezialisierten Fachabteilung** durchgeführt. Eine standardisierte Nachhaltigkeitsprüfung hat trotz der von manchen Interviewpartnern bemängelten Ungenauigkeit **den Vorteil**, dass die **Ergebnisse quantifizierbar sind** und die Urteilsfindung objektiven und nachvollziehbaren Kriterien unterliegt. Eine **Quantifizierung der Nachhaltigkeitsrisiken** auf **Einzelkreditebene** ermöglicht es Kreditinstituten, Nachhaltigkeitsrisiken auf Ebene des Kreditportfolios zu messen und zu steuern. Bei Bedarf können so Anpassungsmaßnahmen sowie **Entscheidungen** auf Grundlage dieser Daten getroffen werden.

Auffällig ist, dass bislang **lediglich eines der befragten Kreditinstitute** den **Informationsgehalt der Nachhaltigkeitsprüfung in der Preisgestaltung** berücksichtigt. Obgleich die Mehrheit der Interviewpartner davon überzeugt ist, dass eine unzureichende Nachhaltigkeitsleistung auch das Kreditrisiko und das Reputationsrisiko beeinflussen kann, erfolgt keine stringente Übertragung dieser Risiken auf die Preisgestaltung. Einige Interviewpartner gaben dafür die häufig **mangelnde Zurechenbarkeit von Nachhaltigkeitsrisiken auf Kreditausfallrisiken** als **Hemmnis** an.

Den **Aufwand,** der mit einer Nachhaltigkeitsprüfung in Zusammenhang mit der Kreditvergabe einhergeht, halten die Interviewpartner größtenteils für **überschaubar und gerechtfertigt**. Schwierigkeiten bei der Umsetzung ergeben sich primär aus der fehlenden Verfügbarkeit von Daten und Informationen. Besonders bei kleinen und mittelständischen Unternehmen fehlen oftmals Expertise und Ressourcen, um die für die Nachhaltigkeitsbeurteilung erforderlichen Daten und Informationen vorhalten zu können. Darüber hinaus werden fehlende Akzeptanz, Ressourcen und Expertise der Kreditabteilung als Problemfelder bei der Umsetzung der Nachhaltigkeitsprüfung angegeben. Obwohl die **Nachhaltigkeitsprüfung** in jedem Fall zusätzliche Kosten verursacht und der Zusammenhang zwischen Nachhaltigkeits- und Kredit- sowie Reputationsrisiken häufig nicht direkt ersichtlich ist, zeigen die Beispiele einiger Kreditinstitute, dass eine sachlich solide und gut aufgebaute Prüfung von Nachhaltigkeitsaspekten als **zusätzliche Beratungsdienstleistung** angeboten und verkauft werden kann. Dabei können die **Ergebnisse** einer **Nachhaltigkeitsprüfung als Akquisitionsinstrument oder als Mittel zur Kundenbindung** genutzt werden, indem Kreditinstitute Firmenkunden dabei helfen, ihre Nachhaltigkeitsleistung zu verbessern und z. B. Finanzierungsprodukte für Ersatzinvestitionen in energieeffiziente Produktionsanlagen oder Immobilien anbieten.

4.4 Erkenntnisse von Umwelt- und Ethikbanken

Um die Relevanz von Nachhaltigkeitsaspekten für die Kreditvergabe zu untersuchen, lohnt sich eine Betrachtung der Banken, welche die Berücksichtigung von Sozial- und Umweltaspekten ihrem Geschäftsmodell zugrunde legen. Da bisher noch keine einheitliche Definition für diese Art von Banken existiert, wird im Rahmen dieser Arbeit der Begriff Umwelt- und Ethikbanken als Synonym für soziale, ethische, alternative oder nachhaltige Banken verwendet.[308] Laut der Global Alliance for Banking on Values weisen Umwelt- und Ethikbanken die folgenden Charakteristika auf:[309]

- Der „Triple Bottom Line-Ansatz“ liegt dem Geschäftsmodell zugrunde.
- Die Banken sind in der Gesellschaft verankert und dienen der Realwirtschaft.
- Es bestehen langfristige Geschäftsbeziehungen mit Kunden sowie ein Verständnis ihrer ökonomischen Aktivitäten und der daraus resultierenden Risiken.
- Die Banken sind autark und belastbar gegenüber externen Krisen.
- Es besteht eine hohe Transparenz der Unternehmenssteuerung, Geschäftsabläufe und Kreditportfolios.
- Werte und Prinzipien sind in der Unternehmenskultur der Bank verankert.

---

[308] Vgl. De Clerck (2009), S. 209 ff. und Weber/Remer (2011), S. 1 ff. Eine Diskussion der Begrifflichkeit „Social Bank“, ihrer unterschiedlichen Ausprägungsformen sowie ihrer Entstehung findet sich bei Benedikter (2011b), S. 49 ff.

[309] Vgl. Global Alliance for Banking on Values (2012), S. 2.

Zu den Umwelt- und Ethikbanken gehören in Deutschland u.a. die GLS Bank, die Umweltbank, die Ethikbank und die Triodos Bank.[310] Diese Banken werben damit, dass die **Einlagen ihrer Kunden nachhaltig angelegt werden** und zeichnen sich durch eine äußerst **transparente Kreditvergabe- und Kapitalanlagepolitik** aus.[311]

So wird bei der Umweltbank z. B. jeder Kredit neben dem Kreditrating auch einem Umweltrating unterzogen. Dabei werden sämtliche Kreditanträge auf einer Noten-Skala von eins (ökologisch sehr fördernd) bis fünf (ökologisch schädlich) bewertet. Ein Umweltrat entscheidet über die dem Umweltrating zugrunde liegenden Positivkriterien wie regenerative Energiegewinnung, Energiesparmaßnahmen und umweltfreundliches Bauen sowie Ausschlusskriterien wie Großkraftwerke, Rüstung und Gentechnik. Auf Basis dieses Prüfverfahrens gibt die Umweltbank ihren Kunden eine Umweltgarantie auf ihre Einlagen und stellt sicher, dass nur ökologisch sinnvolle Projekte mit der Note eins bis drei finanziert werden. Das Kreditportfolio und die damit verbundenen ökologischen Auswirkungen werden in regelmäßigen Abständen veröffentlicht.[312]

Mithilfe der konsequenten Berücksichtigung von Nachhaltigkeitskriterien im Aktivgeschäft von Umwelt- und Ethikbanken wird ein verlässlicher Rahmen für nachhaltige Geldanlagen nicht nur über die direkte Anlage in nachhaltige Kapitalanlageprodukte, sondern auch über die Kontoführung (z. B. über das Girokonto) geschaffen.[313] Durch die Geschäftsaktivitäten mit Umwelt- und Ethikbanken erhalten nachhaltig motivierte Anleger neben der ökonomischen Rendite **auch eine Sozial- oder Umweltrendite**. Dies geht sogar so weit, dass diese Anleger teilweise oder ganz auf eine **ökonomische Rendite verzichten.**[314]

Wie eine aktuelle Studie der Beratungsgesellschaft Roland Berger zeigt, sind die **Wachstumsaussichten von nachhaltigen Bankprodukten** enorm. Die Studie sagt nachhaltigen Bankprodukten ein Marktwachstum zwischen 8 % und 34 % jährlich voraus. Für den deutschen Markt prognostiziert die Studie ein Wachstum von 3 Mio. Bankkunden in 2012 auf 6 Mio. Bankkunden in 2015, welche nachhaltige Finanz-

---

[310] Vgl. Bergius (2011a), S. 9, Dohmen (2012), S. 12 und Nachhaltiges-Investment.com (2011). Eine Übersicht über nachhaltige Banken findet sich bei Weber/Remer (2011), S. 2 ff.

[311] Die GLS Bank finanziert beispielsweise nur sozial-ökologische Projekte und Unternehmen der folgenden Branchen: Ökologische Landwirtschaft, Wohnprojekte, erneuerbare Energien, Biobranche und andere Unternehmen, freie Schulen und Kindergärten, Gesundheit, Behinderteneinrichtungen, Leben im Alter, Kultur und privates Bauen. Vgl. GLS Bank (2012a), S. 1.

[312] Vgl. UmweltBank AG (2010), S. 5 ff.

[313] Vgl. Bergius (2011b), S. 3.

[314] Vgl. Barigozzi/Tedeschi (2011), S. 22, Bergius (2011a), S. 9 und Grossarth (2012). Erste Ansätze, welche den ökonomischen Gegenwert der Sozial- oder Umweltrendite kalkulieren, sind bereits vorhanden. So hat das ZEB anhand einer Conjoint-Analyse den monetären Gegenwert der sozialen Rendite von 164 nachhaltig orientierten Bankkunden ermittelt. Der monetäre Gegenwert der sozialen Rendite auf Basis der Stichprobe entsprach dabei einer ökonomischen Rendite in Höhe von 1,3 % p. a. Vgl. zeb (2012), S. 3 ff.

produkte nutzen.[315] Eine vom Zentrum für ertragsorientiertes Bankmanagement (kurz ZEB) in Zusammenarbeit mit der Alanus Hochschule und puls Marktforschung im Jahr 2012 durchgeführte Studie schätzt das **Potenzial an Bankkunden**, die sich nach Erklärung der Funktionsweise des sozial-ökologischen Bankangebots den Wechsel zu einer Umwelt- und Ethikbank vorstellen könnten, sogar auf **über 16 Mio.** Bankkunden ein.[316] Aufgrund der steigenden Anzahl nachhaltig motivierter Anleger und der Bereitschaft dieser Anleger, bei ihren Einlagen ganz oder teilweise auf eine Rendite zu verzichten, liegen die Refinanzierungskosten durch Kundeneinlagen von Umwelt- und Ethikbanken unterhalb derer anderer Banken.[317] Ein weiterer Wettbewerbsfaktor sind die geringen **Eigenkapitalkosten** von Umwelt- und Ethikbanken. So waren die Genossenschaftsanteile der GLS Bank beispielsweise bis zum Jahr 2012 unverzinst.[318]

Diese Ergebnisse decken sich mit anderen Studien, nach denen Umwelt- und Ethikbanken in den vergangenen Jahren **Wachstumsraten** ihrer **Bilanzsumme von über 20 %** verzeichneten.[319] Diese Marktnische gehört damit zu den am schnellsten wachsenden Segmenten in der ansonsten hoch umkämpften Finanzbranche. Obwohl diese Wachstumsraten auf einem niedrigen Niveau basieren, gilt das **Geschäftsmodell** von Umwelt- und Ethikbanken innerhalb der Finanzbranche inzwischen als **wegweisend**, da es eine plausible Antwort auf die anhaltende Vertrauenskrise betreffend der Finanzbranche und auf den generellen Wertewandel hin zu mehr Nachhaltigkeit und Transparenz liefert.[320]

Nach einer Studie der Global Alliance for Banking on Values hatten Umwelt- und Ethikbanken zwischen 2007 und 2010 **höhere Rentabilitätskennzahlen** sowie **höhere Wachstumsraten** ihrer Kreditvolumina, Einlagen und Bilanzsumme als andere Banken. Ein Vergleich der Finanzkennzahlen von 17 Umwelt- und Ethikbanken mit denen von 29 systemrelevanten Banken zeigt, dass Umwelt- und Ethikbanken einen deutlich höheren Anteil ihrer Einlagen als Kredite weitergeben und profitabler in Bezug auf ihre

[315] Vgl. Roland Berger (2012), S. 3.

[316] Als Wechselhürde wurden von 84 % der 202 befragten Bankkunden der Bekanntheitsgrad sowie das fehlende Wissen über mögliche Vorteile von Sozial- und Ethikbanken genannt. Vgl. zeb (2012), S. 4. Die Studienergebnisse basieren auf einer Onlinebefragung von 1.010 Verbrauchern sowie von 3.199 Kunden der EthikBank, GLS Bank und Triodos Bank Deutschland.

[317] Vgl. Bergius (2011a), S. 9.

[318] Aufgrund der gestiegenen Eigenkapitalforderungen der Bankenregulierung musste das Eigenkapital der Bank erhöht werden. Um einen Anreiz für die Zeichnung neuer Genossenschaftsanteile zu schaffen, wird seit 2012 eine Dividende zwischen zwei und vier Prozent ausgeschüttet. Vgl. GLS Bank (2012c), S. 3.

[319] Vgl. Benedikter (2011b), S. 42 f., Benedikter (2011a), S. 1 und Global Alliance for Banking on Values (2012), S. 9.

[320] Nach Angaben des ZEB betrug der Anteil von Sozial- und Ethikbanken am deutschen Privatkundenmarkt Ende 2011 mit insgesamt 230.000 Kunden 0,2 Prozent. Vgl. zeb (2012), S.1.

Eigenkapital- und Gesamtkapitalrentabilität sind als systemrelevante Banken.[321] Wie aus

Tabelle 4.3 ersichtlich wird, haben Umwelt- und Ethikbanken im Schnitt fast 70 % ihrer Bilanzsumme als Kredite vergeben, während systemrelevante Banken nur 38 % der Realwirtschaft[322] zur Verfügung stellen. Des Weiteren konnten sich Umwelt- und Ethikbanken mit 68,9 % deutlich umfassender über Kundeneinlagen finanzieren als systemrelevante Banken (40 %), was die Abhängigkeit vom Interbankenmarkt reduziert und sie in Krisenzeiten stabiler macht.[323]

Tabelle 4.3 gibt einen Überblick über die Wachstumsraten und Finanzkennzahlen von Umwelt- und Ethikbanken im Vergleich zu systemrelevanten Banken.[324]

Wachstumsraten 2007 - 2010 (Landeswährung)	**Kredit-geschäft**	**Einlagen-geschäft**	**Bilanz-summe**	**Jahres-überschuss**
Umwelt- und Ethikbanken	80,52 %	87,74 %	77,60 %	64,62 %
Systemrelevante Banken	21,38 %	27,28 %	23,14 %	-6,72 %
Differenz	**69,14 %**	**60,46 %**	**54,46 %**	**71,34 %**

Durchschnitt 2007 - 2010	**Kredite/**	**Einlagen/**	**EK/**	**ROA**	**ROE**
	Bilanzsumme				
Umwelt- und Ethikbanken	69,61 %	68,91 %	9,30 %	0,44 %	7,26 %
Systemrelevante Banken	37,25 %	40,43 %	5,11 %	0,33 %	6,06 %
Differenz	**32,36 %**	**28,48 %**	**4,19 %**	**0,11 %**	**1,20 %**

Tabelle 4.3: Wachstumsraten und Finanzkennzahlen von nachhaltigen und systemrelevanten Banken
Quelle: Global Alliance for Banking on Values (2012), S. 6 ff.

Im Rahmen dieser Arbeit interessiert jedoch die Fragestellung, inwieweit sich eine an Nachhaltigkeitsgesichtspunkten orientierte Kreditvergabe im Kreditrisiko der Banken widerspiegelt. Auch hierzu kann die Betrachtung von Umwelt- und Ethikbanken einen Beitrag leisten. Im Gegensatz zu anderen Banken verfügen Umwelt- und Ethikbanken

321 Vgl. Global Alliance for Banking on Values (2012), S. 6 ff.

322 Die Bezeichnung Realwirtschaft bezieht sich auf Unternehmen, welche mit ihren ökonomischen Aktivitäten Produkte und Dienstleistungen erzeugen. Im Gegensatz dazu stehen Aktivitäten der Finanzwirtschaft, die sich ausschließlich auf Transaktionen innerhalb der Finanzmärkte beschränken. Vgl. Global Alliance for Banking on Values (2012), S. 1.

323 Vgl. Dohmen (2012), S. 11 f.

324 Die 17 untersuchten Umwelt- und Ethikbanken stammen überwiegend aus dem Umfeld der GABV. Darunter befinden sich sieben Banken aus Europa, vier aus Nordamerika, drei aus Mittel- und Südamerika, zwei aus Asien und eine aus Afrika. Die Auswahl der systemrelevanten Banken basiert auf der Definition des Financial Stability Boards. Eine Übersicht der untersuchten Banken findet sich bei Global Alliance for Banking on Values (2012), S. 30 und 70.

bereits über Erfahrungen bei der Berücksichtigung von Nachhaltigkeitsaspekten im Kreditgeschäft und deren Auswirkungen auf Kreditrisiken. So gaben beide Interviewpartner aus dem Bereich der **Umwelt- und Ethikbanken** hinsichtlich der in Kapitel 4 vorgestellten Untersuchung an, dass ihre **Kreditausfallraten** deutlich **unterhalb des Branchendurchschnitts** liegen:

> „Wir haben im Moment eine **Ausfallquote von 0,5 %**, das ist **weit unter dem normalen Durchschnitt**, der bei 0,8 % oder 0,9 % liegt."

> „Wir haben eine für Banken völlig **untypische Ausfallwahrscheinlichkeit**, die gravierend niedriger ist als bei anderen Häusern. Wir sind davon überzeugt, dass eine **Finanzierung unter Nachhaltigkeitsaspekten risikominimierend** ist."

Ähnlich äußerten sich auch die Nachhaltigkeitsanalysten der Ratingagenturen:

> „In der Finanzkrise sind viele Banken in Zahlungsschwierigkeiten geraten. Fehlende Nachhaltigkeitsindikatoren im Kreditgeschäft führten hier zu einer Übernahme oder zu staatlichen Subventionen, was ebenfalls als Kreditausfallrisiko gesehen werden kann. Ein Positivbeispiel ist die **Umweltbank**, die z. B. ein sehr strenges Kredit-Assessment und **so gut wie keine Kreditausfälle** hat."

Da die Studie der Global Alliance for Banking on Values keine Aussage über die Ausfallrisiken von Umwelt- und Ethikbanken trifft, wurde im Rahmen dieser Arbeit eine vergleichende Analyse der Kreditausfallraten deutscher Umwelt- und Ethikbanken mit den durchschnittlichen Kreditausfallraten deutscher Banken vorgenommen. Die in Abbildung 4.12 dargestellte Auswertung basiert auf dem Finanzstabilitätsbericht 2011 der Deutschen Bundesbank, welche die Kreditausfallraten deutscher Banken wie folgt berechnet:[325]

$$Kreditausfallrate = \frac{\begin{array}{c}Abschreibungen\ und\ Wertberichtigungen\ auf\ Forderungen\\ sowie\ Zuführungen\ zu\ Rückstellungen\ im\ Kreditgeschäft\end{array}}{Kundenkreditvolumen} \times 100 \qquad 4.1$$

Nach der Berechnungsformel der Deutschen Bundesbank wurden auf Basis der Geschäftsberichte die korrespondierenden Kreditausfallraten von in Deutschland tätigen Umwelt- und Ethikbanken ermittelt.[326]

---

[325] Vgl. Deutsche Bundesbank (2011), S. 51. Die exakten Daten wurden von der Deutschen Bundesbank auf E-Mail-Anfrage in Form einer Excel-Tabelle für die Auswertung zur Verfügung gestellt. In der Berechnung der Deutschen Bundesbank wurden lediglich Kredite aus dem Privat- und Firmenkundenbereich berücksichtigt. Forderungen gegenüber anderen Kreditinstituten fanden im Rahmen der Berechnung keine Berücksichtigung.

[326] Für die Auswertung der Geschäftsberichte wurden unterschiedliche Datenquellen wie die Unternehmenswebseiten, die Hoppenstedt Firmendatenbank und das Unternehmensregister genutzt. Zum Teil

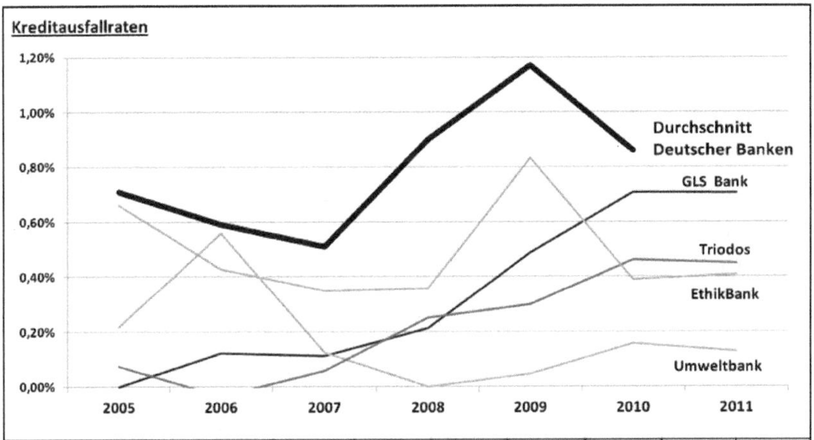

	2005	2006	2007	2008	2009	2010	2011
Deutsche Banken	0,71%	0,59%	0,51%	0,90%	1,17%	0,86%	
GLS Bank	-0,99%	0,12%	0,11%	0,21%	0,49%	0,71%	0,71%
Umweltbank	0,22%	0,56%	0,12%	0,00%	0,05%	0,16%	0,13%
Triodos	0,08%	-0,04%	0,06%	0,25%	0,30%	0,46%	0,45%
EthikBank	0,66%	0,43%	0,35%	0,36%	0,83%	0,39%	0,41%
Durchschnitt Umwelt- / Ethikbanken	-0,01%	0,27%	0,16%	0,21%	0,42%	0,43%	0,42%
Differenz	0,72%	0,32%	0,35%	0,69%	0,75%	0,43%	

Abbildung 4.12: Kreditausfallraten von Umwelt- und Ethikbanken
Quelle: Eigene Berechnung.[327]

Der Vergleich der Kreditausfallraten von Umwelt- und Ethikbanken mit den durchschnittlichen Kreditausfallraten deutscher Banken zeigt, dass die Kreditausfallraten der analysierten Umwelt- und Ethikbanken in den letzten sieben Jahren teilweise deutlich geringer waren als der Durchschnitt deutscher Banken. Im Durchschnitt war die Ausfallrate sogar über 0,5 % geringer als bei konventionellen Banken. Die negativen Ausfallquoten der GLS Bank 2005 und der Triodos Bank 2006 ergaben sich aus der Auflösung von Rückstellungen aufgrund einer restriktiven Bilanzpolitik in den vorangegangenen Jahren.[328] Aus der Tabelle ist ersichtlich, dass die Kreditausfallraten

wurden die Unternehmen auch direkt kontaktiert, um Jahresabschlüsse zu erhalten, die nicht mehr öffentlich verfügbar waren.

[327] Die Berechnung der Kreditausfallraten erfolgte entsprechend der Berechnung der Deutschen Bundesbank. Lediglich das Kundenkreditvolumen fand Berücksichtigung; Forderungen gegenüber anderen Kreditinstituten wurden hingegen nicht in die Berechnung aufgenommen.

[328] Eine Überprüfung der Zahlen erfolgte am 15. und 26.10.2012 in einem Telefongespräch und per E-Mail mit dem Bereichsleiter Gesamtbanksteuerung der GLS Bank, Herrn Christoph Hillebrand.

deutscher Banken im Zeitraum der Wirtschafts- und Finanzkrise[329] (2007 bis 2009) deutlich angestiegen sind. So sind die Kreditausfälle von 0,51 % im Jahr 2007 auf 0,90 % im Jahr 2008 und 1,17 % im Jahr 2009 angestiegen. Im Gegensatz dazu verzeichneten die betrachteten Umwelt- und Ethikbanken im selben Zeitraum einen deutlich geringeren Anstieg der Kreditausfallrate. Im Durchschnitt stieg die Kreditausfallrate lediglich von 0,16 % im Jahr 2007 auf 0,21 % im Jahr 2008 und 0,42 % im Jahr 2009. Dies legt die Vermutung nahe, dass nachhaltige Unternehmen wesentlich resistenter gegenüber Wirtschafts- und Finanzkrisen sind, als weniger nachhaltige Unternehmen und somit die Kreditrisiken bei nachhaltigen Unternehmen geringer einzuschätzen sind.

Um diese Ergebnisse richtig einzuordnen, muss jedoch auch auf die Vergleichbarkeit des Kreditportfolios von Umwelt- und Ethikbanken mit konventionellen deutschen Banken verwiesen werden. Wie aus Tabelle 4.4 ersichtlich wird, machen die Bilanzsummen, Kunden- und Mitarbeiterzahlen der Umwelt- und Ethikbanken Ende 2011 nur einen Bruchteil der Zahlen großer Geschäftsbanken wie der Deutschen Bank aus. Kritiker verweisen darauf, dass die beiden Gruppen nur schlecht vergleichbar sind, da Umwelt- und Ethikbanken nicht groß genug sind, um gewisse für die Wirtschaft nötige Geschäftsbereiche abzudecken.[330]

Bank	Bilanzsumme	Kunden	Mitarbeiter
GLS Bank[331]	2,26 Mrd. Euro	116.427	428
Umweltbank[332]	1,99 Mrd. Euro	92.042	146
Ethik Bank[333]	0,14 Mrd. Euro	15.354	13
Triodos Bank[334]	4,29 Mrd. Euro	355.000	720
Deutsche Bank[335]	**2.164,10 Mrd. Euro**	**30.845.000**	**100.996**
		Unternehmen: 83.800	Deutschland: 47.327

Tabelle 4.4: Kennzahlen der Umwelt- und Ethikbanken im Vergleich
Quelle: Eigene Darstellung.

Ein Blick auf die in Abbildung 4.13 dargestellte vereinfachte Bilanz der GLS Bank zeigt, dass die Kreditquote[336] 2011 nur bei 48,9 % lag. Daraus kann abgeleitet werden, dass es die Bank im Jahr 2011 nur in einem begrenzten Umfang geschafft hat, für das

[329] Vgl. Basler Ausschuss für Bankenaufsicht (2011), S. 1 f.
[330] Vgl. Dohmen (2012), S. 11 f.
[331] Vgl. GLS Bank (2012c), S. 10 ff.
[332] Vgl. UmweltBank AG (2012), S. 71.
[333] Vgl. EthikBank (2012), S. 21.
[334] Die Zahlen der Triodos Bank betreffen die Gesamtbank mit Sitz in den Niederlanden. Der Anteil der deutschen Repräsentanzen konnte daher nicht separiert werden. Auf sie dürfte jedoch nur ein marginaler Teil der Gesamtbankzahlen entfallen. Vgl. Triodos Bank (2012), S. 4 ff.
[335] Vgl. Deutsche Bank (2012), S. 31 ff.
[336] Die Kreditquote wird berechnet als Forderungen im Kreditgeschäft geteilt durch die Bilanzsumme.

ihr zur Verfügung stehende Kapital nachhaltige Finanzierungsvorhaben der Realwirtschaft zu finden. Ob dieser Umstand an den begrenzten Möglichkeiten zur Bearbeitung von Kreditanträgen oder an unzureichenden Kreditanträgen liegt, welche die Nachhaltigkeitsanforderungen der GLS Bank erfüllen, kann aus diesen Zahlen nicht hergeleitet werden. Auch die Ethikbank scheint Probleme zu haben, genügend Kreditnehmer zu finden, deren Unternehmungen rentabel sind und gleichzeitig den Prinzipien der Bank entsprechen. So wurden 2011 nur fünf Prozent der Einlagen als Kredite an nachhaltige Projekte weitergegeben. Der Großteil der Einlagen wird in Staats- und Unternehmensanleihen sowie Pfandbriefen angelegt.[337] Daher bleibt festzuhalten, dass die Kreditvergabemöglichkeiten von Umwelt- und Ethikbanken aufgrund ihrer Fokussierung auf bestimmte nachhaltige Branchen begrenzt sind und das Kreditportfolio aus diesem Grund nicht direkt mit dem Kreditportfolio anderer konventioneller Banken vergleichbar ist.

Bilanz GLS Bank

Aktiva		Passiva	
1. Forderungen ggü. Banken	654.824.000 €	1. Verbindlichkeiten ggü. Banken	161.415.000 €
2. Forderungen Kreditgeschäft	**1.106.022.000 €**	2. Verbindlichkeiten Einlagengeschäft	**1.953.107.000 €**
3. Festverzinsliche Wertpapiere	410.331.000 €	3. Eigenkapital	117.226.000 €
4. Sonstige Aktiva: Barmittel, Aktien, Beteiligungen...	90.861.000 €	4. Sonstige Passiva Treuhandverbindlichkeiten, Genussrechte,...	30.290.000 €
	2.262.038.000 €		2.262.038.000 €

Abbildung 4.13: Bilanz der GLS Bank 2011
Quelle: Eigene Darstellung auf Basis des Jahresabschlusses GLS Bank (2012c), S. 40 f.

Aus den bisherigen Ausführungen ergibt sich, dass die **Refinanzierungskosten** und die **Eigenkapitalkosten** von Umwelt- und Ethikbanken geringer sind als bei durchschnittlichen Banken. Andererseits kann angenommen werden, dass durch die Berücksichtigung von Nachhaltigkeitsaspekten **zusätzliche Betriebskosten** für die **Nachhaltigkeitsprüfung** entstehen. Des Weiteren zeigen die Ergebnisse der Experteninterviews und der Auswertung der Unternehmensbilanzen, dass Umwelt- und Ethikbanken geringere Kreditrisiken haben als der Durchschnitt deutscher Banken. Von der GLS Bank ist bekannt, dass sie besonders nachhaltige Projekte mit einem **Zinsabschlag (Sonderkondition)** von bis zu 0,5 Prozentpunkten unter dem marktüblichen Zinssatz honoriert.[338] Die Unterschiede und deren Auswirkungen auf den Zinssatz zwischen Umwelt- und Ethikbanken und konventionellen Banken sind in nachfolgender Abbildung 4.14 nochmals grafisch zusammengefasst.

---

[337] Vgl. Weingartner (2012) und EthikBank (2012), S. 21.
[338] Vgl. Bergius (2011a), S. 9 und Bergius (2013), S.8.

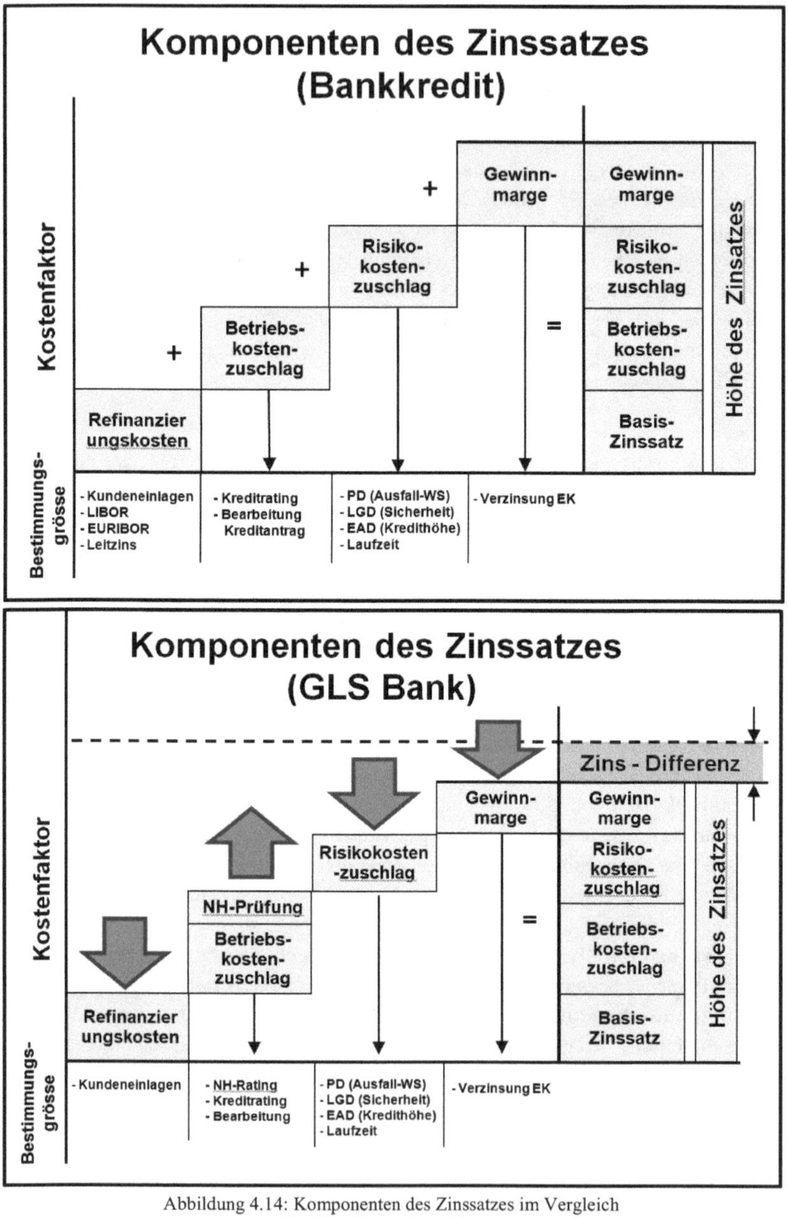

Abbildung 4.14: Komponenten des Zinssatzes im Vergleich
Quelle: Eigene Darstellung.

4.5 Relevanz der Nachhaltigkeitsprüfung aus Sicht der Ratingagenturen

Nachdem in den Kapiteln 4.2 bis 4.3 die Relevanz von Nachhaltigkeitsaspekten bei der Kreditvergabe aus Sicht der Banken dargestellt wurde, wird in Kapitel 4.5 die Relevanz der Nachhaltigkeitsprüfung bei der Kreditvergabe aus Sicht von auf Nachhaltigkeitsratings spezialisierten Ratingagenturen untersucht. Dazu wurden Nachhaltigkeitsanalysten des Finanzsektors von sechs Nachhaltigkeitsratingagenturen interviewt. Diese Interviewpartner verfügen über eine langjährige Expertise bezüglich des Nachhaltigkeitsratings von Banken und haben folglich einen aktuellen Überblick über die Prüfung von Nachhaltigkeitsaspekten bei der Kreditvergabe von Banken. Kapitel 4.5.1 erläutert den Hintergrund von Nachhaltigkeitsratings und geht auf die Besonderheiten der Stichprobe ein. In Kapitel 4.5.2 werden die Ergebnisse der Interviews hinsichtlich der Relevanz der Nachhaltigkeitsanalyse im Firmenkundenkreditgeschäft im Rahmen des Nachhaltigkeitsratings der Finanzbranche vorgestellt. Daran schließt sich die Auswertung der Optimierungsmöglichkeiten (Kapitel 4.5.4) und der Herausforderungen der Kreditinstitute bei der Umsetzung der Nachhaltigkeitsprüfung im Kontext der Kreditvergabe aus Sicht der Ratingagenturen an (Kapitel 4.5.5). Kapitel 4.5.3 befasst sich mit der Fragestellung, inwiefern die Nachhaltigkeitsanalysten einen Zusammenhang zwischen der Nachhaltigkeitsleistung und der finanziellen Performance sowie Kreditausfallrisiken von Unternehmen assumieren.

4.5.1 Ausgangssituation

Aus einer Vielzahl von theoretischen und empirischen Studien ist bekannt, dass die Nachfrage nach unabhängigen nicht-finanziellen Erfolgsfaktoren stetig zunimmt. Aus diesem Grund entstand in den vergangenen Jahren ein dynamischer Markt für Nachhaltigkeitsratings mit speziellen Kernkompetenzen.[339] Nachhaltigkeitsratings werden von darauf spezialisierten Ratinganbietern erstellt (vgl. hierzu auch Kapitel 2.4). Dazu wird das Unternehmen auf Grundlage von öffentlich verfügbaren Quellen beurteilt und oftmals werden zwischen der Ratingagentur und dem zu beurteilenden Unternehmen Informationen ausgetauscht. Das Ratingergebnis wird in aller Regel als aggregiertes Urteil in Form einer Note auf einer Ratingskala dargestellt.[340]

---

[339] Unterschiedliche Interessengruppen wie Kapitalanleger, Asset Manager und Indexprovider nutzen die in den Nachhaltigkeitsratings generierten Informationen für individuelle Entscheidungen, um beispielsweise Kapitalanlagen nach ethischen Gesichtspunkten zu gliedern. Vgl. u.a. Schäfer (2006), S. 664 ff., Schäfer u.a. (2006), S. 1 ff. und Schäfer (2010), S. 449 ff.

[340] Zusätzliche Informationen zum Markt für Nachhaltigkeitsratings und zu den Ratingmethoden/-systemen finden sich u.a. bei Schäfer u.a. (2004) und Schäfer u.a. (2006).

Nachhaltigkeitsratingagenturen haben eine große Erfahrung bezüglich der Standards und Prozesse der von ihnen beurteilten Banken, da sie beim Rating des Finanzsektors die Integration von Nachhaltigkeitsaspekten beim Kreditvergabeprozess als Indikator für die Nachhaltigkeitsperformance in ihre Ratings aufnehmen. Im Rahmen des Ratingprozesses von Kreditinstituten untersuchen die Ratinganbieter auch, „ … wie Banken ökologische und soziale Aspekte in ihre Kreditvergaberichtlinien integrieren und welche Maßnahmen zur Überprüfung angewendet werden."[341] Die untersuchten Ratinganbieter beurteilen zwischen 92 und 400 Kreditinstitute entweder jährlich oder in einem Zweijahresturnus. Die Berücksichtigung von Nachhaltigkeitsaspekten im Kreditvergabeprozess hat dabei im Kontext des Nachhaltigkeitsratings von Banken durch die Ratinganbieter einen sehr unterschiedlichen Stellenwert. Die Gewichtung im Ratingprozess bei den untersuchten Ratingagenturen beträgt dabei zwischen 0,5 % und 22,1 % des Gesamtratings.[342] Abbildung 4.15 und Abbildung 4.16 geben einen Überblick über den Stellenwert der Nachhaltigkeitsprüfung beim Kreditvergabeprozess und die Anzahl der beurteilten Kreditinstitute im Kontext des Ratings von Kreditinstituten.

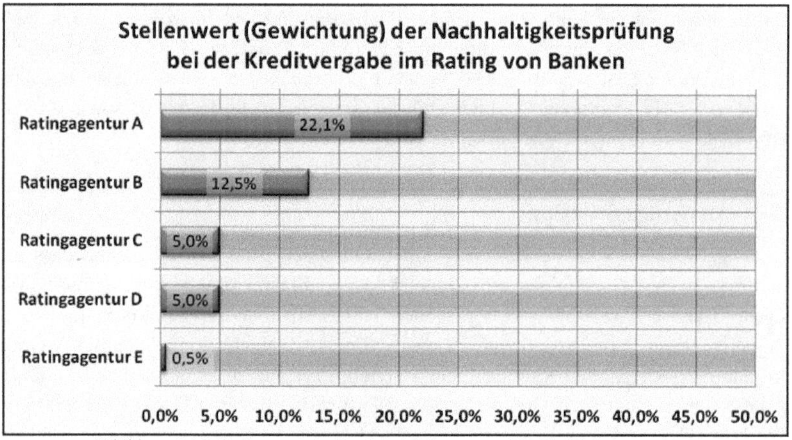

Abbildung 4.15: Stellenwert der Berücksichtigung von Nachhaltigkeitsaspekten
Quelle: Barthruff/Sander (2012), S. 52.

Falls ein Kreditinstitut im Kreditvergabeprozess also keine Nachhaltigkeitsaspekte berücksichtigt, führt dies entsprechend zu einer Abwertung der Kennzahl „Berücksichtigung von Nachhaltigkeitsaspekten bei der Kreditvergabe". Bei der Ratingagentur

[341] oekom Research (2009b), S. 1.

[342] Ein Interviewpartner wollte hierzu keine prozentuale Aussage treffen, sondern benannte die Relevanz der Kennzahl als „mittelhohe Gewichtung".

A hat diese Kennzahl ein Gewicht von 22,1 % und somit eine entsprechend hohe Auswirkung auf das Gesamtrating der Bank. Bei der Ratingagentur E hat die Kennzahl mit einer Gewichtung von 0,5 % hingegen nur einen marginalen Einfluss auf das Nachhaltigkeitsrating der Bank.

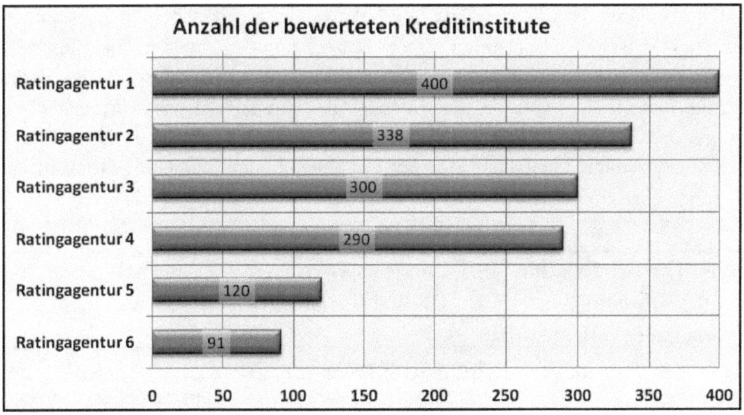

Abbildung 4.16: Anzahl der von den Ratingagenturen bewerteten Kreditinstitute
Quelle: Eigene Darstellung in Anlehnung an Barthruff/Sander (2012), S. 51.

4.5.2 Gegenstand der Nachhaltigkeitsprüfung

Im Rahmen der Interviews mit den Experten der Ratingagenturen wurde untersucht, welche Kennzahlen im Ratingprozess von Kreditinstituten bezüglich der Nachhaltigkeitsprüfung bei der Kreditvergabe evaluiert werden.[343]

In diesem Zusammenhang stellte sich heraus, dass die Ratingagenturen bei der Beurteilung von Kreditinstituten im Bereich der Kreditvergabe sehr ähnlich vorgehen und die Prüfung in aller Regel die folgenden **vier Bereiche** umfasst:

1. **Strategie und Selbstverpflichtung**
2. **Umsetzung und Anwendungsprozess der Nachhaltigkeitsprüfung**
3. **Schulungen und Compliance**
4. **Kontroversen**

[343] Die Leitfragen im Kontext der Experteninterviews mit den Ratingagenturen hatten folgenden Wortlaut: „Welche Aspekte werden betrachtet, wenn Sie Kreditinstitute bzgl. ihres Nachhaltigkeitsassessments bei der Kreditvergabe beurteilen?“ und „Wie dezidiert wird in diesem Zusammenhang der Umgang eines Kreditinstitutes mit sensitiven Sektoren und Querschnittsthemen bewertet?“

Im Bereich **Strategie und Selbstverpflichtung** wird untersucht, welche **Richtlinien und Standards** die Kreditinstitute verabschiedet haben und wie die **Verantwortlichkeit** geregelt ist. Für nahezu alle untersuchten Ratingagenturen gelten die Equator Principles als international anerkannter Mindeststandard, dessen Unterzeichnung entsprechende positive Berücksichtigung findet. Zusätzlich zu den **allgemeinen** Nachhaltigkeitsstandards wird ebenfalls die Anwendung individueller **sektor-** und **branchenspezifischer Richtlinien** einer Betrachtung unterzogen. In diesem Zusammenhang ist z. B. von Bedeutung, ob Kreditinstitute **Ausschlusskriterien** definiert haben, um die Kreditvergabe in umstrittenen Geschäftsfeldern wie beispielsweise der Rüstungs- und Waffenindustrie auszuschließen. Tabelle 4.9 gibt einen Überblick über sensitive Sektoren und Querschnittsthemen mit hohen Sozial- und Umweltrisiken:

Sensitive Branchen		
Wald- / Forstwirtschaft	**Landwirtschaft**	**Fischerei**
Energiegewinnung	**Öl- und Gasindustrie**	**Bergbau**
Rüstung und Waffenhandel		
Sensitive Querschnittsthemen		
Klimawandel	**Biodiversität**	**Toxische Substanzen**
Steuerhinterziehung	**Korruption**	**Indigene Bevölkerung**
Menschenrechte	**Aktivitäten in Konfliktgebieten**	

Tabelle 4.5: Sensitive Sektor- und Querschnittsthemen
Quelle: BankTrack (2010), S. 14.

Die Interviewpartner erläuterten die Vorgehensweise folgendermaßen:

> „Wir haben auf Basis von UN-Anforderungen und eigenen Erkenntnissen **neun kontroverse Geschäftsfelder** definiert. Hierzu prüfen wir, inwiefern die Kreditinstitute Nachhaltigkeitsrichtlinien verabschiedet haben und ob die Häuser in diesen Geschäftsfeldern aktiv sind."

> „Wir haben **vier risikobehaftete Sektoren** definiert: Wald/Papier, Staudämme, Rohstoffextraktion, Agrar- und Forstwirtschaft."

In der Kategorie **Umsetzung der Richtlinien** richtet sich das Hauptaugenmerk auf die Implementierung der Nachhaltigkeitsprüfung in die **Geschäftsprozesse** der Banken. In diesem Fall wird zum Beispiel untersucht, welche Nachhaltigkeitsinformationen von Kreditinstituten im Laufe der Nachhaltigkeitsprüfung Berücksichtigung finden und wie diese im Prozess aufgearbeitet werden. Die befragten Analysten erläutern dazu, dass sich die **Qualität der Umsetzung** bei den Kreditinstituten **sehr stark unterscheidet**. So finden sich Banken, bei denen im Rahmen des Kreditvergabeprozesses systematisch Nachhaltigkeitsaspekte berücksichtigt werden, während andere Kreditinstitute dies von Fall zu Fall entscheiden. Des Weiteren unterliegt der **Anwendungsbereich der Richtlinien** oftmals einer subjektiven Beurteilung. So wird überprüft, ob die beschlossenen

Standards und Richtlinien sich auf alle Kreditvergaben oder lediglich auf bestimmte Geschäftsfelder wie beispielsweise die Immobilienfinanzierung beziehen oder erst ab Erreichen eines vorher festgelegten Transaktionsvolumens Anwendung finden.[344]

Im Bereich **Schulungen und Compliance** prüfen die Ratingagenturen u.a., ob Schulungskonzepte vorhanden sind, die ökologische und soziale Risiken zum Thema haben, inwieweit die betroffenen Mitarbeiter der Kreditinstitute an Nachhaltigkeitsschulungen partizipieren und wie sich die Verfügbarkeit von geschulten Mitarbeitern darstellt. Dabei wird auch untersucht, ob die Prozesse kontrolliert werden.

In der Kategorie **Kontroversen** wird von der Mehrzahl der Ratinganbieter die Einhaltung der Richtlinien beurteilt und die ausgeführten Kreditvergaben auf Verstöße gegen die eigenen Richtlinien untersucht. Hierzu nutzen die Ratinganbieter Informationen von NGOs, Medien oder staatlichen Einrichtungen. Die nachfolgende Äußerung eines Interviewpartners ist für die Berücksichtigung von Kontroversen beispielhaft:

> „Wenn ein Kreditinstitut, das die Equator Principles unterschrieben hat, bei der Finanzierung eines kontroversen Pipelineprojekts beteiligt ist, das klar gegen die Weltbankstandards verstößt, führt das bei uns zu einer Abwertung."

Über diese vier Kategorien hinaus finden bei zwei der untersuchten Ratinganbieter die **Transparenz und Berichterstattung** der Kreditinstitute im Hinblick auf die Nachhaltigkeitsprüfung im Kreditvergabeprozess Berücksichtigung im Rating.

4.5.3 Zusammenhang zwischen Nachhaltigkeits- und Kreditrisiken aus Sicht der Ratinganbieter

Im Rahmen der Befragung der Experten zur Korrelation zwischen der Nachhaltigkeitsperformance eines Unternehmens und seiner finanziellen Performance sowie der Kreditwürdigkeit wurde deutlich, dass die Interviewpartner in beiden Fällen grundsätzlich einen positiven Zusammenhang erkennen.[345] Typische Äußerungen über die Wechselbeziehung zwischen der Nachhaltigkeitsperformance und der finanziellen Performance von Unternehmen sind folgende:

> „Ja, der **Zusammenhang besteht** und wurde durch Studien bestätigt. Der Zusammenhang kann aber je nach Zeitpunkt, Branche und Fristigkeit unter-

[344] Beispielsweise wird untersucht, ob die Equator Principles auch bei Projekten mit einem Transaktionsvolumen von weniger als 10 Mio. US-Dollar von Kreditinstituten angewendet werden.

[345] Die Leitfragen im Rahmen der Experteninterviews mit den Ratinganbietern lauteten: „Sehen Sie einen Zusammenhang zwischen der Nachhaltigkeitsperformance und der finanziellen Performance von Unternehmen?" und „Sehen Sie einen Zusammenhang zwischen der Nachhaltigkeitsperformance und Kreditausfallrisiken von Unternehmen?"

> schiedlich stark sein. Auch Banken sehen diesen Zusammenhang und berücksichtigen Nachhaltigkeit im Rahmen des Reputationsmanagements. Das ist auch ein Grund für Banken, die Equator Principles zu unterzeichnen. Die Standards sind für Banken ein Instrument, um einen **Nachweis** für das **Reputations- und Risikomanagement** liefern zu können."

> „Es gibt Studien, die beides nachweisen. Grundsätzlich glaube ich daran, dass nachhaltige Unternehmen langfristig besser wirtschaften. Für mich lässt sich das einfach davon ableiten, dass bei nicht nachhaltigem Verhalten ein Reputationsrisiko besteht. Als Beispiel kann man sich die Entwicklung des Börsenwerts von BP ansehen."

Nach Ansicht der interviewten Vertreter der Ratingagenturen besteht der Zusammenhang zwischen der Nachhaltigkeitsperformance und dem Risiko eines Kreditausfalls analog dem der finanziellen Performance. Jedoch fehlt es diesbezüglich bislang an Transparenz. Die Beurteilung der Interviewpartner beruht auf beobachteten Geschehnissen, bei denen Unternehmen durch Umweltschäden Zielscheibe öffentlicher Kritik wurden und wirtschaftliche Nachteile erlitten:

> „Denkt man an das japanische Unternehmen Tepco, wird man diesen Zusammenhang auf jeden Fall festmachen können. Wenn man sich andere große Skandale wie den bei BP ansieht, sind zumindest zeitweise auch hier die Kurse stark zurückgegangen. Dadurch entsteht auch ein **höheres Kreditausfallrisiko.**"

4.5.4 Mögliche Verbesserungspotenziale aus Sicht der Ratinganbieter

Sowohl der Gegenstand der Nachhaltigkeitsprüfung als auch die Frage nach Optimierungsmöglichkeiten bei der Prüfung von Nachhaltigkeitsaspekten im Rahmen des Kreditvergabeprozesses bei Banken wurde mit den Experten in den Interviews erörtert.[346]

Hier herrschte unter den Nachhaltigkeitsanalysten Einigkeit darüber, dass aktuell vielfältige Verbesserungsmöglichkeiten existieren. Die Analysten machen sowohl Optimierungsmöglichkeiten bei der **Qualität** als auch bei der **Integration von Nachhaltigkeitsstandards** aus. Kreditinstitute sollten über die Unterzeichnung international etablierter Nachhaltigkeitsstandards wie den Equator Principles hinaus generell auch eigene Standards und branchenspezifische Richtlinien in ihre internen Kreditrichtlinien integrieren. Zukünftig sollten diese bankinternen **Richtlinien verbindlicher und konkreter formuliert** werden. Bisher sind die Formulierungen häufig sehr „weich" und

---

[346] Die Leitfrage im Kontext der Experteninterviews mit den Ratingagenturen hatte folgenden Wortlaut: „Wo können bzw. wo müssen sich Kreditinstitute aus Ihrer Sicht in Bezug auf ihre Nachhaltigkeitsleistung in der Kreditvergabe noch verbessern?"

unverbindlich gestaltet. In einer Richtlinie von hoher Qualität werden die für das jeweilige Kreditgeschäft bedeutenden Nachhaltigkeitsaspekte umfassend aufgearbeitet und tiefgründig erläutert. Die Interviewpartner gaben folgende Einschätzungen ab:

> „Die Weltbank-Policies sind z. B. eher vage formuliert, und das Commitment einer Bank hat eine andere Qualität, wenn sie eine eigene Policy hat."

> „...**Richtlinien** sollten die **Themen** wirklich **breit abdecken** und in der Tiefe beschreiben."

Ein weiteres Verbesserungspotenzial besteht nach den Analysten bei der **Anwendung von Richtlinien** in der Praxis. So ist es „... geradezu Mode geworden, diesbezügliche Richtlinien zu publizieren. Allerdings bleibt die konkrete Anwendung in aller Regel intransparent, sodass Außenstehende nur schwer feststellen können, ob die Richtlinien greifen."[347] Ein Analyst erklärt:

> „Wir sehen sowohl **Verbesserungsbedarf** bei den **Richtlinien** als auch vor allem bei den **Anwendungsprozessen**."

Generell besteht seitens der Interviewpartner die Meinung, dass **Nachhaltigkeitsaspekte konsequent, vollständig und v. a. verbindlich in den Kreditverträgen verankert werden sollten**. Konkret verlangt ein Interviewpartner, gegen Steuerschlupflöcher vorzugehen und Unternehmen in Steueroasen von der Kreditvergabe auszuschließen. Nach Ansicht dieses Experten ist dies u.a. auch deswegen notwendig, weil solche Unternehmen die Kredite verwenden, um „am anderen Ende der Welt" zu investieren, wo die Beachtung von Nachhaltigkeitsaspekten nicht gewährleistet ist.

Eine zusätzliche Optimierungsmöglichkeit besteht in einer besseren Schulung der betroffenen Mitarbeiter, da diese zentrale Schlüsselfiguren im Rahmen der Prüfung von Nachhaltigkeitsaspekten darstellen. So sollten die Qualität und das Angebot der Schulungen verbessert werden.

Unter den befragten Experten herrschte Einigkeit zum Thema **Transparenz**: Bei nahezu allen Banken besteht hier noch Optimierungsbedarf. Dabei fordern die Ratinganbieter eine detaillierte Angabe in der Berichterstattung der Kreditinstitute über die Nachhaltigkeitsprüfung im Kreditgeschäft. So hält die Bank Sarasin in ihrer Nachhaltigkeitsanalyse der Finanzbranche fest: „Die Unternehmensfinanzierung über das Kreditgeschäft und das Investment Banking stellt eines der Kerngeschäfte der Bankenbranche als Ganzes dar. Es ist weitgehend intransparent, inwieweit die Banken in diesem wichtigen Geschäftsbereich systematisch Nachhaltigkeitsaspekte berücksichtigen, unter anderem in Form von Kriterien bei der Kreditvergabe. Offenbar gibt es

[347] Bank Sarasin AG (2011), S. 10.

bei der großen Mehrheit der Banken hier noch keine umfassenden Konzepte und Maßnahmen.“[348]

Darüber hinaus fordern die Interviewpartner **Informationen über die Gründe und die Häufigkeit für die Ablehnung von Krediten aufgrund von Nachhaltigkeitsbedenken**. Zusätzlich wünschen sich die Interviewpartner mehr Transparenz bezüglich der **Prozesse bei der Durchführung des Kredit-Assessments**. So ist nachfolgende Äußerung eines interviewten Analysten symptomatisch für die Forderung nach mehr Transparenz:

> „[...] **was** in **welchem Umfang** [seitens der Kreditinstitute bei der Nachhaltigkeitsprüfung] **wie** abgeprüft wird.“

Des Weiteren halten es die Analysten für bedeutsam, dass Beschwerdemechanismen für die von einer Kreditvergabeentscheidung betroffenen Stakeholder existieren und zukünftig Interessengruppen bei Kreditvergaben im Zusammenhang mit sensitiven Sektoren und/oder Querschnittsthemen besser einbezogen werden. So nennt einer der Interviewpartner nachfolgendes Positivbeispiel einer Bank:

> „Ein positives Beispiel ist da die Nordic Investment Bank, die bei kontroversen Projekten den Stakeholderdialog aktiv auf ihrer Website führt und sich auch kontroversen Ansprüchen stellt. Da kann die Öffentlichkeit z. B. über einen Blog mitdiskutieren.“

Ein weiterer zentraler Kernbereich, der Verbesserungspotenzial für die Banken birgt, ist nach Ansicht der Analysten die konsequente Berücksichtigung der Nachhaltigkeitsprüfung im **Pricing** und in der **Konditionierung der Kredite**. Die Ratinganbieter vertreten die Meinung, dass hier noch viel Spielraum für Optimierungen besteht. Beispielsweise könnten unter dem Schlagwort „Grüne Hypotheken“ außergewöhnlich **nachhaltige Finanzierungen gefördert und Kredite mit hohen Umweltrisiken mit Sanktionen belegt werden**.

> „Da haben wir bisher so gut wie keine Aktivitäten gesehen. Es gibt einen **minimalen schwarzen Bereich**, indem z. B. illegales Glückspiel, Prostitution und Pornografie ausgeschlossen wird ...[und einen **grünen Bereich**], in dem eine Begünstigung der Finanzierung von Solaranlagen stattfindet. Dazwischen sehen wir sehr wenig.“

> „Eine differenzierte Kreditvergabe sollte jedoch bedeuten: Je ökologischer oder sozialer, desto vorteilhafter die Finanzierungskonditionen.“

Darüber hinaus kritisiert eine Ratingagentur, dass...

---

[348] Bank Sarasin AG (2011), S. 7.

„**keine hinreichenden Sanktionen** [gegenüber Kreditnehmern] ausgesprochen werden. [So können...] Banken Gelder an Unternehmen geben, die ihre Prüfung nicht bestehen und bei denen nur Absichtserklärungen verlangt werden, die Mängel zu beseitigen – ohne wirksame Sanktionen."

4.5.5 Umsetzungsprobleme der Nachhaltigkeitsprüfung aus Sicht der Ratinganbieter

Im folgenden Kapitel werden die Ergebnisse der Frage nach den potenziellen Problemen bei der Umsetzung und Herausforderungen, denen sich Kreditinstitute im Zusammenhang mit der Nachhaltigkeitsprüfung gegenübersehen, geschildert.[349] Die Analysten identifizieren vielfältige Umsetzungsprobleme bei der Prüfung von Nachhaltigkeitsaspekten, welche sich größtenteils mit den Angaben der Banken decken (siehe Kapitel 4.3.2.8). So können die von den Analysten genannten Herausforderungen ebenfalls in strukturelle und operative Herausforderungen unterteilt werden:

1. **Strukturelle Herausforderungen**
   - Fehlende **Akzeptanz** der Geschäftsleitung und/oder der Kreditabteilung
   - Fehlende **Ressourcen** wie hinreichend geschultes Personal
   - Mangelhafte Kooperation zwischen Banken, NGOs und unabhängigen Experten
   - Mangelndes ESG-**Verständnis** der Kreditinstitute

2. **Operative Herausforderungen**
   - Ungenügende Verfügbarkeit von **Daten**
   - Fehlende Bereitschaft der Kreditnehmer, Daten bereitzustellen
   - Mangelhafte **Implementierung** der Nachhaltigkeitsprüfung **in die operativen Prozesse**
   - Mangelhafte **Integration der Richtlinien** durch zum Teil äußerst **oberflächliche Nachhaltigkeitsprüfung**, die unter Umständen lediglich auf den Äußerungen der Antragsteller beruht
   - Unsicherheit unter den Mitarbeitern in Bezug auf die **Interpretation und Gewichtung** der Daten und Informationen
   - Fehlendes **Branchenwissen** über Nachhaltigkeitsrisiken
   - Unzulängliche **Fort- und Weiterbildungen** der Mitarbeiter betreffend Nachhaltigkeitsaspekte vor allem im Massenkreditgeschäft
   - Zu **schwache Prüfkriterien** und mangelnde Expertise bezüglich der methodischen Anwendung

[349] Die Leitfrage im Kontext der Experteninterviews mit den Ratingagenturen hatte folgenden Wortlaut: „Welche Probleme sehen Sie bei der Umsetzung der Prüfung von Nachhaltigkeitsaspekten bei der Kreditvergabe für Kreditinstitute?"

4.5.6 Zusammenfassung der wichtigsten Erkenntnisse

Die Ergebnisse der Interviews mit den Analysten der Ratinganbieter veranschaulichen, dass die Ratinganbieter bei den Ratings des Finanzsektors die Integration von Nachhaltigkeitsaspekten im Kreditgeschäft als Indikator in ihren Ratings beurteilen. Die **Gewichtung,** die sich im Rating der Finanzbranche auf die Prüfung von Nachhaltigkeitsaspekten im Kreditvergabeprozesses bezieht, variiert jedoch beträchtlich und reicht bei den in der Untersuchung betrachteten Ratinganbietern **von 0,5 % bis 22,1 %**. Ungeachtet dieser ungleichen Gewichtung gehen die Ratingagenturen bei der Beurteilung ähnlich vor und beurteilen:

1. welche Standards und Richtlinien Kreditinstitute unterzeichnet haben (**Strategie und Selbstverpflichtung**)
2. auf welche Art und Weise diese Richtlinien in operative Prozesse integriert sind (**Anwendungsprozess der Nachhaltigkeitsbewertung)**
3. welche Art von Schulungsmaßnahmen vorhanden sind (**Schulungen und Compliance**) und
4. inwiefern Banken ihren eigenen Standards zuwiderhandeln (**Kontroversen**).

Bezüglich der genannten Umsetzungsprobleme bei der Prüfung von Nachhaltigkeitsaspekten waren die Angaben der Vertreter der Ratinganbieter und die der Vertreter der Banken nahezu deckungsgleich. Neben den **strukturellen Problemen** wie beispielsweise fehlenden Ressourcen oder mangelnder Akzeptanz der Kreditabteilung existieren vor allem **operative Probleme**, die zu einer bislang oftmals mangelhaften Integration von Nachhaltigkeitsaspekten in die Kreditvergabeprozesse führen. Die Analysten sind sich einig darüber, dass ein Zusammenhang zwischen der Nachhaltigkeitsperformance und der finanziellen Performance sowie zwischen der Nachhaltigkeitsperformance und der Kreditwürdigkeit von Unternehmen existiert.

Verbesserungspotenziale sind bei der Nachhaltigkeitsprüfung im Firmenkundenkreditgeschäft von Banken nach Ansicht der Analysten vor allem bei der Ausgestaltung und Implementierung der Nachhaltigkeitsprüfung vorhanden sowie bei einer besser nachvollziehbaren Berichterstattung über die Prozesse bei der Nachhaltigkeitsprüfung. So sollten Kreditinstitute **mehr Informationen über die Inhalte der Prüfung sowie die Gründe bei der Ablehnung von Krediten** bereitstellen. Darüber hinaus bestehen vor allem bei der Integration der Ergebnisse der Nachhaltigkeitsprüfung in die Preisgestaltung noch beträchtliche Verbesserungspotenziale. Nach Auffassung der Analysten sollten Nachhaltigkeitsrisiken konsequent bei der Preisgestaltung von Krediten Berücksichtigung finden und **nachhaltige Finanzierungen gefördert bzw. Kredite mit hohen Umwelt- und Sozialrisiken sanktioniert werden**.

4.6 Relevanz des Klimawandels für die Kreditvergabe

Zur Untersuchung der Relevanz des Klimawandels für die Kreditvergabe wurden im Rahmen der Experteninterviews folgende Themen erörtert:

1. Einschätzung der **wirtschaftlichen Auswirkungen** des Klimawandels **auf die Realwirtschaft** aus heutiger und zukünftiger Sicht
2. Einschätzung der **Chancen und Risiken für die Finanzwirtschaft**
3. Auswirkung des Klimawandels auf die **Bonität von Unternehmen**
4. **Berücksichtigung** von Klimarisiken **bei der Kreditvergabe**

Die realwirtschaftlichen Auswirkungen des Klimawandels werden von allen Interviewpartnern als **signifikant** eingeschätzt. Wie Abbildung 4.17 zeigt, gehen die meisten Interviewpartner davon aus, dass sich die aus dem Klimawandel ergebenden **Chancen und Risiken** nach **Branche und Region** unterscheiden. Als Beispiel für Branchen, die besonders stark vom Klimawandel betroffen sind, wurden die Versicherungs-, die Landwirtschafts-, die Energie-, die Automobil- und die Tourismusbranche genannt. Diese Einschätzung deckt sich auch mit mehreren Studien, welche die Chancen und Risiken des Klimawandels in verschiedenen Branchen untersuchen.[350] Vier Interviewpartner gehen sogar von einer systematischen und branchenübergreifenden Auswirkung aus.[351]

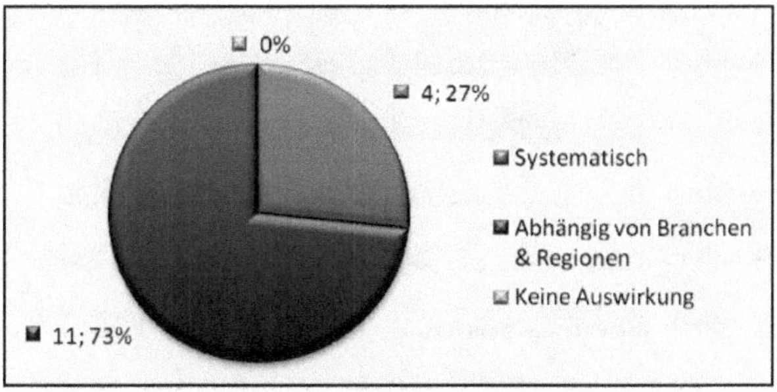

Abbildung 4.17: Auswirkungen des Klimawandels auf die Realwirtschaft
Quelle: Eigene Darstellung.

Bezüglich der **Auswirkungen des Klimawandels auf die Bonität** von Unternehmen sind sich die Interviewpartner einig, dass sich Klimarisiken auch auf die Kreditwürdig-

[350] Vgl. Deutsche Bank Research (2007), BayernLB (2010) und Mahammadzadeh u.a. (2013), S. 76 ff. Vergleiche hierzu auch Kapitel 2.6.

[351] Als Ursache für den systematischen Zusammenhang wurden vor allem besondere mit dem Klimawandel korrelierende Themen wie Naturkatastrophen, Wasserknappheit, Wüstenbildung und die daraus abgeleitete Risiken wie Versorgungssicherheit, Ernährung und Migration angegeben.

keit von Kreditnehmern auswirken können. Insbesondere die mit dem Klimawandel einhergehenden physischen, regulatorischen und Marktpreisrisiken können für Unternehmen in exponierten **Branchen und Regionen** zu einer Bonitätsverschlechterung führen. Aus diesem Grund sollten Kreditinstitute auf Basis der regionen- und branchenspezifischen Schwerpunkte ihres Kreditportfolios eine eigenständige Einschätzung der aus dem Klimawandel resultierenden Chancen und Risiken vornehmen.

In Anlehnung an den von oekom research entwickelten Industrie Climate Risk Index[352] wurden die Interviewpartner im Rahmen der Untersuchung gebeten, eine Einschätzung der verschiedenen Risikoklassen für das Kreditgeschäft vorzunehmen. Einige Interviewpartner geben an, dass die **direkten Auswirkungen** durch **physische Risiken** stark **regionen- und branchenspezifisch** sind und daher von den Anlageschwerpunkten des Kreditportfolios abhängen. Die **indirekten Auswirkungen** durch **regulatorische, Markt- und Marktpreisrisiken** werden dagegen eher als **branchenübergreifend** relevant betrachtet. Wie aus Abbildung 4.18 ersichtlich ist, werden Marktpreisrisiken, Marktrisiken und regulatorische Risiken von über 75 % der Interviewpartner als „sehr wichtig“ bis „wichtig“ eingestuft. In Bezug auf die physischen Risiken gibt ein Interviewpartner an, dass die Risiken bei einer Kreditfinanzierung in der Regel durch Versicherungen abgedeckt werden und daher für Kreditgeber eher unwichtig sind.

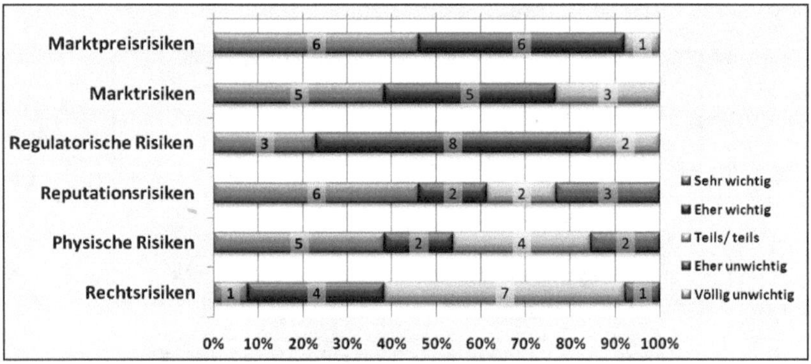

Abbildung 4.18: Einschätzung der externen Risiken des Klimawandels
Quelle: Eigene Darstellung.

[352] Vgl. hierzu Kapitel 6.2.4.

Da die bisherigen regulatorischen Maßnahmen nach Einschätzung der Interviewpartner bei Weitem nicht ausreichen, um die gesetzten Klimaziele zu erfüllen,[353] ist in Zukunft mit einer weiteren Verschärfung der regulatorischen Anforderungen und damit auch mit einer Zunahme der wirtschaftlichen Auswirkungen der Mitigationsmaßnahmen für Unternehmen zu rechnen.

Bei der Beurteilung der klimabedingten Bonitätsrisiken spielt nach Einschätzung einiger Interviewpartner die **Kreditlaufzeit** eine entscheidende Rolle. So fallen klimabezogene Marktpreis- und Reputationsrisiken bei Krediten mit kurzer Laufzeit weniger ins Gewicht als bei Krediten mit langer Laufzeit (z. B. Immobilien- oder Projektfinanzierungen). Ein Kreditinstitut gibt an, **bei langfristigen Finanzierungen mit hohen Klimarisiken,** wie z. B. Liftanlagen oder Hotels in Skigebieten, **bereits heute schon** standortspezifische Klimagutachten **bei der Kreditvergabe zu berücksichtigen**.

Insbesondere der **CO_2-Verbrauch** und die **Energieeffizienz** werden von vielen Interviewpartnern als relevante Faktoren für die Kreditwürdigkeit von Unternehmen genannt. So werden bei der Bonitätsbewertung von Unternehmen in CO_2-intensiven Branchen in einigen Kreditinstituten **CO_2-Emissionen** heute schon standardmäßig berücksichtigt. Als Beispiele werden die Energiebranche sowie die Glas- und Zementindustrie genannt. Dabei ist z. B. denkbar, über das Carbon Disclosure Project den relativen CO_2-Ausstoß von Unternehmen im Vergleich zur Branche zu ermitteln (benchmarking). Ein Kreditinstitut hat nach eigenen Angaben ein Simulationstool zur Einschätzung der Relevanz von Marktpreisrisiken für die Bonität von Unternehmen entwickelt. Mit diesem Tool können auf Basis der Energieeffizienz und CO_2-Intensität auch die **Auswirkungen** von **Energie- und CO_2-Preisschwankungen auf die Kreditwürdigkeit** von Unternehmen simuliert werden.

Aufgrund der unterschiedlichen Ausprägung der Chancen und Risiken des Klimawandels auf die verschiedenen Regionen und Branchen gehen die meisten Interviewpartner davon aus, dass es über die **Portfoliosteuerung** zu Geschäftsfeldverschiebungen kommen wird. So haben bereits einige Kreditinstitute in Anbetracht des Klimawandels z. B. die Finanzierung von Kohlekraftwerken oder die Abholzung von Primärwäldern als Ausschlusskriterien definiert. Unternehmen aus exponierten Branchen oder Regionen werden es daher in Zukunft zunehmend schwerer haben, Kredite zu erhalten.

Zusammenfassend lässt sich festhalten, dass die aus dem Klimawandel entstehenden Chancen und Risiken für das Firmenkundenkreditgeschäft von folgenden Faktoren abhängig sind:

---

[353] In diesem Kontext können das von der internationalen Staatengemeinschaft beschlossene 2-Grad Ziel, die Ziele der Europäischen Union oder die Ziele der Bundesregierung angegeben werden. Vgl. hierzu Kapitel 2.

- Branche und Region des Unternehmens
- Laufzeit des Kredits
- Versicherungen gegen physische Risiken
- Energieeffizienz und CO_2-Intensität gegenüber Wettbewerbern

4.7 Zwischenfazit

Zielsetzung der in Kapitel 4 vorgestellten explorativen Untersuchung war es, die **Relevanz von Nachhaltigkeitsaspekten** und **Klimarisiken** für das Firmenkundenkreditgeschäft von Kreditinstituten im deutschsprachigen Raum zu erfassen und mögliche Ansatzpunkte zur operativen **Umsetzung der Nachhaltigkeitsprüfung** aufzuzeigen. Die Ergebnisse der explorativen Untersuchung liefern dabei Erkenntnisse über die Nachhaltigkeitsprüfung im Firmenkundenkreditgeschäft von Banken, welche bisher weitestgehend eine Black Box darstellte. Die Untersuchungsergebnisse basieren auf Experteninterviews mit Vertretern von 16 Banken und sechs auf Nachhaltigkeitsratings spezialisierten Ratingagenturen.

Die Ergebnisse der Untersuchung zeigen, dass Banken zunehmend Nachhaltigkeitsrisiken bei der Kreditvergabe berücksichtigen. Im Projektfinanzierungsgeschäft sind die **Equator Principles** als weltweit anerkannter Standard etabliert, um die ökologischen und sozialen Auswirkungen von Großprojekten beurteilen zu können. Trotz der nach Einschätzung der Interviewpartner **hohen Relevanz** von Nachhaltigkeitsrisiken für das **Firmenkundenkreditgeschäft** zeigt die Untersuchung, dass sich bisher noch **kein Standard zur Prüfung von Nachhaltigkeitsaspekten** entwickelt hat und weitgehende **Intransparenz** bezüglich der verwendeten Nachhaltigkeitskennzahlen herrscht.[354]

Als Gründe für die Berücksichtigung von Nachhaltigkeitsaspekten bei der Kreditvergabe wurden von **80 %** der Interviewpartner die **Selbstverpflichtung** und die **Reputation** der Bank genannt. Weitere Faktoren sind die Umsetzung einer **Klimaschutzstrategie**, die **Forderung der Anteilseigner** sowie der **externe Druck durch Nachhaltigkeitsratings**. Häufig werden auch **internationale Standards und Initiativen** wie die Equator Principles, die UN PRI, der UN GC oder die UNEP FI zum Anlass genommen, um Nachhaltigkeitsaspekte im Kreditgeschäft zu berücksichtigen. Im Rahmen der Untersuchung konnte gezeigt werden, dass die meisten der Kreditinstitute neben der Berücksichtigung international anerkannter Standards **eigene branchen- und themenspezifische Standards** entwickelt haben. So hat die Mehrheit der in der Studie untersuchten Kreditinstitute eigene interne Standards zu den **Sektoren**

---

[354] Vgl. Bank Sarasin AG (2011), S. 2.

Rüstung, **Energie** und **Landwirtschaft** und zu den **Themen Klimawandel**, **Korruption** und **Menschenrechte** konzipiert.

Wie mehrere Studien zeigen, ist die Unterzeichnung eines internationalen Standards oder die Entwicklung interner Richtlinien für sich gesehen nicht ausreichend, sondern stellt lediglich den ersten Schritt für die Implementierung umfangreicher Geschäftsprozesse dar.[355] Ein Schwerpunkt der explorativen Studie lag daher auf der Untersuchung der **operativen Umsetzung** der Nachhaltigkeitsprüfung bei der Kreditvergabe.

Nach Einschätzung der Interviewpartner gibt es **bei der Nachhaltigkeitsprüfung im Kreditgeschäft** noch erhebliche **Verbesserungspotenziale**.[356] Trotz einiger guter Ansatzpunkte sollten die Richtlinien in Zukunft **konkreter** und **verbindlicher** formuliert werden und **konsequent** im Kreditvergabeprozess umgesetzt werden. Auch in Bezug auf die **Transparenz** der Prozesse und die **Kommunikation** der Ergebnisse der Nachhaltigkeitsprüfung existiert aus Sicht der Ratingagenturen noch Verbesserungsbedarf.

Im Rahmen der Untersuchung konnte gezeigt werden, dass die Verantwortlichkeit und der Ablauf der Nachhaltigkeitsprüfung heterogen geregelt sind. Für die Umsetzung der Nachhaltigkeitsprüfung im Firmenkundenkreditgeschäft existieren verschiedene Instrumente wie **Checklisten, Kriterienkataloge, Prüflisten, Ausschluss- und Positivlisten**. Insbesondere Umwelt und Ethikbanken nutzen häufig Ausschluss- und Positivkriterien, um eine schnelle und eindeutige Vorselektion der Kreditanträge vorzunehmen. In diesem Zusammenhang zeigt sich, dass die **Anforderungen** an die für die Nachhaltigkeitsprüfung verantwortlichen Mitarbeiter stark vom **Grad der Standardisierung** der Prozesse abhängen. Bei einer weitestgehend **individuellen** Ausgestaltung der **Nachhaltigkeitsprüfung** sollten die zuständigen Mitarbeiter über ein vertieftes und spezifisches Wissen der mit einer Kreditvergabe einhergehenden Nachhaltigkeitsrisiken verfügen. Bei einer **standardisierten Nachhaltigkeitsprüfung** sind die Anforderungen an die Mitarbeiter hingegen deutlich geringer, da das für die Prüfung von Sozial- und Umweltrisiken notwendige Wissen häufig in den Prozessen und Prozesshandbüchern beinhaltet ist. Der Aufwand der Nachhaltigkeitsprüfung wird dabei, unabhängig vom Grad der Standardisierung, von der Mehrzahl der Interviewpartner als **überschaubar und gerechtfertigt** angesehen.

Eine **zentrale Erkenntnis** der Untersuchung ist, dass fast alle Interviewpartner von einem Zusammenhang zwischen **Nachhaltigkeitsrisiken und der Bonität** von Unternehmen überzeugt sind. Da jedoch die Wirkungszusammenhänge häufig nicht direkt

355 Vgl. BankTrack (2007), S. IX.

356 Vgl. Bank Sarasin AG (2011), S. 2 und oekom Research (2009b), S. 3. Diese Einschätzung wurde auch von den Analysten der Nachhaltigkeitsratingagenturen in den Experteninterviews mehrfach bestätigt.

zugeordnet werden können und i.d.R. keine Daten über Nachhaltigkeitsrisiken vorliegen, konnte dieser Zusammenhang bei bisherigen Kreditausfällen nicht nachgewiesen werden. Zur genaueren Untersuchung dieses Zusammenhangs wurden in Kapitel 4.4 die Besonderheiten von **Umwelt- und Ethikbanken** beleuchtet. Dabei konnte belegt werden, dass die an Nachhaltigkeitsaspekten ausgerichteten Kreditportfolios der Umwelt- und Ethikbanken teilweise deutlich **geringere Ausfallraten als konventionelle Banken** haben. Obwohl die strukturellen Zusammensetzungen der Kreditportfolios aufgrund der auf bestimmte Branchen eingeschränkten Kreditvergabemöglichkeiten der Umwelt- und Ethikbanken nicht direkt vergleichbar sind, kann dieses Ergebnis als erstes Indiz für einen Zusammenhang zwischen Nachhaltigkeits- und Kreditrisiken gesehen werden. Auffällig ist, dass trotz der hohen Relevanz und des vermuteten Zusammenhangs zwischen Nachhaltigkeits- und Kreditrisiken die Ergebnisse der **Nachhaltigkeitsprüfung** lediglich als **Zusatzinformation** für die Gewährung bzw. Ablehnung eines Kredits genutzt werden. Eine **Übertragung** von sozialen und ökologischen Risiken **auf das Pricing** wird **bisher erst bei einem** der in der Studie untersuchten **Kreditinstitute** vorgenommen. Nach Meinung von Marktbeobachtern sollten sich geringere Kreditrisiken von Umwelt- und Ethikbanken auch in einer geringeren Risikoprämie niederschlagen.[357] Unabhängig von dem vermuteten Zusammenhang zwischen Nachhaltigkeits- und Kreditrisiken zeigt die Untersuchung, dass einige Kreditinstitute die Nachhaltigkeitsprüfung nutzen, um die Geschäftsbeziehungen im Firmenkundenbereich auszubauen. So können die Ergebnisse der Nachhaltigkeitsprüfung als **zusätzliche Beratungsdienstleistung** verwendet werden, um Kunden für Nachhaltigkeitsrisiken zu sensibilisieren und Finanzprodukte wie zum Beispiel die Kreditfinanzierung von Ersatzinvestitionen in energieeffiziente Produktionssysteme oder Immobilien anzubieten.[358] Die Implementierung einer **Nachhaltigkeitsprüfung** im Firmenkundenkreditgeschäft bietet Kreditinstituten somit neben der Reduzierung von Reputations- und Kreditrisiken auch die **Chance, Wettbewerbsvorteile** gegenüber anderen Banken **zu generieren**.

[357] Vgl. van Gelder/Stichele (2011), S. 9.
[358] Vgl. Schiller/Tytko (2001), S. 159.

4.8 Exkurs: Integration der Nachhaltigkeitsprüfung in den Kreditprozess

Im Rahmen der Experteninterviews wurde vielfach der Wunsch nach der Darstellung eines typischen Aufbaus der Nachhaltigkeitsprüfung im Firmenkundenkreditgeschäft geäußert. Mit diesem Kapitel soll aufgezeigt werden, wie die Nachhaltigkeitsprüfung in den Prozess der Kreditvergabe integriert werden kann und welche Bausteine zur operativen Ausgestaltung der Nachhaltigkeitsprüfung zur Verfügung stehen. Abbildung 4.19 fügt die in Kapitel 4.3 diskutierten Bausteine zur Umsetzung der Nachhaltigkeitsprüfung zusammen.

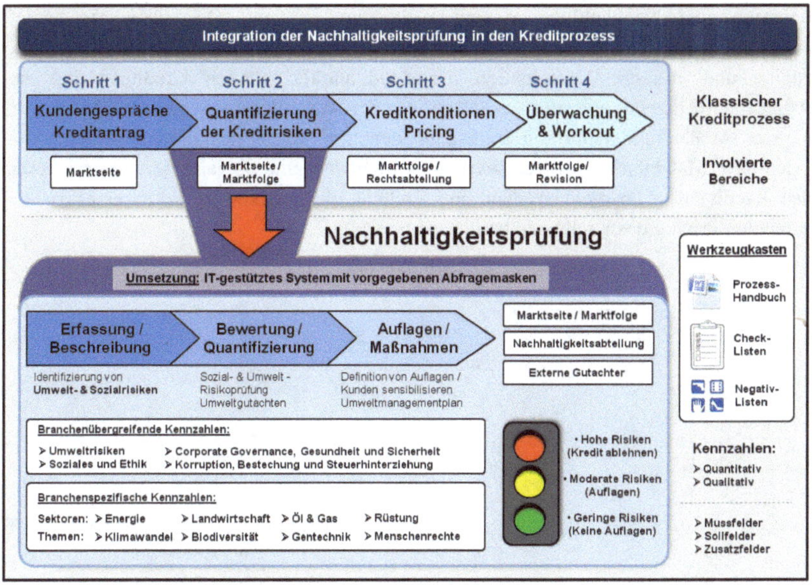

Abbildung 4.19: Prozess der Nachhaltigkeitsprüfung im Kreditgeschäft
Quelle: Schäfer/Barthruff (2013), S. 317.

Im oberen Teil der Abbildung sind die einzelnen Schritte eines klassischen Kreditprozesses abgebildet. Die Nachhaltigkeitsprüfung kann dabei entweder in den klassischen Kreditprozess zur Bestimmung der Kreditrisiken integriert oder als unabhängiger Prozess gestaltet werden. In einem ersten Schritt sollten Kreditinstitute institutsspezifische Mindeststandards definieren und Richtlinien zur Berücksichtigung von Nachhaltigkeitsaspekten entwickeln. Dabei kann zwischen allgemeinen und branchenspezifischen Richtlinien unterschieden werden. Als Orientierungsgrundlage können auch international anerkannte Nachhaltigkeitsstandards dienen. Zur

Reduzierung der Anforderungen an die Mitarbeiter kann der Prozess der Nachhaltigkeitsprüfung in einem IT-gestützten System durch vorgegebene Abfragemasken mit verschiedenen Soll-, Muss- und Zusatzfeldern standardisiert werden. Ein Prozesshandbuch mit der Beschreibung der einzelnen Prozessschritte erleichtert dabei die Durchführung der Nachhaltigkeitsprüfung. Um die Qualität der Nachhaltigkeitsprüfung zu erhöhen, bietet sich für die Ergebnisfindung eine Verteilung der Verantwortlichkeit an. So können Fehleinschätzungen durch die Einführung eines Vieraugenprinzips, z. B. Erstvotum durch den Marktbereich und Zweitvotum durch den Marktfolgebereich bzw. die Nachhaltigkeitsabteilung, vermieden werden. Zur **Erfassung und Beschreibung** der Sozial- und Umweltrisiken können mehrere Informationsquellen wie Unternehmensberichte, Umweltgutachten und Datenbanken genutzt werden. Die Quantifizierung von Nachhaltigkeitsrisiken sollte zur besseren Differenzierung neben branchenübergreifenden auch branchenspezifische Kennzahlen beinhalten. Für eine zügige und einfache Vorselektion der Kreditanträge können Kreditinstitute verschiedene Werkzeuge wie Positiv-, Negativ- oder Ausschlusslisten nutzen. Das Ergebnis der Nachhaltigkeitsprüfung kann entweder zum Anlass genommen werden, Auflagen bzw. Maßnahmen zur Reduzierung von Umwelt- und Sozialrisiken zu definieren, den Kreditantrag abzulehnen oder die Nachhaltigkeitsrisiken in Form eines risikogerechten Pricing des Kredits zu berücksichtigen.

5 Theoretische Fundierung der Zusammenhänge zwischen Nachhaltigkeits- und Kreditrisiken

Die in Kapitel 4 vorgestellten Ergebnisse der explorativen Untersuchung legen die Vermutung nahe, dass sich durch die Berücksichtigung von Nachhaltigkeitsrisiken in der Kreditwürdigkeitsprüfung die Prognosegenauigkeit von Kreditausfällen verbessern lässt. Dabei wurde deutlich, dass häufig das Wissen über die Kausalität zwischen Nachhaltigkeits- und Kreditrisiken fehlt.[359] In Kapitel 5 soll daher geklärt werden, wie sich Nachhaltigkeitsrisiken auf die Kreditwürdigkeit von Unternehmen auswirken. Dazu wird in den Kapiteln 5.1 bis 5.2 eine Klassifizierung der Nachhaltigkeitsrisiken von Unternehmen vorgenommen, um die Wirkungszusammenhänge zwischen Nachhaltigkeitsrisiken und ökonomischen Risiken auf Ebene des Kreditnehmers darzustellen. Kapitel 5.3 geht auf die besondere Relevanz des Klimawandels für externe Nachhaltigkeitsrisiken von Unternehmen ein. In Kapitel 5.4 werden die Erkenntnisse über die Nachhaltigkeitsrisiken von Unternehmen auf die Sichtweise eines Kreditgebers übertragen, bevor in Kapitel 5.5 ein Zwischenfazit gezogen wird.

Laut *Fenchel* können Nachhaltigkeitsrisiken grundsätzlich nach ihrem **Ursprung** und ihrer **Beeinflussbarkeit** unterschieden werden. Während **interne Nachhaltigkeitsrisiken** vom Unternehmen direkt verursacht und auch beeinflusst werden können, haben **externe Nachhaltigkeitsrisiken** ihren Ursprung außerhalb des Unternehmens und sind somit vom Unternehmen i.d.R. nicht beeinflussbar.[360] Zur präziseren Strukturierung von Nachhaltigkeitsrisiken wird im folgenden Verlauf dieser Arbeit zwischen externen und internen Nachhaltigkeitsrisiken unterschieden. Die in den nachfolgenden Ausführungen beschriebene Klassifizierung deckt sich mit mehreren wissenschaftlichen Untersuchungen, wobei weitgehende Einigkeit bezüglich der Risikoklassen herrscht.[361]

5.1 Interne Nachhaltigkeitsrisiken von Kreditnehmern

Tabelle 5.1 gibt einen Überblick über interne Nachhaltigkeitsrisiken, die im Folgenden näher erläutert werden.[362]

---

[359] Eine entsprechende Schlussfolgerung findet sich auch bei Schäfer (2004), S. 10.

[360] Vgl. Fenchel (2004), S. 49.

[361] Vgl. Fenchel (2004), S. 49. Für eine weitere Vertiefung der Relevanz von Einzelrisiken siehe u.a. Schierenbeck/Seidel (1992), Keidel (1993), Scholz (1995), Kühne (1999), Schiller/Tytko (2001) und Fenchel (2004). Der Fokus der Untersuchungen liegt überwiegend auf ökologischen Risiken. Daher wurden die Ergebnisse um die soziale Dimension ergänzt. (Anm. d. Verf.).

[362] Die Klassifikation interner Nachhaltigkeitsrisiken baut auf der Klassifikation ökologisch induzierter Risiken nach *Fenchel* auf und stimmt weitgehend mit in der Literatur vorhandenen Klassifikationen überein. Vgl. Fenchel (2004), S. 56. So unterscheidet *Kühne* zwischen Standort-, Betriebs-

Risikoklasse	Risikoausprägung
Standortrisiken	Altlasten, Gebäudekontamination
	Kontamination von Mitarbeitern oder Anwohnern
Produktionsrisiken	Gesundheits- oder Umweltschäden durch Produktionsverfahren, in der Produktion eingesetzte Substanzen, Emissionen oder Abfälle, der Umgang mit Mitarbeitern
Produktrisiken	Gesundheits- oder umweltschädliche Auswirkungen von Produkten
Mitarbeiterrisiken	Fachkräftemangel, Abwanderung von Schlüsselpersonen, Arbeitsniederlegung der Belegschaft (Streik)
Managementrisiken	Einstellung, Fehleinschätzung oder Fehlentscheidung des Managements gegenüber Umwelt- und Sozialrisiken

Tabelle 5.1: Klassifizierung interner Nachhaltigkeitsrisiken
Quelle: Eigene Darstellung in Anlehnung an Fenchel (2004), S. 56.

5.1.1 Standortrisiken

Standortrisiken entstehen unter Nachhaltigkeitsgesichtspunkten im Wesentlichen durch **Altlasten, Gebäude- oder Mitarbeiterkontaminationen**. Altlasten können sowohl durch die aktuelle Nutzung als auch durch die Vornutzung eines Standorts verursacht werden. Gebäudekontaminationen entstehen dagegen vor allem in der Bauphase durch die **Verwendung** von **gesundheitsschädlichen Substanzen** wie Formaldehyd. Das Gefährdungspotenzial von Standortrisiken hängt u.a. davon ab, ob sich der Standort in einem Gewerbe-, Misch- oder Wohngebiet oder in der Nähe von Flüssen, Seen, Natur- oder Wasserschutzgebieten befindet. Standortrisiken können für Unternehmen **finanzielle Folgen** in Form von **Umweltauflagen, Sanierungskosten, Schadensersatzzahlungen** oder der Übernahme **medizinischer Behandlungskosten** haben.[363]

5.1.2 Produktionsrisiken

Produktionsrisiken können sowohl infolge des Normalbetriebs als auch aus Störfällen entstehen. Sie werden durch das **betriebsbedingte Gefährdungspotenzial** sowie die getroffenen **Vermeidungs- und Sicherheitsmaßnahmen** bestimmt.[364] Das Gefährdungspotenzial ergibt sich aus der Art und Menge der eingesetzten bzw. entstehenden gesundheits- oder umweltschädlichen Stoffe und Verfahren. So können Mitarbeiter Lärmemissionen, giftigen chemischen Substanzen ausgesetzt sein oder an unfallgefährdeten Arbeitsplätzen wie Hochöfen arbeiten. Nach *Kühne* kann bei den

(Produktions-) und Managementrisiken und *Schiller* zwischen Altlasten- (Standort-), Produktions- und Produktrisiken. Vgl. Kühne (1999), S. 128 ff. und Schiller/Tytko (2001), S. 152 f.

363 Vgl. Kühne (1999), S. 132 f.

364 Die ökonomische Relevanz von Produktionsrisiken ist bereits seit Jahren Gegenstand wissenschaftlicher Untersuchungen. So werden Produktionsrisiken im Unternehmensmodell von *Meffert und Kirchgeorg* einer strukturierten Betrachtung unterzogen. Vgl. Meffert/Kirchgeorg (1998), S. 145 ff.

Sicherheitsmaßnahmen zwischen ursachenbezogenen Maßnahmen (Reduzierung der Gefahrenursache) und wirkungsbezogenen Maßnahmen (Reduzierung der Auswirkungen) unterschieden werden. Betriebsunfälle mit Gesundheits- oder Umweltschäden verursachen in der Regel **Haftungs-, Sanierungs-** oder **Schadensersatzzahlungen**. Sicherheitsmaßnahmen zur Vermeidung von Betriebsunfällen sowie die Entwicklung umweltverträglicher Prozesstechnologien führen hingegen zu **zusätzlichen Kosten** oder **Investitionen**.[365]

Als Beispiel für Produktrisiken kann der Untergang der Ölbohrplattform „**Deepwater Horizon**" im April 2010 genannt werden, welcher zu einer der größten Umweltverschmutzungen in der Geschichte der USA führte. Die Umweltkatastrophe resultierte für den Betreiber der Plattform BP p.l.c. in einer starken Verschlechterung der finanziellen Lage des Unternehmens. So fiel der **Aktienkurs** des Unternehmens innerhalb weniger Wochen von 69,49 USD auf 27,75 USD, das **Kreditrating** wurde von AA auf BBB herabgestuft, und die **Risikoprämie** stieg von 44 auf 600 Basispunkte an.[366] Abbildung 5.1 veranschaulicht die ökonomischen Auswirkungen der Umweltkatastrophe.

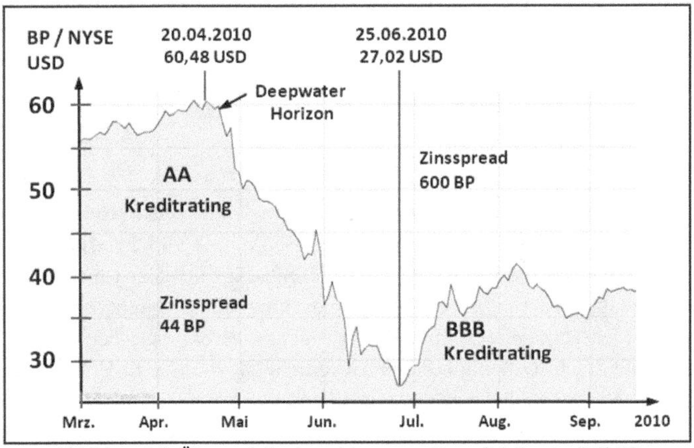

Abbildung 5.1: Ökonomische Auswirkung von Umweltrisiken im Fall BP
Quelle: Schäfer/Barthruff (2013), S. 309.[367]

[365] Vgl. Kühne (1999), S. 133 ff. Nach *Kühne* entstehen Produktionsrisiken v.a. in den primären Wertschöpfungsbereichen Beschaffung, Produktion, Lagerung, Transport und Entsorgung. Vgl. Kühne (1999), S. 133 ff. Wie die zunehmende Relevanz von „Burn-out"-Erkrankungen zeigt, können Produktionsrisiken aber auch in unterstützenden Wertschöpfungsbereichen und somit grundsätzlich in jedem anderen Unternehmensbereich vorkommen.

[366] Vgl. Bauer/Hann (2010), S. 2.

[367] Das Kursdiagramm des Aktienverlaufs wurde mithilfe eines interaktiven Diagrammanalysetools auf der Webseite von Yahoo Finance erstellt (http://de.finance.yahoo.com/).

Das Beispiel der „Deepwater Horizon“ ist als **Produktionsrisiko** zu klassifizieren, da die Umweltkatastrophe direkt infolge der operativen Tätigkeit durch das Unternehmen verursacht wurde. Die ökonomischen Auswirkungen für das Unternehmen resultierten in Schadensersatzforderungen (Rechtsrisiken) sowie Kosten für die Beseitigung der Schäden an den Ökosystemen im Golf von Mexiko. Die finanziellen Kosten der Umweltkatastrophe liegen nach Schätzungen von BP bei 42 Mrd. USD (14 % des Jahresumsatzes). Die bereits angefallenen Kosten belaufen sich auf:[368]

- 7,8 Mrd. USD aus einem Vergleich aus Zivilprozessen mit Privatpersonen und Unternehmen
- 14 Mrd. USD in Form direkter Reparatur- und Reinigungskosten wie z. B. das Abdichten des Lecks am Bohrloch
- 4,5 Mrd. USD aus der Einigung mit den US-Behörden (Justizministerium und Finanzaufsichtsbehörde)

Falls BP in den noch laufenden Verfahren eine grobe Fahrlässigkeit nachgewiesen werden kann, könnten nach Schätzungen weitere Kosten in Höhe von bis zu 17,6 Mrd. USD entstehen. Diese würden dann zusätzlich zu den **Rechtsrisiken** auch noch **Managementrisiken** beinhalten. Um Liquidität für die Begleichung der Schadenszahlungen zu beschaffen, musste BP Unternehmensaktiva im Wert von 35 Mrd. USD verkaufen.[369]

5.1.3 Produktrisiken

Produktrisiken entstehen in Form von **gesundheits-** oder **umweltschädlichen Auswirkungen** während der Nutzungs- und Entsorgungsphase **von Produkten**. Produktrisiken schlagen sich meist in Form externer Nachhaltigkeitsrisiken nieder, die jedoch durch die Produkteigenschaften entstehen und somit direkt durch das Unternehmen beeinflusst werden können. Erfüllt z. B. ein Produkt die ökologischen Anforderungen der Konsumenten nicht (z. B. hoher Energieverbrauch), kann es zu Umsatzrückgängen kommen. Verstößt ein Produkt gegen geltende oder zukünftige Vorschriften, kann das Unternehmen durch ein Verkaufsverbot gezwungen werden, das Produkt vom Markt zu nehmen. Das Produktrisiko hängt u.a. von der **Produktsicherheit, Lebensdauer, Recyclingfähigkeit sowie der Gesundheits- und Umweltverträglichkeit** der Produkte ab und **kann sich in Produkthaftungskosten** oder in höheren bzw. geringeren **Absatzzahlen bemerkbar machen.**[370] Als Beispiel für ein Produktrisiko kann der Fall Sulzer Medica genannt werden. Aufgrund einer Kosteneinsparung bei der Produktion von

---

368 Vgl. Frankfurter Allgemeine Zeitung (2012) und Süddeutsche Zeitung (2012).
369 Vgl. Frankfurter Allgemeine Zeitung (2012).
370 Vgl. Fenchel (2004), S. 54 ff. Für eine weitere Vertiefung des Themas Produktrisiken siehe Nettelbeck (1995) und Holliger-Hagmann (2003).

künstlichen Hüft- und Kniegelenken mussten zahlreiche Implantate der Sulzer Medica ausgetauscht werden. Dies führte zu Haftungskosten in Höhe von über 1 Mrd. USD (das 1,5-fache des Jahresumsatzes).[371]

5.1.4 Mitarbeiterrisiken

Das Mitarbeiterrisiko besteht aufgrund der Abhängigkeit des Unternehmens von Mitarbeitern und wird z. B. über das Angebot und die Nachfrage nach qualifizierten Facharbeits- oder Führungskräften bestimmt. In Zeiten eines Fachkräftemangels hängt die Wettbewerbsfähigkeit von Unternehmen u.a. auch von deren Fähigkeit ab, den Bedarf an qualifizierten Fachkräften zu decken und diese Mitarbeiter an das Unternehmen zu binden. Aber auch die mögliche Abwanderung von Schlüsselpersonen aus der Geschäftsführung, dem Vertrieb oder der Forschung und Entwicklung kann für Unternehmen ein schwerwiegendes Risiko darstellen. Eine hohe Fluktuation von Fachkräften schlägt sich in Form von Einarbeitungskosten für neue Mitarbeiter oder in geringeren Umsätzen nieder.[372] Neben den Kosten für die Personalrekrutierung, Personaleinarbeitung, unfall- oder krankheitsbedingte Mitarbeiterausfälle stellt auch die mit der Mitarbeitermotivation zusammenhängende Leistung der Mitarbeiter einen zentralen Faktor für den Erfolg eines Unternehmens dar. Da der Arbeitslohn i.d.R. fixiert und die Arbeitsleistung variabel ist, hängt der Arbeitseinsatz der Mitarbeiter ganz entscheidend von der Arbeitsmoral ab. Eine nach Nachhaltigkeitsaspekten ausgerichtete Unternehmensführung, die sich z. B. durch flexible Arbeitszeitmodelle, eine faire Entlohnung und mitarbeiterfreundliche Unternehmenskultur auszeichnet, zieht somit nicht nur qualifizierte Mitarbeiter an, sondern motiviert und bindet diese auch langfristig an das Unternehmen.[373] Auf der anderen Seite können schlechte Arbeitsbedingungen, geringe Sicherheitsstandards, unangemessene Entlohnung oder sogar die Missachtung gesellschaftlicher Normen wie die Diskriminierung von Minderheiten in der Belegschaft zu einem erheblichen Reputationsverlust für das Unternehmen und dessen Manager führen.[374] „Aus der Sicht von *Fama und Jensen* stellt die eigene Reputation sogar den wichtigsten motivierenden Faktor für das Management dar."[375]

---

[371] Weitere Ausprägungen des Produktrisikos waren eine gestiegene Versicherungsprämie und ein Imageschaden, welcher sogar zu einer Namensänderung des Unternehmens führte. Vgl. Holliger-Hagmann (2003), S. 5 f.

[372] Das Risiko der Abhängigkeit von einzelnen Schlüsselpersonen lässt sich z. B. durch das Vorhalten redundanter Personalressourcen oder Stellvertreterregelungen verringern (Risikodiversifikation). Vgl. Bemmann (2007), S. 236 f.

[373] Vgl. Menz/Nelles (2009b), S. 190 f. Eine empirische Erhebung unter 103 deutschen Familienunternehmen kommt zu dem Schluss, dass über 80 % der befragten Eigentümer bzw. Geschäftsführer die Mitarbeitermotivation als wichtig bis sehr wichtig einstufen. Vgl. Schäfer (2007) S. 30.

[374] Vgl. Menz/Nelles (2009b), S. 190, Bezug nehmend auf Fama/Jensen (1983), S. 301 ff.

[375] Menz/Nelles (2009b), S. 190. Verschiedene Modelle berücksichtigen soziale, ethische und emotionale Faktoren im Zielsystem von Unternehmen. So stellt die verhaltensorientierte Theorie der Unternehmung

Wie diese Beispiele zeigen, können sich Mitarbeiterrisiken sowohl kostensteigernd als auch erlösmindernd auswirken. In gravierenden Fällen wie z. B. dem plötzlichen Tod eines Geschäftsführers kann bei ungeklärter Nachfolge das Mitarbeiterrisiko sogar direkt bestandsgefährdend sein.[376]

5.1.5 Managementrisiken

Managementrisiken entstehen durch die **Einstellung**, **Einschätzungen** und **Entscheidungen** der Unternehmensführung betreffend Umwelt- und Sozialrisiken. So kann z. B. die ökologische Einstellung der Unternehmensführung die betrieblichen Umweltschutzziele und damit die Umweltbilanz des Unternehmens maßgeblich beeinflussen.[377] Managementrisiken können aus den Bereichen Planung, Organisation, Führung und Berichterstattung entstehen.[378] Bei der **Planung** besteht die Gefahr einer Fehleinschätzung der zukünftigen Entwicklung der Marktsituation.[379] So kann z. B. die Relevanz von sozialen und ökologischen Aspekten über- oder unterschätzt werden. **Organisatorische** Risiken sind sowohl aus betriebswirtschaftlicher als auch aus straf- und haftungsrechtlicher Sicht von Bedeutung. Dabei kann die Berücksichtigung von Sozial- und Umweltaspekten in der Aufbau- und Ablauforganisation das Eintreten und die Auswirkungen von Nachhaltigkeitsrisiken reduzieren.[380] Auch über die **Mitarbeiterführung** können Nachhaltigkeitsrisiken durch handlungs- und verhaltenssteuernde Maßnahmen beeinflusst werden.[381] Risiken der **Berichterstattung** können entstehen, wenn der Informationsbedarf von Anspruchsgruppen nicht befriedigt wird, Dokumentationspflichten nicht erfüllt werden oder unvollständige bzw. unglaubwürdige Informationen veröffentlicht werden. Dies kann Sanktionen betroffener Anspruchsgruppen nach sich ziehen, die sich wiederum in **regulatorischen, Rechts-** oder **Reputationsrisiken** auf das Unternehmen auswirken können.[382] Als Beispiel für

---

von *Cyert und March* das Unternehmen als Koalition verschiedener Interessengruppen dar, deren teilweise konträre Interessen im Zielsystem des Unternehmens berücksichtigt werden müssen. Vgl. Cyert/March (1992), S. 19 ff.

[376] Vgl. Bemmann (2007), S. 236. In der verwiesenen Untersuchung betrachten über 40 % der 105 mittelständischen Unternehmen das Mitarbeiterrisiko als „bedeutend" bis „bestandsgefährdend". Die Ermittlung der Eintrittswahrscheinlichkeit, mit der eine Schlüsselperson in den nächsten 12 Monaten dauerhaft arbeitsunfähig wird, könnte z. B. über verschiedene soziodemografische Parameter wie Alter, Geschlecht, Gewicht, Körpergröße oder Trink- und Rauchgewohnheiten quantifiziert werden. Vgl. Bemmann (2007), S. 236.

[377] Vgl. Kühne (1999), S. 137 f.

[378] Vgl. Meuche (1994), S. 74 ff und Kühne (1999), S. 137 f.

[379] Vgl. Freimann (1996), S. 295 ff.

[380] Dies kann die Definition und Dokumentation von Verantwortungsbereichen wie z. B. die Einstellung eines Umweltschutzbeauftragten, das Einrichten einer Beschwerdestelle (engl. „whistle-blowing") oder die Notfallplanung von Störfallmaßnahmen beinhalten. Vgl. Kühne (1999), S. 138 f.

[381] Vgl. Kühne (1999), S. 139. Ein Beispiel hierfür wäre die Duldung oder Förderung von Bestechungs- und Korruptionsfällen oder das Aufweichen von Sicherheitsprüfungen (Anm. d. Verf.).

[382] Vgl. Kühne (1999), S. 139.

Managementrisiken kann das Festhalten des Managements an einer von der Gesellschaft nicht akzeptierten Technologie oder Durchführung eines nicht akzeptierten Projekts gesehen werden. So hatte sich der ehemalige Vorstandsvorsitzende der RWE AG nach der Reaktorkatastrophe in Japan gegen den breiten Konsens der deutschen Bevölkerung für einen Atomausstieg weiterhin für ein Festhalten an der Atomkraft eingesetzt und somit dem Image des Unternehmens geschadet.[383]

5.2 Externe Nachhaltigkeitsrisiken von Kreditnehmern

Neben internen Nachhaltigkeitsrisiken existieren (unternehmens-) externe Nachhaltigkeitsrisiken. Gegenüber den internen Nachhaltigkeitsrisiken haben externe Nachhaltigkeitsrisiken ihren Ursprung außerhalb von Unternehmen und können somit vom Unternehmen i.d.R nicht beeinflusst werden.[384] Tabelle 5.2 zeigt die externen Nachhaltigkeitsrisiken und deren Ausprägungen im Überblick.

Risikoklasse	Risikoausprägung
Physische Risiken	Schäden an Gebäuden und Infrastruktur durch Wetterereignisse
	Risiken durch dauerhafte Änderung des Klimas, z. B. eingeschränkte Verfügbarkeit von Betriebsstoffen
	Transportrisiken, z. B. Unterbrechung der Zulieferkette
Regulatorische Risiken	Verschärfung der Auflagen für die Produktion
	Verschärfung der Auflagen für Produkte und Dienstleistungen
Marktpreisrisiken	Erhöhung der Energiekosten
	Erhöhung der Roh- und Betriebsstoffkosten
	Erhöhung der Finanzierungs- und Versicherungskosten
Marktrisiken	Änderungen im Kundenverhalten
	technologischer Wettlauf, Überalterung von Technologien
Rechtsrisiken	Haftung für Umweltverschmutzung, Strafzahlungen für Kartellverstöße oder Entzug der Betriebserlaubnis
Reputationsrisiken	Reputationsschäden, z. B. durch unfaire Arbeitsbedingungen, Schmiergeldzahlungen oder Korruption

Tabelle 5.2: Klassifizierung externer Nachhaltigkeitsrisiken
Quelle: Eigene Darstellung in Anlehnung an oekom Research (2009a), S. 4 ff.

---

[383] Vgl. Süddeutsche Zeitung (2011), S. 1ff. Die *Zeit* urteilte in diesem Zusammenhang: „Man kann darin die Standhaftigkeit eines prinzipienfesten Managers sehen. Aber auch den Starrsinn eines Verblendeten.“ Zeit Online (2011).
[384] Vgl. Fenchel (2004), S. 49.

5.2.1 Physische Risiken

Physische Risiken entstehen insbesondere aus **Extremwetterereignissen** wie z. B. Stürmen, Überschwemmungen, Dürreperioden und Hitzewellen, **geophysikalischen Ereignissen** wie Erdbeben und Vulkanausbrüchen sowie deren direkten und indirekten Auswirkungen auf das Unternehmen.[385] Es kann jedoch durchaus auch zu hohen Schadenssummen ohne Wetterextreme kommen. So können auch „unspektakuläre" Umwelteinwirkungen wie die Versauerung der Meere, Verschlechterung der Bodenqualität und die Verbreitung von Krankheiten laut den Statistiken der Rückversicherer zu hohen Schadenssummen führen.[386]

Bei physischen Risiken ist davon auszugehen, dass diese **geografische und branchenspezifische Unterschiede** aufweisen. So haben Unternehmen mit Standorten, Zulieferern oder Großkunden in wetterexponierten Regionen (z. B. Südstaaten der USA), Erdbebenregionen sowie Unternehmen aus Branchen, die auf wetterabhängige Betriebsstoffe wie Kühlwasser (Energieerzeuger), Regen (Landwirtschaft) oder Schnee (Tourismusbranche in Skigebieten) angewiesen sind, höhere physische Risiken als andere Unternehmen. Wie in Kapitel 3 bereits ausgeführt wurde, weisen wissenschaftliche Untersuchungen darauf hin, dass durch den **Klimawandel zukünftig häufigere und stärkere Auswirkungen** durch Extremwetterereignisse auf Unternehmen zu erwarten sind. In der Versicherungsbranche hat dies zur Folge, dass Schadensstatistiken aufgrund des Klimawandels in ihrer Aussagekraft entwertet werden, sodass aus vergangenen Ereignissen nicht mehr auf zukünftige Schadensfälle geschlossen werden kann.[387]

5.2.2 Regulatorische Risiken

Regulatorische Risiken entstehen durch **Veränderungen** der **politischen** und **rechtlichen Rahmenbedingungen** für Produkte oder Produktionsprozesse. Werden z. B. Emissionen reglementiert, bestimmte Produkteigenschaften vorgeschrieben oder die Einführung einer Nachhaltigkeitsberichterstattung gefordert, kann dies für Unternehmen zu **Investitionszwängen**, **höheren Entwicklungs-** oder **Produktionskosten** führen. Des Weiteren kann die Einführung oder Erhöhung von Steuern auf Emissionen die Ertragslage und die Wettbewerbsfähigkeit von Unternehmen beeinflussen.[388] *Meuche*

---

[385] Physische Risiken in Form von Kriegen oder Rebellionen sind in den Schadensstatistiken der Rückversicherer ausgeschlossen (vgl. Schweizerische Rückversicherung (2012), S. 38) und würde weit über die in Kapitel 3 gegebene Definition von Nachhaltigkeit und nachhaltige Unternehmensführung hinausgehen.

[386] Vgl. Münchener Rück (2013), S. 54 f., Schweizerische Rückversicherung (2012), S. 38 und oekom Research (2009a), S. 4 ff.

[387] Vgl. Onischka (2009b), S. 4, Onischka (2009a), S. 28 und IFC (2010), S. 7 und 38. Eine vertiefte Auseinandersetzung mit Klimarisiken findet sich in Kapitel 5.3.

[388] Vgl. Schiller/Tytko (2001), S. 153.

unterscheidet in diesem Zusammenhang zwischen restriktiven und marktorientierten Regulierungen. Zu den restriktiven Vorgaben gehören z. B. das Verbot bestimmter Substanzen oder Vorschriften über die Entsorgung von Produkten. Zu den marktorientierten Vorgaben zählen u.a. die Erhebung von Steuern, die Verschärfung des Haftungsrechts oder die Einführung von Zertifikaten.[389] Regulatorische Risiken können entweder durch politische Diskussionen, neue wissenschaftliche Erkenntnisse, einen Regierungswechsel oder aber auch durch Ad-hoc-Ereignisse entstehen.[390]

Als Beispiel für regulatorische Risiken kann die Insolvenz des indonesischen Zellstoff- und Papierunternehmens „Asia Pulp and Paper" kurz APP genannt werden, welche im Jahr 2001 zu Kreditausfällen bei über 300 indonesischen und internationalen Banken führte. Der Grund für die Insolvenz lag in dem Geschäftsmodell von APP, welches auf der kostenlosen (illegalen) Abholzung von Primärregenwäldern basierte.[391] Nach einem härteren Durchgreifen der indonesischen Regierung gegen illegale Abholzung von Primärwäldern (**regulatorische Risiken** und **Rechtsrisiken**) konnte das Unternehmen seine ausstehenden Kredite in Höhe von 13,9 Mrd. USD nicht mehr bedienen. Dies führte dazu, dass einige Banken Umwelt- und Sozialrisiken in die Kreditrisikoprüfung von Projektfinanzierungen integrierten und Branchenrichtlinien für risikobehaftete Branchen erstellten.[392]

5.2.3 Marktpreisrisiken

Marktpreisrisiken entstehen durch Änderungen der **Höhe** oder der **Volatilität** von Preisen für die Beschaffung von Roh-, Hilfs- und Betriebsstoffen, für die Entsorgung betrieblicher Abfälle oder auch durch steigende Versicherungsprämien. Als Beispiele für Marktpreisrisiken im Bereich der externen Nachhaltigkeitsrisiken kann z. B. die Entwicklung der Strompreise in Deutschland genannt werden, wo die Bepreisung von CO_2-Emissionen sowie die EEG- und KWK-Umlage zu einer Erhöhung der Strompreise und deren Volatilität führen.[393] Des Weiteren ist aufgrund Endlichkeit nicht regenerativer Energieträger wie Erdöl und –gas mit einem Anstieg der Marktpreise zu rechnen.[394] Wie in Kapitel 3.6 gezeigt wurde, sind aufgrund der CO_2-Bepreisung

[389] Vgl. Fenchel (2004), S. 51.

[390] Vgl. Meuche (1994), S. 93 ff. und Schiller/Tytko (2001), S. 153. Als Beispiel für ein Ad-hoc-Ereignis kann der deutsche Ausstieg aus der Atomenergie nach der Kernschmelze im japanischen Atomkraftwerk Fukushima genannt werden (Anm. d. Verf.). Eine Auseinandersetzung mit umweltpolitischen Instrumenten und Haftungsfragestellungen findet sich bei Meffert/Kirchgeorg (1998), S. 104 ff.

[391] Vgl. Barr (2001), S. 60, Happe (2009), S. 9 ff. und Matthew/van Gelder (2001), S. 8 ff. Untersuchungen zufolge stammten bis zu 73 % der Holz- und Papierproduktion aus illegaler Abholzung. Vgl. Matthew/van Gelder (2001), S. 8.

[392] Vgl. Happe (2009), S. 9 ff. und Matthew/van Gelder (2001), S. 46 ff.

[393] Vgl. Statistisches Bundesamt (2013), S. 11 ff. und Bundesverband der Energie- und Wasserwirtschaft (2013), S. 13 ff.

[394] Vgl. Meadows u.a. (1972) und Randers (2012), S. 42.

Marktpreisrisiken **insbesondere in energie- und rohstoffintensiven Branchen relevant**. Unternehmen mit besonders energieeffizienten Produktionsprozessen und Produkten sind dabei resistenter gegenüber Marktpreisrisiken als Unternehmen mit ineffizienten Produktionssystemen. Neben diesen Effizienzkennzahlen sind die Energieintensität, Roh-, Hilfs- und Betriebsstoffintensität der Leistungserstellung sowie die Exponierung gegenüber physischen Risiken wichtige Faktoren, welche die Relevanz von Marktpreisrisiken beeinflussen.[395]

5.2.4 Marktrisiken

Marktrisiken, auch Produktabsatzrisiken genannt, resultieren aus **Veränderungen** des **Nachfrageverhaltens von Kunden**. So kann z. B. das frühzeitige Erkennen von ökonomischen, sozio-kulturellen und ökologischen Trends sowie deren aktive Umsetzung durch nachhaltige Unternehmensstrategien Wettbewerbsvorteile ermöglichen und Monopolrenten erwirtschaften lassen.[396] Neben der Chance, zukünftige Unternehmenswertsteigerung durch die Berücksichtigung von Nachhaltigkeitsaspekten zu generieren, besteht jedoch auch das Risiko einer geringeren Kundennachfrage aufgrund einer Nicht-Nachhaltigkeit. Werden z. B. ökologische oder soziale Anforderungen bzw. Erwartungen der Kunden an ein bestimmtes Produkt nicht erfüllt, kann es zu einer Kaufverhaltensänderung bzw. einem Nachfragerückgang kommen. Nachhaltigkeitsbezogene Marktrisiken hängen davon ab, ob sich das **Umwelt-** oder **Sozialbewusstsein** von Kunden **im Konsum bzw. Kaufverhalten niederschlägt**.[397] Laut *Meffert und Kirchgeorg* kann die Umweltorientierung dabei innerhalb der Gesellschaft als dauerhaft verankert gesehen werden.[398] Marktrisiken bestehen sowohl im Retailbereich (B-to-C) als auch im Firmenkundenbereich (B-to-B). So können im B-to-B Bereich Kunden nachgelagerter Wertschöpfungsstufen ökologische oder soziale Anforderungen an Zwischenprodukte oder Produktionsprozesse ihrer Zulieferer stellen.[399] Durch die Anforderungen der Unterzeichner des CDP und der GRI, über die Treibhausgasemissionen ihrer Produkte und Dienstleistungen inklusive Vorleistungen zu berichten (siehe hierzu Kapitel 3), besteht ein Anreiz, möglichst CO_2-arme Vorleistungen und Produkte einzukaufen. So ist gerade bei Großunternehmen in den vergangenen Jahren der CO_2-neutrale Postversand in Mode gekommen.[400] Branchen, in denen die Energie-

---

[395] Vgl. oekom Research (2009a), S. 4 ff.

[396] Vgl. Schäfer (2004), S. 13.

[397] So kann z. B. die Umweltverträglichkeit und Energieeffizienz von Produkten zu einem wichtigen Kaufkriterium werden. Vgl. Fenchel (2004), S. 52 und Meuche (1994), S. 97.

[398] Vgl. Meffert/Kirchgeorg (1998), S. 13 f.

[399] Vgl. Fenchel (2004), S. 53. Siehe hierzu insbesondere die Nachhaltigkeitsvereinbarungen für Lieferanten der Automobilbranche. Vgl. Volkswagen AG (2012) und BMW Group (2011).

[400] Vgl. Allianz Group (2010), S. 26, HypoVereinsbank (2012), S. 25 und Bausparkasse Schwäbisch Hall AG (2012), S. 38. Bei der „...Reduktion unseres CO_2-Fußabdrucks arbeiten wir auch mit DHL zu-

effizienz der Produkte und der Produktionsprozesse wichtige Wettbewerbsfaktoren darstellen (z. B. Automobil-, Haushaltsgeräte-, oder IT-Branche), sind eher von Marktrisiken betroffen als andere Branchen.[401]

5.2.5 Rechtsrisiken

Rechtsrisiken können in Form von **Bußgeldern, Prozesskosten, Haftungsfällen** sowie **Geldstrafen** aus Zivil-, Straf- oder öffentlich-rechtlichen Prozessen entstehen. So können Unternehmen z. B. zur Sanierung kontaminierter Grundstücke oder Gebäude verpflichtet werden.[402] Des Weiteren können Verstöße gegen Gesetze oder Standards zu einer Verzögerung von Genehmigungsverfahren, zu zivil- und strafrechtlichen Konsequenzen oder gar zum **Entzug der Betriebsgenehmigung** führen.[403]

5.2.6 Reputationsrisiken

Reputationsrisiken können sowohl durch nachgewiesene Umweltschäden, unfaire Geschäftspraktiken als auch durch Gesetzesverstöße entstehen. Die Folgen eines Reputationsschadens können beispielsweise **Ertragseinbußen** aufgrund eines **Konsumentenboykotts**[404] oder auch Aufwendungen zur Wiederherstellung einer angeschlagenen Reputation sein.[405] Ein **Reputationsschaden** kann sich dabei in sinkenden Absatzzahlen niederschlagen, wohingegen ein als Vorreiter wahrgenommenes Unternehmen positive Absatzpotenziale generieren kann. Entscheidend ist hierbei neben der tatsächlichen Nachhaltigkeitsperformance auch die **Kommunikationsstrategie** des Unternehmens.[406] Kritische Stakeholder wie Kunden, Mitarbeiter, Bürgerinitiativen, Anwohner, Umweltschutzverbände und Medien können dabei Druckpotenziale auf das Unternehmen ausüben und die Reputation des Unternehmens beeinflussen. So gelang es Greenpeace mit Unterstützung der Medien, die geplante Entsorgung der Ölplattform Brent Spar in der Tiefsee zu verhindern. Aufgrund des entstandenen Reputationsschadens musste die Royal Dutch Shell plc mehrere Millionen britische Pfund in reputationsbildende Maßnahmen investieren.[407] Eine

---

sammen, um unseren Postversand (entspricht 4.000 Tonnen CO_2) klimaneutral zu stellen.“ Allianz Group (2010), S. 26.

[401] Vgl. oekom Research (2009a), S. 4 ff.

[402] Als Beispiel lässt sich die Entsorgung von asbestverseuchten Baumaterialien nennen. So verursacht die fachgerechte Entsorgung einer zum Preis von 1.000 DM verbauten Tonne Spritzasbest Sanierungskosten von ca. 235.000 DM. Vgl. Meuche (1994), S. 100.

[403] Vgl. Meuche (1994), S. 94 und Stiehle (2001), S. 70 f. Eine Auseinandersetzung mit der umweltrechtlichen Situation von Unternehmen und Kreditinstituten findet sich bei Kühne (1999).

[404] Für eine weiterführende Vertiefung des Themas Konsumentenboykott siehe Friedman (1999) und Hoffmann (2011).

[405] Vgl. Kühne (1999), S. 128 f.

[406] Vgl. Schwalbach (2003), S. 225 ff. und Kühne (1999), S. 128 f.

[407] Vgl. Fenchel (2004), S. 51.

Risikoprävention endet daher nicht mit der Einhaltung gesetzlicher Bestimmungen und Standards, sondern beinhaltet auch die **Akzeptanz kritischer Stakeholder**.[408]

Als intangible Ressource hat die Reputation einen wesentlichen Einfluss auf den Unternehmenswert. Mittel- bis langfristig können umweltschädliche oder von Anspruchsgruppen nicht akzeptierte Produkte und Produktionsprozesse aufgrund sinkender Reputation den Unternehmenswert direkt beeinflussen.[409] Die Quantifizierung der ökonomischen Auswirkungen, wie z. B. Ertragseinbußen aufgrund von Reputationsschäden, gestaltet sich allerdings bis heute als schwierig.[410]

5.3 Klimawandel als Haupttreiber von Nachhaltigkeitsrisiken

Wie in Kapitel 3.6 gezeigt wurde, ergeben sich durch den Klimawandel vielfältige ökonomische Chancen und Risiken. Da der Klimawandel und dessen Auswirkungen i.d.R. nicht von einem einzelnen Unternehmen beeinflusst werden kann, wirkt sich der Klimawandel in Form von externen Nachhaltigkeitsrisiken aus. Interne Nachhaltigkeitsrisiken[411] werden daher in Kapitel 5.3 nicht gesondert betrachtet.

Dem aktuellen Stand der Wissenschaft zufolge ist **zukünftig** von einer **signifikanten und systematischen Beeinträchtigung** der finanziellen Performance von Unternehmen **durch Klimarisiken** auszugehen. Um die **Wirkungszusammenhänge zwischen Klimarisiken und Kreditrisiken** besser darstellen zu können, wird in Kapitel 5.3 eine Zuordnung der ökonomischen Einflusskanäle von **Klimarisiken** auf die Geschäftsentwicklung von Unternehmen **nach Region und Branche** vorgenommen. Über die konkreten zukünftigen wirtschaftlichen Auswirkungen der Chancen und Risiken des Klimawandels auf Unternehmensebene herrscht bisher häufig **Unsicherheit**.[412] Aus diesem Grund werden die Auswirkungen bzw. Risiken im Folgenden nach **Branchen** und **Regionen** analysiert, um daraus Rückschlüsse auf das Klimarisiko von Unternehmen ziehen zu können. Abbildung 5.2 gibt einen Überblick über die Strukturierung von Klimarisiken nach deren Fristigkeit, Risikoklasse und Auswirkungsart.

---

[408] Vgl. Hammann (1992), S. 139. Reputationsrisiken können mithilfe eines aktiven Dialogs mit kritischen Anspruchsgruppen im Vorfeld identifiziert werden. Vgl. Meuche (1994), S. 96. Das Instrument des Stakeholder-Dialogs besitzt somit den Charakter eines Frühwarninstruments und ermöglicht sowohl die frühzeitige Identifikation von Widerständen gegen geplante Projekte als auch die Beeinflussung von Anspruchsgruppen zugunsten des Unternehmens. Vgl. Fenchel (2004), S. 77.

[409] Vgl. Schwalbach (2003), S. 225 ff.

[410] Vgl. Füser u.a. (2008), S. 12 ff. und Fenchel (2004), S. 51.

[411] Interne Risiken haben ihren Ursprung nach der im Rahmen dieser Arbeit verwendeten Definition von *Fenchel* im Unternehmen und können i.d.R. direkt vom Unternehmen beeinflusst werden. Vgl. Fenchel (2004), S. 49. Beides trifft auf Klimarisiken nicht zu.

[412] Vgl. Flotow (2009), S. 8.

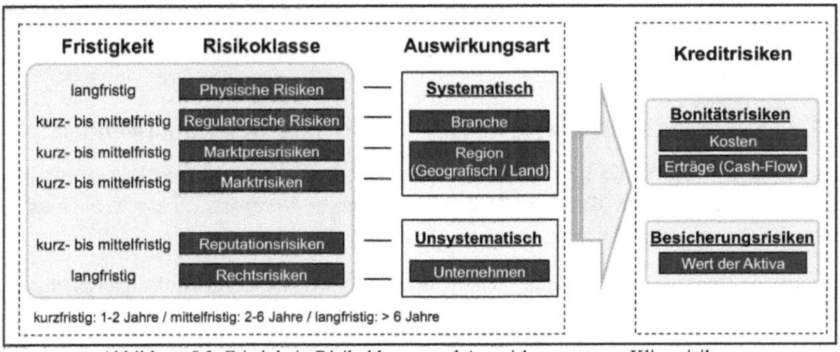

Abbildung 5.2: Fristigkeit, Risikoklassen und Auswirkungsart von Klimarisiken
Quelle: Eigene Darstellung.

Wie aus der Abbildung ersichtlich wird, haben physische, regulatorische, Markt- und Marktpreisrisiken systematische Auswirkungen auf verschiedene Branchen und Regionen. Reputations- und Rechtsrisiken sind dagegen unternehmensspezifisch und daher eher als unsystematisch anzusehen.

5.3.1 Fristigkeit von Klimarisiken

Ein Unterschied der verschiedenen Risikoklassen besteht in der Fristigkeit ihrer Auswirkungen. Während die Auswirkungen von **physischen Risiken** sowie **Rechtsrisiken** eher langfristig zunehmen werden (länger 6 Jahre), können sich **regulatorische** und **Reputationsrisiken** bereits kurz- und mittelfristig auf die finanzielle Performance von Unternehmen auswirken.[413] Eine **Untersuchung der UNEP FI** kommt zu dem Ergebnis, dass Klimarisiken stark von der Kreditlaufzeit abhängig sind. Für Kredite mit einer **Laufzeit** von unter fünf Jahren sind Klimarisiken weniger relevant. Für Kredite mit einer Laufzeit von über zehn Jahren an Unternehmen aus bestimmten Branchen (z. B. Energieversorger, Aluminium- und Zementbranche) sind Klimarisiken dagegen sehr relevant. Kreditinstitute sollten daher Kredite mit **längeren Laufzeiten in Branchen mit hohen Klimarisiken** nur vergeben, wenn sie entweder:[414]

1. eine Kündigungsklausel vereinbart haben
2. Klimarisiken entsprechend abgesichert haben oder
3. Klimarisiken risikogerecht bepreist haben.

Beispiele für Kreditnehmer mit hohen Klimarisiken sind Unternehmen in **Branchen**, die stark von Wetterbedingungen und Niederschlag abhängig sind (z. B. Landwirtschaft,

[413] Vgl. Onischka (2009a), S. 20 f. und UNEP FI (2006), S. 65.
[414] Vgl. UNEP FI (2006), S. 65.

Tourismus und Energiewirtschaft) sowie Unternehmen in **Regionen**, die von Wassermangel, Überschwemmungen und Extremwetterereignissen betroffen sind.[415]

5.3.2 Auswirkungsart der Chancen und Risiken des Klimawandels

Nachfolgend werden die in Kapitel 5.2 vorgestellten Risikoklassen in Bezug auf den Klimawandel analysiert. Da der Klimawandel externer Natur ist, schlägt er sich auch nur in Form externer Risiken nieder.

Physische Risiken sind **systematischer Natur** und wirken sich auf alle Unternehmen innerhalb einer Region (geografische Region) aus. So haben Unternehmen mit Standorten in wetterexponierten Lagen wie z. B. Küstenregionen in den **Südstaaten der USA besonders hohe physische Risiken**. In anderen Regionen wie z. B. dem **westeuropäischen Festland** werden **physische Risiken** deutlich **geringer** eingeschätzt.[416] Des Weiteren sind Branchen, deren Zulieferketten oder Hauptkunden besonders von physischen Risiken bedroht sind, ebenfalls von den Risiken ihrer Zulieferer betroffen. So können bei einer Just-in-time-Produktion Zulieferschwierigkeiten aufgrund von Infrastrukturschäden zu Betriebsstilllegungen führen. Obwohl einige Regionen wie **Russland, Kanada** und die **skandinavischen Länder** in den kommenden Jahren **vom Klimawandel profitieren** können, werden die weltweiten Nettoeffekte als Saldo der ökonomischen Schäden und Nutzen der physischen Risiken des Klimawandels überwiegend als negativ angesehen. Zu den exponierten Regionen gehören Küstenregionen und überschwemmungsgefährdete Gebiete sowie von Wassermangel betroffene Regionen.[417]

Auch **regulatorische Risiken** sind **systematischer Natur** und wirken sich auf Unternehmen innerhalb einer **Branche und Region** (nationales Hoheitsgebiet) gleichermaßen aus. Der Klimawandel erfordert nach Einschätzung von Politik und Wissenschaft umfangreiche politische Rahmensetzungen, um eine Verringerung der Treibhausgasemissionen und die nötigen Anpassungen an den Klimawandel zu erreichen. Damit kommen erhebliche regulative Chancen und Risiken auf viele Branchen zu.[418] Wird die Internalisierung der Kosten der Treibhausgasemissionen z. B. durch eine Verschärfung des CO_2-Handels vorangetrieben, hat das auch Auswirkungen auf die Wettbewerbsfähigkeit und die Kreditwürdigkeit von CO_2-intensiven Unternehmen.[419] Mögliche

---

[415] Vgl. IFC (2010), S. VI f.
[416] Vgl. Field u.a. (2007), S. 626 ff. und Onischka (2009a), S. 13 ff.
[417] Vgl. Onischka (2009a), S. 13 f. und S. 20.
[418] Vgl. Stern (2007), S. i ff., Deutsche Bank Research (2007), S. 29 und Wissenschaftlicher Beirat der Bundesregierung für Globale Umweltveränderungen (WBGU) (2011), S. 2 und 17.
[419] Vgl. CDP (2009), S. 46.

regulatorische Maßnahmen zur Reduzierung der Treibhausgasemissionen, welche sich auf die Wirtschaftlichkeit von Unternehmen auswirken, sind:[420]

- **Förderprogramme und Subventionen**, z. B. die Förderung der erneuerbaren Energien, der energetischen Gebäudesanierung, von Forschungsprojekten oder der Abwrackprämie
- **Regulatorische Vorgaben** über Grenzwerte für CO_2-Ausstoß wie z. B. Abgasnormen im Automobilsektor oder neue Heizungsanlagen
- **Steuer** auf **CO_2-Emissionen** bzw. Emissionshandel
- **Steuer** auf bestimmte **Energieträger**, z. B. Mineralölsteuer
- **Steuererleichterungen** für energieeffiziente Maßnahmen (Absetzbarkeit von Handwerkerrechnungen)

Branchen mit einem vergleichsweise hohen direkten Beitrag zum **Klimawandel,** insbesondere energieintensive Branchen, stehen besonders im Fokus staatlicher Regulierungsmaßnahmen. Den Risiken strengerer Umwelt- und Sozialstandards stehen aber auch Chancen gegenüber. Werden z. B. die von der EU gesetzten Ziele zur Treibhausgasreduktion durch eine geschickte Rahmensetzung angeregt, so entstehen über die **Modernisierung des Immobilienbestands** und den **Umbau** der **Energie-** und **Verkehrsinfrastruktur** enorme ökonomische **Chancen** für viele Branchen.[421]

Marktpreisrisiken entstehen in Bezug auf den Klimawandel in der Regel aus den regulatorischen Risiken oder aufgrund von physischen Schäden an Förderanlagen als nachgelagerte Effekte und sind damit ebenfalls systematisch.[422] Werden z. B. die CO_2-Emissionen von Energieträgern besteuert oder erneuerbare Energien gefördert, erhöhen sich die Energiepreise sowie deren Volatilität und damit die Preise für Produkte energieintensiver Branchen. Als Beispiel könnte hier die EEG-Umlage auf den Strompreis genannt werden.[423] In diesem Zusammenhang ist davon auszugehen, dass sich Branchen und Märkte in Regionen ohne CO_2-Bepreisung bzw. mit niedrigeren Kosten für CO_2-Emissionen besser entwickeln werden als Branchen und Märkte in Regionen mit hohen Kosten für CO_2-Emissionen. Auch klimainduzierte **Marktrisiken** entstehen in der Regel als nachgelagerte Effekte regulatorischer Risiken (systematische Risiken). Werden Energieträger aufgrund einer CO_2-Besteuerung teurer, so steigt die Nachfrage nach energieeffizienten Produkten. Weitere Beispiele regulatorischer Risiken, welche Marktrisiken nach sich ziehen, sind z. B. die Einführung von Umweltzonen oder die Orientierung der Kfz-Steuer am CO_2-Ausstoß der Fahrzeuge.[424]

---

[420] Vgl. DB Advisors (2008), S. 115 ff. und Onischka (2009a), S. 14 ff.
[421] Vgl. oekom Research (2009a), S. 4 ff.
[422] Vgl. Onischka (2009a), S. 6 ff.
[423] Vgl. Bundesverband der Energie- und Wasserwirtschaft (2013), S. 13 ff.
[424] Da sich regulatorische Maßnahmen häufig auf Marktpreise und die Nachfrage (Marktrisiken) auswirken, werden diese beiden Risikotreiber häufig auch als den regulatorischen Risiken nachgelagerte

Klimainduzierte **Reputationsrisiken** entstehen dann, wenn Produkte oder Produktionsprozesse von Unternehmen als klimaschädlich wahrgenommen werden. Da die Reputation im Regelfall von Managemententscheidungen sowie von Marktpositionierungen und Produkteigenschaften beeinflusst wird, sind Reputationsrisiken als **unsystematische Risiken** einzuordnen. Mittel- bis langfristig können klimaschädliche Produkte und Produktionsverfahren die Reputation und damit den Firmenwert (Goodwill) eines Unternehmens beeinflussen.[425]

Zukünftig könnten für Unternehmen auch Rechtsrisiken aufgrund emissionsbedingter Klimaschäden entstehen. Zwar dürften die Klagen aus formaljuristischen Gründen in den kommenden Jahren nur wenig Aussicht auf Erfolg haben, langfristig könnten jedoch, wie Schadensersatzklagen gegen die Tabakindustrie in den USA zeigen, durchaus Haftungsverpflichtungen gegenüber Unternehmen entstehen. Laut *Onischka* sind **Rechtsrisiken** als **unsystematische Risiken** einzuordnen, da Haftungsansprüche aus Managementfehlern bzw. aus Verstößen gegen regulative Vorgaben entstehen.[426]

5.3.3 Branchenbezogene Chancen und Risiken des Klimawandels

Der Klimawandel und die damit einhergehende Zunahme von Wetterextremen können in einigen Branchen als eindeutige **Einflussfaktoren** auf den **Cash-Flow** angesehen werden. Eine **Studie der Deutschen Bank** zeigt die Chancen und Risiken des Klimawandels für verschiedene Branchen. Dabei werden die **Chancen und Risiken** des Klimawandels in zwei Dimensionen unterteilt (siehe Abbildung 5.3). Während die **klimatisch-natürliche Dimension** (Y-Achse) die physischen Risiken des Klimawandels berücksichtigt, fasst die **regulatorisch-marktwirtschaftliche Dimension** (X-Achse) regulatorische Risiken, Markt- und Marktpreisrisiken zusammen.[427]

Effekte zweiter Ordnung bezeichnet und als Teil der regulatorischen Risiken gesehen. Vgl. Onischka (2009a), S. 9 f.

425 Vgl. Onischka (2009a), S. 18 f.

426 Vgl. Onischka (2009a), S. 17 f.

427 Die Größe der Kreise spiegelt das Ausmaß der Betroffenheit wider, wobei innerhalb der Branchen (z. B. Tourismus und Landwirtschaft) teilweise starke regionale Unterschiede herrschen. Vgl. Deutsche Bank Research (2007), S. 29.

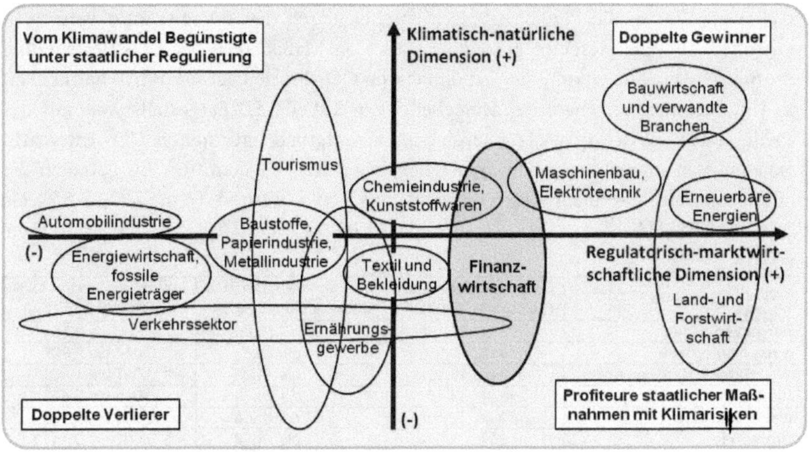

Abbildung 5.3: Gewinner- und Verliererbranchen des Klimawandels
Quelle: Deutsche Bank Research (2007), S. 29.

Nach Ansicht der Autoren der Studie profitiert die **Baubranche** doppelt vom Klimawandel. Zum einen ergeben sich Wachstumschancen durch die auf den Klimawandel und die Umweltpolitik zurückzuführenden **Investitionen** in den Wohnungsbau, die Infrastruktur, die Erneuerung der Kraftwerkparks und in präventive Maßnahmen. Zum anderen profitiert die Baubranche von zusätzlichen Aufträgen aufgrund klimabedingter Schäden. Laut Berechnungen der Deutschen Bank beträgt allein **in Deutschland** das auf den Klimawandel zurückzuführende **Bauvolumen bis zum Jahr 2030** zwischen **150 und 340 Mrd. Euro**. Darüber hinaus führen steigende Temperaturen in den Wintermonaten zu geringeren witterungsbedingten Produktionsstillständen, was die Kosten senkt und die Planungssicherheit erhöht.[428]

Der **Energiesektor** ist sowohl von **physischen Risiken** (Schäden an Infrastruktur sowie hoher Bedarf an Kühlwasser) als auch von **regulatorisch-marktwirtschaftlichen Risiken** aufgrund seiner hohen Treibhausgasemissionen betroffen. So verursachte der Hurrican Katrina im Jahr 2005 beim amerikanischen Energieversorger Entergy Schäden in Höhe von 1,5 Mrd. USD. Aufgrund der Hitzewelle in Europa musste im Jahr 2005 die Leistung mehrere Kraftwerke reduziert werden, wodurch dem Energieversorger Électricité de France (EDF) Verluste in Höhe von 335 Mio. Euro entstanden.[429] Da

[428] Vgl. Auer u.a. (2008), S. 1 ff.
[429] Vgl. IFC (2010), S. V und Oxfam America (2012), S. 12. Eine Einschätzung und Beispiele der physischen Risiken des Klimawandels für verschiedene Branchen finden sich bei Oxfam America (2012), S. 2 ff.

weltweit ca. 25 % aller Treibhausgasemissionen durch den Energiesektor verursacht werden, ist der Energiesektor besonders stark von Maßnahmen zur CO_2-Besteuerung betroffen.[430] Die Auswirkung der Erhöhung von CO_2-Preisen auf die Wirtschaftlichkeit von Unternehmen verschiedener Branchen ist in Tabelle 5.3 dargestellt. Wie aus der Tabelle ersichtlich wird, ist die Energiebranche aufgrund ihrer **hohen CO_2-Intensität** besonders von regulatorisch-marktwirtschaftlichen Risiken betroffen. So betragen die Emissionskosten bei einem CO_2-Emissionspreis von 5 Euro je Tonne CO_2 1,5 % bis 6,5 % des EBITDA.[431]

Branche	Emissionsintensität (t CO_2/Mio. EBITDA)	Emissionskosten in % EBITDA (50 € / t CO_2)	Emissionskosten in % EBITDA (5 € / t CO_2)
Energieversorger	6.903 bis 39.195	15,00 bis 65,85	1,50 bis 6,585
Transport/Logistik	146 bis 46.946	0,14 bis 28,87	0,014 bis 2,887
Roh-, Hilfs- & Betriebsstoffe	513 bis 15.152	0,27 bis 14,63	0,027 bis 1,463
Pharma/Gesundheit	216 bis 23.772	0,15 bis 24,03	0,015 bis 2,403
Investitionsgüter	50 bis 23.468	0,04 bis 11,68	0,004 bis 1,168
Automobile	9 bis 1.619	0,01 bis 1,42	0,001 bis 0,142

Tabelle 5.3: Auswirkung des CO_2-Preises auf Unternehmen
Quelle: Eigene Darstellung in Anlehnung an CDP (2009), S. 46.

Andere Branchen wie die **Chemie- und Pharmabranche** sind dagegen in weitaus geringerem Umfang von regulatorischen Risiken betroffen. So betrugen die Kosten für CO_2-Emissionen der Firma Bayer im Jahr 2008 trotz zunehmender Umsatzanteile im Öl- und Gas-Geschäft weniger als 1 % des EBITDA.[432]
Die **Land- & Forstwirtschaft** profitiert aufgrund der zusätzlichen Nachfrage nach Bioenergie von **höheren Preisen für landwirtschaftliche Erzeugnisse**. In höheren Breitengraden (insb. Kanada, Russland und Skandinavien) ist aufgrund des Temperaturanstiegs mit steigenden Ernteerträgen, hingegen in südlichen Ländern mit Ernteeinbußen und Waldbränden aufgrund zunehmender Wasserknappheit zu rechnen.[433]

Industriebranchen wie der **Maschinenbau** oder die **Elektroindustrie** verfügen über enorme Wachstumschancen z. B. in den Bereichen Klima-, Heizungs-, Lüftungs-, Bewässerungs- und Umwelttechnik sowie in den Bereichen Energiesteuerungsanlagen und energieeffiziente Haushaltsgeräte. Sie werden daher zu den **Gewinnern des Klimawandels** gezählt. Mit steigenden Energiepreisen stellt die Verbesserung der **Energieeffizienz der Produktionsprozesse und Produkte** einen wichtigen Erfolgsfaktor von Industriebranchen dar. Da sich Investitionen in energieeffiziente Produktionstechnologien bei hohen Energiepreisen schneller amortisieren, ist damit zu rechnen, dass die Nachfrage nach **energieeffizienten Produkten** bei steigenden

430 Vgl. Deutsche Bank Research (2007), S. 7 f.
431 Am 28.03.2013 betrug der Preis je Tonne CO_2 4,72 Euro. Vgl. European Energy Exchange AG (2013).
432 Vgl. CDP (2009), S. 29.
433 Vgl. Deutsche Bank Research (2007), S. 1.

Energiepreisen an Bedeutung gewinnen und zu einem **Wettbewerbsfaktor** werden wird.[434] Studien zufolge lag das weltweite Marktvolumen für die Bereiche Energieeffizienz, erneuerbare Energien, Wasseraufbereitung und nachhaltige Mobilitätskonzepte im Jahr 2007 bei 1.400 Milliarden Euro. Nach Schätzungen von Roland Berger wird sich das Marktvolumen bis zum Jahr 2020 auf ca. 3.200 Milliarden Euro mehr als verdoppeln.[435] Physische Risiken werden in den meisten Industriesektoren in den kommenden Jahren zumindest in Europa als gering eingeschätzt.[436]

Branchen mit einem hohen Wasserbedarf wie z. B. die **Papier- und Textilindustrie** sind besonders von Wasserknappheit (**klimatisch-natürliche Dimension**) betroffen. Neben den klassischen Kriterien der Standortwahl (Lohnkosten und Infrastruktur) wird daher die Verfügbarkeit von Wasser in Zukunft zu einem wichtigen Kriterium. Auch im **Ernährungsgewerbe** zeichnen sich die Auswirkungen von physischen Risiken ab, wobei Unternehmen innerhalb der Branchen unterschiedlich betroffen sind. So profitieren z. B. die Hersteller von Erfrischungsgetränken oder Speiseeisproduzenten von besonders heißen Sommern, wohingegen Hersteller von salzhaltigen Produkten oder Schokoladenwaren eher von kälteren Witterungsbedingungen profitieren.[437] Auch in der **Tourismusbranche** sind die lokalen Wetterbedingungen ein entscheidender Faktor, welcher eine regionale und saisonale Verschiebung von Tourismusströmen bewirken kann. So werden Unternehmen in Wintersportgebieten in den Alpen in Zukunft aufgrund geringerer Schneefälle von kürzeren Liftöffnungszeiten und höheren Kosten für künstlichen Schnee betroffen sein.[438]

In der **Versicherungsbranche** werden aufgrund der zunehmenden Schadensereignisse die Versicherungsprämien äußerst schwer zu kalkulieren sein, da aus historischen Erfahrungen nicht auf die zukünftige Inanspruchnahme von Versicherungsleistungen geschlossen werden kann. Die Nachfrage nach Sachversicherungen dürfte zwar tendenziell zunehmen, jedoch ist damit zu rechnen, dass **wetterbedingte Risiken** in hoch gefährdeten Regionen oder Branchen zukünftig **nicht mehr versicherbar sind.**[439]

Die Analyse der Branchenrelevanz des Klimawandels zeigt, dass die **Chancen und Risiken** des Klimawandels auf verschiedene **Branchen** teilweise **höchst unterschiedlich** verteilt sind. Während einige Branchen wie z. B. die Baubranche zu den Gewinnern

---

[434] Vgl. Deutsche Bank Research (2007), S. 1 ff.

[435] Der deutsche Marktanteil dieser Branchen liegt zwischen 5 und 30 %. Vgl. Roland Berger (2009), S. 3.

[436] Vgl. Deutsche Bank Research (2007), S. 1 ff.

[437] Vgl. Deutsche Bank Research (2007), S. 19 ff.

[438] So könnten Urlaubsziele in nordeuropäischen Ländern aufgrund hoher Temperaturen in den Sommermonaten profitieren. In Mittelmeerregionen wird es aufgrund höherer Temperaturen und weniger Niederschlägen eher zu einer saisonbedingten Verschiebung von den Sommermonaten auf den Winter und Frühling kommen. Vgl. Deutsche Bank Research (2007), S. 26.

[439] Vgl. Deutsche Bank Research (2007). S. 27.

des Klimawandels zählen, überwiegen in anderen Branchen wie dem Energiesektor die Nachteile, da sie als Verursacher des Klimawandels gelten. Insgesamt zeichnet sich jedoch ab, dass sich insbesondere in Europa die regulatorisch-marktwirtschaftlichen Risiken des Klimawandels in den meisten Branchen deutlich früher auswirken als physische Risiken.[440] Da davon auszugehen ist, dass in vielen Branchen und Regionen die **Chancen und Risiken des Klimawandels** signifikante Ausmaße annehmen werden, wird die **Wettbewerbsfähigkeit von Unternehmen** zukünftig entscheidend von deren Wandlungs- und Anpassungsfähigkeit hinsichtlich des Klimawandels abhängen.[441]

5.3.4 Berücksichtigung von Klimarisiken im Kreditportfolio

Bei **Kreditinstituten** werden die **Chancen und Risiken des Klimawandels** im Kreditgeschäft künftig an Bedeutung gewinnen. So ergab eine Umfrage unter 35 Finanzinstituten zur Relevanz des Klimawandels für den Finanzsektor, dass über **ein Drittel** der befragten **Finanzdienstleister** bereits heute **zunehmend Verluste im Kreditgeschäft** aufgrund physischer **Risiken des Klimawandels** verzeichnen. 80 % sind davon überzeugt, dass Klimarisiken im Kreditgeschäft in der Zukunft eine zunehmende Rolle spielen werden.[442] Insbesondere die mit dem Klimawandel einhergehenden physischen, regulatorischen und Marktpreisrisiken können für Unternehmen in exponierten **Branchen und Regionen** zu einer Bonitätsverschlechterung führen.[443] Da eine **Fehleinschätzung der Kundenbonität** direkt erfolgswirksam ist, sollten relevante Klimarisiken von Branchen, Regionen und Unternehmen zukünftig im Rating berücksichtigt werden.[444] Bei einer Fehleinschätzung und unzureichendem Management dieser Risiken besteht laut *Onischka* durch die systematischen Auswirkungen des Klimawandels auf verschiedene Branchen und Regionen die Gefahr von Klumpenrisiken.[445] Aufgrund der überwiegend negativen und systematischen Auswirkungen des Klimawandels kann des Weiteren darauf geschlossen werden, dass eine **Diversifizierung** von Klimarisiken **nur** in **begrenztem** Umfang **möglich** ist.[446] Dies gilt insbesondere für Kreditinstitute mit einseitigen Wirtschaftsstrukturen im Marktgebiet einer Bank oder einem regionalen Kreditportfolio wie z. B. Sparkassen sowie Volks- und Raiffeisenbanken.[447] Finanziert z. B. ein Kreditinstitut mehrere Bauvorhaben in einer von Hochwasser bedrohten Region oder schwerpunktmäßig Unternehmen aus wetterexponierten

---

440 Vgl. Deutsche Bank Research (2007). S. 28.
441 Vgl. Onischka (2009b), S. 24.
442 Vgl. UNEP FI / SBI (2011), S.12.
443 Vgl. IFC (2010), S. 25.
444 Vgl. Deutsche Bank Research (2007). S. 27.
445 Vgl. Onischka (2009b), S. 4 f.
446 Vgl. Onischka (2006). S. 76 ff. und Figge (1998), S. 20 ff.
447 Vgl. Stiehle (2001), S. 108.

Branchen, so bestehen besonders hohe physische und regulatorische Klimarisiken. Kreditinstitute sollten daher die Relevanz des Klimawandels für ihr individuelles (regionen- und branchenspezifisches) Kreditportfolio z. B. mithilfe einer Klimastudie untersuchen. Als Beispiel kann hier die **Bayern LB** genannt werden, welche in einer Studie die Chancen und Risiken des Klimawandels für verschiedene **Branchen in Bayern** untersucht hat. Mithilfe der Studie können Handlungsempfehlungen für das zukünftige Produkt- und Dienstleistungsangebot sowie spezifische Branchenschwerpunkte des Kreditportfolios abgeleitet werden.[448]

Forschungsarbeiten zeigen, dass es aufgrund des Klimawandels zu einer branchenübergreifenden Veränderung der Rahmenbedingungen kommt und Nachhaltigkeitsrisiken im Firmenkundenkreditgeschäft zukünftig daher häufig nicht mehr wegdiversifiziert werden können. *Figge* spricht in diesem Zusammenhang von der „ökologieinduzierten Systematisierung ökonomischer Risiken" durch globale Umweltprobleme.[449] Bisher gibt es keine Regulierungen, auf deren Grundlage sinnvolle Vergleiche mit den zu erwartenden Regulierungen der Klimapolitik gezogen werden können. Es spricht daher nicht viel dafür, dass auf Basis historischer Daten statistisch robuste Schlussfolgerungen über die ökonomischen Auswirkungen von Klimarisiken getroffen werden können.

5.3.5 Zusammenfassung der wichtigsten Erkenntnisse

Festzuhalten bleibt, dass die in den Kapiteln 5.1 bis 5.3 vorgestellten **internen** und **externen Nachhaltigkeitsrisiken von Unternehmen ökonomische Konsequenzen** haben und sich auf **Umsatz, Kosten** oder den **Wert des Anlagevermögens** auswirken können. So können sich beispielsweise regulatorische Forderungen aufwandssteigernd oder erlösmindernd auswirken und Investitionszwänge nach sich ziehen.[450] Ein Merkmal von Nachhaltigkeitsrisiken ist, dass sie häufig erst mittel- bis langfristige Auswirkungen haben. So können Unternehmen mit geringen Gesundheits-, Sicherheits- und Umweltstandards kurzfristig durchaus sehr profitabel sein - eventuell aufgrund geringerer Kosten sogar profitabler als andere Unternehmen. Auf längere Sicht sind mit der Missachtung von Umwelt- und Sozialstandards jedoch finanzielle Risiken verbunden, welche sich in der Kreditwürdigkeit niederschlagen können.[451] Für europäische Unternehmen ist damit zu rechnen, dass sich physische und Rechtsrisiken erst langfristig bemerkbar machen. Regulatorische, Markt-, Marktpreis- sowie Reputations-

---

[448] Vgl. BayernLB (2010), S. 1 ff.

[449] Vgl. Figge (1998), S. 4. Demnach können Klimarisiken weder durch einen längeren Anlagehorizont (horizontale Diversifizierung) noch durch ein branchenübergreifendes Kreditportfolio (vertikale Diversifizierung) wegdiversifiziert werden. Vgl. Figge (1998), S. 10 ff.

[450] Vgl. Meuche (1994), S. 93 und Stiehle (2001), S. 64 ff.

[451] Vgl. van Gelder/Stichele (2011), S. 19.

risiken können dagegen bereits kurz- bis mittelfristig enorme Auswirkungen auf die Kreditwürdigkeit von Unternehmen haben.

Die Reduktion von Umwelt- und Sozialrisiken kann somit nicht nur zu einer Erhöhung des finanziellen Unternehmenserfolgs führen, sondern auch den Risikoumfang eines Unternehmens reduzieren.[452] In gravierenden Fällen können Nachhaltigkeitsrisiken sogar direkt die **Unternehmensexistenz,** z. B. durch den **Entzug der Betriebserlaubnis** gefährden.[453] Abbildung 5.4 stellt den Zusammenhang zwischen Nachhaltigkeitsrisiken und ökonomischen Risiken grafisch dar.

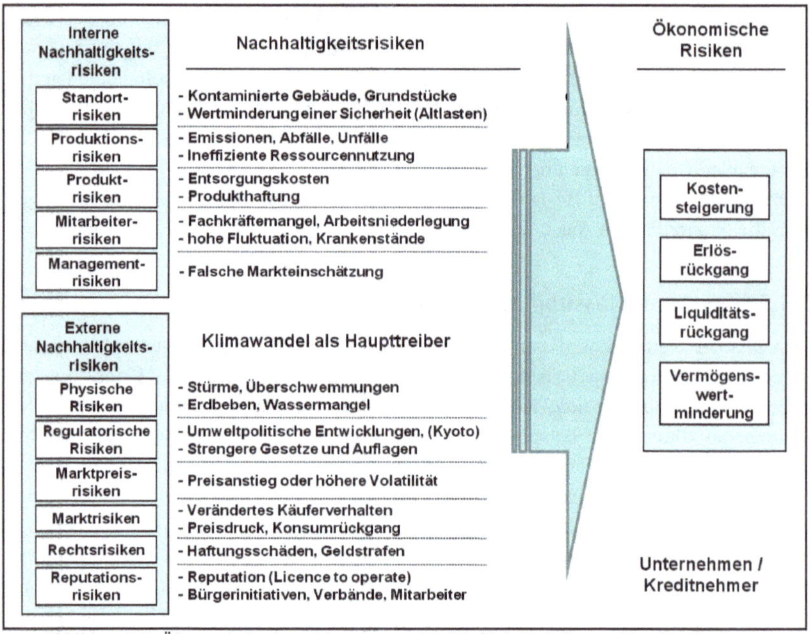

Abbildung 5.4: Ökonomische Auswirkungen von Nachhaltigkeitsrisiken auf den Kreditnehmer
Quelle: Eigene Darstellung in Anlehnung an Fenchel (2004), S. 62 und 75.

5.4 Nachhaltigkeitsrisiken von Kreditgebern

Nachdem in den Kapiteln 5.1 bis 5.3 die Wirkungszusammenhänge zwischen Nachhaltigkeitsrisiken und ökonomischen Risiken aus unternehmerischer **Perspektive des**

[452] Vgl. Schäfer (2004), S. 13.
[453] Vgl. Fenchel (2004), S. 52.

Kreditnehmers dargestellt wurden, wird nun in Kapitel 5.4 die Relevanz von Nachhaltigkeitsrisiken aus der **Perspektive von Banken** erläutert. Wie in den vorangegangenen Kapiteln gezeigt wurde, sind Unternehmen als Kreditnehmer zahlreichen Nachhaltigkeitsrisiken ausgesetzt. Diese Risiken können sich negativ auf die Bonität auswirken und im schlimmsten Fall sogar zur Insolvenz des Unternehmens führen.[454] **Nachhaltigkeitsrisiken im Kreditgeschäft** einer Bank entstehen dann, wenn Kreditnehmer z. B. aufgrund umweltbedingter Sanktionen in ihrer Ertragskraft oder Existenz gefährdet werden und somit die Verpflichtungen aus dem Kreditgeschäft nicht (vollständig) oder nicht fristgerecht erfüllen können. *Kühne* bezeichnet die aus dem Kreditgeschäft resultierenden Nachhaltigkeitsrisiken auch als **Risiken im externen Leistungsbereich** der Bank.[455] Das Kreditrisiko setzt sich dabei aus den in Kapitel 2.1 vorgestellten drei Teilrisiken: **Ausfallrisiko, Liquiditätsrisiko** und dem **Besicherungsrisiko** zusammen. Nachhaltigkeitsinduzierte Kreditrisiken können sich daher auch in diesen drei Teilrisiken manifestieren. Obwohl Sicherheiten das Kreditrisiko vermindern, haben sie i.d.R. keinen direkten Einfluss auf die Ausfallwahrscheinlichkeit eines Kreditnehmers. Von daher erfolgt die Bestimmung von Bonitätsrisiken (Ausfallrisiko und Liquiditätsrisiko) unabhängig von Besicherungsrisiken.[456]

5.4.1 Nachhaltigkeitsinduzierte Bonitätsrisiken

Durch die Beeinträchtigung der unternehmerischen Ertragskraft oder durch eine Erhöhung der Kosten können Nachhaltigkeitsrisiken zu einer existenziellen Bedrohung für Unternehmen werden und somit die Fähigkeit des Kreditnehmers mindern, seinen Kreditverpflichtungen nachzukommen.[457] Nach der Betrachtungsweise von *Fenchel* sind Nachhaltigkeitsrisiken aus dem Kreditgeschäft für Kreditgeber nur dann relevant, wenn sie sich auf die Kreditwürdigkeit des Unternehmens auswirken. Von daher nimmt *Fenchel* eine Differenzierung zwischen Nachhaltigkeitsrisiken im engeren Sinne und Nachhaltigkeitsrisiken im weiteren Sinne vor. **Nachhaltigkeitsrisiken im engeren Sinne** bestehen, wenn die sozialen und ökologischen Auswirkungen **unternehmerischer Aktivitäten** entweder gesetzlich festgelegte oder gesellschaftlich **nicht akzeptierte Grenzwerte übersteigen.**[458] Da das Risikobewusstsein i. d. R. von der subjektiven Wahrnehmung der Anspruchsgruppen abhängt und durch Medien, Politiker, Unternehmen oder NGOs beeinflusst werden kann, muss eine Unterscheidung zwischen wahrgenommenen (subjektiven) und objektivierbaren Nachhaltigkeitsrisiken getroffen werden.[459] So weicht die aus Sachverständigensicht z. B. mithilfe von technischen oder

[454] Vgl. Stiehle (2001), S. 249.
[455] Vgl. Kühne (1999), S. 147.
[456] Vgl. Manz (1998), S. 129.
[457] Vgl. Schiller/Tytko (2001), S. 154.
[458] Vgl. Fenchel (2004), S. 44 ff.
[459] Vgl. Kruse-Graumann (1996), S. 129 ff. und Krämer/Mackenthun (2003), S. 156 f.

medizinischen Gutachten fundierte, objektive Risikoeinschätzung häufig von der subjektiven Risikowahrnehmung der Gesellschaft ab.[460] Das Nachhaltigkeitsrisiko im engeren Sinne hängt also neben der objektiven Risikoeinschätzung vor allem von der subjektiven Wahrnehmung ab.[461] Da Unternehmen jedoch nicht für sämtliche sozialen bzw. ökologischen Auswirkungen angeklagt oder haftbar gemacht werden, sind Nachhaltigkeitsrisiken aus **betriebswirtschaftlicher Sicht** nur dann relevant, wenn sie **ökonomische Konsequenzen** für das Unternehmen nach sich ziehen.[462] Diese Risiken können auch als nachhaltigkeitsinduzierte ökonomische Risiken bezeichnet werden.[463] Für einen Kreditgeber werden die ökonomischen Risiken des Kreditnehmers dann relevant, wenn sie zu einer Verschlechterung der Bonität des Unternehmens führen oder die Wertminderung einer Kreditsicherheit zur Folge haben. **Nachhaltigkeitsrisiken im weiteren Sinne** beinhalten daher nur die ökonomischen Risiken von Unternehmen, die sich auf die Kreditwürdigkeit eines Kreditnehmers auswirken. Diese Risiken können dann auch als **nachhaltigkeitsinduzierte Kreditrisiken** bezeichnet werden.[464] **Fehler! Verweisquelle konnte nicht gefunden werden.** verdeutlicht den Unterschied zwischen Nachhaltigkeitsrisiken im engeren Sinne (Systemperspektive der Naturwissenschaften) und Nachhaltigkeitsrisiken im weiteren Sinne (betriebswirtschaftliche Perspektive).

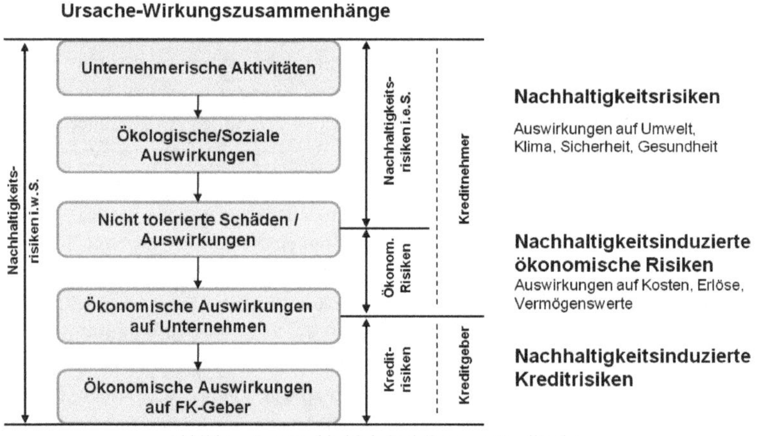

Abbildung 5.5: Nachhaltigkeitsrisiken von Kreditgebern
Quelle: Eigene Darstellung in Anlehnung an Fenchel (2004), S. 45.

---

[460] Vgl. Fenchel (2004), S. 46 f.
[461] So werden Nachhaltigkeitsrisiken von der Öffentlichkeit häufig höher eingeschätzt als von Experten. Vgl. Becker (1993), S. 344 ff.
[462] So können z. B. nicht alle Umweltschäden dem verursachenden Unternehmen zugeordnet werden oder es werden nicht alle Umweltschäden automatisch angezeigt. Vgl. Matten (1995), S. 108.
[463] Vgl. Fenchel (2004), S. 44.
[464] Vgl. Fenchel (2004), S. 44 ff.

Nach *Schiller und Tytko* beinhalten nachhaltigkeitsinduzierte Kreditrisiken die **finanziellen Auswirkungen von Nachhaltigkeitsrisiken auf die Werthaltigkeit von Kreditforderungen und Kreditsicherheiten** einer Bank, die aus einer Kreditbeziehung zu einem Bankkunden entstehen.[465]

5.4.2 Nachhaltigkeitsinduzierte Besicherungsrisiken

Besicherungsrisiken haben i.d.R. keinen direkten Einfluss auf die Ausfallwahrscheinlichkeit eines Kreditnehmers, sondern wirken sich, wie in Kapitel 2.1.3 beschrieben, auf die Verlustquote (LGD) im Konkursfall aus.[466] Besicherungsrisiken entstehen, wenn z. B. eine Hypothek oder eine **Grundschuld** durch einen Wertverlust der als Sicherheit dienenden Immobilie bzw. des Grundstücks ihre **Sicherungsfunktion verliert.**[467] Von den in den Kapiteln 5.1 bis 5.3 vorgestellten Nachhaltigkeitsrisiken können sich insbesondere physische Risiken, Standortrisiken und Produktionsrisiken, die nicht durch eine Versicherung gedeckt sind, auf die Werthaltigkeit von Sicherheiten auswirken. Vor allem Altlasten oder Störfälle können zu einem erheblichen Wertverlust von Gebäuden, Anlagen oder Grundstücken führen.[468] In Großbritannien kommt Umweltrisiken eine besondere Relevanz zu, da Banken nach dem „Environmental Protection Act" für die Umweltverschmutzungen ihrer Kreditnehmer haftbar gemacht werden können und dann neben dem Verlust aus dem Kreditausfall auch die Kosten der Dekontaminierung tragen müssen. In Extremfällen können die Sanierungskosten und damit der **Verlust** aus dem Kreditengagement sogar die Höhe des **ausstehenden Kreditbetrags übersteigen.**[469] Dies führte dazu, dass die Untersuchung von Altlasten im Rahmen der Bestimmung des Besicherungsrisikos heute bei den meisten Banken ein fester Bestandteil der Kreditvergabe ist.[470] Im Fall einer Insolvenz sollten Banken daher vor der Ausübung ihres Grundpfandrechts die Existenz etwaiger Altlasten und damit verbundener Beseitigungskosten überprüfen.[471] Abbildung 5.6 stellt die Wirkungszusammenhänge zwischen Nachhaltigkeits- und Kreditrisiken grafisch dar. Dabei werden die in Abbildung 5.4 abgebildeten Wirkungszusammenhänge auf Unternehmensebene (linker Teil der Abbildung) um die Position des Kreditgebers (rechter Teil der Abbildung) erweitert.

---

[465] Vgl. Schiller/Tytko (2001), S. 154.

[466] Vgl. Manz (1998), S. 129.

[467] Vgl. Stiehle (2001), S. 106 ff. und S. 249.

[468] Vgl. Schierenbeck/Seidel (1992), S. 1 ff., Michalik (2001), S. 67 f. Zur weiteren Vertiefung der Relevanz von Umweltrisiken für das Besicherungsrisiko siehe u.a. Scholz u.a. (1995), Keidel (1997) und Kühne (1999).

[469] Vgl. Keidel (1997), S. 16 ff., Coulson/Dixon (1995), S. 23 ff., Coulson/Monks (1999), S. 4 ff., Kühne (1999), S. 150 ff., Scholz u.a. (1995), S. 18 ff. und Fenchel (2004), S. 2f. Eine detaillierte Auseinandersetzung mit der Relevanz von Altlasten für Kreditinstitute findet sich bei Keidel (1993), S. 39 ff.

[470] Vgl. Fenchel (2004), S. 2f. Dies hat zur Folge, dass es zu einer Differenzierung zwischen umweltfreundlichen und umweltbelastenden Unternehmen bei der Kreditvergabe kommen kann. Vgl. Schaltegger/Figge (1997), S. 14.

[471] Vgl. Keidel (1993), S. 49 und Stiehle (2001), S. 40 ff und 97 ff.

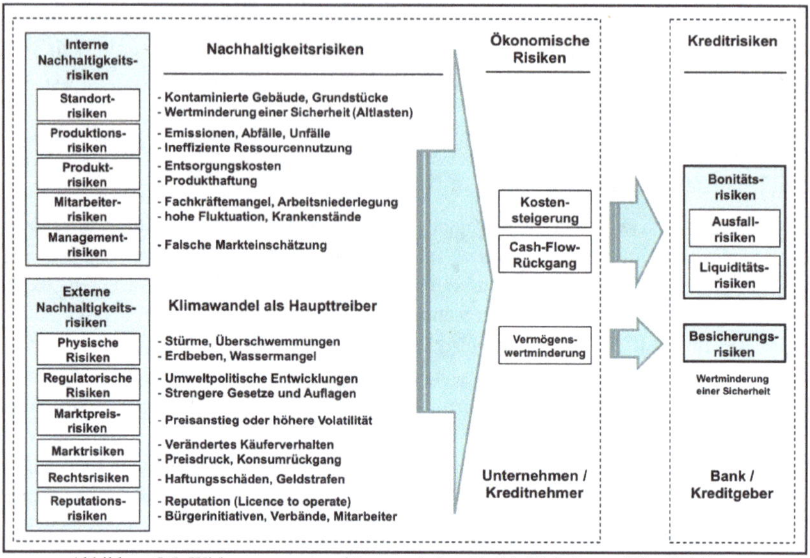

Abbildung 5.6: Wirkungszusammenhänge zwischen Nachhaltigkeits- und Kreditrisiken
Quelle: Eigene Darstellung in Anlehnung an Fenchel (2004), S. 75.

5.5 Zwischenfazit

Das Ziel dieses Kapitels ist es, die Wirkungszusammenhänge zwischen Nachhaltigkeits- und Kreditrisiken abzubilden. Im ersten Schritt wurden hierzu in den Kapiteln 5.1 bis 5.3 die Wirkungszusammenhänge zwischen Nachhaltigkeitsrisiken und ökonomischen Risiken von Unternehmen als Kreditnehmer dargestellt. Dabei wurde gezeigt, dass sich Nachhaltigkeitsrisiken in **verschiedene Risikoklassen** unterteilen lassen. Mithilfe der Aufschlüsselung in **interne und externe Nachhaltigkeitsrisikoklassen** lassen sich sowohl der Entstehungsbereich als auch die **Beeinflussbarkeit** von Nachhaltigkeitsrisiken aufzeigen. Während externe Nachhaltigkeitsrisiken ihren **Ursprung** außerhalb des Unternehmens haben und daher i.d.R. nicht vom Unternehmen beeinflusst werden können, entstehen interne Nachhaltigkeitsrisiken durch die Geschäftstätigkeit des Unternehmens. Außerdem lassen sich durch die Klassifizierung die unterschiedlichen Auswirkungen der einzelnen Risikoklassen auf die finanzielle Lage von Unternehmen strukturierter darstellen. Wie anhand mehrerer Beispiele gezeigt wurde, können **Nachhaltigkeitsrisiken** einen erheblichen Einfluss auf die finanzielle Performance von Unternehmen haben und sich dabei in Form von **Erlösminderungen, Kosten-**

steigerungen oder einer **Vermögenswertminderung** auswirken.[472] In Kapitel 5.3 wurde gezeigt, dass aufgrund der erwarteten enormen wirtschaftlichen Auswirkungen des Klimawandels sowie der politischen Vermeidungs- und Anpassungsmaßnahmen zukünftig mit einer Zunahme externer Nachhaltigkeitsrisiken zu rechnen ist. In einigen **Branchen** und **Regionen** ist daher in Zukunft von einer **signifikanten und systematischen Beeinträchtigung** der finanziellen Performance von Unternehmen **durch Klimarisiken** auszugehen. Aufgrund der häufig systematischen Auswirkungen des Klimawandels kann auch darauf geschlossen werden, dass eine **Diversifizierung** von Klimarisiken in Zukunft **nur** in **begrenztem** Umfang **möglich** sein wird.

In Kapitel 5.4 wurden die ökonomischen Auswirkungen der Nachhaltigkeitsrisiken von Unternehmen schließlich auf die Perspektive des Kreditgebers übertragen. Dabei konnte gezeigt werden, dass Umwelt- und Sozialrisiken direkte Auswirkungen auf Kreditausfälle im Firmenkundenkreditgeschäft haben können, weshalb in diesem Zusammenhang auch von **nachhaltigkeitsinduzierten Kreditrisiken** gesprochen werden kann. Eine Berücksichtigung der Nachhaltigkeitsrisiken von Kreditnehmern im Firmenkundenkreditgeschäft kann Banken in die Position versetzen, Kreditrisiken zu erkennen und diese Risiken bei der Kreditentscheidung entsprechend zu berücksichtigen.

Wie in Kapitel 3.4 gezeigt wurde, können zur Bewertung von Nachhaltigkeitsrisiken Zertifizierungen und Nachhaltigkeitsratings genutzt werden. Nach *Schiller und Tytko* weisen zertifizierte Unternehmen ein geringeres Umweltrisikopotenzial auf als nicht zertifizierte Unternehmen. Dies ist der Ursache geschuldet, dass der Erhalt eines Zertifikats die Einhaltung bestimmter Umweltstandards voraussetzt und somit die Eintrittswahrscheinlichkeit ökologisch bedingter Kreditrisiken geringer einzuschätzen ist.[473] „Bei dem Umweltzertifikat handelt es sich demzufolge um ein `Bonitätssiegel`."[474] Da Zertifikate i.d.R. nur einen bestimmten Bereich der Nachhaltigkeit abdecken und neben der Information über den Erhalt des Zertifikats keine Quantifizierung des Nachhaltigkeitsrisikos zulassen, sind sie für eine empirische Untersuchung der Wirkungszusammenhänge zwischen Nachhaltigkeits- und Kreditrisiken ungeeignet. Demgegenüber decken Nachhaltigkeitsratings ein breites Spektrum an Themenfeldern ab und bewerten die Nachhaltigkeitsleistung von Unternehmen auf einer Ratingskala, was eine differenzierte Einschätzung der Nachhaltigkeitsrisiken zulässt. Zur Untersuchung der Wirkungszusammenhänge zwischen Nachhaltigkeits- und Kreditrisiken wird daher in Kapitel 6 der Informationsgehalt von Nachhaltigkeitsratings für die Kreditwürdigkeitsprüfung in Form einer empirischen Untersuchung analysiert.

---

[472] So haben Unternehmen, die für die Verletzung von Arbeitsrechten oder eine schlechte Bezahlung ihrer Mitarbeiter bekannt sind, ein hohes Konfliktpotenzial mit Arbeitnehmern. Dies kann sich in Produktionsrisiken (Produktionsausfall aufgrund eines Streiks), Reputationsrisiken oder Marktrisiken (Konsumentenboykott) niederschlagen. Vgl. van Gelder/Stichele (2011), S. 15 ff.

[473] Vgl. Schiller/Tytko (2001), S. 170.

[474] Schiller/Tytko (2001), S. 170.

6 Empirische Untersuchung der Zusammenhänge zwischen Nachhaltigkeits- und Kreditrisiken

Im Rahmen der explorativen Untersuchung konnte in Kapitel 4 gezeigt werden, dass bereits einige Kreditinstitute Nachhaltigkeitsrisiken im Firmenkundenkreditgeschäft berücksichtigen. Dabei stellte sich heraus, dass die Informationen der Nachhaltigkeitsprüfung im Firmenkundenkreditgeschäft bisher nur als Zusatzinformation einfließen und nicht bei der Bewertung von Kreditrisiken respektive der Risikoprämie berücksichtigt werden. Als Hinderungsgrund für die Übertragung von Nachhaltigkeitsrisiken auf das Pricing wurde von den Interviewpartnern angegeben, dass die Wirkungszusammenhänge zwischen Nachhaltigkeits- und Kreditrisiken häufig unklar sind und bisher ein empirischer Nachweis über die Wirkungszusammenhänge fehlt. Nachdem die Wirkungszusammenhänge zwischen Nachhaltigkeits- und Kreditrisiken in Kapitel 5 dargestellt wurden, erfolgt nun in Kapitel 6 die empirische Untersuchung dieser Wirkungszusammenhänge.

6.1 Ziel der Untersuchung und Ableitung der Hypothesen

Das Ziel der Untersuchung ist es, die in den Kapiteln 4 und 5 hergeleiteten vermuteten Zusammenhänge zwischen Nachhaltigkeits- und Kreditrisiken empirisch nachzuweisen. Die Aufgabe der hier zur Anwendung kommenden analytischen Statistik ist dabei, mithilfe von statistischen Verfahren objektiv festzustellen, ob ein Zusammenhang zwischen zwei Variablen besteht.[475] Im Rahmen der empirischen Untersuchung werden im Wesentlichen die folgenden Forschungsfragen einer detaillierten Untersuchung unterzogen:

1. Haben **nachhaltige Unternehmen geringere Kreditrisiken** als weniger nachhaltige Unternehmen?
2. Führt eine **überdurchschnittliche Nachhaltigkeitsperformance** langfristig zu **geringeren Kreditrisiken**?
3. Sind **nachhaltige Unternehmen resistenter** gegenüber **Wirtschafts- und Finanzkrisen** als weniger nachhaltige Unternehmen?[476]

---

[475] Vgl. Bühl (2008), S. 120.

[476] Aus der Untersuchung der Kreditausfallraten von Umwelt- und Ethikbanken in Kapitel 4.4 wurde die Vermutung abgeleitet, dass nachhaltige Unternehmen resistenter gegenüber Wirtschafts- und Finanzkrisen sind als weniger nachhaltige Unternehmen. Vgl. Kapitel 4.4.

4. Besteht ein **Zusammenhang zwischen** den aus dem **Klimawandel** resultierenden Risiken **und den Kreditrisiken** von Unternehmen?

Die Fragen werden anhand der vier Hypothesen getestet:

Hypothese 1: *Nachhaltige Unternehmen haben geringere Kreditrisiken als weniger nachhaltige Unternehmen.*

Hypothese 2: *Nachhaltige Unternehmen (in t_0) haben langfristig (in t_1) geringere Kreditrisiken als weniger nachhaltige Unternehmen.*

Hypothese 3: *Nachhaltige Unternehmen waren geringer von der im Jahr 2007 einsetzenden Wirtschafts- und Finanzkrise*[477] *betroffen als weniger nachhaltige Unternehmen.*

Hypothese 4: *Unternehmen aus Branchen mit geringen Klimarisiken haben geringere Kreditrisiken als Unternehmen aus Branchen mit hohen Klimarisiken.*

6.2 Untersuchungsdesign und Datenbasis

Eine Grundvoraussetzung für die empirische Untersuchung ist die Quantifizierung der Nachhaltigkeits- und Kreditrisiken von Unternehmen. Wie die Übersicht der bisherigen Forschungsarbeiten in Kapitel 1.1 zeigt, nutzt die überwiegende Mehrzahl der empirischen Studien Nachhaltigkeitsratings für die Bestimmung von Nachhaltigkeitsrisiken. Laut *Schäfer* weisen **Nachhaltigkeitsratings** eine relative Stärke zur **Erfassung** und **Quantifizierung** von **Nachhaltigkeitsrisiken** auf, was ihre Integration in bankinterne Ratings nach Basel II ermöglicht.[478] Aus diesem Grund werden zur Quantifizierung von Nachhaltigkeitsrisiken im Rahmen der empirischen Untersuchung Nachhaltigkeitsratings von darauf spezialisierten Ratingagenturen verwendet.[479] Die Auswahl der Ratingagenturen erfolgte auf Basis der Anzahl der von den Ratingagenturen bewerteten Unternehmen (Ratinguniversum). Die Grundlage hierfür stellt eine Studie von *Schäfer u.a.* dar, bei welcher die Größe der Ratinguniversen von 14 Ratinganbietern ermittelt wurden.[480] Für die empirische Untersuchung wurden die Ratingagenturen mit den fünf umfangreichsten Ratinguniversen kontaktiert, wovon sich die drei Ratingagenturen **ECPI, MSCI** und **oekom research** bereit erklärten, ihre Daten für die Untersuchung zur Verfügung zu stellen. Da bei Nachhaltigkeitsratings die

---

[477] Vgl. Basler Ausschuss für Bankenaufsicht (2011), S. 1 f.

[478] So generieren Nachhaltigkeitsratings Daten im Bereich weicher Faktoren, die zur Identifizierung von Kreditrisiken genutzt werden können. Vgl. Schäfer (2004), S. 12.

[479] Ein Überblick über die Anbieter von Nachhaltigkeitsratings findet sich in Kapitel 3.4.

[480] Vgl. Schäfer u.a. (2012), S. 130.

Nachhaltigkeitsleistung und somit überwiegend interne Nachhaltigkeitsrisiken von Unternehmen im Fokus stehen, werden die aus dem externen Leistungsbereich des Unternehmens stammenden Risiken des Klimawandels nur indirekt betrachtet.[481] Aus diesem Grund wird zusätzlich zum Nachhaltigkeitsrating auch der „Industry Climate Risk Index" von oekom research verwendet, welcher eine branchenspezifische Quantifizierung von Klimarisiken zulässt.

Wie in Kapitel 2 gezeigt wurde erfolgt die **Bewertung von Kreditrisiken** i.d.R. in Form von bankinternen Ratings (IBR) oder externen Kreditratings. Da die Ergebnisse bankinterner Ratings grundsätzlich nicht veröffentlicht werden, sind die Kreditratings externer Ratingagenturen wie Standard & Poor's (S&P), Moody's und Fitch die traditionell vorherrschenden Indikatoren für das Kreditrisiko von Unternehmen.[482] Im Rahmen dieser Arbeit wird das **Kreditrating** (engl. long term issuer rating) der Ratingagentur **S&P zur Quantifizierung des Kreditrisikos** von Unternehmen herangezogen. Weitere häufig genutzte Indikatoren zur Einschätzung von Kreditrisiken sind die **Risikoprämie für Kreditausfallversicherungen** (engl. Credit Default Swaps) und der sogenannte **Z-Score** von *Altman.*[483]

Kreditausfallversicherungen, kurz **CDS**, ermöglichen die Trennung des Kreditrisikos von der zugrunde liegenden Kreditbeziehung und somit das separate Handeln des Kreditrisikos.[484] Der Käufer eines CDS sichert sich durch die Zahlung einer periodischen **Risikoprämie** gegen einen Kreditausfall ab. Damit erhält er das Recht, bei einem Kreditausfall Anleihen des zugrunde liegenden Emittenten zum Nominalwert zu verkaufen.[485] Die Preisfindung erfolgt über die kontinuierliche Verarbeitung von Informationen durch die Marktteilnehmer. Die Prämien von Kreditausfallversicherungen geben somit die **Einschätzung des Marktes** für das Kreditrisiko von Unternehmen wieder.[486] Im Gegensatz zu Kreditratings reagieren CDS aufgrund des kontinuierlichen Handels sehr schnell auf neue Informationen. Dies hängt auch damit zusammen, dass Ratingagenturen nicht bei jeder neuen Information eines Emittenten eine Ratinganpassung vornehmen, sondern nur substanzielle Informationen zu einer Änderung des Ratings führen.[487] Ein weiterer Vorteil bei der Nutzung von CDS ist, dass

---

481 Vgl. oekom Research (2013), S. 6 ff.
482 Vgl. Goss/Roberts (2007), S. 14, Bauer/Hann (2010), S. 2 ff. und Ashbaugh-Skaife u.a. (2006), S. 204 ff.
483 Vgl. Menz/Nelles (2009b), S. 195 und Goss/Roberts (2007), S. 14.
484 Vgl. Deutsche Bundesbank (2004), S. 44.
485 Vgl. Hull (2012), S. 247 ff. und Zhu (2004), S. 2. Die Kontraktgröße ist i.d.R. 10 Mio. USD. Der Käufer eines 5-Jährigen CDS mit einer Risikoprämie von 300 Basispunkten zahlt somit eine jährliche Prämie in Höhe von 300.000 USD und erhält das Recht bei einem Kreditausfall Anleihen im Wert von 10 Mio. USD zum Nominalwert zu verkaufen. Vgl. Hull u.a. (2004). S. 2790.
486 Vgl. Deutsche Bundesbank (2004), S. 51, Hull u.a. (2004), S. 2792 und Zhu (2004), S. 2. Die Risikoprämien von CDS entstehen am Derivatemarkt über das Angebot und die Nachfrage nach CDS. Vgl. Hull u.a. (2004), S. 2792.
487 Vgl. Hull u.a. (2004), S. 2809 f., Zhu (2004), S. 21 und Deutsche Bundesbank (2004), S. 51.

das Kreditrisiko direkt in Form einer Risikoprämie quantifiziert wird. D. h., das Risiko muss nicht erst wie z. B. bei Anleihespreads mithilfe eines risikolosen Benchmarks berechnet werden.[488] Da CDS mit einer Laufzeit von fünf Jahren am gängigsten sind, werden im Rahmen dieser Arbeit die Preise für die jeweiligen fünfjährigen CDS als Indikator für das Kreditrisiko genutzt.[489]

Beim **Z-Score** von *Altman* handelt es sich um einen bekannten und häufig eingesetzten Indikator zur Messung von Kreditrisiken.[490] Mithilfe einer Diskriminanzanalyse wurden aus 22 Kennzahlen der Bilanzanalyse die fünf Kennzahlen mit dem höchsten Erklärungsgehalt (Trennschärfe) sowie deren optimale Gewichtung ermittelt. Die Diskriminanzfunktion hat folgende Ausprägung:[491]

$$\text{Z-Score} = 0{,}012 * X_1 + 0{,}014 * X_2 + 0{,}033 * X_3 + 0{,}006 * X_4 + 0{,}999 * X_5 \quad (6.1)$$

Mit: X_1: Working Capital / Bilanzsumme
X_2: Gewinnrücklagen / Bilanzsumme
X_3: Earnings Before Interest and Taxes (EBIT) / Bilanzsumme
X_4: Marktwert des Eigenkapitals / Fremdkapital
X_5: Umsatz / Bilanzsumme

Anhand einer Untersuchung bei 66 Unternehmen konnte *Altman* einen optimalen Trennwert von 2,675 ermitteln. Dabei stellte sich heraus, dass alle Unternehmen seiner Stichprobe mit einem Z-Wert < 1,81 nach einem Jahr insolvent waren und alle Unternehmen mit einem Z-Wert > 2,99 im selben Untersuchungszeitraum zahlungsfähig blieben.[492] Studien haben gezeigt, dass mit Diskriminanzanalysefunktionen wie dem Z-Score regelmäßig 70 % bis 85 % der Unternehmen korrekt in solvente und insolvente Fälle eingeteilt werden können.[493] Im Rahmen der Untersuchung werden daher als **abhängige Variablen** zur Quantifizierung des Kreditrisikos die folgenden Kennzahlen verwendet:

- Langfristiges **Kreditrating** von Standard & Poor´s
- **Prämien für Kreditausfallversicherungen** (Preise für fünfjährige CDS)
- **Z-Score** von *Altman*

---

[488] Vgl. Hull u.a. (2004). S. 2792.
[489] Vgl. Hull u.a. (2004). S. 2794. Die Nutzung des CDS als Proxi für Kreditrisiken findet sich u.a. bei Bank Sarasin & Cie AG (2012), S.2 und Menz/Nelles (2009a), S. 130 ff.
[490] Die Nutzung des Z-Scores als Proxi für Kreditrisiken findet sich u.a. bei Chava u.a. (2009), S.10 und Goss/Roberts (2007), S. 17.
[491] Vgl. Altman (1968), S. 594 und Altman (1993), S. 186. Im Laufe der Zeit hat *Altman* den Z-Score anhand weiterer Datensätze adjustiert. Für weitere Informationen siehe Altman (1993).
[492] Vgl. Altman (1968), S. 602 und Altman (1993), S. 196ff.
[493] Vgl. Füser (2001), S. 60 ff., Schiller/Tytko (2001), S. 97 und Baetge u.a. (2009), S. 149. Für einen Überblick über verschiedene Forschungsarbeiten zur Bonitätsbewertung mithilfe von Diskriminanzanalysen siehe Schiller/Tytko (2001), S. 94 ff.

In Kapitel 2.2 wurde gezeigt, dass bankinterne Ratings überwiegend auf der Auswertung quantitativer Kennzahlen des Jahresabschlusses von Unternehmen basieren. Zusätzlich zu den drei eben vorgestellten (direkten) Kreditrisikokennzahlen werden daher auch die in **bankinternen Ratingverfahren** verwendeten **Schlüsselkennzahlen (sog. Key Ratios) der Bilanzanalyse zur Quantifizierung von Kreditrisiken** herangezogen. Zur Ableitung relevanter Kennzahlen **der Jahresabschlussanalyse** für die Bestimmung von Kreditrisiken wurde eine umfassende Literaturrecherche durchgeführt. Obwohl Ratingagenturen und Banken teilweise recht unterschiedlich vorgehen, zeigen verschiedene Studien, dass in den Ratingsystemen sehr ähnliche Kriterien maßgebend sind. Laut *Gleißner* basieren insbesondere bankinterne Ratings mittelständischer Unternehmen im Wesentlichen auf quantitativen Faktoren, wobei **Finanzkennzahlen** mit ca. **60 % bis 80 %** die größte Bedeutung haben.[494]

Wie aus der in Tabelle 6.1 abgebildeten Statistik von S&P ersichtlich ist, eignen sich Jahresabschlusskennzahlen und die daraus abgeleiteten Kennzahlen zur Unterscheidung von Unternehmen mit hoher und geringer Bonität.[495] Dabei weisen die Mediane der von S&P als „Key Ratio" bezeichneten Schlüsselkennzahlen deutliche Unterschiede zwischen den verschiedenen Ratingkategorien (AAA – B) der bewerteten Unternehmen auf.

Kennzahl (Key Ratio)	Formel	AAA	AA	A	BBB	BB	B
Umsatzrendite (%)	Oper. Income / Revenues	27,8	25,2	18,8	17,7	17,2	15,7
Eigenkapitalrendite (%)	EBIT / Equity	30,5	29,9	21,7	15,1	12,6	8,6
EBIT Zinsabdeckung (X)	EBIT / Interest Coverage	34,9	16,6	10,8	5,9	3,6	1,4
EBITDA Zinsabdeckung (X)	EBITDA / Interest Coverage	38,8	20,8	13,3	7,8	5,1	2,2
Entschuldungsgrad (%)	FOCF / Debt	154,6	42,5	30,9	14,0	7,8	2,1
Schulden zu EBITDA (X)	Debt / EBITDA	0,4	1,0	1,5	2,3	3,0	5,4
Fremdkapitalquote (%)	Debt / (Debt + Equity)	13,3	27,6	36,1	45,3	52,9	75,6

Tabelle 6.1: Durchschnittliche Mediane von 915 Industrieunternehmen zwischen 2006 und 2008
Quelle: Standard & Poor's (2009), S. 2.

[494] Vgl. Gleißner/Bemmann (2008), S. 6 und Goldbach u.a. (2002), S. 1215 ff. Zusätzlich zu diesen quantitativen Kennzahlen werden i.d.R. auch weitere, häufig qualitative Kennzahlen wie die Managementqualität, Branche, Wettbewerbsvorteile gegenüber der Konkurrenz oder konjunkturelle Rahmendaten berücksichtigt. Vgl. Meyer (2000), S. 256.

[495] Für die Statistik wurde der Durchschnitt der Mediane der Jahre 2006 bis 2008 von 915 Industrieunternehmen aus den USA ermittelt. Vgl. Standard & Poor's (2009), S. 2.

Die ersten drei Kennzahlen der Tabelle - **Umsatzrendite**, **Eigenkapitalrendite** und der **Zinsdeckungsgrad** - gehören zu den Rentabilitätskennzahlen. Je höher diese Kennzahlen ausfallen, desto leichter kann das Unternehmen seinen Verpflichtungen gegenüber Fremdkapitalgebern nachkommen. So beträgt der Median der Jahresüberschüsse vor Zinszahlungen und Steuern (EBIT) bei als AAA bewerteten Unternehmen beispielsweise das 34,9-fache der Zinszahlungen. Bei mit "B" bewerteten Unternehmen betragen die Mediane der EBITs hingegen nur das 1,4-fache der Zinszahlungen. Dies verdeutlicht, dass Unternehmen mit einem AAA-Rating deutlich toleranter gegenüber Umsatzschwankungen sind als Unternehmen mit einem B-Rating. Ebenfalls sehr aussagekräftig ist der **Entschuldungsgrad**, welcher das Verhältnis der freien operativen Cash-Flows zu den Gesamtschulden (Debt) angibt. So könnten die mit AAA bewerteten Unternehmen theoretisch ihre gesamten Schulden mit dem operativen Cash-Flow von einem Jahr ablösen. Unternehmen mit einem B-Rating benötigen hierzu im Durchschnitt fast 50 Jahre, was als Indiz dafür verstanden werden kann, dass diese Schuldner eventuell nicht allen Zahlungsansprüchen nachkommen werden. Die **Fremdkapitalquote** bezieht sich auf die Kapitalstruktur. Je höher die Fremdkapitalquote ist, desto geringer ist das als Risikopuffer dienende Eigenkapital.[496]

Zur besseren Übersicht der verschiedenen Kennzahlen und zur strukturierten Auswertung der in den verschiedenen Studien genutzten Kennzahlen bietet es sich an, Kennzahlenklassen zu bilden. Gängige, in der Literatur verwendete Kennzahlenklassen sind u.a.:[497]

- **Cash-Flow-Kennzahlen** (Cash-Flow Ratios)
- **Rentabilitätskennzahlen** (Net-Income Ratios)
- **Verschuldungskennzahlen** (Debt Ratios)
- **Liquiditätskennzahlen** (Liquidity Ratios)

Diese Kennzahlenklassen lehnen sich an die Hauptbestandteile des Jahresabschlusses (Bilanz, Gewinn- und Verlustrechnung sowie die Kapitalflussrechnung) an.[498] Zur Bestimmung der am häufigsten verwendeten Kennzahlen für die Ermittlung von Kreditrisiken wurden im Rahmen dieser Arbeit insgesamt 13 Untersuchungen ausgewertet und die dabei genutzten Kennzahlen den jeweiligen Kennzahlenklassen zugeordnet. Dabei wurden zum einen Grundlagenarbeiten der Kreditrisikoanalyse (z. B.

---

[496] Vgl. Behr/Güttler (2004), S. 103 f. und Holschuh (2009), S. 267 ff.

[497] Vgl. Coenenberg u.a. (2012), S. 1066 ff., Perridon u.a. (2012), S. 593 ff., Beaver (1966), S. 77 ff und Hofmann (1977), S. 269 ff. Neben diesen quantitativen Daten der Jahresabschlussanalyse werden auch qualitative Kennzahlen wie Geschäftspolitik, Qualität des Managements, Nachfolgeregelungen, Vertriebspolitik, Preispolitik, Kundenbeziehung, Lieferanten- und Kundenabhängigkeit, Investitionsverhalten oder Konjunkturabhängigkeit im Rating berücksichtigt. Vgl. Kreditanstalt für Wiederaufbau (2001), S. 30.

[498] Vgl. Coenenberg u.a. (2012), S. 1066 ff., Perridon u.a. (2012), S. 593 ff., Beaver (1966), S. 77 ff und Hofmann (1977), S. 269 ff.

Altman und *Beaver*) betrachtet, bei welchen der tatsächliche Aussagegehalt von Kennzahlen für das Kreditrisiko nachgewiesen wurde. Zum anderen wurden die in Kapitel 1.1 vorgestellten Arbeiten der empirischen Kapitalmarktforschung analysiert, um an die Tradition und Vorgehensweise bisheriger Arbeiten zur Untersuchung des Zusammenhangs zwischen Nachhaltigkeits- und Kreditrisiken anzuknöpfen. Tabelle 6.2 zeigt eine Übersicht der in den Untersuchungen für die Ermittlung von Kreditausfällen als relevant erachteten Kennzahlen, strukturiert nach den eben vorgestellten Kennzahlenklassen. Die Verwendung der jeweiligen Kennzahl in den einzelnen Studien ist durch ein „X" markiert. In der ersten Spalte sind die Kennzahlenklassen dargestellt. Die Spalten zwei, drei und vier der Tabelle geben die Kennzahlen, deren Berechnungsformel sowie deren Einheit an.[499]

Klasse	Kennzahl	Variable	Einheit	Nachweis Literatur: Beaver 1966	Altman 1968	Kralicek 1995	Hayden 2002	Bassen u.a. 2006	Di Giulio u.a. 2007	Goss/Roberts 2007	S&P 2008	Jobst 2008	Mens/Nelles 2009	Holschuh 2009	Oikonomou 2011	Bauer/Hann 2012
Cash-Flow-Kennzahlen	Entschuldungsgrad	**CF / TD**	%	X		X	X		X	X	X			X		
(Cash-Flow Ratios)	Cash-Flow zu Net Debt	**CF / ND**	%											X		
Rentabilitäts-kennzahlen	Gesamtkapitalrendite	**ROA (EBIT / TA)**	%		X	X	X	X	X		X	X			X	X
	Eigenkapitalrendite	**ROE (EBIT / TE)**	%					X	X							
(Net-Income Ratios)	Umsatz / Bilanzsumme	**Sales / TA**	%		X	X										
	JÜ / Bilanzsumme	**Net Income / TA**	%	X			X									
	JÜ / FK	**Net Income / TD**	%		X											
	Umsatzrendite	**Net Income / Sales**	%									X		X		
	EBITDA-Marge	**EBITDA / Sales**	%			X								X		
	Zinsdeckungsquote	**EBIT / Interest**									X	X		X	X	
Verschuldungs-kennzahlen	Fremdkapitalquote	**TD / TA**	%	X		X	X			X	X	X				X
	FK / EBITDA	**TD / EBITDA**				X					X					
(Debt Ratios)	Verschuldungsgrad	**TD / TE**	%		X					X			X		X	
Liquiditätskennzahlen	Current Ratio	**CA / CL**		X			X								X	
(Liquidity Ratios)	(Umlaufvermögen / kurzfristige Verbindlichkeiten)															
Zusatzvariablen																
Sektorvariablen	Sektor	**Sektorvariable**						X	X	X	X		X		X	
Unternehmensgröße	Bilanzsumme	**TA**							X			X		X	X	

Tabelle 6.2: Kennzahlen zur Bestimmung des Kreditrisikos
Quelle: Eigene Darstellung.

[499] Sechs der 13 Studien (Altman (1968), Beaver (1966), Hayden (2002), Jobst (2008), Kralicek (1995) und Standard & Poor's (2009)) leiten die Kennzahlen direkt über Verfahren zur Ermittlung von Kreditrisiken ab. Die restlichen sieben Studien verwenden die Kennzahlen stellvertretend als Kriterien für Kreditrisiken, wobei die Kennzahlen auf unterschiedliche Weise hergeleitet werden vgl. Bassen u.a. (2006), Bauer/Hann (2010), Di Giulio u.a. (2007), Goss/Roberts (2007), Holschuh (2009), Menz/Nelles (2009b) und Oikonomou u.a. (2011).

Die Auswertung der 13 Untersuchungen zeigt, dass der Entschuldungsgrad, die Gesamtkapitalrentabilität („Return on Asset" kurz ROA) sowie die Fremdkapitalquote häufig genutzte Kennzahlen zur Bestimmung des Kreditrisikos sind. Im Rahmen der Untersuchung werden folgende Bilanzkennzahlen **(Key Ratios)** verwendet:[500]

Cash-Flow-Kennzahlen:
- **Entschuldungsgrad** (Cash-Flow / Fremdkapital)

Rentabilitätskennzahlen:
- **Gesamtkapitalrendite** (EBIT / Bilanzsumme) bzw. „Return on Assets" (ROA)
- **Eigenkapitalrendite** (EBIT / Eigenkapital) bzw. „Return on Equity" (ROE)
- **Umsatzrendite** (Gewinn / Umsatzerlöse)

Verschuldungskennzahlen:
- **Fremdkapitalquote** (Fremdkapital / Bilanzsumme)
- **Verschuldungsgrad** (Fremdkapital / Eigenkapital)

Liquiditätskennzahlen:

- **Current Ratio** (Umlaufvermögen / kurzfristige Verbindlichkeiten)

Um Größen-, Branchen- und Ländereffekte sowie die auf die Wirtschafts- und Finanzkrise zurückzuführenden Besonderheiten auszuschließen, werden zusätzlich folgende **Kontrollvariablen** verwendet:

- **Unternehmensgröße** (Ln Bilanzsumme) und (Ln Marktkapitalisierung)[501]
- **Branchenvariablen**
- **Ländervariablen**
- **Zeit** (vor, während und nach der im Jahr 2007 einsetzende Wirtschafts- und Finanzkrise[502])

Abbildung 6.1 gibt einen Überblick über den Aufbau der empirischen Untersuchung inklusive der verwendeten Kennzahlen und Kennzahlenklassen.

---

500 Da nicht alle Kennzahlen in der verwendeten Datenbank zur Verfügung standen, wurden verschiedene Kennzahlen wie die Zinsabdeckungsquote trotz häufiger Verwendung innerhalb der Studien in der Untersuchung nicht berücksichtigt.

501 *Goss und Roberts* argumentieren, dass größere Unternehmen geringere Kreditausfallrisiken haben als kleinere Unternehmen. Vgl. Goss/Roberts (2007), S. 13 f.

502 Vgl. Basler Ausschuss für Bankenaufsicht (2011), S. 1 f.

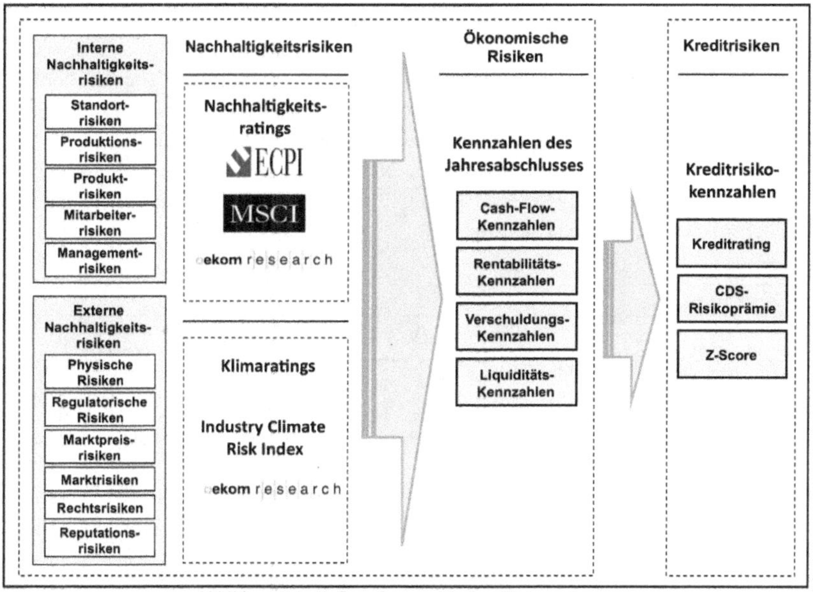

Abbildung 6.1: Aufbau der empirischen Untersuchung
Quelle: Eigene Darstellung.

Zur besseren Einordnung des den Nachhaltigkeitsratings zugrunde gelegten Nachhaltigkeitsverständnisses wird im Folgenden auf die Besonderheiten und den Ratingaufbau der Nachhaltigkeitsratings der drei Ratinganbieter eingegangen. Die nachfolgende Übersicht der Ratinganbieter wurde auf Grundlage der webbasierten Kompetenzplattform für Nachhaltigkeitsratings ARGUS sowie eines Fragebogens erstellt, der von den Ratingagenturen im Rahmen einer Studie beantwortet wurde.[503]

6.2.1 Das Nachhaltigkeitsrating von ECPI

Zu der im Jahr 1997 gegründeten „E. Capital Partners International“ (ECPI) Group SpA gehören sowohl die Ratingagentur ECPI Srl mit Sitz in Mailand sowie der Indexanbieter ECPI SA mit Sitz in Luxemburg. Neben dem Nachhaltigkeitsresearch und den Nachhaltigkeitsratings umfasst die Produktpalette von ECPI auch über 50 Nachhaltigkeitsindizes wie den ECPI Corporate Ethical Index oder den ECPI® Blue Gold Index.

Der Ratingansatz von ECPI zielt auf die zukünftige wirtschaftliche Entwicklung und Leistungsfähigkeit von Unternehmen ab. Dabei wird die Auswirkung von Nachhaltig-

[503] Vgl. Schäfer/Kemper (2010) und Schäfer u.a. (2012), S. 46 ff.

keitsrisiken auf die zukünftige Ertragskraft von Unternehmen untersucht. Das Nachhaltigkeitsrating von ECPI besteht aus den zwei Bereichen Umwelt und Soziales, welche insgesamt bis zu 400 allgemeine und sektorspezifische Kriterien berücksichtigen. Tabelle 6.3 gibt einen Überblick über die Struktur des Nachhaltigkeitsratings von ECPI. Die Ratingschwerpunkte (Gewichtungen) sind branchenspezifisch. Das Ratingergebnis wird auf einer neunstufigen Notenskala von EEE bis F[504] angegeben. Für die Unternehmensanalyse verwendet ECPI ausschließlich Daten aus unabhängigen und öffentlich zugänglichen Quellen.

Sozialrating			
Soziale Verantwortung	**Mitarbeiter**	**Märkte**	**Corporate Governance**
- Menschenrechte - gesellschaftliches Engagement - Stakeholderdialog - Spenden / Sponsoring - Berichterstattung	- Mitarbeiterrechte - Gleichberechtigung - Aus- & Weiterbildung - Gesundheit & Sicherheit	- Zulieferer - Kunden - Korruption - Wettbewerber	- Richtlinien - Berichterstattung - Aktionärsrechte - Struktur/Funktion des Aufsichtsrats - Transparenz
Umweltrating			
Umweltstrategie	**Umweltmanagement**	**Produkte**	**Produktion**
- Strategie - Richtlinien - Abdeckung - Verantwortlichkeit - Umweltziele - Antizipation von Trends & Standards	- Umweltmanagementsystem - Überwachung - Audits - Berichterstattung - Zulieferer - Risikomanagement	- Lebenszyklus-analysen	- Ökoeffizienz - Haftungsfälle - Erneuerbare Energien

Tabelle 6.3: Struktur des Nachhaltigkeitsratings von ECPI
Quelle: Eigene Darstellung in Anlehnung an ECPI (2011b), S. 7 f.

Nach Angaben von ECPI sind Nachhaltigkeitsratings dazu geeignet, Kreditausfälle vorherzusagen. So hätten durch die Berücksichtigung der Nachhaltigkeitsratings von ECPI im Anlageportfolio im Zeitraum zwischen 2001 und 2005 nach eigenen Angaben ca. 70 % der Kreditausfälle im Investmentgrade-Bereich vermieden werden können. Einen Überblick über die Kreditausfälle von Unternehmen mit einem Kreditrating im Prime-Bereich (Investmentgrade), welche im Nachhaltigkeitsrating von ECPI ausgeschlossen wurden, findet sich in nachfolgender Tabelle 6.4.

504 EEE stellt die beste Nachhaltigkeitsleistung und F die schlechteste Nachhaltigkeitsleistung dar.

Unternehmen	Ausfall	Ausschluss aus ECPI Anlageuniversum		Assetklasse	Hauptgründe im ECPI Nachhaltigkeitsrating für den Ausschluss aus dem Anlageuniversum
		Datum	Kreditrating		
Kingate Global Fund (Madoff-Fond)	Dez 08	2005	N.A.	Hedgefonds	- Keine Registrierung bei der Finanzaufsicht - Intransparenz, fehlende Offenlegung
Fannie Mae	Sep 08*	Jun 05	Aaa	Aktien/Anleihen	- Intransparenz der Betriebsabläufe - Schwache Nachhaltigkeitsleistung (ESG-Performance)
AIG	Sep 08*	Jul 05	A2	Aktien/Anleihen	- Inkorrektes Marktverhalten (Korruption und Bestechung)
Citigroup	Jul 08*	Jul 05	Aa3	Aktien/Anleihen	- Inkorrektes Marktverhalten (Korruption und Bestechung) - Inkorrekter Umgang mit Mitarbeitern - Schwache Nachhaltigkeitsleistung (ESG-Performance)
Bear Stearns	Mrz 08*	Apr 06	A1	Aktien/Anleihen	- Inkorrektes Marktverhalten (Korruption und Bestechung) - Schwache Nachhaltigkeitsleistung (ESG-Performance)
Delphi Corp	Okt 05	Mrz 05	BB+	Aktien/Anleihen	- Mehrere Unregelmäßigkeiten bei der Rechnungslegung
Parmalat	Dez 03	Nov 03	BBB-	Aktien/Anleihen	- Intransparenz der Rechnungslegung - Schwache Umwelt- und Sozialperformance
WorldCom	Jul 02	Aug 01	A3	Aktien/Anleihen	- Inkorrektes Marktverhalten (Betrug)
NTL Communication	Mai 02	Nov 01	B3	Aktien/Anleihen	- Umgang mit Kunden
Kmart	Jan 02	Mrz 02	BB+	Aktien/Anleihen	- Verstoß gegen Mitarbeiterrechte
Enron	Dez 01	Mai 01	Baa1	Aktien/Anleihen	- Inkorrekte Unternehmensführung (Interessenskonflikte) - Inkorrektes Marktverhalten (Betrug) - Fehlende Umweltrichtlinie

* Staatliche Rettung durch US-Regierung

Tabelle 6.4: Vermeidung von Kreditausfällen durch Nachhaltigkeitsratings
Quelle: ECPI (2011a), S. 4.

6.2.2 Das Nachhaltigkeitsrating von MSCI

MSCI ist mit fast 40-jähriger Erfahrung auf dem Kapitalmarkt einer der führenden Anbieter von Branchen- und Länderindizes weltweit.[505] Durch die Übernahme der RiskMetrics Group im Jahr 2010, zu welcher die im angelsächsischen Raum etablierten Nachhaltigkeitsratingagenturen „Innovest", „KLD" und „IRRC" gehören, verfügt MSCI über Kompetenzen im Bereich Nachhaltigkeitsresearch und -ratings. Die Ergebnisse des unter dem Namen „MSCI ESG Intangible Value Assessment" (IVA) laufenden Nachhaltigkeitsratings werden sowohl für die Konstruktion der MSCI ESG Indizes als auch für eine Reihe von ESG-Research-Produkten verwendet.

Das Rating setzt sich aus den drei ESG-Bereichen Umwelt, Soziales und Unternehmensführung zusammen, welche insgesamt ca. 160 Kriterien beinhalten. Die Gewichtung des Ratings ist branchenabhängig, wobei je nach Sektor zwischen 25 bis 39 branchenspezifische Kennzahlen (Schlüsselkriterien) in den Kennzahlenkatalog mit einbezogen werden. Die Unternehmen werden anhand eines Best-in-Class Ansatzes auf einer Punkte-Skala von 0 bis 2.000 bewertet. Bei der Bewertung werden sowohl Primärdaten (Unternehmensdaten) als auch vom Unternehmen unabhängige Sekundärdaten (z. B. von Medien, NGOs und Regierungsstellen) genutzt. Im Fokus der Analyse stehen die durch das Unternehmen verursachten externen Effekte (Nachhaltigkeits-

[505] Die Branchen-, Regionen- und Länderindizes von MCSI wie dem MSCI Europe werden häufig als Benchmark für die Beurteilung der finanziellen Performance von Portfolios verwendet.

risiken) und deren Ursachen auf Ebene des Unternehmens, der Branche und der Wertschöpfungskette. Tabelle 6.5 gibt einen Überblick über den Aufbau des Nachhaltigkeitsratings von MSCI.

Unternehmensführung			
- Strategie	- Adaptionsfähigkeit		- Kontroversen
Sozialrating			
Humankapital / Mitarbeiter	**Stakeholder**	**Produkte und Dienstleistungen**	**Strategie bzgl. Emerging Markets**
- Motivation, Aus- & Weiterbildung - Mitarbeiterrechte - Gesundheit & Sicherheit	- Kunden - Zulieferer - Anwohner	- Intangible Werte / Produktentwicklung - Produktsicherheit	- Strategie - Menschenrechte - Autoritäre Regime
Umweltrating			
Umweltrisiken	**Umweltmanagement**		**Umweltchancen**
- Haftungsfälle - Operative Risiken - Risikoindikatoren - Branchenrisiken	- Strategie & Unternehmensführung - Umweltmanagementsystem - Überwachung & Audits - Berichterstattung & Zertifizierung - Aus- & Weiterbildung - Produkte & Material		- Strategische Kompetenz - Umweltchancen - Umweltleistung

Tabelle 6.5: Struktur des Nachhaltigkeitsratings von MSCI
Quelle: Eigene Darstellung in Anlehnung an MSCI (2011), S. 89 f.

6.2.3 Das Nachhaltigkeitsrating von oekom research

Die oekom research AG ist eine unabhängige Ratingagentur für Nachhaltigkeitsratings mit Sitz in München, welche auf die Gründung der oekom GmbH im Jahr 1993 zurückgeht. Das Nachhaltigkeitsrating setzt sich aus zwei Bereichen, dem Umwelt-Rating und dem Sozial-Rating, zusammen. Tabelle 6.6 zeigt die Struktur des Nachhaltigkeitsratings der oekom research AG.

Sozialrating		
Mitarbeiter & Zulieferer	**Gesellschaft & Produktverantwortung**	**Unternehmensführung & Wirtschaftsethik**
- Versammlungsfreiheit - Worklife Balance - Arbeitsplatzsicherheit - Gesundheit & Sicherheit - Gleichberechtigung - Aus- & Weiterbildung - Zuliefererstandards	- Menschenrechte - gesellschaftliches Engagement - Steuern und Subventionen - Stakeholderdialog Branchenspezifisch: - Produktverantwortung	- Unabhängigkeit Aufsichtsrat - Aktionärsrechte - Vorstandsvergütung - Aktionärsstruktur - faire Geschäftspraktiken - Verhaltenskodex
Umweltrating		
Umweltmanagement	**Produkte & Dienstleistungen**	**Öko-Effizienz**
- Umweltrichtlinien - Umweltmanagementsystem - Berichterstattung - Klimastrategie - Transport & Dienstreisen	Branchenspezifisch z. B.: - Lebenszyklusanalysen - Materialien & Substanzen - Langlebigkeit - Energieeffizienz	- Energieverbrauch - Wasserverbrauch - Abfall - Emissionen

Tabelle 6.6: Struktur des Nachhaltigkeitsratings von oekom research
Quelle: Eigene Darstellung in Anlehnung an oekom Research (2013), S. ff.

Wie aus der Tabelle ersichtlich wird, existieren im Umwelt- und Sozialbereich jeweils drei Kategorien mit mehreren Indikatoren. Bei den meisten Indikatoren wie z. B. Versammlungsfreiheit wird dabei bewertet:

1. welche Standards und Richtlinien im Unternehmen existieren
2. welche Maßnahmen zur Umsetzung der Standards durchgeführt werden
3. wie hoch die Abdeckung (Coverage) der Standards bzw. Maßnahmen in Abhängigkeit der Mitarbeiteranzahl oder des relevanten Geschäftsvolumens ist und
4. ob mögliche Kontroversen (z. B. Verstöße, Gerichtsverfahren oder Umweltschäden) bestehen.

Die Struktur des Nachhaltigkeitsratings findet in sämtlichen Industriezweigen Anwendung. Lediglich die herangezogenen Kriterien sowie deren Gewichtung werden an die branchen- bzw. unternehmensspezifischen Besonderheiten angepasst. In Abhängigkeit der Branche werden je Unternehmen ca. 100 Kennzahlen zur zielgerichteten Bewertung der Nachhaltigkeitsleistung herangezogen. Für die Bewertung werden im Ratingprozess sowohl primäre (Unternehmensdaten) als auch sekundäre Informationsquellen verwendet. Unternehmen erhalten dabei die Möglichkeit, in diversen Feedbackschleifen die vorläufigen Ergebnisse über die jeweiligen Ratingreports zu ergänzen und zu kommentieren. Eine Besonderheit des Nachhaltigkeitsratings von oekom ist die hohe Transparenz des Ratingprozesses und die Zusammensetzung des Ratings. Aus den Ratingreports sind die Bewertung der Kennzahlen, deren Gewichtung sowie eine Begründung für das Zustandekommen der Bewertung ersichtlich. So kommentieren die Analysten im Ratingreport ausführlich die Bewertungen der einzelnen Kriterien. Das Ratingergebnis beinhaltet sowohl ein **absolutes Ergebnis** auf einer zwölfstufigen Notenskala von **A+ bis D-** als auch eine **relative Einschätzung** (Best-in-Class-Ansatz). Als Best-in-Class werden nur solche Unternehmen ausgezeichnet, die nicht nur relativ zu den besten Unternehmen einer Branche gehören, sondern auch den absoluten Anforderungen an die Nachhaltigkeitsperformance genügen. Darüber hinaus existiert für alle Branchen in Abhängigkeit der Nachhaltigkeitsrelevanz eine **branchenspezifische „Prime-Hürde"**. Die Einstufung in "prime" oder "not prime" informiert darüber, welche Unternehmen die branchenspezifisch definierten Mindestanforderungen in Bezug auf die Nachhaltigkeitsleistung erfüllen, also „Best in Class" sind.

Der Fokus der bisher vorgestellten **Nachhaltigkeitsratings** liegt auf der Beurteilung der Nachhaltigkeitsleistung von Unternehmen und damit auf der Bewertung interner Nachhaltigkeitsrisiken. Ein Schwerpunkt der vorliegenden Arbeit ist die Untersuchung der Relevanz des Klimawandels für die Bewertung von Kreditrisiken. Aus diesem Grund ist der Zusammenhang zwischen Klima- und Kreditrisiken von besonderem Interesse bei der empirischen Untersuchung. Da **Klimarisiken**, wie in Kapitel 5 gezeigt wurde, überwiegend in Form von externen Risiken vorliegen, sind Nachhaltigkeitsratings nicht geeignet, um die Relevanz von Klimarisiken zu untersuchen. Zusätzlich zum Nachhaltigkeitsrating von Unternehmen bewertet oekom daher auch die Klimarisiken auf Branchenebene anhand eines Klimarisikoindex. Da im Rahmen dieser Arbeit kein Datensatz zur Einschätzung von Klimarisiken auf Unternehmensebene zur Verfügung steht, beschränkt sich die Untersuchung des Zusammenhangs zwischen Klima- und Kreditrisiken auf die Klimarisiken von Branchen auf Basis des oekom **Industry Climate Risk Index**, kurz **ICRI**.[506]

6.2.4 Der Industry Climate Risk Index (ICRI) von oekom

Ziel des ICRI ist es, die sich aus dem Klimawandel für einzelne Branchen ergebenden Klimarisiken zu bestimmen. Zur Quantifizierung dieser Risiken werden die in Tabelle 6.7 dargestellten Risikoklassen auf einer **Bewertungsskala von eins (sehr geringes Risiko) bis fünf (sehr hohes Risiko)** gleich gewichtet bewertet. Bewertet wird die grundsätzliche Betroffenheit der Branchen unabhängig davon, ob einzelne Unternehmen Vorkehrungsmaßnahmen zur Reduzierung von Klimarisiken getroffen haben (Bruttorisiken). In Branchen mit einer indirekten (mittelbaren) Auswirkung des Klimawandels, insbesondere Banken und Versicherungen, wird ein entsprechender Faktor berücksichtigt.[507] Es werden grundsätzlich ceteris paribus-Aussagen getroffen, d. h. die Wirkungen einzelner Risiken werden gesondert betrachtet.

Risikoklasse	Risikokategorie	
Physische Risiken	1	Zerstörung von Gebäuden & Infrastruktur durch extreme Wetterereignisse
	2	Risiken durch dauerhafte Änderung des Klimas
	3	Transportrisiken, z. B. Unterbrechung globaler Zulieferketten
Regulatorische Risiken	4	Verschärfung der Auflagen für die Produktion
	5	Verschärfung der Auflagen für die Produkte / Leistungen
Marktpreisrisiken	6	Erhöhung der Energiekosten
	7	Erhöhung der Roh-/ Betriebsstoffkosten
	8	Erhöhung der Finanzierungs- & Versicherungskosten
Marktrisiken	9	Veränderungen im Kundenverhalten
	10	technologischer Wettlauf; Veralterung von Technologien
Rechtsrisiken	11	Haftbarmachung für die Folgen des Klimawandels
Reputationsrisiken	12	Stigmatisierung der Branche als „Klimasünder“

Tabelle 6.7: Einschätzung von Klimarisiken anhand der Risikoklassen des ICRI
Quelle: Eigene Darstellung in Anlehnung an Häßler (2013), S. 78.

Tabelle 6.8 zeigt die zehn Branchen mit den größten Klimarisiken auf der Skala von eins bis fünf. Mit einem Risikoindex von 4,4 ist der Energiesektor die Branche mit dem höchsten Klimarisiko.

[506] Teilweise wird zwar der Umgang des Unternehmens mit dem Klimawandel im Nachhaltigkeitsrating berücksichtigt, jedoch werden dabei nur interne Aspekte wie das Vorhandensein einer Klimastrategie und von Klimazielen oder die Existenz eines Klimaverantwortlichen bewertet und nicht die Auswirkung externer Klimarisiken auf das Unternehmen. Vgl. oekom Research (2013), S. 17 f.

[507] Vgl. Häßler (2013), S. 79. Die indirekten Auswirkungen resultieren insbesondere aus Finanzierungs- und Versicherungsaktivitäten von Finanzdienstleistern. Vgl. hierzu insbesondere auch Kapitel 5.3.

Branche	Risiko-Index
Energieversorger	4,4
Öl & Gas	4,3
Luft- und Raumfahrt	4,2
Automobil/-zulieferer	3,8
Landwirtschaft	3,6
Papier & Forst	3,5
Metalle & Bergbau	3,3
Bau	3,2
Immobilien	3,2
Tourismus & Freizeit	3,2

Tabelle 6.8: Zehn Branchen mit dem höchsten Klimarisiko auf Basis des ICRI
Quelle: Eigene Darstellung in Anlehnung an Häßler (2013), S. 78.

6.2.5 Beschreibung der Datenbasis

In die Untersuchung werden Unternehmen einbezogen, welche im Zeitraum zwischen **2005 und 2011 im MSCI Europe** gelistet waren und deren Nachhaltigkeitsratings eine zusammenhängende Datenhistorie von mehr als drei Jahren aufweisen.[508] Die Daten bezüglich der Nachhaltigkeitsrisiken der Unternehmen stammen von den drei Ratinganbietern **ECPI, MSCI** und **oekom research**. Zur besseren Vergleichbarkeit wurden nur Daten von Unternehmen verwendet, bei welchen die Nachhaltigkeitsratings von mindestens zwei der drei Ratinganbieter vorliegen. Diese Schnittmenge umfasst 70.230 Beobachtungen in Form von Monats- und Quartalsdaten im Zeitraum zwischen 2005 und 2011 von insgesamt 917 Unternehmen. Für die Zuordnung und Harmonisierung der Daten wurden die International Securities Identification Number (**ISIN**), der **Bloomberg-Ticker** sowie das **Datum** genutzt. Die Kennzahlen zur Quantifizierung des Kreditrisikos wurden der Bloomberg-Finanzdatenbank sowie dem „Global Credit Portal" von Standard & Poor´s entnommen. Abbildung 6.2 gibt einen Überblick über die Struktur und die Zusammensetzung des Datensatzes.

[508] Da die Datensätze der Ratingagenturen für eine umfangreiche empirische Untersuchung ($n > 30$) nicht genug deutscher Unternehmen beinhalten (z. B. im Fall von MSCI nur 25 deutsche Unternehmen mit durchgehender Datenhistorie siehe Tabelle A.5) wurde der MSCI Europe als Referenz für die Datengrundlage gewählt.

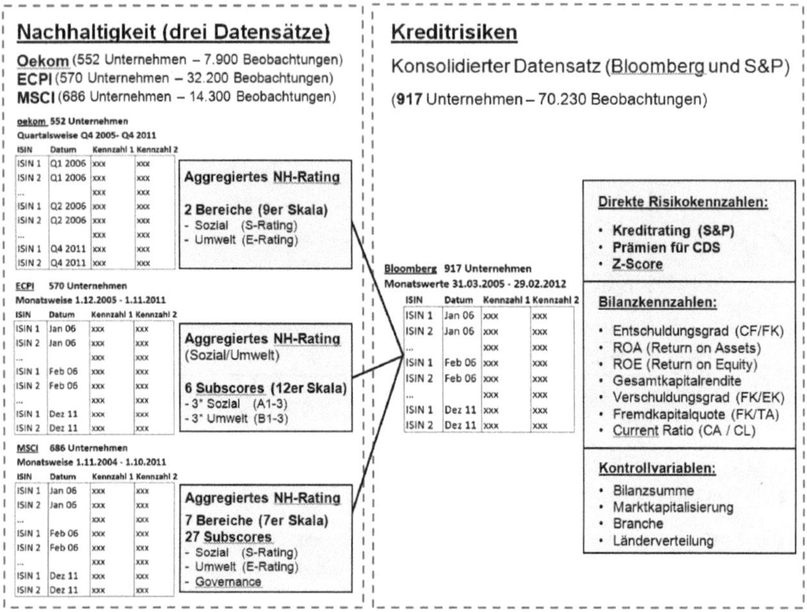

Abbildung 6.2: Übersicht und Zusammensetzung der Datensätze
Quelle: Eigene Darstellung.

Aus der Abbildung geht hervor, dass die Kennzahlen der drei Ratinganbieter in unterschiedlicher Granularität vorliegen. Während bei ECPI das aggregierte Gesamtrating sowie das Rating der beiden Bereiche Umwelt und Soziales in Form von Monatswerten vorliegen, beinhaltet der Datensatz von oekom research zusätzlich die Ratingergebnisse der sechs hinter den beiden Bereichsratings liegenden Kategorien in Form von Quartalswerten. Der Datensatz von MSCI enthält auf der dritten Ratingebene insgesamt 29 Kennzahlen, die in Form von Monatswerten vorliegen. Der Datensatz umfasst somit bezüglich der **unabhängigen Variablen** folgende drei Ebenen:

1. **Nachhaltigkeitsrating** als aggregiertes Ergebnis
2. Aggregiertes Rating der Bereiche **Umwelt und Soziales**
3. **Sozial- und Umweltkennzahlen** (bei MSCI[509] und oekom research[510])

Tabelle 6.9: gibt nochmals einen Überblick über die in der Untersuchung genutzten Kennzahlen und Kennzahlenklassen.

[509] Siehe Tabelle 6.5.
[510] Siehe Tabelle 6.6.

Kennzahlenklasse	Kennzahl	Zusammensetzung
Nachhaltigkeits-risiken	**Nachhaltigkeitsrating**	NH-Rating
	Sozialrating	S-Rating
	Umweltrating	U-Rating
	Umwelt- / Sozialkennzahlen	Kennzahlen im Sozial- / Umweltrating
Kreditrisiken (Direkte Risikokennzahlen)	**S&P Kreditrating**	Ratingskala (AAA - D)
	Kreditausfallversicherungen	5 Year CDS (Swaprates)
	Z-Score	Altman Z-Score
Bilanzkennzahlen		
Cash-Flow-Kennzahlen	**Entschuldungsgrad**	Cash-Flow / Fremdkapital
Rentabilitätskennzahlen	**Gesamtkapitalrendite**	EBIT / Bilanzsumme
	Eigenkapitalrendite	EBIT / Eigenkapital
	Umsatzrendite	Gewinn / Umsatzerlöse
Verschuldungskennzahlen	**Verschuldungsgrad**	Fremdkapital / Eigenkapital
	Fremdkapitalquote	Fremdkapital / Bilanzsumme
Liquiditätskennzahlen	**Current Ratio**	Umlaufvermögen / Kurz.Verbindlichkeiten
Kontrollvariablen		
Unternehmensgröße	**Bilanzsumme**	Ln von Bilanzsumme
	Marktkapitalisierung	Ln von Marktkapitalisierung
Branchenvariable	**Branche**	Zuordnung zur Branche
Ländervariable	**Land**	Sitz des Unternehmens

Tabelle 6.9: Verwendete Kennzahlen zur Bestimmung von Kreditrisiken
Quelle: Eigene Darstellung.

6.3 Methodische Vorgehensweise

Eine in der Statistik häufig verwendete Methode zur Untersuchung von Zusammenhängen zwischen zwei Variablen ist das Vergleichen von Merkmalsausprägungen verschiedener Gruppen - im vorliegenden Fall nachhaltige und nicht nachhaltige Unternehmen - anhand einer **Querschnittsanalyse**.[511] Konform mit der Vorgehensweise von *Goss und Roberts*[512] werden dabei mehrere Nachhaltigkeitsratingklassen in einem Cluster (Gruppe) zusammengefasst. Um sicher zu gehen, dass genügend Beobachtungen in jeder Klasse vorhanden sind, werden im **Cluster „nachhaltig"** (geringes Nachhaltigkeitsrisiko) alle Unternehmen mit einem Nachhaltigkeitsrating im oberen Quartil (die besten 25 %) zusammengefasst. Im **Cluster „nicht nachhaltig"** (hohes Nachhaltigkeitsrisiko) werden alle Unternehmen mit einem Nachhaltigkeitsrating im unteren Quartil (die schlechtesten 25 %) zusammengefasst. Die Unternehmen dazwischen werden dem **Cluster „neutral"** zugeordnet:

$$\text{Aufteilung der Stichprobe} \begin{cases} \text{Besten 25 \% = "nachhaltig"} \\ \text{Mittleren 50 \% = "neutral"} \\ \text{Schlechtesten 25 \% = "nicht nachhaltig"} \end{cases}$$

[511] Vgl. Bühl (2008), S. 123 und S. 303 sowie Backhaus (2011), S. 120.
[512] Vgl. Goss/Roberts (2007), S. 16 f.

Mit dieser Vorgehensweise können die Unterschiede bezüglich der Höhe der Kreditrisiken zwischen den Unternehmen mit dem, nach dem Nachhaltigkeitsratingansatz der jeweiligen Ratingagentur bewerteten höchsten und niedrigsten Nachhaltigkeitsrisiko dargestellt werden. Mithilfe einer **Mittelwertanalyse** kann nun überprüft werden, ob sich die Mittelwerte (μ) und Standardabweichungen (σ) der abhängigen Variablen (Kreditrisikokennzahlen) zwischen den beiden Gruppen „nachhaltig" und „nicht nachhaltig" unterscheiden. Falls sich die beiden Mittelwerte (z. B. des S&P Kreditratings) unterscheiden, so spricht das dafür, dass die **unabhängige Variable** (Nachhaltigkeitsrating) einen Einfluss auf die **abhängige Variable** (Kreditrisiko) hat, im anderen Fall muss das Fehlen eines Zusammenhanges angenommen werden.

Mithilfe der Prüfstatistik (T-Tests) kann im Fall von Unterschieden zwischen den Mittelwerten untersucht werden, ob der Mittelwertunterschied der Stichprobe zufällig zustande gekommen ist oder nicht. Im letzteren Fall spricht man von einem **überzufälligen bzw. signifikanten Unterschied.**[513] Die Prüfgrößen folgen dabei der auf der Normalverteilung beruhenden Berechnung der Irrtumswahrscheinlichkeit p (engl. probability). Dabei wird die in dem Signifikanzniveau zwischen 0 und 1 ausgedrückte Wahrscheinlichkeit sich zu irren ausgegeben. Im Rahmen dieser Arbeit werden folgende in der Praxis übliche Signifikanzniveaus verwendet:[514]

$p < 0{,}05$ (**5 % Niveau**) – signifikantes Ergebnis (*)
$p < 0{,}01$ (**1 % Niveau**) – hoch signifikantes Ergebnis (**)
$p < 0{,}001$ (**0,1 % Niveau**) – höchst signifikantes Ergebnis (***)

Für das Kreditgeschäft von Banken ist nicht das Nachhaltigkeitsrisiko zum Zeitpunkt einer Insolvenz von Interesse, sondern ob die in dem Nachhaltigkeitsrating ausgedrückte Information zum Zeitpunkt der Kreditentscheidung (t_0) eine Vorhersage von zukünftigen Kreditausfällen (t_1) ermöglicht. Aus diesem Grund wird neben der **Querschnittsanalyse** (Zeitpunktanalyse) auch eine **Panelanalyse** (Zeitreihenanalyse) durchgeführt. Konform mit der Vorgehensweise von *Di Giulio u.a.*[515] wird untersucht, wie sich die Nachhaltigkeits- und Kreditrisiken von Unternehmen im Zeitverlauf verhalten. Konkret wird dabei geprüft, ob ein Zusammenhang zwischen dem Nachhaltigkeitsrating in $t = 0$ und den Kreditrisiken in $t = 1$ besteht und somit die Vorhersagefähigkeit von Kreditausfällen durch Nachhaltigkeitsratings bestätigt werden kann.

Als weiteres Testverfahren zur Untersuchung der Zusammenhänge zwischen Nachhaltigkeits- und Kreditrisiken wird eine **multivariate Korrelationsanalyse** durchgeführt, welche die Korrelation (r) und deren Signifikanz zwischen den Nach-

---

[513] Vgl. Bühl (2008), S. 303.
[514] Vgl. Bühl (2008), S. 120 f. und Janssen (2007), S. 344.
[515] Vgl. Di Giulio u.a. (2007), S. 7 ff.

haltigkeitskennzahlen und den zur Ermittlung von Kreditrisiken genutzten Kennzahlen berechnet. Auch bei der Korrelationsanalyse wird die Datenbasis anhand einer **Querschnittsanalyse** in mehrere zeitdiskrete Stichproben zerlegt und zusätzlich mithilfe einer **Paneluntersuchung** geprüft, ob die Nachhaltigkeitsrisiken von Unternehmen temporär nachgelagerte Effekte auf Kennzahlen zur Beurteilung der Kreditwürdigkeit aufweisen. Dazu werden die Korrelationskoeffizienten der Nachhaltigkeitskennzahlen im Zeitpunkt (t_0) und der Kreditrisikokennzahlen im Zeitpunkt (t_1) gebildet. Wie bei der Mittelwertanalyse können auch bei der Korrelationsanalyse mithilfe der Signifikanzprüfung statistisch gesicherte Aussagen über die Güte des Zusammenhangs getroffen werden, wobei dieselben Signifikanzniveaus gelten.[516]

Darüber hinaus ist bei der Untersuchung von Interesse, inwieweit **branchen-** oder **länderspezifische** Faktoren für die Wirkungszusammenhänge eine Rolle spielen. Der Einfluss von **Branchen und Länderaspekten** auf den Zusammenhang zwischen Nachhaltigkeits- und Kreditrisiken wird anhand einer Regressionsanalyse[517] untersucht. Die **Regressionsanalyse** dient dazu, die Stärke eines Zusammenhangs aufzudecken, bzw. den Wert einer Variablen (in dieser Arbeit das Kreditrisiko) durch den Wert einer anderen Variablen (in dieser Arbeit das Nachhaltigkeitsrisiko) vorherzusagen.[518] Das **Zusammenhangmaß R^2** gibt dabei den durch die **unabhängige(n) Variable(n) statistisch erklärten Anteil der abhängigen Variable** an[519] und kann Werte zwischen null und eins annehmen.[520]

Für die Untersuchung der **Branchenrelevanz** werden die Unternehmen anhand der jeweiligen Branchenkennung in folgende fünf Branchen unterteilt:[521]

- Finanzdienstleister
- Dienstleister
- Produzierendes Gewerbe
- Energie- und Rohstoffsektor
- Bau und Landwirtschaft

---

[516] Vgl. Bühl (2008), S. 303.

[517] Für die Untersuchung wird eine lineare Regressionsanalyse nach der Kleinst-Quadrate-Methode (engl. Ordinary Least Squares, OLS) durchgeführt.

[518] Vgl. Bühl (2008), S. 357.

[519] Vgl. Backhaus (2011), S. 74 ff., Bühl (2008), S. 357 und Janssen (2007), S. 427.

[520] Vgl. Urban/Mayerl (2011), S. 57.

[521] Die Klassifizierung basiert auf der Zuteilung zu den drei Sektoren: primärer Sektor (**Landwirtschaft**), sekundärer Sektor (**produzierendes Gewerbe**) und tertiärer Sektor (**Dienstleistung**). Aufgrund der Bilanzierungsunterschiede und der hohen Anzahl an **Finanzdienstleistern** wurde hierfür eine eigene Klasse gebildet. Des Weiteren wurde in Kapitel 5.3.3 gezeigt, dass Unternehmen des **Energie- und Rohstoffsektors** besonders hohe Nachhaltigkeitsrisiken aufweisen, weshalb eine zusätzliche Klasse gebildet wurde. Die Baubranche wurde mit der Branche Landwirtschaft zusammengefasst, da beide Branchen wie in Kapitel 5.3.3 gezeigt wurde zu den Gewinnern des Klimawandels zählen und die Branchen für sich genommen zu wenig Unternehmen enthalten. Auf eine feinere Unterteilung wurde verzichtet, da ansonsten zu wenig Beobachtungen in den einzelnen Branchenklassen vorhanden sind.

Für die Untersuchung der **Länderrelevanz** werden vier Klassen gebildet, wobei die drei größten Länder einzeln untersucht wurden.[522] Die übrigen Länder werden aufgrund des geringen Stichprobenumfangs der einzelnen Länder zusammengefasst. Folgende Länderklassen werden im Rahmen der Regressionsanalyse untersucht:

- Großbritannien (GB)
- Deutschland (DE)
- Frankreich (FR)
- Restliche Länder (Rest)

6.4 Auswertung des Datensamples von ECPI

Für die Untersuchung der Zusammenhänge zwischen Nachhaltigkeits- und Kreditrisiken wurden dem Datensatz im Rahmen der **Querschnittsanalyse** zeitdiskrete **Stichproben** (jeweils zum 31.12.) entnommen.[523] Zusätzlich zu diesen zeitdiskreten Stichproben wurden für die **Panelanalyse** drei Panels erstellt, um die Wirkungszusammenhänge über den Zeitverlauf zu untersuchen. Da der Ratingzyklus für die im Rahmen dieser Arbeit verwendeten Nachhaltigkeitsratings häufig zwei Jahre beträgt, wurde für die Panelbildung einen Zeithorizont von drei und fünf Jahren gewählt. In Panel 1 werden die Auswirkungen der Nachhaltigkeitskennzahlen aus dem Jahr 2006 auf die Kreditrisiken im Jahr 2009 untersucht.[524] Panel 2 untersucht die Zusammenhänge zwischen den Nachhaltigkeitskennzahlen aus dem Jahr 2008 und den Kreditrisiken im Jahr 2011. Die Wirkungszusammenhänge über einen Zeithorizont von fünf Jahren (31.12.2006 bis 31.12.2011) werden in Panel 3 untersucht. Tabelle 6.10 gibt einen Überblick über die Anzahl der Unternehmen der Stichproben. Daraus wird ersichtlich, dass die Zahl der Unternehmen kontinuierlich zunimmt.[525]

[522] Die Größe der Länder bezieht sich auf das Bruttoinlandsprodukt des jeweiligen Landes, wobei diese Einteilung mit Ausnahme von ECPI auch die Größe in Bezug auf die Anzahl der jeweiligen Unternehmen des Datensatzes widerspiegelt (vgl. Anhang 2 bis 4).

[523] Auf eine weitere Segmentierung, z. B. auf Monatsebene, wurde verzichtet, da zum einen die Bilanzkennzahlen i.d.R. auf Quartalsebene erfasst werden und die Nachhaltigkeitskennzahlen meist jährlich bzw. in einem Zweijahresturnus aktualisiert werden.

[524] Da das Datensample im Jahr 2006 mit 303 bewerteten Unternehmen deutlich umfangreicher ist als im Jahr 2005, wurde als Ausgangsbasis für das erste Panel das Jahr 2006 gewählt.

[525] Die zunehmende Anzahl der bewerteten Unternehmen überrascht nicht, da ECPI erst im Jahr 1997 gegründet wurde und sich das Ratinguniversum erst im Laufe der Zeit kontinuierlich erweitert.

Jahr	2005	2006	2007	2008	2009	2010	2011
Anzahl der Unternehmen	**196**	**304**	**463**	**515**	**528**	**534**	**565**
Panel 1		**303**	**(3 Jahre 2006–2009)**		**303**		
Panel 2				**511**	**(3 Jahre 2008-2011)**		**511**
Panel 3		**301**	**(5 Jahre 2006-2011)**				**301**

Tabelle 6.10: Zerlegung des Datensatzes von ECPI in Stichproben
Quelle: Eigene Darstellung.

6.4.1 Histogramm

Die Verteilung der Nachhaltigkeitsratings des ECPI-Datensatzes ist in Abbildung 6.3 dargestellt.

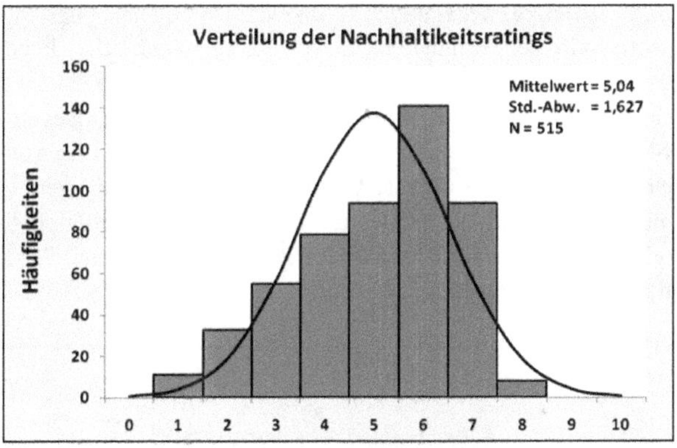

Abbildung 6.3: Histogramm des ECPI Nachhaltigkeitsratings zum 31.12.2008
Quelle: Eigene Darstellung.[526]

Die Länderverteilung des Datensatzes umfasst neben den EU-15-Staaten auch Norwegen und die Schweiz. Ein Länderschwerpunkt liegt dabei auf England mit 122 von 515 Unternehmen, gefolgt von Frankreich (65), Italien (62), Deutschland (57) und der Schweiz (32). Bei der Branchenverteilung unterscheidet ECPI zwischen 61 Branchen, wobei Banken mit 44 von 515 Unternehmen, gefolgt von Versicherungen (31), Medien (22), Maschinenbau (18) und Telekommunikation (17) die Branchen mit der größten Gewichtung darstellen.[527]

---

[526] Die Ratingnoten sind für die Auswertung folgendermaßen codiert: F = 1, E- = 2, E = 3, E+ = 4, EE- = 5, EE = 6, EE+ = 7, EEE- = 8, EEE = 9, wobei die Note EEE nicht vergeben wurde.

[527] Die Zahlen beziehen sich auf das Jahr 2008. Eine Übersicht der Länder- und Branchenverteilung findet sich im Anhang in Tabelle A.1 und Tabelle A.2.

6.4.2 Mittelwertanalyse

Zur Untersuchung der Relevanz der Nachhaltigkeitsleistung für die Kreditvergabe werden die Mittelwerte (μ) der beiden **Cluster „nachhaltig“** (besten 25 %) und **„nicht nachhaltig“** (schlechtesten 25 %) sowohl mithilfe der **Querschnittsanalyse** (Zeitpunktbetrachtung) als auch anhand der **Panelanalyse** (Betrachtung über den Zeitverlauf) verglichen. Unterscheiden sich die Mittelwerte, so spricht das dafür, dass die Nachhaltigkeitsleistung einen Einfluss auf das Kreditrisiko hat.[528]

Die Ergebnisse der Mittelwertvergleiche zeigen, dass die Mittelwerte und Standardabweichungen der **Kreditratings** zwischen den verschiedenen Clustern „nachhaltig“ und „nicht nachhaltig“ keine Unterschiede aufweisen.[529] Entgegen des vermuteten positiven Zusammenhangs zwischen Nachhaltigkeits- und Kreditrisiken zeigt die Mittelwertuntersuchung im Datensatz von ECPI, dass die **Mittelwerte der Risikoprämien** für fünfjährige **Kreditausfallversicherungen (CDS)** von Unternehmen des Clusters **„nicht nachhaltig“ unterhalb** der Mittelwerte des Clusters **„nachhaltig“** liegen. So lagen beispielsweise die Risikoprämien im Jahr 2011 der 138 Unternehmen des Clusters „nachhaltig“ im Durchschnitt bei 302 Basispunkten (BP), wohingegen die Risikoprämien der 144 Unternehmen des Clusters „nicht nachhaltig“ im Durchschnitt 195 BP aufweisen. Für die restlichen Jahre sowie die Panel-Untersuchungen ergeben sich ähnliche, wenn auch nicht immer eindeutige Ergebnisse.[530] Abbildung 6.4 zeigt den Mittelwertvergleich der Querschnittsanalysen zwischen 2006 und 2011 sowie die Zeitreihenanalysen der drei Panels.

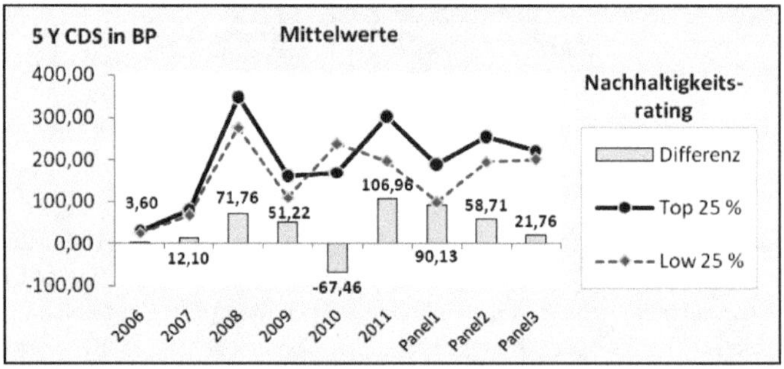

Abbildung 6.4: Mittelwertvergleiche der 5-Jährigen CDS im Datensatz von ECPI
Quelle: Eigene Darstellung.

[528] Vgl. Janssen (2007), S. 334.

[529] Eine Übersicht über die Ergebnisse der Mittelwerteanalyse findet sich im Anhang in Tabelle A.3.

[530] Eine Ausnahme stellt das Jahr 2010 dar, in dem die fünfjährigen CDS-Raten von nachhaltigen Unternehmen im Durchschnitt bei 168 BP und von nicht nachhaltigen Unternehmen im Durchschnitt bei 236 BP liegen.

Ein weiteres Indiz gegen den vermuteten positiven Zusammenhang zwischen Nachhaltigkeits- und Kreditrisiken ergibt sich aus dem Mittelwertvergleich der Z-Werte. Wie in Kapitel 6.2 erläutert wurde, stellt der Z-Wert von *Altman* einen Indikator für die Kreditrisiken von Unternehmen dar. Je höher der Z-Wert, desto geringer ist das Risiko eines Kreditausfalls.[531] Die Untersuchung der Stichproben zeigt, dass die Mittelwerte der Z-Werte der Unternehmen des Clusters „nachhaltig" im gesamten Untersuchungszeitraum unterhalb der Mittelwerte des Clusters „nicht nachhaltig" liegen. Obwohl die Z-Werte nur für 293 Unternehmen vorliegen, zeigt dieser Unterschied, dass die im Untersuchungszeitraum von ECPI als nachhaltig klassifizierten Unternehmen im Durchschnitt höhere Kreditrisiken haben als die als nicht nachhaltig klassifizierten Unternehmen. Abbildung 6.5 veranschaulicht die Differenz zwischen den Mittelwerten der „nachhaltigen Unternehmen" (Top 25 %) und den „nicht nachhaltigen Unternehmen" (Low 25 %).

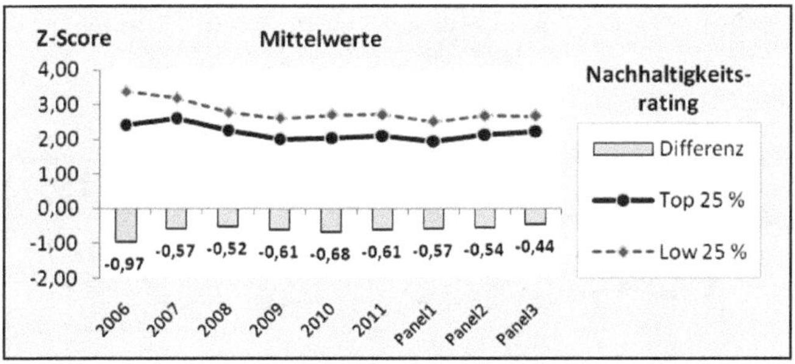

Abbildung 6.5: Mittelwertvergleiche der Z-Werte im Datensatz von ECPI
Quelle: Eigene Darstellung.

Wird der von *Altman* berechnete Trennwert von 2,67 zur Unterscheidung zwischen solventen und insolventen Unternehmen zugrunde gelegt, so ergibt sich, dass die Unternehmen im Cluster „nachhaltig" im Durchschnitt unterhalb und die Unternehmen im Cluster „nicht nachhaltig" im Durchschnitt oberhalb des Trennwerts liegen. Die Mittelwertanalyse der Bilanzkennzahlen ergibt mit Ausnahme der Gesamtkapitalrendite und dem Verschuldungsgrad keinen eindeutigen Zusammenhang. Während die als nachhaltig klassifizierten Unternehmen im Durchschnitt bei sämtlichen Stichproben einen geringeren Verschuldungsgrad aufweisen, haben die als nicht nachhaltig klassifizierten Unternehmen eine höhere Gesamtkapitalrendite. Eine Übersicht über die

[531] Der von *Altman* berechnete optimale Trennwert liegt bei 2,675, wobei alle Unternehmen seiner Untersuchung mit einem Z-Wert < 1,81 nach einem Jahr insolvent waren und alle Unternehmen mit einem Z-Wert > 2,99 im selben Untersuchungszeitraum zahlungsfähig blieben. Vgl. Altman (1968), S. 602 und Altman (1993), S. 196 ff.

Ergebnisse der Mittelwertvergleiche des Verschuldungsgrads und der Gesamtkapitalrendite findet sich in Abbildung 6.6 und in Abbildung 6.7.

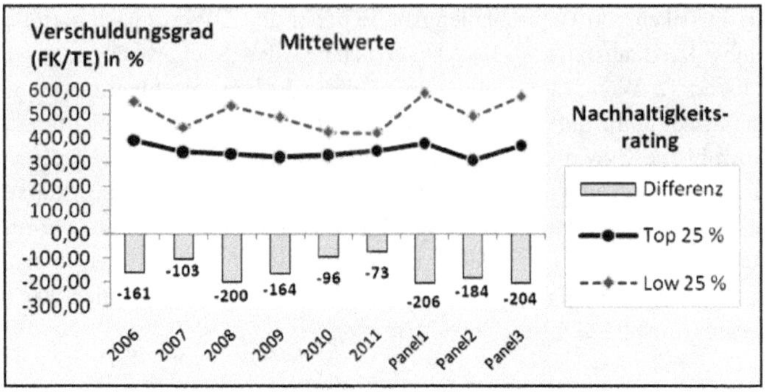

Abbildung 6.6: Mittelwertvergleiche des Verschuldungsgrads im Datensatz von ECPI
Quelle: Eigene Darstellung.

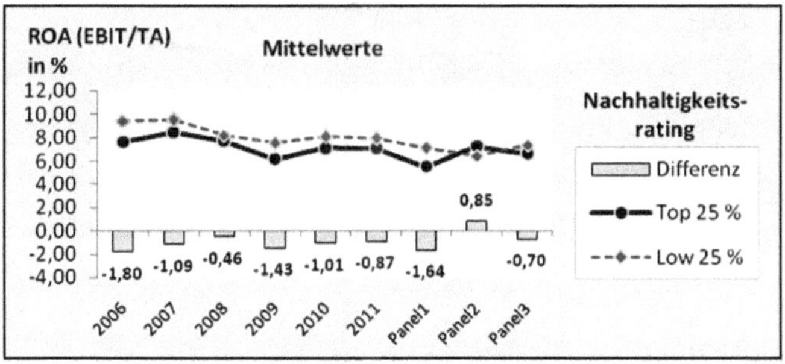

Abbildung 6.7: Mittelwertvergleiche der Gesamtkapitalrendite im Datensatz von ECPI
Quelle: Eigene Darstellung.

Bei der Untersuchung der Mittelwerte der Unternehmensgröße zeigt sich, dass die in der Stichprobe enthaltenen Unternehmen des Clusters „nachhaltig" im Durchschnitt eine größere Bilanzsumme haben als die Unternehmen des Clusters „nicht nachhaltig" (siehe Abbildung 6.8).[532] Unternehmen mit einer großen Bilanzsumme werden demnach im

[532] Für das Jahr 2010 ergibt sich folgendes Bild für die logarithmierten Mittelwerte des Clusters „nachhaltig" μ Ln (Bilanzsumme) = 9,3; σ = 2,5 und μ Ln (Bilanzsumme) = 8,5; σ = 3,56 des Clusters „nicht nachhaltig".

Nachhaltigkeitsrating von ECPI eher als „nachhaltig“ eingestuft als Unternehmen mit einer geringeren Bilanzsumme.

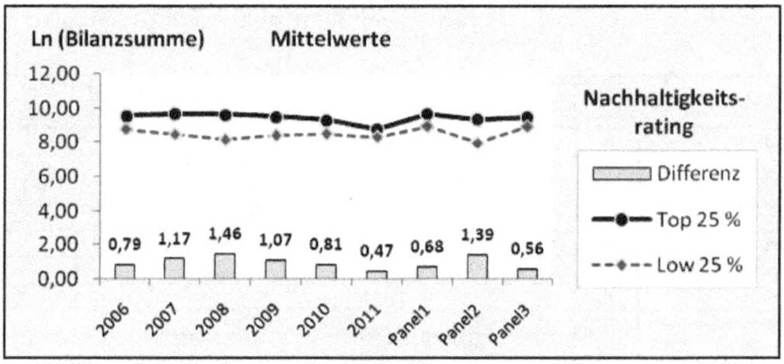

Abbildung 6.8: Mittelwertvergleiche der Bilanzsumme im Datensatz von ECPI
Quelle: Eigene Darstellung.

Neben dem Mittelwertvergleich der aggregierten Nachhaltigkeitsratings wurden auch Mittelwertvergleiche der Sozial- und Umweltratings für die einzelnen Stichproben durchgeführt. Dabei wurden die Stichproben analog der Mittelwertanalyse des Nachhaltigkeitsratings in die oberen und unteren 25 % des Sozial- und Umweltratings zerlegt und anschließend die Mittelwerte der einzelnen Variablen verglichen. Da die Mittelwertanalysen der Sozial- und Umweltratings keine größeren Abweichungen der Mittelwertanalysen des aggregierten Nachhaltigkeitsratings ergaben, werden die Ergebnisse an dieser Stelle nicht im Detail erläutert.

Die **Signifikanztests** (Levene- und T-Tests) der Mittelwertanalyse zeigen, dass für den **Z-Score**, die **Bilanzsumme**, den **Verschuldungsgrad** und die **Gesamtkapitalrendite** der Mittelwertunterschied bei mehr als einer Stichprobe signifikant ist.[533] Bei den restlichen Variablen ist der Mittelwertunterschied entweder nicht konstant oder nicht signifikant. Tabelle 6.11 stellt die im Rahmen der Mittelwertanalyse gewonnenen Ergebnisse im Überblick dar. In der zweiten Spalte der Tabelle ist aufgezeigt, ob die Nullhypothese H_0 „es besteht kein Zusammenhang“ beibehalten wird oder ob die Nullhypothese zugunsten der Alternativhypothese H_1 „es besteht ein Zusammenhang“ verworfen wird. Im Rahmen der Untersuchung wurde die Nullhypothese nur bei weitestgehend konstanten und mehr als in einem Fall signifikanten Ergebnissen verworfen. Des Weiteren wird hervorgehoben, in welchen Stichproben sich die Mittelwerte

[533] Die Signifikanz der Mittelwertdifferenzen wurde folgendermaßen ermittelt: Im ersten Schritt wird mithilfe des Levene-Tests die Gleichheit der Varianzen getestet. Konform mit der Vorgehensweise von *Bühl* wird bei einer Homogenität der Varianzen im T-Test ein Signifikanzniveau von 5 % gewählt. Falls der Levene-Test eine Heterogenität der Varianzen ergibt, wird im T-Test ein Signifikanzniveau von 1 % gewählt. Vgl. Bühl (2008), S. 447.

des Nachhaltigkeits-, Umwelt- und Sozialratings unterscheiden. Graue Flächen weisen auf einen negativen Zusammenhang zwischen der Nachhaltigkeitsleistung und Kreditrisiken hin, wohingegen schraffierte Flächen bedeuten, dass ein positiver Zusammenhang besteht (ein besseres Nachhaltigkeitsrating führt zu höheren Kreditrisiken).

Mittelwertanalyse								Panelanalyse		
		2006	2007*	2008*	2009	2010	2011	Panel1	Panel2	Panel3
S&P LT Kreditrating	H_0		S**							
5 Year CDS	H_0				NUS	NU	NUS	NU	NS	
Z-Score	H_1	**			NUS	**	**		NUS	
Ln (Bilanzsumme)	H_1		**	**	NUS **	**	**		NUS**	
Entschuldungsgrad (CF / FK)	H_0				NSU			NS	S	
Fremdkapitalquote (FK/TA)	H_0								**	
Verschuldungsgrad (FK/TE)	H_1				NU			**	NU**	**
Gesamtkapitalrendite (EBIT/TA)	H_1	**			NUS	**		NU		
Eigenkapitalrendite (EBIT/TE)	H_0		NUS			NUS		NU	NUS	S
Umsatzrendite (NI/Umsatz)	H_0	NUS	**	NUS			NS	NUS		NUS
Current Ratio (CA/CL)	H_0		NUS				NUS	**	NUS	

H_1 - Es besteht ein Zusammenhang
H_0 - Es besteht kein Zusammenhang
** - T-Test ist signifikant

(grau) NH führt zu geringeren Kreditrisiken
(schraffiert) NH führt zu höheren Kreditrisiken

N - **Nachhaltigkeitsrating**
U - **Umweltrating**
S - **Sozialrating**

Tabelle 6.11: Ergebnisse der Mittelwertanalyse und T-Tests des ECPI-Datensatzes
Quelle: Eigene Darstellung.

Aus der Abbildung wird ersichtlich, dass aus dem Nachhaltigkeitsrating von ECPI über die Mittelwertanalyse keine eindeutige Aussage über den Zusammenhang zwischen der Nachhaltigkeitsleistung von Unternehmen und deren Kreditwürdigkeit abgeleitet werden kann. Lediglich beim **Z-Score**, der **Bilanzsumme**, dem **Verschuldungsgrad** und der **Gesamtkapitalrendite** wurde die Alternativhypothese bestätigt, wobei der Z-Score und die Gesamtkapitalrendite auf höhere Kreditrisiken von nachhaltigen Unternehmen hinweisen.

6.4.3 Korrelationsanalyse

Als weiteres Instrument zur Bestimmung des Zusammenhangs zwischen Nachhaltigkeits- und Kreditrisiken wird eine Korrelationsanalyse auf Basis der Stichproben durchgeführt. Bei der Korrelationsanalyse werden sowohl die Korrelationskoeffizienten als Messgröße des statistischen Zusammenhangs als auch die Irrtumswahrscheinlichkeit (Signifikanz) berechnet.[534]

Auch die Untersuchung der Korrelationskoeffizienten im Datensatz von ECPI ergibt keinen eindeutigen Zusammenhang zwischen Nachhaltigkeits- und Kreditrisiken. Die

[534] Vgl. Backhaus (2011), S. 340. Um Aussagen von statistischen Ergebnissen abzusichern, werden in der Wissenschaft Signifikanzniveaus von 5 % als signifikantes Ergebnis, von 1 % als sehr signifikantes Ergebnis und von 0,1 % als hoch signifikantes Ergebnis genutzt. Vgl. Bortz/Weber (2005), S. 111 ff.

Korrelationskoeffizienten sind entweder kleiner 0,2, was auf eine sehr geringe Korrelation hindeutet, oder der Zusammenhang ist über den Zeitverlauf nicht konstant. So existiert z. B. **kein** aussagekräftiger **Zusammenhang** zwischen der **Nachhaltigkeitsleistung und** den untersuchten **Kreditrisikokennzahlen**. Lediglich die logarithmierte Bilanzsumme, der Verschuldungsgrad und die Gesamtkapitalrendite weisen über den Untersuchungszeitraum konstante Korrelationen auf. Der mit Korrelationskoeffizienten von 0,085 und 0,173 schwache und größtenteils signifikante Zusammenhang zwischen der Nachhaltigkeitsleistung und der logarithmierten Bilanzsumme deckt sich mit den Ergebnissen der Mittelwertanalyse. Demnach besteht ein positiver Zusammenhang zwischen der Nachhaltigkeitsleistung und der Höhe der Bilanzsumme.

Ein weiterer über den gesamten Beobachtungszeitraum signifikanter Zusammenhang existiert zwischen dem Umweltrating und dem Verschuldungsgrad. Im Rahmen der Querschnittsanalyse ergibt sich mit Werten zwischen -0,102 und -0,164 ein negativer Zusammenhang zwischen dem Umweltrating und dem Verschuldungsgrad. In den Panelanalysen ist der Zusammenhang über den Zeitverlauf mit Korrelationskoeffizienten von -0,171 in Panel 2 sowie -0,215 in Panel 1 und Panel 3 negativ und hoch signifikant. Aus diesen Zusammenhängen kann abgeleitet werden, dass Unternehmen mit einer hohen Umweltleistung einen geringeren Verschuldungsgrad haben als Unternehmen mit einer niedrigen Umweltleistung.

Bei der Untersuchung der Zusammenhänge zwischen der Nachhaltigkeitsleistung und den Rentabilitätskennzahlen fällt auf, dass die Sozialperformance und die Gesamtkapitalrendite negativ korreliert sind. Der Zusammenhang ist jedoch mit Korrelationskoeffizienten zwischen -0,124 und -0,143 schwach und nicht über den gesamten Beobachtungszeitraum signifikant. Tabelle 6.12 gibt einen Überblick über die Ergebnisse der Korrelationsanalysen der verschiedenen Stichproben des Datensatzes von ECPI.[535] In der Tabelle sind alle signifikanten Ergebnisse der Korrelationsanalyse abgebildet, wobei die grau hinterlegten Korrelationskoeffizienten einen positiven und die schraffierten Korrelationskoeffizienten einen negativen Zusammenhang zwischen Nachhaltigkeits- und Kreditrisiken zum Ausdruck bringen.

[535] Eine Übersicht über die Ergebnisse der Korrelationsanalyse findet sich im Anhang in Tabelle A.4.

Korrelationsanalyse		Querschnittsanalyse						Panelanalyse		
		2006	2007*	2008*	2009	2010	2011	Panel1	Panel2	Panel3
S&P LT Kreditrating	N									
	U									
	S									
5 Year CDS	N									
	U					-,164*				
	S									
Z-Score	N				-,109*					
	U									
	S									
Ln (Bilanzsumme)	N		,141**	,173**	,140**	,085*			,163**	
	U			,109*	,113**	,107*	,101*		,118**	
	S		,132**	,163**	,112*				,142**	
Entschuldungsgrad (CF / FK)	N				-,098*					
	U									
	S				-,116*					
Fremdkapitalquote (FK/TA)	N									
	U									
	S									
Verschuldungsgrad (FK/TE)	N									
	U	-,164**	-,105*	-,102*	-,124**	-,133**	-,112*	-,215**	-,171**	-,215**
	S									
Gesamtkapitalrendite (EBIT/TA)	N		-,117*		-,099*					
	U									
	S	-,131*	-,143**	-,125**	-,139**	-,124*				
Eigenkapitalrendite (EBIT/TE)	N									
	U									
	S									
Umsatzrendite (NI/Umsatz)	N									
	U	-,124*	-,098*							
	S									
Current Ratio (CA/CL)	N									
	U								-,106*	
	S									

** Die Korrelation ist auf dem Niveau von 0,01 (2-seitig) signifikant

* Die Korrelation ist auf dem Niveau von 0,05 (2-seitig) signifikant

N	- Nachhaltigkeitsrating
U	- Umweltrating
S	- Sozialrating

Tabelle 6.12: Ergebnisse der Korrelationsanalyse der Stichproben von ECPI
Quelle: Eigene Berechnung.

6.4.4 Regressionsanalyse

In Kapitel 6.4.4 werden die **Branchen und Länderbesonderheiten** des ECPI-Datensatzes und deren Effekt auf den Zusammenhang zwischen Nachhaltigkeits- und Kreditrisiken anhand der Ergebnisse der Regressionsanalyse untersucht. Wie bei der Mittelwert- und Korrelationsanalyse wird dabei der Zusammenhang zwischen Nachhaltigkeits- und Kreditrisiken sowohl im Querschnitt als auch über den Zeitverlauf analysiert. In den nachfolgenden Tabellen wird jeweils das **Zusammenhangmaß R^2**, der unstandardisierte Regressionskoeffizient bzw. die **Steigung** der Regressionsgeraden **b** sowie die **Signifikanz des Gesamtmodells** abgebildet. Aufgrund der Mehrdimensionalität der Regressionsanalyse und dem damit gestiegenen Auswertungsumfang wird lediglich der Zusammenhang zwischen dem Nachhaltigkeitsrating (Nachhaltigkeits-, Sozial- und Umweltrating) und den direkten Kreditrisikokennzahlen (Kreditrating von S&P, CDS und Z-Score) untersucht.

6.4.4.1 Branchenauswertung

Die Ergebnisse der Regressionsanalyse des ECPI-Datensatzes weisen darauf hin, dass der **Zusammenhang** zwischen dem Nachhaltigkeits- und Kreditrating **von der Branche** des jeweiligen Unternehmens **abhängig ist**. Insbesondere bei der **Finanzbranche** und dem **Energie- und Rohstoffsektor** besteht ein **positiver** und häufig signifikanter **Zusammenhang** zwischen dem Nachhaltigkeits- und Kreditrating. Wie aus der Tabelle 6.13 ersichtlich ist, kann im Jahr 2011 bei Unternehmen des Energie- und Rohstoffsektors das Nachhaltigkeitsrating 20 % und das **Umweltrating** sogar **27 % des Kreditratings statistisch erklären**. Der Steigungskoeffizient b von 0,8 im Jahr 2011 bedeutet, dass mit einer Erhöhung des Umweltratings um eine Ratingnote eine Verbesserung des Kreditratings um 0,8 Ratingnoten einhergeht. Demgegenüber deuten die negativen Steigungskoeffizienten der Branche Bau- und Landwirtschaft darauf hin, dass Unternehmen mit gutem Nachhaltigkeits- und Sozialrating schlechtere Kreditratings erhalten als Unternehmen mit einem schlechten Nachhaltigkeits- und Sozialrating. Bei den Unternehmen des Dienstleistungssektors sowie des produzierenden Gewerbes konnte mit einer Ausnahme im Jahr 2008 kein Zusammenhang festgestellt werden. Selbiges gilt auch über sämtliche Branchen hinweg.

Regression Kreditrating		2006		2007		2008		2009		2010		2011		Panel 1		Panel 2		Panel 3	
		R^2	b	R^2	b	R^2	b	R^2	b	R^2	b	R^2	b	R^2	b	R^2	b	R^2	b
Finanz-dienstleister	N	0,09 *	0,2	0,15 **	0,4	0,10 **	0,3	0,07 *	0,3					0,07 *	0,2	0,07 *	0,4	0,07 *	0,3
	U			0,11 **	0,3			0,05 *	0,2	0,10 **	0,4	0,10 **	0,4			0,08 *	0,4		
	S	0,15 **	0,3	0,16 **	0,4	0,10 **	0,3												
Dienstleister	N																		
	U																		
	S																		
Produzier-endes Gewerbe	N																		
	U					0,07 *	0,4												
	S																		
Energie- & Rohstoff-sektor	N	0,27 *	1,4					0,18 *	1,0	0,18 *	0,7	0,20 *	0,6			0,18 *	0,9		
	U									0,05 *	0,8	0,27 **	0,8						
	S																		
Bau & Landwirt-schaft	N											0,10 *	-0,6	0,15 *	-0,6			0,16 *	-0,7
	U																	0,17 *	-0,7
	S									0,10 *	-0,4	0,14 *	-0,6	0,19 **	-0,7			0,14 *	-0,6
Alle Branchen	N																		
	U																		
	S																		

** Das Regressionsmodell ist auf dem Niveau von 0,01 (2-seitig) signifikant — [grau] NH führt zu geringeren Kreditrisiken

* Das Regressionsmodell ist auf dem Niveau von 0,05 (2-seitig) signifikant — [gemustert] NH führt zu höheren Kreditrisiken

Tabelle 6.13: Brancheneinfluss auf das Kreditrating der Stichproben von ECPI
Quelle: Eigene Berechnung.

Bei der Untersuchung des Zusammenhangs zwischen dem Nachhaltigkeitsrating und der Risikoprämie für Kreditausfallversicherungen konnte mithilfe der Regressionsanalyse kein eindeutiger Brancheneffekt festgestellt werden (vgl. Tabelle 6.14).

Regression CDS		2006		2007		2008		2009		2010		2011		Panel 1		Panel 2		Panel 3	
		R²	b	R²	b	R²	b	R²	b	R²	b	R²	b	R²	b	R²	b	R²	b
Finanz-dienstleister	N			0,08 *	-7							0,07 *	44						
	U							0,06 *	-9	0,07 *	-83								
	S																		
Dienstleister	N					0,07 *	59												
	U																		
	S																		
Produzier-endes Gewerbe	N																		
	U																		
	S																		
Energie- & Rohstoff-sektor	N																		
	U																		
	S																		
Bau & Landwirt-schaft	N																		
	U																		
	S																		
Alle Branchen	N																		
	U									0,05 **	-34								
	S																		

** Das Regressionsmodell ist auf dem Niveau von 0,01 (2-seitig) signifikant

* Das Regressionsmodell ist auf dem Niveau von 0,05 (2-seitig) signifikant

NH führt zu geringeren Kreditrisiken

NH führt zu höheren Kreditrisiken

Tabelle 6.14: Brancheneinfluss auf die CDS der Stichproben von ECPI
Quelle: Eigene Berechnung.

Bei der Untersuchung der Branchenrelevanz betreffend den **Zusammenhang** zwischen dem **Nachhaltigkeitsrating und dem Z-Score** zeigt sich im Datensatz von ECPI, dass insbesondere in Panel 1 und Panel 3 bei den Unternehmen der Branchenklasse **Bau und Landwirtschaft** ein **negativer Zusammenhang** besteht. Bei den übrigen Branchen konnte kein eindeutiger Zusammenhang festgestellt werden (vgl. Tabelle 6.15). Da der Z-Score aufgrund der Bilanzierungsbesonderheiten bei Finanzdienstleistern nicht aussagefähig und in den im Rahmen dieser Arbeit verwendeten Datenbanken nicht verfügbar ist, wird die Finanzbranche bei der Untersuchung des Zusammenhangs zwischen dem Nachhaltigkeitsrating und dem Z-Score nicht berücksichtigt.[536]

[536] So werden z. B. die zur Berechnung des Z-Scores notwendigen Kennzahlen (vgl. Gleichung 6.1), Umsatzerlöse und Working Capital, bei Banken aufgrund des spezifischen Aufbaus der Bilanz sowie der Gewinn- und Verlustrechnung nicht berechnet. Vgl. Adrian/Hagenmüller (2000), S. 727 ff.

Regression Z-Score		2006		2007		2008		2009		2010		2011		Panel 1		Panel 2		Panel 3	
		R^2	b	R^2	b	R^2	b	R^2	b	R^2	b	R^2	b	R^2	b	R^2	b	R^2	b
Dienstleister	N																		
	U																		
	S																		
Produzierendes Gewerbe	N																		
	U																		
	S																		
Energie- & Rohstoffsektor	N																		
	U																		
	S											0,21 *	-0,3						
Bau & Landwirtschaft	N	0,13 *	-0,2											0,24 **	-0,3			0,29 *	-0,3
	U													0,19 **	-0,2			0,24 *	-0,3
	S	0,10 *	-0,2							0,09 *	-0,2	0,12 *	-0,2	0,20 **	-0,2			0,29 *	-0,3
Alle Branchen	N																		
	U																		
	S																		

** Das Regressionsmodell ist auf dem Niveau von 0,01 (2-seitig) signifikant — NH führt zu geringeren Kreditrisiken

* Das Regressionsmodell ist auf dem Niveau von 0,05 (2-seitig) signifikant — NH führt zu höheren Kreditrisiken

Tabelle 6.15: Brancheneinfluss auf den Z-Score der Stichproben von ECPI
Quelle: Eigene Berechnung.

6.4.4.2 Länderauswertung

Bei der Länderauswertung konnte anhand der Regressionsanalyse **kein eindeutiger Ländereffekt im Datensatz von ECPI** nachgewiesen werden. Wie aus Tabelle 6.16 und Tabelle 6.17 ersichtlich ist, ist der Ländereffekt in Bezug auf das Kreditrating sowie die Risikoprämie für Kreditausfallversicherungen nur vereinzelt messbar und über den Zeitverlauf nicht konstant. In Bezug auf den Z-Score konnte kein Zusammenhang festgestellt werden (vgl. Tabelle 6.18).

Regression Kreditrating		2006		2007		2008		2009		2010		2011		Panel 1		Panel 2		Panel 3	
		R^2	b	R^2	b	R^2	b	R^2	b	R^2	b	R^2	b	R^2	b	R^2	b	R^2	b
GB	N									0,14 **	-0,7	0,15 **	-0,7						
	U																		
	S									0,17 **	-0,5	0,19 **	-0,5						
DE	N																		
	U																	0,30 *	-0,9
	S					0,17 *	0,5	0,14 *	0,5			0,13 *	0,6						
FR	N																		
	U			0,11 *	0,5														
	S			0,09 *	0,5														
Rest	N																		
	U																		
	S																		
Alle Länder	N																		
	U																		
	S																		

** Das Regressionsmodell ist auf dem Niveau von 0,01 (2-seitig) signifikant — NH führt zu geringeren Kreditrisiken

* Das Regressionsmodell ist auf dem Niveau von 0,05 (2-seitig) signifikant — NH führt zu höheren Kreditrisiken

Tabelle 6.16: Ländereinfluss auf das Kreditrating der Stichproben von ECPI
Quelle: Eigene Berechnung.

Regression CDS		2006		2007		2008		2009		2010		2011		Panel 1		Panel 2		Panel 3	
		R^2	b	R^2	b	R^2	b	R^2	b	R^2	b	R^2	b	R^2	b	R^2	b	R^2	b
GB	N																		
	U					0,13 **	-135												
	S																		
DE	N																		
	U																		
	S																		
FR	N																		
	U																		
	S																		
Rest	N																		
	U					0,06 *	53			0,06 *	-63								
	S																		
Alle Länder	N																		
	U									0,03 **	-34								
	S																		

** Das Regressionsmodell ist auf dem Niveau von 0,01 (2-seitig) signifikant — NH führt zu geringeren Kreditrisiken

* Das Regressionsmodell ist auf dem Niveau von 0,05 (2-seitig) signifikant — NH führt zu höheren Kreditrisiken

Tabelle 6.17: Ländereinfluss auf die CDS der Stichproben von ECPI
Quelle: Eigene Berechnung.

Regression Z-Score		2006		2007		2008		2009		2010		2011		Panel 1		Panel 2		Panel 3	
		R^2	b	R^2	b	R^2	b	R^2	b	R^2	b	R^2	b	R^2	b	R^2	b	R^2	b
GB	N																		
	U																		
	S																		
DE	N																		
	U																		
	S																		
FR	N																		
	U																		
	S																		
Rest	N																		
	U																		
	S																		
Alle Länder	N																		
	U																		
	S																		

** Das Regressionsmodell ist auf dem Niveau von 0,01 (2-seitig) signifikant — NH führt zu geringeren Kreditrisiken

* Das Regressionsmodell ist auf dem Niveau von 0,05 (2-seitig) signifikant — NH führt zu höheren Kreditrisiken

Tabelle 6.18: Ländereinfluss auf den Z-Score der Stichproben von ECPI
Quelle: Eigene Berechnung.

6.4.5 Zusammenfassung der wichtigsten Erkenntnisse

Auf Basis des Datensatzes von ECPI konnte **kein eindeutiger Zusammenhang** zwischen dem Nachhaltigkeitsrating und Kreditrisiken festgestellt werden. Die Untersuchung der Mittelwerte der Risikoprämien für Kreditausfallversicherungen, der Z-Werte und der Gesamtkapitalrendite weisen entgegen dem vermuteten negativen

Zusammenhang zwischen der Nachhaltigkeitsleistung und Kreditrisiken darauf hin, dass die von ECPI als besonders nachhaltig bewerteten Unternehmen (Top 25 %) im Durchschnitt höhere Kreditrisiken aufweisen als Unternehmen mit einer geringen Nachhaltigkeitsleistung (Low 25 %). Lediglich bei den Verschuldungskennzahlen zeigt sich, dass Unternehmen mit einem Umweltrating im oberen Quantil im Durchschnitt einen geringeren Verschuldungsgrad haben als Unternehmen mit einem Umweltrating im unteren Quantil, was grundsätzlich ein Indiz für eine bessere Bonität darstellt.

Die **Korrelationsanalyse bestätigt** weitestgehend die **Ergebnisse der Mittelwertanalyse**, wobei sich lediglich für die Bilanzsumme, den Verschuldungsgrad und die Gesamtkapitalrendite über den Beobachtungszeitraum konstante und signifikante Korrelationen ergeben. Grundsätzlich sind jedoch die meisten Korrelationen mit Korrelationskoeffizienten < 0,2 als sehr gering einzustufen, weshalb sich auf Basis des ECPI-Datensatzes keine konkreten Aussagen treffen lassen. Offen bleibt jedoch die Frage, ob die Ergebnisse lediglich auf die dem Bewertungsansatz von ECPI zugrunde liegende Nachhaltigkeitsdefinition zurückzuführen sind oder auch einen allgemeinen Erklärungscharakter haben.

Bei der Untersuchung der Branchenrelevanz konnte gezeigt werden, dass bei den Unternehmen der Finanzbranche sowie des Energie- und Rohstoffsektors ein positiver Zusammenhang zwischen dem Nachhaltigkeits- und Kreditrating besteht. Bei der Branchenklasse Bau und Landwirtschaft besteht dagegen ein negativer Zusammenhang zwischen dem Nachhaltigkeits- und Kreditrating sowie dem Z-Score. Ein Ländereffekt konnte im Datensatz von ECPI nicht nachgewiesen werden.

6.5 Auswertung des Datensamples von MSCI

Für die Auswertung des Datensamples von MSCI werden dem Datensatz zeitdiskrete Stichproben (jeweils zum 31.12.) entnommen, wobei die Anzahl der Unternehmen in den einzelnen Stichproben variiert. Zusätzlich zu diesen zeitdiskreten Stichproben wurden drei Panels erstellt, um die Wirkungszusammenhänge über einen Zeithorizont von drei und fünf Jahren zu untersuchen. Tabelle 6.19 gibt einen Überblick über die Anzahl der Unternehmen der Stichproben.

Jahr	2005	2006	2007	2008	2009	2010	2011
Anzahl der Unternehmen	**411**	**509**	**513**	**300**	**254**	**299**	**331**
Panel 1		**214**	**(3 Jahre 2006–2009)**		**214**		
Panel 2				**199**	**(3 Jahre 2008-2011)**		**199**
Panel 3		**271**		**(5 Jahre 2006-2011)**			**271**

Tabelle 6.19: Zerlegung des Datensatzes von MSCI in Stichproben
Quelle: Eigene Darstellung.

6.5.1 Histogramm

Die Verteilung der Nachhaltigkeitsratings der Stichprobe ist in Abbildung 6.9 dargestellt. Aus der Abbildung ist ersichtlich, dass die Ergebnisse der Nachhaltigkeitsratings näherungsweise normal verteilt sind.[537]

Die Länderverteilung des Datensatzes umfasst neben EU-16-Staaten auch Norwegen und die Schweiz. Ein Länderschwerpunkt liegt dabei auf England mit 109 von 331 Unternehmen, gefolgt von Frankreich (54), Deutschland (25) und Italien (20). Bei der Branchenverteilung unterscheidet MSCI zwischen 61 Branchen, wobei Banken mit 25 von 331 Unternehmen, gefolgt von Telekommunikation (15), Einzelhandel (15) und Energie (12) die Branchen mit der größten Gewichtung darstellen.[538]

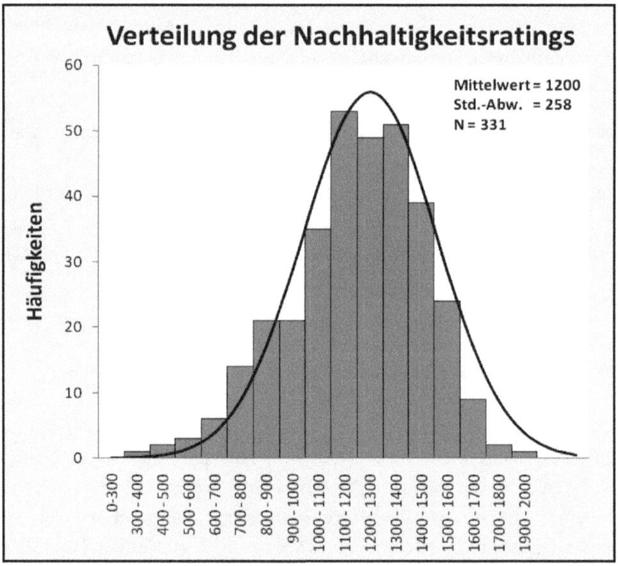

Abbildung 6.9: Histogramm des MSCI Nachhaltigkeitsratings zum 31.12.2011
Quelle: Eigene Darstellung.

---

[537] Die Ratingergebnisse werden auf einer Skala von 0 bis 2000 dargestellt, wobei ein Ergebnis von 2000 die beste Nachhaltigkeitsleistung darstellt.

[538] Die Zahlen beziehen sich auf das Jahr 2011. Eine Übersicht der Länder- und Branchenverteilung findet sich im Anhang in Tabelle A.5 und Tabelle A.6.

6.5.2 Mittelwertanalyse

Analog der vorangegangenen Auswertung werden die Mittelwerte der beiden Cluster **„nachhaltig“** (Unternehmen mit einem Nachhaltigkeitsrating im oberen Quartil) und **„nicht nachhaltig“** (Unternehmen mit einem Nachhaltigkeitsrating im unteren Quartil) analysiert. Die Untersuchung der Mittelwerte der Kreditrisikokennzahlen anhand der **Querschnitts-** und **Panelanalyse** weist dabei auf einen positiven Zusammenhang zwischen Nachhaltigkeits- und Kreditrisiken hin.[539]

Bei den **direkten Risikokennzahlen** zeigt sich, dass die als **nachhaltig klassifizierten Unternehmen bessere Kreditratings** und **geringere Risikoprämien** aufweisen als weniger nachhaltige Unternehmen. So fällt der Mittelwertunterschied beim Kreditrating zwischen den beiden Gruppen in den Jahren 2005 bis 2009 teilweise um bis zu 2,3 Ratingstufen aus (A zu BBB).[540] Abbildung 6.14 stellt den Mittelwertunterschied des Kreditratings zwischen den nachhaltigsten Unternehmen (Top 25 %) und den am wenigsten nachhaltigen Unternehmen (Low 25 %) grafisch dar.

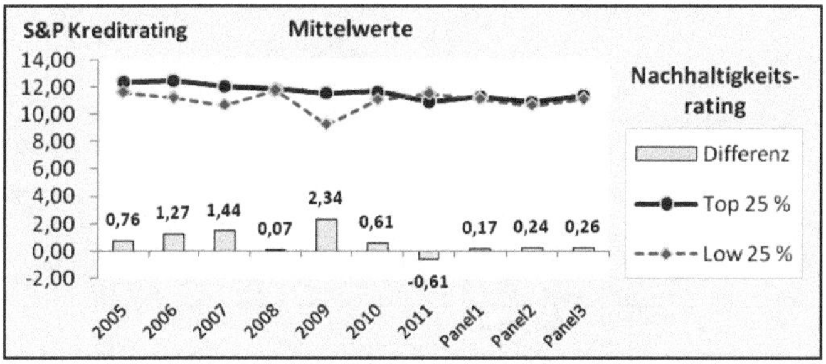

Abbildung 6.10: Mittelwertvergleiche der Kreditratings im Datensatz von MSCI
Quelle: Eigene Darstellung.

Aus Abbildung 6.11 wird ersichtlich, dass die **Risikoprämien** für Kreditausfallversicherungen (CDS) **der als „nachhaltig“ klassifizierten Unternehmen** mit Ausnahme des ersten Panels über den gesamten Beobachtungszeitraum **unterhalb der als „nicht nachhaltig“ klassifizierten Unternehmen** liegen. Die Ergebnisse der Querschnittsanalysen zeigen, dass die Risikoprämien der betrachteten Unternehmen im Zuge der **Wirtschafts- und Finanzkrise** deutlich angestiegen sind. Insbesondere die Mittelwertunterschiede beim Sozialrating weisen darauf hin, dass die Unternehmen im unteren

[539] Eine Übersicht über die Ergebnisse der Mittelwertanalyse findet sich im Anhang in Tabelle A.7.

[540] Die Ratingnoten sind für die Auswertung auf folgender Notenskala codiert: CCC = 1, CCC+ = 2, B- = 3, B = 4, B+ = 5, BB- = 6, BB = 7, BB+ = 8, BBB- = 9, BBB = 10, BBB+ = 11, A- =12, A = 13, A+ = 14, AA- = 15, AA = 16, AA+ = 17, AAA- = 18 und AAA = 19, wobei die Note AAA das beste Ratingergebnis darstellt.

Quantil des Sozialratings von MSCI im Zuge der Wirtschafts- und Finanzkrise als besonders riskant eingeschätzt wurden.

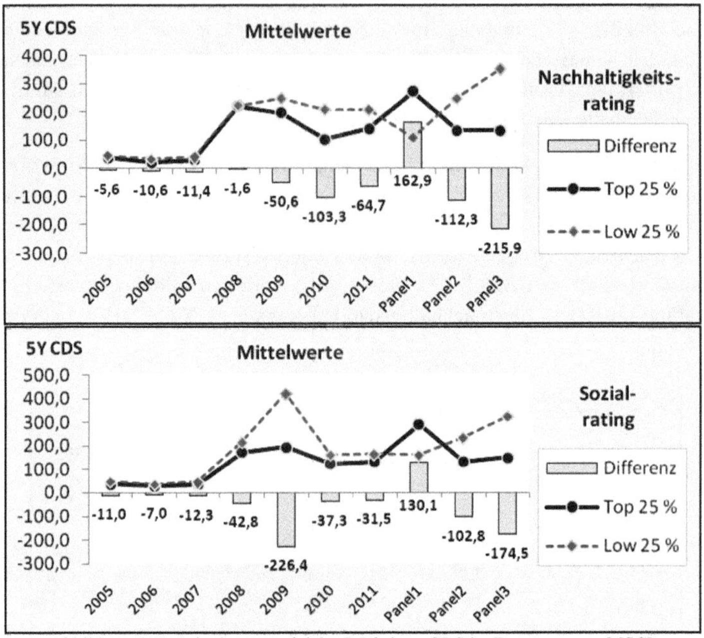

Abbildung 6.11: Mittelwertvergleiche 5-Jährigen CDS im Datensatz von MSCI
Quelle: Eigene Darstellung.

Bei den Z-Werten konnte im Rahmen der Mittelwertanalyse kein eindeutiger Zusammenhang zwischen Nachhaltigkeits- und Kreditrisiken festgestellt werden. Die Untersuchung der Mittelwerte der **Bilanzkennzahlen** zeigt, dass ein konsistenter **Zusammenhang zwischen** der **Unternehmensgröße** sowie den **Verschuldungskennzahlen und dem Nachhaltigkeitsrating** besteht. So haben die als „nachhaltig" klassifizierten Unternehmen im Durchschnitt eine höhere Marktkapitalisierung, eine größere Bilanzsumme, eine geringere Fremdkapitalquote und einen geringeren Verschuldungsgrad als die Unternehmen im unteren Quantil des Nachhaltigkeitsratings. Bei den restlichen der untersuchten Bilanzkennzahlen konnte im Rahmen der Mittelwertanalyse kein eindeutiger Zusammenhang zwischen Nachhaltigkeits- und Kreditrisiken festgestellt werden. Die Ergebnisse der Querschnittsanalyse zeigen jedoch, dass die Mittelwerte der **Rentabilitäts-** und **Kapitalflusskennzahlen** der „nachhaltigen" Unternehmen (Top 25 %) **über den Zeitverlauf konstanter** sind, als die Mittelwerte der „nicht nachhaltigen" Unternehmen (Low 25 %). So ist aus Abbildung 6.16 ersichtlich, dass sowohl der **Entschuldungsgrad** als auch die **Gesamtkapitalrendite** der „nicht nachhaltigen" Unternehmen im Zeitraum der Wirtschafts- und Finanzkrise deutlich stärker zurückgegangen sind als die der „nachhaltigen" Unternehmen.

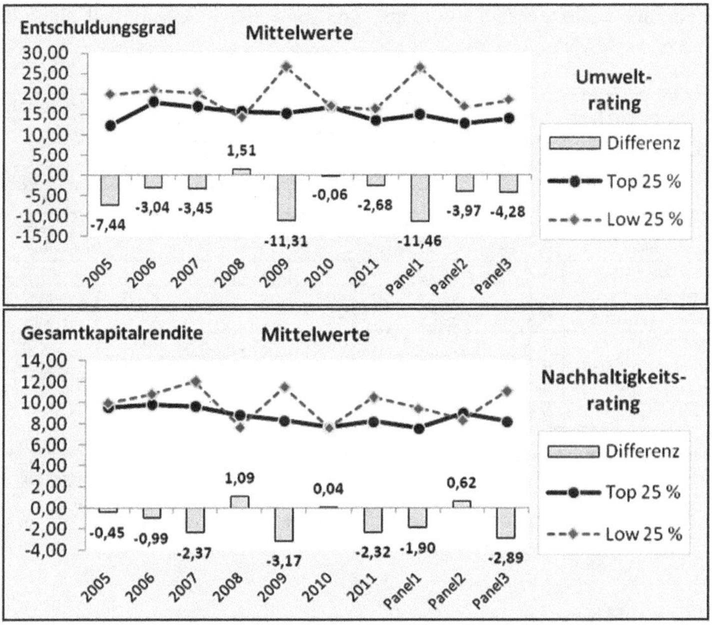

Abbildung 6.12: Mittelwertvergleiche des Entschuldungsgrads und der Gesamtkapitalrendite im Datensatz von MSCI
Quelle: Eigene Darstellung.

Die **Signifikanztests der Mittelwertanalyse** zeigen, dass die Mittelwertunterschiede zwischen den „nachhaltigen" und „nicht nachhaltigen" Unternehmen bei sieben der untersuchten Kennzahlen konstant und bei mehr als einer Stichprobe signifikant sind.[541] Tabelle 6.20 stellt die im Rahmen der Mittelwertanalyse gewonnenen Ergebnisse im Überblick dar. Während die Mittelwertunterschiede beim **Kreditrating**, den **Risikoprämien für Kreditausfallversicherungen** (CDS) und den **Verschuldungskennzahlen** auf geringere Kreditrisiken von nachhaltigen Unternehmen hinweisen (graue

[541] Die Signifikanz der Mittelwertdifferenzen wurde folgendermaßen ermittelt: Im ersten Schritt wird mithilfe des Levene-Tests die Gleichheit der Varianzen getestet. Konform mit der Vorgehensweise von Bühl wird bei einer Homogenität der Varianzen im T-Test ein Signifikanzniveau von 5 % gewählt. Falls der Levene-Test eine Heterogenität der Varianzen ergibt, wird im T-Test ein Signifikanzniveau von 1 % gewählt. Vgl. Bühl (2008), S. 447.

Flächen), deutet der Mittelwertunterschied beim **Entschuldungsgrad** auf höhere Kreditrisiken von nachhaltigen Unternehmen hin (schraffierte Flächen). Konform der Auswertung des ECPI-Datensatzes wurde die Nullhypothese H_0 „es besteht kein Zusammenhang" zugunsten der Alternativhypothese H_1 „es besteht ein Zusammenhang" nur bei weitestgehend konstanten und mehr als in einem Fall signifikanten Ergebnissen verworfen.

Mittelwertanalyse		Querschnittsanalyse							Panelanalyse		
		2005	2006	2007	2008	2009	2010	2011	Panel1	Panel2	Panel3
S&P LT Kreditrating	H_1		NUS**	**		NUS**	NU		U		
5 Year CDS	H_1		NUS**		NS		**	NUS	NUS	** NUS	**
Z-Score	H_0			NUS		NU		NUS**		NUS	
Ln (Marktkapitalisierung)	H_1	**	**	NUS**		**	**	NU	**	NUS	**
Ln (Bilanzsumme)	H_1	**	**	NUS**		**			**	NUS	**
Entschuldungsgrad (CF/FK)	H_1	**	NUS			NUS**				NUS	
Fremdkapitalquote (FK/TA)	H_1			**	NUS			**		NUS	**
Verschuldungsgrad (FK/TE)	H_1	NS	**		NUS			**		NUS	**
Gesamtkapitalrendite	H_0	U		NUS	NUS	NUS	US	NUS	NUS	NUS	NUS
Eigenkapitalrendite (EBIT/TE)	H_0	NUS		NUS	NUS		U	NS	NUS**	NUS	NS
Umsatzrendite (NI/Umsatz)	H_0	U		NUS **	NS	** NUS		NS	NUS**	NUS	
Current Ratio (CA/CL)	H_0	NUS		NUS	U	NUS	U	NUS		NUS	NUS

H_1 - Es besteht ein Zusammenhang
H_0 - Es besteht kein Zusammenhang
** - T-Test ist signifikant

[grau] NH führt zu geringeren Kreditrisiken
[schraffiert] NH führt zu höheren Kreditrisiken

N - **Nachhaltigkeitsrating**
U - **Umweltrating**
S - **Sozialrating**

Tabelle 6.20: Mittelwertvergleiche der Stichproben von MSCI
Quelle: Eigene Darstellung.

6.5.3 Korrelationsanalyse

Zusätzlich zur Mittelwertanalyse wird der Zusammenhang zwischen Nachhaltigkeits- und Kreditrisiken anhand einer Korrelationsanalyse untersucht. Tabelle 6.12 und Tabelle 6.22 geben einen Überblick über die Ergebnisse der Korrelationsanalysen der verschiedenen Stichproben des MSCI-Datensatzes. Die Ergebnisse der Korrelationsanalyse bestätigen überwiegend die Ergebnisse der Mittelwertanalyse. Zusätzlich zum aggregierten Nachhaltigkeitsrating lässt die Korrelationsanalyse auch Rückschlüsse auf die Relevanz der hinter dem Umwelt- und Sozialrating liegenden Umwelt- und Sozialkennzahlen zu. So weisen z. B. die hoch signifikanten Korrelationskoeffizienten von -0,375 und -0,248 in Panel zwei und drei der Kennzahl „Products und Services" (PS) darauf hin, dass Unternehmen mit nachhaltigen **Produkten und Dienstleistungen** langfristig tendenziell geringere Risikoprämien haben als weniger nachhaltige Unternehmen.[542]

[542] Eine Übersicht über die Ergebnisse der Korrelationsanalyse findet sich im Anhang in Tabelle A.8.

Die Untersuchung der Bilanzkennzahlen zeigt, dass ein hoch signifikanter Zusammenhang zwischen der Unternehmensgröße und dem Nachhaltigkeitsrating besteht. Demnach haben Unternehmen mit einer hohen Bilanzsumme und hohen Marktkapitalisierung tendenziell eine geringere Nachhaltigkeitsrisiken als kleinere Unternehmen. Des Weiteren konnte der im Rahmen der Mittelwertanalyse festgestellte Zusammenhang zwischen dem Nachhaltigkeitsrating und den Verschuldungs- und Kapitalflusskennzahlen bestätigt werden.

Korrelationsanalyse		Querschnittsanalyse							Panelanalyse		
		2005	2006	2007*	2008*	2009	2010	2011	Panel1	Panel2	Panel3
S&P LT Kreditrating	N	,161*	,187**	,224**		,258**					
	U	,181*	,182**	,225**		,227*					
	S		,163**	,188**		,238**		-,164*			
	SG	,178*	,140*	,162**							
	HC	,184*	,138*								,181*
	SC		,161**	,180**				-,265**			
	PS		,165**	,203**		,233**					
	ER			,124*							
	EM	,181*	,199**	,235**		,283**					
	EO	,179*	,165**	,203**		,237**		-,178*			
5Y CDS	N						-,268**			-,235*	-,308**
	U						-,250**	-,185*			-,304**
	S						-,165*			-,242*	-,248**
	SG										-,280**
	HC										-,172*
	SC						-,214**				
	PS		-,157*	-,172*						-,375**	-,247**
	ER						-,195*	-,189*			
	EM								,246*	-,280**	-,351**
	EO										
Altman Z-Score	N							-,185**			
	U										
	S							-,158*			
	SG										
	HC										
	SC			-,119*							
	PS		-,116*	-,147*		-,178*				-,184*	-,150*
	ER				,173*						
	EM		-,109*								-,163*
	EO	-,116*		-,140*		-,140*	-,177*				
Ln (Marktkapitalisierung)	N	,229**	,239**	,258**		,249**	,178**		,224**		,239**
	U	,243**	,237**	,283**		,215**	,181**	,170**	,242**		,231**
	S	,181**	,203**	,188**		,243**		-,124*	,159*		,202**
	SG	,239**	,225**	,198**		,208**	,155**	,112*	,198**		,216**
	HC	,163**	,148**	,133**		,162*			,154*		,207**
	SC	,207**	,252**	,238**		,242**			,221**		,238**
	PS	,156**	,175**	,186**	,201**	,260**			,175*	,264**	,204**
	ER		,135**	,193**				,143*			
	EM	,235**	,228**	,273**		,276**	,257**	,166**	,233**		,233**
	EO	,157**	,211**	,240**		,202**	,169**		,202**		,211**
Ln (Bilanzsumme)	N	,182**	,155**	,197**		,305**			,222**		,137*
	U	,215**	,168**	,222**		,307**	,115*		,236**		,128*
	S	,117*	,116**	,136**		,244**		-,141**	,160*		,120*
	SG	,104*	,094*	,123**		,233**	,154**		,162*		
	HC	,157**	,109*						,162*		,162**
	SC	,126*	,132**	,169**		,189**	-,149**	-,173**	,191**		,133*
	PS	,100*	,194**	,198**		,366**			,259**		,167**
	ER										
	EM	,239**	,192**	,230**	,125*	,332**	,149**	,199**	,251**		,133*
	EO	,225**	,252**	,302**	,202**	,322**	,223**		,237**		,221**

* 0,05 Signifikanzniveau ** 0,01 Signifikanzniveau

N - Nachhaltigkeitsrating				
S - Sozialrating	SG Strategic Governance	HC Human Capital	SC Stakeholder Capital	PS Products & Services
U - Umweltrating	ER Environment Risks	EM Environmental Management		EO Environmental Opportunities

Tabelle 6.21: Korrelationsanalyse der Stichproben von MSCI (I)
Quelle: Eigene Berechnung.

Korrelationsanalyse		Querschnittsanalyse							Panelanalyse		
		2005	2006	2007*	2008*	2009	2010	2011	Panel1	Panel2	Panel3
Entschuldungsgrad (CF/FK)	N	-,108*				-,191**					-,135*
	U	-,138**				-,166**			-,136*		-,134*
	S					-,186**					
	SG					-,132*		,159**			-,125*
	HC	-,103*									
	SC					-,143*	,120*				
	PS					-,196**					-,133*
	ER					-,153*					
	EM	-,103*							-,183**		-,180**
	EO	-,168**	-,109*	-,104*			-,155**				-,166**
Fremdkapitalquote (FK/TA)	N			-,110*	-,117*			-,111*			-,126*
	U		-,101*	-,142**	-,137*			-,127*			
	S					-,133*					
	SG										
	HC					-,150*					
	SC					-,130*	-,176**	-,119*			-,130*
	PS										
	ER	-,104*		-,119**	-,139*			-,117*			
	EM		-,091*	-,139**	-,143*	-,146*					-,126*
	EO							-,133*			
Verschuldungsgrad (FK/TE)	N		-,109*	-,088*							
	U		-,105*								
	S		-,095*								
	SG		-,115**								
	HC			-,095*							
	SC					-,133*		-,118*			
	PS							,225**			
	ER										
	EM		-,120**	-,107*							-,149*
	EO							-,144**			
Gesamtkapitalrendite (EBIT/TA)	N					-,141*		-,130*			-,131*
	U					-,139*		-,131*			-,132*
	S										
	SG				,133*	-,185**					
	HC						,139*				
	SC							-,144*			
	PS					-,179**					-,129*
	ER										
	EM					-,161*		-,121*	-,159*		-,185**
	EO	-,140**	-,097*	-,123**		-,140*	-,125*		-,160*		-,175**
Eigenkapitalrendite (EBIT/TE)	N										
	U										
	S							,118*			
	SG										
	HC							,172**			
	SC										
	PS							,144*	-,152*		
	ER										
	EM										
	EO	-,106*									
Umsatzrendite (NI/Umsatz)	N			,092*		-,223**			-,221**	,149*	
	U			,095*		-,203**			-,212**	,161*	
	S					-,206**			-,187**		
	SG			,095*		-,159*			-,176**		,137*
	HC					-,138*					
	SC					-,192**	-,177**				
	PS	-,116*				-,182**					
	ER					-,126*		,120*	-,145*	,170*	
	EM					-,197**	-,130*		-,204**		
	EO					-,253**			-,228**		

* 0,05 Signifikanzniveau ** 0,01 Signifikanzniveau

N - Nachhaltigkeitsrating				
S - Sozialrating	SG Strategic Governance	HC Human Capital	SC Stakeholder Capital	PS Products & Services
U - Umweltrating	ER Environment Risks	EM Environmental Management	EO Environmental Opportunities	

Tabelle 6.22: Korrelationsanalyse der Stichproben von MSCI (II)
Quelle: Eigene Berechnung.

6.5.4 Regressionsanalyse

In Kapitel 6.5.4 werden die **Branchen und Länderbesonderheiten** des MSCI-Datensatzes und deren Effekt auf den Zusammenhang zwischen Nachhaltigkeits- und Kreditrisiken anhand der Ergebnisse der Regressionsanalyse untersucht.

6.5.4.1 Branchenauswertung

Die Auswertung der Brancheneffekte im MSCI-Datensatz zeigt über alle Branchen hinweg einen **positiven Zusammenhang** zwischen dem Nachhaltigkeits- und Kreditrating. Aus Tabelle 6.23 ist ersichtlich, dass der **Brancheneffekt** insbesondere im Zeitraum der **Wirtschafts- und Finanzkrise** bei den Unternehmen des **produzierenden Gewerbes**, des **Energie- und Rohstoffsektors** sowie der Branche **Bau und Landwirtschaft** stärker ausfällt als in den restlichen Beobachtungszeiträumen. Im Energie- und Rohstoffsektor kann das Umweltrating im Jahr 2007 sogar **44 % des Kreditratings** statistisch erklären, wobei eine Erhöhung des Umweltratings um eine Ratingnote mit einer Verbesserung des Kreditratings um 1,2 Ratingnoten einhergeht. Auch bei den Unternehmen der Baubranche und der Landwirtschaft zeichnet sich mit einem R^2 von 0,31 und 0,27 in den Jahren 2007 und 2008 ein deutlicher Brancheneffekt ab.[543]

Regression Kreditrating		2005		2006		2007		2008		2009		2010		2011		Panel 1		Panel 2		Panel 3	
		R²	b	R²	b	R²	b	R²	b	R²	b	R²	b	R²	b	R²	b	R²	b	R²	b
Finanz-dienstleister	N	0,10 *	0,3			0,08 *	0,3					0,15 **	0,7								
	U					0,09 *	0,3					0,15 **	0,5								
	S	0,10 *	0,3																		
Dienstleister	N									0,07 *	0,3										
	U					0,09 **	0,4			0,15 **	0,5										
	S																				
Produzier-endes Gewerbe	N			0,14 **	0,5	0,19 **	0,8	0,19 **	0,6			0,18 **	0,6	0,15 **	0,6					0,21 **	0,6
	U					0,10 *	0,6					0,14 *	0,5								
	S			0,14 **	0,5	0,19 **	0,7	0,21 **	0,7					0,13 *	0,5			0,14 *	0,7	0,21 **	0,6
Energie- & Rohstoff-sektor	N	0,19 *	0,5	0,17 *	0,7	0,38 **	1,1			0,20 *	1,1										
	U			0,29 **	0,9	0,44 **	1,2			0,20 *	0,9										
	S	0,19 *	0,5	0,14 *	0,6	0,34 **	1,1														
Bau & Landwirt-schaft	N					n=25		n=18													
	U					0,31 **	0,8	0,27 *	1,3												
	S							0,27 *	1,3												
Alle Branchen	N			0,03 **	0,3	0,05 **	0,4			0,09 **	0,5										
	U			0,03 **	0,3	0,05 **	0,4			0,08 **	0,4										
	S			0,03 **	0,2	0,04 **	0,3			0,06 **	0,4										

** Das Regressionsmodell ist auf dem Niveau von 0,01 (2-seitig) signifikant

* Das Regressionsmodell ist auf dem Niveau von 0,05 (2-seitig) signifikant

NH führt zu geringeren Kreditrisiken

NH führt zu höheren Kreditrisiken

Tabelle 6.23: Brancheneinfluss auf das Kreditrating der Stichproben von MSCI
Quelle: Eigene Berechnung.

543 Die Ergebnisse der Branche Bau und Landwirtschaft müssen vor dem teilweise geringen Stichprobenumfang mit 25 Unternehmen und 18 Unternehmen relativiert werden. Als Faustformel für hinreichend große Stichproben gilt ein Stichprobenumfang von n > 30. Vgl. Janssen (2007), S. 341.

Die Ergebnisse decken sich auch mit der Untersuchung der Relevanz der Branchenzugehörigkeit auf den Zusammenhang zwischen dem Nachhaltigkeitsrating und der Risikoprämie für Kreditausfallversicherungen. Wie aus Tabelle 6.24 ersichtlich ist, ergibt sich im **Energie- und Rohstoffsektor** sowie der Branche **Bau und Landwirtschaft** ein deutlicher und teilweise hochsignifikanter Zusammenhang. So lassen sich im Jahr 2008 **über 40 %** des Kreditratings der Unternehmen dieser beiden Branchen durch das Nachhaltigkeitsrating statistisch erklären. Die Verbesserung des Nachhaltigkeitsratings um eine Note schlägt sich im Jahr 2008 demnach in einer Reduzierung der Risikoprämie um 88 Basispunkte bzw. 246 Basispunkte nieder. Dieses Ergebnis kann als Indiz dafür herangezogen werden, dass Unternehmen des **Energie- und Rohstoffsektors** sowie der Branche **Bau und Landwirtschaft** mit einem gutem Nachhaltigkeitsrating im Zeitraum der Wirtschafts- und Finanzkrise geringere Kreditrisiken aufweisen als Unternehmen mit einem schlechten Nachhaltigkeitsrating.[544] Bei der Finanzbranche liegen im Jahr 2009 im Datensatz von MSCI nur 3 Beobachtungen vor, weshalb für das Jahr 2009 und Panel 1 keine Auswertung durchgeführt werden konnte.

Regression CDS		2005		2006		2007		2008		2009		2010		2011		Panel 1		Panel 2		Panel 3	
		R²	b	R²	b	R²	b	R²	b	R²	b	R²	b	R²	b	R²	b	R²	b	R²	b
Finanzdienstleister	N											0,12 *	-32					0,23 *	-42	0,23 *	-42
	U	0,10 *	-2									0,16 *	-30								
	S																	0,27 *	-47	0,27 *	-47
Dienstleister	N																				
	U																				
	S																				
Produzierendes Gewerbe	N			0,11 *	-5																
	U											0,24 **	-18								
	S			0,11 *	-5																
Energie- & Rohstoffsektor	N		n=27	0,25 **	-4			0,53 **	-88		n=24	0,48 **	-66								
	U			0,34 **	-4				n=13			0,38 **	-54								
	S			0,21 *	-4			0,36 *	-64	0,31 *	-68	0,29 **	-43								
Bau & Landwirtschaft	N						n=16	0,40 **	-246												
	U																				
	S							0,40 **	-236												
Alle Branchen	N											0,07 **	-21					0,07 **	-25	0,03 *	-25
	U											0,10 **	-24	0,05 **	-31					0,07 **	-38
	S											0,03 *	-13					0,10 **	-30	0,03 **	-25

** Das Regressionsmodell ist auf dem Niveau von 0,01 (2-seitig) signifikant

* Das Regressionsmodell ist auf dem Niveau von 0,05 (2-seitig) signifikant

NH führt zu geringeren Kreditrisiken

NH führt zu höheren Kreditrisiken

Tabelle 6.24: Brancheneinfluss auf die CDS der Stichproben von MSCI
Quelle: Eigene Berechnung.

In Bezug auf den **Z-Score** ergibt die Branchenanalyse **keinen konsistenten Zusammenhang**. Lediglich in den Jahren 2009 und 2011 ergeben sich **vereinzelte**

[544] Die Ergebnisse müssen allerdings vor dem teilweise geringen Stichprobenumfang (n < 30) des Energie- und Rohstoffsektors sowie der Branche Brau und Landwirtschaft relativiert werden. Als Faustformel für hinreichend große Stichproben gilt ein Stichprobenumfang von n > 30. Vgl. Janssen (2007), S. 341.

negative Zusammenhänge, welche auch über alle Branchen hinweg messbar sind (vgl. Tabelle 6.25).

Regression Z-Score		2005		2006		2007		2008		2009		2010		2011		Panel 1		Panel 2		Panel 3	
		R^2	b	R^2	b	R^2	b	R^2	b	R^2	b	R^2	b	R^2	b	R^2	b	R^2	b	R^2	b
Dienstleister	N													0,14 **	-0,5						
	U													0,10 **	-0,4						
	S											0,10 *	-0,5	0,08 **	-0,4						
Produzierendes Gewerbe	N																	0,11 *	0,3		
	U			0,04 *	-0,3					0,13 *	-0,4							0,12 *	0,3		
	S							0,08 *	0,4									0,11 *	0,3		
Energie- & Rohstoffsektor	N																				
	U																				
	S									0,20 *	-0,5										
Bau & Landwirtschaft	N															0,16 **	-0,4				
	U									0,10 *	-0,2										
	S															0,10 *	-0,3				
Alle Branchen	N									0,03 *	-0,2			0,03 **	-0,3						
	U									0,04 **	-0,2			0,04 **	-0,3						
	S					0,01 *	-0,2			0,02 *	-0,2			0,03 *	-0,3						

** Das Regressionsmodell ist auf dem Niveau von 0,01 (2-seitig) signifikant

* Das Regressionsmodell ist auf dem Niveau von 0,05 (2-seitig) signifikant

NH führt zu geringeren Kreditrisiken (grau hinterlegt)

NH führt zu höheren Kreditrisiken (kariert hinterlegt)

Tabelle 6.25: Brancheneinfluss auf den Z-Score der Stichproben von MSCI
Quelle: Eigene Berechnung.[545]

6.5.4.2 Länderauswertung

Die Regressionsanalyse weist im MSCI-Datensatz auf einen **Ländereffekt** hin. Bei der Länderauswertung ergibt sich für **Großbritannien** und in der Klasse der **restlichen Länder** ein über mehrere Jahre konsistenter positiver Zusammenhang zwischen dem Nachhaltigkeits- und Kreditrating. Wie aus Tabelle 6.26 ersichtlich ist, ist dieser Zusammenhang sowohl in den Jahren 2006, 2007 und 2008 als auch über alle Länder hinweg messbar. Der für deutsche Unternehmen im Jahr 2009 mit einem R^2 von 0,55 und einem b von 0,9 signifikante Zusammenhang zwischen dem Umwelt- und dem Kreditrating muss vor dem Hintergrund der geringen Stichprobegröße von nur 10 Beobachtungen relativiert werden.

545 Da der Z-Score aufgrund der Bilanzierungsbesonderheiten bei Finanzdienstleistern nicht aussagefähig und in den im Rahmen dieser Arbeit verwendeten Datenbanken nicht verfügbar ist, wird die Finanzbranche bei der Untersuchung des Zusammenhangs zwischen dem Nachhaltigkeitsrating und dem Z-Score nicht berücksichtigt.

Regression Kreditrating		2005		2006		2007		2008		2009		2010		2011		Panel		Panel 2		Panel 3	
		R^2	b	R^2	b	R^2	b	R^2	b	R^2	b	R^2	b	R^2	b	R^2	b	R^2	b	R^2	b
GB	N	0,10 *	0,4	0,09 *	0,5	0,12 **	0,6			0,17 *	0,6										
	U	0,08 *	0,4	0,11 *	0,6	0,07 *	0,5			0,25 **	0,7			0,08 *	0,5						
	S	0,10 *	0,4	0,08 *	0,5	0,12 **	0,6														
DE	N									n=10											
	U									0,55 *	0,9										
	S																				
FR	N																				
	U							0,13 *	-0,7												
	S																				
Rest	N			0,05 *	0,3	0,06 **	0,4					0,06 *	0,3					0,09 *	0,4	0,08 *	0,4
	U	0,08 *	0,3	0,09 **	0,4	0,09 **	0,5													0,08 *	0,3
	S			0,05 *	0,3	0,04 **	0,3			0,09 *	0,4										
Alle Länder	N			0,03 **	0,3	0,05 **	0,4			0,09 **	0,5										
	U			0,03 **	0,3	0,05 **	0,4			0,08 **	0,4										
	S			0,03 **	0,2	0,04 **	0,3			0,06 **	0,4										

** Das Regressionsmodell ist auf dem Niveau von 0,01 (2-seitig) signifikant

* Das Regressionsmodell ist auf dem Niveau von 0,05 (2-seitig) signifikant

NH führt zu geringeren Kreditrisiken

NH führt zu höheren Kreditrisiken

Tabelle 6.26: Ländereinfluss auf das Kreditrating der Stichproben von MSCI
Quelle: Eigene Berechnung.

Auch bei der Untersuchung des Ländereinflusses auf den Zusammenhang zwischen dem **Nachhaltigkeitsrating** und der **Risikoprämie** für Kreditausfallversicherungen konnte im Datensatz von MSCI bei den Länderklassen Großbritannien und Rest ein Zusammenhang nachgewiesen werden. Wie aus Tabelle 6.27 ersichtlich ist, fällt der Zusammenhang bei Unternehmen in Großbritannien in den Jahren 2009 und 2010 sowie in Panel 2 teilweise recht deutlich aus. So können mit Hilfe des Nachhaltigkeitsratings im Jahr 2010 in **Großbritannien 37 % der Risikoprämie statistisch erklärt werden**, wobei sich eine Verbesserung des Nachhaltigkeitsratings um eine Ratingnote in einer Reduzierung der Risikoprämie für Kreditausfallversicherungen um 45 Basispunkte niederschlägt.

Regression CDS		2005		2006		2007		2008		2009		2010		2011		Panel		Panel 2		Panel 3	
		R²	b	R²	b	R²	b	R²	b	R²	b	R²	b	R²	b	R²	b	R²	b	R²	b
GB	N									0,25 *	-70	0,37 **	-45					0,20 *	-62		
	U									0,22 *	-57	0,27 **	-44								
	S											0,20 **	-31								
DE	N																				
	U																				
	S																				
FR	N					0,18 **	-18														
	U																				
	S					0,15 *	-15														
Rest	N									0,11 *	35	0,10 *	-22								
	U									0,12 *	33	0,13 **	-25	0,13 **	-75					0,13 **	-64
	S																				
Alle Länder	N											0,07 **	-21					0,07 **	-25	0,03 *	-25
	U											0,10 **	-24	0,05 **	-31					0,07 **	-38
	S											0,03 *	-13					0,10 **	-30	0,03 **	-25

** Das Regressionsmodell ist auf dem Niveau von 0,01 (2-seitig) signifikant — NH führt zu geringeren Kreditrisiken

* Das Regressionsmodell ist auf dem Niveau von 0,05 (2-seitig) signifikant — NH führt zu höheren Kreditrisiken

Tabelle 6.27: Ländereinfluss auf die CDS der Stichproben von MSCI
Quelle: Eigene Berechnung.

Auch in Bezug auf den **Z-Score** konnte ein Ländereffekt nachgewiesen werden. Dabei weisen die Ergebnisse der Länderanalyse vielfach auf einen **negativen Zusammenhang** zwischen dem Nachhaltigkeitsrating und dem Z-Score hin. Der Zusammenhang ist allerdings bis auf wenige Ausnahmen gering und über den Zeitverlauf nicht konstant (vgl. Tabelle 6.28).

Regression Z-Score		2005		2006		2007		2008		2009		2010		2011		Panel		Panel 2		Panel 3	
		R²	b	R²	b	R²	b	R²	b	R²	b	R²	b	R²	b	R²	b	R²	b	R²	b
GB	N					0,04 *	-0,3			0,05 *	-0,2										
	U									0,06 *	-0,3										
	S													0,05 *	-0,2						
DE	N																				
	U													0,18 *	-0,3						
	S											0,23 *	-0,4								
FR	N																				
	U																				
	S																				
Rest	N																				
	U													0,10 *	-0,5						
	S																				
Alle Länder	N									0,03 *	-0,2			0,03 **	-0,3						
	U									0,04 **	-0,2			0,04 **	-0,3						
	S					0,01 *	-0,2			0,02 *	-0,2			0,03 *	-0,3						

** Das Regressionsmodell ist auf dem Niveau von 0,01 (2-seitig) signifikant — NH führt zu geringeren Kreditrisiken

* Das Regressionsmodell ist auf dem Niveau von 0,05 (2-seitig) signifikant — NH führt zu höheren Kreditrisiken

Tabelle 6.28: Ländereinfluss auf den Z-Score der Stichproben von MSCI
Quelle: Eigene Berechnung.

6.5.5 Zusammenfassung der wichtigsten Erkenntnisse

Auf Basis des MSCI-Datensatzes konnte anhand der Mittelwert- und Korrelationsanalyse bei sieben der untersuchten Variablen ein Zusammenhang zwischen dem Nachhaltigkeitsrating und dem durch die Variablen zum Ausdruck gebrachten Kreditrisiko festgestellt werden. Während die Mittelwertanalyse die Mittelwertunterschiede der Unternehmen im oberen (besten 25 %) und unteren Quantil (schlechtesten 25 %) des Nachhaltigkeitsratings untersucht, wird in der Korrelationsanalyse das gesamte Spektrum der Nachhaltigkeitsleistung berücksichtigt. Trotz geringer Unterschiede decken sich die Ergebnisse der Korrelationsanalyse mit den Ergebnissen der Mittelwertanalyse.

Bei den **direkten Risikokennzahlen** zeigt sich, dass die als **„nachhaltig" klassifizierten Unternehmen** im Beobachtungszeitraum **bessere Kreditratings** und **geringere Risikoprämien für Kreditausfallversicherungen** aufweisen als weniger nachhaltige Unternehmen. So lagen im Jahr 2009 die Risikoprämien der „nicht nachhaltigen" Unternehmen 50 Basispunkte oberhalb der Risikoprämien von „nachhaltigen" Unternehmen.

Im Rahmen der Untersuchung der **Bilanzkennzahlen** konnte ein konsistenter und signifikanter **Zusammenhang zwischen** der **Unternehmensgröße und dem Nachhaltigkeitsrating** festgestellt werden. Darüber hinaus konnte die Alternativhypothese H_1 „es besteht ein Zusammenhang" auch bei den untersuchten Verschuldungs- und Kapitalflusskennzahlen bestätigt werden. Während die **Verschuldungskennzahlen** auf geringere Kreditrisiken von nachhaltigen Unternehmen hinweisen, deuten die Untersuchungsergebnisse beim **Entschuldungsgrad** auf höhere Kreditrisiken von nachhaltigen Unternehmen hin.

Mithilfe der Regressionsanalyse konnte sowohl ein **Branchen-** als auch ein **Ländereffekt** im MSCI-Datensatz nachgewiesen werden. Insbesondere bei den Unternehmen des **produzierenden Gewerbes** und des **Energie- und Rohstoffsektors** konnte ein signifikanter und über den Untersuchungszeitraum konstanter Zusammenhang zwischen dem Nachhaltigkeits- und Kreditrating sowie dem Nachhaltigkeitsrating und der Risikoprämie für Kreditausfallversicherungen festgestellt werden. Die Ergebnisse der Untersuchung weisen darauf hin, dass nachhaltige Unternehmen ein besseres Kreditrating und geringere Risikoprämien für Kreditausfallversicherungen haben als weniger nachhaltige Unternehmen. Des Weiteren zeigt sich, dass der Erklärungsgehalt des Nachhaltigkeitsratings im Zeitraum der Wirtschaft- und Finanzkrise höher ist als in den restlichen Stichproben. Bei der Untersuchung der **Länderrelevanz** konnte gezeigt werden, dass der Zusammenhang zwischen dem Nachhaltigkeits- und Kreditrating sowie dem Nachhaltigkeitsrating und der Risikoprämie für Kreditausfallversicherungen in **Großbritannien** sowie der Länderklasse Rest ausgeprägter ist als bei deutschen und französischen Unternehmen.

6.6 Auswertung des Datensamples von oekom research

Konform mit der vorangegangenen Auswertung wurden dem oekom Datensatz zeitdiskrete Stichproben (jeweils zum 31.12.) entnommen, wobei die Anzahl der Unternehmen in den einzelnen Stichproben variiert.[546] Zusätzlich zu diesen zeitdiskreten Stichproben wurden drei Panels erstellt, um die Wirkungszusammenhänge über einen Zeithorizont von drei und fünf Jahren zu untersuchen. Tabelle 6.29 gibt einen Überblick über die Anzahl der Unternehmen der Stichproben.

Jahr	2005	2006	2007	2008	2009	2010	2011
Anzahl der Unternehmen	257	255	281	340	352	313	326
Panel 1		182	(3 Jahre 2006–2009)		182		
Panel 2				245	(3 Jahre 2008-2011)		245
Panel 3		166	(5 Jahre 2006-2011)				166

Tabelle 6.29: Zerlegung des Datensatzes von oekom in Stichproben
Quelle: Eigene Darstellung.

6.6.1 Histogramm

Die Verteilung des Nachhaltigkeitsratings von oekom ist in Abbildung 6.13 dargestellt. Aus der Abbildung ist ersichtlich, dass die Ergebnisse der Nachhaltigkeitsratings fast vollständig normal verteilt sind.

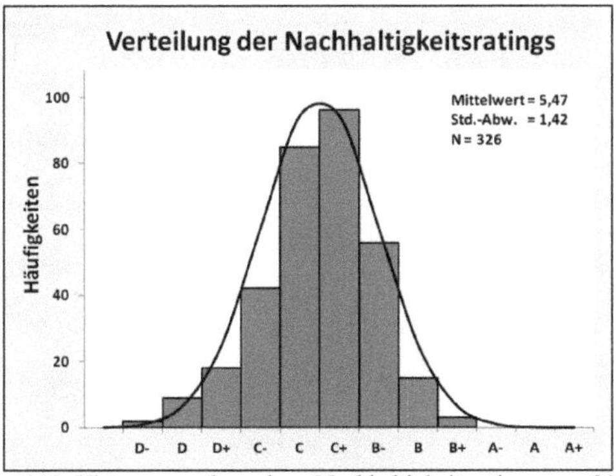

Abbildung 6.13: Histogramm des oekom Nachhaltigkeitsratings zum 31.12.2011
Quelle: Eigene Darstellung.[547]

---

[546] Auf eine weitere Segmentierung, z. B. Monatsebene wurde im Rahmen der Untersuchung verzichtet, da zum einen die Bilanzkennzahlen i.d.R. auf Quartalsebene erfasst werden und die Nachhaltigkeitskennzahlen meist jährlich bzw. in einem Zweijahresturnus aktualisiert werden.

[547] Die Ratingnoten sind für die Auswertung auf folgender zwölfstufigen Notenskala codiert: D- = 1, D = 2, D+ = 3, C- = 4, C = 5, C+ = 6, B- = 7, B = 8, B+ = 9, A- = 10, A = 11 und A+ =12, wobei die Note A+ das beste Ratingergebnis darstellt.

Die Länderverteilung des Datensatzes umfasst 22 EU-Staaten. Ein Länderschwerpunkt liegt dabei auf England mit 74 von 326 Unternehmen, gefolgt von Deutschland (66), Frankreich (44), Spanien (23) und Schweden (20). Bei der Branchenverteilung unterscheidet oekom zwischen 29 Branchen, wobei Banken mit 42 von 326 Unternehmen, gefolgt von Energieversorgern (29), Maschinenbau (20), Versicherungen (17), Logistik (15) und Automobil/-Zulieferer (14) die Branchen mit der größten Gewichtung darstellen.[548]

6.6.2 Mittelwertanalyse

Die Untersuchung der Mittelwerte (μ) der beiden **Cluster „nachhaltig"** und **„nicht nachhaltig"** anhand der **Querschnitts-** und **Panelanalyse** weist auf einen Zusammenhang zwischen Nachhaltigkeits- und Kreditrisiken hin.[549] So unterscheiden sich die **Mittelwerte der Kreditratings** zwischen den beiden Gruppen in den Jahren 2005 bis 2009 teilweise um bis zu drei Ratingstufen. Im Rahmen der Querschnittsanalyse fällt auf, dass im Jahr 2008 die Differenz zwischen den beiden Gruppen größer ausfällt als in den restlichen Stichproben. Insbesondere die beiden Sozialkennzahlen A1 „Mitarbeiter und Zulieferer" und A2 „Gesellschaft und Produktverantwortung" weisen im Jahr 2008 einen Unterschied der Mittelwerte von 2,9 und 2,6 Ratingnoten auf (A zu BBB).[550] Abbildung 6.14 zeigt die Mittelwertunterschiede des Kreditratings der nachhaltigsten und sozialsten Unternehmen (Top 25 %) zu den am wenigsten nachhaltigen und am wenigsten sozialen Unternehmen (Low 25 %).

[548] Eine Übersicht der Länder- und Branchenverteilung findet sich im Anhang in Tabelle A.9.

[549] Eine Übersicht über die Ergebnisse der Mittelwerte findet sich im Anhang in Tabelle A.10.

[550] Die Ratingnoten sind für die Auswertung auf folgender Notenskala codiert: CCC = 1, CCC+ = 2, B- = 3, B = 4, B+ = 5, BB- = 6, BB = 7, BB+ = 8, BBB- = 9, BBB = 10, BBB+ = 11, A- =12, A = 13, A+ = 14, AA- = 15, AA = 16, AA+ = 17, AAA- = 18 und AAA = 19, wobei die Note AAA das beste Ratingergebnis darstellt.

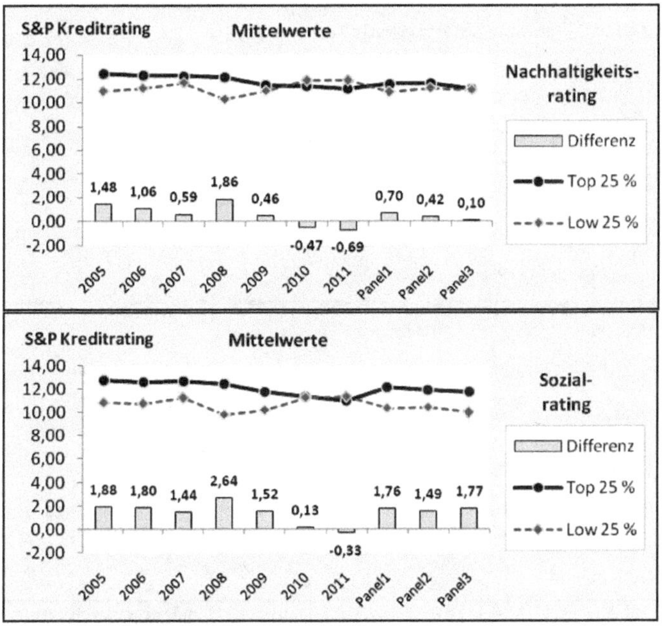

Abbildung 6.14: Mittelwertvergleiche der Kreditratings im Datensatz von oekom
Quelle: Eigene Darstellung.

Die auffällige Differenz im Jahr 2008 legt die Vermutung nahe, dass nachhaltige Unternehmen von der Wirtschafts- und Finanzkrise weitaus weniger betroffen waren als Unternehmen mit einer geringen Nachhaltigkeitsleistung. Die Untersuchung der **Risikoprämien für Kreditausfallversicherungen** erhärtet diesen Verdacht. So haben sich zwar die Risikoprämien aller Unternehmen des Datensatzes im Zeitraum der Finanzkrise zwischen 2007 und 2008 deutlich erhöht (im Durchschnitt von 65 BP auf 348 BP). Die Risikoprämien der Unternehmen im unteren Quantil des Nachhaltigkeitsratings sind jedoch mit einer durchschnittlichen Risikoprämie von 564 BP zum 31.12.2008 deutlich stärker angestiegen als die Risikoprämien der Unternehmen im oberen Quantil, bei denen der Anstieg auf 309 BP wesentlich moderater ausfiel (siehe Abbildung 6.15 oben). Am deutlichsten ist der Unterschied bei der Sozialkennzahl A2 „Gesellschaft und Produktverantwortung“, bei welcher die Differenz der Mittelwerte der beiden Gruppen über 400 BP beträgt (siehe Abbildung 6.15 unten). Dies bedeutet, dass Kreditinstitute im Jahr 2008 für eine fünfjährige Kreditausfallversicherung eines Unternehmens mit einem schlechten Rating (Low 25 %) im Bereich „Gesellschaft und Produktverantwortung“ eine höhere Prämie (im Durchschnitt 4 % des Kreditbetrags) für eine Kreditausfallversicherung gegenüber einem Unternehmen im oberen Quantil zahlten.

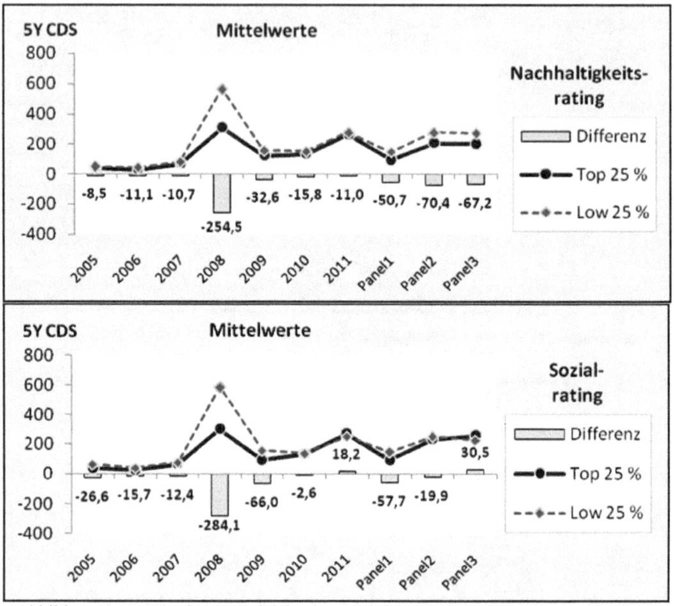

Abbildung 6.15: Mittelwertvergleiche der 5-Jährigen CDS im Datensatz von oekom
Quelle: Eigene Darstellung.

Die Untersuchung der Mittelwerte der **Z-Werte** ergaben im Datensatz von oekom keine Unterschiede.

Auch die Untersuchung der Mittelwerte der Bilanzkennzahlen weist auf einen Zusammenhang zwischen Nachhaltigkeits- und Kreditrisiken hin. So haben Unternehmen des Clusters „nachhaltig" im Beobachtungszeitraum einen höheren Entschuldungsgrad, eine geringere Fremdkapitalquote und einen geringeren Verschuldungsgrad als Unternehmen des Clusters „nicht nachhaltig". Insbesondere im Umweltrating zeigt sich eine deutliche Differenz der Mittelwerte des Entschuldungsgrads und der Fremdkapitalquote (siehe Abbildung 6.16).

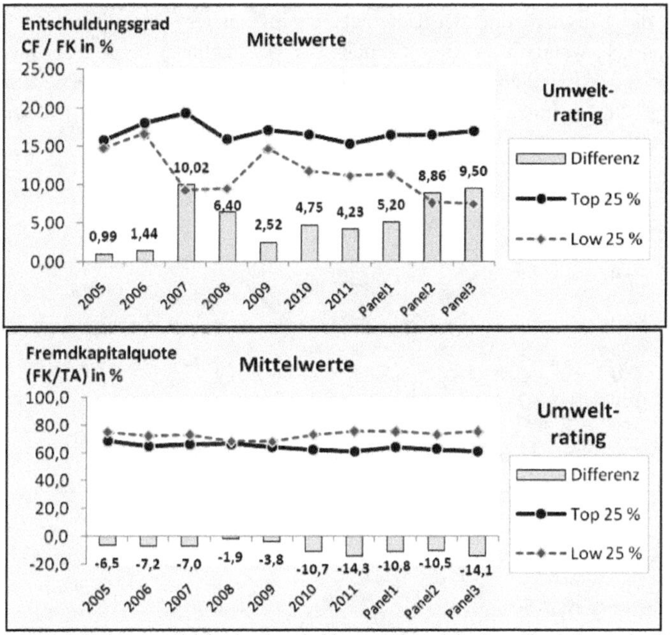

Abbildung 6.16: Mittelwertvergleiche des Entschuldungsgrads und der Fremdkapitalquote im Datensatz von oekom
Quelle: Eigene Darstellung.

Bei den **Rentabilitätskennzahlen** ergibt die Untersuchung der Mittelwerte folgendes Bild: Bis zum Ausbruch der Wirtschafts- und Finanzkrise im Jahr 2007 lagen die Mittelwerte der Umsatz-, Gesamt- und Eigenkapitalrendite von den als „nicht nachhaltig" klassifizierten Unternehmen über den Mittelwerten der als „nachhaltig" klassifizierten Unternehmen. Seit dem 31.12.2008 liegen sowohl die Mittelwerte der Umsatz-, Gesamt- und Eigenkapitalrendite der nachhaltigen Unternehmen über den Mittelwerten der als „nicht nachhaltig" klassifizierten Unternehmen. Abbildung 6.17 zeigt die Mittelwertunterschiede der Gesamt- und Umsatzrentabilität im Beobachtungszeitraum. Bei der Betrachtung der Querschnittsanalysen der Umsatzrendite fällt auf, dass die Umsatzrendite der Unternehmen im unteren Quantil des Nachhaltigkeitsratings zwischen 2007 und 2008 extrem gefallen ist (siehe Abbildung 6.17 unten). Am deutlichsten fiel der Unterschied bei den Kennzahlen A2 „Gesellschaft und Produktverantwortung" und B2 „Produkte und Dienstleistungen" aus. Während die Umsatzrendite der Unternehmen im unteren Quantil der Kennzahl A2 zwischen 2007 und 2008 von 29,1 % auf -12,6 % gesunken ist, ist die Umsatzrendite der Top 25 % im selben Zeitraum mit Werten von 16,9 % und 16,4 % relativ konstant geblieben. Bei der Kennzahl

B2 ging die Umsatzrendite der Unternehmen im unteren Quantil von 28,7 % auf -11,4 % zurück, während die Umsatzrendite der Unternehmen im oberen Quantil von 5,5 % auf 2,2 % gefallen ist. Auch die Rentabilitätskennzahlen zeigen damit, dass nachhaltige Unternehmen robuster gegenüber Krisen sind als nicht nachhaltige Unternehmen.

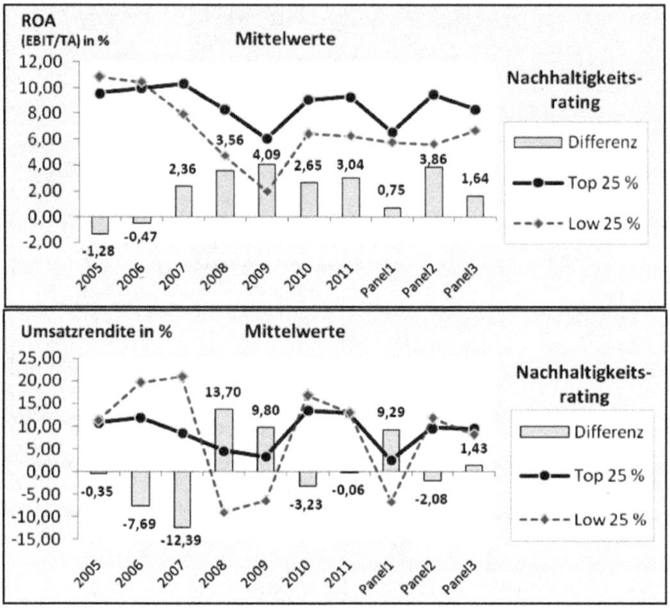

Abbildung 6.17: Mittelwertvergleiche der Gesamtkapitalrendite und Umsatzrendite im Datensatz von oekom
Quelle: Eigene Darstellung.

Mithilfe der **Signifikanztests** (Levene- und T-Tests) wird untersucht, ob sich die Ergebnisse der Mittelwertanalyse des Datensatzes auf die Grundgesamtheit übertragen lassen. Tabelle 6.30 stellt die Ergebnisse der Signifikanztests der Mittelwertanalyse im Überblick dar. Als Kriterium zur Ablehnung der Nullhypothese H_0 „es besteht kein Zusammenhang" wird analog zu den Signifikanztests der Auswertung des ECPI-Datensatzes geprüft, ob die Mittelwertunterschiede konstant und mindestens in zwei Fällen signifikant sind. Aus der Tabelle ist ersichtlich, dass sich die **Mittelwerte der Kreditratings** in den Jahren 2005 bis 2008 zwischen den Unternehmen im oberen und unteren Quantil des Nachhaltigkeits- und Sozialratings signifikant unterscheiden. Des Weiteren wird deutlich, dass ein signifikanter positiver Zusammenhang zwischen dem

Nachhaltigkeitsrating und der **Unternehmensgröße** (Marktkapitalisierung und Bilanzsumme) besteht.

Mittelwertanalyse		Querschnittsanalyse							Panelanalyse		
		2005	2006	2007*	2008*	2009	2010	2011	Panel1	Panel2	Panel3
S&P LT Kreditrating	H_1	**	**	NS**	**				**	NS	**
5 Year CDS	H_0				NUS		U			NU	
Z-Score	H_0	U									
Ln (Marktkapitalisierung)	H_1	**	**	**	NUS**	**	**	**	**	NUS**	**
Ln (Bilanzsumme)	H_1	**	NS**	**	NUS**	**			**	S**	**
Entschuldungsgrad (CF/FK)	H_1			**	NU		NUS	**		NU**	**
Fremdkapitalquote (FK/TA)	H_1		NU				** NUS	**	**	NU**	**
Verschuldungsgrad (FK/TE)	H_1		**	**	NU**	**	**	**	**	NU	
Gesamtkapitalrendite	H_1					NUS	**	**	S	**	NUS
Eigenkapitalrendite	H_0					NUS			S	NUS	
Umsatzrendite (NI/Umsatz)	H_0		**	NU	NUS				NS**		
Current Ratio (CA/CL)	H_0	NS			U						S**

H_1 - Es besteht ein Zusammenhang
H_0 - Es besteht kein Zusammenhang
** - T-Test ist signifikant

(grau hinterlegt) NH führt zu geringeren Kreditrisiken
(schraffiert) NH führt zu höheren Kreditrisiken

N - **Nachhaltigkeitsrating**
U - **Umweltrating**
S - **Sozialrating**

Tabelle 6.30: Ergebnisse der Mittelwertanalyse und T-Tests des oekom-Datensatzes
Quelle: Eigene Darstellung.

Auch bei den **Verschuldungskennzahlen** zeigen die Ergebnisse der Untersuchung, dass insbesondere ein signifikanter Zusammenhang zwischen der Umweltleistung und den über die Verschuldungskennzahlen ausgedrückten Kreditrisiken von Unternehmen besteht. Bei den **Rentabilitätskennzahlen** konnte lediglich ein signifikanter Zusammenhang zwischen dem Nachhaltigkeitsrating und der Gesamtkapitalrendite nachgewiesen werden. Die Mittelwertunterschiede der Eigenkapital- und Umsatzrendite sind entweder nicht signifikant oder nicht konstant. Aus der Liquiditätskennzahl (Current Ratio) konnte kein signifikanter Mittelwertunterschied festgestellt werden.

Insgesamt konnte die Alternativhypothese „es besteht ein Zusammenhang" bei sieben der 13 geprüften Kennzahlen auf Basis der Mittelwertanalyse bestätigt werden.

6.6.3 Korrelationsanalyse

Zur Untersuchung der Stärke des Zusammenhangs zwischen Nachhaltigkeits- und Kreditrisiken wurde zusätzlich zur Mittelwertanalyse eine Korrelationsanalyse durchgeführt. Tabelle 6.31 und Tabelle 6.32 geben einen Überblick über die Ergebnisse der Korrelationsanalysen der Querschnitts- und Panelanalysen des Datensatzes von oekom.

Korrelationsanalyse		Querschnittsanalyse							Panelanalyse		
		2005	2006	2007*	2008*	2009	2010	2011	Panel1	Panel2	Panel3
S&P LT Kreditrating	N	,153*			,208**						
	S	,260**	,251**	,192*	,335**	,166*			,215*	,198*	,228*
	A1	,184*		,227**	,351**						
	A2				,240**						
	A3										
	U										
	B1				,240**						
	B2						-,174*	-,165*	-,203*	-,300**	-,223*
	B3				,250**						
5Y CDS	N								-,218*		
	S	-,172*			-,187*				-,216*		
	A1				-,317**				-,209*		
	A2				-,210*						
	A3	-,197*									
	U										
	B1		-,195*	-,184*	-,234**	-,164*			-,326**		
	B2										
	B3				-,225**		-,193*	-,192*		-,186*	-,207*
Altman Z-Score	N										
	S										
	A1										
	A2										
	A3										
	U	-,191*	-,152*								
	B1										
	B2										,249*
	B3										
Ln (Marktkapitalisierung)	N	,327**	,285**	,389**	,508**	,464**	,251**	,195**	,216**	,218**	,190*
	S	,342**	,274**	,433**	,519**	,423**	,213**	,127*	,233**	,314**	,238**
	A1			,342**	,447**	,349**	,150*	,177**		,182*	
	A2		,175*	,455**	,613**	,482**	,264**	,167**		,391**	
	A3			,148*	,325**	,215**					
	U	,257**	,223**	,275**	,429**	,430**	,219**	,201**			
	B1		,260**	,480**	,611**	,521**	,330**	,355**	,220*	,345**	,241**
	B2			,267**	,433**	,338**					
	B3	,298**	,322**	,384**	,440**	,426**	,303**	,290**	,274**	,279**	,248**
Ln (Bilanzsumme)	N	,178**	,176**	,214**	,398**	,338**					
	S	,323**	,328**	,390**	,497**	,366**			,277**	,303**	,299**
	A1	,312**		,352**	,463**	,310**			,176*	,242**	,188*
	A2			,231**	,507**	,393**	,168**			,251**	
	A3				,297**	,198**					
	U				,280**	,283**					
	B1			,253**	,486**	,422**	,189**	,207**		,189**	
	B2				,278**	,200**		-,136*	-,248**		-,319**
	B3				,270**	,279**					

* 0,05 Signifikanzniveau
** 0,01 Signifikanzniveau

N - Nachhaltigkeitsrating	A1 - Mitarbeiter & Zulieferer	B1 - Umweltmanagement
S - Sozialrating	A2 - Gesellschaft & Produktverantwortung	B2 - Produkte & Dienstleistungen
U - Umweltrating	A3 - Unternehmensführung & Wirtschaftsethik	B3 - Ökoeffizienz

Tabelle 6.31: Korrelationsanalyse der Stichproben von oekom (I)
Quelle: Eigene Berechnung.

Korrelationsanalyse		Querschnittsanalyse							Panelanalyse		
		2005	2006	2007*	2008*	2009	2010	2011	Panel1	Panel2	Panel3
Entschuldungsgrad (CF / FK)	N			,146*						,181**	,232**
	S										
	A1										
	A2			,219**	,126*			,136*		,182*	
	A3										,208*
	U			,177**	,134*				,149*	,218**	,267**
	B1			,152*						,191**	,280**
	B2			,198**	,123*				,215*		,353**
	B3			,171*	,163**		,157*			,202**	
Fremdkapitalquote (FK / TA)	N						-,188**	-,204**		-,126*	
	S				,108*						
	A1										
	A2							-,139*			
	A3										
	U	-,130*		-,143*			-,226**	-,259**	-,207**	-,203**	-,248**
	B1						-,145*	-,150**	-,218*		-,234*
	B2			-,161*		-,146*	-,225**	-,236**	-,266**	-,268**	-,328**
	B3						-,124*	-,202**	-,253**		-,247**
Verschuldungsgrad (FK / TE)	N		-,155*	-,133*			-,211**				
	S										
	A1				,152*						
	A2										
	A3										
	U	-,165**	-,251**	-,222**	-,138*	-,150**	-,274**		-,241**		
	B1		-,263**	-,160*			-,161**		-,197*		
	B2		-,289**	-,248**	-,201**	-,159**	-,239**		-,306**		
	B3	-,308**	-,259**	-,147*			-,136*		-,236**		
Gesamtkapitalrendite (EBIT / TA)	N			,141*	,158**	,164**	,158**	,123*		,241**	,195*
	S				,126*	,128*	,123*			,190**	
	A1			,158*					,253**	,194*	
	A2			,277**	,209**	,191**				,264**	
	A3				,145*					,161*	,218*
	U			,130*	,148**	,152**	,148*	,123*		,217**	
	B1			,224**	,211**	,174**	,156*	,141*		,270**	,239*
	B2			,195**							
	B3	,252**	,212*	,273**	,187**	,143*	,237**	,202**		,290**	
Eigenkapitalrendite (EBIT / TE)	N		-,152*				,126*	,121*		,197**	,244**
	S						,171**	,163**		,239**	,277**
	A1						,141*	,143*		,202*	,205*
	A2					,127*	,170**	,156*		,208**	,281**
	A3						,155*	,135*		,208**	,215*
	U					,155**					
	B1					,168**	,176**	,142*		,221**	
	B2				-,158*	,197**					
	B3									,168*	
Umsatzrendite (NI / Umsatz)	N			-,195**	,112*	,148**					
	S				,117*	,160**					
	A1	,166*				,134*			,238**	-,181*	
	A2			-,139*	,154*	,200**					
	A3										
	U			-,245**							
	B1			-,145*		,172**					
	B2		-,220**	-,303**							
	B3			-,159*		,155**					
Current Ratio (CA / CL)	N										
	S										-,154*
	A1										-,214*
	A2					-,115*					
	A3										
	U										
	B1										
	B2										
	B3								,194*		,194*

* 0,05 Signifikanzniveau

** 0,01 Signifikanzniveau

N - Nachhaltigkeitsrating	A1 - Mitarbeiter & Zulieferer	B1 - Umweltmanagement
S - Sozialrating	A2 - Gesellschaft & Produktverantwortung	B2 - Produkte & Dienstleistungen
U - Umweltrating	A3 - Unternehmensführung & Wirtschaftsethik	B3 - Ökoeffizienz

Tabelle 6.32: Korrelationsanalyse der Stichproben von oekom (II)
Quelle: Eigene Berechnung.

Aus den beiden Tabellen ist ersichtlich, dass sich die Ergebnisse der Korrelationsanalyse mit den Ergebnissen der Mittelwertanalyse decken. So wird der **Zusammenhang zwischen dem Nachhaltigkeits- und Kreditrating** sowie dem **Sozialrating** und den Risikoprämien für **Kreditausfallversicherungen** im Zuge der Wirtschafts- und Finanzkrise sichtbar. Auch die signifikanten Korrelationskoeffizienten des Entschuldungsgrads in den Jahren 2007 und 2008 können mit der Wirtschafts- und Finanzkrise in Verbindung gebracht werden. Dabei zeigt sich, dass die als „nachhaltig" bzw. „sozial" klassifizierten Unternehmen wesentlich resistenter gegenüber den ökonomischen Auswirkungen der Wirtschafts- und Finanzkrise sind als Unternehmen mit einem schlechten Nachhaltigkeits- bzw. Sozialrating. Bei den **Verschuldungskennzahlen** ist der Zusammenhang überwiegend auf die Kennzahlen des Umweltratings zurückzuführen. Dies bedeutet, dass Unternehmen mit einer geringeren Fremdkapitalquote und geringerem Verschuldungsgrad tendenziell ein besseres Umweltrating haben als Unternehmen mit einer höheren Fremdkapitalquote und höherem Verschuldungsgrad.[551]

In Bezug auf die **Rentabilitätskennzahlen** fällt auf, dass die Gesamtkapitalrendite im Beobachtungszeitraum konstant und signifikant mit der Kennzahl B3 „Ökoeffizienz" korreliert. Daraus kann abgeleitet werden, dass ein Zusammenhang zwischen der Effizienz der Ressourcennutzung und der Gesamtkapitalrendite besteht. Auch der Zusammenhang zwischen dem Nachhaltigkeitsrating und **Unternehmensgröße** kann aufgrund der weitestgehend konstanten und hoch signifikanten Korrelationen der Querschnitts- und Panelanalysen als statistisch abgesichert betrachtet werden.

6.6.4 Regressionsanalyse

In Kapitel 6.6.4 werden die **Branchen und Länderbesonderheiten** des oekom-Datensatzes und deren Effekt auf den Zusammenhang zwischen Nachhaltigkeits- und Kreditrisiken anhand der Ergebnisse der Regressionsanalyse untersucht.

6.6.4.1 Branchenauswertung

Die Ergebnisse der Regressionsanalyse weisen im oekom-Datensatz auf einen **Einfluss der Branchenzugehörigkeit** auf den Zusammenhang zwischen Nachhaltigkeits- und Kreditrisiken hin. Insbesondere bei den Unternehmen des produzierenden Gewerbes zeichnet sich ein positiver und über den Zeitverlauf konsistenter Zusammenhang zwischen dem Nachhaltigkeits- und Kreditrating ab. So lässt sich im Jahr 2008 bei den Unternehmen des **produzierenden Gewerbes** mit dem **Nachhaltigkeitsrating 45 % des Kreditratings statistisch erklären**, wobei eine Erhöhung des Nachhaltigkeitsratings um eine Ratingnote mit einer Verbesserung des Kreditratings um eine Ratingnote einhergeht. Auch bei den Unternehmen der **Dienstleistungsbranche** sowie des **Energie- und Rohstoffsektors** konnte ein Brancheneffekt nachgewiesen werden. Darüber hinaus zeigt sich ein branchenübergreifender Zusammenhang zwischen dem Sozialrating und dem Kreditrating, der mit Ausnahme der Jahre 2010 und 2011 in sämtlichen Stichproben nachgewiesen werden konnte (vgl. Tabelle 6.33).

---

[551] Eine Übersicht über die Ergebnisse der Korrelationsanalyse findet sich im Anhang in Tabelle A.11.

Regression Kreditrating		2005		2006		2007		2008		2009		2010		2011		Panel 1		Panel 2		Panel 3	
		R^2	b	R^2	b	R^2	b	R^2	b	R^2	b	R^2	b	R^2	b	R^2	b	R^2	b	R^2	b
Finanz-dienstleister	N																				
	U																				
	S																				
Dienstleister	N					0,14 *	0,5	0,22 **	0,7												
	U							0,14 *	0,5												
	S					0,14 *	0,4	0,28 **	0,7												
Produzier-endes Gewerbe	N	0,15 *	0,5	0,20 *	0,7	0,13 *	0,5	0,45 **	1,0	0,20 **	0,7										
	U	0,11 *	0,4	0,20 *	0,7	0,14 *	0,5	0,40 **	0,9	0,19 **	0,6			0,14 *	0,7	0,15 *	0,5				
	S	0,18 *	0,6	0,26 **	0,8	0,18 *	0,7	0,39 **	1,0	0,10 *	0,5							0,18 *	0,9	0,14 *	0,7
Energie- & Rohstoff-sektor	N																				
	U											0,14 *	0,7								
	S									0,16 *	0,7	0,14 *	0,7					0,24 *	0,8		
Bau & Landwirt-schaft	N	0,19 *	0,5																		
	U																				
	S																				
Alle Branchen	N							0,04 **	0,3												
	U																	0,03 *	-0,2		
	S	0,07 **	0,3	0,06 **	0,4	0,04 *	0,3	0,11 **	0,6	0,03 *	0,3					0,04 *	0,3	0,04 *	0,4	0,04 *	0,3

** Das Regressionsmodell ist auf dem Niveau von 0,01 (2-seitig) signifikant — NH führt zu geringeren Kreditrisiken

* Das Regressionsmodell ist auf dem Niveau von 0,05 (2-seitig) signifikant — NH führt zu höheren Kreditrisiken

Tabelle 6.33: Brancheneinfluss auf das Kreditrating der Stichproben von oekom
Quelle: Eigene Berechnung.

In Bezug auf den Zusammenhang zwischen dem Nachhaltigkeitsrating und der **Risikoprämie für Kreditausfallversicherungen** konnte **kein eindeutiger Brancheneffekt** des oekom Nachhaltigkeitsratings festgestellt werden. Mit Ausnahme von einem Beobachtungspunkt weisen zwar sämtliche in Tabelle 6.34 dargestellten Ergebnisse auf einen negativen Zusammenhang zwischen dem Nachhaltigkeitsrating und der Risikoprämie für Kreditausfallversicherungen hin, jedoch treten die Zusammenhänge nur vereinzelt auf und sind über den Zeitverlauf nicht konstant.

Regression CDS		2005		2006		2007		2008		2009		2010		2011		Panel 1		Panel 2		Panel 3	
		R²	b	R²	b	R²	b	R²	b	R²	b	R²	b	R²	b	R²	b	R²	b	R²	b
Finanz-dienstleister	N																				
	U																				
	S											0,11 *	59								
Dienstleister	N							0,15 *	-122							0,18 *	-44				
	U																				
	S							0,12 *	-103							0,12 *	-32				
Produzier-endes Gewerbe	N																				
	U					0,13 *	-5														
	S					0,18 *	-7														
Energie- & Rohstoff-sektor	N																	0,24 *	-46		
	U																				
	S	0,20 *	-5							0,25 *	-44										
Bau & Landwirt-schaft	N																				
	U																				
	S																				
Alle Branchen	N															0,04 *	-14				
	U																				
	S							0,04 **	-59							0,03 *	-13				

** Das Regressionsmodell ist auf dem Niveau von 0,01 (2-seitig) signifikant — [grau] NH führt zu geringeren Kreditrisiken

* Das Regressionsmodell ist auf dem Niveau von 0,05 (2-seitig) signifikant — [gemustert] NH führt zu höheren Kreditrisiken

Tabelle 6.34: Brancheneinfluss auf die CDS der Stichproben von oekom
Quelle: Eigene Berechnung.

Tabelle 6.35 gibt einen Überblick über den Zusammenhang zwischen dem Nachhaltigkeitsrating und dem **Z-Score**. Aus der Tabelle ist ersichtlich, dass ein **Brancheneinfluss** bei den Unternehmen des **produzierenden Gewerbes**, des **Energie- und Rohstoffsektors** sowie der Branche **Bau und Landwirtschaft** besteht. Während im produzierenden Gewerbe in den Jahren 2005 und 2006 ein negativer Zusammenhang festzustellen ist, deuten die Ergebnisse bei den beiden zuletzt genannten Branchen auf einen positiven Zusammenhang hin.[552]

[552] Für den Energie- und Rohstoffsektor liegen im Jahr 2006 sowie in Panel 2 nur 17 Beobachtungen und in Panel 1 und 3 nur 14 Beobachtungen vor. Die Aussagefähigkeit der Ergebnisse muss daher beim Energie- und Rohstoffsektor vor dem Hintergrund des geringen Stichprobenumfangs (n < 30) relativiert werden. Als Faustformel für hinreichend große Stichproben gilt ein Stichprobenumfang von n > 30. Vgl. Janssen (2007), S. 341.

Regression Z-Score		2005		2006		2007		2008		2009		2010		2011		Panel 1		Panel 2		Panel 3	
		R²	b	R²	b	R²	b	R²	b	R²	b	R²	b	R²	b	R²	b	R²	b	R²	b
Dienstleister	N																				
	U																				
	S																				
Produzier-endes Gewerbe	N	0,14 **	-0,6	0,19 **	-0,7																
	U	0,16 **	-0,5	0,20 **	-0,5																
	S	0,07 *	-0,4	0,07 *	-0,4											n=14		n=17		n=14	
Energie- & Rohstoff-sektor	N			0,44 **	0,6											0,61 **	0,5	0,26 *	0,3	0,35 *	0,4
	U			0,34 *	0,5					0,21 *	0,2					0,49 **	0,5	0,32 *	0,3	0,45 **	0,5
	S			0,49 **	0,5											0,62 **	0,4			0,33 *	0,3
Bau & Landwirt-schaft	N			n=17				0,15 *	0,2	0,11 *	0,2										
	U					0,16 *	0,3	0,16 *	0,2	0,13 *	0,2										
	S															0,26 *	0,1			0,30 *	0,2
Alle Branchen	N																				
	U	0,03 *	-0,2																		
	S																				

** Das Regressionsmodell ist auf dem Niveau von 0,01 (2-seitig) signifikant

* Das Regressionsmodell ist auf dem Niveau von 0,05 (2-seitig) signifikant

[grau] NH führt zu geringeren Kreditrisiken

[kariert] NH führt zu höheren Kreditrisiken

Tabelle 6.35: Brancheneinfluss auf den Z-Score der Stichproben von oekom
Quelle: Eigene Berechnung.[553]

6.6.4.2 Länderauswertung

Bei der Untersuchung des **Zusammenhangs** zwischen dem **Nachhaltigkeits- und Kreditrating** weisen die Ergebnisse der Regressionsanalyse auf einen **Ländereffekt** hin. Tabelle 6.36 gibt einen Überblick über die Ausprägung des Zusammenhangs in den verschiedenen Ländern. Insbesondere bei deutschen Unternehmen zeigt sich ein weitestgehend konsistenter und signifikanter positiver Zusammenhang zwischen dem Sozial- und dem Kreditrating. Im Jahr 2008 kann das **Sozialrating** sogar **35 % des Kreditratings statistisch erklären**, wobei eine Verbesserung des Sozialratings um eine Ratingnote mit einer Verbesserung des Kreditratings um 1,2 Ratingnoten einhergeht. Der für deutsche Unternehmen spezifische Ländereffekt ist auch über alle Länder hinweg messbar. Bei den Länderklassen Rest und Frankreich zeigt sich im Jahr 2011 ein negativer Zusammenhang zwischen dem Nachhaltigkeits- und Kreditrating.

[553] Da der Z-Score aufgrund der Bilanzierungsbesonderheiten bei Finanzdienstleistern nicht aussagefähig und in den im Rahmen dieser Arbeit verwendeten Datenbanken nicht verfügbar ist, wird die Finanzbranche bei der Untersuchung des Zusammenhangs zwischen dem Nachhaltigkeitsrating und dem Z-Score nicht berücksichtigt.

Regression Kreditrating		2005		2006		2007		2008		2009		2010		2011		Panel 1		Panel 2		Panel 3	
		R²	b	R²	b	R²	b	R²	b	R²	b	R²	b	R²	b	R²	b	R²	b	R²	b
GB	N																				
	U																				
	S			0,09 *	0,4																
DE	N							0,28 **	0,9	0,14 *	0,6										
	U							0,17 *	0,6	0,12 *	0,5										
	S	0,27 **	0,7	0,24 *	0,8			0,35 **	1,2	0,15 *	0,7	0,12 *	0,7			0,18 *	0,6	0,16 *	0,9		
FR	N													0,18 *	-1,0						
	U																				
	S													0,12 *	-0,7						
Rest	N													0,09 *	-0,4					0,11 *	-0,8
	U											0,07 *	-0,3	0,07 *	-0,3			0,20 **	-0,5	0,16 *	-0,5
	S					0,13 *	0,7							0,08 *	-0,5					0,15 *	1,1
Alle Länder	N							0,04 **	0,3												
	U																	0,03 *	-0,2		
	S	0,07 **	0,3	0,06 **	0,4	0,04 *	0,3	0,11 **	0,6	0,03 *	0,3					0,04 *	0,3	0,04 *	0,4	0,04 *	0,3

** Das Regressionsmodell ist auf dem Niveau von 0,01 (2-seitig) signifikant

* Das Regressionsmodell ist auf dem Niveau von 0,05 (2-seitig) signifikant

NH führt zu geringeren Kreditrisiken

NH führt zu höheren Kreditrisiken

Tabelle 6.36: Ländereinfluss auf das Kreditrating der Stichproben von oekom
Quelle: Eigene Berechnung.

In Bezug auf den Zusammenhang zwischen dem Nachhaltigkeitsrating und der **Risikoprämie für Kreditausfallversicherungen** konnte **kein eindeutiger Ländereffekt** nachgewiesen werden. Mit Ausnahme von zwei Beobachtungen weisen zwar alle in Tabelle 6.37 dargestellten Ergebnisse auf einen negativen Zusammenhang hin, jedoch sind die Zusammenhänge über den Zeitverlauf nicht konstant.[554]

[554] Der Aussagegehalt des Zusammenhangs in Panel 1 bei deutschen Unternehmen muss vor dem Hintergrund des Stichprobenumfangs von 21 Unternehmen relativiert werden. Als Faustformel für hinreichend große Stichproben gilt ein Stichprobenumfang von n > 30. Vgl. Janssen (2007), S. 341.

Regression CDS		2005		2006		2007		2008		2009		2010		2011		Panel 1		Panel 2		Panel 3	
		R^2	b	R^2	b	R^2	b	R^2	b	R^2	b	R^2	b	R^2	b	R^2	b	R^2	b	R^2	b
GB	N											0,12 *	-36					0,18 **	-58		
	U											0,11 *	-26					0,12 *	-35		
	S															n=21				0,13 *	-48
DE	N															0,37 **	-47				
	U															0,32 **	-37				
	S															0,26 *	-40				
FR	N													0,12 *	98						
	U																				
	S																				
Rest	N																				
	U							0,14 *	27												
	S			0,15 *	-6																
Alle Länder	N															0,04 *	-14				
	U																				
	S							0,04 **	-59							0,03 *	-13				

** Das Regressionsmodell ist auf dem Niveau von 0,01 (2-seitig) signifikant — NH führt zu geringeren Kreditrisiken

* Das Regressionsmodell ist auf dem Niveau von 0,05 (2-seitig) signifikant — NH führt zu höheren Kreditrisiken

Tabelle 6.37: Ländereinfluss auf die CDS der Stichproben von oekom
Quelle: Eigene Berechnung.

Auch bei der Untersuchung des Zusammenhangs zwischen dem Nachhaltigkeitsrating und dem Z-Score konnte kein eindeutiger Ländereffekt nachgewiesen werden. Einzig bei deutschen Unternehmen konnte in den Jahren 2005 und 2006 sowie in Panel 1 ein negativer Zusammenhang zwischen dem Umweltrating und dem Z-Score festgestellt werden (vgl. Tabelle 6.38).

Regression Z-Score		2005		2006		2007		2008		2009		2010		2011		Panel 1		Panel 2		Panel 3	
		R^2	b	R^2	b	R^2	b	R^2	b	R^2	b	R^2	b	R^2	b	R^2	b	R^2	b	R^2	b
GB	N																				
	U																			0,18 *	0,3
	S																				
DE	N			0,19 **	-0,6																
	U	0,12 **	-0,5	0,37 **	-0,7											0,14 *	-0,3				
	S																				
FR	N																				
	U																				
	S																				
Rest	N																				
	U																				
	S																				
Alle Länder	N																				
	U	0,03 *	-0,2																		
	S																				

** Das Regressionsmodell ist auf dem Niveau von 0,01 (2-seitig) signifikant — NH führt zu geringeren Kreditrisiken

* Das Regressionsmodell ist auf dem Niveau von 0,05 (2-seitig) signifikant — NH führt zu höheren Kreditrisiken

Tabelle 6.38: Ländereinfluss auf den Z-Score der Stichproben von oekom
Quelle: Eigene Berechnung.

6.6.5 Zusammenfassung der wichtigsten Erkenntnisse

Sowohl bei der Mittelwertanalyse als auch bei der Korrelationsanalyse konnte ein Zusammenhang zwischen dem Nachhaltigkeitsrating und Kreditrisiken auf Basis des Datensatzes von oekom research festgestellt werden. Die Untersuchung der Mittelwerte der **Kreditratings** und der **Risikoprämien für Kreditausfallversicherungen** weisen darauf hin, dass die von oekom als besonders **nachhaltig bewerteten Unternehmen** (Top 25 %) im Zeitraum der **Wirtschafts- und Finanzkrise geringere Kreditrisiken** aufweisen als Unternehmen mit einer geringen Nachhaltigkeitsleistung (Low 25 %). So stiegen die Risikoprämien für fünfjährige Kreditausfallversicherungen der Unternehmen im unteren Quantil des Nachhaltigkeitsratings deutlich stärker an als die von Unternehmen im oberen Quantil. Auch beim Großteil der Bilanzkennzahlen konnte ein **konstanter und signifikanter Mittelwertunterschied** festgestellt werden, der auf einen Zusammenhang zwischen Nachhaltigkeits- und Kreditrisiken von Unternehmen hindeutet.

Die Ergebnisse der Korrelationsanalyse bestätigen die Ergebnisse der Mittelwertanalyse, wobei ebenfalls eine **höhere Widerstandsfähigkeit** der als „nachhaltig“ klassifizierten Unternehmen **im Zeitraum der Wirtschafts- und Finanzkrise** ersichtlich ist.

Eine Betrachtung der Sozial- und Umweltkennzahlen zeigt, dass die Zusammenhänge unterschiedliche Ursachen haben. So besteht z. B. ein konstanter und signifikanter Zusammenhang zwischen der Kennzahl B3 „**Ökoeffizienz**“ und der Gesamtkapitalrendite, wohingegen die Kennzahl B1 „**Umweltmanagement**“ insbesondere mit den Risikoprämien für Kreditausfallversicherungen und der Gesamtkapitalrendite korreliert. Diese Ergebnisse decken sich mit den Ausführungen in Kapitel 5.2.3, wonach z. B. Unternehmen mit besonders energie- bzw. ökoeffizienten Produktionsprozessen deutlich resistenter gegenüber Marktpreisrisiken sind, was sich ceteris paribus in einer höheren Gesamtkapitalrendite niederschlägt. Ein überdurchschnittlich gutes Umweltmanagement schlägt sich dagegen vor allem in geringeren Produktionsrisiken nieder, welche z. B. Kosten in Form von Haftungs-, Sanierungs- oder Schadensersatzzahlungen oder sogar Betriebsstillstände und damit Einnahmeausfälle bei Störfällen nach sich ziehen können und somit auch die Gesamtkapitalrendite beeinflussen. Ein eindeutiger Zusammenhang konnte zwischen sämtlichen Kennzahlen des Nachhaltigkeitsratings und der Unternehmensgröße festgestellt werden. Eine Erklärung hierfür könnte sein, dass große Unternehmen deutlich mehr Ressourcen zur Verfügung haben, um sich mit dem Thema Nachhaltigkeit z. B. durch eine eigene Nachhaltigkeitsabteilung auseinanderzusetzen.

Mithilfe der Regressionsanalyse konnte im oekom-Datensatz sowohl ein Branchen- als auch ein Ländereffekt nachgewiesen werden. Insbesondere bei den Unternehmen des **produzierenden Gewerbes** konnte ein signifikanter und über den Untersuchungszeitraum konstanter positiver Zusammenhang zwischen dem Nachhaltigkeits- und Kreditrating festgestellt werden. Des Weiteren konnte bei den Unternehmen des Dienstleistungssektors sowie des Energie- und Rohstoffsektors ein positiver Zusammenhang zwischen dem Nachhaltigkeitsrating und dem Z-Score gezeigt werden.

Bei der Untersuchung der Länderrelevanz zeigt sich, dass der **Zusammenhang** zwischen Nachhaltigkeits- und Kreditrisiken **bei deutschen Unternehmen ausgeprägter** ist als in den restlichen Ländern.

6.7 Auswertung des oekom ICRI

Nachdem der Zusammenhang zwischen Nachhaltigkeits- und Kreditrisiken von Unternehmen einer detaillierten Betrachtung unterzogen wurde, wird im folgenden Kapitel die Relevanz des Klimawandels für die Bestimmung von Kreditrisiken anhand des oekom Klimarisikoindex (ICRI) untersucht. Der Datensatz zum ICRI umfasst eine Bewertung der folgenden bereits in Kapitel 5.3.2 vorgestellten Risikoklassen des Klimawandels:

Risikoklasse	Auswirkungsart
Physische Risiken	Systematisch - Branchenspezifisch - Regionenbezogen (Geografisch / Land)
Regulatorische Risiken	
Marktpreisrisiken	
Marktrisiken	
Rechtsrisiken	Unsystematisch - Unternehmensspezifisch
Reputationsrisiken	

Tabelle 6.39: Risikoklassen des oekom ICRI und deren Auswirkungsart
Quelle: Eigene Darstellung auf Basis der Herleitung aus Kapitel 5.3.2.

Der aggregierte ICRI setzt sich dabei aus den in Tabelle 6.39 dargestellten sechs Risikoklassen zusammen, welche auf einer Bewertungsskala von eins (sehr geringes Risiko) bis fünf (sehr hohes Risiko) gleich gewichtet bewertet werden.[555] Der ICRI betrachtet allerdings nur **branchenspezifische Klimarisiken** und deckt daher nicht alle Aspekte wie beispielsweise regionen- oder länderspezifische Besonderheiten ab. Für eine detaillierte Berücksichtigung von Klimarisiken nach branchen-, regionen- und unternehmensspezifischen Risiken fehlt bisher eine verfügbare Bewertungsmethodik. Aus diesem Grund spiegeln die nachfolgenden Ergebnisse lediglich branchenspezifische Klimarisiken wieder. Die Untersuchung des Zusammenhangs zwischen Klima- und Kreditrisiken erfolgt anhand einer Korrelationsanalyse, bei der wie bereits in den

---

[555] Vgl. Häßler (2013), S. 79.

vorangegangenen Kapiteln Querschnitts- und Paneldaten genutzt werden. Die Ergebnisse der Korrelationsanalyse sind in Tabelle 6.40 und Tabelle 6.41 dargestellt.

Korrelationsanalyse		Querschnittsanalyse							Panelanalyse		
		2005	2006	2007*	2008*	2009	2010	2011	Panel1	Panel2	Panel3
S&P LT Kreditrating	Klimarisiko	,213**	,220**	,219**	,226**						
	Physische										
	Regulatorische						-,179*	-,168*			
	Marktpreis			-,212**	-,165*	-,205**	-,253**	-,223**	-,186*	-,179*	-,199*
	Marktrisiken						-,177*	-,187*	-,179*	-,181*	-,235**
	Rechtsrisiken	,157*									
	Reputations	,284**	,299**	,325**	,307**	,242**	,227**	,207**	,206*	,232**	,197*
5Y CDS	Klimarisiko	-,186*	-,303**	-,190*							
	Physische										
	Regulatorische										
	Marktpreis										
	Marktrisiken										
	Rechtsrisiken		-,166*								
	Reputations	-,185*	-,285**				,157*	,219**		,181*	
Altman Z-Score	Klimarisiko	-,261**	-,232**			-,230**	-,266**	-,258**	-,197*	-,219**	-,205*
	Physische	-,201*				-,155*	-,193**	-,179**			
	Regulatorische	-,194*	-,210**			-,195**	-,206**	-,193**	-,213*	-,173*	-,244*
	Marktpreis	-,193*				-,156*	-,183**	-,182**			
	Marktrisiken	-,155*	-,183*		-,133*	-,199**	-,178*	-,182**		-,155*	
	Rechtsrisiken	-,197*	-,215**	-,149*	-,152*	-,236**	-,266**	-,251**	-,220*	-,221**	-,234*
	Reputations	-,199*	-,224**	-,183*	-,195**	-,243**	-,266**	-,248**	-,231*	-,252**	-,231*
Ln (Marktkapitalisierung)	Klimarisiko										
	Physische										
	Regulatorische									-,142*	
	Marktpreis										
	Marktrisiken				-,184**	-,184**	-,138*	-,141*		-,173**	
	Rechtsrisiken							-,112*			
	Reputations										
Ln (Bilanzsumme)	Klimarisiko	,275**	,254**	,184**	,172**	,157**	,115*	,112*	,185*	,144*	,190*
	Physische	-,175**	-,211**	-,172**	-,152**	-,141**	-,189**	-,199**	-,263**	-,193**	-,248**
	Regulatorische			-,141*	-,178**	-,200**	-,234**	-,223**	-,151*	-,222**	-,168*
	Marktpreis	-,271**	-,298**	-,303**	-,279**	-,281**	-,316**	-,314**	-,360**	-,326**	-,356**
	Marktrisiken			-,179**	-,228**	-,229**	-,226**	-,225**	-,182*	-,221**	-,179*
	Rechtsrisiken	,222**	,205**		,117*				,157*		
	Reputations	,395**	,387**	,305**	,285**	,273**	,257**	,248**	,365**	,289**	,364**

*** Die Korrelation ist auf dem Niveau von 0,05 (2-seitig) signifikant ** Die Korrelation ist auf dem Niveau von 0,01 (2-seitig) signifikant**

Tabelle 6.40: Korrelationsanalyse des ICRI (I)

Quelle: Eigene Berechnung.

Korrelationsanalyse		Querschnittsanalyse							Panelanalyse		
		2005	2006	2007*	2008*	2009	2010	2011	Panel1	Panel2	Panel3
Entschuldungsgrad (CF / FK)	Klimarisiko Index	-,180**	-,166**			-,160**	-,176**	-,171**	-,187*	-,188**	-,186*
	Physische	,139*	,147*	,213**	,191**				,163*		,205**
	Regulatorische			,142*	,111*						
	Marktpreis risiken	,171**	,165**	,246**	,216**		,120*		,224**	,164*	,195*
	Marktrisiken										
	Rechtsrisiken						-,133*	-,119*	-,166*	-,157*	
	Reputations	-,252**	-,244**	-,181**	-,169**	-,215**	-,262**	-,217**	-,336**	-,285**	-,285**
Fremdkapitalquote (FK / TA)	Klimarisiko Index	,134*			,128*	,139*	,116*	,135*		,147*	
	Physische	-,284**	-,303**	-,324**	-,267**	-,242**	-,293**	-,272**	-,377**	-,277**	-,403**
	Regulatorische	-,153*	-,159*	-,211**	-,167**	-,168**	-,210**	-,198**	-,211**	-,164*	-,221**
	Marktpreis risiken	-,352**	-,368**	-,415**	-,359**	-,347**	-,412**	-,401**	-,465**	-,400**	-,492**
	Marktrisiken	-,166**	-,172**	-,215**	-,144**	-,119*	-,135*	-,126*	-,189*		-,192*
	Rechtsrisiken										
	Reputations	,259**	,271**	,240**	,294**	,321**	,335**	,356**	,284**	,349**	,308**
Verschuldungsgrad (FK / TE)	Klimarisiko Index										
	Physische	-,488**	-,477**	-,380**	-,236**	-,414**	-,437**		-,470**		
	Regulatorische	-,363**	-,331**	-,280**	-,154**	-,361**	-,365**		-,382**		
	Marktpreis risiken	-,572**	-,542**	-,453**	-,284**	-,525**	-,541**		-,564**		
	Marktrisiken	-,346**	-,270**	-,223**		-,322**	-,314**		-,353**		
	Rechtsrisiken										
	Reputations	,210**	,256**	,207**	,170**	,170**	,160**		,148*		
Gesamtkapitalrendite (EBIT / TA)	Klimarisiko Index	-,188**	-,146*			-,157**	-,249**	-,274**	-,196*	-,230**	-,230**
	Physische			,136*							
	Regulatorische					-,164**	-,177**	-,189**	-,178*	-,140*	-,186*
	Marktpreis risiken			,153*							
	Marktrisiken		-,153*		-,115*	-,190**	-,142*	-,162**	-,196*	-,143*	-,170*
	Rechtsrisiken	-,157*				-,160**	-,247**	-,250**	-,197*	-,217**	-,218**
	Reputations	-,137*		-,136*		-,145*	-,224**	-,230**	-,194*	-,228**	-,204*
Eigenkapitalrendite (EBIT / TE)	Klimarisiko Index					-,117*					
	Physische										
	Regulatorische					-,145*					
	Marktpreis risiken										
	Marktrisiken	-,148*				-,201**			-,193*		
	Rechtsrisiken										
	Reputations										
Umsatzrendite (NI / Umsatz)	Klimarisiko Index										
	Physische										
	Regulatorische					-,117*					
	Marktpreis risiken										
	Marktrisiken	,145*	,199**		-,113*	-,249**			-,236**		
	Rechtsrisiken										
	Reputations	,223**	,168**				,159**				
Current Ratio (CA / CL)	Klimarisiko Index	-,146*				-,115*					
	Physische				-,117*						,156*
	Regulatorische						,179**	,116*			,190*
	Marktpreis risiken				-,115*	,116*	,182**	,113*	,187*		,236**
	Marktrisiken	-,132*									
	Rechtsrisiken										
	Reputations	-,131*	-,209**	-,160**		-,225**	-,229**	-,167**	-,278**	-,133*	-,250**

* Die Korrelation ist auf dem Niveau von 0,05 (2-seitig) signifikant ** Die Korrelation ist auf dem Niveau von 0,01 (2-seitig) signifikant

Tabelle 6.41: Korrelationsanalyse des ICRI (II)
Quelle: Eigene Berechnung.

Die Ergebnisse der Korrelationsanalyse machen deutlich, dass vielfach ein Zusammenhang zwischen den Risikoklassen des Klimawandels und den betrachteten Kreditrisikokennzahlen besteht. So fällt z. B. auf, dass **physische Risiken** mit den Z-Werten, dem Entschuldungsgrad sowie den Verschuldungskennzahlen korrelieren. Der seit dem Jahr 2009 konsistente und signifikante Zusammenhang mit den **Z-Werten** weist dabei auf höhere Kreditrisiken von Unternehmen aus Branchen mit hohen physischen Risiken hin.

Des Weiteren zeigen die Ergebnisse der Korrelationsanalyse, dass die auf dem Klimawandel beruhenden **regulatorischen Risiken** wie z. B. Vorgaben über Grenzwerte für den CO_2-Ausstoß in Zusammenhang mit dem Kreditrating, dem Z-Score, den Verschuldungskennzahlen und der Gesamtkapitalrendite stehen. Demnach wirken sich höhere regulatorische Risiken tendenziell in geringeren **Kreditratings**, **Z-Werten** und **Gesamtkapitalrenditen** aus. Lediglich der Entschuldungsgrad und die Verschuldungskennzahlen weisen darauf hin, dass höhere regulatorische Risiken zu geringeren Kreditrisiken führen. **Marktpreisrisiken** entstehen in Zusammenhang mit dem Klimawandel z. B. in Form höherer Energiekosten aufgrund einer CO_2-Bepreisung fossiler Energieträger oder höherer Versicherungskosten gegen physische Klimaschäden.[556] Die Korrelationsanalyse zeigt, dass Unternehmen aus Branchen[557] mit hohen Marktpreisrisiken tendenziell geringere **Kreditratings** und **Z-Werte** aufweisen als Unternehmen aus Branchen mit geringen Marktpreisrisiken. Demgegenüber steht das Ergebnis, dass Marktpreisrisiken mit dem Entschuldungsgrad sowie dem Current Ratio positiv korrelieren und mit den Verschuldungskennzahlen negativ korreliert sind.[558]

Auch in Bezug auf das Risiko einer auf dem Klimawandel beruhenden Kaufverhaltensänderung lässt sich ein Zusammenhang feststellen. So haben Unternehmen aus Branchen mit hohen **Marktrisiken** tendenziell eine geringere **Gesamtkapitalrendite**, einen niedrigeren **Z-Score** und ein niedrigeres **Kreditrating**. Lediglich bei den Verschuldungskennzahlen lässt sich ein gegenläufiger Trend feststellen.

In Kapitel 5.3 wurde erläutert, dass **Rechtsrisiken** in Bezug auf den Klimawandel bislang lediglich eine untergeordnete Rolle spielen. Diese Einschätzung spiegelt sich auch in der empirischen Auswertung des Datensatzes zum ICRI wider. So ist mit Ausnahme des Z-Scores und der Gesamtkapitalrendite kein Zusammenhang zwischen Rechts- und Kreditrisiken ersichtlich.

In Bezug auf das **Reputationsrisiko**, das z. B. in Form der Stigmatisierung einer Branche als besonders klimaschädlich besteht, zeigen die Ergebnisse der Korrelationsanalyse, dass Reputationsrisiken mit den meisten Bilanzkennzahlen korrelieren. Dabei ergibt sich, dass Unternehmen aus Branchen mit **hohen Reputationsrisiken höhere Kreditrisiken** aufweisen als Unternehmen aus Branchen mit geringen Reputationsrisiken. Unterstützt wird die über den Betrachtungszeitraum konsistente und weitestgehend signifikante Korrelation zwischen Reputationsrisiken und dem Z-Score. Lediglich das Kreditrating von S&P weist auf einen negativen Zusammenhang zwischen Reputations- und Kreditrisiken hin.

---

[556] Vgl. hierzu auch Kapitel 5.3.

[557] Da der oekom ICRI die Klimarisiken von Branchen bewertet, lassen die Ergebnisse der Analyse lediglich Rückschlüsse auf die Klimarisiken von Branchen zu.

[558] Marktpreisrisiken wirken sich insbesondere in Form höherer Kosten aus. Da sich gestiegene Kosten als Kennzahl der Gewinn- und Verlustrechnung weder im Entschuldungsgrad (Cash-Flow-Größe), Current Ratio noch in den Verschuldungskennzahlen (Bilanzkennzahl) widerspiegeln, stehen die Ergebnisse nicht im Widerspruch zu den vermuteten Wirkungszusammenhängen.

Auch wenn die über den ICRI abgedeckten Klimarisiken nur branchenspezifische Aspekte beinhalten, so zeigt die Untersuchung, dass ein Zusammenhang zwischen den einzelnen Risikoklassen des ICRI und den untersuchten Kreditrisikokennzahlen besteht. Da die in der Untersuchung genutzten Bilanzkennzahlen nur die im Beobachtungszeitraum bilanzwirksam gewordenen Risiken abbilden und Wissenschaftler davon ausgehen, dass die Auswirkungen des Klimawandels zukünftig deutlich zunehmen werden, ist damit zu rechnen, dass die Korrelationen in Zukunft noch deutlicher werden.

6.8 Diskussion der Ergebnisse und Fazit

Die empirische Untersuchung der Zusammenhänge zwischen Nachhaltigkeits- und Kreditrisiken zeigt, dass die Datensätze der Ratingagenturen zu keinem einheitlichen Ergebnis kommen. Während auf Basis der Auswertung des Datensatzes von ECPI kein eindeutiger Zusammenhang zwischen Nachhaltigkeits- und Kreditrisiken festgestellt werden konnte, kann die Hypothese eines Zusammenhangs bei der Mehrzahl der untersuchten Variablen im Rahmen der Auswertung des MSCI- und oekom-Datensatzes bestätigt werden. Im Vergleich der Auswertungen zeigt sich, dass die Korrelationskoeffizienten des oekom-Ratings in vielen Bereichen höher sind, als die des ECPI- und MSCI-Ratings. So sind beispielsweise das Kreditrating und die Unternehmensgröße im oekom-Datensatz mit dem Nachhaltigkeitsrating höher korreliert als im Datensatz von ECPI und MSCI. Des Weiteren fällt auf, dass im Datensatz von ECPI und MSCI im Zeitraum der Wirtschafts- und Finanzkrise (2008) häufig keine eindeutigen Korrelationen zwischen dem Nachhaltigkeitsrating und dem Kreditrating sowie den Risikoprämien für Kreditausfallversicherungen vorliegen, wohingegen die Korrelationskoeffizienten des oekom-Ratings im Zeitraum der Wirtschafts- und Finanzkrise deutlich ausgeprägter sind. Die Erklärung für die unterschiedlichen Ergebnisse der drei Datensätze liegt in der **unterschiedlichen Definition der Nachhaltigkeit und Bewertungsmethodik**[559] der Nachhaltigkeitsrisiken, welche dem **Nachhaltigkeitsrating** zugrunde liegt. Bereits die Unterschiede der in Kapitel 6.2 vorgestellten Ratingstrukturen machen deutlich, dass die Ratings nicht direkt vergleichbar sind. In Kapitel 4.5 wurde am Beispiel der Nachhaltigkeitsprüfung im Kreditgeschäft im Rating der Bankenbranche gezeigt, dass sich die Gewichtung der Kennzahlen zwischen den untersuchten Ratingagenturen teilweise erheblich unterscheidet. Im Fall der Nachhaltigkeitsprüfung bei der Kreditvergabe lag die Gewichtung zwischen 0,5 % und 22,1 % des

---

[559] So führt z. B. das Fehlen von Informationen bei oekom automatisch zu einer Bewertung von D- mit dem Hinweis „no information available“. Diese Einschätzung ist zwar aus Transparenzgründen berechtigt, sagt jedoch nichts über die tatsächlichen Nachhaltigkeitsrisiken des Unternehmens aus. Insofern können Diskrepanzen zwischen den gemessenen und tatsächlichen Nachhaltigkeitsrisiken auftreten.

Gesamtratings.[560] Neben den unterschiedlichen Schwerpunktthemen des Nachhaltigkeitsratings führen auch die verschiedenen Erhebungsinstrumente und Datenquellen zu unterschiedlichen Einschätzungen der Nachhaltigkeitsrisiken von Unternehmen.[561] Diese Erkenntnisse belegen, dass Nachhaltigkeitsratings im Gegensatz zu Kreditratings, deren Risikoeinschätzungen i.d.R. ähnlich ausfallen, nicht direkt miteinander vergleichbar sind.[562] Dies ergibt sich auch aus dem Umstand, dass Nachhaltigkeit nicht so eindeutig definiert ist wie ein Kreditausfall.[563]

Ziel der Untersuchung war es, die Zusammenhänge zwischen Nachhaltigkeits- und Kreditrisiken anhand von Sekundärdaten mithilfe empirischer Verfahren nachzuweisen. Dabei wurden die in Kapitel 6.1 aufgestellten Forschungsfragen anhand der folgenden Hypothesen getestet:

Hypothese 1: *Nachhaltige Unternehmen haben geringere Kreditrisiken als weniger nachhaltige Unternehmen.*

Die Hypothese H1 kann auf Basis des MSCI- und oekom-Datensatzes bestätigt werden. So zeigt die Untersuchung der Mittelwerte der **Querschnittsanalyse**, dass **nachhaltige Unternehmen bessere Kreditratings** und **geringere Risikoprämien** aufweisen als Unternehmen im unteren Quantil des Nachhaltigkeitsratings. Auch beim Großteil der untersuchten Bilanzkennzahlen konnte ein konsistenter und signifikanter Zusammenhang zwischen den Nachhaltigkeits- und Kreditrisiken von Unternehmen festgestellt werden. Die Ergebnisse der Korrelationsanalyse bestätigen die Ergebnisse der Mittelwertanalyse. Des Weiteren weisen die Ergebnisse der durchgeführten Signifikanztests darauf hin, dass sich die Untersuchungsergebnisse auf die Grundgesamtheit übertragen lassen. Mithilfe der Regressionsanalyse konnte nachgewiesen werden, dass die **Branchenzugehörigkeit** einen Einfluss auf die Stärke des Zusammenhangs zwischen Nachhaltigkeits- und Kreditrisiken hat. Insbesondere bei den Unternehmen des Energie- und Rohstoffsektors konnte bei allen drei Datensätzen ein deutlicher positiver Zusammenhang zwischen dem Nachhaltigkeits- und Kreditrating festgestellt werden. Diese Ergebnisse bestätigen die in Kapitel 5.3.3 diskutierte Exponiertheit des Energie- und Rohstoffsektors gegenüber Nachhaltigkeitsrisiken und deren Relevanz für das Kreditrisiko. Auch bei den Unternehmen des produzierenden Gewerbes konnte im MSCI- und oekom-Datensatz ein deutlicher positiver Zusammenhang zwischen dem Nachhaltigkeits- und Kreditrating nachgewiesen werde. In den Datensätzen von MSCI

---

[560] Vgl. Abbildung 4.15.

[561] Während oekom z. B. gezielt den Austausch mit dem bewerteten Unternehmen sucht, basiert das Rating von ECPI rein auf unabhängigen und öffentlich zugänglichen Informationen.

[562] Qualitätsunterschiede der Ratings können aus den Ergebnissen der empirischen Untersuchung jedoch nicht abgeleitet werden.

[563] Siehe hierzu auch Kapitel 2.1.4.

und oekom konnte des Weiteren ein Ländereffekt für Unternehmen aus Großbritannien (MSCI) und Deutschland (oekom) belegt werden.

Hypothese 2: *Nachhaltige Unternehmen (in t_0) haben langfristig (in t_1) geringere Kreditrisiken als weniger nachhaltige Unternehmen.*

Zur Untersuchung der mittel- bis langfristigen Auswirkungen des Nachhaltigkeitsratings auf die Kreditwürdigkeit von Unternehmen wurden mehrere Zeitreihenanalysen anhand drei verschiedener Panels durchgeführt. Dabei wurde geprüft, ob ein Zusammenhang zwischen dem Nachhaltigkeitsrating in t = 0 und den Kreditrisiken in t = 1 besteht. Die Ergebnisse der **Panelanalysen** des oekom-Datensatzes zeigen, dass sich die Mittelwerte der als „nachhaltig" und „nicht nachhaltig" klassifizierten Unternehmen unterscheiden. Demnach haben **nachhaltige Unternehmen langfristig** ein **besseres Kreditrating**, einen **höheren Entschuldungsgrad** und eine **geringere Fremdkapitalquote** als weniger nachhaltige Unternehmen. Die Hypothese H2 konnte somit auf Basis des Datensatzes von oekom bestätigt werden.

Hypothese 3: *Nachhaltige Unternehmen waren geringer von der im Jahr 2007 einsetzenden Wirtschafts- und Finanzkrise betroffen als weniger nachhaltige Unternehmen.*

Im Rahmen der Querschnittsanalyse des oekom-Datensatzes zeigt sich, dass sich die Mittelwerte zwischen den „nachhaltigen" und „nicht nachhaltigen" Unternehmen im Zeitraum der Wirtschafts- und Finanzkrise deutlich stärker unterscheiden als vor und nach der Wirtschafts- und Finanzkrise. Dabei sind die **Risikoprämien** für fünfjährige Kreditausfallversicherungen der **nachhaltigen Unternehmen** während der Wirtschafts- und Finanzkrise deutlich **geringer angestiegen** als die Risikoprämien für nicht nachhaltige Unternehmen. So waren die Risikoprämien „nachhaltiger" Unternehmen zum 31.12.2008 im Durchschnitt um 2,5 % niedriger als die Risikoprämien „nicht nachhaltiger" Unternehmen. Auch beim Entschuldungsgrad, der Gesamtkapital- und der Umsatzrendite konnte ein deutlicherer Unterschied der Mittelwerte im Zeitraum der Wirtschafts- und Finanzkrise festgestellt werden. Die Korrelationsanalyse bestätigt die wesentlich stärkere und weitestgehend hoch signifikante Korrelation zwischen dem Nachhaltigkeits- und Kreditrating sowie der Risikoprämie für Kreditausfallversicherungen im Zeitraum der Wirtschafts- und Finanzkrise. Darüber hinaus konnte im Datensatz von MSCI nachgewiesen werden, dass die Mittelwerte der **Rentabilitäts-** und **Kapitalflusskennzahlen** der „nachhaltigen" Unternehmen **über den Zeitverlauf konstanter** sind, als die Mittelwerte der „nicht nachhaltigen" Unternehmen. So sind der **Entschuldungsgrad** als auch die **Gesamtkapitalrendite** der „nicht nachhaltigen" Unternehmen im Zeitraum der Wirtschafts- und Finanzkrise deutlich stärker zurückgegangen als die der „nachhaltigen" Unternehmen. Die Untersuchung des MSCI- und oekom-Datensatzes bestätigt somit die Hypothese, dass die Wirtschafts- und Finanzkrise die Bonität nachhaltiger Unternehmen wesentlich geringer beeinflusst hat als die Kreditwürdigkeit von Unternehmen mit einem schlechten Nachhaltigkeitsrating.

Hypothese 4: *Unternehmen aus Branchen mit geringen Klimarisiken haben geringere Kreditrisiken als Unternehmen aus Branchen mit hohen Klimarisiken.*

Da Klimarisiken, wie in Kapitel 5.3 gezeigt wurde, den externen Nachhaltigkeitsrisiken zuzuordnen sind, sind Klimarisiken kein elementarer Bestandteil von Nachhaltigkeitsratings. Aus diesem Grund wurde zur Untersuchung des Zusammenhangs zwischen Klima- und Kreditrisiken der Klimarisikoindex „ICRI" von oekom verwendet, mit dem die Klimarisiken verschiedener Branchen zum Ausdruck gebracht werden. Da regionen- und länderspezifische Klimarisiken im ICRI nicht abgebildet sind, können im Rahmen der Untersuchung lediglich branchenspezifische Klimarisiken analysiert werden.

Die Ergebnisse der Untersuchung des Datensatzes zum ICRI zeigen, dass beim Großteil der untersuchten Risikoklassen des Klimawandels ein Zusammenhang zwischen den Klimarisiken und den betrachteten Kreditrisikokennzahlen besteht. So konnte zwischen dem **Reputationsrisiko** und dem Großteil der Bilanzkennzahlen ein konsistenter und hochsignifikanter Zusammenhang festgestellt werden. Demgegenüber konnte bei den **Rechtsrisiken** mit Ausnahme der Z-Werte im Beobachtungszeitraum kein eindeutiger Zusammenhang mit den Kreditrisiken konstatiert werden. In Bezug auf die physischen Risiken des Klimawandels zeigt die Untersuchung, dass seit dem Jahr 2009 ein konsistenter und signifikanter Zusammenhang zwischen den **physischen Risiken** und den Z-Werten besteht. Des Weiteren konnte gezeigt werden, dass Unternehmen aus Branchen mit **hohen regulatorischen Risiken, Marktpreis-** und **Marktrisiken** tendenziell schlechtere Kreditratings, niedrigere Z-Werte sowie eine geringere Gesamtkapitalrendite aufweisen als Unternehmen aus Branchen mit geringen Klimarisiken.

Als **zentrales Ergebnis der empirischen Untersuchung** kann festgehalten werden, dass nicht alle Nachhaltigkeitskennzahlen und jedes Nachhaltigkeitsrating für die Bestimmung von Kreditrisiken geeignet sind. So konnte auf Basis des aggregierten Nachhaltigkeitsratings von ECPI im Beobachtungszeitraum kein eindeutiger Zusammenhang zwischen Nachhaltigkeits- und Kreditrisiken festgestellt werden. Die Datensätze der beiden Ratingagenturen MSCI und oekom research lassen hingegen den Schluss zu, dass ein **Zusammenhang zwischen den** über das Nachhaltigkeitsrating ausgedrückten **Nachhaltigkeitsrisiken und dem Kreditrisiko** von Unternehmen besteht. Demnach haben die im Nachhaltigkeitsrating von MSCI und oekom als besonders nachhaltig bewerteten Unternehmen tendenziell geringere Kreditrisiken als Unternehmen mit einem schlechten Nachhaltigkeitsrating.

7 Zusammenfassung und Forschungsausblick

In Kapitel 7.1 werden die wesentlichen Ergebnisse der vorliegenden Arbeit zusammengefasst. Der in Kapitel 7.2 dargestellte Ausblick gibt einen Überblick über den aus dieser Arbeit resultierenden zusätzlichen Forschungsbedarf.

7.1 Zusammenfassung

Mit der Umsetzung von **Basel II** sind Kreditinstitute **verpflichtet,** die **Kreditrisiken** ihres Kreditportfolios **zu quantifizieren**. In **Kapitel 2** wurde gezeigt, dass Kreditrisiken aus Ausfall-, Liquiditäts- und Besicherungsrisiken bestehen. Da das Kreditgeschäft zu den Kerngeschäftsfeldern von Banken gehört, hängt die Wettbewerbsfähigkeit von Kreditinstituten zu einem Großteil von der Qualität bzw. Trennschärfe **bankinterner Ratingverfahren** ab. Nach den Vorgaben von Basel II **sollten** Ratingverfahren **neben quantitativen Kennzahlen explizit auch qualitative Kennzahlen berücksichtigen**. Die Bankenaufsicht macht dabei keine Vorgaben, welche Kennzahlen zur Bestimmung von Kreditrisiken verwendet werden müssen. Die im Rahmen der bankinternen Ratingverfahren genutzten Kennzahlen können folglich von den Kreditinstituten selbst festgelegt werden, wobei die Aussagekraft der Kennzahlen anhand geeigneter Verfahren auf Basis historischer Daten nachgewiesen werden muss. Während bei den quantitativen Kennzahlen insbesondere Kennzahlen der Bilanzanalyse zur Anwendung kommen, besteht **im Bereich der qualitativen Kennzahlen bisher noch kein Konsens bezüglich geeigneter Erhebungsmethoden und Kennzahlen**. Da die Erfüllung der Nachhaltigkeitsanforderungen verschiedener Anspruchsgruppen mittlerweile für viele Unternehmen zu einem wichtigen Erfolgsfaktor geworden ist, drängt sich die Frage auf, ob eine Verknüpfungsmöglichkeit von Nachhaltigkeitsaspekten mit herkömmlichen quantitativen Kennzahlen der Bonitätsbewertung besteht. An dieser Stelle setzt die vorliegende Arbeit an. Dabei steht die Frage im Mittelpunkt, ob und inwieweit Nachhaltigkeitsratings zur Bestimmung von Kreditrisiken verwendet werden können.

Einer der zentralen Aspekte der Arbeit ist die Untersuchung der **Auswirkungen des Klimawandels** und der damit einhergehenden Chancen und Risiken für das Kreditgeschäft von Banken. In **Kapitel 3** wurde gezeigt, dass der Klimawandel eine der größten Herausforderungen für die nachhaltige Entwicklung unseres Jahrhunderts darstellt. Aufgrund der enormen wirtschaftlichen Auswirkungen des Klimawandels und der damit in Zusammenhang stehenden Mitigations- und Adaptionsmaßnahmen sind **historische Daten** im Fall von Klimarisiken **wenig geeignet** und führen mit großer Wahrscheinlichkeit zu einer signifikanten Fehleinschätzung von Risiken. Im weiteren Verlauf der Arbeit wurde gezeigt, dass die meisten der heute in der Praxis angewandten Ratingsysteme auf statistischen Verfahren basieren. Diese Verfahren nutzen historische Daten, um daraus auf zukünftige Entwicklungen zu schließen. Dabei wird davon ausgegangen, dass die Rahmenbedingungen unverändert bleiben und vergangene Entwicklungen in die Zukunft extrapoliert werden können. Da die Auswirkungen des Klimawandels jedoch mit zunehmenden Temperaturen exponentiell ansteigen, haben Klimarisiken einen nichtlinearen und zeitversetzten Effekt und lassen sich somit mit historischen Daten nicht risikoadäquat herleiten. Ein Festhalten an der Bonitätseinschätzung auf Basis statistischer Ratingverfahren führt daher zu einer **systematischen Unterbewertung von Klimarisiken**.[564] Laut *Onischka* werden Klimarisiken bisher weder in bankinternen noch in externen Ratingsystemen als relevanter Faktor berücksichtigt.[565] Eine Umfrage unter 35 Finanzdienstleistern ergab, dass zwei Drittel der Befragten der Meinung sind, dass die bestehenden **Kreditratingsysteme angepasst werden müssen, um Klimarisiken zu berücksichtigen**.[566]

In **Kapitel 4** wurde im Rahmen einer **explorativen Untersuchung** bei 16 Banken und sechs Ratingagenturen ein Überblick über die Relevanz von Nachhaltigkeitsaspekten für das Firmenkundenkreditgeschäft gegeben und mögliche Ansatzpunkte zur operativen Umsetzung einer Nachhaltigkeitsprüfung im Firmenkundenkreditgeschäft von Banken im deutschsprachigen Raum aufgezeigt. Im Rahmen der Untersuchung konnte festgestellt werden, dass fast alle der interviewten Nachhaltigkeitsexperten von einem Zusammenhang zwischen Nachhaltigkeits- und Kreditrisiken überzeugt sind. Obwohl bisher noch **kein Standard zur Prüfung von Nachhaltigkeitsaspekten** im Firmenkundenkreditgeschäft existiert, werden bei einem Großteil der untersuchten Kreditinstitute bereits Nachhaltigkeitsaspekte im Firmenkundenkreditgeschäft berücksichtigt. Trotz des vermuteten Zusammenhangs zwischen Nachhaltigkeits- und Kreditrisiken stellt sich heraus, dass die **Ergebnisse der Nachhaltigkeitsprüfung bisher lediglich als Zusatzinformationen** für die Gewährung bzw. Ablehnung eines Kreditantrags genutzt werden. Eine **Übertragung** der Ergebnisse der Nachhaltigkeitsprüfung **auf das Pricing** wird bisher erst bei einem der untersuchten Kreditinstitute vorgenommen. Der Hauptgrund hierfür ist, dass bislang sowohl das **Verständnis für die Wirkungszusammenhänge** als auch der **empirische Nachweis des Zusammenhangs** zwischen Nachhaltigkeits- und Kreditrisiken **fehlen**. Der Hauptteil der vorliegenden Arbeit besteht daher aus der Herleitung und empirischen Untersuchung der Wirkungszusammenhänge zwischen den Nachhaltigkeitsrisiken und der Kreditwürdigkeit von Unternehmen.

Bei der Untersuchung der Besonderheiten von Umwelt- und Ethikbanken und deren an Nachhaltigkeitsgesichtspunkten ausgerichteten Kreditportfolios konnte in Kapitel 4.5

---

564 Vgl. Onischka (2006), S. 77 ff., Onischka (2009b), S. 4 f., IFC (2010), S. X und UNEP FI / SBI (2011), S. 11. „Using historical climate data to design projects and to conduct environmental and social impact assessments may be inappropriate." IFC (2010), S. 48.

565 Vgl. Onischka (2009b), S. 24.

566 Vgl. UNEP FI / SBI (2011), S.12.

gezeigt werden, dass **Umwelt- und Ethikbanken** teilweise **deutlich geringere Kreditausfallraten** aufweisen als konventionelle Kreditinstitute. Wenn es den Umwelt- und Ethikbanken gelingt, die geringere Kreditausfallrate auf ihre Nachhaltigkeitsanforderungen zurückzuführen und diese Kennzahlen in einem bankinternen Ratingverfahren zu integrieren, würde das die Eigenkapitalanforderungen im Rahmen von Basel II aufgrund geringerer Kreditrisiken senken. So könnten sich z. B. bei der GLS Bank, welche zum Zeitpunkt dieser Arbeit eine Kapitalerhöhung über die Vergabe neuer Genossenschaftsanteile durchführt, um den gestiegenen Eigenkapitalanforderungen im Rahmen der Umsetzung von Basel II zu entsprechen,[567] die Eigenkapitalanforderungen über den Nachweis geringerer Kreditrisiken senken lassen.

In **Kapitel 5** erfolgte die theoretische Fundierung der Zusammenhänge zwischen Nachhaltigkeits- und Kreditrisiken. Für die Herleitung der Kausalzusammenhänge wurden dabei im ersten Schritt verschiedene Risikoklassen definiert und nach ihrem Ursprung und ihrer Beeinflussbarkeit in externe und interne Nachhaltigkeitsrisiken eingeteilt. Während externe Nachhaltigkeitsrisiken ihren **Ursprung** außerhalb des Unternehmens haben und daher i.d.R. nicht vom Unternehmen beeinflusst werden können, entstehen interne Nachhaltigkeitsrisiken durch die Geschäftstätigkeit des Unternehmens. Mithilfe der Klassifizierung lassen sich auch die Auswirkungen der Nachhaltigkeitsrisiken auf Kreditrisiken in Form von Ausfall-, Liquiditäts- und Besicherungsrisiken zuordnen. Anhand mehrerer Beispiele wurde gezeigt, dass **Nachhaltigkeitsrisiken** einen erheblichen **Einfluss** auf die finanzielle Performance von Unternehmen haben können und sich in Form von **Erlösminderungen, Kostensteigerungen** oder einer **Vermögenswertminderung** auswirken können.

In einem weiteren Schritt wurden die ökonomischen Folgen der Nachhaltigkeitsrisiken von Kreditnehmern schließlich auf die Perspektive des Kreditgebers übertragen. Dabei konnte gezeigt werden, dass Nachhaltigkeitsrisiken direkte Implikationen auf Kreditausfälle im Firmenkundenkreditgeschäft haben können, wobei auch von **nachhaltigkeitsinduzierten Kreditrisiken** gesprochen werden kann.

In Kapitel 5.3 wurden die aus dem Klimawandel resultierenden ökonomischen Chancen und Risiken für Kreditinstitute herausgearbeitet. Dabei wurde dargestellt, dass in einigen **Branchen** und **Regionen** zukünftig von einer **signifikanten Beeinträchtigung** der finanziellen Performance von Unternehmen **durch Klimarisiken** auszugehen ist. Aufgrund der häufig systematischen Auswirkungen des Klimawandels kann auch darauf geschlossen werden, dass eine **Diversifizierung** von Klimarisiken in Zukunft **nur** in **begrenztem** Umfang **möglich** sein wird. Aus diesem Grund sollten Kreditinstitute die aus dem Klimawandel resultierenden Chancen und Risiken anhand der regionen- und

567 Vgl. GLS Bank (2012c), S. 3.

branchenspezifischen Besonderheiten ihres Kreditportfolios identifizieren und analysieren, um gegebenenfalls Anpassungsmaßnahmen vornehmen zu können.

Im Anschluss an die theoretische Fundierung der Kausalzusammenhänge wurden die Wirkungszusammenhänge zwischen Nachhaltigkeits- und Kreditrisiken in **Kapitel 6** anhand einer **Sekundärdatenanalyse** untersucht. Dabei wurden mehrere Datensätze von auf Nachhaltigkeitsratings spezialisierten Ratinganbietern mit klassischen Kennzahlen der Kreditrisikoanalyse zusammengeführt, aggregiert und ausgewertet. Zur Vorbereitung der empirischen Untersuchung wurde in Kapitel 6.2 ein Überblick über die in der Praxis verwendeten Kennzahlen zur Bestimmung von Kreditrisiken geschaffen. Anhand von Mittelwert-, Korrelations- und Regressionsanalysen wurden dabei die **Zusammenhänge zwischen Nachhaltigkeits- und Kreditrisiken** sowohl im Querschnitt als auch im Zeitverlauf untersucht. Als ein zentrales Ergebnis der empirischen Untersuchung konnte aufgezeigt werden, dass die Analyse der Datensätze der Ratinganbieter zu keinen einheitlichen Ergebnissen führen. Als Grund für die uneinheitlichen Ergebnisse wurden die **unterschiedliche Nachhaltigkeitsdefinition und Bewertungsmethodik der Nachhaltigkeitsratings** ausgemacht. So führen z. B. Unterschiede bei den Kennzahlen, deren Gewichtungen und den genutzten Informationsquellen zu verschiedenen Einschätzungen der Nachhaltigkeitsrisiken. Die Ergebnisse können daher nicht generell verallgemeinert werden, sondern müssen auf die dem Ratingsystem zugrunde liegende Nachhaltigkeitsdefinition und Bewertungsmethodik bezogen werden.

Bei der Untersuchung des Datensatzes der **Ratingagentur ECPI** konnte **kein eindeutiger Zusammenhang** zwischen Nachhaltigkeits- und Kreditrisiken festgestellt werden. Während die Ergebnisse der Mittelwert- und Korrelationsanalyse darauf hindeuten, dass nachhaltige Unternehmen einen geringeren Verschuldungsgrad und eine höhere Bilanzsumme aufweisen als weniger nachhaltige Unternehmen, weisen die Mittelwertunterschiede und Korrelationskoeffizienten der Z-Werte und der Gesamtkapitalrendite auf höhere Kreditrisiken von nachhaltigen Unternehmen hin. Bei den übrigen Kennzahlen konnte kein konstanter Zusammenhang festgestellt werden.

Auf Basis der Auswertung der Datensätze der beiden **Ratingagenturen MSCI und oekom research** konnte die Hypothese eines Zusammenhangs zwischen Nachhaltigkeits- und Kreditrisiken bei der Mehrzahl der untersuchten Variablen bestätigt werden. So zeigt die Untersuchung der Mittelwerte, dass **nachhaltige Unternehmen** im Beobachtungszeitraum sowohl stichtagsbezogen als auch über den Zeitverlauf **bessere Kreditratings** und **geringere Risikoprämien** aufweisen als weniger nachhaltige Unternehmen. Auch beim Großteil der untersuchten Bilanzkennzahlen konnte ein konsistenter und signifikanter Zusammenhang zwischen dem Nachhaltigkeitsrating und den Kreditrisiken von Unternehmen festgestellt werden. Die Ergebnisse der Korrelationsanalyse sowie die durchgeführten Signifikanztests weisen darauf hin, dass sich die Untersuchungsergebnisse auf die Grundgesamtheit übertragen lassen. Im

Rahmen der Querschnittsanalyse konnte des Weiteren gezeigt werden, dass **nachhaltige Unternehmen resistenter gegenüber** den negativen **ökonomischen Konsequenzen der Wirtschafts- und Finanzkrise** waren als weniger nachhaltige Unternehmen. So lagen die Risikoprämien für fünfjährige Kreditausfallversicherungen der von oekom als „nicht nachhaltig" bewerteten Unternehmen (Low 25 %) im Jahr 2008 im Durchschnitt 2,5 % oberhalb der nachhaltigsten Unternehmen (Top 25 %).

Im Datensatz von MSCI und oekom konnte ein **Branchen- und Ländereffekt** nachgewiesen werden. Insbesondere bei den Unternehmen des produzierenden Gewerbes zeigt sich, dass sich ein gutes Nachhaltigkeitsrating in einem besserem Kreditrating niederschlägt. Bei den Unternehmen des **Energie- und Rohstoffsektors** konnte sogar bei allen drei Datensätzen ein positiver Zusammenhang zwischen Nachhaltigkeits- und Kreditrisiken festgestellt werden. Diese Ergebnisse bestätigen die in Kapitel 5.3.3 aufgezeigte **hohe Relevanz von Nachhaltigkeitsrisiken** bei den Unternehmen des Energie- und Rohstoffsektors.

Zur Untersuchung der **Relevanz des Klimawandels** für die Kreditvergabe wurde der oekom Datensatz um branchenspezifische Klimarisikokennzahlen erweitert. Die Ergebnisse der Untersuchung zeigen, dass bei fünf der sechs Risikokennzahlen des ICRI ein **Zusammenhang zwischen den Klima- und Kreditrisikokennzahlen** festgestellt werden konnte. So besteht zwischen den auf dem Klimawandel beruhenden **Reputationsrisiken** und dem Großteil der Bilanzkennzahlen von Unternehmen ein konsistenter und teilweise hochsignifikanter Zusammenhang. Auch bei den übrigen Klimarisikoklassen deuten viele der untersuchten Kennzahlen auf höhere Kreditrisiken hin. So haben Unternehmen aus Branchen mit **hohen regulatorischen Risiken, Marktpreis-** und **Marktrisiken** tendenziell **schlechtere Kreditratings, niedrigere Z-Werte** sowie eine **geringere Gesamtkapitalrendite** als Unternehmen aus Branchen mit geringen Klimarisiken. Lediglich bei den durch den Klimawandel induzierten Rechtsrisiken konnte kein Zusammenhang mit den untersuchten Kennzahlen festgestellt werden. Dieses Ergebnis deckt sich mit der in Kapitel 5.3 aufgestellten These, dass Rechtsrisiken im Zusammenhang mit dem Klimawandel bisher keine nennenswerte Rolle spielen.

Zusammenfassend lässt sich festhalten, dass vieles auf einen Zusammenhang zwischen Nachhaltigkeits- und Kreditrisiken hinweist und bereits einige Kreditinstitute Nachhaltigkeitsaspekte im Rahmen des Firmenkundenkreditgeschäfts berücksichtigen. Dabei wurde gezeigt, dass häufig das Wissen über die Zusammenhänge zwischen Nachhaltigkeits- und Kreditrisiken fehlt und die Ergebnisse der Nachhaltigkeitsprüfung daher nicht konsequent bei der Ermittlung der Risikozuschläge berücksichtigt werden. Die vorliegende **Arbeit liefert** hierzu **vielfaltige Erkenntnisse über die Kausal- und Wirkungszusammenhänge zwischen Nachhaltigkeits- und Kreditrisiken**. Aufgrund der zunehmenden ökonomischen Auswirkungen des Klimawandels ist damit zu rechnen, dass Nachhaltigkeitsrisiken zukünftig in bestimmten Branchen und Regionen einen erheblichen Einfluss auf die Kreditwürdigkeit von Unternehmen haben werden.

Kreditinstitute sollten daher die **Nachhaltigkeits- und Klimarisiken** von Kreditnehmern **in** ihre **bankinternen Ratings miteinbeziehen**. Eine Nachhaltigkeitsprüfung wird zwar bestehende Instrumente zur Bewertung von Kreditrisiken nicht ersetzen, kann diese jedoch um qualitative Risikoaspekte ergänzen. So kann eine schlechte finanzielle Performance und angespannte Liquiditätslage nicht durch eine überdurchschnittliche Nachhaltigkeitsleistung ausgeglichen werden. Allerdings sollten hohe Nachhaltigkeitsrisiken bei der Bonitätsbewertung berücksichtigt werden und gegebenenfalls eine Abwertung eines konventionellen Kreditratings zur Folge haben.

7.2 Forschungsausblick

Die Arbeit liefert vielfältige Erkenntnisse zu einem fest abgegrenzten:

- **Forschungsziel** (die Untersuchung der Relevanz von Nachhaltigkeitsrisiken für das Kreditgeschäft),
- **Forschungsobjekt** (die Kreditvergabe im Firmenkundenkreditgeschäft von Banken mit Fokus auf dem deutschsprachigen Raum),
- **Forschungsmethode** (eine explorative Untersuchung mittels Experteninterviews und eine empirische Untersuchung mittels Sekundärdaten).

Zusätzlicher Forschungsbedarf ergibt sich daher in der Erweiterung des abgegrenzten Rahmens der Arbeit. In Bezug auf das **Forschungsziel** besteht ein **weiter offenes**, im Rahmen dieser Arbeit lediglich angeschnittenes, **Untersuchungsfeld** in Form der Untersuchung des Einflusses von Nachhaltigkeitsrisiken auf das **Reputationsrisiko** von Kreditinstituten. In der explorativen Untersuchung wurde gezeigt, dass Reputationsrisiken für über 80 % der interviewten Experten einen wichtigen bis sehr wichtigen Grund darstellen, um Nachhaltigkeitsaspekte im Firmenkundenkreditgeschäft zu berücksichtigen. Da Reputationsrisiken nicht mit Kreditrisiken gleichzusetzen sind, müssen diese gesondert betrachtet werden. In diesem Zusammenhang besteht die Frage, wie sich aus dem Kreditgeschäft resultierende Reputationsrisiken auf Kreditinstitute auswirken und ob sich die Konsequenzen dieser Reputationsrisiken monetär messen lassen.

Das **Forschungsobjekt** dieser Arbeit ist die Kreditvergabe im Firmenkundenkreditgeschäft von Banken. Aufgrund der Ausrichtung der explorativen Untersuchung auf den deutschsprachigen Raum lässt die Arbeit Platz für weiterführende Untersuchungen mit anderem regionalen Fokus. Des Weiteren basiert der Datensatz der empirischen Untersuchung auf dem Rating großer börsennotierter Unternehmen. Eine direkte Übertragung des Zusammenhangs zwischen Nachhaltigkeits- und Kreditrisiken auf kleine und mittelständische Unternehmen kann daher aus dem Datensatz nicht vorgenommen werden. Da das Kreditportfolio vieler Banken schwerpunktmäßig kleine und mittelständische Unternehmen beinhaltet, könnten weitere empirische Untersuchungen über den Zusammenhang zwischen Nachhaltigkeits- und Kreditrisiken dieser Unternehmensgruppe vorgenommen werden.

Darüber hinaus ist unklar, ob ein Zusammenhang zwischen Nachhaltigkeits- und Kreditrisiken im **Privatkundengeschäft** von Banken besteht. In weiteren Forschungsarbeiten könnte daher geklärt werden, ob eine nachhaltige Lebensweise bzw. Lebenseinstellung von Privatpersonen zu geringeren Kreditrisiken führt. Zur Untersuchung dieses Zusammenhangs könnten z. B. klassische Methoden zur Bestimmung von Kreditrisiken im Privatkundengeschäft wie die Schufa-Auskunft mit Daten aus dem Social-Media-Bereich angereichert werden. So können z. B. Informationen aus Google- und Facebookprofilen dazu genutzt werden, um Informationen über die Nachhaltigkeitsrisiken von Privatkunden zu erhalten und somit die Nachhaltigkeitsrisiken von Privatkunden zu quantifizieren.

Die **Forschungsmethode** dieser Arbeit beinhaltet neben einer umfangreichen Literaturrecherche eine explorative Untersuchung mittels Experteninterviews sowie eine empirische Untersuchung anhand einer Sekundärdatenanalyse. In Kapitel 4.4 wurde gezeigt, dass Umwelt- und Ethikbanken im Betrachtungszeitraum geringere Kreditausfälle haben als der Durchschnitt deutscher Banken. Im Rahmen dieser Arbeit konnte jedoch nicht geklärt werden, ob die Kreditausfälle auf das eingeschränkte, an Positiv- und Ausschlusslisten ausgerichtete, Kreditportfolio oder auf die Nachhaltigkeitsprüfung an sich zurückzuführen ist. In diesem Zusammenhang ist zu prüfen, ob sich die Insolvenzraten von Unternehmen aus mit Ausschlusskriterien behafteten Branchen wie z. B. Rüstungsunternehmen, Landwirtschaftsbetriebe mit Massentierhaltung oder Gentechnik gegenüber Unternehmen aus mit Positivkriterien behafteten Branchen wie z. B. Unternehmen mit ökologischer Land- und Forstwirtschaft unterscheiden. Zur genaueren Untersuchung dieser Problematik sollte geprüft werden, ob Unternehmen deren Kreditanträge bei Umwelt- und Ethikbanken aufgrund einer unzureichenden Nachhaltigkeitsleistung abgelehnt wurden, eine geringere Bonität aufweisen als Unternehmen mit einem positiven Kreditvotum. Dies setzt allerdings den Zugang zu einer Datenbank einer Umwelt- und Ethikbank voraus.

In Kapitel 5 wurden darüber hinaus die Wirkungszusammenhänge zwischen Nachhaltigkeits- und Kreditrisiken klassifiziert und dargestellt. Um die Wirkungszusammenhänge zwischen Nachhaltigkeits- und Kreditrisiken direkt abzuleiten, bedarf es allerdings eines **theoriegestützten Modellrahmens**. Eine Möglichkeit zur Ableitung von Kreditrisiken besteht in Form von **stochastischen Simulationsmodellen**, welche neben der **Risikotragfähigkeit** und dem **Ertragsniveau** von Unternehmen auch den

Risikoumfang für die Ermittlung von Kreditrisiken berücksichtigen. Wie die Dissertation von *Bemmann*[568] zeigt, sind stochastische Simulationsmodelle aufgrund der logisch-deduktiven Ableitung von Kreditrisiken über das Zusammenspiel der drei im Wesentlichen unabhängigen Determinanten:[569]

1. **Ertragsniveau** - EBIT-Marge und Cashflow-Marge und
2. **Risikotragfähigkeit** - Eigenkapitalquote, Liquiditätspuffer
3. **Risikoumfang** - aggregierter Risikoumfang

dazu geeignet, die Wirkungszusammenhänge zwischen Unternehmens- und Kreditrisiken modelltheoretisch zu erklären.[570] Wie aus Abbildung 7.1 ersichtlich ist, kann das Kreditrisiko dabei aus der Randwahrscheinlichkeit zweier überlagerter Dichtefunktionen für **Überschuldung** und **Illiquidität** direkt abgeleitet werden. Die Dichtefunktion ergibt sich dabei aus dem Erwartungswert und der Schwankungsbreite des Eigenkapitals und der Liquidität.[571] Mithilfe einer Monte-Carlo-Simulation werden die Erwartungswerte und Streuungsbreiten verschiedener Einflussfaktoren (Risiken) auf das Eigenkapital und die Liquidität des Unternehmens als Wahrscheinlichkeitsfunktion modelliert. Ein Kreditausfall tritt dann ein, wenn das Eigenkapital oder die liquiden Mittel eines Unternehmens innerhalb eines bestimmten Zeitraums einen negativen Wert erreichen.[572] Mithilfe von **stochastischen Simulationsmodellen** kann somit grundsätzlich auch der Einfluss von Maßnahmen zur Reduzierung von Nachhaltigkeitsrisiken auf das Kreditrisiko ermittelt werden.[573] So könnte z. B. der Einfluss von vorbeugenden Maßnahmen zur Reduzierung von Umweltrisiken eines Unternehmens auf dessen Kreditwürdigkeit abgeleitet werden. Als **Forschungsmethode** bietet sich eine empirische Untersuchung in Form von **Fallstudien** an, um die Wirkungszusammenhänge zwischen Nachhaltigkeits- und Kreditrisiken auf Basis eines stochastischen Simulationsmodells nachzuweisen.

---

568 Vgl. Bemmann (2007).
569 Vgl. Blum u.a. (2005), S. 33.
570 Vgl. Gleißner/Leibbrand (2004), S. 373 und Blum u.a. (2005), S. 33.
571 Vgl. Gleißner/Leibbrand (2004), S. 373 ff, Füser u.a. (2007), S. 19 ff. und Gleißner/Bemmann (2008), S. 6 ff.
572 Vgl. Bemmann (2007), S. 53 ff.
573 Mithilfe von stochastischen Simulationsmodellen können so z. B. konkrete Handlungsanweisungen zur Reduzierung der Insolvenzwahrscheinlichkeit von Unternehmen abgeleitet werden. Vgl. Bemmann (2007), S. 57.

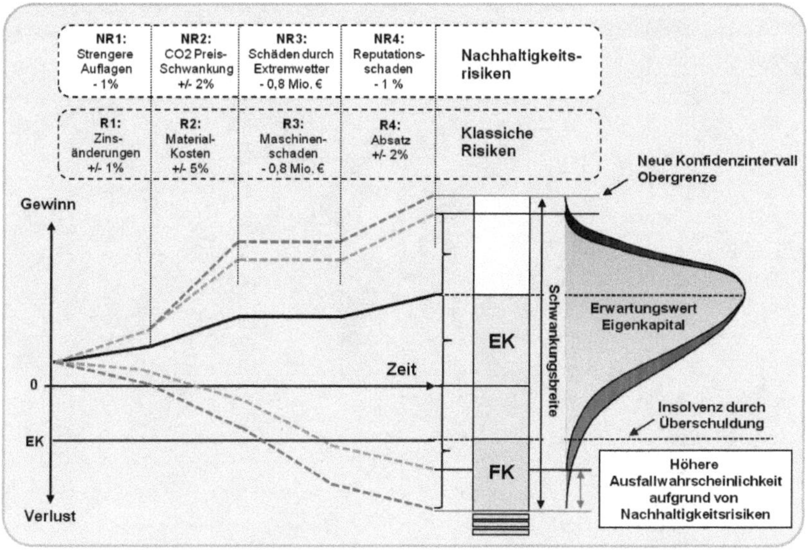

Abbildung 7.1: Dichtefunktion eines stochastischen Simulationsmodells
Quelle: Eigene Darstellung in Anlehnung an Blum/Gleißner (2006), S. 166 und Gleißner (2004), S. 355.

Im Rahmen der vorliegenden Arbeit wurden erste Ansatzpunkte zur Integration von Nachhaltigkeitsrisiken in bestehende bankinterne Ratingsysteme aufgezeigt. Das in Kapitel 4.8 skizzierte **Rahmenwerk** stellt jedoch lediglich einen ersten Entwurf zur Umsetzung der Nachhaltigkeitsprüfung im Firmenkundenkreditgeschäft dar. Vor der Implementierung bedarf es einer Ausgestaltung der einzelnen Prüfschritte sowie mehrerer Tests in einer praxisnahen Umgebung. Gespräche mit Mitgliedsbanken des VfU e.V. zeigen, dass ein großes Interesse an einem Rahmenwerk zur operativen Umsetzung der Nachhaltigkeitsprüfung im Firmenkundenkreditgeschäft besteht. Hieraus ergeben sich bereits konkrete Kooperationsmöglichkeiten für die Weiterentwicklung des Rahmenwerks zu einem Standard für die Nachhaltigkeitsprüfung. Dabei steht vor allem auch die Frage im Mittelpunkt, wie die Nachhaltigkeitsrisiken von Unternehmen im Rahmen der Kreditvergaben am besten gemessen werden können. Hier gilt es, ein Optimum der drei Zielgrößen geringer Aufwand, hohe Aussagekraft und nutzerfreundliche Anwendbarkeit zu erreichen. Die Weiterentwicklung der Nachhaltigkeitsprüfung im Firmenkundenkreditgeschäft wird daher auch in den kommenden Jahren ein kontinuierlicher Prozess mit vielen Innovationen bleiben.

Anhang

Anhang 1: Interviewleitfragen

Relevanz von Nachhaltigkeitsaspekten für die Kreditvergabe

Interview-Leitfaden zur Expertenbefragung

Einführung

▸ Vorstellung (Person und Projekt): Name, Institution, Forschung

„Ziel der Forschungsarbeit ist es, die Relevanz von Nachhaltigkeitsaspekten für die Kreditvergabe durch Banken zu untersuchen."

▸ Vorgehen: Gespräch ca. 90 Minuten, Erzählungen sind wichtig

Die Expertenbefragung gliedert sich in folgende Abschnitte:

- **Kurzfragebogen**
- **Teil A:** Allgemeine Fragen
- **Teil B:** Einschätzung & Gründe der Relevanz von Nachhaltigkeitsaspekten für die Kreditvergabe
- **Teil C:** Anforderungen an die Umsetzung / Operationalisierbarkeit

Kurzfragebogen

1. Position im Unternehmen: ______________________________

2. Bezeichnung der Abteilung: ______________________________

3. Wie viele Kredite an Firmenkunden werden in Ihrem Unternehmen in etwa pro Jahr vergeben und wie hoch ist das Volumen dieser Kredite?

Anzahl Kredite	
Volumen	

4.	Ja	Nein
Veröffentlicht Ihr Unternehmen einen NH-Bericht?		
Wird Ihr Unternehmen von Nachhaltigkeitsratingagenturen bewertet?		

5. Wenn Ja von welcher/en?

oekom	SAM	Sustainalytics	IN Rate	EIRIS / Imug
Vigeo	E. Capital Partner	EthiFinance	Business in the Community (BITC)	ASSET4

Weitere:

____

	Ja	Nein
6. Werden in Ihrem Unternehmen Nachhaltigkeitsaspekte bei der Kreditvergabe an **Firmenkunden** berücksichtigt?		
7. Werden in Ihrem Unternehmen Nachhaltigkeitsaspekte bei der Kreditvergabe an **Privatkunden** berücksichtigt?		
8. Werden in Ihrem Unternehmen Nachhaltigkeitsaspekte bei **Projektfinanzierungen** berücksichtigt?		
9. Werden in Ihrem Unternehmen Nachhaltigkeitsaspekte bei **Außenhandelsfinanzierungen** berücksichtigt?		

10. Berücksichtigt Ihr Unternehmen folgende Initiativen

	Ja	Nein
Äquator Prinzipien		
United Nations Principles for Responsible Investments (UN PRI)		
United Nations Global Compact (UN GC)		
Global Reporting Initiative (GRI)		
United Nations Environment Programme Financial Initiative (UNEP FI)		
ISO 14001 / Eco-Management and Audit Scheme (EMAS)		
Weitere Richtlinien:		

11. Hat ihr Unternehmen für folgende sensitive Sektoren / Querschnittsthemen Standards für die Finanzierungspraxis implementiert bzw. sollen Standards ggf. künftig implementiert werden? Wenn ja, welche?

	Folgende Kreditvergabestandards sind bereits implementiert (welche)	Die Implementierung folgender Kreditvergabe-standards ist geplant
Sektoren:		
Landwirtschaft		
Fischerei		
Rüstungs- / Waffenindustrie		
Öl und Gas		
Energie		
Staudämme		
Querschnittsthemen:		
Biodiversität		
Klimawandel		
Korruption		
Menschenrechte		
Indigene Bevölkerung		
Arbeitsbedingungen		
Aktivitäten in Konfliktgebieten		
Steuerhinterziehung		

12. Aus welchen Gründen berücksichtigt Ihr Unternehmen Nachhaltigkeitsaspekte bei der Kreditvergabe?

	Sehr wichtig	Eher wichtig	Teils/ teils	Eher unwichtig	Völlig unwichtig
Selbstverpflichtung des Unternehmens (allgemeine Finanzierungsgrundsätze)					
Reputationsgründe					
Kundenforderung					
Forderung der Anteilseigner					
Forderung weiterer Stakeholder					
Gesetzliche Anforderungen / Compliance					
Performancegründe (Unternehmen mit guter NH - Performance haben ein geringeres Ausfallrisiko!)					
Verbesserung des Nachhaltigkeitsratings					
Klassifizierung in Nachhaltigkeitsindices					
Umsetzung einer umfassenden Klimaschutzstrategie					
Weitere Gründe:					

Teil A: Allgemeine Fragen

Bitte beantworten Sie vorab einige Fragen zu Ihrer Person und zu Ihrem Unternehmen.

1. In wiefern beschäftigen Sie sich mit dem Thema Nachhaltigkeit bzw. Kreditvergabe?

Gesprächshilfe:

- Relevanz von Nachhaltigkeit für den Interviewpartner

---

2. Welchen Stellenwert hat das Thema Nachhaltigkeit und wie ist die organisatorische Verankerung in Ihrem Unternehmen?

Gesprächshilfe:

- Relevanz von Nachhaltigkeit für das Unternehmen

Teil B: Einschätzung & Gründe der Relevanz von Nachhaltigkeitsaspekten für die Kreditvergabe

1. In dem Kurzfragebogen haben Sie bereits die Gründe angegeben, aus denen Ihr Unternehmen Nachhaltigkeitsaspekte bei der Kreditvergabe berücksichtigt. In der folgenden Frage bitten wir Sie darum, die aus Ihrer Sicht drei wichtigsten Gründe zu benennen, die aktuell oder ggf. perspektivisch relevant sind oder werden.

Gesprächshilfe:

- Besteht eine Anforderung von Stakeholdern an das Unternehmen Nachhaltigkeitsaspekte bei der Kreditvergabe zu berücksichtigen?

---

2. Sind Sie der Meinung, dass Nachhaltigkeitsaspekte zukünftig bei der Kreditvergabe abgefragt werden?

Wenn Ja, welche Aspekte werden Ihrer Meinung nach berücksichtigt werden?

Gesprächshilfe:
Wenn nein, welche Gründe sprechen dagegen?

---

3. Sehen Sie einen Zusammenhang zwischen der Nachhaltigkeitsperformance und der finanziellen Performance von Unternehmen?

Gesprächshilfe:
Wenn Ja bitte konkretisieren!

---

4. Sehen Sie einen Zusammenhang zwischen der Nachhaltigkeitsperformance und Kreditausfallrisiken von Unternehmen?

Gesprächshilfe:
Wenn Ja bitte konkretisieren!

---

5. Sind Sie mit dem Ablauf der Kreditvergabe und der Genauigkeit der internen Kreditwürdigkeitsprüfung in Ihrem Unternehmen zufrieden?
Inwiefern sehen Sie Verbesserungspotenziale?

Gesprächshilfe:
Lässt sich die Quote der Kreditausfälle ggf. durch eine Integration von NH-Aspekten oder anderen Punkten optimieren?

Fragen bezüglich Ihrer Einschätzung zur Relevanz des Klimawandels als ein konkreter Aspekt der Nachhaltigkeit:

6. Wie hoch schätzen Sie die wirtschaftliche Auswirkung des Klimawandels für die Realwirtschaft ein (heute und zukünftig)?

Gesprächshilfe:
- Systematisch (immer) oder nur in manchen Fällen (Branchen/Regionen)?
- Stern Report geht davon aus, dass bis 2100 die zusätzlichen Schäden aus dem Klimawandel das Wachstum des globalen BIP übersteigen werden.

7. Wie relevant schätzen Sie dabei folgende Risiken ein?

	Sehr wichtig	Eher wichtig	Teils/ teils	Eher unwichtig	Völlig unwichtig
Physische Risiken					
Regulatorische Risiken					
Marktpreisrisiken					
Marktrisiken					
Rechtsrisiken					
Reputationsrisiken					

8. Wird der Klimawandel Ihrer Meinung nach zukünftig auch eine Auswirkung auf die Bonität von Unternehmen haben?

Gesprächshilfe:
- Systematisch (immer) oder nur in manchen Fällen (Branchen/Regionen)?

9. Inwieweit werden die aus dem Klimawandel resultierenden Risiken Ihrer Meinung nach in Zukunft bei Kreditvergabeentscheidungen berücksichtigt?

Gesprächshilfe:
- Welche Risiken werden berücksichtigt (physische-, regulatorische-, Marktpreis-, Reputationsrisiken oder verändertes Käuferverhalten)?

10. Inwieweit werden Treibhausgasemissionen, Energieverbrauch und Energieeffizienz Ihrer Meinung nach in Zukunft bei Kreditvergabeentscheidungen berücksichtigt?

Teil C: Anforderungen an die Umsetzung / Operationalisierbarkeit

Nachdem Sie in Teil A und B über die Gründe und Relevanz von Nachhaltigkeitsaspekten für die Kreditvergabe befragt wurden, liegt der Fokus in Teil C auf der Operationalisierbarkeit einer Berücksichtigung von Nachhaltigkeitsaspekten bei der Kreditvergabe. Dabei handelt es sich sowohl um die mögliche Quelle der Daten als auch um die Implementierung im Kreditvergabeprozess.

1. Wie werden Nachhaltigkeitsaspekte bei Ihnen im Kreditvergabeprozess integriert und welche Geschäftsprozesse liegen vor?

Gesprächshilfe:
- Gibt es eine Checkliste mit Ausschlusskriterien (Negative Sreening)? (Wg. Überlassung der Checkliste fragen)
- Besteht eine interne Richtlinie zur Prüfung von NH-Aspekten?
- Geschieht die NH-Prüfung als unabhängiger Prozess; d.h. losgelöst von der internen Kreditwürdigkeitsprüfung?
- Wie werden die Sektor- / Themenpolicies im Kreditvergabeprozess berücksichtigt?
- Prüfobjekt: Wann wird auf die Nachhaltigkeit des Kreditnehmers und wann auf die des Finanzierungsobjektes bei der NH-Prüfung abgestellt?

---

2. Welche NH-Kennzahlen werden bei der Bewertung verwendet?

Gesprächshilfe:
- Wie viele Kennzahlen (z.B. Treibhausgas-Emissionen) sollten maximal abgefragt werden?
- Sind die Kennzahlen qualitativer oder quantitativer Natur?
- Wie kommen die Kriterien innerhalb Ihres Unternehmens zustande?
- Sind externe Parteien wie z. B. NGO´s an der Zusammensetzung der Kennzahlen beteiligt?
- Erfolgt eine regelmäßige Aktualisierung?

---

3. Welche Auswirkung hat die NH-Prüfung auf den Kreditvergabeprozess?

Gesprächshilfe:
- Wird das Ergebnis der NH-Prüfung im Pricing, bzw. in den Kreditkonditionen berücksichtigt?
- Bestehen grundsätzliche Mindestanforderungen (Ausschlusskriterium)?

---

4. Wer ist für die NH-Prüfung verantwortlich?

Gesprächshilfe:
- Sind es Kreditsachbearbeiter, Kundenbetreuer oder NH-Spezialisten?

---

5. Welche Anforderungen bestehen Ihrer Meinung nach an Kreditanalysten, wenn NH-Aspekte bei der Kreditvergabe berücksichtigt werden sollen?

Gesprächshilfe:

- Welche Anforderungen bestehen ggf. an weitere beteiligte Mitarbeiter?

---

6. Werden Mitarbeiterschulungen angeboten, welche die Wissensvermittlung zur Prüfung von NH-Aspekten zur Aufgabe haben?

Gesprächshilfe:

- Teilnehmer, Frequenz, regelmäßige Inhalt

---

7. Welche Daten (Quellen) sind Ihrer Meinung nach für die NH-Prüfung relevant?

Gesprächshilfe:

- Z. B. Medienanalysen, Internetrecherchen, Datenbanken, Besuch , Befragung , Berichte des Unternehmens, NGO´s

---

8. Würden Sie für die NH-Prüfung auf einen externen Ratinganbieter von NH-Ratings zurückgreifen?

Gesprächshilfe:

- In welchen Fällen wäre die Ratingerstellung durch ein NH-Ratingunternehmen möglich und sinnvoll?
- Was sind die Vor- und Nachteile einer NH-Prüfung durch einen NH-Ratinganbieter?

---

9. Wie hoch schätzen Sie den zusätzlichen Aufwand (Zeit und Ressourcen) für die Prüfung von NH-Aspekten und ist dieser Aufwand gerechtfertigt?

Gesprächshilfe:

- Wie hoch ist z.B. der zusätzliche Aufwand bei der Prüfung von Projektfinanzierungen durch die Unterzeichnung der Äquator Prinzipien bei Ihnen im Haus?

---

10. Welche Probleme sehen Sie bei der Umsetzung der Prüfung von NH-Aspekten bei der Kreditvergabe?

---

11. Wie erfolgt die Entwicklung bzw. Weiterentwicklung Ihrer Kreditvergabestandards vor dem Hintergrund dynamischer Nachhaltigkeitsanforderungen?

Gesprächshilfe:
- Welche Stakeholder werden in den Prozess mit eingebunden? (Mitarbeiter, NH-Rating Agenturen, Berater, NGO's...)
- Welche Standards, Richtlinien liegen der Entwicklung / Weiterentwicklung zugrunde?
- Wer ist für die Weiterentwicklung verantwortlich?

---

12. Werden die Ergebnisse der NH-Prüfung mit dem Kreditnehmer besprochen und gegebenenfalls Verhaltensänderungen angeregt?

Gesprächshilfe:
- Wird versucht, die Unternehmen zu nachhaltigem Wirtschaften zu bewegen?

Abschluss

- Letzte Frage: Haben Sie Punkte, die Sie noch gerne ansprechen würden?
- Dank für Auskunft- und Teilnahmebereitschaft

Vielen Dank für Ihre Unterstützung!

Abbildung A.1: Interviewleitfaden zur Expertenbefragung
Quelle: Eigene Darstellung.

Anhang 2: Ergebnisse der Auswertung von ECPI

Land	Häufigkeit	Prozent	Kumulierte Prozente
England	122	23,7	23,7
Frankreich	65	12,6	36,3
Italien	62	12,0	48,3
Deutschland	57	11,1	59,4
Schweiz	32	6,2	65,6
Spanien	29	5,6	71,3
Niederland	28	5,4	76,7
Schweden	26	5,0	81,7
Belgien	19	3,7	85,4
Irland	17	3,3	88,7
Finnland	13	2,5	91,3
Österreich	11	2,1	93,4
Dänemark	10	1,9	95,3
Norwegen	10	1,9	97,3
Griechenland	8	1,6	98,8
Portugal	6	1,2	100,0
Gesamt	**515**	**100,0**	**100,0**

Tabelle A.1: Länderverteilung der Stichprobe von ECPI
Quelle: Eigene Darstellung.

Branche	N	%	Branche	N	%
Keine Zuordnung	34	6,6	Paper and Forest Products[5]	6	1,2
Commercial Banks[1]	44	8,5	Airlines[2]	5	1,0
Insurance[1]	31	6,0	Electrical Equipment[3]	5	1,0
Media[2]	22	4,3	Industrial Conglomerates[3]	5	1,0
Machinery[3]	18	3,5	Water Utilities[3]	5	1,0
Capital Markets[1]	17	3,3	Biotechnology[3]	4	,8
Telecommunication Services[2]	17	3,3	Communications Equipment[2]	4	,8
Hotels, Restaurants and Leisure[2]	17	3,3	Professional Services[2]	4	,8
Electric Utilities[4]	16	3,1	Real Estate Management [2]	4	,8
Chemicals[3]	14	2,7	Semiconductors and Equipment[3]	4	,8
Food Products[5]	14	2,7	Specialty Retail[2]	4	,8
Construction and Engineering[5]	13	2,5	Tobacco[2]	4	,8
Construction Materials[5]	12	2,3	Wireless Telecommunication Services[2]	4	,8
Energy Equipment and Services[4]	11	2,1	Air Freight and Logistics[2]	3	,6
Metals and Mining[4]	11	2,1	Containers and Packaging[3]	3	,6
Beverages[3]	10	1,9	Gas Utilities[4]	3	,6
Commercial Services and Supplies[2]	10	1,9	Electronic Equipment, Instruments and Component[3]	3	,6
Multi-Utilities[5]	10	1,9	Healthcare Providers and Services[2]	3	,6
Textiles, Apparel and Luxury Goods[3]	10	1,9	Independent Power Producers and Energy Traders[4]	3	,6
Aerospace and Defense[3]	9	1,7	Household Products[3]	3	,6
Oil, Gas and Consumable Fuels[4]	9	1,7	Multiline Retail[2]	3	,6
Food and Staples Retailing[5]	8	1,6	Real Estate Investment Trusts[2]	3	,6
Pharmaceuticals[3]	8	1,6	Software[2]	3	,6
Auto Components[3]	7	1,4	Trading Companies and Distributors[2]	3	,6
Transportation Infrastructure[5]	7	1,4	Internet and Catalog Retail[2]	2	,4
Automobiles[3]	6	1,2	Road and Rail[3]	2	,4
Building Products[5]	6	1,2	Distributors[2]	1	,2
Diversified Financial Services[1]	6	1,2	Health Care Technology[2]	1	,2
Healthcare Equipment and Supplies[2]	6	1,2	Life Sciences Tools and Services[2]	1	,2
Household Durables[3]	6	1,2	Marine Transport[2]	1	,2
IT Services[2]	6	1,2	Personal Products[3]	1	,2
			Gesamt	**515**	**100**

Branchenklassen

Finanzdienstleister	1
Dienstleister	2
Produzierendes Gewerbe	3
Energieversorger & Rohstoffsektor	4
Bau, Landwirtschaft	5

Tabelle A.2: Branchenverteilung der Stichprobe von ECPI
Quelle: Eigene Darstellung.

31.12.2011																								
Mittelwertvergleich			Kredit-rating		5 Year CDS		Altman Z-Score		Ln Bilanz-summe		Entschul-dungsgrad		ROA		ROE		Umsatz-rendite		Verschuldungs-grad		Fremdkapital-quote		Current Ratio	
		N	μ	σ	μ	σ	μ	σ	μ	σ	μ	σ	μ	σ	μ	σ	μ	σ	μ	σ	μ	σ	μ	σ
ESG Score (Klassiert)	Low 25 % (1)	144	11	3	194,6	198,1	2,72	1,8	8,30	3,8	13,12	16,9	7,98	11,8	21,80	32,9	4,94	36,1	421,7	683,5	66,4	17,8	128,6	99,4
	Mittieren 50% (	283	11	3	230,2	249,2	2,68	2,2	8,55	3,4	14,00	16,9	7,57	7,0	21,27	21,3	10,62	23,9	399,7	801,6	65,2	17,8	181,3	533,8
	Top 25 % (3)	138	11	3	301,6	467,4	2,11	1,2	8,77	3,0	14,82	36,0	7,11	5,3	24,44	44,2	11,01	42,5	348,3	733,2	67,2	19,1	108,1	381,9
E Score (Klassiert)	Low 25 %	141	11	3	219,5	257,5	2,80	2,2	8,09	3,5	12,80	18,4	7,00	11,4	19,88	30,2	11,64	24,0	552,6	998,1	66,3	18,1	172,0	489,4
	Mittieren 50 %	299	11	3	258,3	385,0	2,61	1,8	8,51	3,4	14,98	28,0	7,68	6,4	21,81	29,8	7,57	39,8	330,6	587,2	64,9	18,7	167,9	426,3
	Top 25 %	124	11	3	230,4	205,6	2,17	1,7	9,19	3,1	12,88	12,9	7,74	7,1	25,42	36,0	10,84	18,4	365,5	792,4	68,3	16,6	84,7	347,4
S Score (Klassiert)	Low 25 %	143	11	3	214,5	222,4	2,51	1,6	8,47	4,0	12,91	17,0	7,36	11,2	20,44	31,1	3,08	35,5	429,9	741,3	66,3	18,4	130,9	105,2
	Mittieren 50 %	283	11	3	208,7	226,6	2,74	2,2	8,53	3,1	14,22	16,4	8,17	7,3	22,61	26,0	11,58	20,3	308,0	506,1	65,2	17,0	177,1	526,7
	Top 25 %	139	11	3	339,4	495,7	2,11	1,3	8,63	3,2	14,55	37,0	6,39	5,5	23,07	40,9	10,85	46,7	528,0	1102,8	67,3	20,1	112,7	391,7
ESG Rating	1 - (F)	20	11	3	131,1	99,1	2,84	1,4	8,96	4,3	13,67	11,8	5,14	25,6	18,31	71,7	10,21	7,5	668,3	1128,8	70,9	16,7	123,9	40,1
	2 - (E-)	46	12	3	279,3	347,3	2,24	1,3	8,06	3,9	11,84	13,7	7,75	6,9	19,67	11,5	9,69	21,2	460,5	731,3	68,2	19,8	151,2	133,6
	3 - (E)	63	11	4	189,1	118,6	2,95	2,1	8,60	3,2	13,81	20,4	8,90	8,5	24,78	27,7	-1,12	49,1	359,8	486,2	64,9	16,2	115,6	87,0
	4 - (E+)	104	10	3	227,2	207,7	2,55	2,1	7,92	3,7	14,11	17,0	7,33	6,0	19,95	23,4	10,91	20,8	399,8	1027,6	64,1	19,2	186,4	574,0
	5 - (EE-)	101	11	3	254,1	280,5	3,04	2,7	8,70	3,4	14,67	18,0	8,80	8,5	23,85	18,6	13,91	28,5	413,0	673,7	64,4	17,1	194,5	637,7
	6 - (EE)	151	11	3	245,4	450,2	2,35	1,4	8,84	3,0	16,04	35,0	6,86	5,9	19,60	27,3	8,02	17,1	326,9	591,7	66,5	18,4	161,3	279,5
	7 - (EE+)	75	11	3	286,3	260,6	1,95	1,0	8,75	3,2	9,63	8,5	6,97	5,0	26,34	48,6	12,06	57,5	426,5	874,5	68,1	18,5	57,9	450,0
	8 - (EEE-)	5	11	2	390,5	347,2	4,20		7,82	4,5	15,15	3,8	7,70	2,2	57,93	77,1	9,58	6,7	162,6	86,1	67,4	19,8	98,4	30,5
	9 - (EEE)	0																						
	Gesamt	565	11	3	244,4	322,8	2,55	1,9	8,54	3,4	13,99	23,2	7,54	8,0	22,23	31,5	9,32	32,4	392,4	756,5	66,0	18,1	150,0	427,4

31.12.2010																								
Mittelwertvergleich			Kredit-rating		5 Year CDS		Altman Z-Score		Ln Bilanz-summe		Entschul-dungsgrad		ROA		ROE		Umsatz-rendite		Verschuldungs-grad		Fremdkapital-quote		Current Ratio	
		N	μ	σ	μ	σ	μ	σ	μ	σ	μ	σ	μ	σ	μ	σ	μ	σ	μ	σ	μ	σ	μ	σ
ESG Score (Klassiert)	Low 25%	136	11	3	236,3	595,2	2,70	1,8	8,50	3,6	13,16	17,5	8,13	7,2	22,08	19,9	11,62	51,4	426,5	714,7	65,8	19,5	124,4	98,6
	Mittelren 50%	275	11	3	159,3	180,9	2,80	2,4	8,87	3,0	15,09	18,7	7,87	7,9	19,48	54,5	12,18	26,8	376,5	740,1	65,1	18,1	136,4	101,9
	Top 25%	132	11	3	168,8	149,5	2,03	1,2	9,30	2,5	12,51	12,7	7,13	4,6	25,36	50,0	12,85	47,5	330,4	623,2	67,0	18,5	120,4	80,1
E Score (Klassiert)	Low 25%	142	11	3	285,8	646,9	2,69	2,1	8,48	3,0	12,22	18,5	7,05	7,0	22,05	25,0	14,36	35,2	527,0	797,5	65,8	19,4	127,8	105,1
	Mittelren 50%	283	11	3	161,4	172,5	2,71	2,2	8,84	3,2	14,92	16,7	7,82	6,0	18,47	52,2	11,27	47,2	310,6	632,6	65,1	18,1	135,1	103,8
	Top 25%	117	11	3	145,6	131,1	2,20	1,6	9,56	2,6	13,91	16,6	8,27	9,0	27,98	54,8	11,85	20,8	355,9	733,8	67,0	18,3	118,6	59,3
S Score (Klassiert)	Low 25%	149	11	3	133,2	115,8	2,84	2,3	8,71	3,6	14,37	20,1	8,61	9,9	23,17	21,4	7,92	41,3	363,2	662,2	65,3	19,0	129,7	102,7
	Mittelren 50%	259	11	3	186,8	390,0	2,64	2,1	8,96	2,7	14,92	16,9	8,06	6,0	20,11	55,4	14,40	33,0	325,3	603,7	64,8	17,7	133,0	92,2
	Top 25%	135	11	3	193,4	187,4	2,16	1,5	8,92	3,1	11,69	13,7	6,19	4,9	22,85	51,1	12,56	48,6	494,0	903,7	68,1	19,6	122,4	97,1
ESG Rating	Gesamt	543	11	3	176,2	295,2	2,58	2,1	8,88	3,0	13,99	17,1	7,74	7,1	21,57	47,8	12,21	39,5	377,1	706,0	65,7	18,5	129,5	96,2

31.12.2009																								
Mittelwertvergleich			Kredit-rating		5 Year CDS		Altman Z-Score		Ln Bilanz-summe		Entschul-dungsgrad		ROA		ROE		Umsatz-rendite		Verschuldungs-grad		Fremdkapital-quote		Current Ratio	
		N	μ	σ	μ	σ	μ	σ	μ	σ	μ	σ	μ	σ	μ	σ	μ	σ	μ	σ	μ	σ	μ	σ
ESG Score (Klassiert)	Low 25%	130	11	3	108,8	91,5	2,60	2,2	8,42	3,2	18,10	22,5	7,59	8,8	23,09	29,7	5,06	36,5	487,2	767,5	68,7	34,0	128,9	101,9
	Mittieren 50%	250	11	3	131,4	155,5	2,46	2,1	8,64	3,1	15,75	19,8	6,71	8,9	22,58	64,7	3,47	27,8	370,7	722,3	67,0	17,9	130,8	96,0
	Top 25%	148	12	2	160,0	450,9	2,00	1,4	9,49	2,6	13,27	16,1	6,16	5,8	19,05	21,8	7,35	22,2	322,9	604,8	67,8	18,8	122,3	86,1
E Score (Klassiert)	Low 25%	142	11	3	116,2	99,7	2,54	2,2	8,53	2,8	16,93	24,1	6,95	8,8	20,31	31,0	2,85	39,7	534,0	799,5	69,5	32,8	126,1	117,1
	Mittieren 50%	257	11	3	123,6	147,8	2,42	1,9	8,61	3,2	15,78	18,6	6,77	7,5	19,79	41,5	6,53	25,5	315,6	623,2	65,5	17,9	135,6	95,8
	Top 25%	128	12	2	172,6	478,1	2,10	1,7	9,66	2,6	13,85	15,5	6,52	8,5	26,39	68,8	4,30	19,0	357,7	719,9	69,6	18,3	115,1	57,1
S Score (Klassiert)	Low 25%	128	11	2	96,2	76,7	2,66	2,4	8,60	3,3	18,71	24,0	7,37	12,3	19,40	26,3	3,46	31,7	404,6	736,8	67,8	33,9	131,1	100,3
	Mittieren 50%	255	11	3	131,4	156,7	2,46	1,9	8,68	2,8	15,88	18,0	7,00	6,7	27,10	57,7	4,97	29,6	335,8	536,3	66,3	17,9	132,3	95,5
	Top 25%	145	12	3	169,3	463,5	1,89	1,3	9,29	3,2	12,37	17,4	5,73	5,4	13,50	41,7	6,30	24,2	455,6	905,2	69,8	19,3	117,5	87,8
ESG Rating	Gesamt	528	11	3	138,9	298,8	2,37	1,9	8,82	3,0	15,61	19,6	6,75	8,1	21,65	48,1	4,96	28,7	385,2	703,6	67,6	23,1	127,9	94,7

31.12.2008																								
Mittelwertvergleich			Kredit-rating		5 Year CDS		Altman Z-Score		Ln Bilanz-summe		Entschul-dungsgrad		ROA		ROE		Umsatz-rendite		Verschuldungs-grad		Fremdkapital-quote		Current Ratio	
		N	μ	σ	μ	σ	μ	σ	μ	σ	μ	σ	μ	σ	μ	σ	μ	σ	μ	σ	μ	σ	μ	σ
ESG Score (Klassiert)	Low 25 % (1)	136	11	3	275,0	287,6	2,77	2,2	8,16	3,2	12,48	21,2	8,20	9,5	25,47	26,5	2,95	41,3	534,5	883,7	69,6	32,3	153,8	289,0
	Mittieren 50% (	252	12	3	366,4	426,5	2,68	2,2	8,76	3,0	13,79	18,2	8,46	8,5	5,15	276,8	2,47	96,5	393,5	869,2	67,5	17,3	133,8	106,5
	Top 25 % (3)	127	12	2	346,8	438,0	2,25	1,7	9,62	2,6	11,92	19,7	7,74	6,1	24,31	25,5	-0,57	79,8	334,5	756,7	70,3	18,2	139,1	234,3
E Score (Klassiert)	Low 25 % (1)	131	11	3	264,1	276,0	2,70	2,3	8,61	2,8	11,33	21,7	7,90	9,8	23,68	23,5	2,67	42,6	583,8	907,4	70,2	32,2	147,7	289,1
	Mittieren 50 %	259	12	3	366,9	433,5	2,70	2,1	8,58	3,2	14,62	18,6	8,66	7,3	25,91	28,0	3,08	103,0	359,0	756,9	67,5	17,6	139,7	124,4
	Top 25 % (3)	124	12	2	356,0	436,3	2,31	1,9	9,59	2,6	11,41	18,2	7,62	8,2	-13,68	381,4	-1,51	61,2	353,1	935,0	69,7	17,7	133,6	217,3
S Score (Klassiert)	Low 25 % (1)	135	11	3	256,0	268,6	2,86	2,4	8,14	3,5	13,94	22,2	9,06	11,1	26,83	28,4	5,65	40,7	461,8	970,0	68,6	31,9	141,1	114,6
	Mittieren 50 %	254	12	2	380,8	424,0	2,65	2,0	8,82	2,7	13,19	19,4	8,23	6,7	7,03	272,0	1,89	93,6	372,7	702,5	67,3	17,6	140,7	217,0
	Top 25 % (3)	126	12	3	336,4	447,4	2,18	1,7	9,51	3,0	11,55	16,0	7,24	7,6	20,14	31,0	-2,22	86,5	448,8	979,4	71,8	18,5	138,6	238,0
ESG Rating	Gesamt	515	12	3	345,5	413,2	2,62	2,1	8,81	3,0	13,08	19,4	8,22	8,2	15,13	195,5	-6,21	154,8	413,6	847,1	68,7	22,2	141,0	202,6

31.12.2007

Mittelwertvergleich		N	Kreditrating		5 Year CDS		Altman Z-Score		Ln Bilanzsumme		Entschuldungsgrad		ROA		ROE		Umsatzrendite		Verschuldungsgrad		Fremdkapitalquote		Current Ratio	
			μ	σ	μ	σ	μ	σ	μ	σ	μ	σ	μ	σ	μ	σ	μ	σ	μ	σ	μ	σ	μ	σ
ESG Score (Klassiert)	Low 25%	116	12	3	66,8	47,8	3,18	2,5	8,47	2,9	13,90	17,3	9,57	7,8	29,69	28,8	19,86	32,6	447,1	703,5	68,7	29,9	142,6	194,1
	Mittleren 50%	238	12	3	67,9	66,1	3,21	2,8	8,74	3,2	14,86	23,1	9,30	7,5	19,82	100,8	18,22	44,0	388,2	818,2	66,1	18,8	130,0	108,0
	Top 25%	109	12	2	78,9	99,6	2,61	1,8	9,64	2,9	13,44	12,7	8,49	5,9	30,87	42,0	13,09	26,3	344,5	605,9	70,0	19,8	114,4	88,2
E Score (Klassiert)	Low 25%	115	12	3	68,3	46,6	3,18	2,7	8,92	2,6	13,26	19,9	9,11	8,3	28,54	28,7	23,28	35,4	567,9	850,3	69,5	30,3	135,5	192,7
	Mittleren 50%	249	12	3	68,9	73,9	3,25	2,7	8,66	3,3	15,22	22,0	9,65	7,4	27,88	38,3	17,31	44,8	318,3	680,7	65,6	18,5	132,2	114,7
	Top 25%	98	12	2	77,2	91,9	2,52	1,4	9,50	2,8	13,23	11,4	8,09	5,2	13,61	149,0	10,71	12,5	366,2	730,1	70,5	19,4	115,6	60,9
S Score (Klassiert)	Low 25%	117	11	3	54,4	33,0	3,31	2,6	8,16	3,4	15,20	16,7	10,0	7,6	29,18	27,9	18,80	28,0	375,4	697,5	67,2	30,1	154,5	220,8
	Mittleren 50%	235	12	2	77,9	73,8	3,10	2,7	8,93	2,7	14,71	23,0	9,24	7,4	22,40	102,6	15,80	28,6	376,6	768,4	66,8	19,9	123,5	74,4
	Top 25%	111	12	3	68,1	91,4	2,68	1,8	9,56	3,3	12,39	13,2	8,09	6,1	26,18	17,3	19,40	58,3	444,5	738,0	69,8	17,9	117,0	101,7
ESG Rating	Gesamt	463	12	3	71,0	75,1	3,06	2,5	8,88	3,1	14,28	19,6	9,17	7,2	24,92	76,4	17,40	37,7	392,4	743,6	67,7	22,4	129,4	131,5

31.12.2006

Mittelwertvergleich		N	Kreditrating		5 Year CDS		Altman Z-Score		Ln Bilanzsumme		Entschuldungsgrad		ROA		ROE		Umsatzrendite		Verschuldungsgrad		Fremdkapitalquote		Current Ratio	
			μ	σ	μ	σ	μ	σ	μ	σ	μ	σ	μ	σ	μ	σ	μ	σ	μ	σ	μ	σ	μ	σ
ESG Score (Klassiert)	Low 25%	76	12	2	25,0	19,8	3,38	2,0	8,77	3,3	13,25	13,7	9,43	6,0	28,34	16,1	25,83	57,6	552,1	822,0	68,4	17,6	144,9	168,5
	Mittleren 50%	153	12	3	27,9	24,9	2,99	2,8	9,08	3,2	14,64	22,1	9,13	8,4	26,99	22,4	22,27	62,0	433,8	780,2	67,7	20,5	124,1	120,7
	Top 25%	75	12	2	28,6	27,0	2,41	1,4	9,56	3,2	12,53	11,6	7,64	4,4	25,08	19,5	14,34	20,0	391,2	628,7	70,8	17,7	104,4	59,6
E Score (Klassiert)	Low 25%	78	12	2	27,0	18,8	3,00	2,1	9,35	2,8	10,69	13,1	8,06	5,2	26,92	15,1	29,65	61,1	687,3	919,9	70,0	17,9	134,5	163,6
	Mittleren 50%	152	12	3	23,7	18,4	3,16	2,8	8,86	3,4	15,89	22,4	9,86	8,6	28,77	23,3	21,86	60,8	367,6	633,5	66,2	18,4	126,3	123,4
	Top 25%	73	12	2	34,6	34,7	2,49	1,4	9,54	3,0	12,87	11,4	7,51	4,4	22,88	17,7	10,63	10,2	370,0	747,0	72,1	21,4	109,5	57,7
S Score (Klassiert)	Low 25%	81	12	2	25,0	18,6	3,26	1,6	8,88	3,0	12,43	13,8	9,89	5,3	28,65	15,1	24,28	55,0	434,0	659,6	66,7	16,8	151,3	172,9
	Mittleren 50%	152	12	2	32,2	29,7	2,89	2,9	8,93	3,3	15,52	21,6	8,70	8,2	25,94	23,0	21,96	62,5	413,9	762,6	68,3	21,0	122,1	113,0
	Top 25%	71	13	2	20,9	13,9	2,64	1,4	9,80	3,4	11,59	13,4	7,81	5,7	26,72	19,1	15,92	21,7	557,0	844,9	71,7	17,3	98,5	56,4
ESG Rating	Gesamt	304	12	2	27,6	24,6	2,94	2,4	9,12	3,2	13,77	18,1	8,82	7,0	26,83	20,3	21,18	53,5	452,4	756,5	68,6	19,1	124,4	123,9

Panel 1: ESG vom 31.12.2006 und Kreditrisiken vom 31.12.2009

Mittelwertvergleich		N	Kreditrating		5 Year CDS		Altman Z-Score		Ln Bilanzsumme		Entschuldungsgrad		ROA		ROE		Umsatzrendite		Verschuldungsgrad		Fremdkapitalquote		Current Ratio	
			μ	σ	μ	σ	μ	σ	μ	σ	μ	σ	μ	σ	μ	σ	μ	σ	μ	σ	μ	σ	μ	σ
ESG Score (Klassiert)	Low 25%	78	12	2	98,0	82,2	2,52	1,6	8,94	3,3	14,21	15,2	7,12	6,1	22,72	18,3	1,61	41,7	587,1	850,7	69,5	17,9	123,6	80,0
	Mittleren 50%	150	11	3	127,2	146,6	2,18	2,1	9,44	2,9	13,60	19,9	5,68	8,5	18,57	24,2	7,15	30,9	452,2	834,0	67,3	19,1	136,9	127,3
	Top 25%	75	12	2	188,1	577,4	1,95	1,4	9,63	3,2	11,91	10,4	5,48	5,2	17,31	30,5	5,60	21,0	380,8	610,7	72,7	17,8	104,2	55,8
E Score (Klassiert)	Low 25%	77	12	2	97,1	74,3	2,33	1,8	9,46	2,8	12,13	15,1	6,61	5,7	21,90	16,9	2,37	41,4	781,4	1110,0	70,8	18,1	116,1	76,5
	Mittleren 50%	152	12	3	116,5	120,9	2,31	2,1	9,16	3,2	14,72	20,3	6,22	8,7	19,18	22,2	7,76	32,3	359,1	563,8	66,3	19,0	136,6	127,8
	Top 25%	73	12	2	210,6	591,8	1,87	1,0	9,80	2,9	11,87	9,3	4,94	4,9	17,00	34,0	3,77	16,6	360,3	698,2	73,4	17,4	113,1	62,8
S Score (Klassiert)	Low 25%	80	12	2	107,8	93,2	2,31	1,1	9,13	2,9	14,56	14,4	5,85	9,3	19,59	23,0	4,23	33,4	477,0	754,5	67,5	17,1	131,8	91,9
	Mittleren 50%	152	11	3	177,1	447,9	2,16	2,2	9,23	3,1	13,94	20,1	6,18	6,9	19,23	28,5	5,49	35,3	404,9	665,1	68,9	19,2	133,0	120,9
	Top 25%	71	12	2	89,3	51,3	2,14	1,4	9,90	3,4	10,62	10,6	5,70	4,6	18,97	14,9	6,41	21,0	598,5	1042,0	71,9	18,7	102,4	65,1
ESG Rating	Gesamt	303	12	2	139,2	330,8	2,20	1,8	9,36	3,1	13,34	16,8	5,99	7,2	19,27	24,7	5,37	32,0	468,7	790,7	69,2	18,6	125,5	103,1

Panel 2: ESG vom 31.12.2008 und Kreditrisiken vom 31.12.2011

Mittelwertvergleich		N	Kreditrating		5 Year CDS		Altman Z-Score		Ln Bilanzsumme		Entschuldungsgrad		ROA		ROE		Umsatzrendite		Verschuldungsgrad		Fremdkapitalquote		Current Ratio	
			μ	σ	μ	σ	μ	σ	μ	σ	μ	σ	μ	σ	μ	σ	μ	σ	μ	σ	μ	σ	μ	σ
ESG Score (Klassiert)	Low 25%	132	11	3	194,4	219,6	2,68	2,1	7,96	3,6	13,42	18,2	6,44	11,5	18,92	31,4	8,21	35,6	492,4	785,1	65,9	18,0	194,0	553,6
	Mittleren 50%	252	11	3	250,6	272,1	2,58	2,2	8,64	3,3	14,70	29,8	7,85	7,3	21,77	27,9	10,04	24,0	402,7	881,5	65,9	18,2	164,4	428,6
	Top 25%	127	11	3	253,1	428,5	2,14	1,0	9,35	3,1	11,74	10,2	7,28	5,1	26,63	41,4	9,03	46,1	308,8	526,8	67,9	18,5	85,4	351,9
E Score (Klassiert)	Low 25%	127	11	3	234,4	255,4	2,48	2,2	8,33	3,3	12,10	18,1	5,88	11,3	18,51	31,8	8,77	37,2	644,0	1166,8	67,2	17,6	188,0	554,2
	Mittleren 50%	259	11	3	269,3	407,2	2,64	1,9	8,40	3,5	15,42	29,6	8,00	6,5	22,79	31,3	9,39	37,8	326,7	584,7	64,8	18,4	166,5	428,8
	Top 25%	124	11	3	208,7	191,9	2,21	1,8	9,52	2,8	11,50	11,0	7,44	7,2	24,88	36,2	9,76	18,4	313,7	606,9	68,7	18,1	87,4	351,4
S Score (Klassiert)	Low 25%	131	11	3	184,9	227,3	2,88	2,7	7,77	3,9	12,96	18,0	7,18	12,8	19,26	32,0	4,49	31,2	395,6	733,1	64,0	18,0	137,7	105,3
	Mittleren 50%	254	11	3	233,7	253,4	2,44	1,7	8,76	2,9	13,33	15,0	7,72	5,8	23,11	26,8	12,72	24,1	348,6	571,6	66,1	17,6	166,5	605,5
	Top 25%	126	11	3	289,5	450,8	2,15	1,3	9,30	3,4	15,02	38,7	6,76	6,0	23,82	43,6	7,19	49,2	513,7	1128,7	69,2	19,3	135,7	207,6
ESG Rating	Gesamt	511	11	3	243,6	327,1	2,50	1,9	8,64	3,4	13,65	23,6	7,36	8,1	22,34	32,7	9,32	33,7	400,7	782,8	66,4	18,2	151,9	447,3

Panel 3: ESG vom 31.12.2006 und Kreditrisiken vom 31.12.2011

Mittelwertvergleich		N	Kreditrating		5 Year CDS		Altman Z-Score		Ln Bilanzsumme		Entschuldungsgrad		ROA		ROE		Umsatzrendite		Verschuldungsgrad		Fremdkapitalquote		Current Ratio	
			μ	σ	μ	σ	μ	σ	μ	σ	μ	σ	μ	σ	μ	σ	μ	σ	μ	σ	μ	σ	μ	σ
ESG Score (Klassiert)	Low 25%	77	12	3	200,3	214,7	2,67	2,1	8,92	3,5	11,95	13,4	7,34	5,8	22,74	19,6	16,33	35,0	573,9	847,2	68,9	17,5	161,4	305,8
	Mittleren 50%	149	11	3	295,3	443,6	2,16	1,5	9,37	3,1	15,11	36,2	7,58	6,8	23,74	32,3	10,72	30,5	490,5	1032,0	66,4	20,2	184,9	550,6
	Top 25%	75	11	2	222,0	177,8	2,23	1,1	9,48	3,4	11,92	9,4	6,64	4,5	24,61	44,3	6,24	49,8	370,1	617,6	71,0	17,3	117,2	93,7
E Score (Klassiert)	Low 25%	75	11	3	235,8	256,0	2,54	2,2	9,39	3,1	11,21	13,4	7,03	5,1	23,97	20,9	16,85	37,4	854,2	1407,4	69,5	17,9	156,4	303,7
	Mittleren 50%	152	11	3	283,3	442,5	2,35	1,4	9,05	3,5	15,70	36,8	7,52	6,9	23,61	31,3	10,12	44,9	361,9	535,6	65,9	20,0	186,6	554,8
	Top 25%	73	11	2	222,7	179,2	2,07	1,1	9,78	2,9	11,67	8,5	7,04	5,0	23,72	44,5	6,82	11,4	348,8	727,6	71,4	17,1	120,3	92,0
S Score (Klassiert)	Low 25%	79	11	3	208,4	221,7	2,55	1,6	9,13	3,1	11,06	11,1	7,57	5,3	22,10	19,3	14,48	35,0	470,6	757,0	66,3	17,4	132,2	111,8
	Mittleren 50%	151	11	3	285,8	435,7	2,15	1,7	9,19	3,2	12,97	15,5	7,54	6,6	23,17	34,0	10,94	29,0	392,4	655,1	68,1	19,3	187,5	559,9
	Top 25%	71	12	2	228,3	176,8	2,36	1,1	9,65	3,8	18,17	52,0	6,29	5,4	27,09	43,8	7,18	53,2	692,4	1378,5	70,5	19,6	142,3	272,6
ESG Rating	Gesamt	301	11	3	255,6	346,7	2,31	1,6	9,28	3,3	13,59	27,3	7,28	6,0	23,72	33,2	11,00	37,3	481,7	900,1	68,2	18,9	162,2	421,0

Tabelle A.3: Mittelwertvergleiche der Stichproben von ECPI
Quelle: Eigene Berechnung.

Korrelation nach Pearson	31.12.2011	Kredit-rating	5 Year CDS	Altman Z-Score	Ln Bilanz-summe	Entschul-dungsgrad	ROA	ROE	Umsatz-rendite	Verschul-dungsgrad	Fremd-kapitalquote	Current Ratio
ESG Score	Korrelation	-,018	,102	-,098	,048	,007	,001	,061	,043	-,062	,001	-,010
	Signifikanz (2-seitig)	,763	,123	,096	,255	,888	,982	,188	,326	,160	,983	,829
	N	293	232	293	565	459	449	460	518	514	508	505
E Score	Korrelation	,066	,024	-,093	,101*	,019	,025	,062	-,028	-,112*	,018	-,052
	Signifikanz (2-seitig)	,262	,720	,111	,016	,686	,593	,187	,523	,011	,677	,245
	N	293	232	293	564	459	449	460	518	514	508	505
S Score	Korrelation	-,062	,108	-,067	-,010	-,004	-,016	,040	,077	-,007	-,011	,022
	Signifikanz (2-seitig)	,293	,099	,256	,816	,932	,732	,389	,081	,882	,800	,616
	N	293	232	293	565	459	449	460	518	514	508	505

Korrelation nach Pearson	31.12.2010	Kredit-rating	5 Year CDS	Altman Z-Score	Ln Bilanz-summe	Entschul-dungsgrad	ROA	ROE	Umsatz-rendite	Verschul-dungsgrad	Fremdkapit al-quote	Current Ratio
ESG Score	Korrelation	-,006	-,031	-,084	,085*	-,002	-,051	,005	,014	-,054	,019	-,012
	Signifikanz (2-seitig)	,926	,644	,122	,048	,970	,287	,923	,756	,222	,669	,783
	N	285	232	338	543	494	444	448	502	506	504	503
E Score	Korrelation	,086	-,164*	-,078	,107*	,047	,071	,042	-,047	-,133**	,007	-,030
	Signifikanz (2-seitig)	,146	,012	,154	,013	,302	,138	,380	,291	,003	,871	,509
	N	285	232	338	542	494	444	448	502	506	504	503
S Score	Korrelation	-,059	,062	-,063	,036	-,036	-,124**	-,024	,054	,021	,021	,004
	Signifikanz (2-seitig)	,321	,346	,245	,401	,421	,009	,609	,227	,636	,632	,923
	N	285	232	338	543	494	444	448	502	506	504	503

Korrelation nach Pearson	31.12.2009	Kredit-rating	5 Year CDS	Altman Z-Score	Ln Bilanz-summe	Entschul-dungsgrad	ROA	ROE	Umsatz-rendite	Verschul-dungsgrad	Fremdkapit al-quote	Current Ratio
ESG Score	Korrelation	,062	,065	-,109*	,140**	-,098*	-,099*	-,002	,015	-,051	-,038	-,025
	Signifikanz (2-seitig)	,304	,318	,049	,001	,032	,040	,964	,741	,261	,402	,581
	N	280	238	329	528	480	433	436	488	492	491	489
E Score	Korrelation	,058	,060	-,083	,113**	-,036	-,008	,038	,015	-,124**	-,039	-,017
	Signifikanz (2-seitig)	,336	,358	,134	,010	,428	,862	,425	,737	,006	,386	,703
	N	280	238	329	527	480	433	436	488	492	491	489
S Score	Korrelation	,044	,045	-,096	,112*	-,116*	-,139**	-,032	,010	,020	-,026	-,023
	Signifikanz (2-seitig)	,466	,487	,081	,010	,011	,004	,502	,821	,662	,570	,605
	N	280	238	329	528	480	433	436	488	492	491	489

Korrelation nach Pearson	31.12.2008	Kredit-rating	5 Year CDS	Altman Z-Score	Ln Bilanz-summe	Entschul-dungsgrad	ROA	ROE	Umsatz-rendite	Verschul-dungsgrad	Fremdkapit al-quote	Current Ratio
ESG Score	Korrelation	,099	,051	-,085	,173**	-,026	-,073	-,016	,033	-,062	-,047	-,015
	Signifikanz (2-seitig)	,104	,439	,131	,000	,567	,131	,736	,478	,176	,307	,745
	N	271	233	320	515	470	425	427	478	481	479	478
E Score	Korrelation	,070	,044	-,059	,109*	,032	,028	-,015	,012	-,102*	-,059	-,051
	Signifikanz (2-seitig)	,250	,507	,294	,013	,482	,568	,763	,786	,025	,194	,267
	N	271	233	320	514	470	425	427	478	481	479	478
S Score	Korrelation	,091	,041	-,079	,163**	-,063	-,125**	-,013	,038	-,015	-,024	,016
	Signifikanz (2-seitig)	,134	,535	,157	,000	,174	,010	,785	,404	,747	,594	,732
	N	271	233	320	515	470	425	427	478	481	479	478

Korrelation nach Pearson	31.12.2007	Kredit-rating	5 Year CDS	Altman Z-Score	Ln Bilanz-summe	Entschul-dungsgrad	ROA	ROE	Umsatz-rendite	Verschul-dungsgrad	Fremd-kapitalquote	Current Ratio
ESG Score	Korrelation	,091	,054	-,079	,141**	-,032	-,117*	-,032	-,041	-,008	-,028	-,057
	Signifikanz (2-seitig)	,149	,438	,181	,002	,512	,023	,539	,397	,871	,569	,236
	N	254	206	285	463	422	378	379	427	431	429	428
E Score	Korrelation	,068	,035	-,085	,079	,024	-,018	-,033	-,098*	-,105*	-,044	-,057
	Signifikanz (2-seitig)	,279	,616	,153	,092	,616	,721	,528	,043	,029	,365	,239
	N	254	206	285	462	422	378	379	427	431	429	428
S Score	Korrelation	,078	,050	-,056	,132**	-,058	-,143**	-,023	,005	,054	-,010	-,042
	Signifikanz (2-seitig)	,213	,477	,342	,004	,235	,005	,659	,919	,264	,835	,386
	N	254	206	285	463	422	378	379	427	431	429	428

31.12.2006

Korrelation nach Pearson		Kredit-rating	5 Year CDS	Altman Z-Score	Ln Bilanz-summe	Entschul-dungsgrad	ROA	ROE	Umsatz-rendite	Verschul-dungsgrad	Fremdkapital-quote	Current Ratio
ESG Score	Korrelation	-,022	,072	-,113	,032	-,009	-,112	-,053	-,072	-,062	,018	-,078
	Signifikanz (2-seitig)	,765	,361	,146	,584	,885	,086	,417	,231	,301	,760	,194
	N	180	162	167	304	278	237	238	278	281	280	278
E Score	Korrelation	,009	,112	-,128	,042	,023	-,024	-,060	-,124*	-,164**	-,010	-,077
	Signifikanz (2-seitig)	,909	,154	,099	,462	,707	,711	,353	,039	,006	,869	,199
	N	180	162	167	303	278	237	238	278	281	280	278
S Score	Korrelation	-,034	,039	-,083	,011	-,023	-,131*	-,037	-,031	,003	,029	-,062
	Signifikanz (2-seitig)	,650	,626	,288	,846	,703	,043	,568	,608	,963	,628	,302
	N	180	162	167	304	278	237	238	278	281	280	278

Panel 1: ESG vom 31.12.2006 und Kreditrisiken vom 31.12.2009

Korrelation nach Pearson		Kredit-rating	5 Year CDS	Altman Z-Score	Ln Bilanz-summe	Entschul-dungsgrad	ROA	ROE	Umsatz-rendite	Verschul-dungsgrad	Fremdkapital-quote	Current Ratio
ESG Score	Korrelation	-,060	,068	-,116	,040	-,066	-,087	-,048	,043	-,081	,021	-,019
	Signifikanz (2-seitig)	,410	,369	,138	,484	,277	,183	,465	,474	,174	,728	,751
	N	192	178	165	303	274	237	238	281	282	282	281
E Score	Korrelation	-,040	,117	-,143	,043	-,025	-,078	-,063	,004	-,215**	,003	-,013
	Signifikanz (2-seitig)	,582	,120	,068	,457	,676	,232	,330	,946	,000	,958	,827
	N	192	178	165	302	274	237	238	281	282	282	281
S Score	Korrelation	-,058	,030	-,081	,022	-,073	-,072	-,029	,053	,003	,025	-,018
	Signifikanz (2-seitig)	,423	,696	,304	,709	,231	,268	,657	,373	,960	,670	,764
	N	192	178	165	303	274	237	238	281	282	282	281

Panel 2: ESG vom 31.12.2008 und Kreditrisiken vom 31.12.2011

Korrelation nach Pearson		Kredit-rating	5 Year CDS	Altman Z-Score	Ln Bilanz-summe	Entschul-dungsgrad	ROA	ROE	Umsatz-rendite	Verschul-dungsgrad	Fremdkapital-quote	Current Ratio
ESG Score	Korrelation	,095	,046	-,085	,163**	-,010	,067	,073	,027	-,051	,029	-,049
	Signifikanz (2-seitig)	,116	,498	,167	,000	,834	,177	,133	,563	,271	,538	,298
	N	276	222	265	511	417	410	420	472	468	461	459
E Score	Korrelation	,098	-,021	-,024	,118**	,010	,088	,075	,018	-,171**	-,011	-,106*
	Signifikanz (2-seitig)	,102	,752	,701	,008	,833	,075	,123	,694	,000	,818	,023
	N	276	222	265	510	417	410	420	472	468	461	459
S Score	Korrelation	,062	,079	-,101	,142**	-,022	,033	,052	,025	,052	,050	,007
	Signifikanz (2-seitig)	,304	,244	,102	,001	,649	,503	,292	,583	,265	,288	,874
	N	276	222	265	511	417	410	420	472	468	461	459

Panel 3: ESG vom 31.12.2006 und Kreditrisiken vom 31.12.2011

Korrelation nach Pearson		Kredit-rating	5 Year CDS	Altman Z-Score	Ln Bilanz-summe	Entschul-dungsgrad	ROA	ROE	Umsatz-rendite	Verschul-dungsgrad	Fremdkapital-quote	Current Ratio
ESG Score	Korrelation	-,050	,066	-,115	,021	,017	-,053	,028	-,069	-,077	-,002	-,010
	Signifikanz (2-seitig)	,492	,400	,187	,715	,791	,421	,664	,249	,201	,968	,870
	N	191	167	133	301	246	234	236	279	280	276	274
E Score	Korrelation	-,004	,042	-,125	,017	,005	-,013	,015	-,114	-,215**	-,005	-,059
	Signifikanz (2-seitig)	,954	,593	,153	,768	,933	,845	,821	,056	,000	,939	,327
	N	191	167	133	300	246	234	236	279	280	276	274
S Score	Korrelation	-,064	,066	-,087	,010	,019	-,062	,029	-,032	,009	-,001	,017
	Signifikanz (2-seitig)	,380	,397	,318	,861	,767	,349	,658	,595	,886	,991	,782
	N	191	167	133	301	246	234	236	279	280	276	274

Kreditrating, WACC, CDS und Altmann Z-Score (31.12.2008)

Korrelation nach Pearson		Kredit-rating	5 Year CDS	Altman Z-Score	Ln Bilanz-summe	Entschul-dungsgrad	ROA	ROE	Umsatz-rendite	Verschul-dungsgrad	Fremdkapital-quote	Current Ratio
S&P LT Kreditrating	Korrelation	1	-,535**	,376**	,438**	-,056	,086	,100	-,038	,087	,153*	,135*
	Signifikanz (2-seitig)		,000	,000	,000	,372	,211	,142	,548	,163	,014	,030
	N	271	191	146	271	253	215	216	258	259	259	259
5 Year CDS	Korrelation	-,535**	1	-,188*	-,217**	-,056	-,231**	-,010	,039	-,025	-,043	-,016
	Signifikanz (2-seitig)	,000		,031	,001	,403	,001	,896	,555	,706	,517	,810
	N	191	233	132	233	226	190	192	232	233	231	230

Tabelle A.4: Korrelationsanalyse der Stichproben von ECPI[574]
Quelle: Eigene Berechnung.

[574] Zwischen dem Kreditrating, den Z-Werten und den Risikoprämien für Kreditausfallversicherungen bestehen die erwarteten Zusammenhänge. So weisen beispielsweise die Kreditratings im Jahr 2008 einen eindeutigen Zusammenhang mit den Z-Werten (0,376) und CDS (-0,535) auf. Die Zusammenhänge sind über den Untersuchungszeitraum konstant und hoch signifikant.

Anhang 3: Ergebnisse der Auswertung von MSCI

Land		Häufigkeit	Prozent
Vereinigtes Königreich	UK	109	32,9
Frankreich	FR	54	16,3
Deutschland	DE	25	7,6
Italien	IT	20	6,0
Spanien	ES	18	5,4
Schweiz	CH	18	5,4
Niederlande	NL	16	4,8
Schweden	SE	15	4,5
Finnland	FI	10	3,0
Belgien	BE	8	2,4
Griechenland	GR	7	2,1
Portugal	PT	7	2,1
Osterreich	AT	6	1,8
Dänemark	DK	5	1,5
Irland	IE	5	1,5
Norwegen	NO	5	1,5
Tschechien	CZ	1	,3
Ungarn	HU	1	,3
Jersey	JER	1	,3
Gesamt		**331**	**100**

Tabelle A.5: Länderverteilung der Stichprobe von MSCI
Quelle: Eigene Darstellung.

Branche MSCI	N	%
Banks – Europe[1]	25	7,6
Integrated Telecommunication Services[2]	15	4,5
Retail – Europe[2]	15	4,5
Electric Utilities - International[4]	12	3,6
Multi-Utilities & Unregulated Power[4]	12	3,6
Construction & Engineering[5]	10	3,0
Integrated Oil & Gas[4]	10	3,0
Publishing[2]	10	3,0
Specialty Chemicals[3]	10	3,0
Life & Health Insurance[1]	9	2,7
Pharmaceuticals[3]	9	2,7
Software & IT Services[2]	9	2,7
Aerospace & Defense[3]	8	2,4
Broadcasting & Cable TV[2]	7	2,1
Commercial Services & Supplies[2]	7	2,1
Global Banks[1]	7	2,1
Real Estate Investment Trusts - Europe[2]	7	2,1
Restaurants[2]	7	2,1
Automobiles[3]	6	1,8
Beverages[3]	6	1,8
Construction Materials[5]	6	1,8
Electrical Equipment[3]	6	1,8
Electronic Equipment & Instruments[3]	6	1,8
Professional Services[2]	6	1,8
Textiles, Apparel & Luxury Goods[2]	6	1,8
Airlines[2]	5	1,5
Homebuilding[5]	5	1,5
Transportation Infrastructure[5]	5	1,5
Asset Management[1]	4	1,2
Communications Equipment[3]	4	1,2
Household & Personal Products[3]	4	1,2

Branche MSCI	N	%
Industrial Conglomerates[3]	4	1,2
Oil & Gas Exploration & Production[4]	4	1,2
Paper & Forest Products[5]	4	1,2
Property & Casualty Insurance[1]	4	1,2
Specialty Retail[2]	4	1,2
Trading Companies & Distributors[2]	4	1,2
Advertising[2]	3	,9
Auto Components[3]	3	,9
Diversified Chemicals[3]	3	,9
Gas Utilities[4]	3	,9
Household Durables[3]	3	,9
Metals and Mining[4]	3	,9
Tobacco[2]	3	,9
Water Utilities[3]	3	,9
Air Freight & Logistics[2]	2	,6
Apparel Retail[2]	2	,6
Building Products[5]	2	,6
Casinos & Gaming[2]	2	,6
Diversified Financials[1]	2	,6
Health Care Providers & Services[2]	2	,6
Real Estate Management[2]	2	,6
Road & Rail Transport[3]	2	,6
Wireless Telecommunication Services[2]	2	,6
Biotechnology[3]	1	,3
Commodity Chemicals[3]	1	,3
Containers & Packaging[3]	1	,3
Hotels Restaurants & Leisure[2]	1	,3
Marine Transport[2]	1	,3
Movies & Entertainment[2]	1	,3
Oil & Gas Refining & Marketing[4]	1	,3
Summe	**331**	**100**

Branchenklassen

Finanzdienstleister	1
Dienstleister	2
Produzierendes Gewerbe	3
Energieversorger & Rohstoffsektor	4
Bau, Landwirtschaft	5

Tabelle A.6: Branchenverteilung der Stichprobe von MSCI
Quelle: Eigene Darstellung.

31.12.2011																												
Mittelwertvergleich			Kredit-rating		5 Year CDS		Altman Z-Score		Ln Marktkap-italisierung		Ln Bilanz-summe		Entschul-dungsgrad		ROA		ROE		Umsatz-rendite		Verschul-dungsgrad		Fremdkap-italquote		Current Ratio	
		N	μ	σ	μ	σ	μ	σ	μ	σ	μ	σ	μ	σ	μ	σ	μ	σ	μ	σ	μ	σ	μ	σ	μ	σ
ESG Rating	Low 25 % (1)	83	12	3	207	257	3,3	2,1	8,9	1,5	9,8	2,0	15	15	11	7	27	47	10	23	553	755	70	21	131	107
	Mittleren 50%	167	11	3	204	237	2,9	3,4	8,7	1,5	9,5	1,8	17	18	9	9	31	55	17	29	617	1366	68	29	128	105
	Top 25 % (3)	81	11	2	142	117	2,3	1,3	9,3	1,5	9,6	1,2	15	16	8	7	34	78	9	7	271	515	61	17	127	76
U Rating	Low 25 %	85	11	2	261	303	3,1	2,2	8,5	1,4	9,6	2,0	16	16	10	7	28	46	10	17	693	1385	71	21	126	116
	Mittleren 50%	164	11	3	173	208	2,8	3,4	8,9	1,5	9,5	1,8	17	19	9	9	36	77	16	27	514	1051	67	29	137	106
	Top 25 %	82	11	3	164	150	2,4	1,3	9,3	1,5	9,9	1,4	13	13	8	6	23	21	13	22	337	686	63	18	116	51
S Rating	Low 25 %	83	12	3	164	160	3,0	2,1	9,4	1,5	10,0	2,0	16	14	10	7	24	30	15	28	565	974	66	20	132	95
	Mittleren 50%	166	11	2	239	283	3,1	3,5	8,6	1,4	9,5	1,8	16	17	9	9	28	35	14	27	488	888	69	29	125	98
	Top 25 %	82	11	2	132	110	2,0	1,1	9,0	1,5	9,5	1,4	16	17	8	7	43	100	11	8	523	1475	63	18	133	104
SC Strategic Governance	Low 25 %	83	11	3	220	202	2,9	1,7	8,5	1,7	9,3	2,3	13	14	10	8	29	52	18	30	599	970	71	37	127	92
	Mittleren 50%	166	11	2	188	207	2,8	3,2	9,0	1,4	9,7	1,5	15	16	8	6	31	65	12	21	420	825	65	19	130	105
	Top 25 %	82	11	3	169	251	2,6	2,2	9,1	1,4	9,7	1,5	20	20	10	11	34	59	12	21	626	1539	65	19	127	94
HC Human Capital	Low 25 %	84	11	3	176	187	2,3	1,5	9,0	1,3	9,7	1,5	13	10	8	4	24	15	19	36	395	848	65	16	128	72
	Mittleren 50%	165	11	2	169	198	3,1	3,5	8,9	1,6	9,6	1,8	18	19	10	10	23	28	11	20	508	1166	67	30	126	96
	Top 25 %	82	11	2	238	277	2,5	1,4	8,7	1,5	9,5	1,9	16	18	10	7	57	114	13	11	656	1106	68	21	134	124
SC Stakeholder Capital	Low 25 %	84	12	3	223	272	3,2	2,5	9,3	1,8	10,2	2,0	16	20	11	12	28	49	11	18	674	990	72	21	116	89
	Mittleren 50%	164	11	2	164	208	2,9	3,2	8,7	1,4	9,3	1,6	17	15	9	7	34	66	14	24	513	1297	65	29	130	104
	Top 25 %	82	10	3	193	164	2,4	1,2	9,0	1,4	9,7	1,6	15	16	8	7	28	58	14	28	360	555	64	17	135	94
PS Products & Services	Low 25 %	13	12	2	153	68	2,5	1,8	8,3	1,2	10,0	2,1	6	7	5	4	23	16	8	6	865	993	77	18	155	185
	Mittleren 50%	299	11	3	193	226	2,8	2,8	8,9	1,5	9,6	1,7	17	17	10	8	29	52	14	25	437	965	65	25	126	87
	Top 25 %	19	12	2	115	59	2,8	2,1	8,4	1,0	9,6	2,2	10	8	7	5	63	138	8	7	1515	2007	80	16	149	171
ER Environment Risks	Low 25 %	82	11	3	262	293	3,3	2,6	8,6	1,3	9,9	1,9	17	21	10	11	27	23	10	18	627	823	70	22	140	138
	Mittleren 50%	168	11	3	176	217	2,7	3,2	8,9	1,5	9,4	1,8	17	16	9	7	33	70	13	22	549	1311	67	29	126	88
	Top 25 %	80	12	2	155	135	2,4	1,3	9,2	1,5	9,8	1,5	13	13	9	6	30	61	18	32	339	701	63	17	120	63
EM Environmental Management	Low 25 %	83	11	3	192	207	2,9	1,6	8,2	1,4	8,7	1,6	17	16	10	6	28	49	13	23	453	1306	66	20	125	90
	Mittleren 50%	168	11	3	202	254	3,0	3,6	9,2	1,5	9,9	1,8	17	20	10	10	33	61	15	26	583	1040	69	29	136	114
	Top 25 %	80	11	2	157	119	2,2	0,9	9,0	1,4	9,8	1,5	14	10	8	5	30	71	11	20	442	889	64	18	117	66
EO Environmental Opportunities	Low 25 %	83	12	2	176	243	2,6	1,5	8,8	1,5	9,5	1,7	15	13	9	6	36	65	13	17	666	1542	69	18	123	85
	Mittleren 50%	166	11	3	214	238	2,7	1,7	8,9	1,6	9,7	2,0	16	17	10	8	34	73	14	27	579	1026	69	30	125	112
	Top 25 %	82	11	2	142	115	3,1	4,4	8,9	1,3	9,5	1,4	17	19	8	10	21	17	12	23	236	290	61	17	143	82
ESG Rating	Gesamt	331	11	3	189	219	2,8	2,7	8,9	1,5	9,6	1,8	16	17	9	8	31	60	13	24	516	1079	67	25	129	99

31.12.2010																												
Mittelwertvergleich			Kredit-rating		5 Year CDS		Altman Z-Score		Ln Marktkap-italisierung		Ln Bilanz-summe		Entschul-dungsgrad		ROA		ROE		Umsatz-rendite		Verschul-dungsgrad		Fremdkap-italquote		Current Ratio	
		N	μ	σ	μ	σ	μ	σ	μ	σ	μ	σ	μ	σ	μ	σ	μ	σ	μ	σ	μ	σ	μ	σ	μ	σ
ESG Rating	Low 25 % (1)	75	11	3	208	161	2,8	2,3	8,6	1,4	9,5	1,8	17	17	8	6	24	73	9	12	526	950	66	22	325	1474
	Mittleren 50%	150	12	3	134	113	3,1	3,0	9,1	1,6	9,7	2,0	18	21	10	8	27	26	11	11	551	807	66	20	431	3290
	Top 25 % (3)	74	12	2	104	70	2,4	1,2	9,4	1,6	10,0	1,7	17	22	8	7	21	15	-8	147	480	1114	64	19	141	67
U Rating	Low 25 %	75	11	3	225	184	2,8	2,0	8,6	1,3	9,5	1,8	17	17	8	6	19	17	10	10	567	978	66	21	315	1473
	Mittleren 50%	150	12	2	122	73	3,1	3,1	9,1	1,6	9,7	1,9	19	20	9	7	29	54	2	102	527	818	67	21	167	216
	Top 25 %	74	12	3	115	101	2,4	1,6	9,4	1,7	10,0	1,7	17	22	8	8	23	27	9	10	487	1072	64	19	691	4693
S Rating	Low 25 %	75	11	3	161	132	2,9	2,6	8,8	1,5	9,6	2,0	18	18	8	6	25	71	8	12	427	760	63	22	162	128
	Mittleren 50%	150	12	3	140	119	2,9	2,9	9,0	1,6	10,0	1,9	17	20	8	7	26	27	11	11	634	908	69	20	506	3433
	Top 25 %	74	11	2	124	111	2,6	1,6	9,2	1,5	9,4	1,4	19	22	9	8	23	16	-8	146	411	1082	62	18	150	85
SC Strategic Governance	Low 25 %	75	11	3	149	114	2,9	2,6	8,7	1,4	9,5	2,3	17	16	9	8	34	67	9	11	541	774	67	20	176	255
	Mittleren 50%	152	12	2	142	131	3,0	2,8	9,1	1,5	9,6	1,6	19	19	9	7	23	29	2	102	390	729	64	19	409	3253
	Top 25 %	72	12	3	132	105	2,4	1,4	9,2	1,8	10,2	1,9	16	25	8	6	19	19	11	13	800	1310	68	23	330	1506
HC Human Capital	Low 25 %	79	11	3	157	152	2,9	3,4	8,9	1,6	9,8	2,0	16	17	7	7	16	27	8	11	534	1082	68	20	314	1437
	Mittleren 50%	148	12	2	137	103	2,9	2,4	9,1	1,5	9,9	1,9	18	21	9	7	28	52	12	12	612	961	66	22	429	3311
	Top 25 %	72	11	2	131	116	2,6	1,6	9,1	1,7	9,4	1,5	19	22	10	8	28	27	-8	148	345	581	63	18	154	114
SC Stakeholder Capital	Low 25 %	75	12	3	166	131	2,9	2,1	9,2	1,6	10,1	2,0	18	18	9	6	28	77	11	12	681	1114	68	23	155	131
	Mittleren 50%	150	12	3	146	130	2,6	2,8	9,0	1,5	9,9	1,9	14	14	8	6	23	24	10	11	514	690	68	19	499	3445
	Top 25 %	74	11	2	98	56	3,1	2,2	9,0	1,6	9,1	1,6	25	29	10	9	25	21	-8	146	397	1103	58	19	175	109
PS Products & Services	Low 25 %	72	12	3	149	134	3,1	4,0	8,9	1,7	10,2	2,1	15	26	9	10	22	19	11	12	836	944	72	23	126	117
	Mittleren 50%	160	11	2	154	123	2,9	2,2	9,1	1,4	9,5	1,7	20	20	9	7	26	50	3	100	365	753	61	19	158	114
	Top 25 %	67	12	3	108	95	2,3	1,4	9,0	1,7	9,9	1,8	15	12	7	6	25	28	7	10	582	1167	69	18	967	5118
ER Environment Risks	Low 25 %	75	11	3	189	175	2,6	1,7	8,7	1,3	9,9	1,9	15	15	8	6	17	28	9	11	626	1111	69	20	314	1474
	Mittleren 50%	150	12	2	118	75	3,0	3,0	9,1	1,6	9,6	1,8	19	20	9	6	29	52	11	12	501	926	64	21	431	3278
	Top 25 %	74	11	3	134	110	2,6	2,1	9,1	1,7	9,9	1,9	18	24	9	9	24	20	-8	148	479	687	66	19	148	104
EM Environmental Management	Low 25 %	75	11	3	161	152	3,5	3,6	8,2	1,4	8,9	1,8	20	18	9	6	24	15	11	9	532	1031	63	21	170	147
	Mittleren 50%	150	12	3	152	132	2,6	2,1	9,3	1,5	10,2	1,9	16	20	8	6	25	55	10	13	636	1004	69	21	234	1062
	Top 25 %	74	11	2	111	65	2,6	1,6	9,4	1,6	9,7	1,5	19	22	9	9	26	30	-9	145	301	525	61	17	695	4660
EO Environmental Opportunities	Low 25 %	75	11	2	133	80	3,3	3,8	8,5	1,3	8,9	1,5	20	17	9	8	23	20	-4	144	408	800	63	21	327	1474
	Mittleren 50%	151	12	2	139	125	2,8	1,9	9,2	1,6	9,8	1,9	20	24	9	7	30	53	10	10	534	758	66	21	163	202
	Top 25 %	73	12	3	149	128	2,2	1,2	9,3	1,5	10,4	1,9	11	9	7	5	16	28	8	12	635	1287	68	19	686	4694
ESG Rating	Gesamt	299	12	2	141	120	2,8	2,5	9,0	1,6	9,7	1,9	18	20	9	7	25	41	6	73	527	924	66	20	332	2439

31.12.2009																										
Mittelwertvergleich			Kredit-rating		5 Year CDS		Altman Z-Score		Ln Marktkapitalisierung		Ln Bilanzsumme		Entschuldungsgrad		ROA		ROE		Umsatzrendite		Verschuldungsgrad		Fremdkapitalquote		Current Ratio	
		N	μ	σ	μ	σ	μ	σ	μ	σ	μ	σ	μ	σ	μ	σ	μ	σ	μ	σ	μ	σ	μ	σ	μ	σ
ESG Rating	Low 25 % (1)	36	9	3	247	268	3,1	2,1	8,3	1,3	8,1	1,1	37	64	12	12	51	156	12	15	362	1127	67	58	168	113
	Mittleren 50%	140	11	2	283	587	2,1	1,7	8,6	1,6	9,0	1,4	16	16	8	8	43	275	5	17	505	2598	68	18	137	118
	Top 25 % (3)	78	12	2	196	179	2,5	2,0	9,3	1,5	9,5	1,4	16	11	8	6	20	22	-2	29	196	660	61	17	132	85
U Rating	Low 25 %	33	10	4	218	242	3,2	2,2	8,2	1,4	8,3	1,5	27	33	12	12	53	164	12	13	325	1112	69	59	143	102
	Mittleren 50%	130	11	2	212	463	2,2	1,7	8,6	1,5	8,9	1,3	20	35	8	9	46	284	4	20	533	2702	67	20	144	124
	Top 25 %	91	12	2	292	473	2,4	1,9	9,2	1,5	9,5	1,3	15	11	8	6	20	24	0	25	210	613	62	17	132	85
S Rating	Low 25 %	45	10	3	421	579	2,8	2,0	8,3	1,3	8,4	1,1	30	60	10	11	23	23	9	17	275	648	67	52	155	106
	Mittleren 50%	143	11	2	250	538	2,2	1,7	8,7	1,6	9,0	1,4	18	17	9	8	51	280	5	16	490	2624	67	18	141	123
	Top 25 %	66	11	2	194	166	2,4	2,1	9,3	1,5	9,4	1,4	15	10	8	7	18	22	-3	32	253	575	62	19	125	69
SC Strategic	Low 25 %	41	11	2	187	175	2,9	2,3	8,2	1,3	8,5	1,4	25	33	11	13	26	26	10	15	236	548	69	53	134	95
Governance	Mittleren 50%	153	11	2	303	564	2,2	1,8	8,8	1,5	9,0	1,3	19	31	8	7	45	270	5	16	493	2557	66	19	147	123
	Top 25 %	60	11	3	155	148	2,5	1,7	9,2	1,7	9,4	1,5	16	12	8	7	25	52	-4	33	233	441	63	20	125	72
HC Human	Low 25 %	72	11	2	295	620	2,6	2,0	8,6	1,4	9,0	1,6	20	24	9	11	22	30	6	13	361	928	70	41	134	85
Capital	Mittleren 50%	143	11	2	226	430	2,3	1,9	8,8	1,6	9,0	1,3	20	33	9	7	28	98	4	21	263	809	65	19	147	126
	Top 25 %	39	12	2	251	189	2,1	1,8	9,1	1,5	9,1	1,1	15	9	8	8	97	499	-2	34	911	4741	60	19	122	67
SC	Low 25 %	57	11	2	322	501	2,9	2,6	8,3	1,5	8,6	1,4	24	32	11	13	83	420	8	15	963	4005	69	46	158	101
Stakeholder	Mittleren 50%	141	11	2	260	538	2,0	1,1	8,8	1,5	9,1	1,3	18	31	8	6	27	99	4	19	254	827	67	19	133	123
Capital	Top 25 %	56	12	2	188	148	2,7	2,3	9,3	1,5	9,4	1,4	17	12	9	7	19	24	-1	31	151	228	60	19	137	71
PS Products &	Low 25 %	73	10	2	323	457	2,8	2,3	8,3	1,5	8,4	1,3	22	29	11	11	66	375	9	16	688	3489	69	41	146	118
Services	Mittleren 50%	144	11	2	253	516	2,1	1,5	8,9	1,5	9,1	1,2	17	14	8	7	28	94	1	22	218	816	64	18	140	109
	Top 25 %	34	12	2	153	120	2,4	2,0	9,5	1,4	9,9	1,6	14	11	9	7	19	28	0	26	501	1073	68	20	117	72
ER	Low 25 %	48	11	3	355	765	2,9	2,1	8,4	1,6	8,5	1,4	32	57	11	11	44	137	9	17	277	951	68	50	159	119
Environment	Mittleren 50%	121	11	2	198	282	2,2	2,0	8,9	1,6	9,3	1,4	17	16	9	9	45	295	4	19	482	2759	67	19	136	118
Risks	Top 25 %	85	11	2	274	465	2,3	1,6	8,8	1,4	9,0	1,3	15	10	8	6	23	24	1	26	323	870	63	18	134	87
EM	Low 25 %	42	10	3	199	222	3,0	2,1	8,2	1,5	8,4	1,4	25	30	11	11	47	145	10	12	306	987	68	52	136	98
Environmental	Mittleren 50%	129	11	2	203	468	2,2	1,8	8,7	1,6	8,8	1,3	19	35	8	8	45	284	4	21	533	2712	67	21	145	127
Management	Top 25 %	83	11	2	308	474	2,4	1,7	9,3	1,4	9,6	1,2	16	11	8	6	20	23	0	26	210	647	62	16	133	81
EO	Low 25 %	43	9	2	628	###	3,2	2,3	8,2	1,5	8,2	1,3	34	60	10	8	40	152	13	20	316	1049	59	25	193	143
Environmental	Mittleren 50%	131	11	2	183	343	2,1	1,5	8,8	1,6	9,1	1,3	16	14	9	9	48	281	4	17	455	2647	70	32	121	98
Opportunities	Top 25 %	80	11	2	254	339	2,3	2,0	9,0	1,4	9,4	1,3	16	16	7	7	18	22	-2	27	324	895	62	18	142	95
ESG Rating	Gesamt	254	11	2	247	452	2,4	1,9	8,8	1,5	9,0	1,4	19	28	9	8	37	211	4	22	390	2009	66	27	140	109

31.12.2008																										
Mittelwertvergleich			Kredit-rating		5 Year CDS		Altman Z-Score		Ln Marktkapitalisierung		Ln Bilanzsumme		Entschuldungsgrad		ROA		ROE		Umsatzrendite		Verschuldungsgrad		Fremdkapitalquote		Current Ratio	
		N	μ	σ	μ	σ	μ	σ	μ	σ	μ	σ	μ	σ	μ	σ	μ	σ	μ	σ	μ	σ	μ	σ	μ	σ
ESG Rating	Low 25 % (1)	75	12	3	222	302	2,6	3,5	9,1	1,5	9,4	2,2	14	14	8	6	29	37	-32	308	656	1368	78	59	223	577
	Mittleren 50%	151	12	2	185	264	3,0	2,6	8,8	1,5	9,6	1,9	15	17	8	7	30	37	9	41	601	940	69	19	343	1080
	Top 25 % (3)	74	12	2	220	287	2,9	2,4	9,3	1,7	9,7	1,5	15	17	9	7	19	58	-27	131	332	833	66	16	232	990
U Rating	Low 25 %	76	12	3	138	110	2,7	3,3	9,0	1,5	9,3	2,2	14	16	8	6	28	36	3	38	687	1407	78	58	460	1385
	Mittleren 50%	149	12	2	220	318	2,9	2,5	9,0	1,5	9,6	1,8	15	17	8	7	29	37	-10	221	542	844	68	18	223	600
	Top 25 %	75	12	2	217	279	3,1	2,6	9,1	1,7	9,7	1,7	16	16	9	6	21	58	-24	132	422	972	67	18	231	978
S Rating	Low 25 %	76	12	3	216	288	3,0	2,7	9,1	1,6	9,7	2,4	14	14	8	6	29	37	-30	306	794	1496	71	22	213	570
	Mittleren 50%	150	12	2	212	302	2,8	2,9	8,8	1,6	9,4	1,8	14	17	8	7	29	37	5	52	520	814	72	43	330	1072
	Top 25 %	74	12	2	173	220	3,1	2,4	9,3	1,5	9,7	1,6	16	17	9	7	21	58	-21	125	354	848	66	17	271	1021
SC Strategic	Low 25 %	79	12	3	170	187	2,4	2,9	9,1	1,5	9,7	2,1	13	14	7	7	27	35	5	38	710	1383	79	57	326	1155
Governance	Mittleren 50%	149	12	2	229	337	3,1	2,8	8,9	1,6	9,4	1,9	15	17	8	6	29	37	-14	225	549	891	68	19	273	789
	Top 25 %	72	12	2	181	207	3,0	2,4	9,2	1,5	9,6	1,7	16	18	10	7	22	59	-20	118	370	884	67	17	267	1028
HC Human	Low 25 %	75	12	3	216	285	2,5	3,3	9,1	1,5	9,6	2,2	15	16	8	6	30	37	-29	310	572	1184	77	59	297	764
Capital	Mittleren 50%	152	12	2	190	282	2,9	2,3	8,8	1,6	9,5	1,9	14	14	9	7	28	27	4	53	579	953	69	18	283	1095
	Top 25 %	73	12	2	212	269	3,2	3,0	9,2	1,5	9,7	1,6	16	20	9	7	22	68	-22	126	460	1086	67	18	278	821
SC	Low 25 %	83	12	3	250	323	2,6	1,8	9,1	1,5	9,5	2,2	14	13	8	6	27	34	-34	295	690	1455	69	20	220	652
Stakeholder	Mittleren 50%	143	12	2	188	271	2,9	3,3	9,0	1,5	9,6	1,9	14	17	8	6	29	28	9	40	551	814	73	44	291	1009
Capital	Top 25 %	74	12	2	186	239	3,1	2,4	9,0	1,7	9,5	1,7	17	18	9	8	24	67	-21	126	385	870	66	19	348	1124
PS Products &	Low 25 %	81	12	3	327	418	2,8	3,3	8,6	1,4	9,2	2,1	14	15	7	5	26	32	-25	299	697	1290	74	57	365	1196
Services	Mittleren 50%	157	12	2	186	224	3,0	2,5	9,0	1,5	9,6	1,9	14	15	9	7	30	38	-4	77	519	910	69	18	308	995
	Top 25 %	49	12	2	170	250	2,9	2,6	9,6	1,6	10,0	1,7	17	20	9	7	16	70	-15	119	415	1101	66	19	126	60
ER	Low 25 %	77	12	3	123	96	2,1	2,4	8,9	1,5	9,8	2,0	11	13	7	5	25	16	10	16	664	1272	80	57	446	1319
Environment	Mittleren 50%	151	12	2	232	322	3,0	2,6	9,1	1,6	9,6	1,9	16	16	9	7	29	58	-13	221	531	1020	68	19	281	948
Risks	Top 25 %	72	12	2	214	277	3,4	3,1	9,0	1,6	9,3	1,8	16	19	8	6	24	17	-26	136	462	805	65	18	123	63
EM	Low 25 %	82	12	3	125	97	3,0	3,8	9,0	1,5	9,5	2,2	15	16	8	6	28	35	-26	296	759	1450	77	57	390	1278
Environmental	Mittleren 50%	148	12	2	217	319	3,1	2,6	8,9	1,6	9,4	1,8	15	17	9	7	30	37	6	42	474	747	67	18	251	675
Management	Top 25 %	70	12	2	245	293	2,5	1,5	9,3	1,5	9,9	1,8	14	15	8	6	18	60	-26	136	459	1001	69	17	237	1012
EO	Low 25 %	78	12	3	112	96	3,1	3,6	9,0	1,6	8,9	2,0	16	16	9	6	31	44	11	20	578	1073	73	58	273	811
Environmental	Mittleren 50%	151	12	2	217	296	2,8	2,1	9,1	1,5	9,8	1,9	14	16	9	7	30	33	-14	219	570	1057	70	18	286	942
Opportunities	Top 25 %	71	12	2	223	302	2,8	2,8	8,8	1,6	9,8	1,7	13	17	8	7	15	57	-26	135	471	997	68	18	299	1121
ESG Rating	Gesamt	300	12	2	202	277	2,9	2,7	9,0	1,6	9,6	1,9	15	16	8	7	27	43	-10	170	548	1045	70	33	286	954

31.12.2007																										
Mittelwertvergleich			Kredit-rating		5 Year CDS		Altman Z-Score		Ln Marktkapitalisierung		Ln Bilanzsumme		Entschuldungsgrad		ROA		ROE		Umsatzrendite		Verschuldungsgrad		Fremdkapitalquote		Current Ratio	
		N	μ	σ	μ	σ	μ	σ	μ	σ	μ	σ	μ	σ	μ	σ	μ	σ	μ	σ	μ	σ	μ	σ	μ	σ
ESG Rating	Low 25 % (1)	129	11	2	42	58	4,0	3,6	8,3	1,6	8,6	1,7	23	34	12	11	-1	305	17	38	676	2634	71	56	268	632
	Mittleren 50%	256	12	3	41	55	3,1	2,2	8,9	1,6	9,3	1,9	16	18	11	10	41	240	18	48	580	1921	69	21	219	773
	Top 25 % (3)	128	12	2	31	26	3,2	2,3	9,2	1,6	9,6	1,6	17	20	10	7	25	16	28	67	360	640	61	19	185	361
U Rating	Low 25 %	128	11	3	35	41	3,6	3,4	8,2	1,6	8,6	1,7	20	32	12	11	10	326	15	27	758	2747	74	56	259	667
	Mittleren 50%	257	12	3	47	61	3,3	2,6	8,9	1,6	9,3	1,8	17	20	10	10	34	227	19	51	519	1820	67	22	233	769
	Top 25 %	128	12	2	28	22	3,2	2,0	9,3	1,6	9,8	1,7	17	21	10	9	28	27	29	68	402	758	62	18	167	304
S Rating	Low 25 %	128	11	3	46	58	4,0	3,2	8,4	1,6	8,9	1,9	23	34	12	12	1	310	17	31	799	2692	70	37	232	495
	Mittleren 50%	257	12	3	38	48	3,2	2,7	8,9	1,6	9,3	1,8	16	17	10	8	47	210	17	37	589	1522	68	35	249	843
	Top 25 %	128	12	3	34	42	3,1	2,0	9,1	1,6	9,5	1,6	18	21	12	12	10	157	30	82	218	1664	63	24	162	231
SC Strategic Governance	Low 25 %	128	11	3	46	55	3,5	3,5	8,3	1,6	8,8	1,7	23	35	11	12	11	315	14	34	819	2768	72	56	305	1015
	Mittleren 50%	270	12	3	39	50	3,2	2,4	8,9	1,6	9,4	1,9	15	17	10	9	28	185	19	35	488	1665	67	19	210	545
	Top 25 %	115	12	3	33	39	3,5	2,1	9,2	1,6	9,3	1,6	19	22	12	11	40	201	31	86	392	1166	63	25	161	241
HC Human Capital	Low 25 %	143	11	3	41	50	3,6	3,4	8,6	1,7	9,0	2,1	21	30	11	11	0	292	15	33	705	2518	72	53	227	510
	Mittleren 50%	242	12	2	39	52	3,2	2,2	8,8	1,6	9,2	1,7	17	20	11	10	41	173	24	62	547	1424	67	21	186	425
	Top 25 %	128	12	3	35	39	3,3	2,5	9,1	1,7	9,4	1,7	17	21	11	9	28	239	20	47	380	1965	63	21	287	1044
SC Stakeholder Capital	Low 25 %	136	11	2	40	39	3,6	3,0	8,3	1,6	8,8	1,7	17	23	11	11	2	292	19	48	653	2535	69	35	189	413
	Mittleren 50%	259	12	3	38	55	3,3	2,8	9,0	1,6	9,4	1,9	19	25	11	10	40	241	19	46	563	1925	69	37	254	838
	Top 25 %	117	12	2	36	37	3,1	1,9	9,1	1,6	9,5	1,6	18	22	10	9	28	20	26	65	402	723	62	19	195	376
PS Products & Services	Low 25 %	160	11	2	55	75	3,8	3,2	8,5	1,6	8,8	1,7	21	27	11	9	19	327	17	32	743	2696	65	21	315	757
	Mittleren 50%	256	12	3	36	38	3,0	2,3	8,8	1,7	9,3	1,8	16	19	11	10	31	194	23	61	473	1630	69	42	187	675
	Top 25 %	74	12	3	27	22	3,2	2,0	9,4	1,3	9,8	1,7	17	13	11	10	25	19	22	55	436	738	66	24	170	379
ER Environment Risks	Low 25 %	131	12	3	41	70	3,2	2,8	8,5	1,6	9,2	1,9	17	32	10	9	7	326	19	33	825	2742	73	47	267	677
	Mittleren 50%	254	12	3	40	45	3,3	2,7	8,9	1,6	9,1	1,8	19	20	11	10	39	222	18	52	496	1808	67	30	230	763
	Top 25 %	128	12	2	32	26	3,6	2,6	9,1	1,6	9,4	1,8	17	21	11	11	22	64	28	64	373	723	63	19	165	306
EM Environmental Management	Low 25 %	131	11	3	36	42	3,9	3,7	8,2	1,6	8,7	1,9	22	34	12	11	-3	305	17	37	774	2605	74	56	320	1039
	Mittleren 50%	258	12	3	43	51	3,2	2,3	8,8	1,7	9,2	1,8	17	21	11	10	40	240	19	51	546	1935	66	22	193	482
	Top 25 %	124	12	2	32	46	3,1	2,1	9,4	1,4	9,8	1,5	16	13	10	8	29	27	26	64	319	505	63	17	181	366
EO Environmental Opportunities	Low 25 %	128	11	2	41	43	3,9	3,4	8,3	1,5	8,5	1,6	21	34	13	13	46	431	19	42	907	3168	72	56	321	1081
	Mittleren 50%	245	12	3	41	56	3,3	2,5	8,9	1,7	9,2	1,8	18	18	10	9	17	123	16	43	406	1440	66	21	196	456
	Top 25 %	123	12	2	34	40	3,2	2,2	9,2	1,6	10,0	1,8	16	22	9	9	24	21	32	74	498	858	64	20	186	383
ESG Rating	Gesamt	513	12	3	38	48	3,4	2,7	8,8	1,6	9,2	1,8	18	24	11	10	27	227	20	51	549	1920	67	33	223	655

31.12.2006																										
Mittelwertvergleich			Kredit-rating		5 Year CDS		Altman Z-Score		Ln Marktkapitalisierung		Ln Bilanzsumme		Entschuldungsgrad		ROA		ROE		Umsatzrendite		Verschuldungsgrad		Fremdkapitalquote		Current Ratio	
		N	μ	σ	μ	σ	μ	σ	μ	σ	μ	σ	μ	σ	μ	σ	μ	σ	μ	σ	μ	σ	μ	σ	μ	σ
ESG Rating	Low 25 % (1)	127	11	2	34	34	3,9	3,8	8,4	1,5	8,8	1,7	21	33	11	13	34	77	25	87	573	1105	69	49	178	268
	Mittleren 50%	255	12	3	36	42	3,1	2,4	8,8	1,7	9,2	1,9	16	17	10	8	27	83	15	26	477	957	68	20	139	115
	Top 25 % (3)	127	12	2	23	14	3,6	2,9	9,3	1,5	9,6	1,6	17	19	10	7	19	59	33	82	349	805	60	19	136	75
U Rating	Low 25 %	127	11	3	32	34	3,8	3,8	8,4	1,6	8,7	1,7	21	33	11	12	33	74	24	84	584	1122	69	48	165	249
	Mittleren 50%	255	12	2	38	42	3,1	2,3	8,8	1,5	9,2	1,9	16	17	10	8	27	84	18	46	472	950	67	21	145	134
	Top 25 %	127	13	2	23	15	3,5	2,9	9,4	1,6	9,7	1,6	18	19	10	7	20	59	28	68	347	796	62	18	135	82
S Rating	Low 25 %	127	11	2	35	40	3,9	3,4	8,4	1,5	9,0	1,9	20	31	11	12	37	81	24	83	646	1195	67	23	177	268
	Mittleren 50%	255	12	3	32	32	3,2	2,9	8,8	1,7	9,2	1,8	17	21	10	8	23	72	16	38	424	880	68	36	140	116
	Top 25 %	127	12	3	28	35	3,4	2,0	9,2	1,5	9,5	1,7	17	15	10	7	24	78	31	77	382	843	62	22	133	74
SC Strategic Governance	Low 25 %	128	11	2	37	36	3,7	3,8	8,3	1,5	8,9	1,7	20	32	11	12	31	76	25	86	591	1165	70	48	172	266
	Mittleren 50%	269	12	2	31	32	3,3	2,7	8,9	1,6	9,3	1,9	17	20	10	8	29	62	16	35	480	840	66	20	144	117
	Top 25 %	112	12	3	30	37	3,3	2,0	9,3	1,6	9,4	1,7	17	15	10	7	17	101	32	81	302	970	62	21	130	66
HC Human Capital	Low 25 %	142	11	2	31	22	3,7	3,5	8,4	1,7	8,9	1,8	20	27	10	12	28	52	20	80	488	1020	68	46	177	253
	Mittleren 50%	244	12	3	34	44	3,1	2,5	8,9	1,6	9,3	1,8	17	22	10	7	30	49	23	57	508	825	67	19	130	91
	Top 25 %	123	12	3	27	22	3,6	2,7	9,2	1,5	9,5	1,7	17	17	10	8	17	125	21	50	369	1133	63	23	149	126
SC Stakeholder Capital	Low 25 %	135	11	2	36	34	3,9	3,4	8,5	1,6	9,0	1,9	17	22	10	12	25	120	26	87	472	992	66	22	172	259
	Mittleren 50%	261	12	3	31	35	3,0	2,5	8,8	1,6	9,2	1,8	17	24	10	8	30	48	18	44	526	1030	69	36	138	117
	Top 25 %	112	12	2	28	33	3,8	3,0	9,4	1,5	9,5	1,6	20	20	11	8	22	64	25	66	333	739	60	20	141	75
PS Products & Services	Low 25 %	164	11	2	41	48	3,8	3,3	8,6	1,6	8,8	1,7	20	26	10	11	32	53	23	76	547	1065	65	21	185	261
	Mittleren 50%	172	12	3	32	28	3,4	3,0	8,8	1,7	9,1	1,8	17	21	11	8	30	105	21	57	427	976	68	42	134	74
	Top 25 %	150	12	3	24	19	3,0	2,1	9,2	1,6	9,7	1,8	16	15	9	7	17	59	23	59	431	878	65	22	124	66
ER Environment Risks	Low 25 %	131	12	2	34	44	3,4	2,9	8,7	1,6	9,3	1,8	20	32	10	10	26	44	27	84	635	1149	71	47	154	240
	Mittleren 50%	266	12	3	34	35	3,2	2,4	8,8	1,7	9,0	1,7	17	18	10	9	28	82	17	47	380	850	64	19	155	137
	Top 25 %	112	12	2	25	20	3,9	4,0	9,2	1,5	9,6	2,0	16	20	10	8	25	87	28	67	486	961	66	22	124	83
EM Environmental Management	Low 25 %	132	11	3	34	38	3,9	3,8	8,3	1,5	8,8	1,8	20	32	11	13	32	78	24	82	632	1171	71	48	164	244
	Mittleren 50%	250	12	2	34	36	3,4	2,7	8,8	1,6	9,1	1,8	18	20	10	8	28	82	16	32	457	970	64	20	150	140
	Top 25 %	127	13	2	28	30	2,9	1,9	9,3	1,6	9,8	1,6	15	12	9	7	20	60	31	81	322	635	65	17	126	62
EO Environmental Opportunities	Low 25 %	129	11	3	38	38	3,8	3,5	8,4	1,5	8,8	1,7	21	31	11	12	24	120	24	85	506	1295	65	25	169	247
	Mittleren 50%	259	12	3	32	34	3,1	2,5	8,8	1,6	9,1	1,8	17	18	10	8	30	47	16	38	436	762	67	35	141	113
	Top 25 %	121	12	2	28	33	3,6	3,1	9,3	1,7	9,9	1,8	17	21	9	8	21	66	32	74	498	942	65	20	139	132
ESG Rating	Gesamt	509	12	3	32	34	3,4	2,9	8,8	1,6	9,2	1,8	18	22	10	9	27	76	22	63	468	963	66	30	148	162

31.12.2005

Mittelwertvergleich			Kredit-rating		5 Year CDS		Altman Z-Score		Ln Marktkapitalisierung		Ln Bilanzsumme		Entschuldungsgrad		ROA		ROE		Umsatzrendite		Verschuldungsgrad		Fremdkapitalquote		Current Ratio	
		N	μ	σ	μ	σ	μ	σ	μ	σ	μ	σ	μ	σ	μ	σ	μ	σ	μ	σ	μ	σ	μ	σ	μ	σ
ESG Rating	Low 25 % (1)	103	12	2	46	42	3,4	3,3	8,4	1,5	8,8	1,7	20	27	10	11	31	55	17	31	602	1002	69	53	135	96
	Mittleren 50%	206	12	2	48	43	2,8	2,1	8,8	1,6	9,1	1,8	14	14	9	7	30	50	14	19	476	722	68	19	149	204
	Top 25 % (3)	102	12	2	40	72	3,3	2,9	9,3	1,6	9,7	1,7	16	19	10	7	22	46	17	30	537	1013	67	20	144	120
U Rating	Low 25 %	103	12	2	43	33	3,3	3,3	8,3	1,6	8,8	1,8	20	28	10	11	27	26	18	31	570	984	70	52	129	95
	Mittleren 50%	206	12	2	47	43	3,1	2,7	8,8	1,5	9,1	1,7	16	17	9	8	33	59	13	19	459	678	67	20	152	202
	Top 25 %	102	12	2	44	73	2,9	1,4	9,2	1,7	9,8	1,9	12	13	8	5	20	46	18	31	606	1088	68	20	143	126
S Rating	Low 25 %	102	12	2	47	41	3,5	2,7	8,4	1,5	8,9	1,7	19	25	10	10	33	57	18	30	602	980	66	24	135	106
	Mittleren 50%	206	12	2	50	65	2,6	2,4	8,8	1,6	9,2	1,9	14	16	8	7	26	22	12	19	503	759	71	38	143	200
	Top 25 %	102	13	2	36	32	3,6	3,0	9,2	1,6	9,5	1,7	17	20	10	8	29	78	20	31	490	988	64	21	156	123
SC Strategic Governance	Low 25 %	99	11	2	43	33	3,1	3,4	8,2	1,5	8,9	1,8	19	27	9	11	23	27	17	31	556	957	70	54	164	278
	Mittleren 50%	204	12	2	51	67	2,8	1,9	8,8	1,6	9,3	1,9	13	14	9	7	28	53	14	20	547	853	70	19	131	92
	Top 25 %	95	13	2	34	24	3,6	3,0	9,4	1,6	9,4	1,7	18	20	10	7	34	64	19	31	484	892	62	18	152	123
HC Human Capital	Low 25 %	99	11	2	53	46	3,2	3,2	8,5	1,6	8,9	1,7	20	28	10	12	25	26	17	32	512	726	69	53	133	94
	Mittleren 50%	200	12	2	50	66	2,9	2,4	8,8	1,7	9,0	1,8	15	16	9	6	30	66	14	23	475	881	68	19	135	88
	Top 25 %	99	13	2	32	31	3,3	2,3	9,2	1,5	9,9	1,9	13	14	10	8	28	28	17	25	678	1029	68	21	174	292
SC Stakeholder Capital	Low 25 %	101	12	2	50	43	3,3	2,3	8,5	1,6	8,9	1,6	18	21	9	7	25	21	15	27	466	679	64	21	139	89
	Mittleren 50%	202	12	2	51	68	2,7	2,6	8,7	1,6	9,2	1,9	14	19	9	9	29	69	15	26	559	969	72	39	145	207
	Top 25 %	94	13	2	31	19	3,6	3,0	9,3	1,7	9,5	1,8	17	19	11	8	31	24	18	25	556	910	65	20	148	126
PS Products & Services	Low 25 %	125	12	2	41	35	3,5	2,9	8,6	1,6	9,1	1,7	17	22	10	10	34	53	20	33	585	790	67	22	134	105
	Mittleren 50%	204	12	2	53	68	2,8	2,3	8,8	1,6	9,1	1,9	15	16	9	7	27	58	14	21	480	925	69	39	152	209
	Top 25 %	68	13	3	31	20	3,5	3,4	9,2	1,8	9,7	1,8	15	21	9	7	24	16	14	24	579	947	64	20	139	86
ER Environment Risks	Low 25 %	105	12	2	42	31	2,9	2,9	8,7	1,6	9,3	1,7	20	27	10	8	29	21	19	30	677	1020	74	51	124	93
	Mittleren 50%	203	12	2	41	39	3,0	2,3	8,7	1,6	9,1	1,8	15	15	9	9	30	68	12	19	428	732	66	20	153	202
	Top 25 %	102	12	2	55	83	3,4	3,2	9,1	1,6	9,4	2,0	14	18	9	7	24	17	19	31	553	960	65	20	148	130
EM Environmental Management	Low 25 %	103	12	2	42	29	3,4	3,3	8,4	1,6	8,9	1,8	19	28	10	11	27	25	19	32	606	1014	70	53	128	95
	Mittleren 50%	210	12	2	54	69	3,1	2,6	8,7	1,5	9,0	1,7	15	17	9	7	29	66	12	17	446	726	67	21	159	206
	Top 25 %	98	12	2	36	34	2,8	1,8	9,4	1,7	9,9	1,8	14	13	9	7	27	23	19	32	601	1000	67	17	129	105
EO Environmental Opportunities	Low 25 %	105	11	2	46	37	3,5	3,4	8,6	1,7	8,7	1,7	20	26	11	10	35	58	19	31	470	743	67	52	137	99
	Mittleren 50%	204	12	2	47	44	3,0	2,6	8,8	1,6	9,2	1,7	15	18	9	8	28	57	13	18	493	840	68	20	146	205
	Top 25 %	102	12	2	44	71	2,8	1,7	9,0	1,6	9,8	1,9	13	12	8	6	23	15	17	31	637	1053	68	19	148	118
ESG Rating	Gesamt	411	12	2	45	54	3,1	2,7	8,8	1,6	9,2	1,8	16	20	9	8	28	50	16	26	523	876	68	31	144	163

Panel 1: ESG vom 31.12.2006 und Kreditrisiken vom 31.12.2009

Mittelwertvergleich			Kredit-rating		5 Year CDS		Altman Z-Score		Ln Marktkapitalisierung		Ln Bilanzsumme		Entschuldungsgrad		ROA		ROE		Umsatzrendite		Verschuldungsgrad		Fremdkapitalquote		Current Ratio	
		N	μ	σ	μ	σ	μ	σ	μ	σ	μ	σ	μ	σ	μ	σ	μ	σ	μ	σ	μ	σ	μ	σ	μ	σ
ESG Rating	Low 25 % (1)	53	11	2	108	63	2,5	2,3	8,3	1,2	8,6	1,5	21	22	9	11	31	32	8	12	400	867	65	20	135	73
	Mittleren 50%	108	11	2	215	283	2,1	1,9	8,9	1,6	9,1	1,4	18	34	8	6	51	305	4	18	513	2899	66	20	138	120
	Top 25 % (3)	53	11	2	271	496	2,5	1,2	9,2	1,3	9,6	1,1	15	11	8	6	21	16	-4	32	282	659	61	14	126	56
U Rating	Low 25 %	53	11	2	114	65	2,4	2,2	8,4	1,2	8,8	1,5	26	50	9	10	31	32	8	13	401	867	65	21	132	83
	Mittleren 50%	108	11	2	219	299	2,2	1,8	8,7	1,6	8,9	1,4	15	11	8	6	50	305	2	18	509	2899	66	19	142	107
	Top 25 %	53	12	2	267	473	2,6	1,7	9,5	1,4	9,7	1,2	15	10	8	6	22	17	-2	32	288	656	62	16	123	86
S Rating	Low 25 %	53	11	2	160	130	2,5	2,3	8,5	1,4	8,8	1,5	21	22	10	11	33	31	8	11	350	621	66	20	134	74
	Mittleren 50%	108	11	2	196	280	2,2	1,9	8,9	1,6	9,1	1,4	17	34	8	6	53	305	2	20	568	2922	65	19	139	118
	Top 25 %	53	11	2	290	513	2,4	1,3	9,1	1,4	9,3	1,3	16	10	7	7	15	22	-2	30	221	681	61	19	126	62
SC Strategic Governance	Low 25 %	63	11	2	168	157	2,4	2,0	8,3	1,5	8,7	1,5	24	46	9	10	24	29	6	11	248	681	64	21	150	125
	Mittleren 50%	98	11	2	186	280	2,3	2,0	9,1	1,4	9,2	1,3	15	11	8	6	61	318	4	18	659	3040	65	17	131	92
	Top 25 %	53	11	2	300	501	2,4	1,4	9,0	1,6	9,3	1,4	15	10	8	7	13	48	-3	32	214	734	63	20	123	56
HC Human Capital	Low 25 %	55	11	3	166	148	2,7	2,3	8,4	1,4	8,6	1,5	19	21	8	11	29	31	6	12	426	848	67	20	142	98
	Mittleren 50%	106	11	2	190	289	2,1	1,7	8,9	1,6	9,2	1,3	19	34	8	6	50	306	2	22	507	2925	65	18	134	107
	Top 25 %	53	11	2	296	498	2,5	1,7	9,2	1,3	9,3	1,3	15	10	8	7	24	54	1	28	270	674	61	19	128	69
SC Stakeholder Capital	Low 25 %	55	11	2	152	139	2,8	2,8	8,5	1,5	8,7	1,7	18	21	9	10	23	49	3	19	346	792	65	21	149	118
	Mittleren 50%	106	11	2	188	270	2,1	1,5	8,8	1,5	9,1	1,3	19	34	8	6	55	306	5	17	559	2930	66	19	131	98
	Top 25 %	53	11	2	305	508	2,4	1,3	9,3	1,5	9,5	1,2	16	12	8	7	22	18	-1	30	249	674	61	16	128	61
PS Products & Services	Low 25 %	55	11	2	339	451	2,5	2,5	8,5	1,5	8,7	1,3	17	20	9	9	85	423	5	11	823	4015	64	20	153	148
	Mittleren 50%	77	11	2	133	104	2,4	1,5	8,9	1,6	8,9	1,4	21	40	9	7	28	58	5	20	306	673	64	18	135	79
	Top 25 %	71	11	2	233	415	2,0	1,5	9,1	1,4	9,5	1,3	15	9	7	6	16	25	-2	28	251	795	65	18	118	55
ER Environment Risks	Low 25 %	54	11	2	220	392	2,2	1,5	8,7	1,4	9,0	1,6	24	48	9	8	87	431	8	13	828	4057	66	21	142	124
	Mittleren 50%	108	11	2	159	140	2,4	2,0	8,8	1,5	9,0	1,3	17	15	8	8	24	52	1	20	300	724	64	18	137	81
	Top 25 %	52	11	2	330	534	2,3	1,9	9,0	1,5	9,3	1,4	14	9	8	5	18	21	0	30	278	667	63	19	122	94
EM Environmental Management	Low 25 %	57	11	2	121	82	2,3	2,2	8,4	1,4	8,7	1,7	26	48	10	10	87	424	8	13	947	3988	67	24	125	87
	Mittleren 50%	109	11	2	182	148	2,5	1,9	8,8	1,5	8,9	1,2	16	10	8	7	23	50	4	15	200	513	63	18	149	114
	Top 25 %	48	12	2	332	577	2,1	0,9	9,4	1,3	9,8	1,2	14	11	7	6	20	16	-7	35	327	689	65	15	113	47
EO Environmental Opportunities	Low 25 %	53	11	2	184	154	2,5	2,7	8,6	1,4	8,9	1,5	20	23	10	10	26	56	7	21	369	922	67	23	129	77
	Mittleren 50%	111	11	2	184	281	2,1	1,5	8,8	1,5	9,0	1,4	19	33	7	6	49	297	4	14	531	2834	63	18	139	109
	Top 25 %	50	11	3	292	502	2,6	1,5	9,3	1,4	9,5	1,2	14	10	8	7	27	57	-5	32	261	815	64	16	130	84
ESG Rating	Gesamt	214	11	2	216	345	2,3	1,9	8,8	1,5	9,1	1,4	18	27	8	8	38	218	3	21	428	2126	64	19	135	96

Panel 2: ESG vom 31.12.2008 und Kreditrisiken vom 31.12.2011																										
Mittelwertvergleich			Kredit-rating		5 Year CDS		Altman Z-Score		Ln Marktkap-italisierung		Ln Bilanz-summe		Entschul-dungsgrad		ROA		ROE		Umsatz-rendite		Verschul-dungsgrad		Fremdkap-italquote		Current Ratio	
		N	μ	σ	μ	σ	μ	σ	μ	σ	μ	σ	μ	σ	μ	σ	μ	σ	μ	σ	μ	σ	μ	σ	μ	σ
ESG Rating	Low 25 % (1)	50	11	3	246	183	3,5	5,7	8,8	1,3	9,5	1,9	19	19	8	5	24	11	10	14	526	799	66	21	134	113
	Mittleren 50%	100	12	2	160	131	2,4	1,5	9,0	1,5	10,1	2,0	13	10	7	6	33	62	13	22	619	923	71	18	123	111
	Top 25 % (3)	49	11	3	134	126	2,6	1,3	9,3	1,4	9,6	1,2	16	20	9	8	47	111	23	45	461	1101	62	17	126	47
U Rating	Low 25 %	51	11	3	210	165	3,6	6,1	8,8	1,4	9,7	2,1	17	20	8	5	21	10	10	14	734	1175	69	21	139	148
	Mittleren 50%	99	11	2	166	145	2,5	1,5	9,0	1,4	9,8	1,7	15	16	8	7	38	77	13	22	471	733	68	18	126	87
	Top 25 %	49	11	3	144	120	2,5	1,3	9,2	1,4	10,0	1,7	13	10	8	6	40	93	22	45	545	1028	67	18	114	45
S Rating	Low 25 %	52	11	3	234	170	3,5	5,8	8,9	1,4	9,8	2,1	19	19	8	5	23	11	12	13	582	819	67	21	126	106
	Mittleren 50%	98	11	3	160	146	2,4	1,5	8,9	1,5	9,8	1,8	13	10	8	6	32	62	14	28	534	879	69	17	130	114
	Top 25 %	49	11	2	131	89	2,6	1,4	9,3	1,3	9,9	1,4	16	20	9	8	49	111	18	39	575	1167	66	19	119	48
SC Strategic Governance	Low 25 %	51	11	3	217	153	2,2	1,7	9,0	1,3	10,0	2,1	14	15	7	4	22	11	11	12	650	850	71	19	129	114
	Mittleren 50%	109	11	2	164	151	2,9	3,9	8,9	1,4	9,6	1,7	15	14	8	5	31	58	16	31	470	823	66	18	128	107
	Top 25 %	39	12	2	119	76	2,8	1,3	9,3	1,5	10,1	1,5	15	22	9	9	57	126	16	35	675	1293	67	20	118	42
HC Human Capital	Low 25 %	50	11	3	195	110	3,1	5,5	8,9	1,4	9,8	2,1	17	14	8	5	25	17	10	9	535	718	69	19	131	104
	Mittleren 50%	103	11	2	170	173	2,7	1,8	8,9	1,4	9,7	1,7	14	14	8	6	36	77	16	30	486	770	67	18	123	90
	Top 25 %	46	12	2	140	90	2,4	0,9	9,3	1,5	10,0	1,7	14	20	8	8	40	94	16	38	738	1389	68	19	129	114
SC Stakeholder Capital	Low 25 %	50	11	3	173	117	2,2	1,3	9,0	1,3	10,0	2,1	16	15	7	4	23	11	10	13	745	1231	69	19	133	119
	Mittleren 50%	102	11	3	175	155	3,0	4,2	8,9	1,5	9,8	1,8	13	12	8	5	33	61	15	27	443	562	68	17	125	104
	Top 25 %	47	12	2	145	135	2,7	1,5	9,2	1,4	9,8	1,4	16	22	8	8	49	114	18	41	603	1191	65	21	123	59
PS Products & Services	Low 25 %	48	11	3	293	251	3,5	5,9	8,5	1,2	9,5	2,0	17	19	7	5	28	44	10	15	700	1199	68	21	130	120
	Mittleren 50%	104	11	2	160	93	2,5	1,6	9,0	1,4	9,8	1,8	13	11	8	5	34	72	17	33	493	739	68	17	129	106
	Top 25 %	39	12	3	126	128	2,4	1,5	9,7	1,5	10,2	1,7	17	22	10	9	45	102	16	30	604	1132	66	19	121	49
ER Environment Risks	Low 25 %	57	11	3	211	228	2,6	2,0	8,8	1,6	9,6	1,8	16	21	9	8	33	71	11	23	539	730	68	20	136	116
	Mittleren 50%	96	11	2	168	117	2,7	4,0	9,1	1,3	10,0	1,8	14	13	8	4	40	87	12	16	656	1151	70	18	125	106
	Top 25 %	46	11	3	127	76	3,0	1,7	9,0	1,4	9,7	1,7	14	13	8	6	24	25	24	47	371	604	63	18	118	53
EM Environmental Management	Low 25 %	50	11	3	219	169	3,7	6,1	8,9	1,3	9,8	2,0	17	20	8	5	24	11	11	15	689	930	69	22	138	141
	Mittleren 50%	102	11	2	164	135	2,5	1,5	8,9	1,4	9,7	1,7	15	14	8	7	31	59	14	22	457	814	67	17	127	92
	Top 25 %	47	11	3	132	130	2,4	1,4	9,3	1,5	10,1	1,8	13	13	8	6	51	117	20	46	632	1173	68	19	112	46
EO Environmental Opportunities	Low 25 %	55	12	3	145	77	3,8	5,7	9,0	1,6	9,5	2,1	18	20	8	6	29	40	11	14	703	1198	66	22	145	142
	Mittleren 50%	97	11	2	185	169	2,2	1,3	8,9	1,4	9,9	1,8	13	8	8	6	45	97	13	22	568	916	71	16	113	59
	Top 25 %	47	11	2	151	121	2,6	1,4	9,2	1,3	9,9	1,4	15	20	8	7	19	12	23	46	362	544	63	18	133	102
ESG Rating	Gesamt	199	11	3	168	143	2,7	3,2	9,0	1,4	9,8	1,8	15	16	8	6	34	72	15	28	557	939	68	19	126	99

Panel 3: ESG vom 31.12.2006 und Kreditrisiken vom 31.12.2011																										
Mittelwertvergleich			Kredit-rating		5 Year CDS		Altman Z-Score		Ln Marktkap-italisierung		Ln Bilanz-summe		Entschul-dungsgrad		ROA		ROE		Umsatz-rendite		Verschul-dungsgrad		Fremdkap-italquote		Current Ratio	
		N	μ	σ	μ	σ	μ	σ	μ	σ	μ	σ	μ	σ	μ	σ	μ	σ	μ	σ	μ	σ	μ	σ	μ	σ
ESG Rating	Low 25 % (1)	68	11	3	350	418	2,9	2,4	8,5	1,3	9,3	2,0	19	22	11	12	26	37	12	24	609	1068	69	20	112	79
	Mittleren 50%	136	11	3	160	137	2,3	1,4	9,1	1,6	9,9	1,8	14	14	8	6	34	67	13	22	598	1271	68	18	122	94
	Top 25 % (3)	67	11	2	134	87	2,7	1,2	9,3	1,4	9,9	1,4	13	10	8	5	23	21	16	32	279	424	61	16	132	60
U Rating	Low 25 %	68	11	2	339	431	2,7	2,2	8,4	1,3	9,3	1,9	18	21	11	11	25	36	11	26	576	1011	69	19	112	107
	Mittleren 50%	136	11	3	162	140	2,5	1,5	9,1	1,6	9,8	1,8	14	12	8	6	34	68	14	21	621	1300	67	19	127	83
	Top 25 %	67	12	2	143	88	2,6	1,3	9,4	1,4	9,9	1,4	14	17	9	7	25	22	16	32	264	367	62	16	123	46
S Rating	Low 25 %	68	11	3	324	410	3,2	2,4	8,5	1,4	9,3	1,9	20	22	12	12	28	36	11	23	491	722	69	19	115	78
	Mittleren 50%	136	11	2	160	151	2,2	1,2	9,1	1,5	9,9	1,7	13	14	8	6	33	67	14	25	635	1379	68	18	122	90
	Top 25 %	67	12	3	150	96	2,7	1,3	9,3	1,3	9,9	1,6	14	12	8	5	23	22	15	27	323	484	61	17	128	71
SC Strategic Governance	Low 25 %	68	11	3	329	408	2,9	2,3	8,5	1,3	9,4	2,0	19	21	10	11	28	19	10	23	576	1011	68	18	126	109
	Mittleren 50%	141	12	2	161	144	2,4	1,4	9,1	1,5	9,9	1,7	14	15	8	7	27	51	13	20	545	1226	67	19	121	75
	Top 25 %	62	11	3	139	92	2,6	1,3	9,2	1,6	9,7	1,6	13	10	9	5	37	74	19	35	409	721	64	17	119	67
HC Human Capital	Low 25 %	68	10	3	240	306	2,8	2,1	8,3	1,3	9,2	1,9	17	18	10	11	24	34	8	23	471	943	67	19	129	91
	Mittleren 50%	142	12	2	185	217	2,4	1,6	9,2	1,6	9,9	1,7	15	17	9	7	31	52	16	26	565	1172	67	18	110	60
	Top 25 %	61	11	2	142	92	2,6	1,2	9,2	1,2	9,9	1,6	14	10	8	6	32	68	14	25	478	981	64	17	141	112
SC Stakeholder Capital	Low 25 %	73	11	3	261	326	3,1	2,5	8,5	1,3	9,3	1,9	19	21	11	11	28	47	14	28	573	1406	68	19	118	70
	Mittleren 50%	134	11	3	177	196	2,3	1,2	9,0	1,5	9,8	1,8	13	11	8	5	28	48	13	22	545	993	67	18	125	101
	Top 25 %	64	12	2	154	159	2,6	1,2	9,5	1,5	10,1	1,5	15	18	9	8	34	66	14	28	415	769	64	17	120	46
PS Products & Services	Low 25 %	70	11	3	268	318	2,9	2,3	8,6	1,4	9,4	1,7	18	21	10	12	24	33	9	18	531	1012	67	20	119	92
	Mittleren 50%	98	12	2	183	221	2,5	1,4	9,0	1,6	9,7	1,9	15	17	9	7	34	62	16	28	531	904	67	19	132	100
	Top 25 %	92	11	3	149	149	2,4	1,2	9,3	1,4	10,0	1,6	13	10	8	5	30	56	15	28	518	1329	64	17	114	53
ER Environment Risks	Low 25 %	72	11	3	272	360	2,3	1,6	8,7	1,4	9,9	1,9	15	13	8	5	33	64	8	17	580	790	71	18	111	100
	Mittleren 50%	133	11	2	156	149	2,7	1,7	9,1	1,5	9,6	1,7	16	17	9	9	30	57	15	27	556	1362	64	20	134	84
	Top 25 %	66	12	3	159	90	2,6	1,7	9,1	1,5	9,8	1,8	14	17	9	7	25	22	17	28	389	569	66	16	110	53
EM Environmental Management	Low 25 %	72	11	2	311	407	2,9	2,3	8,5	1,4	9,5	2,0	19	21	11	12	26	36	13	25	785	1646	70	20	110	105
	Mittleren 50%	137	11	3	165	135	2,5	1,4	9,0	1,6	9,7	1,8	15	15	9	7	34	68	14	24	492	867	65	19	129	84
	Top 25 %	62	11	3	141	105	2,4	1,3	9,6	1,2	10,2	1,3	12	9	8	5	25	21	13	28	281	370	65	14	120	40
EO Environmental Opportunities	Low 25 %	70	11	3	274	382	2,8	2,2	8,5	1,4	9,2	1,7	18	20	11	11	32	49	15	29	514	974	68	19	122	110
	Mittleren 50%	139	11	3	167	157	2,4	1,5	9,0	1,5	9,8	1,8	14	12	8	6	32	64	12	18	609	1283	67	19	123	81
	Top 25 %	62	12	2	164	153	2,7	1,2	9,4	1,5	10,1	1,6	14	18	8	7	22	17	15	33	335	510	63	16	120	44
ESG Rating	Gesamt	271	11	3	187	220	2,6	1,7	9,0	1,5	9,7	1,8	15	16	9	8	30	52	13	25	522	1074	66	18	122	83

Tabelle A.7: Mittelwertanalyse der Stichprobe von MSCI

Quelle: Eigene Berechnung.

31.12.2011

Korrelation nach Pearson		Kredit-rating	5 Year CDS	Altman Z Score	Ln Marktkap-italisierung	Ln Bilanz-summe	Entschul-dungsgrad	ROA	ROE	Umsatz-rendite	Verschul-dungsgrad	FK-quote	Current Ratio
ESG Score	Korrelation	-,109	-,147	**-,185****	,029	-,058	-,043	**-,130***	,068	-,022	-,083	**-,111***	-,056
	Signifikanz	,129	,066	,006	,603	,296	,447	,026	,242	,695	,132	,043	,309
	N	196	157	217	317	331	310	291	295	326	331	331	331
U Rating	Korrelation	,009	**-,185***	-,123	**,170****	,059	-,066	**-,131***	-,022	,053	-,096	**-,127***	-,047
	Signifikanz	,898	,020	,071	,002	,284	,246	,026	,706	,339	,080	,020	,392
	N	196	157	217	317	331	310	291	295	326	331	331	331
S Rating	Korrelation	**-,164***	-,040	**-,158***	**-,124***	**-,141****	,000	-,068	**,118***	-,083	-,029	-,041	-,037
	Signifikanz	,021	,618	,020	,027	,010	,996	,245	,042	,136	,603	,459	,505
	N	196	157	217	317	331	310	291	295	326	331	331	331
Strategic Governance	Korrelation	-,049	-,115	-,090	**,112***	,025	**,159****	,054	,051	-,069	-,019	-,069	-,001
	Signifikanz	,493	,151	,188	,046	,647	,005	,358	,386	,214	,726	,210	,982
	N	196	157	217	317	331	310	291	295	326	331	331	331
Human Capital	Korrelation	,007	,050	-,034	-,062	-,037	,035	,075	**,172****	-,096	,057	,033	-,030
	Signifikanz	,918	,537	,620	,268	,503	,541	,204	,003	,083	,298	,546	,590
	N	196	157	217	317	331	310	291	295	326	331	331	331
Stakeholder Capital	Korrelation	**-,265****	-,079	-,112	-,107	**-,173****	-,028	**-,144***	,052	-,010	**-,118***	**-,119***	,052
	Signifikanz	,000	,327	,101	,057	,002	,622	,014	,375	,854	,033	,031	,342
	N	195	157	216	317	330	309	290	294	325	330	330	330
PS Products & Services	Korrelation	,115	-,015	,023	-,030	,055	-,032	-,006	**,144***	-,016	**,225****	,098	**,109***
	Signifikanz	,109	,851	,733	,592	,322	,573	,922	,013	,780	,000	,074	,048
	N	196	157	217	317	331	310	291	295	326	331	331	331
ER Environment Risks	Korrelation	,071	**-,189***	-,078	**,143***	,000	-,057	-,073	-,003	**,120***	-,098	**-,117***	-,062
	Signifikanz	,326	,018	,255	,011	,994	,315	,214	,959	,031	,075	,034	,259
	N	196	157	216	316	330	309	290	294	325	330	330	330
EM Environmental Management	Korrelation	,064	-,045	-,121	**,166****	**,199****	-,088	**-,121***	,001	-,065	-,023	-,026	-,035
	Signifikanz	,375	,576	,076	,003	,000	,124	,039	,989	,240	,674	,641	,526
	N	196	157	217	317	331	310	291	295	326	331	331	331
EO Environmental Opportunities	Korrelation	**-,178***	-,081	,004	,060	-,007	,035	-,030	-,104	-,056	**-,144****	**-,133***	,065
	Signifikanz	,012	,314	,949	,290	,903	,535	,605	,076	,313	,009	,016	,240
	N	196	157	217	317	331	310	291	295	326	331	331	331

31.12.2010

Korrelation nach Pearson		Kredit-rating	5 Year CDS	Altman Z Score	Ln Marktkap-italisierung	Ln Bilanz-summe	Entschul-dungsgrad	ROA	ROE	Umsatz-rendite	Verschul-dungsgrad	FK-quote	Current Ratio
ESG Score	Korrelation	,035	**-,268****	-,078	**,178****	,069	,021	,018	-,027	-,079	,002	-,027	,005
	Signifikanz	,641	,001	,286	,003	,233	,727	,772	,670	,180	,970	,639	,935
	N	176	147	189	284	299	281	252	257	293	299	299	298
U Rating	Korrelation	,060	**-,250****	-,095	**,181****	**,115***	-,017	-,035	,001	-,044	-,016	-,003	,028
	Signifikanz	,430	,002	,194	,002	,048	,773	,577	,984	,452	,785	,957	,631
	N	176	147	189	284	299	281	252	257	293	299	299	298
S Rating	Korrelation	-,011	**-,165***	-,028	,099	-,015	,057	,075	-,049	-,087	,023	-,045	-,025
	Signifikanz	,885	,046	,703	,094	,800	,340	,238	,432	,135	,692	,438	,664
	N	176	147	189	284	299	281	252	257	293	299	299	298
Strategic Governance	Korrelation	,077	-,091	-,045	**,155****	**,154****	-,032	-,041	-,105	,002	,089	,025	,002
	Signifikanz	,309	,275	,537	,009	,008	,594	,512	,092	,969	,127	,663	,976
	N	176	147	189	284	299	281	252	257	293	299	299	298
Human Capital	Korrelation	-,044	-,058	-,030	,077	-,051	,048	**,139***	,107	-,063	-,036	-,057	-,004
	Signifikanz	,566	,485	,679	,196	,381	,424	,027	,086	,281	,533	,328	,940
	N	176	147	189	284	299	281	252	257	293	299	299	298
Stakeholder Capital	Korrelation	-,041	**-,214****	-,014	-,008	**-,149****	**,120***	,070	-,086	**-,177****	-,080	**-,176****	-,011
	Signifikanz	,590	,009	,845	,893	,010	,044	,270	,169	,002	,169	,002	,845
	N	176	147	189	284	299	281	252	257	293	299	299	298
PS Products & Services	Korrelation	-,015	-,131	-,076	-,003	-,017	-,040	-,087	-,009	-,008	-,024	-,019	,101
	Signifikanz	,843	,113	,300	,963	,767	,502	,169	,882	,893	,685	,738	,083
	N	176	147	189	284	299	281	252	257	293	299	299	298
ER Environment Risks	Korrelation	-,005	**-,195***	,003	,105	,020	,052	,014	,006	-,075	-,063	-,058	-,025
	Signifikanz	,952	,018	,965	,078	,732	,382	,825	,928	,202	,278	,317	,672
	N	176	147	189	284	299	281	252	257	293	299	299	298
EM Environmental Management	Korrelation	,032	-,161	-,092	**,257****	**,149****	-,002	,012	-,004	**-,130***	-,065	-,057	,072
	Signifikanz	,671	,052	,206	,000	,010	,971	,845	,945	,026	,263	,325	,213
	N	176	147	189	284	299	281	252	257	293	299	299	298
EO Environmental Opportunities	Korrelation	,124	,064	**-,177***	**,169****	**,223****	**-,155****	**-,125***	-,061	,035	,058	,058	,099
	Signifikanz	,101	,442	,015	,004	,000	,009	,048	,334	,551	,321	,317	,087
	N	176	147	189	284	299	281	252	257	293	299	299	298

31.12.2009

Korrelation nach Pearson		Kredit-rating	5 Year CDS	Altman Z Score	Ln Marktkap-italisierung	Ln Bilanz-summe	Entschul-dungsgrad	ROA	ROE	Umsatz-rendite	Verschul-dungsgrad	FK-quote	Current Ratio
ESG Score	Korrelation	,258**	-,080	-,108	,249**	,305**	-,191**	-,141*	-,049	-,223**	-,035	-,119	-,086
	Signifikanz	,003	,418	,128	,000	,000	,003	,028	,444	,000	,584	,058	,172
	N	127	105	199	242	254	246	245	248	249	254	254	254
U Rating	Korrelation	,227*	,004	-,114	,215**	,307**	-,166**	-,139*	-,049	-,203**	-,030	-,090	-,093
	Signifikanz	,010	,970	,109	,001	,000	,009	,029	,442	,001	,639	,154	,140
	N	127	105	199	242	254	246	245	248	249	254	254	254
S Rating	Korrelation	,238**	-,178	-,083	,243**	,244**	-,186**	-,118	-,040	-,206**	-,034	-,133*	-,061
	Signifikanz	,007	,070	,243	,000	,000	,003	,065	,530	,001	,588	,035	,332
	N	127	105	199	242	254	246	245	248	249	254	254	254
Strategic Governance	Korrelation	,129	-,164	-,122	,208**	,233**	-,132*	-,185**	-,033	-,159*	-,019	-,105	-,049
	Signifikanz	,149	,096	,087	,001	,000	,038	,004	,600	,012	,757	,096	,439
	N	127	105	199	242	254	246	245	248	249	254	254	254
Human Capital	Korrelation	,078	-,021	-,047	,162*	,070	-,089	-,021	,063	-,138*	,041	-,150*	-,031
	Signifikanz	,382	,829	,514	,012	,265	,164	,746	,325	,029	,511	,017	,618
	N	127	105	199	242	254	246	245	248	249	254	254	254
Stakeholder Capital	Korrelation	,134	-,136	-,104	,242**	,189**	-,143*	-,124	-,079	-,192**	-,133*	-,130*	-,087
	Signifikanz	,132	,166	,144	,000	,002	,025	,052	,216	,002	,034	,038	,168
	N	127	105	199	242	254	246	245	248	249	254	254	254
PS Products & Services	Korrelation	,233**	-,130	-,178*	,260**	,366**	-,196**	-,179**	-,057	-,182**	-,030	-,035	-,105
	Signifikanz	,009	,188	,013	,000	,000	,002	,005	,376	,004	,636	,581	,097
	N	126	104	196	240	251	243	242	245	246	251	251	251
ER Environment Risks	Korrelation	,066	-,069	-,025	,102	,092	-,153*	-,078	-,013	-,126*	,015	-,079	-,080
	Signifikanz	,459	,484	,729	,115	,144	,016	,224	,844	,048	,810	,212	,205
	N	127	105	199	242	254	246	245	248	249	254	254	254
EM Environmental Management	Korrelation	,283**	,076	-,112	,276**	,332**	-,093	-,161*	-,055	-,197**	-,043	-,146*	-,024
	Signifikanz	,001	,443	,115	,000	,000	,145	,012	,384	,002	,494	,020	,702
	N	127	105	199	242	254	246	245	248	249	254	254	254
EO Environmental Opportunities	Korrelation	,237**	-,132	-,140*	,202**	,322**	-,259**	-,140*	-,058	-,253**	-,039	,031	-,145*
	Signifikanz	,007	,178	,049	,002	,000	,000	,029	,365	,000	,538	,625	,020
	N	127	105	199	242	254	246	245	248	249	254	254	254

31.12.2008

Korrelation nach Pearson		Kredit-rating	5 Year CDS	Altman Z Score	Ln Marktkap-italisierung	Ln Bilanz-summe	Entschul-dungsgrad	ROA	ROE	Umsatz-rendite	Verschul-dungsgrad	FK-quote	Current Ratio
ESG Score	Korrelation	,044	,046	,076	,064	,075	,051	,074	-,058	-,044	-,074	-,117*	-,010
	Signifikanz	,570	,580	,306	,280	,197	,401	,229	,342	,452	,201	,042	,857
	N	171	148	181	285	300	274	266	270	292	300	300	298
U Rating	Korrelation	-,023	,125	,063	,054	,094	,020	,027	-,065	-,068	-,047	-,137*	-,026
	Signifikanz	,764	,130	,400	,364	,104	,747	,656	,288	,246	,416	,017	,651
	N	171	148	181	285	300	274	266	270	292	300	300	298
S Rating	Korrelation	,104	-,044	,080	,064	,042	,076	,111	-,043	-,012	-,090	-,077	,008
	Signifikanz	,177	,595	,287	,281	,466	,210	,072	,486	,839	,120	,184	,893
	N	171	148	181	285	300	274	266	270	292	300	300	298
Strategic Governance	Korrelation	,075	,004	,080	,070	,027	,055	,133*	-,004	-,013	-,099	-,079	-,031
	Signifikanz	,332	,966	,282	,240	,640	,367	,030	,942	,828	,087	,173	,594
	N	171	148	181	285	300	274	266	270	292	300	300	298
Human Capital	Korrelation	,076	,032	,128	,012	,029	,094	,094	-,067	,048	-,024	-,098	,008
	Signifikanz	,322	,701	,085	,844	,615	,122	,126	,276	,410	,675	,089	,893
	N	171	148	181	285	300	274	266	270	292	300	300	298
Stakeholder Capital	Korrelation	,075	-,050	,082	,045	,030	,061	,077	-,085	,022	-,107	-,062	,038
	Signifikanz	,329	,545	,272	,449	,603	,317	,212	,165	,708	,063	,286	,511
	N	171	148	181	285	300	274	266	270	292	300	300	298
PS Products & Services	Korrelation	,039	-,085	,017	,201**	,094	,054	,099	-,041	-,017	-,110	-,090	-,029
	Signifikanz	,628	,320	,819	,001	,110	,385	,114	,512	,779	,063	,129	,620
	N	159	138	177	273	287	262	255	258	279	287	287	285
ER Environment Risks	Korrelation	-,045	,125	,173*	,036	-,061	,099	,099	,002	-,090	-,046	-,139*	-,057
	Signifikanz	,560	,130	,020	,546	,291	,102	,108	,977	,123	,425	,016	,326
	N	171	148	181	285	300	274	266	270	292	300	300	298
EM Environmental Management	Korrelation	,024	,127	-,033	,083	,125*	,004	-,030	-,093	-,044	-,068	-,143*	-,035
	Signifikanz	,759	,123	,661	,163	,030	,945	,631	,129	,454	,243	,013	,546
	N	171	148	181	285	300	274	266	270	292	300	300	298
EO Environmental Opportunities	Korrelation	-,043	,125	-,058	-,003	,202**	-,082	-,038	-,096	-,074	-,026	-,037	-,013
	Signifikanz	,573	,129	,442	,956	,000	,176	,540	,116	,210	,658	,526	,828
	N	171	148	181	285	300	274	266	270	292	300	300	298

31.12.2007													
Korrelation nach Pearson		Kredit-rating	5 Year CDS	Altman Z-Score	Ln Marktkap-italisierung	Ln Bilanz-summe	Entschul-dungsgrad	ROA	ROE	Umsatz-rendite	Verschul-dungsgrad	FK-quote	Current Ratio
ESG Score	Korrelation	,224**	-,089	-,085	,258**	,197**	-,072	-,051	,045	,092*	-,088*	-,110*	-,054
	Signifikanz	,000	,215	,136	,000	,000	,121	,278	,336	,039	,046	,012	,225
	N	265	197	313	466	513	469	458	461	504	512	513	506
U Rating	Korrelation	,225**	-,071	-,053	,283**	,222**	-,061	-,057	,046	,095*	-,085	-,142**	-,067
	Signifikanz	,000	,322	,352	,000	,000	,191	,222	,320	,032	,055	,001	,134
	N	265	197	313	466	513	469	458	461	504	512	513	506
S Rating	Korrelation	,188**	-,093	-,107	,188**	,136**	-,073	-,035	,036	,073	-,078	-,056	-,030
	Signifikanz	,002	,193	,058	,000	,002	,114	,452	,443	,102	,077	,209	,496
	N	265	197	313	466	513	469	458	461	504	512	513	506
Strategic Governance	Korrelation	,162**	-,093	-,048	,198**	,123**	-,071	,040	,048	,095*	-,074	-,063	-,093*
	Signifikanz	,008	,195	,402	,000	,005	,123	,398	,300	,032	,093	,152	,037
	N	265	197	313	466	513	469	458	461	504	512	513	506
Human Capital	Korrelation	,106	-,020	-,060	,133**	,078	-,062	-,036	,011	,041	-,095*	-,078	,019
	Signifikanz	,084	,775	,289	,004	,078	,183	,443	,813	,360	,031	,078	,670
	N	265	197	313	466	513	469	458	461	504	512	513	506
Stakeholder Capital	Korrelation	,180**	-,066	-,119*	,238**	,169**	-,036	-,050	,016	,029	-,055	-,044	,011
	Signifikanz	,003	,354	,035	,000	,000	,435	,282	,726	,511	,215	,321	,801
	N	265	197	313	465	512	468	457	460	503	511	512	505
PS Products & Services	Korrelation	,203**	-,172*	-,147*	,186**	,198**	-,066	-,036	,009	,034	-,057	,005	-,054
	Signifikanz	,001	,020	,010	,000	,000	,167	,459	,851	,453	,206	,908	,237
	N	251	185	303	447	490	446	436	439	481	489	490	483
ER Environment Risks	Korrelation	,124*	-,107	,056	,193**	,057	-,009	,018	,039	,072	-,082	-,119**	-,048
	Signifikanz	,043	,136	,323	,000	,198	,852	,707	,409	,109	,064	,007	,276
	N	265	197	313	466	513	469	458	461	504	512	513	506
EM Environmental Management	Korrelation	,235**	-,060	-,109	,273**	,230**	-,075	-,076	,063	,087	-,107*	-,139**	-,051
	Signifikanz	,000	,401	,053	,000	,000	,105	,103	,175	,051	,016	,002	,254
	N	265	197	313	466	513	469	458	461	504	512	513	506
EO Environmental Opportunities	Korrelation	,203**	-,017	-,140*	,240**	,302**	-,104*	-,123**	,015	,083	-,062	-,051	-,072
	Signifikanz	,001	,811	,015	,000	,000	,026	,010	,746	,067	,168	,255	,114
	N	255	191	300	451	496	454	441	444	487	495	496	489

31.12.2006													
Korrelation nach Pearson		Kredit-rating	5 Year CDS	Altman Z-Score	Ln Marktkap-italisierung	Ln Bilanz-summe	Entschul-dungsgrad	ROA	ROE	Umsatz-rendite	Verschul-dungsgrad	FK-quote	Current Ratio
ESG Score	Korrelation	,187**	-,091	-,052	,239**	,155**	-,050	-,033	-,046	,011	-,109*	-,082	-,101*
	Signifikanz	,003	,203	,324	,000	,000	,269	,478	,326	,811	,014	,066	,023
	N	257	199	368	465	507	495	455	460	497	507	507	506
U Rating	Korrelation	,182**	-,105	-,041	,237**	,168**	-,064	-,040	-,046	,011	-,105*	-,101*	-,088*
	Signifikanz	,003	,139	,432	,000	,000	,158	,389	,329	,810	,017	,023	,049
	N	257	199	368	465	507	495	455	460	497	507	507	506
S Rating	Korrelation	,163**	-,060	-,054	,203**	,116**	-,026	-,019	-,038	,009	-,095*	-,046	-,100*
	Signifikanz	,009	,403	,303	,000	,009	,566	,685	,417	,842	,032	,297	,024
	N	257	199	368	465	507	495	455	460	497	507	507	506
Strategic Governance	Korrelation	,140*	-,037	-,070	,225**	,094*	-,034	-,001	-,028	-,010	-,115**	-,055	-,129**
	Signifikanz	,025	,607	,181	,000	,034	,452	,987	,544	,825	,010	,212	,004
	N	257	199	368	465	507	495	455	460	497	507	507	506
Human Capital	Korrelation	,138*	-,020	-,063	,148**	,109*	-,053	-,025	-,035	-,016	-,047	-,037	-,080
	Signifikanz	,027	,775	,227	,001	,014	,236	,601	,453	,714	,293	,410	,073
	N	257	199	368	465	507	495	455	460	497	507	507	506
Stakeholder Capital	Korrelation	,161**	-,092	-,042	,252**	,132**	,018	-,009	-,007	,003	-,062	-,042	-,050
	Signifikanz	,010	,195	,420	,000	,003	,688	,854	,879	,940	,166	,343	,259
	N	257	199	367	464	506	494	454	459	496	506	506	505
PS Products & Services	Korrelation	,165**	-,157*	-,116*	,175**	,194**	-,033	-,049	-,068	-,014	-,049	-,002	-,155**
	Signifikanz	,010	,032	,029	,000	,000	,470	,307	,157	,769	,283	,967	,001
	N	245	187	354	448	484	472	434	439	474	484	484	483
ER Environment Risks	Korrelation	,104	-,109	,057	,135**	,042	-,059	,037	,011	-,014	-,045	-,079	-,070
	Signifikanz	,097	,126	,277	,004	,342	,187	,425	,818	,762	,307	,077	,114
	N	257	199	368	465	507	495	455	460	497	507	507	506
EM Environmental Management	Korrelation	,199**	-,085	-,109*	,228**	,192**	-,077	-,081	-,054	,007	-,120**	-,091*	-,079
	Signifikanz	,001	,233	,037	,000	,000	,086	,085	,249	,871	,007	,040	,076
	N	257	199	368	465	507	495	455	460	497	507	507	506
EO Environmental Opportunities	Korrelation	,165**	-,099	-,090	,211**	,252**	-,109*	-,097*	-,055	,024	-,007	-,012	-,096*
	Signifikanz	,008	,164	,084	,000	,000	,015	,038	,236	,594	,883	,794	,031
	N	257	199	368	465	507	495	455	460	497	507	507	506

31.12.2005													
Korrelation nach Pearson		Kredit-rating	5 Year CDS	Altman Z-Score	Ln Marktkap-italisierung	Ln Bilanz-summe	Entschul-dungsgrad	ROA	ROE	Umsatz-rendite	Verschul-dungsgrad	FK-quote	Current Ratio
ESG Score	Korrelation	**,161***	-,075	,010	**,229****	**,182****	**-,108***	-,052	-,052	-,009	-,014	-,031	,033
	Signifikanz	,024	,336	,869	,000	,000	,032	,325	,325	,858	,785	,535	,500
	N	195	165	287	374	409	397	361	364	404	409	409	409
U Rating	Korrelation	**,181***	-,076	-,015	**,243****	**,215****	**-,138****	-,081	-,063	-,009	-,004	-,047	,020
	Signifikanz	,011	,330	,801	,000	,000	,006	,123	,230	,861	,929	,338	,693
	N	195	165	287	374	409	397	361	364	404	409	409	409
S Rating	Korrelation	,112	-,060	,033	**,181****	**,117***	-,051	-,005	-,031	-,010	-,027	-,011	,047
	Signifikanz	,120	,444	,584	,000	,018	,310	,919	,552	,846	,580	,825	,343
	N	195	165	286	373	408	396	360	363	403	408	408	408
Strategic Governance	Korrelation	**,178***	-,058	,032	**,239****	**,104***	-,056	,020	,076	-,052	-,013	-,031	,000
	Signifikanz	,014	,463	,596	,000	,038	,274	,712	,156	,303	,798	,544	,992
	N	189	161	276	361	396	384	348	351	391	396	396	396
Human Capital	Korrelation	**,184***	-,099	,002	**,163****	**,157****	**-,103***	,009	,004	,013	,018	,000	,063
	Signifikanz	,011	,210	,969	,002	,002	,044	,873	,947	,797	,727	,993	,210
	N	189	161	276	361	396	384	348	351	391	396	396	396
Stakeholder Capital	Korrelation	,070	-,095	,011	**,207****	**,126***	-,033	,030	,072	,009	,021	,036	,041
	Signifikanz	,335	,230	,850	,000	,012	,514	,581	,181	,855	,683	,482	,413
	N	189	161	275	360	395	383	347	350	390	395	395	395
PS Products & Services	Korrelation	,114	-,044	-,030	**,156****	**,100***	-,004	-,026	-,072	**-,116***	-,036	-,020	,020
	Signifikanz	,118	,583	,620	,003	,047	,936	,624	,181	,021	,478	,690	,688
	N	190	161	278	363	395	383	347	350	390	395	395	395
ER Environment Risks	Korrelation	,022	,103	,080	,095	,021	-,093	-,053	-,039	,040	-,021	**-,104***	,041
	Signifikanz	,762	,186	,180	,066	,666	,063	,313	,463	,423	,672	,036	,407
	N	195	165	286	373	408	396	360	363	403	408	408	408
EM Environmental Management	Korrelation	**,181***	-,079	-,062	**,235****	**,239****	**-,103***	-,051	-,008	-,019	-,011	-,036	-,027
	Signifikanz	,011	,310	,294	,000	,000	,041	,336	,874	,696	,825	,463	,591
	N	195	165	287	374	409	397	361	364	404	409	409	409
EO Environmental Opportunities	Korrelation	**,179***	-,084	**-,116***	**,157****	**,225****	**-,168****	**-,140****	**-,106***	-,036	,048	,028	,003
	Signifikanz	,012	,283	,049	,002	,000	,001	,008	,043	,469	,332	,573	,959
	N	195	165	287	374	409	397	361	364	404	409	409	409

Panel 1: ESG vom 31.12.2006 und Kreditrisiken vom 31.12.2009													
Korrelation nach Pearson		Kredit-rating	5 Year CDS	Altman Z-Score	Ln Marktkap-italisierung	Ln Bilanz-summe	Entschul-dungsgrad	ROA	ROE	Umsatz-rendite	Verschul-dungsgrad	FK-quote	Current Ratio
ESG Score	Korrelation	,074	,167	-,047	**,224****	**,222****	-,115	-,116	-,054	**-,221****	-,047	-,080	-,055
	Signifikanz	,436	,108	,552	,001	,001	,096	,092	,439	,001	,493	,242	,423
	N	112	94	163	206	214	210	210	210	214	214	214	214
U Rating	Korrelation	,121	,182	-,003	**,242****	**,236****	**-,136***	-,123	-,054	**-,212****	-,049	-,057	-,035
	Signifikanz	,205	,080	,967	,000	,001	,048	,074	,435	,002	,480	,409	,612
	N	112	94	163	206	214	210	210	210	214	214	214	214
S Rating	Korrelation	,001	,113	-,086	**,159***	**,160***	-,067	-,082	-,041	**-,187****	-,036	-,092	-,068
	Signifikanz	,992	,277	,273	,022	,019	,331	,235	,552	,006	,602	,182	,325
	N	112	94	163	206	214	210	210	210	214	214	214	214
Strategic Governance	Korrelation	,032	,129	-,085	**,198****	**,162***	-,116	-,057	,005	**-,176****	,008	,009	-,098
	Signifikanz	,741	,214	,279	,004	,018	,093	,411	,942	,010	,910	,897	,151
	N	112	94	163	206	214	210	210	210	214	214	214	214
Human Capital	Korrelation	,047	,151	-,071	**,154***	**,162***	-,071	-,029	-,002	-,085	-,002	-,056	-,058
	Signifikanz	,620	,147	,365	,027	,017	,303	,672	,973	,214	,980	,413	,401
	N	112	94	163	206	214	210	210	210	214	214	214	214
Stakeholder Capital	Korrelation	,003	,184	-,080	**,221****	**,191****	-,044	-,058	-,021	-,068	-,042	-,074	-,084
	Signifikanz	,978	,076	,312	,001	,005	,523	,404	,766	,321	,542	,282	,223
	N	112	94	163	206	214	210	210	210	214	214	214	214
PS Products & Services	Korrelation	,114	,003	-,130	**,175***	**,259****	-,030	-,092	**-,152***	-,109	-,125	-,024	-,117
	Signifikanz	,239	,981	,106	,014	,000	,674	,197	,031	,123	,076	,735	,097
	N	108	90	156	196	203	199	200	200	203	203	203	203
ER Environment Risks	Korrelation	-,017	,090	,018	,085	,048	-,092	-,077	-,067	**-,145***	-,040	-,082	-,046
	Signifikanz	,860	,388	,822	,225	,489	,185	,268	,332	,034	,557	,234	,504
	N	112	94	163	206	214	210	210	210	214	214	214	214
EM Environmental Management	Korrelation	,138	**,246***	-,041	**,233****	**,251****	**-,183****	**-,159***	-,070	**-,204****	-,073	-,051	-,036
	Signifikanz	,147	,017	,604	,001	,000	,008	,021	,311	,003	,289	,461	,601
	N	112	94	163	206	214	210	210	210	214	214	214	214
EO Environmental Opportunities	Korrelation	,098	,118	-,069	**,202****	**,237****	-,090	**-,160***	-,008	**-,228****	,001	-,045	-,039
	Signifikanz	,305	,258	,382	,004	,000	,196	,021	,913	,001	,992	,516	,566
	N	112	94	163	206	214	210	210	210	214	214	214	214

Panel 2: ESG vom 31.12.2008 und Kreditrisiken vom 31.12.2011

Korrelation nach Pearson		Kredit-rating	5 Year CDS	Altman Z Score	Ln Marktkap-italisierung	Ln Bilanz-summe	Entschul-dungsgrad	ROA	ROE	Umsatz-rendite	Verschul-dungsgrad	FK-quote	Current Ratio
ESG Score	Korrelation	,079	-,235*	-,039	,129	,064	-,084	,032	,097	,149*	-,033	-,047	-,058
	Signifikanz	,371	,015	,669	,070	,369	,253	,671	,195	,036	,640	,507	,419
	N	131	107	121	198	199	189	179	179	198	199	199	199
U Rating	Korrelation	,026	-,162	-,056	,098	,082	-,117	-,034	,057	,161*	-,047	-,032	-,058
	Signifikanz	,766	,096	,541	,170	,252	,109	,654	,446	,023	,509	,652	,419
	N	131	107	121	198	199	189	179	179	198	199	199	199
S Rating	Korrelation	,113	-,242*	-,016	,135	,034	-,033	,092	,121	,107	-,013	-,054	-,047
	Signifikanz	,199	,012	,859	,058	,636	,648	,220	,105	,133	,858	,452	,514
	N	131	107	121	198	199	189	179	179	198	199	199	199
Strategic Governance	Korrelation	,093	-,176	,066	,126	,057	-,015	,094	,124	,078	-,019	-,039	-,086
	Signifikanz	,290	,069	,473	,077	,423	,840	,210	,099	,275	,794	,586	,227
	N	131	107	121	198	199	189	179	179	198	199	199	199
Human Capital	Korrelation	,156	-,142	-,011	,085	,040	-,035	,054	,122	,135	,074	-,022	-,045
	Signifikanz	,075	,145	,904	,232	,579	,630	,474	,104	,058	,297	,763	,531
	N	131	107	121	198	199	189	179	179	198	199	199	199
Stakeholder Capital	Korrelation	,002	-,059	,045	,065	-,048	,032	,084	,143	,093	-,034	-,097	-,018
	Signifikanz	,986	,543	,623	,362	,501	,663	,261	,056	,191	,638	,171	,799
	N	131	107	121	198	199	189	179	179	198	199	199	199
PS Products & Services	Korrelation	,159	-,375**	-,184*	,264**	,116	-,059	,132	,080	,097	-,045	-,033	-,056
	Signifikanz	,077	,000	,045	,000	,111	,428	,086	,298	,185	,533	,649	,443
	N	124	101	119	190	191	181	171	171	190	191	191	191
ER Environment Risks	Korrelation	,056	-,164	,052	,092	,008	-,036	,014	,028	,170*	-,008	-,064	-,034
	Signifikanz	,527	,090	,571	,198	,916	,626	,853	,715	,017	,912	,369	,633
	N	131	107	121	198	199	189	179	179	198	199	199	199
EM Environmental Management	Korrelation	,036	-,280**	-,100	,121	,089	-,125	-,089	,053	,121	-,074	-,027	-,080
	Signifikanz	,680	,003	,275	,089	,212	,087	,238	,479	,091	,297	,700	,259
	N	131	107	121	198	199	189	179	179	198	199	199	199
EO Environmental Opportunities	Korrelation	-,015	,075	-,147	,043	,127	-,113	-,036	,010	,118	-,091	-,020	-,079
	Signifikanz	,861	,440	,107	,546	,074	,123	,629	,894	,098	,200	,774	,270
	N	131	107	121	198	199	189	179	179	198	199	199	199

Panel 3: ESG vom 31.12.2006 und Kreditrisiken vom 31.12.2011

Korrelation nach Pearson		Kredit-rating	5 Year CDS	Altman Z Score	Ln Marktkap-italisierung	Ln Bilanz-summe	Entschul-dungsgrad	ROA	ROE	Umsatz-rendite	Verschul-dungsgrad	FK-quote	Current Ratio
ESG Score	Korrelation	,087	-,308**	-,081	,239**	,137*	-,135*	-,131*	,003	,092	-,079	-,126*	,047
	Signifikanz	,264	,000	,279	,000	,025	,028	,041	,964	,130	,195	,038	,443
	N	166	140	179	266	271	262	244	244	271	271	271	271
U Rating	Korrelation	,032	-,304**	-,072	,231**	,128*	-,134*	-,132*	-,027	,073	-,112	-,117	,045
	Signifikanz	,686	,000	,338	,000	,035	,031	,039	,674	,230	,065	,054	,458
	N	166	140	179	266	271	262	244	244	271	271	271	271
S Rating	Korrelation	,136	-,248**	-,076	,202**	,120*	-,111	-,101	,037	,096	-,024	-,112	,039
	Signifikanz	,080	,003	,309	,001	,049	,073	,114	,561	,113	,694	,067	,519
	N	166	140	179	266	271	262	244	244	271	271	271	271
Strategic Governance	Korrelation	,077	-,280**	-,054	,216**	,111	-,125*	-,073	,059	,137*	-,023	-,061	-,009
	Signifikanz	,326	,001	,470	,000	,069	,044	,254	,358	,024	,711	,319	,889
	N	166	140	179	266	271	262	244	244	271	271	271	271
Human Capital	Korrelation	,181*	-,172*	-,094	,207**	,162**	-,117	-,105	,027	,068	,026	-,034	,041
	Signifikanz	,019	,042	,212	,001	,008	,058	,101	,671	,261	,669	,583	,504
	N	166	140	179	266	271	262	244	244	271	271	271	271
Stakeholder Capital	Korrelation	,081	-,165	-,114	,238**	,133*	-,074	-,100	,021	,018	-,069	-,130*	,049
	Signifikanz	,297	,051	,128	,000	,029	,234	,118	,745	,771	,258	,033	,423
	N	166	140	179	266	271	262	244	244	271	271	271	271
PS Products & Services	Korrelation	,155	-,247**	-,150*	,204**	,167**	-,133*	-,129*	,011	,061	,001	-,061	-,031
	Signifikanz	,050	,004	,049	,001	,007	,036	,048	,868	,331	,987	,324	,617
	N	160	134	173	256	260	251	234	234	260	260	260	260
ER Environment Risks	Korrelation	,012	-,157	,073	,110	-,006	-,059	-,010	-,009	,105	-,046	-,067	,023
	Signifikanz	,878	,065	,332	,073	,922	,341	,877	,894	,084	,448	,273	,701
	N	166	140	179	266	271	262	244	244	271	271	271	271
EM Environmental Management	Korrelation	-,001	-,351**	-,163*	,233**	,133*	-,180**	-,185**	-,042	,021	-,149*	-,126*	,057
	Signifikanz	,988	,000	,030	,000	,029	,003	,004	,513	,729	,014	,038	,349
	N	166	140	179	266	271	262	244	244	271	271	271	271
EO Environmental Opportunities	Korrelation	,079	-,159	-,128	,211**	,221**	-,166**	-,175**	-,029	,035	-,019	-,054	-,038
	Signifikanz	,314	,060	,088	,001	,000	,007	,006	,649	,564	,752	,373	,530
	N	166	140	179	266	271	262	244	244	271	271	271	271

** Die Korrelation ist auf dem Niveau von 0,01 (2-seitig) signifikant.

* Die Korrelation ist auf dem Niveau von 0,05 (2-seitig) signifikant.

Tabelle A.8: Korrelationsanalyse der Stichprobe von MSCI
Quelle: Eigene Berechnung.

Anhang 4: Ergebnisse der Auswertung von oekom

Land		N	%
England	GB	74	22,7
Deutschland	DE	66	20,2
Frankreich	FR	44	13,5
Spanien	ES	23	7,1
Schweden	SE	20	6,1
Österreich	AT	18	5,5
Italien	IT	18	5,5
Niederland	NL	18	5,5
Finnland	FI	14	4,3
Dänemark	DK	8	2,5
Belgien	BE	5	1,5
Irland	IE	4	1,2
Portugal	PT	4	1,2
Ungarn	HU	4	1,2
Griechenland	GR	2	,6
Litauen	LT	1	,3
Polen	PL	1	,3
Rumänien	RO	1	,3
Slowenien	SI	1	,3
Luxemburg	LU	0	,0
Estland	EE	0	,0
Tschechien	CZ	0	,0
Summe		**326**	**100**

Branche	N	%
(keine Zuordnung)	10	3,1
Banken[1]	42	12,9
Energieversorger[4]	29	8,9
Maschinenbau[3]	20	6,1
Versicherungen[1]	17	5,2
Transport & Logistik[2]	15	4,6
Automobil/-zulieferer[3]	14	4,3
Handel[2]	14	4,3
Öl & Gas[4]	13	4,0
Metalle & Bergbau[4]	12	3,7
Nahrungsmittel[5]	12	3,7
Telekommunikation[2]	12	3,7
Baumaterialien[5]	11	3,4
Chemie[3]	11	3,4
Immobilien[5]	11	3,4
Pharma[3]	10	3,1
Bau[5]	9	2,8
Internet & Software[2]	9	2,8
IT[2]	9	2,8
Medien[2]	9	2,8
Tourismus & Freizeit[2]	6	1,8
Medizintechnik[3]	5	1,5
Papier & Forst[5]	5	1,5
Haushaltsprodukte[3]	4	1,2
Luft- und Raumfahrt[3]	4	1,2
Textilien[3]	4	1,2
Gesundheitsdienste[2]	3	0,9
Elektro-/Haushaltsgeräte[3]	2	0,6
Tabak[3]	2	0,6
Verpackung[3]	2	0,6
Summe	**326**	**100**

Branchenklassen

Branchenklassen	
Finanzdienstleister	1
Dienstleister	2
Produzierendes Gewerbe	3
Energieversorger & Rohstoffsektor	4
Bau, Landwirtschaft	5

Tabelle A.9: Länder- und Branchenverteilung der Stichprobe von oekom
Quelle: Eigene Darstellung.

31.12.2011																											
Mittelwertvergleich			Kredit-rating		5 Year CDS		Altman Z-Score		Ln Marktkap-italisierung		Ln Bilanz-summe		Entschul-dungsgrad		ROA		ROE		Umsatz-rendite		Verschul-dungsgrad		Fremdkap-italquote		Current Ratio	
		N	μ	σ	μ	σ	μ	σ	μ	σ	μ	σ	μ	σ	μ	σ	μ	σ	μ	σ	μ	σ	μ	σ	μ	σ
ESG Score	Low 25 % (1)	81	11,9	2,9	276	205	2,7	2,2	8,6	2,1	10,1	2,4	11,6	36	6,3	5	18,9	17	13,0	19	1003	1261	73	23	107	94
(Klassiert)	Mittleren 50% (	164	10,7	2,5	271	245	2,5	1,8	8,8	1,7	9,7	1,7	11,7	13	7,7	6	23,2	22	5,6	18	-367	10136	67	17	132	98
	Top 25 % (3)	81	11,2	2,5	265	320	2,8	2,1	9,6	1,6	9,9	1,3	16,6	15	9,3	7	33,0	95	12,9	27	337	998	62	18	123	47
S Rating	Low 25 %	81	11,3	3,0	254	179	2,5	1,3	8,7	1,9	9,9	2,1	9,9	13	7,6	6	23,0	21	13,8	18	782	1200	70	20	117	85
(Klassiert)	Mittleren 50 %	164	11,1	2,5	275	259	2,5	2,0	8,9	1,7	9,9	1,9	13,1	27	7,2	6	21,3	17	6,7	25	-309	10173	67	19	123	91
	Top 25 %	81	11,0	2,5	272	313	2,8	2,1	9,4	1,8	9,8	1,5	15,4	16	9,3	8	34,2	98	9,8	10	432	1149	65	18	132	86
U Rating	Low 25 %	81	12,0	2,8	320	234	3,1	2,4	8,6	2,0	10,2	2,5	11,2	36	6,4	6	17,8	13	11,3	21	1093	1262	76	23	122	149
(Klassiert)	Mittleren 50 %	164	10,6	2,4	266	239	2,5	1,9	8,9	1,7	9,7	1,7	12,4	14	7,9	6	22,5	26	6,2	17	-416	10131	67	16	124	55
	Top 25 %	81	11,3	2,5	242	311	2,7	1,6	9,6	1,6	9,9	1,3	15,4	12	8,7	7	34,9	93	13,2	27	346	958	61	17	125	51
A1	Low 25 %	75	10,9	3,2	259	229	2,7	2,0	8,5	2,0	9,6	2,1	15,6	37	7,7	6	23,0	19	12,6	18	650	945	69	21	126	93
MA&Zuliefer	Mittleren 50 %	151	11,5	2,5	228	168	2,7	1,9	9,1	1,7	10,1	1,9	11,2	13	7,4	6	19,9	19	7,8	27	-295	10592	66	19	119	57
er (Klassiert)	Top 25 %	75	11,2	2,5	304	350	2,6	2,2	9,4	1,8	10,0	1,6	13,7	16	9,0	7	38,8	100	9,8	11	495	1156	67	17	139	133
A2	Low 25 %	75	11,8	2,6	289	216	2,6	1,4	8,8	1,9	9,9	2,0	8,5	12	6,8	6	17,9	13	13,2	18	871	1286	71	21	120	91
Gesellschaft	Mittleren 50 %	151	11,0	2,7	249	232	2,6	1,7	9,0	1,8	10,0	2,0	13,6	27	7,7	6	22,2	18	7,3	27	-353	10576	67	18	132	105
&Produktver	Top 25 %	75	11,2	2,6	248	289	2,9	2,8	9,4	1,7	9,8	1,4	15,9	19	9,0	7	37,1	98	10,1	10	393	963	64	18	119	48
A3	Low 25 %	75	11,0	3,1	260	225	2,6	1,3	9,3	2,1	10,0	1,9	12,1	12	7,6	6	22,1	21	6,6	11	480	846	66	18	119	65
Corporate	Mittleren 50 %	151	11,4	2,5	252	256	2,6	2,1	8,9	1,7	9,9	1,9	11,3	14	8,0	6	23,3	21	11,7	28	-290	10589	68	19	122	100
Governance	Top 25 %	75	11,1	2,5	260	247	2,9	2,3	9,0	1,8	9,8	1,9	16,8	37	7,9	7	33,2	100	7,7	13	656	1288	66	21	139	91
B1	Low 25 %	75	11,4	3,2	301	226	2,6	2,1	8,1	2,3	9,5	2,3	12,5	37	6,2	6	17,0	21	12,1	17	874	1216	73	21	117	97
Umweltman	Mittleren 50 %	151	11,0	2,5	244	220	2,9	2,2	9,1	1,5	9,9	1,8	13,0	16	8,0	6	23,3	18	8,3	23	-396	10570	65	19	127	91
agement	Top 25 %	75	11,4	2,4	251	294	2,4	1,2	9,8	1,6	10,4	1,4	13,2	10	8,8	6	36,3	99	9,3	23	476	1106	65	16	131	81
B2 Produkte	Low 25 %	75	12,6	2,2	258	166	3,6	2,6	9,1	2,0	10,5	2,4	14,0	39	9,1	8	22,5	14	9,9	22	1135	1292	76	23	130	153
und	Mittleren 50 %	151	10,8	2,7	267	282	2,4	1,4	8,8	1,8	9,7	1,8	11,5	12	7,5	6	28,1	71	7,7	17	-417	10581	66	17	124	58
Dienstleistu	Top 25 %	75	10,8	2,4	234	218	2,7	2,4	9,3	1,7	9,7	1,2	14,7	15	7,9	6	22,7	23	12,5	28	256	419	62	16	124	52
B3	Low 25 %	75	10,9	3,0	328	269	2,4	1,1	8,4	2,0	9,6	2,2	10,1	12	7,6	5	25,0	18	8,3	17	822	1232	72	20	130	129
Ökoeffizienz	Mittleren 50 %	154	11,1	2,6	258	264	2,6	2,3	9,0	1,8	10,0	1,8	12,6	28	6,8	6	25,6	74	10,4	25	-276	10495	68	19	122	81
(Klassiert)	Top 25 %	72	12,0	2,2	200	163	3,1	1,9	9,8	1,4	10,0	1,5	16,5	15	10,3	7	26,1	17	8,6	18	309	555	61	18	128	52

31.12.2010																											
Mittelwertvergleich			Kredit-rating		5 Year CDS		Altman Z-Score		Ln Marktkap-italisierung		Ln Bilanz-summe		Entschul-dungsgrad		ROA		ROE		Umsatz-rendite		Verschul-dungsgrad		Fremdkap-italquote		Current Ratio	
		N	μ	σ	μ	σ	μ	σ	μ	σ	μ	σ	μ	σ	μ	σ	μ	σ	μ	σ	μ	σ	μ	σ	μ	σ
ESG Score	Low 25 % (1)	79	11,9	3,2	147	114	2,8	2,1	8,4	2,1	9,6	2,5	12,5	25	6,4	5	17,9	12	16,8	25	784	1011	72	26	122	105
(Klassiert)	Mittleren 50% (	156	11,0	2,4	148	127	2,5	1,9	8,9	1,8	9,8	1,9	12,9	15	7,6	6	19,2	33	10,8	21	490	931	68	17	128	75
	Top 25 % (3)	78	11,4	2,7	131	103	2,7	1,8	9,6	1,5	9,8	1,4	16,7	15	9,1	6	30,9	56	13,5	34	316	656	62	17	131	53
S Rating	Low 25 %	78	11,3	3,2	139	108	2,7	1,8	8,5	2,0	9,4	2,2	12,0	14	6,9	5	19,3	17	14,7	25	643	963	69	24	122	88
(Klassiert)	Mittleren 50 %	157	11,3	2,6	147	113	2,5	2,1	9,0	1,7	10,0	1,9	13,7	20	7,4	6	19,8	27	13,6	31	494	799	68	18	124	69
	Top 25 %	78	11,4	2,5	136	134	2,7	1,8	9,3	1,9	9,7	1,6	15,6	15	9,4	6	29,1	62	10,0	9	454	1045	65	19	139	88
U Rating	Low 25 %	78	11,8	3,1	185	168	3,0	2,3	8,3	2,0	9,7	2,5	11,8	25	6,6	5	18,0	12	18,0	27	882	1068	73	26	127	120
(Klassiert)	Mittleren 50 %	157	11,0	2,4	138	102	2,5	2,1	8,9	1,9	9,7	1,9	13,3	16	7,6	6	20,6	23	10,1	19	464	866	67	18	124	61
	Top 25 %	78	11,4	2,7	124	98	2,6	1,3	9,6	1,5	9,8	1,3	16,5	11	9,0	6	28,1	65	13,8	34	273	683	62	16	132	56
A1	Low 25 %	68	11,5	3,0	141	123	2,5	1,3	8,7	2,0	9,8	2,1	12,2	13	7,0	5	21,4	20	15,5	26	669	932	71	25	117	87
MA&Zuliefer	Mittleren 50 %	136	11,6	2,5	137	122	2,9	2,4	9,1	1,9	10,0	2,0	15,1	22	7,9	6	18,6	29	13,0	32	490	759	66	20	128	64
er (Klassiert)	Top 25 %	67	11,4	2,4	132	102	2,6	1,9	9,4	1,8	9,9	1,6	13,8	15	8,9	7	33,2	63	11,5	12	568	1205	66	18	134	102
A2	Low 25 %	69	11,5	2,6	106	53	2,8	1,8	8,5	1,9	9,3	1,9	13,1	14	7,0	5	17,9	12	16,1	26	541	837	67	25	132	93
Gesellschaft	Mittleren 50 %	135	11,3	2,8	162	144	2,7	2,4	9,1	1,9	10,2	2,1	13,9	23	8,2	7	20,7	32	13,5	32	678	1066	70	20	126	87
&Produktver	Top 25 %	67	12,1	2,1	105	58	2,6	1,5	9,6	1,6	10,0	1,5	15,2	13	8,4	6	31,1	61	9,8	9	317	642	63	17	123	48
A3	Low 25 %	69	11,5	3,0	167	138	2,4	1,1	8,9	2,0	10,1	2,0	11,6	11	6,6	5	19,1	18	7,7	12	570	959	67	19	116	66
Corporate	Mittleren 50 %	135	11,3	2,5	123	85	3,0	2,6	9,1	1,9	9,8	1,9	16,1	23	8,9	7	22,0	30	17,2	36	452	686	67	22	126	86
Governance	Top 25 %	67	12,1	2,2	132	141	2,6	1,6	9,1	1,8	9,9	2,0	12,5	15	7,6	6	28,7	65	11,0	10	744	1254	68	20	138	83
B1	Low 25 %	68	11,7	3,2	184	184	2,8	2,2	8,0	2,4	9,5	2,5	12,2	25	5,6	5	14,0	18	13,7	20	845	976	74	26	113	97
Umweltman	Mittleren 50 %	136	11,4	2,5	133	103	2,7	2,2	9,2	1,5	9,9	1,8	14,0	17	8,1	6	20,6	28	14,4	34	473	926	65	19	128	74
agement	Top 25 %	67	11,7	2,2	113	73	2,7	1,6	9,8	1,5	10,4	1,5	15,9	14	9,5	7	34,3	63	10,5	9	424	832	65	16	136	74
B2 Produkte	Low 25 %	68	12,6	2,5	168	162	3,5	2,0	9,0	2,0	10,2	2,4	13,2	27	8,6	6	22,2	13	17,5	20	928	1055	75	27	129	122
und	Mittleren 50 %	136	11,4	2,5	127	94	2,4	1,3	9,0	1,9	9,9	1,9	13,4	12	7,6	6	23,4	52	9,9	21	483	897	66	18	123	61
Dienstleistu	Top 25 %	67	10,7	2,7	134	120	3,0	3,0	9,3	1,8	9,7	1,4	16,3	19	8,3	7	22,9	20	15,8	40	319	738	62	16	130	63
B3	Low 25 %	68	11,7	2,9	148	135	2,6	1,7	8,4	2,2	9,4	2,2	11,7	12	7,3	4	21,6	15	13,3	17	647	918	70	24	131	101
Ökoeffizienz	Mittleren 50 %	137	11,3	2,5	146	127	2,6	2,4	9,0	1,8	10,1	2,0	12,7	22	7,0	6	23,9	48	14,8	35	638	1039	68	20	121	80
(Klassiert)	Top 25 %	66	12,0	2,4	112	73	3,1	1,7	10,0	1,3	10,0	1,5	19,3	15	10,3	7	22,7	37	10,1	7	284	601	62	17	134	55

Mittelwertvergleich 31.12.2009			Kredit-rating		5 Year CDS		Altman Z-Score		Ln Marktkap-italisierung		Ln Bilanz-summe		Entschul-dungsgrad		ROA		ROE		Umsatz-rendite		Verschul-dungsgrad		Fremdkap-italquote		Current Ratio	
		N	μ	σ	μ	σ	μ	σ	μ	σ	μ	σ	μ	σ	μ	σ	μ	σ	μ	σ	μ	σ	μ	σ	μ	σ
ESG Score (Klassiert)	Low 25 % (1)	88	11,0	3,6	153	173	2,5	3,6	7,2	2,2	7,9	2,2	13,5	35	2,0	17	6,7	42	-6,4	36	557	922	68	24	148	128
	Mittleren 50% (	176	11,4	2,4	129	184	2,2	2,0	8,7	1,9	9,7	2,1	14,4	23	5,7	6	21,5	58	3,3	21	639	1040	70	19	124	89
	Top 25 % (3)	88	11,5	2,7	121	143	2,3	1,5	9,6	1,6	9,8	1,5	16,3	14	6,1	8	15,7	23	3,4	15	232	341	63	18	139	57
S Rating (Klassiert)	Low 25 %	88	10,2	3,1	161	163	2,5	3,4	7,2	2,1	7,8	2,0	13,7	34	2,3	17	7,0	41	-7,1	34	396	692	65	23	151	126
	Mittleren 50 %	176	11,4	2,7	141	203	2,2	2,0	8,9	1,8	9,8	2,1	14,8	22	5,9	6	21,3	58	3,1	22	618	961	70	19	119	75
	Top 25 %	88	11,7	2,3	95	64	2,4	1,5	9,2	1,9	9,7	1,8	15,5	17	5,6	8	16,0	24	4,5	14	432	930	65	19	145	89
U Rating (Klassiert)	Low 25 %	88	11,1	3,5	145	162	2,3	3,0	7,2	2,1	8,1	2,3	14,7	42	2,3	18	7,4	43	-1,8	29	627	1019	68	25	155	142
	Mittleren 50 %	177	11,5	2,5	127	183	2,4	2,4	8,8	1,9	9,7	2,2	13,4	17	5,5	6	16,4	22	0,9	26	577	926	69	19	124	77
	Top 25 %	87	11,2	2,5	126	152	2,2	1,3	9,5	1,6	9,7	1,2	17,2	13	6,0	8	23,6	75	3,6	16	284	642	64	17	131	56
A1 MA&Zuliefer er (Klassiert)	Low 25 %	74	10,8	3,5	142	143	2,7	3,6	7,4	2,4	8,1	2,3	15,6	26	3,5	12	8,0	36	-4,2	28	473	832	67	24	148	128
	Mittleren 50 %	149	11,5	2,5	134	203	2,3	2,2	8,8	1,9	9,8	2,2	14,1	31	4,7	12	18,9	65	0,2	28	607	871	68	21	128	77
	Top 25 %	74	12,0	2,2	89	65	2,3	1,5	9,4	1,9	10,0	1,8	14,5	18	5,8	9	17,9	25	4,4	20	532	1121	67	19	132	95
A2 Gesellschaft &Produktver	Low 25 %	75	10,2	3,3	177	198	2,4	3,6	7,0	2,2	7,7	2,1	12,5	35	1,2	18	3,8	43	-6,1	30	468	793	64	20	151	131
	Mittleren 50 %	148	11,8	2,4	132	192	2,2	1,6	8,9	1,9	10,1	2,2	12,9	24	5,0	6	19,6	64	0,5	28	742	1117	71	22	129	92
	Top 25 %	74	11,5	2,5	92	89	2,7	2,7	9,7	1,7	9,9	1,4	20,1	20	7,2	9	21,0	23	5,6	14	271	450	64	18	127	55
A3 Corporate Governance	Low 25 %	75	10,7	3,1	137	154	2,0	3,2	7,8	2,5	8,5	2,5	11,9	33	1,5	18	14,1	92	-6,9	34	439	827	65	18	141	117
	Mittleren 50 %	148	11,6	2,6	114	105	2,7	2,5	8,8	2,0	9,6	2,0	15,6	21	6,4	7	17,8	19	2,7	25	556	812	69	22	122	88
	Top 25 %	74	12,0	2,1	125	251	2,3	1,3	9,1	1,8	10,0	2,1	15,2	30	5,0	8	14,6	23	2,1	19	665	1203	68	21	151	88
B1 Umweltman agement	Low 25 %	74	10,7	3,4	173	162	2,4	4,0	6,9	2,2	7,8	2,2	14,6	45	1,6	17	3,4	42	-7,4	37	514	833	67	25	148	133
	Mittleren 50 %	149	11,4	2,5	135	202	2,5	2,0	8,8	1,9	9,7	2,1	14,0	19	5,5	8	16,1	21	0,8	24	660	1063	69	21	130	90
	Top 25 %	74	12,0	2,3	89	87	2,2	1,4	9,8	1,5	10,4	1,5	15,7	12	6,0	9	26,9	83	5,9	15	386	686	67	17	129	57
B2 Produkte und Dienstleistu	Low 25 %	74	11,4	3,4	145	155	2,3	3,3	7,2	2,2	8,1	2,4	11,5	37	1,5	19	5,3	46	-4,1	31	658	1021	69	25	160	149
	Mittleren 50 %	149	11,5	2,5	112	102	2,2	1,5	9,0	2,1	9,9	2,2	15,2	23	5,7	6	15,4	20	1,3	27	601	969	69	20	121	71
	Top 25 %	74	11,7	2,3	130	244	2,8	3,3	9,3	1,6	9,8	1,6	16,4	21	5,7	9	25,8	81	1,8	20	363	718	63	18	134	64
B3 Ökoeffizienz (Klassiert)	Low 25 %	102	10,3	3,2	159	186	2,3	3,1	7,3	2,1	8,0	2,3	15,1	39	2,4	16	7,0	38	-5,2	32	446	776	65	24	145	116
	Mittleren 50 %	121	11,9	2,4	125	201	2,4	2,4	9,0	1,9	10,2	2,0	12,8	19	5,5	6	23,8	69	2,7	25	739	1008	71	19	125	91
	Top 25 %	74	11,8	2,2	96	68	2,6	1,6	9,9	1,5	10,0	1,6	16,7	13	6,5	9	16,3	24	3,1	19	402	948	66	18	134	71

Mittelwertvergleich 31.12.2008			Kredit-rating		5 Year CDS		Altman Z-Score		Ln Marktkap-italisierung		Ln Bilanz-summe		Entschul-dungsgrad		ROA		ROE		Umsatz-rendite		Verschul-dungsgrad		Fremdkap-italquote		Current Ratio	
		N	μ	σ	μ	σ	μ	σ	μ	σ	μ	σ	μ	σ	μ	σ	μ	σ	μ	σ	μ	σ	μ	σ	μ	σ
ESG Score (Klassiert)	Low 25 % (1)	85	10,3	3,8	564	651	3,0	3,2	6,9	2,3	7,6	2,1	12,1	25	4,7	17	15,9	45	-9,0	49	480	810	65	20	156	136
	Mittleren 50% (	167	11,8	2,5	348	422	2,4	1,8	8,7	1,8	9,8	2,1	11,1	14	7,3	7	23,6	22	8,4	61	714	1085	72	17	135	256
	Top 25 % (3)	84	12,2	2,0	310	251	2,7	1,6	9,7	1,5	9,8	1,6	14,5	19	8,3	9	25,1	25	4,7	20	384	822	64	17	170	268
S Rating (Klassiert)	Low 25 %	85	9,8	3,5	586	595	3,0	3,2	6,9	2,3	7,5	2,0	12,5	25	5,1	17	16,1	45	-9,5	49	348	545	64	19	157	133
	Mittleren 50 %	168	11,8	2,5	347	339	2,4	1,8	8,8	1,8	9,6	1,9	11,8	14	7,2	7	23,6	21	5,8	14	665	1085	71	17	137	254
	Top 25 %	83	12,5	1,9	302	418	2,7	1,7	9,6	1,4	10,3	1,9	12,6	20	8,4	9	25,3	26	10,1	85	610	1023	67	20	165	273
U Rating (Klassiert)	Low 25 %	85	11,3	3,8	391	539	2,7	2,7	7,1	2,4	8,0	2,5	9,5	22	4,4	18	16,5	47	-7,2	50	701	1069	68	21	190	371
	Mittleren 50 %	167	11,9	2,5	352	422	2,7	2,4	8,8	1,7	9,7	2,1	11,7	19	7,5	7	21,9	21	6,7	62	655	1107	69	19	142	200
	Top 25 %	84	11,8	1,9	326	267	2,5	1,5	9,3	1,8	9,6	1,5	15,9	14	8,2	8	27,1	25	5,8	13	282	264	67	14	121	55
A1 MA&Zuliefer er (Klassiert)	Low 25 %	66	10,1	3,8	476	553	2,8	3,1	7,0	2,3	7,8	2,2	9,0	24	5,4	10	14,7	31	-5,2	41	420	712	65	18	152	141
	Mittleren 50 %	133	12,0	2,3	349	369	2,7	2,4	8,9	2,0	9,8	2,1	12,5	17	6,6	13	21,5	30	6,9	71	717	1060	71	18	166	345
	Top 25 %	63	13,0	1,8	190	122	2,6	1,8	9,6	1,6	10,4	2,0	12,8	22	7,8	10	23,9	28	-0,5	35	705	1258	68	20	132	133
A2 Gesellschaft &Produktver	Low 25 %	66	9,6	4,3	677	705	2,7	3,0	6,6	2,2	7,4	2,2	9,1	24	2,8	18	10,1	44	-12,6	53	445	702	65	20	160	146
	Mittleren 50 %	131	12,4	2,2	297	310	2,4	2,0	9,0	1,7	10,1	2,1	9,8	17	6,8	7	20,4	19	2,1	26	858	1299	72	19	160	349
	Top 25 %	65	12,3	2,1	274	302	3,4	2,7	9,8	1,5	10,1	1,5	17,8	21	9,7	10	29,9	26	16,4	92	393	545	66	18	138	123
A3 Corporate Governance	Low 25 %	66	10,6	4,0	443	499	2,8	3,0	7,4	2,1	8,3	2,1	13,3	20	6,9	7	20,3	20	-0,8	39	358	667	65	16	146	137
	Mittleren 50 %	130	12,3	2,2	263	284	2,6	2,5	8,8	2,2	9,7	2,3	10,8	20	4,9	15	17,1	36	-1,7	37	665	997	70	19	152	299
	Top 25 %	66	12,3	2,2	337	358	2,9	1,8	9,2	1,8	10,2	1,9	11,5	21	9,4	8	26,3	25	12,5	94	869	1346	71	21	168	290
B1 Umweltman agement	Low 25 %	66	11,0	4,1	460	639	2,8	3,6	6,5	2,2	7,6	2,5	9,4	25	2,6	19	8,6	45	-16,8	51	592	868	67	21	191	405
	Mittleren 50 %	132	11,9	2,4	347	374	2,7	2,2	8,8	1,7	9,8	1,9	10,6	20	7,5	7	22,7	19	10,4	68	723	1111	71	19	133	136
	Top 25 %	64	12,7	1,9	224	156	2,8	1,6	10,2	1,2	10,6	1,6	15,9	15	8,4	9	26,8	28	3,5	27	517	1061	67	16	162	286
B2 Produkte und Dienstleistu	Low 25 %	66	11,5	4,3	440	551	2,6	2,8	6,9	2,3	7,9	2,6	7,6	21	3,1	19	10,7	46	-11,4	54	662	1004	68	20	207	416
	Mittleren 50 %	131	12,3	2,2	279	307	2,6	1,8	9,0	2,0	10,0	2,1	11,9	15	7,5	6	23,7	21	8,7	69	820	1244	71	19	141	223
	Top 25 %	65	11,9	2,0	319	322	3,1	3,3	9,5	1,4	9,9	1,5	15,1	27	7,9	10	23,0	22	2,1	23	256	234	64	16	130	77
B3 Ökoeffizienz (Klassiert)	Low 25 %	103	10,9	3,3	424	497	2,5	2,9	7,2	2,2	8,2	2,4	7,7	23	4,0	15	12,9	38	-8,7	46	582	940	67	20	145	149
	Mittleren 50 %	94	12,2	2,2	328	343	2,9	2,5	9,2	1,8	10,4	2,0	13,4	19	7,4	7	23,6	19	11,2	81	852	1196	72	19	188	409
	Top 25 %	65	13,0	1,8	200	131	2,9	1,8	9,8	1,4	10,1	1,5	15,4	15	9,3	10	27,0	26	5,4	19	428	917	66	16	121	61

31.12.2007

Mittelwertvergleich			Kredit-rating		5 Year CDS		Altman Z-Score		Ln Marktkap-italisierung		Ln Bilanz-summe		Entschul-dungsgrad		ROA		ROE		Umsatz-rendite		Verschul-dungsgrad		Fremdkap-italquote		Current Ratio	
		N	μ	σ	μ	σ	μ	σ	μ	σ	μ	σ	μ	σ	μ	σ	μ	σ	μ	σ	μ	σ	μ	σ	μ	σ
ESG Score	Low 25 % (1)	70	11,7	2,6	75	59	3,4	4,6	7,8	1,9	8,8	1,8	10,7	17	8,0	7	27,8	32	21,0	29	804	1735	69	20	131	113
(Klassiert)	Mittleren 50% (	141	12,2	2,6	63	43	3,2	2,9	9,2	1,7	10,1	1,9	14,6	20	9,0	6	14,0	120	16,5	29	555	1136	68	19	120	83
	Top 25 % (3)	70	12,3	1,8	64	74	3,2	2,1	9,7	1,4	10,0	1,7	16,4	23	10,3	7	29,7	17	8,6	20	438	889	66	23	139	102
S Rating	Low 25 %	70	11,3	2,8	79	62	3,7	4,5	7,7	2,0	8,6	1,8	13,2	19	8,6	7	25,8	16	18,0	26	624	1587	67	19	130	100
(Klassiert)	Mittleren 50 %	141	12,0	2,4	60	31	3,0	2,8	9,2	1,6	10,0	1,7	13,6	16	9,0	7	16,4	119	15,0	32	512	1129	68	18	124	89
	Top 25 %	70	12,7	2,1	67	81	3,1	2,1	9,7	1,5	10,5	1,9	16,0	28	9,9	7	28,3	19	14,6	16	706	1166	69	24	131	107
U Rating	Low 25 %	70	12,8	2,5	62	51	3,7	5,1	8,3	2,0	9,6	2,1	9,3	17	7,8	8	27,6	34	25,3	36	1099	1828	73	21	133	134
(Klassiert)	Mittleren 50 %	141	11,9	2,5	65	44	3,0	1,9	9,1	1,7	9,9	2,0	13,8	20	9,1	6	14,9	117	14,9	25	480	1092	66	19	124	87
	Top 25 %	70	12,0	2,0	66	76	3,3	3,5	9,4	1,8	9,8	1,5	19,3	21	10,2	8	29,4	17	7,4	20	297	598	66	20	128	62
A1	Low 25 %	52	12,0	2,6	65	32	3,2	1,9	8,5	1,9	9,4	1,6	10,4	13	7,3	6	19,9	12	17,1	37	612	1819	64	17	117	80
MA&Zuliefer	Mittleren 50 %	105	12,0	2,1	68	66	3,1	3,1	9,3	1,7	10,2	1,5	15,5	23	8,8	7	12,2	134	18,8	34	538	1271	70	21	127	102
er (Klassiert)	Top 25 %	52	13,5	2,1	45	16	3,5	2,4	9,9	1,4	11,1	2,2	10,6	25	10,4	6	30,8	19	17,0	11	987	1262	72	23	119	99
A2	Low 25 %	52	12,4	2,3	76	59	2,9	2,1	8,0	1,7	9,5	1,7	8,7	15	6,3	5	19,5	12	29,2	40	759	1836	69	19	121	105
Gesellschaft	Mittleren 50 %	105	12,6	2,4	54	38	2,9	1,6	9,4	1,6	10,5	1,8	12,3	22	8,8	6	11,6	138	12,9	21	664	1351	69	20	116	82
&Produktver	Top 25 %	52	12,3	2,2	64	66	3,8	4,3	10,2	1,4	10,3	1,7	19,0	24	10,9	8	28,8	18	17,0	34	582	1105	68	24	137	113
A3	Low 25 %	52	12,2	3,0	75	57	3,1	2,0	8,6	1,7	9,6	1,7	13,0	14	8,1	6	22,6	12	21,9	40	527	960	66	18	134	87
Corporate	Mittleren 50 %	105	12,9	2,3	59	56	3,2	3,6	9,5	1,7	10,5	1,9	13,5	23	8,3	7	7,3	143	16,4	26	822	1825	71	23	121	91
Governance	Top 25 %	52	11,8	1,7	51	25	3,0	1,7	9,4	1,8	10,3	1,4	12,2	24	10,0	7	31,7	22	17,0	29	489	671	67	20	115	114
B1	Low 25 %	52	12,8	2,3	70	62	2,8	2,1	8,0	1,9	9,7	1,9	7,0	15	6,0	5	19,0	10	25,8	33	1130	2020	73	20	113	90
Umweltman	Mittleren 50 %	105	12,0	2,5	66	59	3,3	3,3	9,4	1,7	10,2	1,8	15,5	23	9,2	7	10,7	138	16,0	35	507	1195	68	22	125	110
agement	Top 25 %	52	13,1	1,9	45	15	3,2	1,5	10,2	1,0	10,8	1,6	14,3	24	10,1	7	30,2	18	14,2	12	534	1031	65	19	127	67
B2 Produkte	Low 25 %	52	12,9	2,7	69	56	2,8	2,3	8,5	2,0	10,0	2,1	5,8	15	6,2	6	20,4	12	28,7	40	1282	2054	76	19	114	112
und	Mittleren 50 %	105	12,4	2,3	55	28	3,0	1,8	9,3	1,7	10,3	1,8	13,9	23	8,8	6	9,9	136	19,0	27	553	1295	66	21	128	101
Dienstleistu	Top 25 %	52	12,2	2,0	63	74	3,6	4,1	9,8	1,4	10,2	1,4	18,7	23	10,4	8	30,5	20	5,5	23	288	370	67	22	120	64
B3	Low 25 %	62	12,4	2,8	70	68	2,9	2,1	8,3	1,7	9,7	1,9	6,6	23	6,9	6	-6,2	183	27,4	38	713	1625	70	22	129	105
Ökoeffizienz	Mittleren 50 %	95	12,3	2,3	58	31	3,2	3,5	9,4	1,8	10,6	1,8	14,5	24	8,2	7	24,5	16	14,3	32	819	1548	70	20	116	105
(Klassiert)	Top 25 %	52	12,8	1,9	54	57	3,4	1,8	10,1	1,2	10,1	1,3	18,3	11	11,2	7	31,5	18	13,7	13	328	754	66	21	126	63

31.12.2006

Mittelwertvergleich			Kredit-rating		5 Year CDS		Altman Z-Score		Ln Marktkap-italisierung		Ln Bilanz-summe		Entschul-dungsgrad		ROA		ROE		Umsatz-rendite		Verschul-dungsgrad		Fremdkap-italquote		Current Ratio	
		N	μ	σ	μ	σ	μ	σ	μ	σ	μ	σ	μ	σ	μ	σ	μ	σ	μ	σ	μ	σ	μ	σ	μ	σ
ESG Score	Low 25 % (1)	64	11,2	2,6	41	38	3,6	3,1	8,6	1,3	9,1	1,7	18,6	29	10,5	9	48,7	104	19,6	46	696	1196	69	21	150	170
(Klassiert)	Mittleren 50% (	128	12,4	2,5	26	20	3,0	2,8	9,4	1,7	10,3	1,9	13,0	18	9,0	7	22,3	68	26,8	62	639	985	69	19	120	71
	Top 25 % (3)	63	12,3	2,0	29	27	3,1	2,1	9,9	1,3	10,0	1,4	17,8	14	10,0	7	24,3	42	12,0	22	286	676	63	24	142	153
S Rating	Low 25 %	64	10,8	2,6	43	37	3,2	2,7	8,6	1,3	8,9	1,6	17,4	26	10,0	8	38,6	72	15,9	32	406	749	67	18	132	80
(Klassiert)	Mittleren 50 %	128	12,4	2,4	26	20	3,2	2,9	9,5	1,6	10,2	1,7	15,2	20	9,2	7	27,5	85	26,7	65	609	1020	68	20	134	127
	Top 25 %	63	12,6	2,1	27	28	3,2	2,3	9,7	1,5	10,4	1,8	14,6	15	10,2	8	23,6	45	15,9	24	637	1122	69	27	131	156
U Rating	Low 25 %	64	12,2	2,8	39	40	4,2	3,6	8,8	1,5	9,7	2,0	16,6	30	10,2	10	50,5	111	27,1	53	939	1282	72	24	143	178
(Klassiert)	Mittleren 50 %	128	12,0	2,4	26	18	2,9	2,7	9,4	1,6	10,2	1,8	13,9	17	9,2	7	22,7	66	20,4	53	545	923	67	20	121	64
	Top 25 %	63	12,2	2,2	30	28	3,0	1,7	9,6	1,4	9,7	1,4	18,1	13	10,1	7	25,1	41	17,4	44	234	583	65	21	146	150
A1	Low 25 %	47	12,1	2,9	33	40	3,0	1,7	9,1	1,2	10,2	1,9	16,1	28	8,5	7	30,1	27	9,1	8	843	1188	72	19	146	94
MA&Zuliefer	Mittleren 50 %	85	12,7	2,3	26	27	3,3	3,2	9,9	1,7	10,5	1,5	18,2	23	10,0	8	16,8	74	17,5	34	557	1007	67	24	148	190
er (Klassiert)	Top 25 %	44	12,3	2,2	26	20	3,3	2,4	9,7	1,3	10,5	2,0	11,4	13	9,8	7	22,4	55	14,8	15	673	1156	70	23	110	66
A2	Low 25 %	44	11,6	2,3	37	38	3,5	4,2	9,1	1,4	10,0	1,6	17,1	36	9,1	8	25,5	12	12,0	8	547	769	68	20	127	75
Gesellschaft	Mittleren 50 %	88	12,8	2,5	22	18	3,1	1,8	9,7	1,6	10,7	1,8	14,4	17	9,1	6	17,9	75	16,9	34	783	1217	70	21	151	195
&Produktver	Top 25 %	44	12,6	2,3	32	34	3,1	2,1	10,2	1,3	10,3	1,7	17,8	14	10,8	8	25,8	57	12,1	11	531	1104	69	26	122	46
A3	Low 25 %	45	12,9	2,9	26	36	3,5	2,1	9,6	1,3	10,5	2,0	20,0	32	9,6	7	30,3	29	18,0	45	835	1221	68	22	173	204
Corporate	Mittleren 50 %	87	12,4	2,5	28	28	2,7	1,8	9,6	1,7	10,4	1,7	12,3	12	8,4	6	15,0	74	13,4	12	688	1159	71	22	128	134
Governance	Top 25 %	44	12,4	1,7	28	18	3,7	4,1	9,9	1,4	10,3	1,5	18,9	27	11,6	10	26,4	52	13,3	15	436	768	67	23	122	81
B1	Low 25 %	44	12,3	2,8	37	43	3,3	2,3	9,0	1,2	10,2	1,9	16,0	32	7,7	6	24,7	12	19,0	46	1038	1303	73	22	164	201
Umweltman	Mittleren 50 %	88	12,4	2,5	27	27	3,2	3,3	9,8	1,7	10,6	1,8	15,0	20	9,6	8	18,8	77	12,8	12	635	1037	70	23	134	145
agement	Top 25 %	44	12,8	1,9	22	12	3,2	1,6	10,1	1,1	10,3	1,4	17,6	15	10,9	7	25,0	50	13,5	9	345	879	64	20	120	55
B2 Produkte	Low 25 %	44	12,6	2,7	32	37	3,1	2,3	9,4	1,4	10,6	1,9	13,7	32	7,0	6	29,8	31	22,5	45	1196	1327	77	21	144	205
und	Mittleren 50 %	88	12,7	2,4	23	19	3,0	1,6	9,7	1,6	10,6	1,8	14,4	14	9,9	7	18,4	73	12,8	9	617	1075	67	21	141	139
Dienstleistu	Top 25 %	44	11,9	2,2	33	33	3,6	4,1	9,8	1,3	9,9	1,4	21,0	25	10,6	9	22,3	49	9,8	13	227	557	66	25	127	75
B3	Low 25 %	44	12,3	2,9	33	41	3,4	2,5	9,1	1,3	10,4	2,2	15,9	33	8,5	7	3,7	112	21,7	46	1131	1614	74	23	166	207
Ökoeffizienz	Mittleren 50 %	88	12,4	2,3	25	18	3,3	3,3	9,6	1,7	10,5	1,7	14,8	21	9,1	8	27,3	24	12,5	12	638	841	67	22	126	75
(Klassiert)	Top 25 %	43	12,9	2,2	26	31	2,9	1,7	10,4	1,0	10,2	1,3	17,7	12	11,0	7	25,5	49	11,4	8	251	700	69	22	135	178

31.12.2005																										
Mittelwertvergleich			Kredit-rating		5 Year CDS		Altman Z-Score		Ln Marktkap-italisierung		Ln Bilanz-summe		Entschul-dungsgrad		ROA		ROE		Umsatz-rendite		Verschul-dungsgrad		Fremdkap-italquote		Current Ratio	
		N	μ	σ	μ	σ	μ	σ	μ	σ	μ	σ	μ	σ	μ	σ	μ	σ	μ	σ	μ	σ	μ	σ	μ	σ
ESG Score	Low 25 % (1)	65	11,0	2,3	50	31	3,9	3,8	8,5	1,5	9,0	1,8	16,5	22	10,9	11	14,0	117	11,2	27	549	1003	72	22	142	96
(Klassiert)	Mittleren 50% (	128	12,7	2,2	41	49	2,8	2,6	9,5	1,6	10,2	1,7	13,1	16	8,4	7	35,3	73	16,1	24	737	1016	70	19	131	103
	Top 25 % (3)	64	12,4	2,1	41	34	3,0	2,1	9,8	1,3	9,9	1,7	17,0	14	9,6	6	34,3	71	10,9	8	492	998	65	23	203	619
S Rating	Low 25 %	64	10,9	2,4	65	72	3,6	3,5	8,5	1,5	8,8	1,8	16,4	21	10,9	10	30,6	26	10,8	26	490	753	71	21	143	89
(Klassiert)	Mittleren 50 %	130	12,5	2,1	38	34	2,8	2,6	9,5	1,5	10,1	1,6	14,0	16	8,7	7	26,7	110	14,7	24	649	1050	69	18	137	104
	Top 25 %	63	12,8	2,1	39	34	3,3	2,4	9,7	1,4	10,3	1,9	15,2	15	9,1	7	34,1	75	14,2	15	730	1148	68	26	192	625
U Rating	Low 25 %	65	11,9	2,5	43	33	4,5	4,1	8,4	1,5	9,4	2,2	14,8	22	10,6	12	10,8	125	14,2	29	791	1127	75	24	143	108
(Klassiert)	Mittleren 50 %	128	12,4	2,3	42	49	2,9	2,7	9,7	1,6	10,1	1,6	14,5	17	9,0	7	35,5	72	13,5	17	651	1013	67	20	170	446
	Top 25 %	64	12,3	2,0	42	34	2,6	1,5	9,5	1,3	9,6	1,6	15,8	11	9,0	6	34,3	69	13,2	26	421	847	69	18	123	50
A1	Low 25 %	41	12,3	2,5	43	53	2,9	1,5	9,5	1,2	9,5	1,6	17,8	24	8,4	7	26,3	18	8,6	17	688	1185	68	18	162	156
MA&Zuliefer	Mittleren 50 %	84	12,7	2,2	43	53	3,1	3,3	9,9	1,6	10,6	1,7	15,0	20	9,4	7	33,1	75	12,5	9	817	1133	72	23	123	89
er (Klassiert)	Top 25 %	35	12,7	2,3	34	20	2,7	1,9	9,5	1,2	10,7	1,8	12,4	13	8,5	6	44,8	93	12,8	10	781	1141	71	21	258	840
A2	Low 25 %	40	12,1	2,1	52	66	3,2	4,1	9,6	1,4	10,1	1,7	19,0	32	8,9	8	27,4	16	10,5	13	616	981	69	21	275	784
Gesellschaft	Mittleren 50 %	80	12,8	2,4	30	19	2,9	1,3	9,7	1,5	10,5	1,8	13,5	14	9,3	6	36,7	76	13,0	10	855	1159	71	19	128	122
&Produktver	Top 25 %	40	12,7	2,1	55	62	2,8	2,2	9,9	1,4	10,1	1,7	14,7	13	8,3	7	35,4	92	9,6	14	777	1266	71	25	120	60
A3	Low 25 %	40	12,3	2,4	59	81	3,0	1,7	9,5	1,2	10,1	2,0	17,4	24	8,4	6	25,0	14	9,1	14	825	1196	71	19	144	108
Corporate	Mittleren 50 %	80	12,9	2,5	36	34	2,8	1,8	9,7	1,7	10,4	1,7	13,5	14	9,1	7	34,1	74	12,5	12	843	1155	71	21	135	120
Governance	Top 25 %	40	12,4	1,6	36	18	3,2	4,1	10,0	1,1	10,3	1,5	16,2	24	9,2	8	41,4	90	12,3	10	589	1065	68	23	237	786
B1	Low 25 %	40	12,4	2,7	53	59	3,1	2,2	9,3	1,4	10,0	2,0	15,1	26	8,2	7	24,0	13	12,4	18	964	1266	73	21	158	124
Umweltman	Mittleren 50 %	81	12,5	2,3	43	51	3,1	3,1	9,9	1,6	10,4	1,7	16,2	19	9,5	7	42,0	94	11,6	9	766	1139	70	21	128	114
agement	Top 25 %	39	13,0	1,8	29	17	2,7	1,5	9,8	1,1	10,4	1,6	13,1	13	8,4	6	26,2	30	10,4	10	598	1005	71	20	240	795
B2 Produkte	Low 25 %	6	8,3	3,1	68		4,4	1,9	7,9	0,5	7,4	0,6	40,9	53	9,8	10	21,3	20	13,0	20	183	184	55	18	234	89
und	Mittleren 50 %	114	12,9	2,2	40	49	2,8	1,6	9,8	1,5	10,5	1,6	13,1	14	9,2	6	34,0	62	12,4	12	818	1126	71	20	171	473
Dienstleistu	Top 25 %	40	12,3	1,7	44	39	3,3	4,3	9,6	1,2	10,2	1,9	17,1	23	8,2	8	35,1	91	8,8	10	745	1262	72	23	126	69
B3	Low 25 %	40	12,1	2,5	35	26	3,1	2,1	9,2	1,4	10,2	2,2	14,8	25	9,3	7	46,4	114	14,2	18	1089	1299	74	21	158	125
Ökoeffizienz	Mittleren 50 %	83	12,7	2,3	44	55	3,1	3,2	9,8	1,6	10,5	1,7	14,0	20	7,7	7	25,6	18	10,9	10	843	1146	70	22	188	550
(Klassiert)	Top 25 %	36	13,0	1,9	40	41	2,8	1,6	10,3	0,9	9,9	1,2	17,5	10	11,1	5	41,1	90	10,4	6	299	788	68	19	112	47

Panel 1: ESG vom 31.12.2006 und Kreditrisiken vom 31.12.2009																										
Mittelwertvergleich			Kredit-rating		5 Year CDS		Altman Z-Score		Ln Marktkap-italisierung		Ln Bilanz-summe		Entschul-dungsgrad		ROA		ROE		Umsatz-rendite		Verschul-dungsgrad		Fremdkap-italquote		Current Ratio	
		N	μ	σ	μ	σ	μ	σ	μ	σ	μ	σ	μ	σ	μ	σ	μ	σ	μ	σ	μ	σ	μ	σ	μ	σ
ESG Score	Low 25 % (1)	46	10,9	2,7	144	161	2,3	1,5	9,0	1,4	9,9	1,7	13,7	13	5,8	4	18,0	22	-6,7	36	629	1021	71	20	122	76
(Klassiert)	Mittleren 50% (	92	12,0	2,5	100	80	2,2	2,3	9,4	1,8	10,4	2,0	14,2	18	6,4	7	27,2	79	3,7	21	694	954	70	20	118	64
	Top 25 % (3)	44	11,6	2,1	94	68	2,4	1,3	9,7	1,3	10,2	1,4	16,3	9	6,5	6	19,0	23	2,6	25	398	1090	65	17	132	74
S Rating	Low 25 %	45	10,4	2,7	151	170	2,1	1,3	8,6	1,4	9,3	1,5	14,7	10	5,1	5	17,1	25	-2,8	29	360	648	68	18	133	77
(Klassiert)	Mittleren 50 %	92	11,9	2,4	101	85	2,3	2,3	9,7	1,7	10,4	1,7	14,2	17	6,4	7	25,6	76	-1,0	30	605	866	69	18	119	54
	Top 25 %	45	12,1	2,0	93	60	2,5	1,4	9,7	1,4	10,8	1,9	15,4	15	7,5	6	22,8	22	8,1	14	853	1440	70	22	118	88
U Rating	Low 25 %	45	12,0	2,4	126	117	2,4	1,7	9,1	1,6	10,4	2,1	11,4	14	5,8	5	18,5	25	-3,7	36	977	1270	75	22	114	78
(Klassiert)	Mittleren 50 %	92	11,7	2,6	103	106	2,2	2,2	9,5	1,7	10,4	1,8	15,1	17	6,4	6	27,0	76	3,7	21	617	1030	68	18	120	73
	Top 25 %	45	11,3	2,1	100	70	2,4	1,3	9,5	1,5	9,8	1,3	16,6	10	6,4	7	18,0	24	-0,6	26	211	252	65	16	135	51
A1	Low 25 %	32	11,6	2,6	146	138	1,8	1,0	9,1	1,3	10,4	1,7	10,3	9	2,9	5	13,9	20	-1,3	14	718	1003	73	18	125	69
MA&Zuliefer	Mittleren 50 %	65	12,2	2,2	87	82	2,5	2,6	10,0	1,7	10,6	1,6	16,9	20	7,4	7	31,7	90	5,4	17	729	1189	68	20	127	77
er (Klassiert)	Top 25 %	32	12,3	2,4	83	47	2,5	1,6	9,8	1,2	11,2	2,0	12,2	12	9,0	5	29,0	26	12,6	10	870	1186	76	20	100	63
A2	Low 25 %	33	11,2	2,5	128	134	2,7	3,4	9,3	1,5	10,0	1,5	16,9	23	6,8	9	42,9	124	6,1	8	649	956	70	20	117	71
Gesellschaft	Mittleren 50 %	64	12,4	2,3	93	84	1,9	0,9	9,7	1,7	11,0	1,9	10,4	10	5,8	6	21,0	20	4,0	20	980	1338	75	18	122	80
&Produktver	Top 25 %	32	12,2	2,3	85	55	2,5	1,4	10,1	1,3	10,7	1,6	18,2	16	7,1	5	17,5	20	8,0	9	440	741	66	21	121	57
A3	Low 25 %	32	12,8	2,8	108	124	2,0	1,1	9,6	1,4	10,9	1,9	13,0	11	5,1	5	18,8	22	-0,7	25	655	820	71	19	129	71
Corporate	Mittleren 50 %	65	11,9	2,3	96	86	2,2	1,3	9,7	1,7	10,7	1,8	13,0	14	6,2	6	31,5	94	7,3	10	966	1393	73	19	115	70
Governance	Top 25 %	32	11,7	1,7	93	66	2,9	3,7	9,8	1,4	10,6	1,4	17,3	23	8,1	8	23,4	24	8,1	10	452	687	68	21	121	79
B1	Low 25 %	32	11,8	2,4	143	134	2,1	1,5	9,2	1,4	10,6	1,9	10,7	12	4,8	5	19,4	21	3,1	15	1076	1171	77	20	116	81
Umweltman	Mittleren 50 %	65	12,1	2,5	90	84	2,4	2,7	9,8	1,8	10,7	1,9	15,4	20	7,2	7	32,4	92	5,5	18	752	1243	71	20	117	74
agement	Top 25 %	32	12,3	2,1	76	43	2,3	1,0	10,2	1,1	10,8	1,4	14,7	8	6,3	6	20,2	22	8,0	11	466	772	67	17	130	58
B2 Produkte	Low 25 %	32	12,3	2,4	113	119	1,7	0,9	9,8	1,5	11,1	1,9	10,8	18	6,3	5	24,5	17	3,2	27	1136	1154	78	20	97	76
und	Mittleren 50 %	65	12,3	2,3	87	56	2,0	1,0	9,6	1,7	10,9	1,8	12,2	10	5,5	6	29,4	92	7,0	10	834	1293	71	19	126	70
Dienstleistu	Top 25 %	32	11,4	2,4	105	120	3,1	3,4	9,8	1,4	10,0	1,4	21,3	22	8,1	8	21,3	25	5,0	8	240	355	65	18	130	68
B3	Low 25 %	32	11,7	2,8	145	158	1,9	1,2	9,3	1,4	10,9	2,1	10,1	12	5,8	5	50,9	138	4,6	16	1335	1400	79	20	117	83
Ökoeffizienz	Mittleren 50 %	64	12,2	2,2	82	46	2,5	2,8	9,6	1,8	10,8	1,8	13,0	18	6,3	8	20,4	20	5,8	18	673	823	71	19	113	66
(Klassiert)	Top 25 %	32	12,2	2,2	84	54	2,4	1,2	10,4	1,0	10,4	1,2	19,7	15	6,9	6	16,7	21	6,1	8	375	1225	64	17	138	72

Panel 2: ESG vom 31.12.2008 und Kreditrisiken vom 31.12.2011

Mittelwertvergleich			Kredit-rating		5 Year CDS		Altman Z-Score		Ln Marktkap-italisierung		Ln Bilanz-summe		Entschul-dungsgrad		ROA		ROE		Umsatz-rendite		Verschul-dungsgrad		Fremdkap-italquote		Current Ratio	
		N	μ	σ	μ	σ	μ	σ	μ	σ	μ	σ	μ	σ	μ	σ	μ	σ	μ	σ	μ	σ	μ	σ	μ	σ
ESG Score (Klassiert)	Low 25 % (1)	61	11,2	3,1	276	253	2,2	1,2	8,7	2,1	9,7	2,0	9,0	13	5,6	5	16,1	22	11,8	19	668	869	69	21	133	143
	Mittleren 50% (	123	10,9	2,6	259	248	2,6	2,0	8,9	1,6	10,0	2,0	11,5	14	7,8	6	20,8	25	7,9	28	-622	11695	68	18	118	57
	Top 25 % (3)	61	11,6	2,5	205	194	2,8	1,8	9,8	1,4	10,2	1,5	16,2	15	9,5	7	39,8	107	9,7	9	511	1326	63	18	137	59
S Rating (Klassiert)	Low 25 %	61	10,5	3,2	255	243	2,6	1,5	8,4	2,2	9,1	1,9	12,9	15	6,9	6	17,2	23	9,6	18	392	564	64	20	134	88
	Mittleren 50 %	123	11,0	2,6	252	250	2,5	2,0	9,1	1,6	10,2	1,8	10,9	13	7,4	5	20,9	24	11,2	25	-562	11707	69	17	122	97
	Top 25 %	61	12,0	2,2	235	205	2,7	1,8	9,7	1,4	10,5	1,8	13,6	15	9,5	7	40,9	112	5,2	21	666	1371	66	20	128	62
U Rating (Klassiert)	Low 25 %	61	11,9	2,7	255	189	2,3	1,3	8,8	2,2	10,0	2,4	7,7	12	5,6	5	15,9	20	9,7	17	793	911	73	20	128	143
	Mittleren 50 %	123	11,0	2,7	264	269	2,6	2,0	9,1	1,4	10,1	1,8	12,0	15	7,9	6	20,5	24	7,3	20	-607	11709	66	19	125	63
	Top 25 %	61	11,0	2,6	207	193	2,6	1,7	9,3	1,9	9,8	1,5	16,6	13	9,2	7	39,8	106	13,0	31	355	1009	63	15	128	46
A1 MA&Zulieferer (Klassiert)	Low 25 %	46	11,5	2,6	218	193	3,0	3,0	9,1	1,8	9,9	1,9	13,6	20	7,3	7	20,0	29	12,7	20	541	721	67	21	125	101
	Mittleren 50 %	94	11,6	2,5	222	255	2,4	1,0	9,3	1,5	10,4	1,7	9,7	9	7,2	5	21,4	15	10,9	28	489	697	68	17	120	56
	Top 25 %	46	12,1	2,0	242	196	2,9	2,2	9,7	1,6	10,9	2,0	13,2	17	9,8	8	49,5	139	5,5	24	-1928	19230	70	21	136	145
A2 Gesellschaft &Produktver	Low 25 %	46	11,9	2,3	185	90	2,5	1,2	8,6	1,9	9,4	1,9	10,7	14	6,4	5	14,2	21	14,8	26	549	837	65	20	161	157
	Mittleren 50 %	94	11,7	2,5	240	271	2,4	1,1	9,3	1,4	10,7	1,9	9,0	11	7,1	6	22,5	18	10,3	26	-735	13412	71	19	114	66
	Top 25 %	46	11,7	2,3	221	158	3,5	3,4	10,1	1,4	10,8	1,4	17,5	19	10,2	8	47,3	125	4,8	22	567	1305	66	18	112	46
A3 Corporate Governance	Low 25 %	46	11,3	2,7	295	358	2,4	1,1	8,8	1,6	10,0	1,7	11,7	12	6,5	6	16,2	24	6,1	15	-2551	19074	64	16	140	84
	Mittleren 50 %	94	11,8	2,4	207	162	2,8	2,4	9,6	1,6	10,5	1,9	11,5	15	8,0	6	24,2	17	11,5	30	701	1030	70	19	120	113
	Top 25 %	46	11,8	2,3	209	185	2,9	2,0	9,4	1,6	10,5	1,9	11,4	16	8,6	8	44,9	130	10,8	20	732	1300	69	21	120	63
B1 Umweltmanagement	Low 25 %	47	12,0	2,8	219	204	2,4	1,1	8,6	2,0	10,0	2,1	8,6	12	5,9	5	15,5	21	9,9	18	782	947	72	20	123	98
	Mittleren 50 %	93	11,2	2,4	265	276	2,7	2,3	9,3	1,5	10,2	1,8	11,6	15	7,7	6	22,2	17	11,0	33	-928	13448	67	20	123	110
	Top 25 %	46	12,4	2,0	170	107	2,8	2,0	10,2	1,1	11,1	1,5	14,5	16	9,4	7	46,4	126	8,3	10	691	1538	67	17	130	55
B2 Produkte und Dienstleistu	Low 25 %	46	13,0	2,0	225	103	2,8	1,5	9,3	1,9	10,8	2,5	8,6	15	6,8	6	19,3	25	10,9	26	1052	989	78	20	125	162
	Mittleren 50 %	94	11,6	2,1	224	221	2,5	1,4	9,3	1,5	10,3	1,7	11,5	12	7,6	6	31,8	90	7,7	18	-811	13423	67	18	125	61
	Top 25 %	46	10,8	2,8	234	298	3,0	3,1	9,5	1,5	10,1	1,3	14,5	18	8,6	7	23,5	19	14,2	36	218	169	61	17	125	61
B3 Ökoeffizienz (Klassiert)	Low 25 %	46	11,4	3,1	313	396	2,2	1,1	8,6	1,8	9,8	2,1	7,1	11	5,6	5	15,7	21	10,4	26	660	879	70	21	141	157
	Mittleren 50 %	94	11,7	2,1	217	156	2,8	2,3	9,4	1,5	10,7	1,9	11,7	15	7,4	6	21,7	19	9,9	30	-774	13400	69	20	111	67
	Top 25 %	46	12,1	2,3	177	132	3,0	1,9	9,9	1,4	10,4	1,4	15,7	15	10,1	7	46,1	123	10,0	9	534	1430	65	15	136	58

Panel 3: ESG vom 31.12.2006 und Kreditrisiken vom 31.12.2011

Mittelwertvergleich			Kredit-rating		5 Year CDS		Altman Z-Score		Ln Marktkap-italisierung		Ln Bilanz-summe		Entschul-dungsgrad		ROA		ROE		Umsatz-rendite		Verschul-dungsgrad		Fremdkap-italquote		Current Ratio	
		N	μ	σ	μ	σ	μ	σ	μ	σ	μ	σ	μ	σ	μ	σ	μ	σ	μ	σ	μ	σ	μ	σ	μ	σ
ESG Score (Klassiert)	Low 25 % (1)	41	11,1	2,9	270	250	2,2	1,1	9,2	1,4	10,3	1,7	9,4	7	6,7	4	14,7	34	8,2	17	526	873	71	18	117	62
	Mittleren 50% (	84	11,7	2,4	233	243	2,7	2,4	9,5	1,7	10,6	2,0	12,3	15	8,7	7	24,7	20	10,2	31	-953	14172	69	19	112	55
	Top 25 % (3)	41	11,2	2,3	203	132	2,6	1,5	9,7	1,3	10,5	1,4	15,4	11	8,3	6	44,4	130	9,6	20	617	1541	64	18	123	63
S Rating (Klassiert)	Low 25 %	41	10,0	3,0	228	221	2,2	1,2	8,6	1,5	9,5	1,5	10,8	8	6,4	5	14,8	33	10,4	25	316	650	66	18	128	58
	Mittleren 50 %	84	11,9	2,4	223	242	2,7	2,4	9,8	1,5	10,7	1,7	13,0	15	8,7	6	24,7	19	11,7	27	510	710	67	18	117	55
	Top 25 %	41	11,8	1,8	259	182	2,5	1,5	9,6	1,4	11,1	1,8	12,5	12	9,0	6	51,5	148	4,4	25	-2170	20384	71	21	100	65
U Rating (Klassiert)	Low 25 %	41	12,2	2,5	255	210	2,2	1,2	9,3	1,6	10,8	2,0	7,5	8	6,9	5	14,7	38	8,4	14	-2379	20308	75	21	109	63
	Mittleren 50 %	84	11,5	2,4	235	255	2,5	2,3	9,6	1,5	10,6	1,8	12,3	14	7,9	6	23,0	18	7,3	20	579	955	68	18	113	61
	Top 25 %	41	10,8	2,6	209	139	2,7	1,6	9,5	1,5	10,0	1,3	17,0	13	9,3	7	45,3	129	15,3	41	385	1222	61	15	128	49
A1 MA&Zulieferer (Klassiert)	Low 25 %	29	11,6	2,4	245	214	2,3	1,1	9,3	1,4	10,6	1,6	9,0	9	6,2	6	20,4	14	5,3	6	579	757	72	17	124	54
	Mittleren 50 %	60	12,3	2,2	208	252	2,8	2,7	10,1	1,4	11,0	1,5	13,5	17	9,1	7	25,9	20	9,9	10	726	1096	69	19	115	63
	Top 25 %	29	11,8	1,9	255	190	2,4	1,3	9,7	1,3	11,3	1,9	11,2	9	9,0	4	68,7	183	3,5	29	-3515	24204	74	20	91	49
A2 Gesellschaft &Produktver	Low 25 %	29	11,5	2,2	176	105	3,0	3,5	9,4	1,5	10,3	1,4	13,9	20	8,0	7	24,1	22	8,1	9	421	509	69	17	113	62
	Mittleren 50 %	60	12,2	2,2	242	268	2,3	1,0	9,9	1,4	11,3	1,8	8,9	8	7,8	6	26,1	20	8,6	9	-1266	16822	75	18	112	64
	Top 25 %	29	12,1	2,2	239	185	2,6	1,3	10,0	1,3	11,0	1,5	15,8	13	9,3	6	55,4	164	3,6	28	765	1569	66	20	107	43
A3 Corporate Governance	Low 25 %	29	12,6	2,7	207	136	2,2	1,0	9,7	1,4	11,2	1,8	10,3	8	6,7	5	21,4	20	6,5	8	665	796	72	18	114	56
	Mittleren 50 %	60	12,0	2,1	242	260	2,5	1,2	9,8	1,4	11,0	1,8	9,7	10	8,1	5	25,0	17	6,7	21	-1355	16809	72	19	114	60
	Top 25 %	29	11,5	1,6	215	222	3,1	3,8	9,9	1,4	10,7	1,3	17,9	21	10,0	8	58,8	161	9,1	10	705	1513	67	20	103	59
B1 Umweltmanagement	Low 25 %	29	11,8	2,5	292	214	2,2	1,3	9,2	1,4	10,9	1,8	5,9	6	6,1	6	21,2	19	7,3	10	963	984	77	19	113	64
	Mittleren 50 %	62	12,0	2,2	224	261	2,7	2,7	9,9	1,5	11,0	1,7	13,6	16	8,5	7	41,1	116	6,3	21	-1313	16549	71	19	112	65
	Top 25 %	27	12,3	1,9	181	118	2,5	1,1	10,2	1,0	11,1	1,4	14,0	12	9,6	6	27,0	19	9,1	8	439	801	66	15	108	33
B2 Produkte und Dienstleistu	Low 25 %	29	12,6	2,4	244	186	1,7	0,6	10,0	1,4	11,6	1,7	6,4	7	7,0	5	24,0	12	7,0	27	1144	1030	80	18	93	60
	Mittleren 50 %	60	12,1	2,0	200	156	2,3	0,8	9,7	1,4	11,1	1,7	10,8	9	7,7	6	24,0	20	7,7	9	-1503	16783	70	18	119	57
	Top 25 %	29	11,4	2,4	281	382	3,4	3,6	9,8	1,4	10,2	1,3	19,3	21	10,1	8	55,6	155	6,6	13	532	1461	64	18	115	59
B3 Ökoeffizienz (Klassiert)	Low 25 %	29	11,7	2,8	336	388	2,1	1,2	9,4	1,5	11,2	2,0	7,1	8	6,6	5	25,1	22	10,0	9	-3376	24203	79	19	110	58
	Mittleren 50 %	59	12,3	1,9	206	132	2,9	2,9	9,8	1,4	10,9	1,7	13,3	16	8,6	7	23,7	18	5,2	21	596	736	69	19	105	56
	Top 25 %	29	12,0	2,0	175	136	2,4	1,0	10,3	1,1	10,9	1,2	13,5	11	8,9	6	54,2	155	9,2	8	703	1787	65	16	127	63

Tabelle A.10: Mittelwertvergleiche der Stichproben von oekom
Quelle: Eigene Berechnung.

**. Die Korrelation ist auf dem Niveau von 0,01 (2-seitig) signifikant.
*. Die Korrelation ist auf dem Niveau von 0,05 (2-seitig) signifikant.

Korrelationen 2011

		Kredit-rating	5 Year CDS	Altman Z-Score	Ln Marktkap-italisierung	Ln Bilanz-summe	Entschul-dungsgrad	ROA	ROE	Umsatz-rendite	Verschul-dungsgrad	FK-quote	Current Ratio
ESG Score	Korrelation	-,091	-,044	,013	,195**	-,023	,088	,123*	,121*	-,024	-,039	-,204**	,028
	Signifikanz	,210	,574	,850	,000	,684	,115	,038	,041	,666	,481	,000	,615
	N	191	168	218	319	325	322	284	285	313	325	325	324
S Rating	Korrelation	-,054	,017	,025	,127*	,007	,091	,095	,163**	-,053	-,018	-,062	,048
	Signifikanz	,457	,830	,710	,023	,899	,101	,111	,006	,354	,740	,264	,384
A1 MA& Zulieferer	Korrelation	,027	,078	-,002	,177**	,104	,003	,064	,143*	-,034	-,038	-,002	,030
	Signifikanz	,716	,339	,980	,002	,072	,957	,305	,021	,564	,512	,974	,605
A2Gesellschaft& Produktverantwortung	Korrelation	-,092	-,070	,028	,167**	,007	,136*	,115	,156*	-,063	,010	-,139*	-,007
	Signifikanz	,222	,386	,695	,004	,910	,019	,064	,012	,284	,868	,016	,909
A3 Corporate Governance	Korrelation	-,017	,002	,051	-,049	-,067	,072	,049	,135*	-,008	-,039	,008	,102
	Signifikanz	,824	,980	,483	,401	,250	,214	,433	,029	,899	,496	,893	,079
U Rating	Korrelation	-,082	-,090	-,011	,201**	-,043	,068	,123*	,067	,000	-,047	-,259**	,009
	Signifikanz	,257	,246	,873	,000	,444	,222	,038	,257	,995	,398	,000	,865
B1 Umweltmanagement	Korrelation	,014	-,060	-,032	,355**	,207**	,007	,141*	,142*	-,061	-,004	-,150**	,050
	Signifikanz	,849	,462	,653	,000	,000	,899	,023	,022	,299	,951	,009	,390
B2 Produkte und Dienstleistungen	Korrelation	-,165*	-,048	-,109	,046	-,136*	,035	-,036	-,002	,025	-,070	-,236**	-,042
	Signifikanz	,028	,558	,132	,436	,018	,548	,562	,969	,672	,227	,000	,467
B3 Ökoeffizienz	Korrelation	,137	-,192*	,102	,290**	,067	,082	,202**	,057	,009	-,005	-,202**	-,002
	Signifikanz	,068	,017	,156	,000	,244	,156	,001	,359	,873	,934	,000	,969
Klimarisiko Index	Korrelation	,094	,071	-,258**	-,045	,112*	-,171**	-,274**	-,112	-,001	,005	,135*	-,073
	Signifikanz	,198	,365	,000	,429	,047	,002	,000	,063	,989	,925	,017	,198
Physische Risiken	Korrelation	-,114	-,051	-,179**	-,031	-,199**	,053	-,071	-,061	,001	,021	-,272**	,030
	Signifikanz	,120	,511	,010	,593	,000	,352	,243	,315	,988	,714	,000	,591
Regulatorische Risiken	Korrelation	-,168*	-,048	-,193**	-,093	-,223**	,005	-,189**	-,064	,018	,029	-,198**	,116*
	Signifikanz	,021	,538	,005	,103	,000	,923	,002	,292	,756	,604	,000	,040
Marktpreis risiken	Korrelation	-,223**	-,111	-,182**	-,040	-,314**	,084	-,035	-,081	,040	,024	-,401**	,113*
	Signifikanz	,002	,155	,008	,480	,000	,138	,562	,182	,486	,670	,000	,046
Marktrisiken	Korrelation	-,187*	,092	-,182**	-,141*	-,225**	-,046	-,162**	-,064	,083	,013	-,126*	,040
	Signifikanz	,010	,242	,008	,013	,000	,414	,007	,293	,151	,824	,025	,476
Rechtsrisiken	Korrelation	-,029	,133	-,251**	-,112*	,023	-,119*	-,250**	-,065	-,004	,010	,091	-,046
	Signifikanz	,695	,088	,000	,049	,686	,035	,000	,281	,946	,857	,106	,416
Reputations risiken	Korrelation	,207**	,219**	-,248**	-,052	,248**	-,217**	-,230**	-,050	,044	-,023	,356**	-,167**
	Signifikanz	,004	,005	,000	,364	,000	,000	,000	,404	,449	,687	,000	,003
	N	188	165	209	309	315	312	275	276	304	315	315	314

Korrelationen 2010

		Kredit-rating	5 Year CDS	Altman Z-Score	Ln Marktkap-italisierung	Ln Bilanz-summe	Entschul-dungsgrad	ROA	ROE	Umsatz-rendite	Verschul-dungsgrad	FK-quote	Current Ratio
ESG Score	Korrelation	-,072	-,086	-,015	,251**	,049	,103	,158**	,126*	-,066	-,211**	-,188**	,036
	Signifikanz	,344	,278	,831	,000	,388	,072	,009	,037	,253	,000	,001	,528
	N	176	162	214	303	312	307	272	274	307	312	312	311
S Rating	Korrelation	,007	-,025	-,029	,213**	,104	,072	,123*	,171**	-,062	-,070	-,066	,031
	Signifikanz	,928	,749	,674	,000	,067	,210	,043	,005	,277	,215	,243	,580
A1 MA& Zulieferer	Korrelation	-,017	-,005	-,031	,150*	,039	,037	,110	,141*	-,076	-,073	-,083	,059
	Signifikanz	,832	,957	,684	,015	,521	,544	,095	,032	,214	,230	,172	,337
A2Gesellschaft& Produktverantwortung	Korrelation	-,010	-,054	-,032	,264**	,168**	,083	,115	,170**	-,085	-,086	-,063	-,064
	Signifikanz	,905	,523	,675	,000	,005	,177	,080	,009	,165	,159	,299	,298
A3 Corporate Governance	Korrelation	,060	-,113	,028	,014	-,040	,048	,083	,155*	,015	,043	-,021	,116
	Signifikanz	,459	,180	,715	,821	,507	,433	,211	,018	,810	,477	,734	,056
U Rating	Korrelation	-,113	-,120	-,015	,219**	,000	,110	,148*	,074	-,057	-,274**	-,226**	,027
	Signifikanz	,135	,128	,822	,000	,996	,055	,015	,222	,320	,000	,000	,639
B1 Umweltmanagement	Korrelation	-,011	-,150	-,078	,330**	,189**	,037	,156*	,176**	-,051	-,161**	-,145*	,091
	Signifikanz	,889	,075	,306	,000	,002	,547	,018	,007	,406	,008	,017	,135
B2 Produkte und Dienstleistungen	Korrelation	-,174*	-,099	-,077	,103	-,052	,063	-,006	,017	-,005	-,239**	-,225**	-,024
	Signifikanz	,030	,241	,315	,097	,392	,304	,927	,802	,937	,000	,000	,690
B3 Ökoeffizienz	Korrelation	,087	-,193*	,095	,303**	,091	,157*	,237**	,038	-,086	-,136*	-,124*	,031
	Signifikanz	,283	,021	,215	,000	,135	,010	,000	,569	,163	,025	,041	,611
Klimarisiko Index	Korrelation	,108	,030	-,266**	-,022	,115*	-,176**	-,249**	-,108	,020	-,081	,116*	-,066
	Signifikanz	,156	,703	,000	,712	,046	,002	,000	,079	,729	,161	,045	,254
Physische Risiken	Korrelation	-,145	-,053	-,193**	-,024	-,189**	,073	-,058	-,085	-,059	-,437**	-,293**	,089
	Signifikanz	,057	,510	,006	,683	,001	,210	,352	,170	,314	,000	,000	,126
Regulatorische Risiken	Korrelation	-,179*	-,094	-,206**	-,100	-,234**	,023	-,177**	-,071	-,041	-,365**	-,210**	,179**
	Signifikanz	,018	,241	,003	,086	,000	,688	,004	,249	,479	,000	,000	,002
Marktpreis risiken	Korrelation	-,253**	-,130	-,183**	-,034	-,316**	,120*	-,013	-,106	-,044	-,541**	-,412**	,182**
	Signifikanz	,001	,103	,009	,563	,000	,039	,837	,085	,447	,000	,000	,002
Marktrisiken	Korrelation	-,177*	-,004	-,178*	-,138*	-,226**	,002	-,142*	-,063	,095	-,314**	-,135*	,042
	Signifikanz	,020	,958	,011	,018	,000	,978	,022	,308	,102	,000	,019	,473
Rechtsrisiken	Korrelation	,010	,077	-,266**	-,083	,033	-,133*	-,247**	-,060	,015	-,106	,069	-,045
	Signifikanz	,895	,338	,000	,158	,572	,022	,000	,330	,803	,067	,235	,441
Reputations risiken	Korrelation	,227**	,157*	-,266**	-,012	,257**	-,262**	-,224**	-,034	,159**	,160**	,335**	-,229**
	Signifikanz	,003	,049	,000	,835	,000	,000	,000	,581	,006	,005	,000	,000
	N	173	159	204	293	301	296	262	264	296	301	301	300

Korrelationen 2009

		Kredit-rating	5 Year CDS	Altman Z-Score	Ln Marktkap-italisierung	Ln Bilanz-summe	Entschul-dungsgrad	ROA	ROE	Umsatz-rendite	Verschul-dungsgrad	FK-quote	Current Ratio
ESG Score	Korrelation	,088	-,040	,025	,464**	,338**	,084	,164**	,102	,148**	-,103	-,067	-,055
	Signifikanz	,251	,608	,693	,000	,000	,121	,004	,074	,007	,054	,214	,306
	N	173	166	242	335	348	342	309	311	333	348	348	346
S Rating	Korrelation	,166*	-,084	-,005	,423**	,366**	,052	,128*	,056	,160**	-,013	,001	-,056
	Signifikanz	,029	,285	,938	,000	,000	,341	,024	,327	,003	,810	,984	,297
A1 MA& Zulieferer	Korrelation	,152	-,112	-,040	,349**	,310**	,002	,088	,031	,134*	-,004	,007	-,064
	Signifikanz	,063	,181	,584	,000	,000	,968	,163	,616	,024	,943	,904	,277
A2Gesellschaft& Produktverantwortung	Korrelation	,137	-,137	,065	,482**	,393**	,102	,191**	,127*	,200**	-,038	,005	-,115*
	Signifikanz	,095	,101	,372	,000	,000	,084	,002	,043	,001	,520	,938	,049
A3 Corporate Governance	Korrelation	,138	-,037	-,008	,215**	,198**	,010	,077	-,001	,068	,059	,032	,044
	Signifikanz	,091	,658	,910	,000	,001	,866	,222	,986	,255	,312	,585	,454
U Rating	Korrelation	,013	,001	,019	,430**	,283**	,080	,152**	,155**	,107	-,150**	-,093	-,059
	Signifikanz	,866	,988	,773	,000	,000	,142	,008	,006	,050	,005	,083	,276
B1 Umweltmanagement	Korrelation	,147	-,164*	,015	,521**	,422**	,058	,174**	,168**	,172**	-,065	-,030	-,049
	Signifikanz	,071	,049	,834	,000	,000	,329	,005	,007	,004	,265	,614	,403
B2 Produkte und Dienstleistungen	Korrelation	-,040	,014	,046	,338**	,200**	,083	,119	,197**	,033	-,159**	-,146*	-,098
	Signifikanz	,623	,871	,532	,000	,001	,161	,058	,002	,579	,006	,012	,096
B3 Ökoeffizienz	Korrelation	,122	-,162	,021	,426**	,279**	,033	,143*	,039	,155**	-,067	-,012	-,048
	Signifikanz	,137	,052	,776	,000	,000	,574	,023	,537	,009	,255	,839	,413
Klimarisiko Index	Korrelation	,137	-,044	-,230**	,028	,157**	-,160**	-,157**	-,117*	-,065	-,052	,139*	-,115*
	Signifikanz	,076	,580	,000	,610	,004	,004	,006	,042	,248	,344	,010	,036
Physische Risiken	Korrelation	-,093	,022	-,155*	,012	-,141**	,015	-,041	-,018	,022	-,414**	-,242**	,033
	Signifikanz	,227	,784	,018	,826	,009	,780	,485	,752	,699	,000	,000	,541
Regulatorische Risiken	Korrelation	-,140	,041	-,195**	-,107	-,200**	,010	-,164**	-,145*	-,117*	-,361**	-,168**	,096
	Signifikanz	,069	,601	,003	,054	,000	,856	,005	,012	,035	,000	,002	,078
Marktpreis risiken	Korrelation	-,205**	,022	-,156*	-,044	-,281**	,061	-,052	-,069	-,078	-,525**	-,347**	,116*
	Signifikanz	,007	,785	,017	,428	,000	,270	,375	,231	,159	,000	,000	,034
Marktrisiken	Korrelation	-,146	,007	-,199**	-,184**	-,229**	-,048	-,190**	-,201**	-,249**	-,322**	-,119*	,014
	Signifikanz	,057	,932	,002	,001	,000	,388	,001	,000	,000	,000	,029	,792
Rechtsrisiken	Korrelation	,045	,024	-,236**	-,026	,093	-,105	-,160**	-,106	-,077	-,087	,090	-,099
	Signifikanz	,560	,762	,000	,636	,089	,055	,006	,065	,170	,110	,099	,070
Reputations risiken	Korrelation	,242**	-,059	-,243**	,038	,273**	-,215**	-,145*	-,090	-,079	,170**	,321**	-,225**
	Signifikanz	,001	,455	,000	,496	,000	,000	,012	,119	,159	,002	,000	,000
	N	170	163	233	325	337	331	299	301	323	337	337	335

Korrelationen 2008

		Kredit-rating	5 Year CDS	Altman Z-Score	Ln Marktkap-italisierung	Ln Bilanz-summe	Entschul-dungsgrad	ROA	ROE	Umsatz-rendite	Verschul-dungsgrad	FK-quote	Current Ratio
ESG Score	Korrelation	,208**	-,108	-,020	,508**	,398**	,102	,158**	-,004	,112*	-,022	,008	-,027
	Signifikanz	,008	,174	,760	,000	,000	,064	,006	,944	,046	,682	,882	,616
	N	161	161	238	323	338	332	305	306	316	338	338	337
S Rating	Korrelation	,335**	-,187*	-,043	,519**	,497**	,032	,126*	,037	,117*	,090	,108*	,003
	Signifikanz	,000	,017	,507	,000	,000	,562	,028	,520	,037	,099	,046	,955
A1 MA& Zulieferer	Korrelation	,351**	-,317**	-,017	,447**	,463**	,045	,105	,044	,035	,152*	,115	-,010
	Signifikanz	,000	,000	,827	,000	,000	,472	,111	,503	,585	,014	,062	,872
A2Gesellschaft& Produktverantwortung	Korrelation	,240**	-,210*	,040	,613**	,507**	,126*	,209**	,019	,154*	,018	,076	-,016
	Signifikanz	,005	,015	,606	,000	,000	,044	,001	,771	,016	,767	,221	,791
A3 Corporate Governance	Korrelation	,138	-,068	,011	,325**	,297**	-,002	,145*	,072	,124	,118	,115	,079
	Signifikanz	,113	,431	,884	,000	,000	,979	,028	,274	,052	,055	,064	,201
U Rating	Korrelation	,076	-,039	-,015	,429**	,280**	,134*	,148**	-,084	,088	-,138*	-,053	-,048
	Signifikanz	,338	,626	,814	,000	,000	,015	,010	,145	,117	,011	,333	,377
B1 Umweltmanagement	Korrelation	,240**	-,234**	,023	,611**	,486**	,121	,211**	-,056	,123	-,044	,016	-,022
	Signifikanz	,005	,006	,763	,000	,000	,053	,001	,393	,055	,478	,801	,718
B2 Produkte und Dienstleistungen	Korrelation	-,013	-,017	,012	,433**	,278**	,123*	,118	-,158*	,071	-,201**	-,076	-,056
	Signifikanz	,885	,848	,873	,000	,000	,049	,074	,015	,267	,001	,217	,368
B3 Ökoeffizienz	Korrelation	,250**	-,225**	,066	,440**	,270**	,163**	,187**	,063	,069	,004	-,069	-,054
	Signifikanz	,004	,009	,391	,000	,000	,009	,004	,336	,281	,952	,266	,383
Klimarisiko Index	Korrelation	,226**	-,034	-,117	,051	,172**	-,036	-,075	,095	,008	,058	,128*	-,045
	Signifikanz	,004	,671	,077	,371	,002	,523	,196	,102	,884	,291	,021	,421
Physische Risiken	Korrelation	-,068	-,020	-,043	,011	-,152**	,191**	,045	,031	-,010	-,236**	-,267**	-,117*
	Signifikanz	,396	,806	,516	,840	,006	,001	,442	,597	,861	,000	,000	,035
Regulatorische Risiken	Korrelation	-,037	,138	-,086	-,082	-,178**	,111*	-,044	,087	-,010	-,154**	-,167**	-,035
	Signifikanz	,648	,083	,191	,149	,001	,047	,453	,134	,855	,005	,002	,524
Marktpreis risiken	Korrelation	-,165*	,076	-,009	-,026	-,279**	,216**	,061	,064	-,039	-,284**	-,359**	-,115*
	Signifikanz	,038	,345	,888	,642	,000	,000	,295	,274	,499	,000	,000	,038
Marktrisiken	Korrelation	-,095	,120	-,133*	-,184**	-,228**	-,029	-,115*	,097	-,113*	-,102	-,144**	-,104
	Signifikanz	,236	,134	,044	,001	,000	,603	,047	,094	,049	,064	,009	,061
Rechtsrisiken	Korrelation	,144	,072	-,152*	,005	,117*	-,030	-,070	,058	,003	,002	,083	-,053
	Signifikanz	,070	,367	,021	,929	,034	,593	,230	,322	,963	,976	,135	,344
Reputations risiken	Korrelation	,307**	-,109	-,195**	,053	,285**	-,169**	-,086	,058	-,037	,170**	,294**	-,108
	Signifikanz	,000	,171	,003	,346	,000	,002	,142	,316	,520	,002	,000	,052
	N	158	158	230	314	328	322	296	297	307	328	328	327

Korrelationen 2007		Kredit-rating	5 Year CDS	Altman Z-Score	Ln Marktkap-italisierung	Ln Bilanz-summe	Entschul-dungsgrad	ROA	ROE	Umsatz-rendite	Verschul-dungsgrad	FK-quote	Current Ratio
ESG Score	Korrelation	,039	-,042	-,063	,389**	,214**	,146*	,141*	,003	-,195**	-,133*	-,078	-,018
	Signifikanz	,627	,618	,393	,000	,000	,015	,027	,957	,001	,026	,195	,764
	N	161	145	184	259	279	277	245	246	274	279	279	278
S Rating	Korrelation	,192*	-,108	-,087	,433**	,390**	,060	,103	-,002	-,070	,035	,065	-,048
	Signifikanz	,014	,198	,240	,000	,000	,318	,106	,979	,249	,555	,278	,430
A1 MA& Zulieferer	Korrelation	,227**	-,156	-,023	,342**	,352**	,026	,158*	-,012	-,045	,066	,104	,009
	Signifikanz	,009	,086	,804	,000	,000	,708	,035	,871	,524	,345	,136	,899
A2Gesellschaft& Produktverantwortung	Korrelation	,009	-,101	,127	,455**	,231**	,219**	,277**	,086	-,139*	-,004	,009	,018
	Signifikanz	,917	,270	,169	,000	,001	,002	,000	,254	,048	,960	,896	,796
A3 Corporate Governance	Korrelation	-,129	-,094	,011	,148*	,108	,016	,126	,006	-,027	-,008	,015	-,045
	Signifikanz	,143	,304	,909	,041	,120	,818	,093	,941	,706	,906	,829	,516
U Rating	Korrelation	-,087	,019	-,046	,275**	,062	,177**	,130*	,023	-,245**	-,222**	-,143*	-,002
	Signifikanz	,273	,821	,532	,000	,302	,003	,042	,722	,000	,000	,017	,971
B1 Umweltmanagement	Korrelation	,037	-,184*	,052	,480**	,253**	,152*	,224**	-,003	-,145*	-,160*	-,105	,043
	Signifikanz	,677	,043	,573	,000	,000	,029	,003	,968	,038	,022	,131	,541
B2 Produkte und Dienstleistungen	Korrelation	-,147	-,036	,082	,267**	,022	,198**	,195**	,000	-,303**	-,248**	-,161*	,018
	Signifikanz	,095	,693	,378	,000	,750	,004	,009	,999	,000	,000	,021	,799
B3 Ökoeffizienz	Korrelation	,070	-,120	,060	,384**	,037	,171*	,273**	,129	-,159*	-,147*	-,111	,042
	Signifikanz	,428	,186	,520	,000	,601	,014	,000	,085	,023	,035	,111	,553
Klimarisiko Index	Korrelation	,219**	-,190*	-,121	,036	,184**	-,019	-,089	,102	,013	,006	,047	-,078
	Signifikanz	,006	,023	,108	,574	,002	,761	,173	,114	,833	,923	,438	,201
Physische Risiken	Korrelation	-,100	-,024	-,078	,042	-,172**	,213**	,136*	,041	-,100	-,380**	-,324**	-,024
	Signifikanz	,211	,771	,302	,507	,005	,000	,035	,527	,105	,000	,000	,699
Regulatorische Risiken	Korrelation	-,078	-,117	-,133	-,041	-,141*	,142*	-,043	,090	-,019	-,280**	-,211**	,038
	Signifikanz	,327	,161	,077	,517	,021	,020	,508	,168	,762	,000	,000	,533
Marktpreis risiken	Korrelation	-,212**	-,048	-,081	,013	-,303**	,246**	,153*	,072	-,053	-,453**	-,415**	,013
	Signifikanz	,008	,567	,280	,832	,000	,000	,018	,266	,393	,000	,000	,833
Marktrisiken	Korrelation	-,131	-,048	-,068	-,122	-,179**	,089	-,070	,093	,028	-,223**	-,215**	-,015
	Signifikanz	,100	,564	,369	,053	,003	,146	,281	,151	,653	,000	,000	,804
Rechtsrisiken	Korrelation	,133	-,070	-,149*	-,037	,103	-,010	-,094	,055	-,002	-,055	,014	-,054
	Signifikanz	,096	,402	,047	,563	,090	,877	,148	,393	,974	,365	,815	,377
Reputations risiken	Korrelation	,325**	-,120	-,183*	,016	,305**	-,181**	-,136*	,066	,118	,207**	,240**	-,160**
	Signifikanz	,000	,153	,014	,803	,000	,003	,035	,311	,054	,001	,000	,009
	N	158	144	178	252	270	268	238	239	265	270	270	269

Korrelationen 2006		Kredit-rating	5 Year CDS	Altman Z-Score	Ln Marktkap-italisierung	Ln Bilanz-summe	Entschul-dungsgrad	ROA	ROE	Umsatz-rendite	Verschul-dungsgrad	FK-quote	Current Ratio
ESG Score	Korrelation	,138	-,117	-,106	,285**	,176**	-,010	-,023	-,152*	-,056	-,155*	-,073	-,031
	Signifikanz	,072	,163	,172	,000	,005	,877	,730	,022	,373	,013	,250	,627
	N	170	143	168	224	254	253	224	225	252	254	254	252
S Rating	Korrelation	,251**	-,137	-,060	,274**	,328**	-,043	-,023	-,128	-,032	,025	,022	-,024
	Signifikanz	,001	,104	,436	,000	,000	,492	,736	,056	,619	,691	,730	,701
A1 MA& Zulieferer	Korrelation	,072	-,068	-,038	,106	,107	-,103	,026	-,043	,044	-,021	,002	-,112
	Signifikanz	,416	,473	,704	,191	,160	,175	,757	,601	,564	,786	,978	,143
A2Gesellschaft& Produktverantwortung	Korrelation	,145	-,095	-,085	,175*	,105	-,061	,074	,057	-,014	,054	,010	-,033
	Signifikanz	,098	,314	,387	,030	,168	,424	,369	,490	,854	,481	,898	,669
A3 Corporate Governance	Korrelation	-,065	,021	,067	,067	-,011	,004	,123	-,072	-,030	-,122	-,010	-,063
	Signifikanz	,463	,827	,498	,408	,880	,956	,138	,385	,700	,107	,893	,407
U Rating	Korrelation	,023	-,106	-,152*	,223**	,032	-,009	-,032	-,124	-,067	-,251**	-,098	-,051
	Signifikanz	,769	,207	,050	,001	,615	,881	,630	,064	,293	,000	,119	,425
B1 Umweltmanagement	Korrelation	,040	-,195*	-,002	,260**	,008	-,005	,117	-,045	-,136	-,263**	-,137	-,101
	Signifikanz	,650	,037	,987	,001	,915	,953	,156	,586	,074	,000	,070	,186
B2 Produkte und Dienstleistungen	Korrelation	-,118	,011	,009	,100	-,106	,040	,109	-,103	-,220**	-,289**	-,123	-,103
	Signifikanz	,181	,906	,925	,219	,163	,602	,187	,211	,004	,000	,105	,177
B3 Ökoeffizienz	Korrelation	,096	-,071	-,030	,322**	-,078	,086	,212*	,096	-,097	-,259**	-,103	,015
	Signifikanz	,277	,454	,759	,000	,307	,261	,010	,244	,208	,001	,175	,846
Klimarisiko Index	Korrelation	,220**	-,303**	-,232**	,063	,254**	-,166**	-,146*	-,005	,043	-,031	,095	-,115
	Signifikanz	,004	,000	,003	,355	,000	,009	,030	,941	,502	,627	,133	,071
Physische Risiken	Korrelation	-,072	,032	-,116	,050	-,211**	,147*	,121	-,042	-,083	-,477**	-,303**	-,017
	Signifikanz	,355	,702	,139	,459	,001	,020	,074	,534	,193	,000	,000	,796
Regulatorische Risiken	Korrelation	-,010	-,075	-,210**	,035	-,068	,038	-,103	,005	,061	-,331**	-,159*	,023
	Signifikanz	,894	,375	,007	,605	,288	,556	,128	,939	,335	,000	,012	,722
Marktpreis risiken	Korrelation	-,137	,037	-,142	,062	-,298**	,165**	,115	-,013	,016	-,542**	-,368**	,010
	Signifikanz	,077	,663	,071	,363	,000	,009	,089	,849	,806	,000	,000	,878
Marktrisiken	Korrelation	-,106	-,068	-,183*	-,022	-,082	-,029	-,153*	,009	,199**	-,270**	-,172**	-,078
	Signifikanz	,169	,423	,019	,742	,197	,644	,023	,896	,002	,000	,006	,220
Rechtsrisiken	Korrelation	,141	-,166*	-,215**	,010	,205**	-,111	-,128	,020	,057	-,039	,080	-,103
	Signifikanz	,068	,049	,006	,881	,001	,079	,058	,769	,372	,540	,207	,104
Reputations risiken	Korrelation	,299**	-,285**	-,224**	,040	,387**	-,244**	-,126	,061	,168**	,256**	,271**	-,209**
	Signifikanz	,000	,001	,004	,555	,000	,000	,063	,370	,008	,000	,000	,001
	N	169	141	164	220	250	249	220	221	248	250	250	248

Korrelationen 2005

		Kredit-rating	5 Year CDS	Altman Z-Score	Ln Marktkap-italisierung	Ln Bilanz-summe	Entschul-dungsgrad	ROA	ROE	Umsatz-rendite	Verschul-dungsgrad	FK-quote	Current Ratio
ESG Score	Korrelation	,153*	-,064	-,137	,327**	,178**	,019	-,062	,063	-,005	-,068	-,122	,023
	Signifikanz	,048	,451	,078	,000	,004	,765	,348	,341	,937	,280	,052	,716
	N	169	140	166	219	256	253	228	228	251	256	256	254
S Rating	Korrelation	,260**	-,172*	-,061	,342**	,323**	-,026	-,079	,054	,012	,073	-,052	,028
	Signifikanz	,001	,043	,436	,000	,000	,683	,234	,421	,845	,246	,410	,658
A1 MA& Zulieferer	Korrelation	,184*	-,117	-,034	,145	,312**	-,125	-,001	,048	,166*	,008	,039	,019
	Signifikanz	,045	,230	,746	,095	,000	,121	,994	,585	,039	,919	,629	,809
A2Gesellschaft& Produktverantwortung	Korrelation	,116	-,054	-,107	,089	,065	-,109	-,046	,097	-,024	,087	,031	-,094
	Signifikanz	,208	,578	,308	,306	,414	,175	,595	,267	,768	,273	,694	,242
A3 Corporate Governance	Korrelation	-,014	-,197*	,050	,140	,027	,003	,032	,114	,101	-,069	-,023	,058
	Signifikanz	,882	,041	,637	,108	,738	,972	,718	,188	,208	,389	,769	,473
U Rating	Korrelation	,044	,009	-,191*	,257**	,045	,026	-,052	,054	-,015	-,165**	-,130*	-,008
	Signifikanz	,569	,916	,014	,000	,476	,686	,438	,418	,814	,008	,038	,900
B1 Umweltmanagement	Korrelation	,095	-,078	-,032	,146	,062	-,046	,002	,054	-,077	-,146	-,050	,031
	Signifikanz	,304	,421	,760	,093	,438	,568	,979	,539	,340	,066	,531	,703
B2 Produkte und Dienstleistungen	Korrelation	-,029	,063	-,028	-,010	,008	,009	-,027	,034	-,120	-,082	-,019	,003
	Signifikanz	,757	,517	,794	,907	,922	,913	,753	,696	,136	,303	,813	,975
B3 Ökoeffizienz	Korrelation	,078	,067	-,023	,298**	-,124	,136	,252**	,012	-,096	-,308**	-,150	-,091
	Signifikanz	,398	,494	,827	,001	,120	,092	,003	,890	,235	,000	,060	,259
Klimarisiko Index	Korrelation	,213**	-,186*	-,261**	,085	,275**	-,180**	-,188**	-,103	,050	-,039	,134*	-,146*
	Signifikanz	,006	,029	,001	,215	,000	,004	,005	,126	,434	,538	,034	,021
Physische Risiken	Korrelation	-,018	,006	-,201*	,085	-,175**	,139*	,070	-,046	-,095	-,488**	-,284**	-,038
	Signifikanz	,814	,942	,010	,217	,005	,029	,296	,494	,138	,000	,000	,554
Regulatorische Risiken	Korrelation	,039	,013	-,194*	,084	-,044	,043	-,096	-,097	,025	-,363**	-,153*	-,073
	Signifikanz	,619	,882	,014	,221	,488	,501	,152	,149	,699	,000	,015	,253
Marktpreis risiken	Korrelation	-,101	,036	-,193*	,102	-,271**	,171**	,105	-,046	-,023	-,572**	-,352**	-,050
	Signifikanz	,195	,676	,014	,135	,000	,007	,119	,499	,717	,000	,000	,435
Marktrisiken	Korrelation	-,088	,046	-,155*	,005	-,056	-,016	-,128	-,148*	,145*	-,346**	-,166**	-,132*
	Signifikanz	,258	,594	,049	,939	,376	,798	,055	,027	,023	,000	,008	,038
Rechtsrisiken	Korrelation	,157*	-,071	-,197*	,030	,222**	-,115	-,157*	-,094	,054	-,075	,080	-,085
	Signifikanz	,042	,410	,012	,659	,000	,071	,019	,160	,401	,239	,205	,182
Reputations risiken	Korrelation	,284**	-,185*	-,199*	,066	,395**	-,252**	-,137*	-,013	,223**	,210**	,259**	-,131*
	Signifikanz	,000	,030	,011	,337	,000	,000	,042	,849	,000	,001	,000	,039
	N	167	138	161	214	251	248	223	223	246	251	251	249

Korrelationen Panel 1

		Kredit-rating	5 Year CDS	Altman Z-Score	Ln Marktkap-italisierung	Ln Bilanz-summe	Entschul-dungsgrad	ROA	ROE	Umsatz-rendite	Verschul-dungsgrad	FK-quote	Current Ratio
ESG Score	Korrelation	,099	-,218*	,046	,216**	,062	,118	,103	,014	,109	-,110	-,118	,055
	Signifikanz	,265	,015	,617	,004	,409	,116	,195	,866	,153	,139	,114	,461
	N	130	123	119	177	182	177	159	159	175	182	182	181
S Rating	Korrelation	,215*	-,216*	,026	,233**	,277**	-,001	,092	,030	,127	,099	,068	-,077
	Signifikanz	,014	,017	,775	,002	,000	,986	,247	,704	,095	,184	,362	,301
A1 MA& Zulieferer	Korrelation	,117	-,209*	,040	,126	,176*	-,002	,253**	,073	,238**	,051	,069	-,163
	Signifikanz	,241	,040	,730	,159	,046	,982	,008	,457	,008	,569	,437	,066
A2Gesellschaft& Produktverantwortung	Korrelation	,092	-,195	-,088	,152	,119	-,011	,010	-,096	,008	-,044	-,060	,010
	Signifikanz	,357	,056	,448	,089	,178	,904	,920	,324	,926	,624	,502	,910
A3 Corporate Governance	Korrelation	-,163	-,024	,204	,028	-,054	,107	,172	,045	,153	-,022	-,047	-,008
	Signifikanz	,101	,813	,075	,752	,540	,235	,076	,645	,088	,808	,597	,928
U Rating	Korrelation	-,034	-,171	,031	,134	-,106	,149*	,058	-,025	,050	-,241**	-,207**	,143
	Signifikanz	,698	,059	,735	,076	,156	,047	,471	,757	,511	,001	,005	,054
B1 Umweltmanagement	Korrelation	,056	-,326**	,121	,220*	-,015	,166	,115	,020	,103	-,197*	-,218*	,117
	Signifikanz	,574	,001	,295	,013	,867	,064	,239	,835	,254	,026	,013	,189
B2 Produkte und Dienstleistungen	Korrelation	-,203*	-,131	,201	,035	-,248**	,215*	,101	-,006	,016	-,306**	-,266**	,088
	Signifikanz	,039	,199	,080	,698	,005	,016	,300	,947	,859	,000	,002	,321
B3 Ökoeffizienz	Korrelation	,061	-,172	,010	,274**	-,077	,176	,049	-,127	,078	-,236**	-,253**	,194*
	Signifikanz	,543	,094	,933	,002	,386	,050	,616	,195	,388	,007	,004	,029
Klimarisiko Index	Korrelation	,103	-,144	-,197*	,056	,185*	-,187*	-,196*	-,145	-,060	-,079	,055	-,085
	Signifikanz	,246	,115	,034	,462	,013	,013	,014	,071	,432	,291	,466	,258
Physische Risiken	Korrelation	-,103	-,051	-,116	,013	-,263**	,163*	,025	-,033	,056	-,470**	-,377**	,113
	Signifikanz	,246	,576	,215	,868	,000	,032	,757	,685	,467	,000	,000	,132
Regulatorische Risiken	Korrelation	-,100	-,110	-,213*	-,001	-,151*	,034	-,178*	-,140	-,094	-,382**	-,211**	,143
	Signifikanz	,259	,229	,022	,986	,044	,656	,027	,081	,218	,000	,005	,058
Marktpreis risiken	Korrelation	-,186*	-,069	-,135	,018	-,360**	,224**	,035	-,071	-,032	-,564**	-,465**	,187*
	Signifikanz	,035	,455	,148	,810	,000	,003	,664	,380	,673	,000	,000	,013
Marktrisiken	Korrelation	-,179*	-,041	-,158	-,051	-,182*	-,009	-,196*	-,193*	-,236**	-,353**	-,189*	,025
	Signifikanz	,042	,651	,090	,502	,014	,902	,014	,016	,002	,000	,011	,736
Rechtsrisiken	Korrelation	,046	-,084	-,220*	,021	,157*	-,166*	-,197*	-,103	-,082	-,105	,057	-,063
	Signifikanz	,603	,360	,018	,780	,036	,028	,014	,201	,283	,164	,446	,401
Reputations risiken	Korrelation	,206*	-,107	-,231*	,070	,365**	-,336**	-,194*	-,104	-,125	,148*	,284**	-,278**
	Signifikanz	,019	,244	,013	,360	,000	,000	,015	,197	,103	,047	,000	,000
	N	129	121	116	174	179	174	156	156	172	179	179	178

Korrelationen Panel 2													
		Kredit-rating	5 Year CDS	Altman Z-Score	Ln Marktkap-italisierung	Ln Bilanz-summe	Entschul-dungsgrad	ROA	ROE	Umsatz-rendite	Verschul-dungsgrad	FK-quote	Current Ratio
ESG Score	Korrelation	-,005	-,052	,070	,218**	,091	,181**	,241**	,197**	-,031	-,025	-,126*	-,040
	Signifikanz	,952	,528	,363	,001	,153	,005	,000	,003	,633	,703	,048	,535
	N	144	147	169	242	245	244	217	217	235	245	245	244
S Rating	Korrelation	,198*	-,023	,050	,314**	,303**	,057	,190**	,239**	-,097	,000	,052	-,063
	Signifikanz	,017	,784	,517	,000	,000	,373	,005	,000	,138	,996	,419	,325
A1 MA& Zulieferer	Korrelation	,144	,043	,033	,182*	,242**	,030	,194*	,202*	-,181*	-,052	,092	,078
	Signifikanz	,120	,635	,733	,014	,001	,689	,014	,010	,015	,484	,210	,292
A2Gesellschaft& Produktverantwortung	Korrelation	,027	-,044	,120	,391**	,251**	,182*	,264**	,208**	-,101	,025	-,030	-,140
	Signifikanz	,774	,632	,208	,000	,001	,013	,001	,008	,175	,732	,687	,058
A3 Corporate Governance	Korrelation	,018	-,104	,082	,126	,095	,029	,161*	,208**	,013	,075	,071	-,041
	Signifikanz	,850	,256	,393	,088	,196	,700	,042	,008	,864	,308	,337	,576
U Rating	Korrelation	-,153	-,058	,046	,095	-,074	,218**	,217**	,121	,015	-,038	-,203**	-,021
	Signifikanz	,067	,488	,551	,142	,251	,001	,001	,075	,820	,558	,001	,750
B1 Umweltmanagement	Korrelation	,014	-,086	,104	,345**	,189**	,191**	,270**	,221**	-,077	-,007	-,104	-,002
	Signifikanz	,878	,346	,276	,000	,010	,009	,001	,005	,306	,928	,159	,978
B2 Produkte und Dienstleistungen	Korrelation	-,300**	,008	,024	,090	-,088	,128	,127	,029	,051	-,052	-,268**	-,078
	Signifikanz	,001	,932	,804	,226	,231	,081	,110	,720	,496	,482	,000	,294
B3 Ökoeffizienz	Korrelation	,111	-,186*	,106	,279**	,084	,202**	,290**	,168*	,027	-,063	-,118	-,025
	Signifikanz	,233	,041	,267	,000	,254	,006	,000	,034	,718	,394	,110	,739
Klimarisiko Index	Korrelation	,145	,036	-,219**	-,012	,144*	-,188**	-,230**	-,101	,011	,007	,147*	-,050
	Signifikanz	,085	,668	,005	,858	,026	,004	,001	,141	,871	,915	,023	,439
Physische Risiken	Korrelation	-,058	-,076	-,149	-,044	-,193**	,121	-,029	-,068	-,010	,041	-,277**	,027
	Signifikanz	,491	,364	,057	,500	,003	,061	,670	,324	,875	,526	,000	,674
Regulatorische Risiken	Korrelation	-,134	-,041	-,173*	-,142*	-,222**	,003	-,140*	-,037	,024	,049	-,164*	,117
	Signifikanz	,111	,626	,027	,029	,001	,964	,041	,597	,714	,451	,011	,071
Marktpreis risiken	Korrelation	-,179*	-,141	-,124	-,071	-,326**	,164*	,032	-,066	,050	,050	-,400**	,107
	Signifikanz	,033	,093	,115	,277	,000	,011	,643	,335	,453	,442	,000	,099
Marktrisiken	Korrelation	-,181*	,135	-,155*	-,173**	-,221**	-,053	-,143*	-,060	,097	,026	-,105	,046
	Signifikanz	,031	,107	,047	,008	,001	,414	,038	,387	,144	,693	,104	,481
Rechtsrisiken	Korrelation	,038	,092	-,221**	-,084	,064	-,157*	-,217**	-,051	,006	,014	,095	-,014
	Signifikanz	,655	,274	,005	,199	,324	,016	,001	,456	,930	,832	,141	,833
Reputations risiken	Korrelation	,232**	,181*	-,252**	,001	,289**	-,285**	-,228**	-,055	,052	-,036	,349**	-,133*
	Signifikanz	,005	,030	,001	,990	,000	,000	,001	,426	,429	,581	,000	,040
	N	142	144	164	236	239	238	212	212	230	239	239	238

Korrelationen Panel 3													
		Kredit-rating	5 Year CDS	Altman Z-Score	Ln Marktkap-italisierung	Ln Bilanz-summe	Entschul-dungsgrad	ROA	ROE	Umsatz-rendite	Verschul-dungsgrad	FK-quote	Current Ratio
ESG Score	Korrelation	,032	-,090	,110	,190*	,066	,232**	,195*	,244**	,043	,003	-,130	,009
	Signifikanz	,724	,336	,257	,014	,400	,003	,019	,003	,588	,965	,095	,912
	N	124	117	108	165	166	165	144	144	160	166	166	166
S Rating	Korrelation	,228*	,025	,050	,238**	,299**	,082	,138	,277**	-,043	-,049	,091	-,154*
	Signifikanz	,011	,791	,608	,002	,000	,298	,098	,001	,588	,534	,243	,048
A1 MA& Zulieferer	Korrelation	,073	,028	-,012	,109	,188*	,024	,170	,205*	,030	-,132	,084	-,214*
	Signifikanz	,483	,794	,921	,242	,042	,797	,096	,044	,752	,154	,365	,020
A2Gesellschaft& Produktverantwortung	Korrelation	,049	,081	-,145	,102	,113	,052	,086	,281**	-,024	-,009	-,022	-,088
	Signifikanz	,639	,440	,237	,272	,222	,576	,404	,005	,801	,922	,812	,342
A3 Corporate Governance	Korrelation	-,169	,045	,183	,055	-,048	,208*	,218*	,215*	,064	,004	-,052	-,078
	Signifikanz	,099	,672	,135	,557	,607	,025	,032	,034	,494	,968	,577	,398
U Rating	Korrelation	-,150	-,133	,120	,079	-,135	,267**	,154	,135	,102	,048	-,248**	,140
	Signifikanz	,095	,153	,215	,312	,083	,001	,065	,105	,198	,538	,001	,072
B1 Umweltmanagement	Korrelation	,009	-,183	,138	,241**	-,015	,280**	,239*	,107	,016	,036	-,234*	,048
	Signifikanz	,931	,080	,260	,009	,875	,002	,018	,297	,868	,699	,011	,606
B2 Produkte und Dienstleistungen	Korrelation	-,223*	-,001	,249*	-,030	-,319**	,353**	,193	,109	-,023	,005	-,328**	,051
	Signifikanz	,029	,996	,040	,744	,000	,000	,058	,289	,806	,958	,000	,582
B3 Ökoeffizienz	Korrelation	,015	-,207*	-,029	,248**	-,076	,134	,145	,112	,022	,093	-,247**	,194*
	Signifikanz	,884	,049	,815	,007	,417	,151	,159	,279	,816	,320	,007	,036
Klimarisiko Index	Korrelation	,094	,011	-,205*	,031	,190*	-,186*	-,230**	-,123	,012	,006	,063	-,052
	Signifikanz	,303	,903	,035	,690	,015	,018	,006	,146	,883	,942	,426	,512
Physische Risiken	Korrelation	-,102	-,141	-,094	-,016	-,248**	,205**	,037	-,075	-,008	,051	-,403**	,156*
	Signifikanz	,259	,134	,338	,841	,001	,009	,664	,376	,923	,520	,000	,046
Regulatorische Risiken	Korrelation	-,134	-,042	-,244*	-,065	-,168*	,008	-,186*	-,048	,027	,060	-,221**	,190*
	Signifikanz	,139	,657	,012	,407	,031	,919	,027	,574	,741	,445	,004	,015
Marktpreis risiken	Korrelation	-,199*	-,152	-,145	-,035	-,356**	,195*	,031	-,088	,048	,061	-,492**	,236**
	Signifikanz	,027	,105	,139	,657	,000	,013	,710	,299	,551	,436	,000	,002
Marktrisiken	Korrelation	-,235**	,124	-,164	-,085	-,179*	-,049	-,170*	-,075	,109	,031	-,192*	,094
	Signifikanz	,009	,186	,094	,280	,022	,532	,044	,372	,174	,694	,014	,234
Rechtsrisiken	Korrelation	,024	,064	-,234*	-,016	,136	-,138	-,218**	-,063	,004	,015	,040	-,019
	Signifikanz	,788	,494	,016	,836	,082	,079	,009	,454	,956	,844	,614	,811
Reputations risiken	Korrelation	,197*	,122	-,231*	,031	,364**	-,285**	-,204*	-,061	,046	-,047	,308**	-,250**
	Signifikanz	,029	,194	,017	,693	,000	,000	,015	,473	,564	,547	,000	,001
	N	123	115	106	163	164	163	142	142	158	164	164	164

Tabelle A.11: Korrelationsanalyse der Stichproben von oekom
Quelle: Eigene Berechnung.

Literaturverzeichnis

Accenture und UN Global Compact (2010), A New Era of Sustainability - UN Global Compact-Accenture CEO Study 2010, auf den Seiten des UN Global Compact, http://www.unglobalcompact.org/docs/news_events/8.1/UNGC_Accenture_CEO_Study_2010.pdf, Zugriff am 31.05.2013.

Adrian, R. und Hagenmüller, K.F. (2000), Der Bankbetrieb - Lehrbuch und Aufgaben, 15. Aufl., Wiesbaden 2000.

Alcamo, J., Moreno, J., Nováky, B., Bindi, M., Corobov, R., Devoy, R., Giannakopoulos, C., Martin, E., Olesen, J. und Shvidenko, A. (2007), Europe, in: Parry u.a. (Hrsg., 2007), S. 541–580.

Allianz Group (2010), Allianz Nachhaltigkeitsbericht 2010, München 2010.

Altman, E.I. (1968), Financial Ratios, Discriminant Analysis and the Prediction of Corporate Bankruptcy, in: Journal of Finance, 23. Jg. 1968, Nr. 4, S. 589–609.

Altman, E.I. (1993), Corporate Financial Distress and Bankruptcy - A Complete Guide to Predicting & Avoiding Distress and Profiting from Bankruptcy, 2. Aufl., New York 1993.

Aras, G. und Crowther, D. (Hrsg., 2010), A handbook of corporate governance and social responsibility, Farnham, Surrey, England 2010.

Aravossis, K. (Hrsg., 2006), Environmental economics and investment assessment, Southampton 2006.

Ashbaugh, H., Collins, D.W. und LaFond, R. (2004), The Effects of Corporate Governance on Firms' Credit Ratings - Working Paper, Madison 2004.

Ashbaugh-Skaife, H., Collins, D.W. und LaFond, R. (2006), The effects of corporate governance on firms' credit ratings, in: Journal of Accounting and Economics, 42. Jg. 2006, 1-2, S. 203–243.

Auer, J., Heymann, E. und Just, T. (2008), Bauen als Klimaschutz: Warum die Bauwirtschaft vom Klimawandel profitiert, auf den Seiten der DB Research, http://www.dbresearch.de/PROD/DBR_INTERNET_DE-PROD/PROD0000000000232157.pdf, Zugriff am 28.03.2013.

Bächstädt, K.-H., Bauer, C. und Geldermann, A. (2004), Mit höherer Trennschärfe beim Rating Kosten sparen und Erträge steigern, in: Zeitschrift für das gesamte Kreditwesen, 57. Jg. 2004, Nr. 11, S. 576–580.

Backhaus, K. (2011), Multivariate Analysemethoden - Eine anwendungsorientierte Einführung, 13. Aufl., Berlin [u.a.] 2011.

Baetge, J., Kirsch, H.-J. und Thiele, S. (2004), Bilanzanalyse, 2. Aufl., Düsseldorf 2004.

Baetge, J., Melcher, T. und Schmidt, M. (2009), Moderne Bilanzanalyse - Möglichkeiten und Grenzen von Bilanzratings, in: Everling u.a. (Hrsg., 2009), S. 143–164.

BaFin (2009), Anlage 1: Erläuterungen zu den MaRisk in der Fassung vom 14.08.2009, auf den Seiten der Bundesanstalt für Finanzdienstleistungsaufsicht, http://www.bafin.de/cln_117/nn_722604/SharedDocs/Downloads/DE/Service/Rundschreiben/Anlagen/rs__0915__ba__anlage1,templateId=raw,property=publicationFile.pdf/rs_0915_ba_anlage1.pdf, Zugriff am 05.01.2012.

BaFin (2010), Anlage 1: Erläuterungen zu den MaRisk in der Fassung vom 15.12.2010, auf den Seiten der Bundesanstalt für Finanzdienstleistungsaufsicht, http://www.bafin.de/SharedDocs/Downloads/DE/Bericht/dl_rs_1011_ba_anlage1.pdf?__blob=publicationFile&v=6, Zugriff am 12.10.2012.

BaFin (2012), Mindestanforderungen an das Risikomanagement - MaRisk - An alle Kreditinstitute und Finanzdienstleistungsinstitute in der Bundesrepublik Deutschland, auf den Seiten der Bundesanstalt für Finanzdienstleistungsaufsicht, http://www.bafin.de/SharedDocs/Veroeffentlichungen/DE/Rundschreiben/rs_1210_marisk_ba.html?nn=2818068#doc3492188bodyText33, Zugriff am 11.01.2013.

Bank für Kirche und Diakonie (2010), KD-Bank eG schließt sich mit der LKG Sachsen eG zusammen, auf den Seiten der Bank für Kirche und Diakonie, http://www.kd-bank.de/content/dam/g8190-1/01_KD-Bank_allgemein/pdf/kd-bank_schliesstsichmitlkgsachsenzusammen.pdf, Zugriff am 13.09.2013.

Bank für Kirche und Diakonie EG- KD-Bank (2011), Satzung der Bank für Kirche und Diakonie, Dortmund 2011.

Bank Sarasin & Cie AG (2012), Nachhaltigkeit reduziert Risiken von Unternehmensanleihen, in: Sustainability Research Review 2012, Nr. 2, S. 10–11.

Bank Sarasin AG (2011), Kredit verspielt oder nachhaltiger Aufbruch - Nachhaltigkeitsanalyse der Bankenbranche, Frankfurt am Main 2011.

BankTrack (2007), Mind the Gap - Benchmarking credit policies of international banks, auf den Seiten von BankTrack, http://www.banktrack.org/download/mind_the_gap/0_071221_mind_the_gap_final.pdf, Zugriff am 13.09.2013.

BankTrack (2010), Close the Gap - Benchmarking credit policies of international banks, auf den Seiten von BankTrack, http://www.banktrack.org/download/close_the_gap/close_the_gap.pdf, Zugriff am 13.09.2013.

Barigozzi, F. und Tedeschi, P. (2011), Credit Markets with Ethical Banks and Motivated Borrowers, in: Quaderni DSE Working Paper University of Bologna 2011, Nr. 786, S. 1–42.

Barr, C. (2001), Banking on Sustainability: Structural Adjustment and Forestry Reform in Post-Suharto Indonesia, auf den Seiten Center for International Forestry Research (CIFOR) and WWF Macroeconomic Program Office, http://www.cifor.org/publications/pdf_files/ books/profits.pdf, Zugriff am 14.10.2013.

Barthruff, C. (2012), Implementierung der Equator Principles bei der West LB, Ausgestaltung der EP-Prozesse. Interview mit Foster Diebert und Markus Scholand, Telefoninterview am 19.06.2012. Diktiergerät und Postskript.

Barthruff, C. und Sander, C. (2012), Die Relevanz von Nachhaltigkeitsaspekten für die Kreditvergabe - Ergebnisse einer empirischen Untersuchung von Banken in Deutschland, Österreich und der Schweiz, Stuttgart 2012.

Basler Ausschuss für Bankenaufsicht (2006), Internationale Konvergenz der Eigenkapitalmessung und Eigenkapitalanforderungen, auf den Seiten der Bank für Internationalen Zahlungsausgleich, http://www.bis.org/publ/bcbs128ger.pdf, Zugriff am 13.09.2013.

Basler Ausschuss für Bankenaufsicht (2011), Basel III: Ein globaler Regulierungsrahmen für widerstandsfähigere Banken und Bankensysteme, auf den Seiten der Bank für Internationalen Zahlungsausgleich, http://www.bis.org/publ/bcbs189_de.pdf, Zugriff am 13.09.2013.

Bassen, A., Meyer, K. und Schlange, J. (2006), The Influence of Corporate Responsibility on the Cost of Capital - An Empirical Analysis 2006, Hamburg 2006.

Bauer, R., Derwall, J. und Hann, D. (2009), Employee Relations and Credit Risk, Maastricht 2009.

Bauer, R. und Hann, D. (2010), Corporate Environmental Management and Credit Risk, Maastricht 2010.

Bausparkasse Schwäbisch Hall AG (2012), Geschäftsbericht 2011 Bausparkasse Schwäbisch Hall AG, Schwäbisch Hall 2012.

BayernLB (2010), Auswirkungen des Klimawandels auf Branchen in Bayern - In Zusammenarbeit mit dem Wissenschaftszentrum Umwelt und Arqum GmbH, Juni 2010, München 2010.

Beaver, W.H. (1966), Financial Ratios as Predictors of Failure, in: Journal of Accounting Research, 4. Jg. 1966, Nr. 3, S. 71–102.

Becker, U. (Hrsg., 1993), Risiko ist ein Konstrukt - Wahrnehmungen zur Risikowahrnehmung, München 1993.

Becker, U. (1993), Risikowahrnehmung der Öffentlichkeit und neue Konzepte unternehmerischer Risikokommunikation, in: Becker (Hrsg., 1993), S. 343–363.

Behr, P. und Güttler, A. (2004), Interne und externe Ratings - Bedeutung, Entwicklung, Testverfahren, Frankfurt am Main 2004.

Belu, C. und Manescu, C. (2009), Strategic Corporate Social Responsibility and Economic Performance, Workingpaper 362 Göteborg University, Department of Economics, Göteborg 2009.

Bemmann, M. (2007), Entwicklung und Validierung eines stochastischen Simulationsmodells für die Prognose von Unternehmensinsolvenzen, Dresden 2007.

Benedikter, R. (2011a), European Answers to the Financial Crisis: Social Banking and Social Finance, auf den Seiten des Feeman Spogli Institute for International Studies, http://iis-db.stanford.edu/docs/526/social_banking.pdf, Zugriff am 31.05.2013.

Benedikter, R. (2011b), Social banking and social finance - Answers to the economic crisis, New York 2011.

Bergius, S. (2009), Fusionen im Research erreichen Mainstream, in: Handelsblatt Business Briefing Nachhaltige Investments 2009, Nr. 12, S. 2–4.

Bergius, S. (2010), Nachhaltige Investments - In der Vielfalt liegt die Kraft, in: Handelsblatt Business Briefing 2010, Nr. 8, S. 9.

Bergius, S. (2011a), Kredite für Öko-Häuser, in: Handelsblatt Business Briefing Nachhaltige Investments 2011, Nr. 7, S. 9.

Bergius, S. (2011b), Stiftungen denken um, in: Handelsblatt Business Briefing Nachhaltige Investments 2011, Nr. 7, S. 2–4.

Bergius, S. (2013), Günstige Kredite für Öko-Immobilien, in: Handelsblatt Business Briefing Nachhaltige Investments 2013, Nr. 5, S. 8–9.

Blum, U. und Gleißner, W. (2006), Risikomanagement als Werttreiber: Volks- und betriebswirtschaftliche Perspektive, in: Schweickart/Töpfer (Hrsg., 2006), S. 157–178.

Blum, U., Gleißner, W. und Leibbrand, F. (2005), Richtig gewichtet – Erkenntnisse aus dem Sachsen-Rating-Projekt, in: Risknews, 2. Jg. 2005, Nr. 1, S. 29–33.

BMW Group (2011), BMW Group Nachhaltigkeitsfragebogen Hintergründe und Erläuterungen zum Nachhaltigkeitsfragebogen, auf den Seiten der BMW Group, https://b2bpapp6.bmw.com/public/de/kommunikation/nachhaltigkeit/Einzelanforderungen_der_BMW_Group_an_seine_Lieferanten.pdf, Zugriff am 31.05.2013.

Boeckers, T., Eitel, G. und Weinberg, M. (1997), Kreditsicherheiten - Grundlagen und Praxisbeispiele, Wiesbaden 1997.

Bogner, A. (Hrsg., 2005), Das Experteninterview - Theorie, Methode, Anwendung, 2. Aufl., Wiesbaden 2005.

Bogner, A., Littig, B. und Menz W. (Hrsg., 2009), Experteninterviews - Theorien, Methoden, Anwendungsfelder, 3. Aufl., Wiesbaden 2009.

Bortz, J., Döring, N. und Bortz-Döring (2005), Forschungsmethoden und Evaluation - Für Human- und Sozialwissenschaftler, 3. Aufl., Heidelberg 2005.

Bortz, J. und Weber, R. (2005), Statistik für Human- und Sozialwissenschaftler, 6. Aufl., Heidelberg 2005.

Bradley, M., Chen, D., Dallas, G. und Snyderwine, E. (2007), The Relation between Corporate Governance and Credit Risk, Bond Yields and Firm Valuation, Working Paper, Duke University 2007.

Brakensiek, T. (1991), Die Kalkulation und Steuerung von Ausfallrisiken im Kreditgeschäft der Banken, Frankfurt am Main 1991.

Bühl, A. (2008), SPSS 16 - Einführung in die moderne Datenanalyse, 11. Aufl., München [u.a.] 2008.

Bundesverband der Energie- und Wasserwirtschaft (2013), BDEW-Strompreisanalyse Mai 2013 - Haushalte und Industrie, auf den Seiten Bundesverband der Energie- und Wasserwirtschaft e.V., http://www.bdew.de/internet.nsf/id/123176ABDD9ECE5DC1257AA20040E368/$file/13%2005%2027%20BDEW_Strompreisanalyse_Mai%202013.pdf, Zugriff am 20.09.2013.

Büschgen, H.E. und Everling, O. (Hrsg., 1996), Handbuch Rating, Wiesbaden 1996.

Büschgen, H.E. und Everling, O. (Hrsg., 2007), Handbuch Rating, 2. Aufl., Wiesbaden 2007.

Carlowitz, H.C. (1713), Sylvicultura oeconomica, oder haußwirthliche Nachricht und Naturmäßige Anweisung zur Wilden Baum-Zucht, Leipzig, Braun 1713.

CDP (2009), Carbon Disclosure Project Bericht 2009 Deutschland, auf den Seiten des Carbon Disclosure Projects, https://www.cdproject.net/CDPResults/Inactive/CDP_2009_Germany_Report_German.pdf, Zugriff am 20.03.2013.

Chava, S. (2011), Environmental externalities and cost of capital, auf den Seiten des College of Management des Georgia Institute of Technology, http://papers.ssrn.com/sol3/papers.cfm?abstract_id=1677653, Zugriff am 16.04.2013.

Chava, S., Livdany, D. und Purnanandam, A. (2009), Do shareholder rights affect the cost of bank loans?, in: Review of Financial Studies, 22. Jg. 2009, Nr. 8, S. 2973–3004.

Cheng, B., Ioannou, I. und Serafeim, G. (2011), Corporate Social Responsibility and Access to Finance - Working Papers 11-130, auf den Seiten der Harvard Business School, http://dash.harvard.edu/bitstream/handle/1/9887635/cheng,ioannou,serafeim-Corporate%20Social%20Responsibility%20and%20Access%20to%20Finance.pdf?sequence=1, Zugriff am 22.01.2013.

Cluse, M., Engels, J. und Appel, S. (2005), Basel II - Handbuch zur praktischen Umsetzung des neuen Bankenaufsichtsrechts, Berlin 2005.

Cluse, M. und Göttgens, M. (2007), Rating und Kreditrisikounterlegung nach Basel II, in: Büschgen/Everling (Hrsg., 2007), S. 67–94.

Coenenberg, A.G., Haller, A. und Schultze, W. (2012), Jahresabschluß und Jahresabschlußanalyse, 22. Aufl., Landsberg am Lech 2012.

Corpwatch (2000), Tangled Up In Blue - Corporate Partnerships at the United Nations, auf den Seiten von Corpwatch, http://s3.amazonaws.com/corpwatch.org/downloads/tangled.pdf, Zugriff am 13.09.2013.

Coulson, A.B. und Dixon, R. (1995), Environmental risk and management strategy: the implications for financial institutions, in: International Journal of Bank Marketing, 13. Jg. 1995, Nr. 2, S. 22–29.

Coulson, A.B. und Monks, V. (1999), Corporate environmental performance considerations within bank lending decisions, in: Eco-Management and Auditing, 6. Jg. 1999, S. 1–10.

Cramer, J.E. und Thiessen, F. (Hrsg., 1999), Enzyklopädisches Lexikon des Geld-, Bank- und Börsenwesens, 4. Aufl., Frankfurt am Main 1999.

Cyert, R.M. und March, J.G. (1992), A behavioral theory of the firm, 2. Aufl., Cambridge, Mass., USA 1992.

Dahlsrud, A. (2008), How Corporate Social Responsibility is Defined: An Analysis of 37 Definitions, in: Corporate Social Responsibility and Environmental Management, 15. Jg. 2008, Nr. 1, S. 1–13.

DB Advisors (2008), Investing in Climate Change 2009 - Necessity and opportunity in turbulent times, auf den Seiten der Deutsche Bank, http://www.forseo.eu/fileadmin/media/forseo/docs/Investing_in_Climate_Change_DB_2008.pdf, Zugriff am 12.03.2013.

De Clerck, F. (2009), Ethical Banking, in: Zsolnai u.a. (Hrsg., 2009), S. 209–229.

Deloitte (2012), Directors' Alert: 12 issues for 2012 - When Uncertainty Reigns, auf den Seiten von Deloitte, http://www.deloitte.com/assets/Dcom-Canada/Local%20Assets/Documents/corp_gov/ca_en_corp_gov_Directors_Alert_12_issues_for_2012_200112.pdf, Zugriff am 25.01.2013.

Deutsche Bank (2012), Jahresbericht 2011, Frankfurt a. M. 2012.

Deutsche Bank Research (2007), Klimawandel und Branchen: Manche mögen´s heiß!, auf den Seiten der Deutsche Bank, http://www.dbresearch.de/PROD/ DBR_INTERNET_DE-PROD/PROD0000000000211107.PDF, Zugriff am 04.02.2013.

Deutsche Bundesbank (2004), Monatsbericht, Dezember 2004 - Credit Default Swaps – Funktionen, Bedeutung und Informationsgehalt, Frankfurt a. M. 2004.

Deutsche Bundesbank (2009), Entwicklung des Bankstellennetzes im Jahr 2009, auf den Seiten der Deutsche Bundesbank, http://www.bundesbank.de/Redaktion/DE/Downloads/Veroeffentlichungen/Bericht_Studie/bankstellenbericht_2009.pdf?__blob=publicationFile, Zugriff am 13.09.2013.

Deutsche Bundesbank (2011), Finanzstabilitätsbericht 2011, Frankfurt a. M. 2011.

Deutsche Bundesbank (2012), Monatsbericht, Januar 2012 - Die langfristige Entwicklung der Unternehmensfinanzierung in Deutschland – Ergebnisse der gesamtwirtschaftlichen Finanzierungsrechnung, Frankfurt a. M. 2012.

Deutsche Bundesregierung (2002), Perspektiven für Deutschland - Unsere Strategie für eine Nachhaltige Entwicklung, auf den Seiten der Deutschen Bundesregierung, http://www.bmu.de/fileadmin/bmu-import/files/pdfs/allgemein/application/pdf/nachhaltigkeit_strategie.pdf, Zugriff am 28.02.2013.

Deutsche Bundesregierung (2012), Nationale Nachhaltigkeitsstrategie - Fortschrittsbericht 2012, Niestetal 2012.

Di Giulio, A., Migliavacca, P.O. und Tencati, A. (2007), What relationship between Corporate Social Performance and the Cost of Capital?, Working Paper, Bocconi University 2007.

Dittrich, S., Tober, C. und Vögele, G. (2012), Marktbericht Nachhaltiger Geldanlagen 2012 - Deutschland Österreich und die Schweiz, Berlin 2012.

Dohmen, C. (2012), Gutbanker stehen bei Kunden hoch im Kurs, in: Handelsblatt Business Briefing Nachhaltige Investments 2012, Nr. 4, S. 11–12.

Döpfner, C. und Schneider, H.-A. (2012), Nachhaltigkeitsratings auf dem Prüfstand - Pilotstudie zu Charakter, Qualität und Vergleichbarkeit von Nachhaltigkeitsratings, o. O. 2012.

Döring, R. und Ott, K. (2001), Nachhaltigkeitskonzepte, in: Zeitschrift für Wirtschafts- und Unternehmensethik, 2. Jg. 2001, Nr. 3, S. 315–339.

DZ Bank AG (2011), Nachhaltigkeitsbericht 2010, auf den Seiten der DZ Bank AG, https://www.nachhaltigkeit.dzbank.de/content/dam/nachhaltigkeit/PDF-Dokumente/Nachhaltigkeitsberichte/DZBANK_Nachhaltigkeitsbericht_2010.pdf, Zugriff am 13.09.2013.

Ebenroth, C. und Koos, S. (1996), Juristische Aspekte des Rating, in: Büschgen/Everling (Hrsg., 1996), S. 483–519.

econsense, F.N.E.d.D.W.e.V. (2008), Mehr Transparenz, mehr Effizienz, mehr Akzeptanz - Diskussionsbeitrag von econsense zur Zukunft von Nachhaltigkeitsratings und -rankings, auf den Seiten von Econsense, http://www.econsense.de/sites/all/files/Dritte_Auflage_RatingsRankingspapier_2009_deutsch_0.pdf, Zugriff am 13.09.2013.

ECPI (2011a), ECPI and ESG Analysis, Mailand 2011.

ECPI (2011b), ECPI ESG Rating Methodology - Equity & Corporate Bond Issuers, Mailand 2011.

ECPI (2012), ECPI ESG Report - Kraft Foods Inc., Mailand 2012.

EFAMA (2012), EFAMA Guidance on RI information in the KIID & Post Investment Disclosure, auf den Seiten der EFAMA (European Fund and Asset Management Association), http://www.efama.org/Publications/Public/Responsible_Investment/12-4010_EFAMA%20Guidance%20on%20RI%20information%20KIID%20Post-investment.pdf, Zugriff am 10.03.2013.

Eim, A. (2004), Das Drei-Säulen-System der deutschen Kreditwirtschaft unter besonderer Berücksichtigung des Genossenschaftlichen Finanzverbundes, Münster 2004.

Environment Agency (2004), Corporate Environmental Research - A review of environmental rating, ranking and indicies, Bristol 2004.

Equator Principles (2006), The Equator Principles, auf den Seiten der Equator Principles, http://www.equator-principles.com/resources/equator_principles.pdf, Zugriff am 13.09.2013.

Equator Principles (2012), Introduction to the Equator Principles, auf den Seiten der Equator Principles Association (EPA), http://www.equator-principles.com/resources/PowerPoint%20-%20Introduction%20to%20the%20EPs.pps, Zugriff am 03.01.2013.

Equator Principles Association (EPA) (2011), The Equator Principles, auf den Seiten der Equator Principles Association (EPA), http://www.equator-principles.com/index.php/history, Zugriff am 06.09.2011.

Equator Principles Association (EPA) (2012), Draft of updated Equator Principles (EP III), auf den Seiten der Equator Principles Association (EPA), http://www.equator-principles.com/resources/EPIII_PACKAGE.pdf, Zugriff am 10.02.2013.

Ernst & Young (2012), Jetzt geht's ums Ganze - Was Sie schon heute über Integrated Reporting wissen sollten, auf den Seiten von Ernst & Young, http://www.ey.com/Publication/vwLUAssets/Broschuere_-_Jetzt_gehts_ums_Ganze/$FILE/Brosch_Integr Reportg.pdf, Zugriff am 06.05.2013.

EthikBank (2012), Bilanzpressekonferenz 2012, auf den Seiten der EthikBank, http://www.ethikbank.de/fileadmin/ethikbank/dokumente/Pressezentrum/EthikBank-VB-Eisenberg-Jahresbilanz-2012.pdf, Zugriff am 25.07.2013.

Eurobarometer (2011), Special Eurobarometer 372 - Climate change, auf den Seiten von Eurobarometer, http://ec.europa.eu/public_opinion/archives/ebs/ebs_372_en.pdf, Zugriff am 26.03.2013.

Europäische Kommission (2001a), Grünbuch - Europäische Rahmenbedingungen für die soziale Verantwortung der Unternehmen, auf den Seiten der Europäische

Kommission, http://eur-lex.europa.eu/LexUriServ/LexUriServ.do?uri=COM:2001:0366:FIN:DE:PDF, Zugriff am 28.02.2013.

Europäische Kommission (2001b), Nachhaltige Entwicklung in Europa für eine bessere Welt: Strategie der Europäischen Union für die nachhaltige Entwicklung, auf den Seiten der Europäische Kommission, http://eur-lex.europa.eu/LexUriServ/LexUriServ.do?uri=COM:2001:0264:FIN:DE:PDF, Zugriff am 28.02.2013.

Europäische Kommission (2010), Mitteilung der Kommission an das Europäische Parlament, den Rat, den Europäischen Wirtschaft- und Sozialausschuss und den Ausschuss der Regionen - Analyse der Optionen zur Verringerung der Treibhausgasemissionen um mehr als 20 % und Bewertung des Risikos der Verlagerung von CO2-Emissionen, Brüssel 2010.

Europäische Kommission (2012), Europe 2020 : Europe's growth strategy - Growing to a sustainable and job-rich future, Luxembourg 2012.

European Energy Exchange AG (2013), EU Emission Allowances - Primary Market Auction, auf den Seiten der European Energy Exchange AG, http://www.eex.com/de/Marktdaten/Handelsdaten/Emissionsrechte/EU%20Emission%20Allowances%20%7C%20Spotmarkt, Zugriff am 30.03.2013.

Eurosif (2008), European SRI Study 2008, auf den Seiten von Eurosif, http://www.eurosif.org/images/stories/pdf/eurosif_sristudy_2008_global_01.pdf, Zugriff am 08.03.2013.

Eurosif (2010), European SRI Study 2010, auf den Seiten von Eurosif, http://www.eurosif.org/images/stories/pdf/Research/Eurosif_2010_SRI_Study.pdf, Zugriff am 08.03.2013.

Eurosif (2012), European SRI Study 2012, auf den Seiten von Eurosif, http://www.eurosif.org/images/stories/pdf/Research/2012SRIstudy/2570912_eurosif%20sri%20study_low-res.pdf, Zugriff am 13.01.2013.

Everling, O. (1991), Credit rating durch internationale Agenturen - Eine Untersuchung zu den Komponenten und instrumentalen Funktionen des Rating, Wiesbaden 1991.

Everling, O. und Bargende, D. (2005), Externe Ratingsysteme als Frühwarnsysteme, in: Controlling, Zeitschrift für erfolgsorientierte Unternehmenssteuerung 2005, Nr. 4, S. 261–269.

Everling, O., Holschuh, K. und Leker, J. (Hrsg., 2009), Credit Analyst, München 2009.

Everling, O. und Sarcher, W. (2003), Rating-Lexikon, Köln 2003.

Ewert, R. und Szczesny, A. (2002), Risikoindikatoren, Rating und Ausfallwahrscheinlichkeit im Kreditgeschäft - Eine empirische Untersuchung vor dem Hintergrund von Basel II, in: Betriebswirtschaftliche Forschung und Praxis (BFuP), 54. Jg. 2002, Nr. 6, S. 574–590.

Fama, E.F. und Jensen, M. (1983), Separation of Ownership and Control, in: Journal of Law and Economics, 26. Jg. 1983, Nr. 2, S. 301–325.

Fenchel, M. (2004), Management ökologisch bedingter Kreditrisiken - Ermittlung geeigneter Kennzahlen für die Kreditbeurteilung und empirische Befunde aus Europa, Zürich / Bern 2004.

Fichter, K. und Arnold, M. (2003), Nachhaltigkeitsinnovationen - Nachhaltigeit als strategischer Faktor - Eine explorative Untersuchung von Unternehmensbeispielen zur Berücksichtigung von Nachhaltigkeit im Strategischen Management, auf den Seiten Borderstep Institut für Innovation und Nachhaltigkeit, http://www.sueddeutsches-institut.de/ENI/Fichter%20K.,%20Arnold%20M.%20[2003]%20Nachhaltigkeitsinnovationen.%20Nachhaltigkeit%20als%20strategischer%20Faktor.pdf, Zugriff am 22.10.2013.

Field, C., Mortsch, L., Brklacich, M., Forbes, D., Kovacs, P., Patz, J., Running, S. und Scott, M. (2007), North America, in: Parry u.a. (Hrsg., 2007), S. 617–652.

Figge F., H.T. (2002), Sustainable Value Added - Measuring Corporate Sustainable Performance beyond Eco-Efficiency, Lüneburg 2002.

Figge, F. (1998), Systematisierung ökonomischer Risiken durch globale Umweltprobleme - Gefahr für die Finanzmärkte? - WWZ/Sarasin-Studie, Basel 1998.

Figge, F. und Hahn, T. (2002), Environmental Shareholder Value Matrix. Konzeption, Anwendung und Berechnung, auf den Seiten der Universität Lüneburg, http:// 128.118.178.162/eps/othr/papers/0408/0408009.pdf, Zugriff am 28.02.2013.

Figge, F. und Schaltegger, S. (2000), Was ist "stakeholder value"? - Vom Schlagwort zur Messung, Lüneburg 2000.

Fitch Ratings (2011), Definitions of Ratings and Other Forms of Opinion, auf den Seiten von Fitch Ratings, http://www.fitchratings.com/web_content/ratings/fitch_ratings_definitions_and_scales.pdf, Zugriff am 13.09.2013.

Flick, U. (1996), Qualitative Forschung - Theorie, Methoden, Anwendung in Psychologie und Sozialwissenschaften, Hamburg 1996.

Flotow, P.C.L. von (2009), Klima- Informations-Systeme gemeinsam weiterentwickeln: - Anforderungen an das Climate Service Center (CSC) aus Sicht der Finanzwirtschaft, Oestrich-Winkel 2009.

Forster, P., Ramaswamy, V., Artaxo, P., Berntsen, T., Betts, R., Fahey, D., Haywood, J., Lean, J., Lowe, D., Myhre, G., Nganga, J., Prinn, R., Raga, G., Schulz, M. und van Dorland, R. (2007), Changes in Atmospheric Constituents and in Radiative Forcing, in: Solomon u.a. (Hrsg., 2007), S. 129–234.

Forum Nachhaltige Geldanlagen (2006), Statusbericht Nachhaltige Geldanlagen 2005, Berlin 2006.

Forum Nachhaltige Geldanlagen (2013), Was sind Nachhaltige Geldanlagen? - Eine kurze Einführung für private Anlegerinnen und Anleger, auf den Seiten des Forum Nachhaltige Geldanlagen, http://www.forum-ng.org/images/stories/Publikationen/fng_flyer_einfuehrung_private_anlegeri.pdf, Zugriff am 28.02.2013.

Fowid (2005), Kirchenbanken, Geldeinlagen Deutschland 1997 - 2004, auf den Seiten der Forschungsgruppe Weltanschauungen in Deutschland, http://fowid.de/fileadmin/datenarchiv/Kirchenbanken_Geldeinlagen_1997-2004.pdf, Zugriff am 13.09.2013.

Frankfurter Allgemeine Zeitung (2012), BP zahlt 4,5 Milliarden Dollar Bußgeld, auf den Seiten der Frankfurter Allgemeine Zeitung, http://www.faz.net/aktuell/wirtschaft/deepwater-horizon-bp-zahlt-4-5-milliarden-dollar-bussgeld-11961294.html, Zugriff am 29.12.2012.

Freimann, J. (1996), Betriebliche Umweltpolitik - Praxis, Theorie, Instrumente, Bern 1996.

Friedman, M. (1999), Consumer boycotts - Effecting change through the marketplace and the media, New York 1999.

Füser, K. (2001), Intelligentes Scoring und Rating - Moderne Verfahren zur Kreditwürdigkeitsprüfung, Wiesbaden 2001.

Füser, K., Dörr, M., Stetter, T. und Fischer, K. (2008), Messung und Quantifizierung von Reputationsrisiken - Teil 2 : Reputationsrisiken im Risikomanagement, in: Risiko-Manager, 3. Jg. 2008, Nr. 19, S. 10–17.

Füser, K., Gleißner, W. und Leibbrand, F. (2007), Theoretische Grundlagen und Methoden für Rating-Software, in: Gleißner/Everling (Hrsg., 2007), S. 15–32.

Gläser, J.L.G. (2010), Experteninterviews und quantitative Inhaltsanalyse - als Instrumente rekonstruierender Untersuchungen, 4. Aufl., Wiesbaden 2010.

Gleißner, W. (2004), Die Aggregation von Risiken im Kontext der Unternehmensplanung, in: Zeitschrift für Controlling & Management 2004, Nr. 5, S. 350–359.

Gleißner, W. und Bemmann, M. (2008), Rating-Evidenz und Risikosimulation in strukturellen Modellen, in: Risikomanager 2008, Nr. 17, S. 6–12.

Gleißner, W. und Everling, O. (Hrsg., 2007), Rating-Software - Welche Produkte nutzen wem?, München 2007.

Gleißner, W. und Füser, K. (2003), Leitfaden Rating - Basel II: Rating-Strategien für den Mittelstand, 2. Aufl., München 2003.

Gleißner, W. und Leibbrand (2004), Indikatives Rating und Unternehmensplanung als Grundlage für eine Ratingstrategie, in: Handbuch Ratingpraxis 2004, S. 369–411.

Global Alliance for Banking on Values (2012), Strong, Straightforward and Sustainable Banking - Financial Capital and Impact Metrics of Values Based Banking, auf den Seiten der Global Alliance for Banking on Values, http://www.gabv.org/wp-content/uploads/Full-Report-GABV-v9d.pdf, Zugriff am 13.09.2013.

Global Sustainable Investment Alliance (2013), 2012 Global sustainable investment Review, auf den Seiten der Global Sustainable Investment Alliance, http://gsiareview2012.gsi-alliance.org/#/1/, Zugriff am 10.03.2013.

GLS Bank (2012a), Das finanzieren wir, auf den Seiten der GLS Bank, http://mitglieder.gls.de/kunden/was-finanzieren-wir.html, Zugriff am 03.05.2013.

GLS Bank (2012c), Jahresbericht 2011, Bochum 2012.

Goldbach, K., Grabau, F.-R., Hundt, I. und Neitz, B. (2002), Bankenumfrage zu Basel II und zum Rating, in: Zeitschrift für das gesamte Kreditwesen, 55. Jg. 2002, Nr. 22, S. 1215–1220.

Goss, A. und Roberts, G.S. (2007), The Cost of Virtue: Corporate Social Responsibility and the Cost of Debt Financing, York 2007.

Goss, A. und Roberts, G.S. (2011), The impact of corporate social responsibility on the cost of bank loans, in: Journal of Banking and Finance, 35. Jg. 2011, Nr. 7, S. 1794–1810.

Graham, A., Maher, J.J. und Northcut, W.D. (2001), Environmental Liability Information and Bond Ratings, in: JOURNAL OF ACCOUNTING, AUDITING & FINANCE, 16. Jg. 2001, Nr. 2, S. 93–116.

Gramlich, D. (2007), Sustainable Finance - Finanzmärkte als Intermediäre der Nachhaltigkeit., in: Gramlich/Träger (Hrsg., 2007), S. 293–315.

Gramlich, D. und Träger, M. (Hrsg., 2007), Herausforderungen einer zukunftsorientierten Unternehmenspolitik. - Ökonomie, Umwelt, Technik und Gesellschaft als Determinanten, Wiesbaden 2007.

Graves, S.B. und Waddock, S.A. (1994), Institutional Owners and Corporate Social Performance, in: Academy of Management Journal, 37. Jg. 1994, Nr. 4, S. 1034–1046.

Grossarth, J. (2012), Herzensgute Banken - GLS-, Ethik- oder Umweltbank, auf den Seiten der Frankfurter Allgemeine Zeitung, http://www.faz.net/aktuell/wirtschaft/gls-ethik-oder-umweltbank-herzensgute-banken-11986083.html, Zugriff am 31.05.2013.

Habisch, A. und Schwarz, C. (2012), CSR als Investition in Human- und Sozialkapital, in: Schneider/Schmidpeter (Hrsg., 2012), S. 113–136.

Hammann, P. (1992), Die öffentliche Akzeptanz innovativer Umweltschutztechnik als Problem der unternehmerischen Risikopolitik, in: Wagner (Hrsg., 1992), S. 129–142.

Happe, B. (2009), Neue Banken braucht das Land! - Anregungen für eine ökologisch und sozial zukunftsfähige Finanzindustrie; der urgewald-Bankenratgeber, Sassenberg 2009.

Hartmann, W. und Schwarzhaupt, O. (2007), Die Bedeutung des Ratings im Bankkreditgeschäft, in: Büschgen/Everling (Hrsg., 2007), S. 25–46.

Häßler, R.-D. (2013), Globale Geschäfte - globale Verantwortung - Wie die Global Player die großen Herausforderungen einer nachhaltigen Entwicklung meistern, München 2013.

Hauff, V. (1987), Unsere gemeinsame Zukunft - Der Brundtland-Bericht der Weltkommission für Umwelt und Entwicklung, Greven 1987.

Haves, R. (2009), Basel II - ein Überblick, in: Everling u.a. (Hrsg., 2009), S. 27–52.

Hayden, E. (2002), Modeling an Accounting-Based Rating System for Austrian Firms, Wien 2002.

Heidorn, T. (2009), Kreditderivate, in: Everling u.a. (Hrsg., 2009), S. 284–308.

Heinke, V. und Steiner, M. (2007), Rating aus Sicht der modernen Finanzierungstheorie, in: Büschgen/Everling (Hrsg., 2007), S. 655–708.

Heldt, P. (2009), Basel II - Konsequenzen für das Kreditgeschäft, in: Everling u.a. (Hrsg., 2009), S. 3–26.

Henle, B. (2008), Nachhaltigkeit messen: soziale Indikatoren für Finanzdienstleister, München 2008.

Heymann, E. (2009), Klimakonferenz Kopenhagen: Erfolg ein politisches Muss, auf den Seiten der DB Research, http://www.dbresearch.de/PROD/DBR_INTERNET_DE-PROD/PROD0000000000249531/Klimakonferenz+Kopenhagen%3A+Erfolg+ein+politisches+Muss.pdf, Zugriff am 28.03.2013.

Hoffman, E., Gebauer, J., Dunkelberg, E., Hirschfeld, J., Hirschl, B., Rotter, M., Stegnitz, A., Wurbs, S., Lotz, W. und Welp, M. (2011), Stakeholder-Dialoge: Chancen und Risiken des Klimawandels, Dessau-Roßlau 2011.

Hoffmann, S. (2011), Anti-consumption as a means to save jobs - Vol. 45 Iss: 11/12, pp.1702 - 1714, in: European Journal of Marketing, 45. Jg. 2011, 11/12, S. 1702–1714.

Hofmann, B. (2006), Die Ausgestaltung des bankinternen Ratingverfahrens als Ansatzpunkt zur Risikooptimierung, in: Zeitschrift für Betriebswirtschaft, 76. Jg. 2006, Nr. 6, S. 651–680.

Hofmann, R. (1977), Bilanzkennzahlen - Industrielle Bilanzanalyse und Bilanzkritik, 4. Aufl., Wiesbaden 1977.

Holliger-Hagmann, E. (2003), Produktrisiken im Griff - Die Verantwortung der Hersteller und Vermarkter für das sichere Produkt, Renningen 2003.

Holschuh, K. (2009), Funktion und Bedeutung von Shadow-Ratings im Credit Research, in: Everling u.a. (Hrsg., 2009), S. 259–280.

Höltermann, A. und Oesten, G. (2001), Forstliche Nachhaltigkeit, in: Der deutsche Wald, 51. Jg. 2001, Nr. 1, S. 39–45.

Hull, J. (2012), Options, Futures, and Other Derivatives, 8. Aufl., Harlow 2012.

Hull, J., Predescu, M. und White, A. (2004), The relationship between credit default swap spreads, bond yields, and credit rating announcements, in: Journal of Banking and Finance, 28. Jg. 2004, Nr. 11, S. 2789–2811.

HypoVereinsbank (2012), Echte Antworten – konkrete Maßnahmen - 2011 Nachhaltigkeitsbericht, München 2012.

IFC (2010), Climate Risk and Financial Institutions - Challenges and opportunities, auf den Seiten der International Finance Corporation, http://www1.ifc.org/wps/wcm/connect/ed21d4804a830d65860bff551f5e606b/ClimateRisk_FinancialInstitutions.pdf?MOD=AJPERES, Zugriff am 20.03.2013.

ILO (2011), ILO Kernarbeitsnormen, auf den Seiten der International Labour Organization, http://www.ilo.org/berlin/arbeits-und-standards/kernarbeitsnormen/lang--de/index.htm, Zugriff am 13.09.2013.

imug, Institut für Markt, Umnwelt, Gesellschaft e.V. (2001), Der Markt für sozial-ökologische Geldanlagen in Deutschland : Ergebnisse einer repräsentativen Privatanlegerbefragung, Hannover 2001.

InsO (2013), Insolvenzordnung (InsO), vom 05.10.1994 (BGBl. I S. 2866), zuletzt geändert durch Art. 1 G zur Verkürzung des Restschuldbefreiungsverfahrens und zur

Stärkung der Gläubigerrechte vom 15.07.2013 (BGBl. I S. 2379), S. 2854–2932, http://www.gesetze-im-internet.de/bundesrecht/inso/gesamt.pdf, Zugriff am 04.01.2013.

IPCC (2007), Summary for Policymakers, in: Solomon u.a. (Hrsg., 2007), S. 1–18.

IPCC (2013), Organization, auf den Seiten des Intergovernmental Panel on Climate Change, http://www.ipcc.ch/organization/organization.shtml#.UUcivnkwdoU, Zugriff am 18.03.2013.

ISO (2011a), ISO 14000 Essentials, Mississauga, Ont 2011.

ISO (2011b), ISO 26000 in der Praxis - Der Ratgeber zum Leitfaden für soziale Verantwortung und Nachhaltigkeit, München 2011.

ISO (2011c), Leitfaden zur gesellschaftlichen Verantwortung (ISO 26000:2010) - Norm: ICS 03.020; 03.100.01, Berlin 2011.

Janssen, J. (2007), Statistische Datenanalyse mit SPSS für Windows - Eine anwendungsorientierte Einführung in das Basissystem und das Modul Exakte Tests, 6. Aufl., Berlin, Heidelberg 2007.

Jensen, M. und Meckling, W. (1976), Theory of the Firm: Managerial Behavior, Agency Costs, and Ownership Structure, in: Journal of Financial Economics, 3. Jg. 1976, Nr. 4, S. 305–360.

Jobst, R. (2008), Modellierung von mehrjährigen Kreditausfallrisiken, Duisburg 2008.

Kastenholz, H.G., Erdmann, K.-H. und Wolff, M.P.H. (Hrsg., 1996), Nachhaltige Entwicklung - Zukunftschancen für Mensch und Umwelt, Berlin, New York 1996.

Keidel, T. (1993), Die Prüfung von Umweltrisiken in der Kreditwürdigkeitsprüfung, Bonn 1993.

Keidel, T. (1997), Okologische Risiken im Kreditgeschäft - Systematisches Prüfungs- und Bewertungsverfahren, Wiesbaden 1997.

Kemmer, M. (2010), G20-Gipfel in Seoul: Internationale Finanzmarktregulierung noch nicht am Ziel, auf den Seiten des Bankenverbands, http://www.bankenverband.de/themen/politik-gesellschaft/defacto/defacto-nr.11/defacto-nr.11, Zugriff am 20.10.2012.

Kleine, J., Krautbauer, M. und Weller, T. (2013), Nachhaltige Investments aus dem Blick der Wissenschaft: Leistungsversprechen und Realität, München 2013.

Knaus, A. und Renn, O. (1998), Den Gipfel vor Augen - Unterwegs in eine nachhaltige Zukunft, Marburg 1998.

Kralicek, P. (1995), Kennzahlen für Geschäftsführer - Analyse-Methoden, Frühwarnsysteme, Finanz- und Cash-Management, Aufdeckung von Gewinnpotentialen, PC-Anwenderprogramme, Unternehmensbewertung, Planbilanzen, Fallstudien, 3. Aufl., Wien 1995.

Krämer, W. und Mackenthun, G. (2003), Die Panik-Macher, Ungekürzte Taschenbuchausg., München, Zürich 2003.

Kreditanstalt für Wiederaufbau (2001), Rating: Herausforderung für Kreditinstitute und Unternehmen, in: KfW-Beiträge 26, 2001, Nr. 26, S. 24–32.

Kruse-Graumann, L. (1996), Psychologische Ansätze zur Entwicklung einer zukunftsfähigen Gesellschaft, in: Kastenholz u.a. (Hrsg., 1996), S. 119–141.

Kubusch, J. (2004), Aktuelle Entwicklungen bei der Erfassung von ökologischen und sozialen Risiken im Kreditvergabegeschäft, in: Forum Wirtschaftsethik, 12. Jg. 2004, Nr. 2, S. 10–11.

Kühne, G. (1999), Umweltrisiken im Firmenkundenkreditgeschäft - Ein integratives Konzept für Kreditprüfung, -überwachung und -steuerung, Wiesbaden 1999.

KWG (2013), Gesetz über das Kreditwesen - (Kreditwesengesetz - KWG), vom In der Fassung der Bekanntmachung vom 09.09.1998 (BGBl. I S. 2776), zuletzt geändert durch Art. 18 AIFM-Umsetzungsgesetz vom 04.07.2013 (BGBl. I S. 1981), S. BGBl. I S. 1375, http://www.gesetze-im-internet.de/kredwg/BJNR008810961.html, Zugriff am 13.09.2013.

Läger, V. (2002), Bewertung von Kreditrisiken und Kreditderivaten, Bad Soden/Ts. 2002.

Lamnek, S. (2010), Qualitative Sozialforschung, 5. überarb. Aufl., Weinheim 2010.

Leipziger, D. (2010), The corporate responsibility code book, Rev. 2. ed., Sheffield 2010.

Lemke, P., Ren, J., Alley, R., Allison, I., Carrasco, J., Flato, G., Fujii, Y., Kaser, G., Mote, P., Thomas R.H. und Zhang, T. (2007), Observations: Changes in Snow, Ice and Frozen Ground, in: Solomon u.a. (Hrsg., 2007), S. 337–385.

Liekweg, A. (2003), Risikomanagement und Rationalität - Präskriptive Theorie und praktische Ausgestaltung von Risikomanagement, Wiesbaden 2003.

Lindenmayer, P. (2008), Nichtregierungsorganisationen als spezialisierte Kapitalmarktakteure - Ein finanzintermediationstheoretischer Erklärungsansatz, Wiesbaden 2008.

Loeper, E. (2011), Basel III und weitere Regulierungsvorhaben des Baseler Ausschusses, in: Zeitschrift für das gesamte Kreditwesen, 64. Jg. 2011, Nr. 11, S. 550–553.

Loew, T. (2002), Internationale Entwicklung der Regulierungen zur Förderung ökologisch-ethischer Finanzdienstleistungen - Diskussionspapier des IÖW 56/02, Berlin 2002.

Loew, T., Ankele K., Braun, S. und Clausen, J. (2004), Bedeutung der internationalen CSR-Diskussion für Nachhaltigkeit und die sich daraus ergebenden Anforderungen an Unternehmen mit Fokus Berichterstattung - Endbericht an das Bundesministerium für Umwelt, Naturschutz und Reaktorsicherheit, Münster und Berlin 2004.

Losbichler, H. (2012), Das Nachhaltigkeits-Paradoxon des Shareholder Value - ZfCM - Controlling & Management, in: Zeitschrift für Controlling & Management, 56. Jg. 2012, Nr. 5, S. 266–270.

Lubig, B. (2009), Bedeutung von Sovereign Credit Ratings für die internationalen Finanzmärkte - Eine ökonometrische Bewertung des Informationsgehaltes von Sovereign Credit Ratings, Frankfurt a. M. 2009.

Mahammadzadeh, M., Chrischilles, E. und Biebeler, H. (2013), Klimaanpassung in Unternehmen und Kommunen - Betroffenheiten, Verletzlichkeiten und Anpassungsbedarf, Köln 2013.

Maier-Rigaud, G. (1997), Schritte zur ökologischen Marktwirtschaft, Marburg 1997.

Manz, F. (1998), Prozessorientiertes Kreditmanagement ein praktischer Leitfaden zur Rendite/Risiko-Optimierung von Einzelkredit und Portfolio, Bern 1998.

Matten, D. (1995), Strategy follows structure: Environmental Risk Management in commercial Enterprices, in: Business Strategy and the Environment, 4. Jg. 1995, Nr. 3, S. 107–116.

Matthew, E. und van Gelder, J.W. (2001), Paper Tiger, Hidden Dragons - The responsibility of international financial institutions for Indonesian forest destruction, social conflict and the financial crisis of Asia Pulp & Paper, auf den Seiten Friends of the Earth - England, http://www.foe.co.uk/resource/reports/paper_tiger_hidden_dragons .pdf, Zugriff am 14.10.2013.

Mayr, C. (2009), Erklärungshilfen zur Entwicklung der internationalen Klimapolitik - Spieltheorie und Public-Choice-Theorie, Hamburg 2009.

Meadows, D.L., Meadows, D.H. und Zahn, E. (1972), Die Grenzen des Wachstums - Bericht des Club of Rome zur Lage der Menschheit, New York 1972.

Meffert, H. und Kirchgeorg, M. (1998), Marktorientiertes Umweltmanagement: Konzeption, Strategie, Implementierung; mit Praxisfällen, 3. Aufl., Stuttgart 1998.

Menz, K.-M. (2010), Gute CSR-Noten für Kreditgeber nicht relevant, in: Börsen-Zeitung, 2010. Jg. 2010, Nr. 77, S. 18.

Menz, K.-M. und Nelles, M. (2009a), Corporate Governance und Credit Spreads - Korrelation, Kausalität oder weder noch?, in: Finanz Betrieb, 11. Jg. 2009, Nr. 3, S. 128–136.

Menz, K.-M. und Nelles, M. (2009b), Corporate Social Responsibility: Wird nachhaltig-verantwortungsvolle Unternehmensführung am Fremdkapitalmarkt honoriert? - Eine kritische Note, in: Finanz Betrieb, 11. Jg. 2009, Nr. 4, S. 189–199.

Mercer (2009), Shedding light on responsible investment: Approaches, returns and impacts, London 2009.

Meuche, T. (1994), Ökologische Risiken in der Kreditwürdigkeitsprüfung, New York 1994.

Meuser, M. und Nagel, U. (2009a), Das Experteninterview - konzeptionelle Grundlagen und methodische Anlage, in: Pickel u.a. (Hrsg., 2009), S. 465–479.

Meuser, M. und Nagel, U. (2009b), Experteninterview und der Wandel der Wissensproduktion, in: Bogner u.a. (Hrsg., 2009), S. 35–60.

Meyer, C. (2000), Kunden-Bilanzanalyse der Kreditinstitute - Eine Einführung in die Jahresabschluss-Analyse und in die Analyse-Praxis der Kreditinstitute, 2. Aufl., Stuttgart 2000.

Michalik, G. (2001), Kreditentscheidung und Nachhaltigkeit, Frankfurt a. M. 2001.

Mohaupt, F., Schmitt, K. und Hochfeld, C. (2005), Global Compact - Global Impact? - Stand und Perspektiven der Initiativen der Vereinten Nationen, Berlin 2005.

Moody's Investor Service (2011), Rating Symbols and Definitions, auf den Seiten von Moody's Investor Service, http://www.moodys.com/researchdocumentcontentpage.aspx?docid=PBC_79004, Zugriff am 13.09.2013.

MSCI (2011), Intangible Value Assessment (IVA) - Methodology, o. O. 2011.

Müller, M. (Hrsg., 2008), Corporate Social Responsibility - Trend oder Modeerscheinung?, München 2008.

Münchener Rück (2013), Topics Geo Naturkatastrophen 2012 - Analysen, Bewertungen, Positionen, München 2013.

Munsch, M. und Weiß, E. (2004), Externes Rating - Finanzdienstleistung und Entscheidungshilfe, 4. Aufl., Berlin 2004.

Nachhaltiges-Investment.com (2011), Alternative Banken - stark im Kommen!, auf den Seiten von Nachhaltiges-Investment, http://www.nachhaltiges-investment.com/oekobanken.php, Zugriff am 13.09.2013.

Nettelbeck, B.I. (1995), Produktsicherheit, Produkthaftung, Berlin, Heidelberg, New York, Barcelona, Budapest, Hong Kong, London, Mailand, Paris, Tokyo 1995.

OECD (2011), OECD-Leitsätze für multinationale Unternehmen - Neufassung 2011, Paris 2011.

oekom Research (2009a), Handbuch Klimarisiken, München 2009.

oekom Research (2009b), oekom Industry Focus - Financials / Commercial Banks & Capital Markets, auf den Seiten von oekom Research, http://www.oekom-research.com/homepage/german/FIN_CB&CM_Industry_Focus_0609.pdf, Zugriff am 20.01.2012.

oekom Research (2013), oekom Corporate Rating - Sony Corp, auf den Seiten von oekom Research, http://www.oekom-research.com/homepage/oekom_Corporate_Rating_Sony_20130208.pdf, Zugriff am 08.03.2013.

Oikonomou, I., Brooks, C. und Pavelin, S. (2011), The Effects of Corporate Social Performance on the Cost of Corporate Debt and Credit Ratings - ICMA Centre Discussion Papers in Finance DP2011-19, Reading 2011.

Onischka, M. (2006), Environmental and climate risks in financial analysis, in: Aravossis (Hrsg., 2006), S. 75–87.

Onischka, M. (2009a), Definition von Klimarisiken und Systematisierung in Risikokaskaden, auf den Seiten des Wuppertal Institut für Klima, Umwelt, Energie, http://germanwatch.org/climain/pub-oni09-1.pdf, Zugriff am 04.05.2013.

Onischka, M. (2009b), Einbezug von Klimarisiken im Kreditrating von Kreditinstituten und Ratingagenturen, auf den Seiten des Wuppertal Institut für Klima, Umwelt, Energie, http://germanwatch.org/climain/pub-oni09-2.pdf, Zugriff am 03.05.2013.

Onischka, M. und Fucik, M. (2008), Climate change is underestimated by the financial markets, auf den Seiten des Wuppertal Institut und Potsdam-Institut, http://www.klimazwei.de/LinkClick.aspx?fileticket=%2BFeR9Bwctmw%3D&tabid=107&language=de-DE, Zugriff am 20.03.2013.

Orlitzky, M. (2005), Payoffs to Social and Environmental Performance, in: The Journal of Investing, 14. Jg. 2005, Nr. 3, S. 48–52.

Orlitzky, M. und Benjamin, J.D. (2001), Corporate Social Performance and Firm Risk: A Meta-Analytic Review, in: Business Society, 40. Jg. 2001, Nr. 4, S. 369–396.

Orlitzky, M., Schmidt, F.L. und Rynes, S.L. (2003), Corporate Social and Financial Performance: A Meta-Analysis, in: Organization Studies, 24. Jg. 2003, Nr. 3, S. 403–441.

Overlack-Kosel, D., Scholz, R.W., Erichsen, S., Schmitz, C.W. und Urban, G. (Hrsg., 1995), Kreditrisiken aus Umweltrisiken, Bonn 1995.

Oxfam America (2012), Physical Risks from climate change - A guide for companies and investors on disclosure and management of climate impacts, auf den Seiten von Oxfam America, http://www.oxfamamerica.org/files/physical-risks-from-climate-change.pdf, Zugriff am 20.03.2013.

Parry, M., Canziani, O., Palutikof, J., van der Linden P.J. und Hanson, C. (Hrsg., 2007), Climate Change 2007: Impacts, Adaptation and Vulnerability. - Contribution of Working Group II to the Fourth Assessment Report of the Intergovernmental Panel on Climate Change, Cambridge 2007.

Parry, M.L., Canziani, O., Palutikof, J., van der Linden, P. und Hanson, C. (Hrsg., 2007), Climate change 2007 - impacts, adaptation and vulnerability - Contribution of Working Group II to the Fourth Assessment Report of the Intergovernmental Panel on Climate Change, 1. Aufl., Cambridge 2007.

PAX-Bank (2011), Unsere Kunden, auf den Seiten der PAX-Bank, http://www.pax-bank.de/diebank/unsere_kunden.html, Zugriff am 02.08.2011.

Perridon, L., Steiner, M. und Rathgeber, A.W. (2012), Finanzwirtschaft der Unternehmung, 16. Aufl., München 2012.

Peylo, D. und Schaltegger, S. (2010), Stakeholder-orientiert Reputationsrisiken managen - Nachhaltigkeitskonzept als solides Fundament, in: Betriebswirtschaftliche Blätter, 59. Jg. 2010, Nr. 11, S. 641–649.

Pickel, S., Jahn, D., Lauth, H.-J. und Pickel, G. (Hrsg., 2009), Methoden der vergleichenden Politik- und Sozialwissenschaft - Neue Entwicklungen und Anwendungen, Wiesbaden 2009.

Plinke, E. (2008), Nachhaltigkeit und Aktienperformance - alte und neue Erkenntnisse zu einem Dauerbrenner, Basel 2008.

Preller, E. (2009), Übergewicht und Adipositas als systemisch wirkendes Nachhaltigkeitsrisiko – Transparenz durch Nachhaltigkeitsratings, Stuttgart 2009.

Principles for Responsible Investment (2011), Annual Report 2011, auf den Seiten der Principles for Responsible Investment, http://www.unpri.org/viewer/?file=wp-content/uploads/annual_report2011.pdf, Zugriff am 28.02.2013.

Principles for Responsible Investment (2012a), Annual Report 2012, auf den Seiten der Principles for Responsible Investment, http://www.unpri.org/viewer/?file=wp-content/uploads/Annualreport20121.pdf, Zugriff am 28.02.2013.

Principles for Responsible Investment (2012b), Reporting Framework - Pilot 2012 - Main Definitions, auf den Seiten der Principles for Responsible Investment, http://www.unpri.org/viewer/?file=files/2012.04.16%20PRI%20Reporting%20Framework%20definitions%202012.pdf, Zugriff am 10.03.2013.

Randall, D., Wood, R., Bony, S., Colman, R., Fichefet, T., Fyfe, J., Kattsov, V., Pitman, A., Shukla, J., Srinivasan, J., Stouffer, R. und Sumi, A. (2007), Climate Models and Their Evaluation, in: Solomon u.a. (Hrsg., 2007), S. 589–662.

Randers, J. (2012), 2052. Der neue Bericht an den Club of Rome - Eine globale Prognose für die nächsten 40 Jahre, in: 2052 (2012).

Rat für Nachhaltige Entwicklung (2011), Was ist Nachhaltigkeit?, auf den Seiten des Rats für Nachhaltige Entwicklung, http://www.nachhaltigkeitsrat.de/nachhaltigkeit/, Zugriff am 12.09.2013.

Rauschenberger, R. (2002), Nachhaltiger Shareholder Value - Integration ökologischer und sozialer Kriterien in die Unternehmensanalyse und in das Portfoliomanagement, Bern 2002.

Reichling, P., Bietke, D. und Henne, A. (2007), Praxishandbuch Risikomanagement und Rating - Ein Leitfaden, 2. Aufl., Wiesbaden 2007.

Renn, O., Deuschle, J., Jäger, A. und Weimer-Jehle, W. (2007), Leitbild Nachhaltigkeit - Eine normativ-funktionale Konzeption und ihre Umsetzung, Wiesbaden 2007.

RepRisk (2011), Putting Environmental and Social Risk on the Radar, auf den Seiten von RepRisk, http://www.reprisk.com, Zugriff am 06.09.2013.

Rese, M., Söllner, A. und Utzig, P. (Hrsg., 2003), Relationship-Marketing - Standortbestimmung und Perspektiven, Berlin [u.a.] 2003.

Rieth, L. und Glindemann, O. (2010), Deutsche Unternehmen im Global Compact - Kontinuität oder Fortschritt?, Darmstadt 2010.

Roland Berger (2009), Innovation, Wachstum, Beschäftigung - Für eine nachhaltig effiziente Wirtschaft, auf den Seiten der Roland Berger Strategy Consultants Holding GmbH, http://www.bmu.de/fileadmin/bmu-import/files/pdfs/allgemein/application/pdf/wwk_leitlinien_bf.pdf, Zugriff am 01.04.2013.

Roland Berger (2012), Green Banking - Nachhaltiges Banking bietet Finanzinstituten ein hohes Wachstumspotenzial, auf den Seiten von Roland Berger, http://www.rolandberger.de/medien/publikationen/2012-11-16-rbsc-pub-think_act_CONTENT_Green_Banking.html, Zugriff am 17.12.2012.

Rommelfanger, H. (2009), Ratingmethoden, in: Everling u.a. (Hrsg., 2009), S. 81–102.

Rudolph, B. (2006), Unternehmensfinanzierung und Kapitalmarkt, Tübingen 2006.

Sadowski, M., Whitaker, K., Lee, M. und Ayars, A. (2011), Rate the Raters Phase Four - The Necessary Future of Ratings, Forschungsbericht der Rating-Agentur SustainAbility, o. O. 2011.

SAI (2008), Social Accountability 8000. SA 8000, New York 2008.

Schäfer, H. (2002), Unternehmensfinanzen - Grundzüge in Theorie und Management; mit 48 Tabellen, 2. Aufl., Heidelberg 2002.

Schäfer, H. (2004), Unternehmensnachhaltigkeit und Ausfallrisiko im Kontext von Basel II, in: Forum Wirtschaftsethik, 12. Jg. 2004, Nr. 2, S. 4–9.

Schäfer, H. (2005a), International Corporate Social Responsibility Rating Systems - Conceptual Outline and Empirical Results, in: The journal of Coroprate Citizenship 2005, Nr. 20, S. 107–120.

Schäfer, H. (2005b), Wie nachhaltig ist die nachhaltige Geldanlage in Deutschland?, in: Zeitschrift für das gesamte Kreditwesen, 58. Jg. 2005, Nr. 11, S. 558–562.

Schäfer, H. (2006), Rating der Corporate Social Responsibility von Unternehmen, in: Wirtschaftswissenschaftliches Studium 2006, Nr. 12, S. 664–669.

Schäfer, H. (2007), Das gesellschaftliche Engagement von Familienunternehmen - Dokumentation der Ergebnisse einer Unternehmensbefragung, Gütersloh, Stuttgart 2007.

Schäfer, H. (2010), Corporate Social Responsibility Rating, in: Aras/Crowther (Hrsg., 2010), S. 449–465.

Schäfer, H. (2012), Nachhaltigkeitsindizes, in: Schneider/Schmidpeter (Hrsg., 2012), S. 651–662.

Schäfer, H. und Barthruff, C. (2011), Derivate und ihr Einsatz im Risikomanagement von Unternehmen - Eine praxisorientierte Handlungshilfe für Aufsichts- und Betriebsräte, Düsseldorf 2011.

Schäfer, H. und Barthruff, C. (2013), Bewertung ökologischer und sozialer Risiken im Firmenkundenkreditgeschäft, in: Schäfer/Krummrich (Hrsg., 2013), S. 305–324.

Schäfer, H., Barthruff, C. und Belaus, T. (2012), Leistungskriterien und Besonderheiten der Anbieter für Nachhaltigkeitsratings (nicht veröffentlichte Studie im Auftrag der Evangelischen Landeskirche in Württemberg), Stuttgart 2012.

Schäfer, H., Beer, J., Zenker, J. und Fernandes, P. (2006), Who is who in Corporate Social Responsibility Rating? - A survey of internationally established rating systems that measure Corporate Responsibility, Gütersloh 2006.

Schäfer, H. und Engelhardt, M. (2008), ESG-Aktienindizes - Integration von Sozial-, Umwelt- und Governance-Kriterien in die Kapitalmärkte, in: Betriebswirtschaftliche Blätter, 57. Jg. 2008, Nr. 9, S. 506–513.

Schäfer, H., Hauser-Ditz, A. und Preller, E. (2004), Transparenzstudie zur Beschreibung ausgewählter international verbreiteter Rating-Systeme zur Erfassung von Corporate Social Responsibility, Gütersloh 2004.

Schäfer, H. und Kemper, H.-G. (2010), Entwicklung einer webbasierten Informationsplattform zur Abbildung von Systemen, Prozessen und Ergebnissen des Ratings von Corporate Sustainability/ Corporate Social Responsibility - Abschlussbericht des Forschungsprojekts ARGUS, auf den Seiten des Forschungsprojekts ARGUS, http://www.argus-responsibility.de/argusweb/images/downloads/Abschlussbericht/Argus_Abschlussbericht.pdf, Zugriff am 17.09.2013.

Schäfer, H. und Krummrich, K. (Hrsg., 2013), Handbuch Nachhaltigkeit - Strategie - Forschung - Praxis, Stuttgart 2013.

Schäfer, H. und Langer, G. (2008), Unternehmensbewertung im Kontext des Nachhaltigkeits-Ansatzes - Methodenüberblick und Forschungsperspektiven, in: Zeitschrift für das gesamte Bank- und Börsenwesen, 56. Jg. 2008, September 2008, S. 608–622.

Schäfer, H. und Lindenmayer, P. (2004), Sozialkriterien im Nachhaltigkeitsrating, Düsseldorf 2004.

Schäfer, H. und Lindenmayer, P. (2005), Unternehmenserfolge erzielen und verantworten - Ein finanzmarktgesteuertes Beurteilungs- und Steuerungsmodell von Corporate Responsibility, Stuttgart 2005.

Schäfer, H. und Lindenmayer, P. (2007a), Implikationen von CSR-Rating-Systemen auf SRI-basiertes Asset-Management, CSR-Ratings Forschungsbericht Nr. 01/2007, Stuttgart 2007.

Schäfer, H. und Lindenmayer, P. (2007b), Nachhaltige Kapitalanlagen (I), in: WISU, Das Wirtschaftsstudium, 36. Jg. 2007, Nr. 7, S. 935–939.

Schäfer, H. und Lindenmayer, P. (2007c), Nachhaltige Kapitalanlagen (II), in: WISU, Das Wirtschaftsstudium, 36. Jg. 2007, 8-9, S. 1082–1088.

Schäfer, H. und Mayer, N. (2010), Nachhaltige Geldanlagen für Non-Profit-Organisationen, Bonn 2010.

Schäfer, H. und Preller, E. (2003), Sozialökologische Ratings am Kapitalmarkt - Transparenzstudie zur Beschreibung konkurrierender Konzepte der Nachhaltigkeitsmessung auf deutschsprachigen Finanzmärkten, Düsseldorf 2003.

Schaltegger, S. und Figge, F. (1997), Umwelt und Shareholder Value, 2. Aufl., Basel 1997.

Schaltegger, S. und Müller, M. (2008), CSR zwischen unternehmerischer Vergangenheitsbewältigung und Zukunftsgestaltung, in: Müller (Hrsg., 2008), S. 17–35.

Schierenbeck, H. und Seidel, E. (Hrsg., 1992), Banken und Ökologie - Konzepte für die Umwelt, Wiesbaden 1992.

Schierenbeck, H. und Seidel, E. (1992), Die Ökologisierung der Wirtschaft und das Bankgeschäft - Eine Einführung, in: Schierenbeck/Seidel (Hrsg., 1992), S. 1–25.

Schiller, B. und Tytko, D. (2001), Risikomanagement im Kreditgeschäft - Grundlagen, neuere Entwicklungen und Anwendungsbeispiele, Stuttgart 2001.

Schimmelmann, W.V. und Franke, G. (2007), Interne und externe Ratings - Das optimale Informationssystem für die Finanzwirtschaft, Frankfurt a. M. 2007.

Schlecker, M. (2009), Credit spreads - Einflussfaktoren, Berechnung und langfristige Gleichgewichtsmodellierung, Lohmar 2009.

Schmoll, A. (1992), Praxis der Kreditüberwachung - Ertragssteigerung durch effiziente Risikoreduzierung, Wiesbaden 1992.

Schneeweiß, A. (2010), Finanzierung nachhaltiger Entwicklung - Ein Überblick über die Situation nachhaltiger Geldanlagen in Deutschland, Berlin 2010.

Schneider, A. und Schmidpeter, R. (Hrsg., 2012), Corporate Social Responsibility - Verantwortungsvolle Unternehmensführung in Theorie und Praxis, Berlin, Heidelberg 2012.

Schoenheit, I. (2005), Markttransparenz im Socially Responsible Investment, Frankfurt a. M. 2005.

Scholz, R.W. (1995), Umweltrisiken systematisch erfassen, in: Schweizer Bank 1995, Nr. 4, S. 45–47.

Scholz, R.W., Weber, O. und Michalik, G. (1995), Ökologische Risiken im Firmenkreditgeschäft, in: Overlack-Kosel u.a. (Hrsg., 1995), S. 1–49.

Schreck, P. (2012), Der Business Case for Corporate Social Responsibility, in: Schneider/Schmidpeter (Hrsg., 2012), S. 67–86.

Schücking, H., Kroll, L., Louvel, Y. und Richter, R. (2011), Bankrolling Climate Change, Sassenberg 2011.

Schüler, T. (2002), Rating und Kreditvergabe an mittelständische Unternehmen, Lohmar 2002.

Schwager, B. (2008), Nutzung der externen Bewertung der Nachhaltigkeitsleistung von Unternehmen zur internen Performancesteigerung. Ist der Sustainable-Value-Ansatz hierfür geeignet und lassen sich mit ihm die Anforderungen an den Klimaschutz unternehmensintern verfolgen?, Masterarbeit Fernuniversität Hagen, Stuttgart 2008.

Schwalbach, J. (2003), Unternehmensreputation als Erfolgsfaktor, in: Rese u.a. (Hrsg., 2003), S. 225–238.

Schweickart, N. und Töpfer, A. (Hrsg., 2006), Wertorientiertes Management - Werterhaltung - Wertsteuerung - Wertsteigerung ganzheitlich gestalten, Berlin, Heidelberg 2006.

Schweizerische Rückversicherung (2012), Natur- und Man-made-Katastrophen 2011: Rekordschäden durch Erdbeben und Überschwemmungen von historischem Ausmaß, Zürich 2012.

Serfling, K., Badack, E. und Jeiter, V. (1996), Möglichkeiten und Grenzen des Credit Ratings, in: Büschgen/Everling (Hrsg., 1996), S. 629–656.

Sittmann, J.W. (1999), Sicherheiten, in: Cramer/Thiessen (Hrsg., 1999), S. 1701–1720.

Solomon, S., Qin, D., Manning, M., Chen, Z., Marquis, M., Averyt, K.B., Tignor, M. und Miller, H.L. (2007), Annex I Glossary, in: Solomon u.a. (Hrsg., 2007), S. 941–954.

Solomon, S., Qin, D., Manning, M., Chen, Z., Marquis, M., Averyt, K.B., Tignor, M. und Miller, H.L. (Hrsg., 2007), Climate change 2007 - The physical science basis; contribution of Working Group I to the Fourth Assessment Report of the Intergovernmental Panel on Climate Change, 1st published., New York 2007.

SolvV (2012), Verordnung über die angemessene Eigenmittelausstattung von Instituten, Institutsgruppen und Finanzholding-Gruppen (Solvabilitätsverordnung - SolvV), vom 14.12.2006 (BGBl. I S. 2926), zuletzt geändert durch Art. 1 Zweite ÄndVO vom 19.12.2012 (BGBl. I S. 2796), S. BGBl. I S. 3044, http://www.gesetze-im-internet.de /solvv/index.html, Zugriff am 20.10.2012.

Standard & Poor's (2008), Corporate Ratings Criteria, auf den Seiten von Standard & Poor's, http://www.nafoa.org/pdf/CorprateCriteriaBook-2008.pdf, Zugriff am 28.02.2013.

Standard & Poor's (2009), CreditStats: 2008 Adjusted Key U.S. And European Industrial And Utility Financial Ratios, auf den Seiten von Standard & Poor's, http://www.alacrastore.com/research/s-and-p-credit-research-CreditStats_2008_Adjusted_Key_U_S_And_European_Industrial_And_Utility_Financial_Ratios-744048, Zugriff am 03.02.2013.

Standard & Poor's (2011), Guide to Credit Rating Essentials, auf den Seiten von Standard & Poor's, http://img.en25.com/Web/StandardandPoors/SP_CreditRatingsGuide.pdf, Zugriff am 24.05.2013.

Statistisches Bundesamt (2013), Preise - Daten zur Energiepreisentwicklung, auf den Seiten Statistisches Bundesamt, https://www.destatis.de/DE/Publikationen/Thematisch/Preise/Energiepreise/EnergiepreisentwicklungPDF_5619001.pdf?__blob=publicationFile, Zugriff am 20.09.2013.

Steinbrügge, J. (2008), Optimale Fremdfinanzierung nach Basel II, Wiesbaden 2008.

Stern, N.H. (2007), The economics of climate change - The Stern review, Cambridge 2007.

Stiehle, J. (2001), Berücksichtigung von Umweltschäden im Rahmen der Kreditwürdigkeitsprüfung, Beuren, Stuttgart 2001.

Stiglitz, J. und Weiss, A. (1981), Credit rationing in markets with imperfect information, in: American Economic Review, 71. Jg. 1981, S. 393–410.

Stover, R. (1996), Third-Party certification in new issues of corporate tax-embedded bonds: Standby letter of credit and bond rating interaction, in: Financial Management, 25. Jg. 1996, Nr. 1, S. 62–70.

Süddeutsche Zeitung (2011), RWE bekommt neuen Chef, auf den Seiten der Süddeutsche Zeitung, http://www.sueddeutsche.de/wirtschaft/nachfolge-von-juergen-grossmann-rwe-bekommt-neuen-chef-1.1127916, Zugriff am 28.12.2012.

Süddeutsche Zeitung (2012), BP-Mitarbeiter wegen Tötungsdelikten angeklagt, auf den Seiten der Süddeutsche Zeitung, http://www.sueddeutsche.de/wirtschaft/oelkatastrophe-im-golf-von-mexiko-bp-mitarbeiter-wegen-toetungsdelikten-angeklagt-1.1523810, Zugriff am 29.12.2012.

Szczesny, A. (2003), Risikoindikatoren, Rating und Ausfallwahrscheinlichkeit im Kreditgeschäft, Baden-Baden 2003.

Terberger, E. (1999), Sicherheiten: Ökonomisch theoretische Sicht, in: Cramer/Thiessen (Hrsg., 1999), S. 1720–1728.

Thießen, F. (2004), Rating im Kreditgeschäft und strategisches Kreditnehmerverhalten, in: Zeitschrift für das gesamte Kreditwesen, 57. Jg. 2004, Nr. 11, S. 572–575.

Thompson, P. und Cowton, C.J. (2004), Bringing the environment into bank lending: implications for environmental reporting, in: The British Accounting Review, 36. Jg. 2004, S. 197–218.

Tremmel, J. (2004), „Nachhaltigkeit" – definiert nach einem kriteriengebundenen Verfahren, in: GAIA, 13. Jg. 2004, Nr. 1, S. 26–34.

Trenberth, K., Jones, P., Ambenje, P., Bojariu, R., Easterling, D., Klein Tank, A., Parker, D., Rahimzadeh, F., Renwick, J., Rusticucci, M., Soden, B. und Zhai, P. (2007), Observations: - Surface and Atmospheric Climate Change, in: Solomon u.a. (Hrsg., 2007), S. 265–336.

Trinczek, R. (2005), Wie befrage ich Manager? - Methodische und methodologische Aspekte des Experteninterviews als qualitative Methode empirischer Sozialforschung, in: Bogner (Hrsg., 2005), S. 209–222.

Triodos Bank (2012), Annual Report 2011, Frankfurt a. M. 2012.

UmweltBank AG (2010), Jahresbericht Umweltbank AG - 2010 Geschäftsbericht Offenlegungsbericht Umweltbericht Sozialbericht, Nürnberg 2010.

UmweltBank AG (2012), Jahresbericht UmweltBank AG 2011, Nürnberg 2012.

UNEP FI (1997), UNEP-Erklärung der Finanzinstitute zur Umwelt und zur nachhaltigen Entwicklung - Revidierte Fassung vom Mai 1997, auf den Seiten der UNEP FI, http://www.unepfi.org/statements/fi/german/, Zugriff am 06.12.2011.

UNEP FI (2006), Global Climate Change: - Risk to Bank Loans, auf den Seiten der UNEP FI, http://www.unepfi.org/fileadmin/documents/global_climate_change_risk.pdf, Zugriff am 26.03.2013.

UNEP FI (2010), Universal Ownership - Why environmental externalities matter to institutional investors, auf den Seiten der UNEP FI, http://www.unepfi.org/fileadmin/documents/universal_ownership.pdf, Zugriff am 20.03.2013.

UNEP FI (2011a), About the UNEP FI, auf den Seiten der UNEP FI, http://www.unepfi.org/about/index.html, Zugriff am 21.12.2011.

UNEP FI (2011b), UNEP FI Guide to Banking & Sustainability - Understanding and Implementing Sustainability in your Bank based on the UNEP Statement of Commitment by Financial Institutions on Sustainable Development, Genf 2011.

UNEP FI / SBI (2011), Advancing adaptation through climate information services - Results of a global survey on the information requirements of the financial sector, auf den Seiten der UNEP FI / SBI, http://www.unepfi.org/fileadmin/documents/advancing_adaptation.pdf, Zugriff am 20.02.2011.

UNFCCC (2006), United Nations Framework Convention on Climate Change - Handbook, Bonn 2006.

UNFCCC (2013), Negotiations, Documents & Decisions - A Brief Overview of Decisions, auf den Seiten des United Nations Framework Convention on Climate Change, http://unfccc.int/documentation/decisions/items/2964.php, Zugriff am 31.03.2013.

United Nations (1992a), AGENDA 21 - Konferenz der Vereinten Nationen für Umwelt und Entwicklung, auf den Seiten der United Nations, http://www.un.org/Depts/german/conf/agenda21/agenda_21.pdf, Zugriff am 28.02.2013.

United Nations (1992b), Rio -Erklärung über Umwelt und Entwicklung, auf den Seiten der United Nations, http://www.un.org/Depts/german/conf/agenda21/rio.pdf, Zugriff am 28.02.2013.

United Nations (2011a), Participants & Stakeholders, auf den Seiten der United Nations, http://www.unglobalcompact.org/participants/search, Zugriff am 17.09.2013.

United Nations (2011b), World Population Prospects The 2010 Revision - Volume I: Comprehensive Tables, New York 2011.

United Nations Framework Convention on Climate Change (2011), Report of the Conference of the Parties on its sixteenth session, held in Cancun from 29th November to 10th December 2010, auf den Seiten des United Nations Framework Convention on Climate Change, http://unfccc.int/resource/docs/2010/cop16/eng/07a01.pdf, Zugriff am 12.03.2013.

Urban, D. und Mayerl, J. (2011), Regressionsanalyse - Theorie, Technik und Anwendung, 4. Aufl., Wiesbaden 2011.

van Gelder, J.W. und Stichele, M.V. (2011), Seven steps to make banks sustainable in 2011, auf den Seiten Friends of the Earth Europe; BankTrack; CRBM; Berne Declaration, http://www.foeeurope.org/sites/default/files/publications/sustainablebanks-2011.pdf, Zugriff am 14.10.2013.

Vivian, S., Glover, A., Vahaloto, S., Ridley, B. und Morgan, E. (2004), Corporate Environmental Research - A review of environmental rating, ranking and indices, Bristol 2004.

Volkswagen AG (2012), Anforderungen des Volkswagen Konzerns zur Nachhaltigkeit in den Beziehungen zu Geschäftspartnern, auf den Seiten von Volkswagen AG, http://www.volkswagenag.com/content/vwcorp/info_center/de/publications/2011/04/anforderungen_des.bin.html/binarystorageitem/file/nachhaltigkeitsanforderungen.file.pdf, Zugriff am 03.02.2013.

Volk, T. (2008), Interne Ratings im Firmenkundenkreditgeschäft einschließlich der damit verbundenen Haftungsfragen, Berlin 2008.

Waddock, S.A. und Graves, S.B. (1997), The Corporate Social Performance-Financial Performance Link, in: Strategic Management Journal, 18. Jg. 1997, Nr. 4, S. 303–319.

Wagner, G.R. (Hrsg., 1992), Ökonomische Risiken und Umweltschutz, München 1992.

Wagner, J.M. (2000), Organisations- und Rechtsformwahl in der öffentlichen Siedlungsabfallwirtschaft - Eine empirische Untersuchung unter Berücksichtigung ökologischer, rechtlicher und politischer Restriktion, Frankfurt 2000.

Wagner, W.-C. (1991), Rating mittelständischer Unternehmungen - Fundierung und Konzeption einer standardisierten Unternehmensbeurteilung durch Rating, Frankfurt am Main, New York 1991.

Wappenschmidt, C. (2009), Ratinganalyse durch internationale Ratingagenturen - Empirische Untersuchung für Deutschland, Österreich und die Schweiz, Frankfurt a. M. 2009.

Weber, J., Weißenberger, B. und Liekweg, A. (1999), Ausgestaltung eines unternehmerischen Chancen- und Risikomanagements nach dem KonTraG, in: Deutsches Steuerrecht, 37. Jg. 1999, Nr. 41, S. 1710–1716.

Weber, O., Fenchel, M. und Scholz, R.W. (2005), Integration of environmental risks into the credit risk management process of banks, in: GOE Report der Gesellschaft für Organisation und Entscheidung m.b.H. 2005, Nr. 4, S. 1–17.

Weber, O., Fenchel, M. und Scholz, R.W. (2008), Empirical Analysis of the Integration of Environmental Risks into the Credit Risk Management Process of European Banks, in: Business Strategy and the Environment, 17. Jg. 2008, S. 149–159.

Weber, O. und Remer, S. (2011), Social banks and the future of sustainable finance, Abingdon, Oxon, New York 2011.

Weber, O. und Scholz, R.W. (1996), Ökologie und Umweltrisiken in Sparkassen und Landesbanken, in: Die Sparkasse, 113. Jg. 1996, Nr. 8, S. 372–373.

Weber, O., Scholz, R.W. und Michalik, G. (2010), Incorporating Sustainability Criteria into Credit Risk Management, in: Business Strategy and the Environment, 19. Jg. 2010, S. 39–50.

Weingartner, M. (2012), Niedrigzinsen aus Überzeugung - Ethikbank, Eine ethisch korrekte Anlage, in: Frankfurter Allgemeine Zeitung, 07.12.2012, S. 1–2, http://www.faz.net/aktuell/finanzen/strategie-trends/ethikbank-niedrigzinsen-aus-ueberzeugung-11985996.html, Zugriff am 25.07.2013.

Wieben, H.-J. (2004), Credit Rating und Risikomanagement - Vergleich und Weiterentwicklung der Analysekonzepte, Wiesbaden 2004.

Wiegel, K.D. (1985), Rentabilität und Risiko im Kreditgeschäft der Banken - Eine Untersuchung zur Risikoproblematik in der Kreditvergabeentscheidung von Banken und zu Möglichkeiten ihrer Bewältigung, Köln 1985.

Winistörfer, H., Teuscher, P. und Dubielzig, F. (2006), Leitfaden Sozialmanagement im Unternehmen - Ausgewählte Instrumente für die Praxis, Winterthur 2006.

Wissenschaftlicher Beirat der Bundesregierung für Globale Umweltveränderungen (2011), Welt im Wandel: Gesellschaftsvertrag für eine große Transformation - Zusammenfassung für Entscheidungsträger, Berlin 2011.

World Business Council for Sustainable Development (WBCSD) und Accountability (2004), Strategic challenges for business in the use of corporate responsibility codes, standards, and frameworks, auf den Seiten des World Business Council for Sustainable Development; Accountability, http://www.wbcsd.org/pages/edocument/edocument details.aspx?id=77&nosearchcontextkey=true, Zugriff am 19.02.2013.

zeb (2012), Social Banking Study 2012, auf den Seiten von zeb, http://www.zeb.de/customer/templates/media_get.php?mediaid=1299&fileid=3259&sprachid=1, Zugriff am 12.08.2012.

Zeit Online (2011), Der letzte Saurier, auf den Seiten von Zeit Online, http://www.zeit.de/2011/29/DOS-grossmann, Zugriff am 28.12.2012.

Zhu, H. (2004), An Empirical Comparison of Credit Spreads Between the Bond Market and the Credit Default Swap Market - BIS Working Paper No. 160, auf den Seiten

EFMA 2004 Basel Meetings Paper, http://ssrn.com/abstract=477501 or http://dx.doi.org/10.2139/ssrn.477501, Zugriff am 24.10.2013.

Zsolnai, L., Boda, Z. und Fekete, L. (Hrsg., 2009), Ethical prospects - Economy, society, and environment, Budapest 2009.

FSC
www.fsc.org
MIX
Papier | Fördert gute Waldnutzung
FSC® C083411

Kolibri 360 GmbH
Ferdinand-Jühlke-Straße 7
99095 Erfurt, Deutschland
produktsicherheit@kolibri360.de

Nachhaltigkeitsinduzierte Kreditrisiken